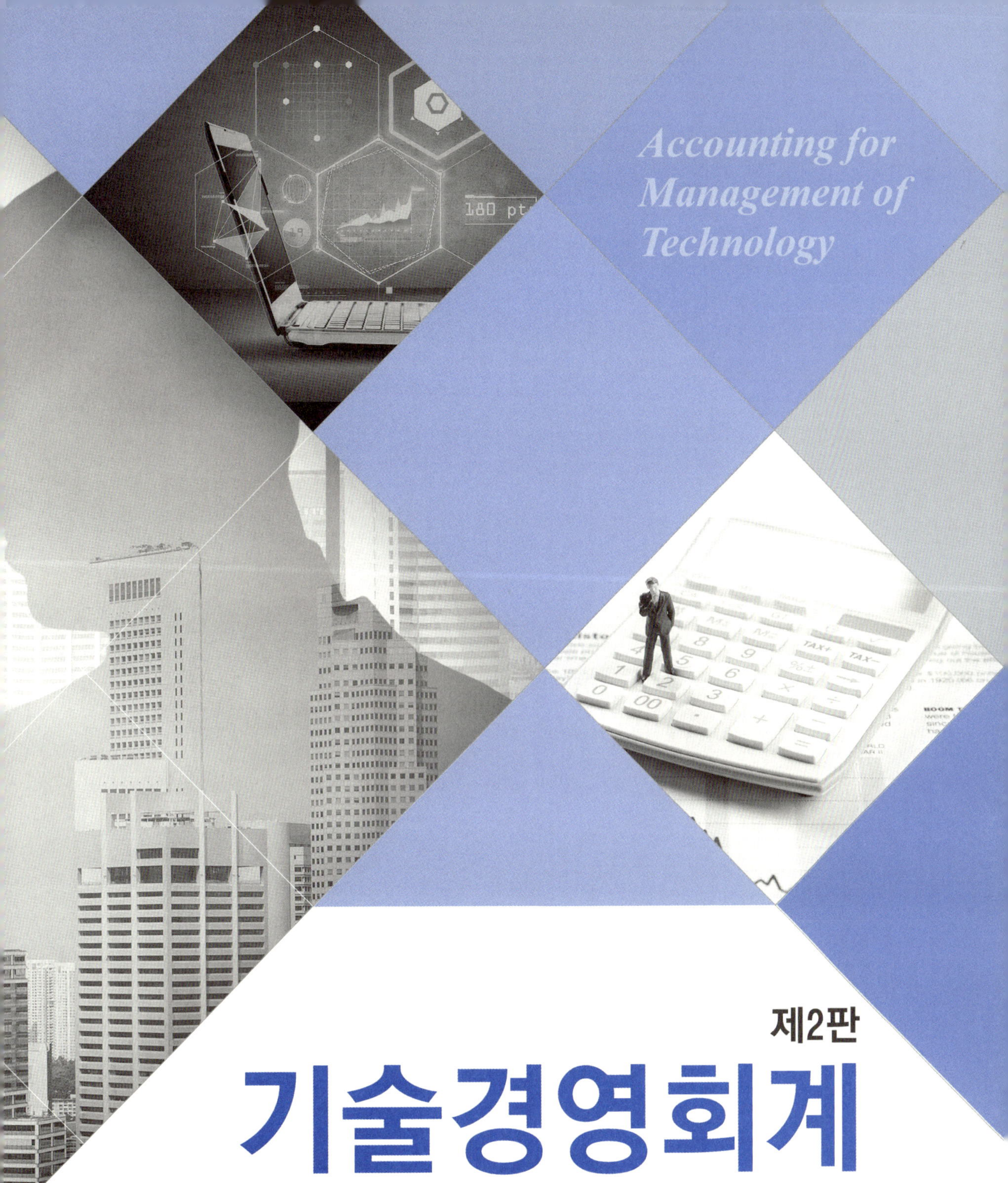

Accounting for Management of Technology

제2판

기술경영회계

송경모 / 고영우 / 김영준

도서출판 탐진
www.tamjin.co.kr

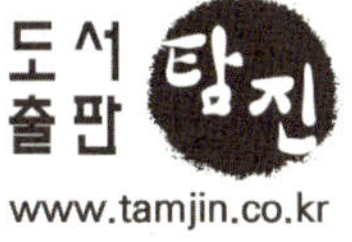

제2판 서문

본서 초판이 발행된 지 1년 6개월이 지났다. 그 동안 저자들은 많은 사람들로부터 이 책에 대한 의견을 받았다. 대표적인 반응은 전형적인 대학 회계 교과서의 틀을 벗어나 회계 지식을 경영의 관점에서 전달하려는 시도가 참신하다는 것이었다.

사실 회계는 모든 지식노동자들에게 필수 경영 지식이다. 특히 회계를 필수과목으로 이수하는 경상계 출신과 달리, 회계에 대한 학습 기회가 부족했던 이공계, 인문사회계, 또는 예체능계 출신 경영자와 중간관리자에게는 더욱 그 필요가 절실하다. 그러나, 초판 서문에서도 밝혔듯이 이 모든 지식노동자가 공인회계사 수준의 회계 실무 지식을 지니고 있을 필요는 없다. 그들에게 필요한 것은 올바른 경영에 필요한, 회계 정보에 대한 최소한의 독해력이다. 본서는 그런 요구를 지닌 독자와 학생들에게 상당히 기여했다는 평을 얻었다.

이런 긍정적인 반응 외에도, 본서에 대한 수정 보완 의견도 많았다. 무엇보다 저자들이 본교재를 사용했던 수업에서 나온 다양한 질문들이 있었다. 그리고 유관 전문가들의 의견도 많았다. 이를 바탕으로 초판에서 미처 발견하지 못했던 오류 또는 미숙한 표기를 수정하고, 서술의 큰 흐름에 비추어 추가할 내용을 보완하고 불필요하다고 생각되는 일부 내용들은 삭제했다.

21세기 사업 환경은 20세기와는 다른 차원에서 전개되고 있다. 근대 상업과 산업화 시대를 배경으로 탄생한 전통적인 회계는, 오늘날 디지털 모바일 경제 시대에 전례 없는 과제에 직면해 있다. 기존 회계기준으로는 비단 기술력에 한정되지 않는, 조직의 다양한 무형자산을 측정하고 보고하는 데에 한계가 노정되고 있다. 최근에는 ESG(환경, 사회, 지배구조) 성과의 측정과 보고 필요성까지 부각 되고 있다. 회계기준 역시 이와 관련해서 조만간 패러다임의 대전환을 피할 길이 없어 보인다.

이런 상황에서 본서는 전통적인 회계 패러다임에 충실하되, 연구개발 활동은 물론이고 다양한 비재무 성과 및 무형자산의 측정과 평가에 대한 최근의 중요한 변화 추세까지 포괄함으로써, 지식노동자들이 특수한 전문 기법이 아니라 보편적인 교양 지식으로서 회계 마인드를 형성하는 데에 도움을 주고자 한다.

앞으로도 본서가 나아갈 방향에 대해 독자 여러분의 아낌 없는 의견을 부탁한다.

2021년 8월

저자 일동

차 례

CHAPTER 1

회계는 무엇을 다루는 학문인가?

학습목표

1. 기술경영에서 회계라는 시스템의 필요성과 그 의미를 설명할 수 있다.
2. 회계학의 분야에는 어떠한 것이 있으며, 이들이 다루는 문제들을 설명할 수 있다.
3. 재무제표의 기본적 형식을 이해하고 담겨있는 정보의 내용을 해석할 수 있다.
4. 정보통신 기술의 발달이 회계와 관련된 업무에 미치는 영향을 설명할 수 있다.

1.1 회계의 정의와 필요성

1.1.1. 회계의 정의

회계(會計)란 무엇인가? 여러분들은 아마 회계가 비즈니스의 언어(language of business)라는 말들을 많이 들어보았을 것이다. 이는 회계가 사업에 있어서 의사소통의 수단으로 이용되는 것임을 의미하는 것으로, 경영에 있어서 회계가 수행하는 역할을 대략적으로 암시한다. 그렇다면 보다 구체적으로 회계라고 하는 것은 어떠한 의미를 가지고 있는 것일까? 회계의 정의에 대해서는 다양한 의견이 존재하는데, 이를 논할 때 등장하는 몇 가지 대표적인 관점을 통해 회계의 의미를 정의해 보기로 한다.

먼저 회계에 대한 가장 널리 알려진 정의는 미국 회계학회(AAA : American Accounting Association)에서 1941년 발표한 논문에 등장하는 것으로 다음과 같다. "Accounting refers to the process of identifying, measuring and communicating economic information to permit informed judgements and decisions by users of the information." 본 정의의 특징은 회계를 경제적 정보를 인식, 측정, 전달하는 일련의 과정으로 파악하였다는 점이다. 이는 회계를 단순히 기술(技術)로 파악한 이전의 관점과 차이가 있다. 또한 이러한 과정은 정보 이용자의 판단이나 의사결정에 반영되는 것이어야 함을 제시하고 있다.

다음으로 미국 대학에서 많이 사용되는 교재인 Weygandt, Kieso, Kimmel이 저술한 회계원리 교과서에서는 회계를 다음과 같이 정의하고 있다.[1] "Accounting is an information system that identifies records and communicates the economic events of an organization to interested users" 이 정의는 미국 회계학회의 정의와 유사하나 주목할 점은 회계를 하나의 정보 시스템으로 인식하고 있다는 것이다.[2] 이 정보시스템은 조직의 경제적 사건들을 식별하고 기록해 이해관계자들에게 전달하는 역할을 하는 점에 주안을 두어 회계를 포괄적인 체계로 이해하였다.

이 외에도 미국공인회계사회(AICPA : American Institute of Certified Public Accountants)는 "Accounting is the art of recording, classifying and summarizing in a significant manner and in terms of money, transactions and events, which are, in part at least, of a financial character and interpreting the result thereof"라고 회계를 정의하고 있는데, 주

1) Accounting Principles(Wiley). 2018년 1월 현재 13판이 발행될 정도로 많이 쓰이는 교재이다.

2) 시스템이란 지정된 정보 처리 기능을 수행하기 위하여 조직화되고 규칙적으로 상호 작용하는 방법, 절차 등 여러 구성 요소들의 집합을 의미한다.

로 실무적 입장에서 기록 분류 요약하는 기능들을 중시하였다. 이들의 관점은 회계를 하나의 기술(art)로 인식하는데 머물러 있다.

마지막으로 A. W. Johnson은 "Accounting may be defined as the collection, compilation and systematic recording of business transactions in terms of money, the preparation of financial reports, the analysis and interpretation of these reports and the use of these reports for the information and guidance of management"라고 정의하고 있다. Johnson은 회계정보의 작성뿐만 아니라 이를 활용하는 것까지 포함한다는 면에서 특징이 있다.

이상의 회계에 대한 대표적인 논의를 통해 회계를 정의하자면 회계는 "특정 경제적 실체(economic entity)에 대해 정보이용자가 합리적 의사결정을 할 수 있도록 실체와 관련된 유용한 정보(useful information)를 식별하고, 측정하여 보고하는 일련의 정보생산체계(information generating system)"라고 정의할 수 있을 것이다. 여기에서 경제적 실체란 독립적으로 인식되는 단위를 의미하며, 정보이용자란 기업 내부의 정보이용자인 경영자와 기업 외부의 정보이용자인 주주와 채권자 등을 의미할 것이다. 유용한 정보란 의사결정에 사용되는 정보임을 의미한다. 마지막으로 회계는 특정 작업(예를 들면 재무제표 작성)에 한정되는 것이 아니라 정보를 식별하고 이를 화폐적으로 측정하여 전달하는 일련의 체계를 지칭한다.

1.1.2. 회계의 필요성

회계의 한자적 의미는 모여서 계산한다는 의미이다. 한국 영화의 고전 중에 1961년 김승호가 주연을 맡은 "마부(馬夫)"라는 영화가 있는데, 이 영화 대사 중에 이러한 문자적 의미가 실제 생활에서 그대로 쓰이는 것을 관찰할 수 있다. 말의 주인인 여자에게 그녀의 말을 끌어 물건을 운반하고 돈을 버는 마부들이 정산을 위해 모였는데, 그 집 하녀가 이런 말을 한다. "마님, 마부들이 회계하자고 합니다." 영화에서 이 말은 마부들이 당일의 영업에서 벌어들인 돈을 집계하는 작업을 하자는 것을 의미한다. 이처럼 회계라는 말은 과거에는 모여서 계산한다는 의미로 쓰이고 있었다.

그렇다면 왜 사람들은 모여서 계산을 할까? 가장 중요한 요인은 공통의 이해 관계일 것으로 생각된다. 즉 마부들은 노동력을 제공하고 여주인은 말이라는 자본을 투자하여 사업을 하고 이로부터 얻어진 이익을 나누어 갖는 공동의 이해관계가 있기 때문이다. 공통의 이해관계는 누구나 납득할 수 있는 신뢰성 높은 계산 틀의 존재가 필수적이다. 이와 관련된 인류의 유산이 회계인 것이다. 인류에게 있어 공통의 이해 관계는 농업이 발달하며 시작된 것으로 추정이 된다. 소위 인류의 4대 문명은 큰 강을 중심으로 발달하였는데 이는 큰 강에서 물을 얻기가 쉽고 퇴적층의 발달로 농업이 용이한 환경과 관련이 있다.[3] 농업은 대량의 노동을 필요로 하기 때문에 공동 노동과 공동 수확 및 수확물의 배분을 수반한다. 4대 문명 중의 하나인 메소포타미아 문명의 유적에서는 회계의 초기적 형태가 나타남을 관찰할 수 있다.

이러한 회계의 역할은 현대 자본주의의 발달과 함께 그 중요성이 더욱 부각되었다. R. H. 코스(R. H. Coase)는 “The Nature of the Firm(1937)”을 통해 기업의 존재 이유를 설명했다. 그는 기업이 중요한 거래를 내부화하고 지속적으로 운영함으로써 거래비용(transaction cost)을 최소화하고 이를 통해 기업을 통하지 않을 때보다 더 경쟁력이 있음을 기업의 존재 이유로 지적하였다.

양념 치킨을 예로 들어 설명해 보자. 집에서 양념 치킨을 해 먹기 위해서는 마트에 가서 닭을 사고 요리에 들어가는 여러 재료들을 구입해야 한다. 여기에 집에 있는 일반 조리 도구를 이용하여 요리를 하여야 한다. 맛있는 양념 통닭을 만들기 위한 디테일 등도 인터넷에서 찾아 이를 어렵게 구현하여야 한다. 실제 길거리의 수많은 치킨 프랜차이즈 기업들은 닭을 대량으로 구매하여 재료의 구매 단가를 낮춘다. 심지어 이들은 부화한지 몇 일까지 키운 닭이 가장 맛있는지를 분석하고, 사료 제공 대비 성장이 어느 시점까지가 가장 경제적인지도 계산한다. 이러한 닭을 튀김에 있어 어떤 기름으로 몇 도의 온도에서 얼마의 시간 동안 튀겨야 가장 맛이 있는지도 분석을 한다. 그리고 전국의 맛집 레시피를 분석하여 최고의 양념을 개발한다. 이러한 기업적 활동은 어쩌다 집에서 닭을 튀겨 먹는 일반인들의 투입대비 성과와 비교가 어렵다.

이러한 기업의 경쟁력은 자본주의에 있어 기업을 중심으로 경제활동이 이루어지고 개인들은 이 기업에 대한 지분을 주식이라는 형태를 통해 소유함으로써 체계화된다. 이 경우 자본을 투자한 주주들은 경영자를 효과적으로 통제해야 하는데 여기서 필요한 것이 회계인 것이다. 앞서 공통의 이해관계가 회계가 필요한 이유라고 제시하였는데, 자본주의의 발달로 기업을 중심으로 경제가 운영되고 개인이나 국가 등 다른 경제주체들이 이에 대해 자금을 빌려주거나 투자를 하는 형태는 이러한 회계의 사회적 필요성을 증대시킨 것이다.

이와 같은 환경은 회계가 단지 기업만의 문제가 아닌 각종 다양한 집단－예를 들어, 국

3) 인류의 4대 문명은 나일강 유역의 이집트 문명, 유프라테스 티그리스강 유역의 메소포타미아 문명, 인더스강 유역의 인도문명, 황하강 유역의 황하문명 등으로 주로 따듯한 기후를 가진 지역에 큰 강을 주변으로 형성된 특징이 있다.

가나 지방자치단체, 아파트와 같은 주거시설, 공공기관과 같은 비영리 기관까지도 포함하여 - 모든 경제적 활동이 이루어지는 집단들에 있어 필수 불가결한 문제임을 나타내는 것이다.

회계학의 분야 중에서 재무회계(financial accounting)는 이러한 문제를 해결하는데 유용한 방법을 제공한다. 즉 현재의 재무적 상태(자산과 부채 자본의 구성)와 재무적 성과(수익과 비용의 집계를 통한 이익의 보고)를 나타내는 유용한 해법(solution)을 제공한다.

1.1.3. 기술경영자와 경영지식

회계는 분리된 독립 지식으로서가 아니라, 기업 조직이라는 하나의 전체(wholeness) 안에서 파악되어야 한다. 이 전체 안에는 마케팅, 영업, 유통, 생산, 연구개발, 조달, 교육훈련, 자금, 회계, 행정관리, 기획 등 이질적인 지식들이 서로 영향을 미치면서 작용하고 있다.

경영자는 이 이질적인 지식들을 결합하여 기업을 지속시키는 책임을 부여받은 사람이다. 경영자가 이들을 통합하는 역할이 없으면 이질적인 자원과 지식들은 제각각 흩어지고 조직은 에너지가 정체되면서 작동을 멈춘다.

기업의 지속은 생명체의 지속과 같아서 오로지 한 순간도 멈추지 않고 외부로부터 에너지를 공급받으면서 자원과 지식의 신진대사를 수행해야만 가능하다.

경영을 안다는 것은 바로 조직 내 에너지의 순환과 자원의 신진대사 원리를 전체의 관점에서 안다는 것이다. 조직 내 이공계 배경을 지닌 엔지니어, 개발자, 과학자들은 전문가로서 자신이 구사하는 개별 기능에는 탁월할지 몰라도, 순환지속체로서 조직의 전체성은 잘 보지 못할 가능성이 높다.

기업에서는 바로 자금이 그 순환하는 에너지 역할을 한다. 자금은 조직 안에서 수시로 여러 형상으로 변신하고 개명한다. 매출, 재고자산, 무형자산, 자본금, 차입금, 증자금, 잉여금, 인건비, 감가상각비, 이자비용, 이 모두 자금이 수시로 드나들면서 갈아 입는 수많은 옷들의 이름이다.

회계란 결국 이 자금의 순환과정이 어떻게 이루어지고 있는지를 전체적, 체계적으로 기록하는 작업이라고 말할 수 있다. 고객 명부, 신제품 성능 테스트 보고서, 전국 지점 조직도, 영업 매뉴얼, 윤리 규정, 판매실적 데이터, 그 어떤 것을 들여다보아도 자금의 순환지속체로서 기업의 전체적인 모습은 보이지 않는다. 오직 취합된 회계 정보를 통해서만 이것을 볼 수 있다.

과학과 기술 분야의 전문가가 자신의 개별 기능을 넘어 경영을 알아야 한다는 것, 더 나아가 회계를 알아야 한다는 것은 이처럼 중요한 일이다.

한편 이런 정보를 생산해 내는 회계 역시 하나의 전문 기능이다. 모든 조직에는 회계 전문 인력들이 있다. 그들은 공인회계사 자격증을 갖추고 있거나 전문적인 회계 정보 생성 노하우를 갖추고 있다.

기술경영자가 회계를 알아야 한다는 것은 회계 전문가가 되라는 뜻이 아니다. 탁월한 경영자가 되기 위해 반드시 갖추어야 할 필수 교양으로서 회계를 이해해야 한다는 뜻이다. 그가 공인회계사 수준의 회계 실무 노하우를 갖출 이유는 전혀 없다. 적어도 한 조직의 회계 정보를 접했을 때 그 의미를 올바로 독해해낼 능력이 있어야 한다는 말이다. 이는 회계 업무 이외의 일에 종사하는 모든 전문가와 지식노동자에게도 해당된다.

1.1.4. 회계정보와 경영의사결정

기업의 지속과 성장은 경영자나 구성원의 좋은 의도나 노력이 아니라 철저하게 성과가 뒷받침되었을 때에만 가능하다. 기업은 오직 성과를 평가하고 분석함으로써 자신의 전략과 계획에 피드백을 가할 수 있고 구성원의 의도와 노력을 올바른 방향으로 이끌 수 있다.

성과는 조직 내 여러 지점에서 여러 형태로 나타나지만 크게 재무 성과와 비재무 성과로 나눌 수 있다. 과거의 회계가 사업의 재무 성과를 기록하는 데에 중점을 두었다면, 오늘날은 재무 성과를 비롯하여 비재무 성과까지 체계적으로 기록하는 것으로 영역이 날로 확대되고 있다.

그 결과 회계는 과거처럼 재무관리의 주요 수단이었던 것에서 벗어나 전략수립, 인사관리, 혁신경영의 핵심 수단으로 중요성이 날로 증대하고 있다. 다시 말해서 회계는 이제 과거의 회계를 넘어선 회계 이상의 회계로서 점점 자리잡고 있는 중이다.

과거의 회계가 숫자로 표현된 재무성과에 초점을 두었다면 오늘날의 회계는 사람이 달성하는 비재무 성과까지 아우르는 체계로 변모하고 있다.

숫자를 다루어 오던 회계와 사람을 다루는 경영, 이 둘은 어떻게 다시 만나고 있는가?

현대 경영 사상 형성에 지대한 영향을 미친 피터 드러커(P. F. Drucker)는 회계 사상에서도 통찰력 있는 시각을 보여준 바 있다. 그는, 경영의 역사상 최초의 진정한 경영 과학자(management scientist)는 바로 이탈리아 르네상스 시기의 복식부기 발명가였다고 평가하기도 했다.[4] 그의 복수의 목표 체계를 중시한 목표에 의한 경영(management by objectives)[5] 사상은 균형성과표(BSC : Balanced Scorecard) 개발에 많은 영향을 미치기도 했다. BSC 개발의 주역 카플란(R. Kaplan)은, 드러커가 <경영의 실제(The Practice of Management(1954)>에서, 기업의 전체 성과는 여러 개별 분야에서 나타나는 노력과 결과의 균형으로부터 나온다고 하는 통찰이 BSC의 기반 사상 가운데 하나라는 점을 밝힌 바 있다.[6]

이처럼 경영의 역사에서 회계가 지닌 중요성에도 불구하고, 현행 회계 시스템 자체는 그 원리를 올바로 이해하고 활용하지 않으면 기업의 성과평가, 가치측정, 그리고 의사결정 지원 수단으로서 효과를 충분히 발휘하지 못할 수도 있다.

첫째, 특히 발생주의 회계기준에 의하여 작성된 현행 재무제표는 여간 주의해서 해석하지 않으면 기업의 자금순환 상태와 재무적 가치의 실상을 제대로 보여주지 못할 위험이 있다. 그런 의미에서 재무제표에 대한 올바른 독해력이 절실하다.

둘째, 복잡다단한 제품군을 갖춘 현대 기업 조직에서, 전통적인 원가회계 시스템으로는 간접비 비중이 높은 현대 생산 시스템에서 개별제품의 원가를 정확히 파악해 내기 어렵다. 그렇게 되면 사업재편과 구조조정 의사결정에도 혼선을 빚을 가능성이 있다. 사업별, 부문별, 제품 · 서비스별 비용 구조를 정확히 이해하는 것이 올바른 경영 의사결정의 출발점이 된다.

셋째, 경영이 항상 미래의 불확실성과 벌이는 싸움이라는 점을 감안할 때, 회계정보는 과거의 기록이라는 근본적인 특성이 있어 미래지향적인 정보 제공에 한계가 있다고 생각하기 쉽다. 그러나, 모든 미래는 현재 속에 숨어 있는 것이기 때문에 회계 정보에서 미래를 읽어내는 능력 역시 큰 역할을 한다. 그러므로, 회계를 올바로 이해함으로써 21세기 급변하는 환경에서 혁신 경영의 진정한 길잡이 역할을 할 수 있다.

기술경영자는 회계가 완벽한 정보 시스템 내지 만병통치약이기를 바라기 이전에, 회계정보가 제공하는 정교한 단서들을 이용해서 기업의 숨은 경영 실상을 추리해내는 능력이 필요하다. 마치 명탐정이 현장의 몇 가지 잔해만을 보고 무슨 일들이 일어났는지 생생하게 추측해 내듯 말이다. 모든 장면을 보고 모든 이야기를 들은 다음에야 간신히 알 수 있다면 무슨 소용이 있겠는가. 파편 속에서 전체를 볼 줄 아는 지혜는 회계의 바다에서 만끽할 수 있는 또 다른 희열이기도 하다.

---

4) Drucker(1973), p.506.

5) Peter F. Drucker(1950), Practice of Management, HarperCollins; ____ (1973) Management : Tasks, Responsibilities, Practices., HarperCollins

6) R. Kaplan(2010), “Conceptual Foundations of the Balanced Scorecard”, Harvard Business School Working Paper 10-074. p.6.

이를 위해서 우리는 도대체 이 회계라는 것이 무엇을 말하려 하고, 어떻게 만들어졌으며, 그걸 이용해서 무엇을 할 수 있는지에 대해 알고 있어야 한다. 이 책은 바로 이를 원하는 독자들에게 도움을 주는 것을 목적으로 한다.

1.1.5. 기술경영 관점의 회계

회계는 기술경영과 일반경영 사이에 어떤 차이가 있을까? 회계원리 자체는 둘 사이에 차이가 없다. 다만 그 원리가 적용되는 현실에 차이가 있을 뿐이다. 그를 위해서는 먼저 기술경영과 일반경영의 차이를 알아야 한다. 이 차이는 기술경영에 대한 흔한 선입견을 걷어냄으로써 보다 분명해진다.

그 흔한 선입견 가운데 첫번째는, 기술경영은 하이테크(high tech)에 의존한 상품 · 서비스를 대상으로 하고, 일반경영은 보편화된 노하우에 의존하는 상품 · 서비스 또는 로우테크(low tech)를 대상으로 한다는 인식이다. 이 견해에 따르자면, 생명공학의 유전자 가위 지식이나 신재료 공학의 첨단소재 지식처럼 특별한 과학적 훈련을 받은 인력들만이 보유한 지식에 의거한 사업은 기술경영의 대상인 반면에; 특별한 과학적 훈련을 받지 않은 인력이라도 창의적인 아이디어에 기반을 둔 BM(Business Model)형 사업 내지 오늘날 기술경영의 큰 흐름 가운에 하나인 플랫폼(platform) 비즈니스는 전혀 기술경영의 대상이 되지 못할 것이다.

두 번째 선입견은 기술경영은 연구개발(R&D) 단계를 관리하는 활동이고, 일반경영은 생산 및 판매 단계 이후의 활동을 다루는 활동이라는 인식이다. 이 견해에 따르자면, 기술경영은 기업체 부설 연구소의 활동만을 다루어야 하며, 영업부서에서 개발한 고객관리시스템이나 구매부서에서 응용하는 적시 재고 조달 및 관리 시스템은 기술경영의 대상이 되지 못할 것이다. 사실 오늘날 조직 내 신지식 개발 및 응용은 비단 연구개발부서에 한정되지 않으며, 전사적 차원에서 수행되고 있음을 주목할 필요가 있다.

이런 선입견에서 오는 혼란으로부터 벗어나려면, 기술의 의미 자체가 과거와는 많이 달라졌다는 사실을 먼저 이해해야 한다.

기술의 정의 자체가 변했다.

기술의 의미는 초창기 공학 내지 과학에 기반을 둔 사고로부터 탈피해서 지금은 광범위한 지식 결합의 관점을 취하고 있다. Technology에 대한 사전상의 의미 구분이 20세기 초와 20세기 중반 다음과 같이 달라져 있음을 살펴보자.

• Century Dictionary(1902)

"기술이란 기계와 산업이 구사하는 정교한 활동에 대한 연구(study of mechanical and industrial arts)"

• R. Bain(1937)

"기술이란 모든 도구, 기계, 기구, 무기, 주택, 의복, 통신, 수송 등을 수행하는 제반 장치, 그리고 그것들을 만들고 활용하는 숙련을 의미한다(technology includes all tools, machines, utensils, weapons, instruments, housing, clothing, communicating and transporting devices and the skills by which we produce and use them.)"

그리고 한동안 과학, 공학, 기술 사이에 의미가 중복 및 혼용되는 경향이 있었고, 지금도 많은 사람들이 특별히 엄밀한 구분 없이 이 용어들을 섞어쓰곤 한다. 피터 드러커는 technology를 과학이나 공학이라는 제한된 시야를 벗어나 지식 일반의 관점에서 '일을 하는 방식(way of doing things)'으로 재정의했다. 급기야 21세기에 technology의 의미는 다음과 같이 달라졌다.

• Merriam Webster Learner's Dictionary(2020)[7)]

"기술이란 특정한 영역에서 지식을 실제에 적용하는 활동(the practical application of knowledge especially in a particular area)"

기술경영은 사업사슬 전반에 걸친 혁신 활동을 대상으로 한다.

그동안 많은 연구자들은 로우테크(low-tech)라고 알려져 있던 혁신이나 연구개발 단계 이후의 제반 혁신도 기술경영의 대상으로 포괄해왔다. 그만큼 앞서 언급했던 기술경영에 대한 과거의 선입견은 최근 대부분 수정되었다.

결국 오늘날 기술경영이란 사업사슬 전반에 걸쳐 혁신(innovative) 지식을 도입하고 사업화하는 경영 활동 일체를 의미한다. 이에 대비하여 일반경영이란 관행화(routinized)된 지식에 의거한 경영이라고 말할 수 있으며 차라리 관리(administration)와 운영(operation)의 효율성에 중점을 두는 활동이라고 말할 수 있다.

그렇다면 관리와 운영 절차 자체에 혁신을 가져오는 지식은 기술경영인가, 일반경영인

---

7) https://www.merriam-webster.com/dictionary/technology

가? 정의상 그런 지식은 기술경영의 대상이다. 포드 자동차가 컨베이어벨트 시스템을 도입한 것이나 일본 자동차 기업들이 즉시(Just-In-Time) 생산체제를 도입한 사례는 당연히 기술경영의 대상이 된다, 그러나 이런 식으로 도입된 모든 혁신이 도입시에는 매우 참신하겠지만, 이후 매뉴얼이 정비되면서 어느날부터는 관행이 될 것이다. 이렇게 관행화된 지식에 의거한 운영 관리는 다시 일반경영의 범주에 포함될 것이다.

오늘날 경영학에서 혁신이 중요한 요소로 부각되면서 특별히 기술경영을 전공했다고 분류되지 않은 연구자들조차 실제로는 기술경영을 다루는 경우가 날로 늘고 있다. 전통적인 경영학과 커리큘럼에서도 기술경영과 관련된 주제가 높은 비중을 차지하게 되어, 기술경영에 특화된 학과나 대학원과의 구분이 조금씩 좁혀지고 있는 것도 사실이다.

기술경영회계는 혁신활동에 대한 의사결정과 그 결과를 체계적으로 기록하고 분석하는 데에 중점을 두는 회계다.

혁신을 중시하는 기술경영의 확산은 회계 지식의 적용에 어떤 변화를 가져왔는가? 사실 적용되는 회계원리 자체는 동일하지만 그 적용 대상이 되는 경영 활동의 중점이 바뀌었다. 특히 혁신의 주체가 '사람'이며 그 성과는 유형보다는 무형의 자산으로 축적된다는 면이 회계분야에도 날로 강조되고 있다. 그래서 주로 다음과 같은 범주에 속하는 회계 지식의 중요성이 날로 늘고 있다.

- 올바른 원가계산에 의거한 혁신사업 투자의사결정
- 고객욕구의 다양화에 따른 다양한 제품군 구조조정 및 신사업 도입에 필요한 원가계산
- 올바른 원가절감형 혁신의 수행
- 기술발전에 따른 외주화, AI 자동화, 인력 비정규직화의 효과 분석
- 인력과 성과에 대한 통제수단(levers of control)으로서 기록체계의 역할
- 무형자산의 생성과 적용 활동의 관리
- 연구개발활동의 원가계산, 의사결정, 사업화 성과 측정

물론 신규투자 내지 신설비 도입과 같은 의사결정이라 해도, 혁신에 기반을 두지 않고 단순히 기존 제품의 생산 물량을 증가시킬 목적의 시설 확장이라거나, 기존 제품과 시장 전략은 그대로 유지한 채 신시장 창출을 전혀 수반하지 않는 원가절감형 기계도입 같은 것은 엄밀한 의미의 기술경영 활동에 속한다고 보기 어렵다.

▸ ▸ 〈표 1〉 기술경영과 일반경영의 개념 및 회계의 중점 차이

구 분	잘못 알려진 대상	올바른 대상	회계의 중점
기술경영	하이테크 경영 연구개발 단계 활동 관리	조직 내부로부터 외부에 이르는 가치사슬 전반에 걸친 혁신 활동	고객창조, 신사업투자, 원가절감, 연구개발의 사업화 성과, 무형자산의 생성과 관련된 활동을 체계적으로 측정, 기록, 분석
일반경영	로우테크 경영 연구개발 이후 단계의 활동 관리	조직 내 관행화된 관리, 운영 활동	회계적인 거래 전반에 대한 체계적 측정, 기록, 분석

1.2 회계학의 분야

회계학의 분야는 크게 기업의 외부 이해관계자에게 정보를 제공하는 재무회계(financial accounting)와 기업의 내부 이해관계자에게 정보를 제공하는 원가관리회계(cost and management accounting)로 나뉜다.[8] 이 이외에도 세무회계 등 기타의 영역이 존재하는데 이하에서는 회계학이 다루는 분야에 대해 간략히 소개하기로 한다.

1.2.1. 재무회계

재무회계는 기업 등 경제적 실체(economic entity)의 재무제표(financial statements)작성을 다루는 분야이다. 재무회계는 일반적으로 회계원리, 중급회계, 고급회계 등의 과목에서 다루어진다. 중급회계의 목표는 개별기업의 재무제표작성, 고급회계의 목표는 연결기업의 재무제표 작성이라 할 수 있다. 재무회계는 주로 자산, 부채, 자본 및 수익과 비용의 인식과 측정의 문제를 다룬다. 이를 통해 기업 외부의 이해관계자들에게 유용한 정보를 제공한다. 이로 인해 정보의 형식이 중요하며 회계기준(accounting standards)를 준수하는 것이 필요하다.

우리나라 회계 기준의 체계는 적용대상에 따라 세 가지로 분류된다. 첫째, 주권상장법인 및 금융회사는 한국채택국제회계기준(K-IFRS)을 적용해야 한다. 둘째, 주식회사외부감사에 관한 법률에 의해 외부감사를 의무로 받아야 하는 법인 중 한국채택국제회계기준을 적용하

8) 일부에서는 정부회계나 비영리 법인 회계를 독립적인 분야로 인식하기도 하나, 정부회계나 비영리 법인에 대한 회계도 결국은 중앙정부나 지방정부 비영리 법인의 재무제표 작성을 목적으로 한다는 점에서 재무회계에 속하는 것으로 해석할 수 있다.

지 아니하는 회사는 일반기업회계기준을 적용하여야 한다. 마지막으로 외부감사 대상 이외의 주식회사는 중소기업회계기준을 적용하여야 한다. 이처럼 기업의 분류에 따라 다른 회계기준이 적용된다. 이외에도 비영리조직(non-profit organization)에 대한 회계정보의 신뢰성이 중요해지며 비영리조직회계기준이 한국회계기준원을 중심으로 준비 중이다.[9] 비영리조직이 사회적 보고책임을 충실히 이행할 수 있도록 비영리조직의 회계를 투명하게 하여 활발한 기부문화를 이끌어 내야 한다는 사회적 요구가 높아져 가고 있는 가운데, 이에 부응하기 위해 회계기준원의 회계기준위원회가 제정한 기준으로 2017년 7월 20일 제정 의결되었다. 이는 법률에 따라 의무적으로 적용되는 회계기준이 아니므로 실제 적용은 비영리조직의 자발적 선택에 맡겨진다.

▸ ▸ 〈표 2〉 기업 수준별 회계기준과 외부감사 의무

적용 대상	회계기준	외부감사
주권상장법인 및 금융회사	한국채택 국제회계기준	의무
외부감사대상 주식회사	일반기업회계기준	의무
외부감사대상 이외의 주식회사	중소기업회계기준	면제

1.2.2. 원가 관리회계

원가 관리회계는 협의에서 제품의 원가를 계산하는 원가회계(cost accounting)와 기업의 계획, 통제, 평가, 의사결정 등의 문제를 다루는 관리회계(management accounting)로 나누어 볼 수 있다.[10] 원가회계는 제품이나 서비스의 원가를 정확히 계산하는데 그 목적이 있다. 이 과목에서는 원가의 개념과 다양한 분류 방법을 배우고 제조업에서 제품의 단가를 산정하는 방법을 배운다. 여러분들이 회계원리나 재무회계를 배우며 만나게 되는 회사는 서비스 제공기업이거나 상품매매기업이다. 이는 제품의 단위당 가격을 계산하는 것이 어렵기 때문에 이를 따로 원가회계에서 다루도록 했다.

제품이나 서비스의 원가계산과 관련하여 제품의 성질에 따라 다른 원가계산 방법이 적용된다. 이질적인 제품에 대해서는 개별원가계산, 동질의 대규모 생산제품에 대해서는 종합

9) 비영리조직이란 공공 목적을 위한 정부와 기업 이외의 자발적 비영리단체를 의미한다. 일반적으로 이윤을 추구하지 않는 단체를 지칭한다. 그간 공공기관 · 의료법인 · 학교법인 · 사회복지법인 등 각 영역별 회계기준 이외에는 영리법인과 달리 일반적으로 인정된 회계기준이 존재하지 아니하였으나, 한국회계기준원에서 2017. 7.경 비영리조직회계기준이 제정되었다.

10) 그러나 여러분이 서점에 가서 제목이 Cost Accounting, Management Accounting, Managerial Accounting 무엇으로 되어있든 이러한 종류의 교과서를 골라 본다면 그 안에 담겨있는 내용은 유사하다는 사실을 발견할 것이다. 이는 광의의 의미에서 원가회계와 관리회계를 나누는 것에 큰 의미가 없기 때문이다.

원가계산, 결합제품에 대해서는 결합원가계산 등을 적용한다. 최근 제조간접원가의 비중이 커지면서 이들을 보다 정교하게 배부하기 위해 활동기준원가계산(Activity-Based Costing)이 등장했다. 이처럼 계산된 원가 정보는 손익계산서의 매출원가를 정확히 계산하고, 재무제표의 재고자산에 대한 정확한 정보를 제공함으로써 재무제표의 신뢰성을 높여준다. 만약 원가 정보가 정확하지 않으면 재무제표가 왜곡될 가능성이 존재한다. 또한 정확한 원가의 산정이 되지 않으면 기업의 다양한 의사결정이 잘못 될 수 있다. 예를 들어, 자신들이 제조한 제품의 원가가 ₩100임에도 이를 ₩80으로 잘못 계산한다면, ₩90에 물건을 주문하는 의사결정에 대해 승낙을 할 것이다. 이 경우 기업은 결과적으로 ₩10의 손해를 입게 된다. 이처럼 기업의 원가계산은 매우 중요한 의미를 가진다.

한편 원가 정보를 변동원가와 고정원가로 나누면 예산을 수립하는데 용이하게 사용될 수 있다. 또한 수입된 예산과 실제 사용된 원가를 비교하면 경영의 계획과 통제를 자연히 수행하게 된다. 이 외에도 원가관리회계의 정보는 기업 내부의 경영자나 의사결정자들이 판매 단가를 정하거나, 아웃소싱, 제품믹스 등을 결정할 때 중요하게 사용된다. 기업 내부에서 자체적인 관리 용도로 쓰이는 회계이기 때문에 재무회계에 비해 비공식적이고 때로는 기업의 비밀을 담고 있기도 하다.[11] 따라서 이를 작성하는 사회적 기준이 존재하지 않는 특징이 있다.

▸ ▸ 〈표 3〉 재무회계와 원가관리회계의 상대적 특징

구 분	재무회계	원가관리회계
이용자	외부 이해관계자	내부 이해관계자
제공정보	재무상태와 재무성과	원가 정보 및 의사결정 구도
작성기준존재여부	회계기준 존재	기준 없음
요구되는 특성	객관성	유용성, 적시성
관심 시점	과거	미래

11) 재무제표의 부속명세서 중에서 제조원가 명세서는 제품의 원가와 관련된 정보를 담고 있다. 과거에는 이 부속명세서가 의무적 공시사항이었으나, 이를 공개할 경우 경쟁기업에게 자신들의 정보를 과다하게 알려줄 우려가 있다는 주장이 제기되어 2004년 이후로는 자발적 공시사항으로 바뀌었다. 이러한 사례는 원가 정보가 기업 경영에서 매우 중요한 전략적 정보임을 보여주는 것이다.

1.2.3. 기타

마지막으로 세무회계의 분야가 있다. 기본적으로 세금은 국가가 국민에게 일방적으로 부과하는 의무이다. 이러한 세금은 학문적으로 조세법의 관점, 세무회계의 관점, 조세정책의 관점 등에서 접근 가능하다. 이 중에서 세무회계는 세법에 정해진 규정을 중심으로 특정 상황에서 납세자가 얼마의 세금을 내야하는가의 문제를 해결하는 학문이다.

중요한 분야는 기업의 이익에 대해 세금을 계산하는 법인세, 개인의 소득에 대해 세금을 계산하는 소득세, 소비에 대해 세금을 부과하는 소비세, 자산에 대한 보유에 대한 세금을 부과하는 자산세 등이 있다. 이 중에서 기업의 활동과 관련된 것은 법인세로, 세무회계가 중요한 이유는 회계기준의 이익과 세무 상의 이익이 다르기 때문이다.

법인세 회계는 기업회계와 관련된 회계기준에 따라서 측정된 기업이익을 세법의 규정에 따라 과세소득으로 전환하는 과정을 수행한다. 예를 들어, 기업회계상 수익이나 세법상 수익이 아니면 익금불산입, 기업회계상 수익은 아니나 세법상 수익이면 익급산입 세무조정을 한다. 반대로 기업회계상 비용이나 세법상 비용이 아니면 손금불산입, 기업회계상 비용은 아니나 세법상 비용이면 손금산입 세무조정을 한다. 이러한 세무회계 업무는 전문성을 필요로 하기 때문에 회계 법인이나 세무 법인에게 컨설팅을 주로 받는데 대형 회계 법인의 매출 중 30%이상을 차지한다.

이 외에도 국가나 지방자치단체의 회계적 문제를 다루는 정부회계가 있다. 정부회계는 크게 중앙정부의 정부회계와 지방자치단체의 정부회계로 나뉜다. 중앙정부의 정부회계는 기획재정부에서 주도하며, 지방정부회계는 행정안전부에서 주관한다. 이러한 정부회계는 이해관계자들의 의사결정에 유용한 정보를 제공하고 정부가 공공회계책임(public accountability)을 적절히 수행하고 있는지에 관한 정보의 제공을 그 목적으로 한다.

과거 정부와 관련된 회계는 예산회계를 중심으로 현금주의 관점에서 운영되어 왔으며 단식부기를 사용했다. 우리나라는 2005년도에 지방정부에 대해 2008년부터 중앙정부에 대해 복식부기와 발생주의 회계를 적용하고 있다. 정부회계가 제공하는 정보의 신뢰성과 목적적합성과 관련된 많은 논쟁이 존재한다. 즉 이를 만들기 위한 비용에 비해 얻는 효익이 적다는 불만들이 있다. 그러나 국가 및 지방자치단체의 부채를 측정하고 회계처리를 고도화 시킨다는 측면에서 그 의미는 있는 것으로 보인다. 다만 앞으로 보다 유용한 정보가 무엇인지를 식별하고 이에 관한 정보체계를 만들어 가려는 노력이 필요할 것으로 판단된다.

[개념] 회계와 재무관리(財務管理, financial management)

경영학에서 회계와 가장 가까운 거리에 있는 학문은 재무관리이다. 재무관리는 특정 조직에 있어서 필요한 자금의 조달 및 이의 사용과 관련한 일련의 관리행위를 다루는 학문이다. 경영에서 관리라는 말은 특정 자원의 인풋과 아웃풋을 효율적으로 운영한다는 의미가 담겨있다. 따라서 재무관리란 기업의 자금에 대해 효율적인 운영을 하고자 Plan(계획) – Do(시행) – See(통제 과정)에 관한 전반적인 내용을 다루는 학문이라고 할 수 있다.

재무관리는 기업의 거래 내역을 정리하여 재무적 상태와 재무적 성과를 보고하는 회계와 매우 밀접한 관련이 있다. 회계의 정보가 재무관리에 유용하게 사용되고, 재무관리의 성과가 회계적으로 기록되기 때문이다. 이처럼 실무와 연구 등에서 회계와 재무관리는 매우 밀접한 관련을 가지고 있다.

1.3 회계가 제공하는 정보의 형식

회계는 정보이용자의 의사결정에 유용한 정보를 생산하여 전달하는 시스템이다. 그렇다면 어떠한 방법으로 이용자에게 정보를 전달할까? 재무회계에서는 소위 재무제표를 통해 회계정보를 시장에 전달한다. 재무제표란 재무상태표, 포괄손익계산서, 현금흐름표, 자본변동표, 주석 등으로 이루어진다. 이에 대한 자세한 설명은 7, 8, 9, 10장에서 이루어 질 것이기 때문에 여기에서는 그 요점만을 미리 소개한다.

재무상태표의 주요 내용은 특정 시점을 기준으로 오른편(대변)에서 자금의 원천인 부채와 자본의 구성을 보여준다. 왼편(차변)에는 조달된 자금이 어디에 얼마나 있는지를 나타낸다. 예를 들어, 조달된 자금으로 기계장치를 얼마나 가지고 있는지, 토지를 얼마나 가지고 있는지 등에 관련된 정보를 제공한다.

재무상태표(계정식)

차변	금액	대변	금액
자 산	300,000	부 채	200,000
		자 본	100,000
계	300,000	계	300,000

포괄손익계산서(statement of comprehensive income)는 해당 회계기간 동안의 재무성과를 보여주는 재무제표이다. 일정 기간 동안 총수익에서 총비용을 차감한 것이 양수이면 당

기순이익(net profit), 음수이면 당기순손실(net loss)이라고 한다. 이 과정에서 일부의 항목은 광의의 수익과 비용에는 포함되지만 당기순이익(손실)에는 반영이 되지 않는데, 이들을 기타포괄손익(other comprehensive income)이라 한다. 기타포괄손익은 외화자산평가손익, 파생상품평가손익 등 주로 미실현 평가손익들로 구성된다.

포괄손익계산서(보고식/하나의 보고서)

수 익	500,000
비 용	(450,000)
당 기 순 이 익	50,000
기 타 포 괄 손 익	0
총 포 괄 손 익	50,000

현금흐름표(statement of cash flow)는 회계기간 중에 발생한 현금의 유입과 유출에 관한 정보를 제공하는 재무제표이다. 발생주의에 의해 작성된 재무상태표나 포괄손익계산서가 갖는 한계를 보완하는 역할을 한다. 이는 구체적으로 기업의 영업활동으로 인한 현금흐름, 투자활동으로 인한 현금흐름, 재무활동으로 인한 현금흐름으로 구분되며 기업의 현금창출능력, 현금지급능력 등을 평가하는 데 유용한 정보를 제공한다.

현금흐름표

Ⅰ. 영업활동으로 인한 현금흐름	70,000
Ⅱ. 투자활동으로 인한 현금흐름	(50,000)
Ⅲ. 재무활동으로 인한 현금흐름	10,000
Ⅳ. 현금의 증가(감소) (Ⅰ+Ⅱ+Ⅲ)	30,000
Ⅴ. 기초의 현금	30,000
Ⅵ. 기말의 현금	60,000

자본변동표(statement of changes in equity)는 회계기간 중에 소유주지분인 자본의 변동을 종합적으로 나타내는 보고서이다. 소유주지분은 자본의 납입이나 배당 등 주주와의 거래나 기업의 이익 창출 등에 의해 실질적인 변화가 발생한다. 여기에 주식배당이나 무상증자 등 소유주지분 내에서의 분류의 변화 등에 의해 명목상의 변화도 발생한다. 자본변동표는 기중의 이러한 변동 내역을 알려주는 보고서이다. 한편, 이후의 논의를 위해 자본부분에서 한 가지 정리하고 넘어가야 할 사항은 자본과 자본금에 대한 용어의 차이를 구분하는

것이다. 자본(equity)은 기업의 자산에서 부채를 차감한 소유주 지분 전체를 의미하는 반면, 자본금(capital stock)은 납입자본 중에서 발행주식의 액면금액의 합계를 나타낸다. 따라서 자본은 자본금의 변화뿐만 아니라 손익의 발생에 의해서도 변화하게 됨을 잊지 말기 바란다. 이외에도 주석 등이 재무제표를 구성하는 항목이다.

자본변동표

	납입자본	이익잉여금	기타자본요소	합 계
기 초	50,000	0	0	50,000
전기 이익처분(배당)	0	0	0	0
총 포 괄 이 익		50,000		50,000
기 말	50,000	50,000	0	100,000

1.4 ERP시스템을 이용한 기업의 회계처리

최근에 인공지능 등이 발달하며 미래 직업의 흥망을 예측하는 기사들 중에 재미있는 것은 회계사가 없어질 직업 1위에도 올라있고, 전망이 밝은 직업 1위에도 올라 있다는 것이다. 이는 영어 Accountant를 둘 다 회계사로 번역한데 기인하는 것으로 보인다. 앞으로도 정확하고 유용한 정보를 적시에 생산하여 의사결정의 효율성을 높이는 역할은 계속 중요성을 유지할 것이다. 그런 측면에서 미래에도 회계사의 직업적 전망은 유망하다고 볼 수 있다.[12] 이는 앞으로도 회계가 유망한 분야가 될 수 있음을 의미한다. 신문에서 말한 없어질 Accountant는 테크니션(technician)을 의미한다. 단순한 입력을 대행하는 회계 테크니션은 분명 줄어들 것이다. 과거에는 전표관리 등을 위해 회계와 관련된 단순한 작업을 하는 많은 사람들이 필요했다. 그러나 앞으로 이러한 일들은 프로그램된 시스템으로 대체될 것이다. 현재 이들의 일을 대신하는 것이 바로 ERP시스템이다.

ERP시스템이란 Enterprise Resource Planning의 약자로 흔히 전사적 자원관리 시스템이나 전사적 통합시스템이라고 불린다. 이는 기업 내부의 생산, 판매, 회계, 영업 등 일련의 사업 과정을 통합적으로 연계하여 관리함으로써 기업 내부의 정보를 신속 정확하게 관리하

12) 실제 2019년에 들어 회계업계는 매우 호황을 맞이하고 있다. 회계정보의 유용성과 투명성이 강조되며 감사보수가 현실화되고, 감사의 범위도 확장되고 있으며, 내부통제 등과 관련된 수요도 늘고 있다.

고 이를 통해 적시에 합리적 의사결정을 이끌어 내는 것을 목적으로 한다. ICT 관점에서 보면 ERP는 여러 부서에서 수행되는 업무 처리를 돕기 위해 일상 업무 작업을 자동화한 MS OFFICE처럼 응용시스템(패키지 소프트웨어)들의 집합으로 구성되어 있다.

ERP는 ICT 환경 변화에 따라 발생한 것으로, 제조업체의 핵심이라고 할 수 있는 생산 부문의 효율적인 관리를 위한 시스템인 MRP(자재 소요량 계획 : Material Requirement Planning)에서 시작되었다. MRP는 전체적인 생산 계획에 의해 부품별로 제조가 필요한 부품은 생산 주문(factory order release), 구매가 필요한 부품은 구매주문(purchase order release)을 하여 생산을 원활하게 하는 기능을 수행하는 것이다. 이러한 MRP시스템에 의해 많은 기업들은 합리적으로 생산 계획이 가능하게 되어 생산 활동뿐만 아니라 마케팅, 구매 부문의 활동이 보다 조정이 잘될 수 있었다.

1980년대에 들어 컴퓨터의 발달에 힘입어 생산 활동에 관련된 관리 부문의 업무가 추가되면서 MRP II 개념이 생겨나게 되었다. MRP II는 기존 MRP의 기술적인 문제를 해결함은 물론 실시간으로 데이터를 반영하고, 그 적용 범위를 확장해 자재 관리뿐만 아니라 수주 · 재무 · 판매 관리 등 기업 내 모든 자원의 사용을 통합적으로 계획하고 관리하는 개념으로 발전했다. 이러한 통합 시스템은 MRP라는 용어의 의미가 '자재 소요량 계획'이라는 개념에서 '생산 자원 계획(Manufacturing Resource Planning)'의 개념으로 확장되어 MRP II로 표현되었다.

1990년대 들어 ICT의 급속한 발전으로 MRP II가 제공하지 못하는 기능을 추가시키면서 분산화, 개방화한 시스템으로 ERP 시스템이 등장했으며, SCM 차원에서 기업의 통합 범위를 공급자와 고객으로 확장할 수 있는 기능을 제공하고 있다.[13)]

최근에는 기업이 작성한 회계정보가 정확한지를 검토하는 회계감사에서도 컴퓨터가 널리 활용되고 있다.[14)] 과거의 회계감사는 제한된 시간 내에 방대한 회계자료를 처리하는데 한계가 있어 주로 샘플링(sampling)을 통한 감사를 수행해 왔다. 그러나 컴퓨터로 회계정보가 처리되는 환경에서 빠른 정보처리 속도와 인공지능의 발달은 회계감사의 기법에도 변화를 발생시키고 있다. 미국의 4대 회계법인 중의 하나인 KPMG는 최근 인공지능 감사시스템을 실무에 적극 활용하고 있다.[15)] 이 시스템은 기업의 전산화된 회계자료를 모두 검토

---

13) SCM(Supply Chain Management)은 공급사슬관리를 의미한다. 사업의 후방 사슬(backward chain) 단계에서 원재료, 매입상품, 외주사 또는 협력업체의 공급품 등 일체의 투입 자원을 관리하는 활동이다.

14) 회계감사(Audit)란 기업이 작성한 재무제표가 회계기준에 맞게 작성되었는지를 외부의 독립적 감사인이 확인하고 의견을 제시하는 활동이다.

15) 미국의 4대 회계법인은 PWC, KPMG, Delloit, Earnist Young이며 각 법인별로 최근에 인공지능을 이용한 회계 감사 프로그램을 개발하여 실무에 적용하고 있다.

하면서 인공지능 기술을 이용하여 비정상적이라고 여겨지는 거래나 오류, 부정이 의심되는 사항들에 대해 플래그(flag)를 띄운다. 그러면 회계사가 해당사항에 대해 조사하고 검토하여 문제가 없는지를 확인한다. 이는 과거 회계 감사가 할 수 없던 대규모의 일을 수행하는 것으로 IT기술의 발달이 회계감사에도 적용되어 감사 업무를 보다 효율적이고 수준 높게 처리하도록 한 것으로 평가할 수 있다.

[화제] ERP 시스템과 기업 정보 관리

ERP시스템이란 전사적 자원관리 시스템(Enterprise Resource Planning)이라고 불리는 것으로 기업 내의 생산, 회계, 인사, 물류 등의 업무에 모든 정보들을 서로 공유하고 새로운 정보를 생성하여 신속한 의사결정과 업무를 지원하는 시스템을 의미한다. 이는 2000년대 IT 기술의 비약적 발전으로 급속히 떠오른 분야로 사업에 있어 각종 자료를 수집 분석하여 경영효율을 높이는 데 큰 일조를 하고 있다.

회계 분야에서도 ERP 시스템은 매우 중요하다. 왜냐하면 ERP 시스템은 정보의 일원화와 실시간화를 통해 매출정보, 재고상태 등 수시로 변화하는 경영상황에 대한 정보를 제공함으로써 회계정보의 투명성 제고에 도움을 주고 있기 때문이다. 국내 대기업들은 효율적인 자원의 관리와 회계정보의 투명성을 확보하기 위해 2000년 대 초반부터 ERP 시스템의 구축에 나서기 시작하였고, 최근에는 중견기업과 중소기업으로 빠르게 확산되고 있다.

이 중에서 가장 대표적인 기업은 독일의 SAP이다. 이 기업은 1972년 설립되었으며 2015년 기준으로 약 400억 달러의 자산규모에 200달러 규모의 매출을 올리고 있다. 기업의 슬로건은 "기업 운영을 심플하게 하라(Run Simple)"로, 통합 비즈니스 솔루션을 통해 원가 절감, 기업 경영의 효율성 증가 등을 할 수 있다고 주장한다. 소프트웨어, 데이터 분석, 클라우드, 모바일 서비스, 데이터베이스 및 테크놀로지 등을 주 사업 분야로 하고 있다. 이들은 기업에 대해 플랫폼 및 기술, 인사 관리, 자산 관리, 재무, 영업, 마케팅, 상거래 등의 다양한 업무영역별, 산업별 비즈니스 솔루션을 제공한다. 1995년부터 SAP KOREA를 통해 한국에서도 비즈니스를 하고 있다. 우리 나라에서는 주로 대기업들이 SAP를 받아들여 사용하고 있다.

SAP는 최근 인공지능 분야와의 접목을 통해 그들의 비즈니스 솔루션을 향상시키려 노력하고 있다. 이러한 노력은 기술경영을 공부하려는 학생들에게 중요한 시사점을 제공할 수 있을 것으로 보인다. 더불어 소프트웨어에 능력이 있는 학생들이라면 경영을 배워 문과계 학생들보다 더 큰 장점을 발휘할 수 있을 것으로 보인다.

아래의 그림은 SAP KOREA의 홈페이지에서 가져온 것이다. 이 그림은 향후 ERP가 어떠한 방식으로 발전할지를 보여주는 청사진이라 할 수 있다. 과거와 달라진 점은 클라우드 기술을 이용해 데이터를 관리하고 최적화와 관련하여 인공지능을 이용한다는 점이다. 회계는 정보이용자에게 유용한 정보를 만들어내고 전달하는 시스템이다. 이 점에서 향후에도 ERP 시스템은 회계와 밀접한 관련을 가지고 발전할 것으로 보인다.

그림 1 인텔리전트 엔터프라이즈를 위한 SAP 솔루션

인텔리전트 엔터프라이즈가 되기 위해서는 지능형 제품군, 지능형 기술, 디지털 플랫폼이라는 3가지 핵심 영역에 투자해야 합니다.

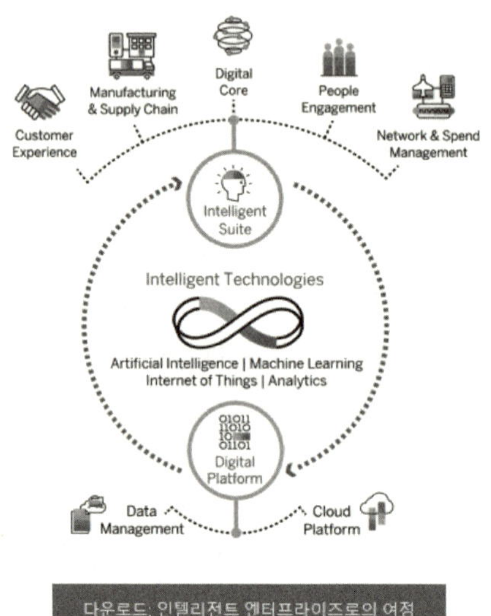

출처 : SAP KOREA 홈페이지

CHAPTER

01 연습문제

1. 회계의 정의를 기술하시오.

2. 회계정보의 필요성 증대를 자본주의의 발전과 연계하여 설명하시오.

3. 재무회계, 원가관리회계, 세무회계의 특징에 대해 기술하시오.

4. 재무회계가 제공하는 정보의 체계에 대해 설명하시오.

5. 재무회계에서 회계기준이 필요한 이유와 우리나라의 회계기준 체계에 대해 기술하시오.

6. 원가관리회계 정보의 이용자에 대해 기술하고 이로 인해 재무회계와 다른 특징을 세 가지만 제시하시오.

7. 원가관리회계가 재무회계와 달리 특별한 보고형식을 갖지 않는 이유에 대해 설명하시오.

8. 세무회계의 필요성에 대해 설명하시오.

9. ERP 시스템의 등장이 기업의 회계 업무에 미친 영향에 대해 평가하시오.

CHAPTER

2

성공적 기술경영을 위해서는 원가에 대한 마인드가 필요하다

학습목표

1. 원가의 중요성을 설명할 수 있다.
2. 다양한 원가의 개념을 구분하여 설명할 수 있다.
3. 제조원가의 구성요소를 이해하고 주어진 원가가 어디로 분류되어야 하는지를 제시할 수 있다.

2.1 기술경영과 원가의 관련성

기술경영(management of technology)은 '기술'자원을 효과적이고 전략적으로 획득, 관리, 활용하여 새로운 고객과 사업기회를 창출하는 것을 목적으로 하는 일체의 활동으로 정의된다. 이러한 기술 경영의 성격은 일반 경영과 다음과 같은 면에서 차이가 있다고 여겨져 왔다. 첫째, 일반경영과 달리 기술경영은 생산과 매출 발생 이전 단계의 기술혁신 및 신제품의 기획과 개발단계부터 관리하는 방법에 대해 다룬다. 둘째, 기술 경영은 비기술 제품이나 서비스 보다는 주로 하이테크에 기반을 둔 제품 또는 서비스를 대상으로 한다.

그러나 최근에는 포터(Michael E. Porter)가 제시한 설계, 기획, 생산, 유통, A/S 등 일련의 가치사슬을 통해 기술이 개입하기 때문에 기존의 관점보다 기술경영의 적용 영역을 보다 확대하여 인식하는 것이 필요하다. 또한 기존의 산업에도 IT 등의 기술이 접목되어 부가가치를 올리고 있다. 이러한 변화는 기술경영을 굳이 과거의 관점에 집착해 좁게 해석하기 보다는 일련의 경영활동 전반에 기술적 변화를 접목하여 기존의 가치 창출체계를 향상시키는 활동으로 보는 것이 보다 유효함을 암시한다.

이런 측면에서 결국 기술경영도 실제 시장에서는 가격과 성능의 싸움에 유용한 지식이 되어야 한다. 즉 사업적으로 성공을 위해서는 단순히 기술의 측면만이 아닌 경영의 영역에서 유용해야 하며 이는 기술경영에도 기존의 회계적 관점 등의 중요한 요소인 원가 등의 개념이 적용되어야 함을 의미한다.

원가는 사업의 성과에 매우 중요한 영향을 미친다. 매출 가격과 매출을 위해 소모된 자원이라는 측면에서 원가는 이익을 결정하는 중요한 요소이다. 따라서 원가를 정확히 측정하는 것은 정확한 성과를 측정하기 위한 첫 걸음이다. 또한 이를 활용하여 경영계획을 수립하고 실제와 비교하여 통제 및 평가의 기능을 수행할 수 있다. 또한 다양한 경영 의사결정에도 원가 정보가 쓰인다. 이처럼 기술경영을 실무적으로 뒷받침하기 위해서는 경영자나 관리자가 원가와 관련된 마인드를 갖는 것이 중요하다.

2.2 원가계산의 개념과 분류

2.2.1. 원가의 개념

원가(cost)란 무엇인가? 원가란 특정 자원을 얻기 위해 사용된 재화를 화폐 가치로 나타낸 것을 의미한다. 예를 들어, 기업이 기계를 한 대 구입하며 ₩100을 지불하였다면, 이 기계의 원가는 ₩100이 된다. 이처럼 원가라는 단어는 주로 취득원가(acquisition cost)의 개념으로 사용된다. 제조원가(manufacturing cost)의 개념은 특정 자원을 생산하기 위해 제조에 투입된 자원의 화폐가치라고 생각할 수 있을 것이다.

원가라는 용어와 구분되어 사용되어야 할 개념은 비용(expense)이다. 비용은 특정 목적의 달성(보통은 수익 창출)을 위해 소멸(expired)된 원가를 의미한다. 즉, 앞서 구입한 기계가 내용연수 10년 잔존가치 0이라 할 때, 이를 정액법(straight line method)으로 감가상각한다면 매년 ₩10의 감가상각비가 계상된다. 이 때 감가상각비 ₩10은 비용이다.

[개념] 감가상각(減價償却, depreciation)

1) 개념

감가상각이란 유형자산의 감가상각 대상금액을 그 자산의 내용연수 동안 체계적으로 배분하는 회계절차이다. 단 토지와 건설 중인 자산에는 적용하지 않는다. 내용연수(useful life)는 기업이 유형자산을 사용할 것으로 기대되는 기간을 의미한다.

2) 방법

감가상각은 내용연수와 잔존가치를 추정하는 일로부터 시작한다. 매 회계연도 말에 이에 대한 적정성을 재검토하고 변화가 있으면 회계추정의 변경으로 처리해야 한다.

대표적인 방법으로 매년 동일한 금액을 상각하는 정액법, 초기에 많은 금액을 차감하는 가속상각법(정률법, 연수합계법 포함), 생산량 비례법 등이 있다. 자세한 계산방법에 대해서는 본서 10장에서 설명하기로 한다.

3) '감가상각'은 depreciation의 번역어이고, amortization의 번역어는 '상각'이다. 둘 다 상각이라는 어구가 들어있지만, 두 가지는 전혀 다른 대상에 사용되는 용어다. 장기에 걸쳐서 회계상 평가금액이 감소해간다는 속성은 동일하지만, 감가상각은 유형자산에 대해서만 사용하고, 상각은 유형자산이 아닌 자산에 대해서 사용한다.

예를 들어서 특허권에 대한 일체의 권리를 정액으로 매입하면 그것은 자산화되어 내용연수 기간 동안 상각(amortization) 대상은 되지만, 감가상각(depreciation)이라고는 부르지 않는다. 그래서 '무형자산 상각'이라고 하지, '무형자산 감가상각'이라는 표현은 잘못된 것이며, '기계장치 감가상각'이라 하고, '기계장치 상각'이라는 표현은 쓰지 않는다.

정리하자면 원가는 특정 목적을 위해 투입된 자원을 의미하며, 비용은 소멸된 자원을 의미한다. 일반적으로 제조 기업의 경우 제품생산을 위해 투입된 원가는 집계되어 재고자산으로 계상되었다가, 판매시에 매출원가로서 비용화되는 과정을 거친다. 여기서 생산에 투입된 자원을 재고자산으로 계상하는 것은 원가가 소멸되지 않고 다른 자산으로 대체되었기 때문이다. 반면 판매시에는 수익창출을 위해 재고자산이 소멸되는 것으로 보아 비용화하는 것이다.

2.2.2. 원가의 분류

2.2.2.1. 변동원가와 고정원가

원가를 그 발생 행태(cost behavior)에 따라 나누어 볼 수 있다.1) 발생행태에 따라 원가는 변동원가(variable cost)와 고정원가(fixed cost)로 구분된다. 변동원가는 조업도(volume)가 변화할 때 원가도 변화하는 원가를 일컫는다.2) 반면 고정원가는 조업도가 변해도 원가가 일정한 원가를 지칭하는 개념이다. 아래와 같이 조업도는 X축에 원가는 Y축에 나타내는 그림을 생각해 보자. 왼쪽의 원가A는 조업도의 변화에 따라 증가 또는 감소하므로 이는 변동원가라고 할 수 있다. 반면 오른쪽의 원가B는 조업도의 변화에도 불구하고 일정하므로 이는 고정원가라고 할 수 있다.

그림 1 변동원가와 고정원가

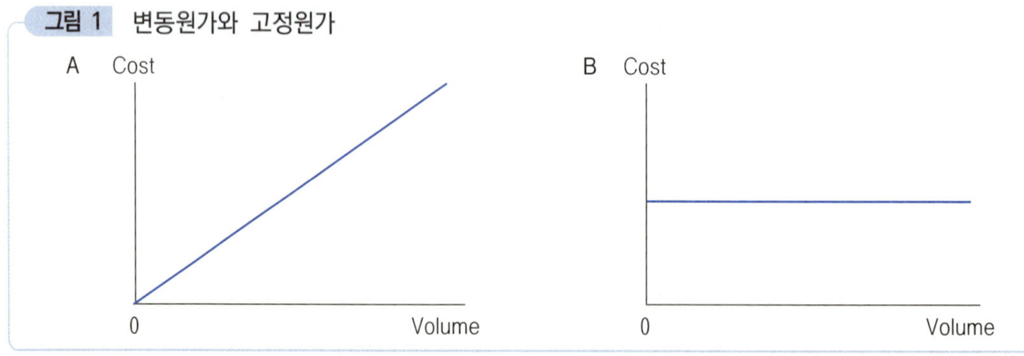

우리가 주변에서 흔히 볼 수 있는 뷔페식당의 예를 들어 설명해 보기로 한다. 어떤 뷔페식당의 1회 이용 요금은 ₩20,000이라고 가정하자. 뷔페식당 이용요금 ₩20,000은 변동원가인가 고정원가인가?

1) Cost behavior를 우리 말로는 보통 원가의 행태라는 용어를 사용한다. 원가 형태라는 말을 사용하지 않도록 주의하여야 한다.

2) 조업도란 일의 양을 뜻하는 것으로 일반적으로 작업량이나 생산량을 나타낸다.

많은 독자들은 고정원가라고 대답할 것이다. 왜냐하면 뷔페식당이라는 곳이 음식을 아무리 먹어도 ₩20,000의 비용만 지불하면 되기 때문이다. X(조업도)축을 먹은 음식의 양이라고 생각한다면 이는 맞는 답변일 것이다. 그러나 만약 X축을 식당 이용횟수라고 생각해 보자. 이 경우 원가는 식당을 이용할 때마다 발생하기 때문에 변동비의 행태를 가질 것이다. 이와 같이 변동원가냐 고정원가냐 하는 것은 원가의 명칭과 관련된 문제가 아니라 어떠한 것을 기준으로 하는가에 따라 달라질 수 있는 문제이다. 따라서 항상 X축이 무엇이냐를 살필 필요가 있다.

한편, 일정한 고정원가에 변동원가가 추가되는 원가를 준변동원가(semi-variable cost)라고 하며, 고정원가가 일정한 수준마다 바뀌는 것을 준고정원가(semi-fixed cost)라고 한다. 준변동원가의 예는 수도요금처럼 기본료를 내고 사용량에 따라 추가로 요금을 부담하는 것이 대표적이다. 준고정원가의 예로는 학과 MT를 갈 때 대절하는 관광버스의 예를 생각해 볼 수 있다. 30인승 버스 1대를 빌릴 때 ₩300,000의 비용을 지불해야 한다고 가정하자. MT를 20명이 가든 21명이 가든 22명이 가든 버스 임차비용은 ₩300,000으로 같다. 이런 측면에서 관광버스 대절 비용은 고정비용이다. 그러나 MT참가자가 31명이 되면 비용은 ₩600,000으로 증가한다. 이런 현상이 30명 단위로 발생한다. 현실에는 이처럼 일정 구간 내에서는 동일 원가를 갖지만 구간을 벗어나면 원가가 증가하는 원가들이 많다. 이러한 원가를 준고정원가라고 하며, 계단처럼 증가하는 성질에 주목하여 계단원가(step cost)라고도 한다.

그림 2 준변동원가와 준고정원가(계단원가)

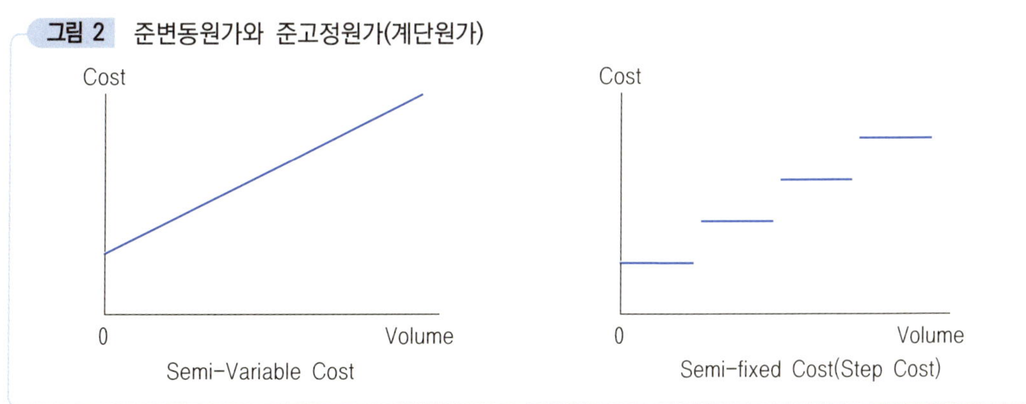

원가의 행태를 이해하는 것은 조업도에 따른 원가의 변화를 예측한다는 측면에서 수익

성을 분석할 때 매우 중요하다.3) 또한 원가를 변동원가와 고정원가라는 관점에서 파악할 수 있다면 기업의 원가구조(cost structure)를 이해하는데 도움을 주어 향후 공부하게 될 예산의 수립이나 CVP(Cost-Volume-Profit)분석 등에 유용하게 사용할 수 있다.

예 제

다음 그래프의 종축은 총원가를 나타내며, 횡축은 1년간의 생산량을 나타낸다. 다음 중 그래프를 적정하게 설명하지 못한 것은? (회계사 2004)

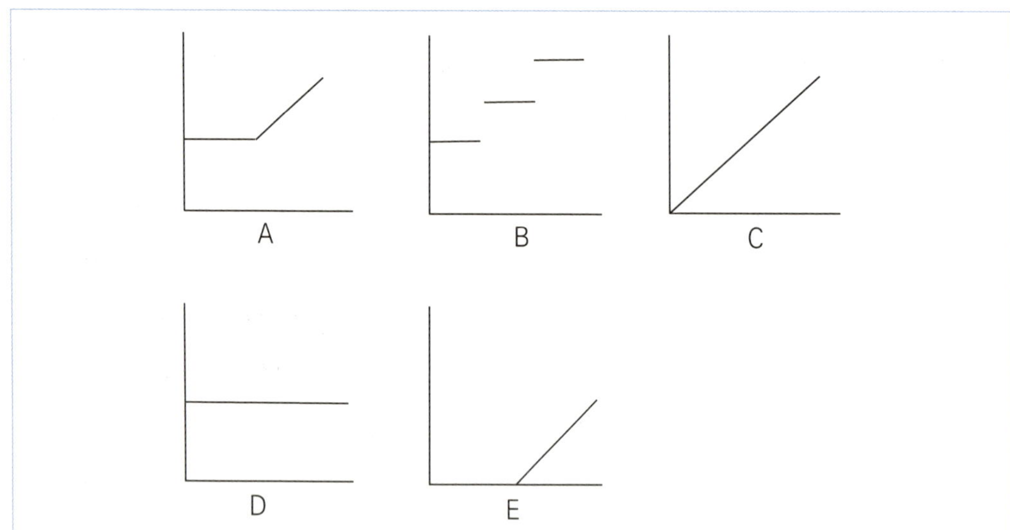

A : 일정량의 kwh까지는 기본요금을 내고 그것을 초과하는 경우에는 변동원가가 추가된다(kwh는 생산량에 비례하여 증가).

B : 수도요금 청구액은 다음과 같이 계산된다.

100,000 갤런 이하	기본요금	₩100,000
추가 10,000갤런	추가 사용된 갤런당	₩3
추가 10,000갤런	추가 사용된 갤런당	₩6

C : 기계사용시간(생산량에 비례)을 기준으로 계산되는 설비의 감가상각비

D : 정액법에 의한 설비의 연간 감가상각비

E : 어떤 조업도 수준 이상으로 생산되는 매 생산단위마다 ₩100을 관리자에게 지급하는 상여금 제도

3) 원가구조를 이해하면 수익변화에 따른 이익변화를 추정할 수 있다. 이는 기업의 EPS(주당순이익)를 예측하여야 하는 재무분석가(analyst)들에게 매우 필수적인 것이다. 또한 마케팅 측면에서도 어떤 제품을 판매할 때 고객사의 특성에 따라 자신들의 제품이 다른 기업에 비해 어느 구간에서 더 유리한지를 설명할 수 있는 매우 유용한 틀이다. 이런 면에서 원가에 대한 정보는 다양한 관계자들에게 매우 유용한 것이다.

① A ② B ③ C
④ D ⑤ E

풀이

A는 일정 사용량까지는 기본요금이므로 고정원가 행태이고, 그것을 초과하는 경우 변동원가이므로 그림과 일치한다. B는 구간별로 사용량에 따른 기울기가 달라져야 한다. 첫 구간은 기울기가 0, 두 번째 구간은 기울기가 ₩3/갤런, 세 번째 구간은 기울기가 ₩6/갤런이어야 한다. 그러나 그림에서는 구간별로 기울기가 모두 0으로 그려져 있어 잘못 표현되었다. C는 변동원가, D는 고정원가로 잘 연결되었다. E는 일정 수준 이상에서 변동원가이므로 그림이 잘 표현하고 있다.
이처럼 우리가 처하는 상황의 원가 그래프를 그릴 수 있다면 보다 많은 사람에게 원가에 대해 쉽게 설명을 할 수 있다. 어떤 요금제를 설명할 때 그림을 그려 설명한다면 고객은 쉽게 이해하고 당신의 권유를 받아들일 것이다. 즉, 원가에 대한 그래프는 기업 내부자의 의사결정뿐만 아니라 판매를 위한 마케팅에도 사용될 수 있다.

2.2.2.2. 직접원가와 간접원가

원가의 추적 가능성에 따라 직접원가(direct cost)와 간접원가(indirect cost)로 개념을 나누어 생각할 수 있다. 추적 가능성이라는 것은 해당 원가를 최종적인 제품이나 서비스에 직접 연계시킬 수 있는가를 의미한다. 직접원가는 추적가능(traceable)한 원가를 일컫고, 간접원가는 추적 불가능한 원가를 지칭한다.

일반적으로 원가를 배분(assign)할 때 직접원가는 최종적인 제품이나 서비스에 직접 부착(trace)하고 간접원가는 합리적인 기준에 따라 배부(allocate)하게 된다. 따라서 원가계산의 정확성 측면에서 모든 원가를 직접 추적하여 배분한다면 가장 바람직할 것이다.

그렇다면 왜 모든 원가를 추적하여 직접원가로 배분하지 않는가? 이는 원가를 추정하는데 들어가는 원가와 이를 정확히 측정함으로부터 얻는 효용사이의 문제와 관련이 있다. 원가를 측정하여 이를 최종적인 제품이나 서비스에 고착시키는 데에는 측정 원가가 들어간다.

제과공장을 예를 들어보자. 제과공장에서 생산하는 제품은 중 길다란 도너츠와 동그란 도너츠가 있다고 해보자. 이들을 만들기 위해서는 어떠한 자원이 투입될까? 먼저, 밀가루,

설탕 등 재료를 떠올릴 수 있을 것이다. 이들 재료는 최종적인 제품을 구성하기 때문에 재료원가(material cost)라 할 수 있다. 재료 원가 중에서 길다란 도너츠와 동그란 도너츠에 직접적으로 얼마가 들어갔는가를 추적할 수 있는 원가는 직접재료원가로 분류될 것이다. 반면 추적이 불가능한 원가는 간접재료원가로 분류될 것이다. 그렇다면 도너츠의 표면에 묻히는 설탕이 있다고 했을 때 이 설탕은 직접재료원가일까 아니면 간접재료원가일까?

아마도 각 제품에 묻어있는 설탕의 개수를 세는 것은 번거로운 일이기는 하지만 불가능한 일은 아닐 것이다. 따라서 직접재료원가로 분류될 수도 있다. 그러나 설탕의 가격이 그리 높지 않다면 이를 일일이 세서 정확히 길다란 도너츠에 몇 알의 설탕이 묻어 있어 얼마인지 또 동그란 도너츠에 몇 알의 설탕이 묻어있는지를 분석해 정확히 원가를 계산하는 것은 이를 세는 사람을 고용하여야 한다는 측면에서 매우 비효율적일 것이다. 이 보다는 대강 이들의 평균적인 표면적을 계산하여 제품별 설탕의 원가가 이에 비례할 것으로 추정하여 설탕의 원가를 배분하는 것이 무난할 것이다. 후자를 택한다면 설탕의 원가는 제품별로 실제 추적으로 한 것이 아니라 대강의 추정을 이용하여 배분하는 것이므로 설탕의 원가는 간접재료원가가 될 것이다.

그러나 사례를 조금 바꾸어 도너츠가 고가의 장식품이고 설탕이 다이어몬드여서 설탕으로 표현되는 다이어몬드 하나의 가격이 매우 크다면 문제는 달라질 것이다. 예술작품 도너츠의 정확한 원가를 계산하기 위해서는 각각의 작품에 들어있는 다이어몬드의 개수를 세야만 할 것이다. 이처럼 추적가능성은 절대적인 개념이 아니라 경영자 또는 원가담당자가 측정을 위한 비용과 측정의 효용(benefit)을 고려하여 합리적으로 판단하는 것이다.[4)]

2.2.3. 기타의 원가 분류

2.2.3.1. 기회원가

기회원가(opportunity cost)란 차선의 대체안을 포기함으로써 상실한 효익이나, 자원을 현재 사용하는 용도가 아닌 대체적인 다른 용도에 사용하였을 때 실현가능한 최대금액을 의미한다.

4) 이외에도 다양한 원가의 분류가 있으나 본 서에서는 차후에 설명되는 개념들을 설명하는데 도움이 되는 원가의 분류들에 대해서만 설명하기로 한다.

㈜한국은 보유하고 있는 건물을 이용하여 내년에 다음과 같은 세 가지 방법의 이익을 추구할 수 있다. 첫째, 임대를 주어 ₩120,000의 임대수익을 얻는 방법, 둘째, 방치하여 ₩0의 수익을 얻는 방법, 셋째, 직원들과 사업을 하여 ₩200,000의 수익을 거두는 방법이다.

1. 이 중에서 가장 기회비용을 적게하는 선택은 무엇인가?
2. 첫 번째 대안을 선택하였을 때의 기회비용은 얼마인가?

기회비용이 가장 작은 것은 최상의 수익을 얻는 방법으로 세 번째 대안이다. 첫 번째 대안을 선택하면 기회비용은 ₩0과 ₩200,000 중 큰 금액인 ₩200,000이 된다.

2.2.3.2. 관련원가와 비관련원가

의사결정에 필요한 원가와 관련된 정보를 관련원가(relevant cost)라고 하며 의사결정에 필요하지 않은 원가와 관련된 정보를 비관련원가(irrelevant cost)라고 한다. 이는 주로 선택과 관련된 의사결정 문제에서 사용되는 개념으로 관련원가로 분류되기 위해서는 미래의 발생하는 일(occur in the future)에 대해 선택 대안들 간에 차이(differ among the alternative courses of action)가 존재해야 한다.

비관련원가의 대표적인 것으로 매몰원가(sunk cost)가 있다. 매몰원가는 이미 발생한 원가로 기발생원가라고도 불린다. 과거에 이미 발생했으므로 경영자가 이를 통제할 수도 없고 경영자가 고려하고 있는 대안 간에 차이도 없어 의사결정시 고려하지 않는 원가이다.

예를 들어, 어떤 기업이 자신들이 자체개발하여 사용하던 관리프로그램에 한계를 느끼고, 외부로부터 새로운 ERP시스템을 도입하려 한다고 가정해 보자. 이 때 고민할 것은 무엇인가? SAP이나 ORACLE 등 도입할 수 있는 ERP프로그램 후보들을 인식(identify)하고, 이들을 도입했을 때 각각의 장단점 등이 분석되어야 할 것이다. 이와 관련된 회의에서 A부장이 동일한 업무처리에 SAP를 도입하면 향후 ₩100의 비용이 발생하고, ORACLE을 도입하면 ₩80의 비용이 예상된다고 보고한다면 A부장은 관련원가를 잘 파악하여 보고한 것으로 평가할 수 있다. 그러나 B부장은 과거 회사가 자체 관리프로그램을 개발하는데 ₩200이나 썼다며 기존의 프로그램을 고쳐서 써야한다고 주장한다고 해보자. 과거 프로그램 개발에 쓰인 ₩200은 미래와 무관한 과거에 발생한 사건이다. 회의에 참석한 당신은 이에 대해 과거에 지출된 ₩200은 매몰원가이니 고려할 필요가 없고, 동일한 업무처리 능력을 갖기 위해 기존의 프로그램을 개선하는데 얼마의 비용이 더 필요한지를 물어 B부장이 주장하고자 하는 바를 보다 의미 있는 차원으로 유도할 수 있을 것이다.

[원리] 피터 드러커(P. F. Drucker)의 원가관리 또는 비용경영 사상

위대한 경영 사상가 피터 드러커는 회계의 중요성을 누구보다 잘 인식하고 있었다. 그의 비용경영(cost management) 사상을 이해하면, 전통적인 회계에서 포착하지 못하는 비용의 이면을 이해하고 사업을 하나의 전체로서 바라보는 데에 도움이 된다.

그는 우선 전통적인 원가회계 시스템은 회사의 제품군에 속한 개별제품의 원가를 정확히 파악해 내지 못하는 단점이 있다고 비판했다. 흔한 간접비 또는 오버헤드(overhead) 개념으로는 구체적으로 개별 사업들을 추진할 때 어떤 비용들이 낭비되고 있는지, 또는 제대로 투입되고 있는지를 구분하기가 매우 곤란하다. 이 때문에 많은 경영자들이 성과를 창출하는 부문에 제대로 투입해야 할 비용 전략을 수립하는 데에 실패하고 있다고 보았다. 전통적 원가회계 방식은 회계상으로는 맞지만, 사업(business)을 이해하는 데에는 부적합하며, 활동기준원가계산(Activity-Based Costing, 본서 3장 참조)가 더욱 바람직한 방식이라고 했다[5].

이런 장점에도 불구하고, 드러커는 활동기준원가계산조차도 여전히 한계가 있다고 보았다[6].

첫째, 활동기준원가계산은 여전히 명시적인 비용만을 표현할 뿐, 눈에 잘 보이지 않는 암묵적인 비용, 동시에 간과하기 쉬운 사업 기회는 보여주지 못하고 있다. 그는 원가회계와 활동기준원가계산이 오직 해가 떠있을 때에만 시간을 알려 줄 수 있는 해시계와 유사하다고 생각했다. 경영자가 회계 시스템을 대하는 태도는, 마치 진정으로 탁월한 의사가 건강검진 또는 진료차트 상 수치를 기본 출발점으로 하되, 그 기록에 나타나지 않는 요인을 파악해서 환자의 진짜 건강 상태를 판단할 수 있어야 하는 것과 같다.

둘째, 활동기준원가계산에 통제(control) 수단으로서 중점을 두게 되면, 조직 문화 전반에 불신의 분위기가 싹틀 수 있다는 것이다. 구성원들의 모든 활동 수준을 세세히 기록하면서, 직원들이 업무 시간에 다른 일을 하지 않는지, 또는 거래량을 속이는 것은 아닌지와 같은 것들을 감시하는 수단으로 전락되면, 변화경영에 필요한 지식의 자유로운 유통은 제약을 받게 된다.

드러커는 재무제표에는 나오지 않지만 비용 구조를 좌우하는 핵심 개념으로 거래활동(transaction)[7]에 수반되는 비용을 들었다. 그것은 '한 번 움직일 때마다 유발되는 비용'을 의미한다. 거래활동비용은 다음과 같은 두 종류가 있다.

- 움직임에서 유발되는 비용(cost of doing) : 인보이스 발송 한 건, 거래처 방문 1회, 한 건을 수주하기까지 시도한 여러 차례의 제안마다 발생한 비용들이다.
- 움직이지 않는 데에서 발생하는 비용(cost of not doing) : 운항 중 비행기의 공석 비율, 영업사원의 대기 시간 등 아무 성과 없이 사라지는 비용이다. 비행기를 예로 들면 승객이 탄 좌석만을 분리해서 날아갈 수는 없다. 빈 좌석도 함께 날아가야 하는데 이것 역시 아무 성과 없이 사라지는 비용이다.

5) Drucker(1964), p.28-32.
6) John Flaherty, Peter Drucker : Shaping the Managerial Mind, Jossey-Bass, 2003. pp.146-149.
7) Drucker, 앞의 책, p.32-38.

거래활동이 많을수록 실제 비용 요인이 증대하는데, 이런 내용은 재무제표에 나타나지 않는다. 재무제표에는 단지 거래 과정에서 화폐가 지출되었거나(또는 미래에 지출될 것으로 보이거나), 자산의 가치가 감소했다고 평가되는 부분만이 비용으로 나타날 뿐이다.

경영자는 사업이 본질적으로 거래활동 시스템(transaction system)이라는 것을 이해해야 하며, 이 거래활동에서 유발되는 비용들을 어떻게 줄일 수 있을까를 고민해야 한다. 이런 정보를 제대로 측정하는 일이 오늘날 회계 시스템이 직면한 과제이기도 하다.

어떻게 보면, 21세기에 등장한 공유경제(sharing economy) 사업모델이나 고객가치사슬(customer value chain) 해체형 사업들은 이런 숨은 비용 영역을 발견해서, 여기에서 성과 창출 기회를 찾아낸 시도라고 볼 수 있다. 에어비앤비(Airbnb)는 그동안 곳곳에서 사장되고 있던 거주 공간 비용을 발견해서 숙박 서비스라는 효용 기회로 전환시켰다. 집카(Zipcar)는 종래 고객 입장에서 승용차 소비 과정에서 형성되는 기나긴 가치사슬 '구매 차량 후보 탐색 → 구입 결정 → 대금 지불 → 운전 → 각종 유지 관리 활동' 각 단계에서 발생하는 비용을 줄이기 위해 '운전' 앞 단계의 모든 사슬을 파괴해 버림으로써 회원들이 사용 기간에 따라 요금만 지불하면 매우 저렴한 비용으로 내 차처럼 사용할 수 있게 했다[8].

일본의 저명한 공인회계사이자 경영컨설턴트 하야시 야츠무(林總)는, 흔히 간과되어 왔던 회계 사상가로서 드러커의 면모를 부각시킨 바 있다[9]. 드러커는 경영자가 회계 시스템에 따라 과거를 기록한 기간 이익에 매몰될 것이 아니라 지금 지출하는 비용이 미래까지 이어질 가치를 어떻게 만들어내는가에 주목해야 한다고 보았다. 또한 1년 또는 분기/반기 단위로 집계되는 회계 상의 이익(매출 – 비용)에 일희일비하지 말고, 매순간 과연 '돈을 벌고 있는가, 즉 현금흐름이 만들어지고 있는가에 집중해야 한다.

드러커가 말한 사업X선 투시(Business X-ray)[10] 개념도 자원 투입을 성과 전망이 없는 활동에서 성과를 낼 수 있는 사업에 투입함으로써 올바른 비용 경영을 하는 수단으로 제시된 것이다. 사업X선 투시란 회사가 영위하는 개별 사업들이 다음의 11가지 중 어디에 속하는지를 분석한 후, 자원 투입의 확장, 유지, 축소, 또는 폐기 의사결정을 하는 것이다.

① 오늘의 주력제품(Today's Breadwinner) : 성장주기 상 정점 또는 바로 직전에 있는 제품
② 내일의 주력제품(Tomorrow's Breadwinner) : 성장주기 상 초기, 확장기에 있는 제품
③ 생산적 특수제품(Productive Specialties) : 리더십 확보에 긴요한 특수제품
④ 개발제품(Development Products) : 개발 중. 출시 이전 단계
⑤ 실패제품(Failures) : 실패로 판명 난 제품
⑥ 과거의 주력제품(Yesterday's Breadwinner) : 규모는 크지만, 이미 정체기에 접어든 제품
⑦ 개선 제품(Repair Jobs) : 현재는 성과가 좋지 않지만, 변화를 통해 큰 성과를 낼 가능성 있는 제품

8) Thales S. Texeira, Unlocking the Customer Value Chain : How Decoupling Drives Consumer Disruption, 2019(김인수 옮김, <티커플링>, 인플루엔셜, 2019)는 이런 성격의 고객 가치 사슬 해체 현상을 심도 있게 분석했다.

9) 하야시 야츠무, 신은주 옮김, <피터 드러커의 회계수업>, 미래지식, 2011.

10) Ducker(1964), Ch 4. pp.51-64.

⑧ 불필요한 특수제품(Unnecessary Specialties) : 취급수량이 작아서 무시해도 좋을 제품, 대개 맞춤형제품들이 여기에 해당한다.
⑨ 비생산적 특수제품(Unjustified Specialties) : 구색상품, 미끼상품, 부속서비스; 대개는 비용만을 유발하고 그치는 경우가 많다.
⑩ 독선적 제품(Investments in managerial ego) : 경영자의 사적 선호로 꼭 성공시켜야 한다는 집념의 대상이 되는 제품. 가장 위험하다.
⑪ 신데렐라 제품 또는 수면제품(Cinderellas, Sleepers) : 무관심, 무지원 제품. 예상치 않은 기회가 숨어 있을 수도 있다.

결국 경영자가 필요로 하는 진정한 회계 정보는 기존 회계 관행에 따라 작성되는 재무제표에 충분히 표현되기가 어렵다. 드러커의 통찰에서도 알 수 있듯이, 진정한 회계 정보란 복잡다단한 성과와 비용의 실체가 수시로 생성 · 변화하는 과정을 올바로 인지하고 기록하는 데에서 나온다.

현장에서 오랜 세월 경력을 쌓은 재무분석 전문가조차도, 자칫 회계정보 이면에 감추어진 기업의 성과와 비용의 실상을 놓칠 가능성이 있다. 현업 전문가의 다음과 같은 고백은 우리로 하여금 회계 정보의 본질에 대해 다시 한 번 생각하게 만든다.

> "20년 넘게 중소기업 지원기관인 금융 공기업에서 근무하고 있는 나에게 익숙한 회계시스템은 재무상황을 숫자로 설명해주는 객관화된 활용도 높은 정보라고 맹신해 왔다. 그러나 신입 시절부터 이어진 회계시스템을 이해하고 있다는 '금융인의 자부심'이라는 것이 이 책을 읽고 얼마나 부끄러운 것인지 알게 되었다."[11)]

2.3 제조원가의 개념과 분류

2.3.1. 제조원가의 개념과 중요성

우리가 흔히 말하는 원가 계산의 의미는 무엇인가? 원가계산은 크게 보면 제조에 사용된 원가들을 집계하여 매출원가와 재고자산으로 나누어주는 과정이라고 정의할 수 있다. 왜 이러한 원가를 정확히 계산하는 활동이 필요한가? 다양한 이유를 생각할 수 있겠지만 몇 가지의 중요한 사항을 중심으로 간추려보면 다음과 같은 목적에서 제품의 원가 계산이 필요할 것으로 생각된다.

첫째, 가장 기본적이고 중요한 이유는 매출원가를 보고하여야 하기 때문이다. 매출원가는 매출에서 차감되어 매출총이익을 계산하게 만드는 원가이다. 매출원가는 지출된 자원

---

11) 고려대학교 기술경영전문대학원 김봉근 원우(기술보증기금)의 하야시 야츠무의 <피터 드러커의 경영 수업>에 대한 논평 과제에서 인용하였다.

중에서 수익창출을 위해 희생된 자원의 가치를 나타낸다. 제조기업의 경우 제품을 생산하는 과정에 소모된 자원을 모두 통합하여 재고자산화 하고 이 중에서 판매되어 수익의 창출에 사용된 것을 매출원가로 비용화한다. 대부분의 기업에 있어서 매출원가는 비용의 구성항목 중에서 가장 큰 비중을 차지한다. 따라서 매출원가를 정확히 계산하지 않으면 최종적인 이익이 잘 못 계산될 가능성이 높아진다.

둘째, 제품의 원가를 정확히 알아야 합리적인 의사결정을 할 수 있다. 기업의 판매부서는 다음과 같은 연락을 자주 받는다. "지금 시장에서 ₩5,000에 판매되고 있는 귀사의 타월을 ₩3,000에 100만장 구입하려고 하는데 가능하겠습니까?" 이는 매출액만 30억에 달하는 큰 계약이다. 이를 수락할 것인가 말 것인가와 관련하여 여러 가지 관점이 존재할 수 있지만 가장 필수적이고 기본적으로 해 보아야 할 생각은 이 거래가 회사에 이익을 가져다 줄 것인지 손해를 줄 것인지를 계산해 보는 것이다. 만약 원가 관리 부서에서 이 타월 한 장의 실제 원가가 ₩3,100임에도 이를 잘 못 계산하여 ₩2,900으로 알고 있다고 해 보자. 아마도 기업은 이 제안을 수락할 것이고 이 경우 회사는 1,000만원의 손실을 입게 될 것이다. 회사는 일을 열심히 하고도 잘못된 원가 계산에 의해 손해를 입게 된다. 반대로 실제 원가는 ₩2,900임에도 ₩3,100으로 원가를 인식하고 있는 경우이다. 이 경우 ₩10,000,000의 이익을 얻을 수 있는 거래를 거절함으로써 회사는 기회 이익을 놓치는 우를 범하게 된다. 이처럼 원가가 잘못 계산되어 있으면 기업은 합리적 의사결정을 하지 못한다.

셋째, 원가를 정확히 측정하는 것은 경영관리 활동과 밀접하게 관련이 되어 있다. 즉 기업은 제조원가에 대해 어떠한 목표를 정하는 경우가 많다. 예를 들어, 타월의 원가를 한 장에 ₩3,000에 만들어야 한다는 목표를 정할 수 있다. 이러한 목표는 원가의 분석에 의한 표준원가(standard cost)에서 나온 것일 수도 있고, 경쟁사의 원가를 고려하여 정해진 것일 수도 있다. 어찌되었든 생산활동에서 달성하여야 할 목표를 설정하면 실제 이를 달성했는가에 대해 평가를 해야 할 것이다. 경영의 가장 기본적인 순환인 계획(plan) – 실행(do) – 관찰(see)의 관점에서 관찰을 통해 해당 생산부서가 잘 하고 있는지 아니면 문제가 있는지를 관찰한다. 경영자는 이에 대해 상을 주거나 벌을 주는 평가(evaluation)를 하기도 하고, 더 나아가 문제를 식별하여 이에 대응하는 경영활동을 수행 한다. 그런데 이러한 기초 자료에 오류가 있다면 경영활동도 잘못된 방향으로 진행될 가능성이 높다.

2.3.2. 제조원가의 분류

그렇다면 원가의 계산은 어떻게 할 수 있는가? 만약 상품매매기업의 경우라면 이는 매우 간단하다. 앞서 설명한 바와 같이 자신들이 구입한 재고자산의 가격을 그대로 원가로 사용하면 될 것이다. 그러나 제품을 직접 제조하는 기업의 경우 이는 다소 복잡한 과정을 거쳐야 한다. 먼저 제조에 사용된 모든 자원을 따로 모아야 한다. 어떠한 원가가 제조원가로 분류되는가? 이는 주로 제조 현장에서 사용된 자원들이다. 이를 몇 가지 관점에서 묶느냐 하는 것은 매우 중요한 것이다. 즉, 강가에서 주은 돌을 몇 가지로 분류할 것인가와 유사한 의사결정으로 차후 이를 유용하게 사용하는 것과 관련이 있다.

이에 대해 전통적인 원가계획는 원가를 크게 세 가지로 분류를 한다. 첫째, 재료에 대한 원가인 재료원가이다. 이는 최종적인 제품의 물리적 형체를 구성하는 원가이다. 둘째, 사람에 대한 원가인 노무원가(labor cost)가 있다. 이는 월급, 수당 등 명목 여하에도 불구하고 사람에게 지급된 원가를 의미한다. 마지막으로 경비원가는 재료원가나 노무원가에 포함되지 아니하는 모든 원가를 포함하는 항목이다. 결국 제조와 관련된 모든 원가는 이 세 가지 범주 중 하나에 묶이게 된다.

여기에서 주의하여야 할 것은 동일한 성질의 원가여도 그것이 제조에 사용되었을 경우와 그렇지 않을 경우 그 원가의 흐름이 달라진다는 것이다. 제조원가에 포함된 원가는 자산화된다. 이는 제조에 사용된 원가가 바로 비용화(expense)되지 않는다는 의미이다. 반면 제조원가가 아닌 원가들(ex. 판매 관리활동에 사용된 원가)은 즉시 비용화된다.

예를 들어, 직원에게 지급한 급여의 경우도 제조와 관련이 있는 직원에게 지급한 것은 제조원가로 산입되어 자산화되는 반면 제조와 무관한 이를테면 마케팅에 종사하는 직원에게 지급되는 급여는 제조원가에 산입되지 않고 판매관리비(selling, general and administrative cost)로 즉시 비용화 된다. 전기세의 경우에도 공장에서 사용된 전기세는 재고자산으로 분류되어 자산화되었다가 해당 제품이 판매시에 매출원가로 비용화된다. 반면 본사 건물의 전기세는 발생 즉시 판매관리비로 비용화된다.

이처럼 어떤 비용을 자산화 하느냐 비용화 하느냐는 비용의 크기에 영향을 주어 결과적으로 이익에 직접적인 영향을 미친다. 연구개발비 등을 자산화하느냐 비용화하느냐에 따라 해당 기업의 이익은 매우 크게 영향을 받게 된다. 최근 각광받고 있는 IT기업이나 바이오 기업들은 새로운 제품이나 서비스를 개발하기 위해 많은 자원을 투자한다. 이러한 비용을 어떻게 처리하여야 하는가와 관련하여 기업회계기준 적용에 자의성에 대한 논란이 매우 많이 발생한다.

앞서 설명한 바와 같이 제조원가는 재료원가, 노무원가, 경비원가로 분류될 수 있는데 이를 추적가능성에 따라 다시 직접원가와 간접원가로 나누어 볼 수 있다. 이 경우 원가의 종류는 3 × 2 = 6가지가 될 것이다. 이들을 표로 나타내면 다음과 같다.

	직접원가	간접원가
재료원가	직접재료원가	간접재료원가
노무원가	직접노무원가	간접노무원가
경비원가	직접경비원가	간접경비원가

이 중에서 직접재료원가와 직접노무원가를 합해 기초원가(prime cost)라고 부른다. 그리고 간접재료원가, 간접노무원가, 직접경비원가, 간접경비원가를 합해 제조간접원가라고 칭한다. 제조간접원가는 향후에 합리적 기준에 의해 배부되는 원가이다.[12)] 직접노무원가와 제조간접원가를 합해 가공원가(conversion cost)라고 부른다. 이상과 관련하여 아래의 예제를 통해 개념을 보다 명확히 해보도록 하자.

다음의 다양한 비용들을 재료원가, 노무원가, 경비원가, 제조무관원가로 분류하시오.

1) 공장의 전기료
2) 본사건물의 감가상각비
3) 공장관리 경비원의 임금
4) 마케팅 부장의 임금

먼저 공장의 전기료는 제조를 위해 사용된 비용이므로 제조원가에 해당되며 재료나 노무와 관련된 것이 아니므로 경비원가로 분류하면 된다. 다음으로 본사 건물의 감가상각비는 제조에 사용된 원가가 아니므로 제조무관원가가 된다. 이 비용은 판매 및 일반관리비로 발생즉시 비용처리하면 된다. 공장관리 경비원의 임금은 제조와 관련된 비용으로 인식해야 한다. 사람에 대한 지출이므로 노무원가로 분류해야 한다. 추적 가능성 측면에서 특정 제품에 연계하는 것이 어렵기 때문에 간접노무원가로 분류하는 것이 타당하다. 마지막으로 마케팅 부장의 임금은 경비원의 임금과 동일한 임금임에도 제조와 무관하기 때문에 제조무관

12) 제조간접원가 중에서 직접경비원가는 정의상 직접 추적이 가능한 원가이므로 이는 추적하여 각각의 제품이나 서비스에 배분(assign)하는 것이 더 바람직할 것이다.

원가로 분류해야 한다. 역시 판매 및 일반관리비로 발생즉시 비용처리하면 된다.

2.3.3. 제조원가의 흐름과 재무제표 보고

제조원가의 흐름에 대해 알아보기로 하자. 재료원가, 노무원가, 경비원가 등의 제조원가가 발생하면 이는 재공품(WIP : Work In Process) 계정으로 대체된다. 재공품이란 생산 중에 있는 아직 완성되지 않은 제품을 의미한다. 제품이 실제 완성되면 재공품을 제품(product) 계정으로 대체한다. 제품이 판매되면 이는 포괄손익계산서에 매출원가(cost of goods sold)로 판매되지 않으면 재무상태표에 재고자산(inventory)으로 보고된다. 아래의 그림은 이러한 제조원가의 흐름을 나타낸다. T계정에서 좌변(차변)의 상단은 기초 자산을 의미하며 우변(대변) 하단은 기말 자산을 의미한다. 그리고 기중에 생산에 투입된 자원들은 재공품계정의 차변에 새로이 기입된다.

[개념] T계정 활용하기

자 산	
기 초	당기 감소
당기 증가	기 말

부 채	
당기 감소	기 초
기 말	당기 증가

1) 자산은 차변(왼쪽 변) 항목이므로 기초와 당기증가가 차변에 온다. 반면 자산의 감소와 기말 잔액은 대변(오른쪽 변)에 오게 된다.
2) 부채는 대변 항목이므로 기초와 당기 증가가 대변에 온다. 반면 부채의 감소와 기말 잔액은 차변에 오게 된다.

이를 활용하여 다음 사항을 T계정에 나타내 보시오. 재료가 기초에 10, 당기에 90 구입, 생산에 투입 80일 경우 기말 재료 재고는 얼마인가?

재 료	
10	80
90	기 말 = 20

그림 3 제조원가의 흐름

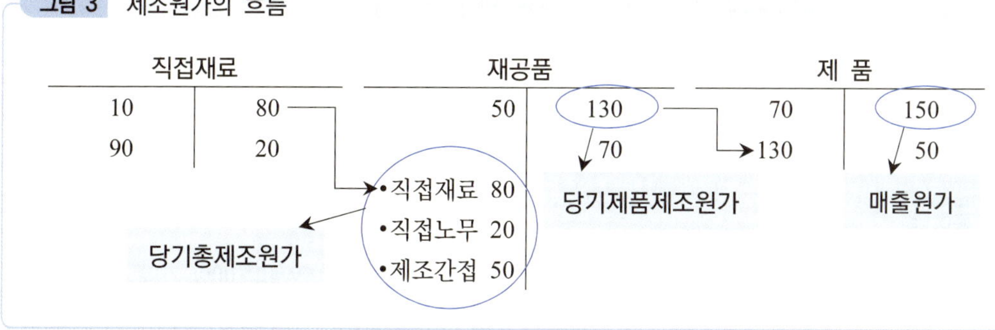

위의 그림은 제조원가의 흐름을 정리한 것이다. 원가 관리회계에서는 일반적으로 이처럼 세 단계로 제조원가의 흐름을 정리한다. 첫 T계정은 직접재료를 나타낸다. 해석하자면 처음에 ₩10의 직접재료가 있었는데 ₩90만큼 당기에 구입했으며 ₩80만큼을 생산에 투입해 기말에 ₩20이 남아있다. 다음 T계정은 재공품을 나타낸다. 기초 재공품이 ₩50이었는데 당기에 직접재료원가 ₩80, 직접노무원가 ₩20, 제조간접원가 ₩50이 투입되었다. 당기에 투입된 원가를 합하여 당기총제조원가라고 부른다. 차변에 기말 재공품은 ₩70이므로 당기제품제조원가는 ₩130(200 − 70)이다. 당기제품제조원가는 당기에 완성된 제품을 나타내므로 이는 제품계정으로 대체된다. 제품 T계정을 보면 기초에 ₩70에 당기에 완성품이 ₩130합해져 총 ₩200만큼 판매가능수량이 있다. 기말 제품이 ₩50이므로 팔린 것의 원가는 ₩150이 된다. 우리는 이 금액을 매출원가라고 부른다.[13)]

이처럼 T계정을 활용하면 제조원가의 흐름을 보다 쉽게 이해할 수 있다. 다음 사례를 통해 제조원가의 흐름과 관련된 개념을 보다 구체적으로 살펴보자.

예 제 

다음은 ㈜한국의 20X1년 3월중 원가자료이다. ㈜한국의 20X1년 3월 중의 직접재료 매입액은 ₩125,000이고, 직접노무원가는 ₩80,000 제조간접원가는 직접노무원가의 50%이었다. ㈜한국의 20X1년 3월의 기초원가(prime cost)와 매출원가는 얼마인가?

13) 매출원가는 손익계산서에 보고된다. 기말직접재료원가, 기말재공품, 기말제품은 재무상태표의 재고자산으로 보고된다.

	20X1년 3월 1일	20X1년 3월 31일
직 접 재 료	₩50,000	₩70,000
재 공 품	₩100,000	₩80,000
제 품	₩200,000	₩250,000

풀이

㈜한국의 기초 직접재료는 ₩50,000 3월 중 당기 매입 직접재료는 ₩125,000, 기말 직접재료는 ₩70,000이다. 따라서 직접재료 중에서 생산에 투입된 직접재료는 기초에 당기를 더하고 기말을 차감한 ₩105,000(50,000 + 125,000 − 70,000)이다. 한편, 재공품과 관련하여 기초 재공품은 ₩100,000, 당기에 투입된 원가는 직접 재료 ₩105,000, 직접노무원가 ₩80,000, 제조간접원가 ₩40,000으로 당기총제조원가는 직접재료원가, 직접노무원가, 제조간접원가 항목을 더한 ₩225,000(105,000 + 80,000 + 40,000)이 된다.[14] 기초 재공품이 ₩100,000, 당기총제조원가가 ₩225,000, 기말 재공품이 ₩80,000이므로 당기제품제조원가는 ₩245,000(100,000 + 225,000 − 80,000)이 된다. 마지막으로 매출원가는 기초 제품에서 당기제품제조원가를 더하고, 여기에서 기말 제품을 차감하여 계산된다. 기초 제품원가가 ₩200,000, 당기제품제조원가가 ₩245,000, 기말 재품원가가 ₩250,000이므로 매출원가는 ₩195,000(200,000 + 245,000 − 250,000)이 된다. 한편, 문제에서 물어본 기초원가는 직접재료원가와 직접노무원가를 합한 값이므로 ₩185,000이 된다.

사 례 매몰원가와 합리적 의사결정

기업을 경영하는 데 있어 전략적 의사결정은 매우 중요하다. 다음 기사는 기업의 전략적 의사결정에 매몰원가의 개념이 적절히 반영되어야 함을 보여주는 사례로, 합리적 의사결정을 위한 관련 원가 인식의 중요성을 다시 생각하게 한다.

FT "삼성 脫중국은 중국 제조업 몰락의 상징"
애플 매몰비용 함정 빠져 못 나오는 상황과 대조

삼성전자가 최근 중국에서 휴대전화 공장을 완전히 철수한 것은 그간 세계 제조업의 중심으로 군림하던 중국이 몰락하고 있다는 점을 잘 보여주는 상징적 사건이라고 영국 파이낸셜타임스(FT)가 21일(현지시간) 보도했다.

FT는 이날 '삼성의 철수는 중국 제조업에 있어서 새로운 타격'이라는 제목의 기사에서 이같이 분석했다. 삼성은 지난달 말 광둥성 후이저우에 있던 마지막 휴대전화 공장을 폐쇄했다. 삼성의 경쟁자인 애플이 탈중국을 하지 못하고 있는 것과 대비된다고 FT는 설명했다. 애플은

14) 만약 주어진 자료가 직접재료가 아닌 원재료였다면, 원가의 구성요소는 원재료원가, 노무원가, 경비원가의 분류형식으로 집계가 되어야 할 것이다.

삼성과 달리 자체 생산공장 없이 아웃소싱을 통해 아이폰을 생산한다. 이 때문에 저숙련 노동자에 대한 교육 비용을 너무 많이 투입하다보니 중국 내 임금이 상승해도 중국에서 쉽게 철수할 수 없는 구조가 됐다는 설명이다. 경제학의 관점으로 볼 때 애플이 '매몰비용(돈을 지불한 뒤 돌려받을 수 없는 비용)의 함정'에 빠져 있다는 것이다.

FT는 또 삼성의 휴대전화 공장 철수가 세계 제조업의 중심인 중국의 몰락을 상징한다고 봤다. 삼성이 중국에 들어온 가장 큰 이유는 거대한 시장과 저렴한 비용이었지만, 지금은 두 가지 요인이 모두 사라졌다고 전문가들은 입을 모은다.

화웨이와 샤오미 등 현지 휴대전화 업체의 약진으로 삼성의 중국 시장 점유율은 1%대로 곤두박질쳤다. 최근에는 급격한 임금 상승으로 원가 경쟁력이 떨어지고 있다. 여기에 미중 무역전쟁으로 중국산 제품에 대규모 관세가 부과되자 삼성은 탈중국을 앞당길 수밖에 없었다. 앞서 삼성은 2008년 베트남, 2013년 태국에 각각 휴대전화 공장을 세웠다. 지난해 7월에는 인도에 세계 최대 규모의 휴대전화 공장을 설립하겠다고 발표했다. 삼성이 이미 오래 전부터 '중국 이후의 제조공장'을 찾아 차분히 준비해 왔음을 알 수 있다.

다만 삼성이 중국을 떠나고 있음에도 현지 매체들은 삼성을 연일 칭찬하고 있다. 중국 노동자들을 충분히 배려하고 있다는 이유에서다. 앞서 관영 환구시보는 지난 15일 "삼성이 중국 내 마지막 공장을 '품위 있게' 폐쇄해 중국 누리꾼들의 존경을 받고 있다"고 보도했다. 삼성은 공장 직원들에게 퇴직금과 사회보험료 추가분, 스마트폰 · 스마트워치 등을 선물했다. 다른 업체와 접촉해 이들이 새로운 일자리를 찾을 수 있도록 돕기도 했다. 환구시보는 "중국 기업들, 특히 해외 투자에 집중하는 기업들은 삼성으로부터 뭔가 배우지 못한다면 세계적 경쟁력을 확보하지 못할 것"이라고 지적했다.

[출처 : 서울신문 인터넷 : (2019-10-21) 류지영 기자 superryu@seoul.co.kr]

참 고 원가 개념의 확산 역사

시대가 흐름에 따라 경영활동이 고려해야 할 원가의 범위는 점점 확대되어 왔다. 그 확대 방향은 초창기 기업 내부 활동에 국한된 원가로부터 출발해서, 점점 기업 활동이 외부에 야기하는 원가가 하나씩 고려해야 할 원가에 포함되기 시작했다.

재무회계용 재무제표나 관리회계용 원가분석 보고서는 적어도 형식상으로는 기업 내부에서 발생한 원가를 기록한 것으로 보인다. 그러나, 내용면에서는 기업이 외부에 유발한 원가를 내부화(internalization)시킨 항목들이 이미 상당수 포함되어 있다.

이상의 내용을 감안하여, 그 동안 확대되어 온 원가의 영역은 다음과 같다.

❖ 초창기 기업내부 원가

매출원가(제조원가 포함), 판매관리원가가 여기에 포함된다. 기업이 사업을 영위하기 위해 발생시킨 상품매입원가, 재료원가, 노무원가, 간접제조원가, 재고원가, 내부 인력 및 시설을 이용한 판매관리 활동으로부터 발생하는 원가다.

❖ 가치사슬 원가

20세기 접어들어 많은 기업들이 내부의 수직적 결합을 포기하고 많은 활동을 외주업체 또는 협력업체에 의존하는 비중이 높아졌다. 형식상으로는 재료비, 외주비 등 다양한 계정과목으로 계상되지만 내용면에서는 외부에 유발시킨 비용을 내부화된 것이다.

또한 가치사슬 가운데 기업으로 들어오는 조달은 물론이고 기업 밖으로 나가는 유통과 관련한 다양한 원가가 형식 또는 내용 면에서 점점 내부화되고 있다. 설령 운반비 같은 것들을 운송회사에 부담시키면 형식상으로는 기업 내부의 계정과목으로 등장하지는 않겠지만 유통사든 어디든 가치사슬 전방의 어느 주체인가는 반드시 그 비용을 부담해야 할 것이다. 결과적으로 이 원가는 고객에 부과하는 가격에 포함되고, 고객의 구매 의사결정에 영향을 미칠 것이다.

그러므로 설령 협력회사나 유통회사 등이 부담하는 외부의 원가라 해도 최종 시장 창조에 영향을 미치게 되므로, 기업은 이들 외부의 원가를 경영해야 할 필요가 발생한다. 그렇다고 해서 일방적 원가삭감에 의존하기보다는, 내부 인력에 대한 동기부여나 원가 절감 못지 않게 협력회사들을 상대로 하는 동기부여나 원가절감 유인책을 지원해야 필요성이 있다.

❖ 고객사용 원가

과거에는 기업이 고객에 제품이나 서비스를 제공하고 나면, 사후의 고장 수리나 불편 해소 등은 고객의 몫이었던 적이 있었다. 그러나, 지금은 고객의 소비 기간 중 발생하는 불편 해소, 고장 수리, 기타 다양한 후속적인 정보 및 효용 제공 등에 소요되는 비용은 일정한 조건 하에 기업이 부담하는 것이 일반적이다. 기업은 판매보증비 등 별도의 비용 계정을 두거나 판매 가격을 적절히 인상하는 방식으로 그 원가를 내부화시키고 있다. 이처럼 기업의 외부 존재로서 고객의 가치를 증대하는 전략은 실제로 기업의 회계에도 이미 반영되어 있다.

❖ 사회적 책임 원가

공해저감 설비 투자나 환경분담금 납부는 형식상으로는 기업 내부의 원가처럼 처리되지만, 내용상으로는 기업 외부 사회가 기업에 부과한 요구가 내부화된 것이라고 볼 수 있다. 기업에 요구하는 사회적 책임 명목으로 부과되는 원가가 사실 재무제표에 모두 반영되는 것은 아니며, 이들 원가의 발생을 기업이 허용하느냐 여부는 아직까지는 기업의 의지에 달려 있다.

예컨대 담배회사가 폐암 치료비의 일부를, 또는 게임회사가 게임 중독자의 치료비를 부담해야 한다는 주장이 있다고 했을 때, 그 인과관계를 명확히 밝히기가 어려움은 물론이고 그 효과를 화폐액으로 측정하는 작업 역시 신빙성이 많이 떨어지므로 아직까지는 자발적인 반영이 어려울 것이다. 반면에, 유한킴벌리처럼 제지회사가 제지 사업이 유발하는 벌채 비용을 부담한다는 취지로 지속적으로 조림 사업을 진행함으로써 관련 원가를 일정 부분 내부화하는 사례도 있다.

최근 사회적 책임과 관련하여, 기업의 ESG(환경, 사회, 지배구조; Environment, Society, Governance) 활동 성과를 재무제표에 포함시켜야 한다는 주장이 일고 있다. 국제회계기준위원회(IASB)는 현재 재무제표에 포함할 ESG관련 지표를 표준화하는 작업을 추진 중이다. 아직은 ESG활동, 특히 그 활동을 수익과 원가 측면에서 계측할 수용가능한 방법론은 제시되어 있지 않은 상태다. 금융위원회는 2025년까지 ESG 자율공시 단계를 거쳐 궁극적으로 2030년 이후 모든 상장회사의 의무공시로 이행한다는 일정을 제시하고 있다. 그리고 기업의 ESG 활동에 대한 평가를 수행하겠다는 각종 협회, 평가기관이 난립하고 있는 상태다.

현행 회계기준은, 단지 회계적으로 인정 받는 거래(transaction)에 대해서만 재무제표에 계상하는 것을 허용할 뿐이므로, ESG 활동에 따른 성과와 사회적 원가가 신뢰할만한 회계적 거래 내역에 기반을 두고 기존 재무제표 체계 내에 포함되려면 좀 더 많은 연구가 진행되어야 할 것이다. 그렇지 못하다면 ESG 성과는 단지 정성적 평점(scoring) 또는 평가(evaluation) 분석 보고서 수준에서 머물고, 기존 재무제표에 대한 보조적 참고 자료 정도의 역할에 머물 것이다.

그러나, 이런 취지의 ESG 활동 보고서와는 별도로, ESG 활동이 유발하는 원가는 앞의 가치사슬원가나 고객사용원가가 그랬던 것처럼, 기존 회계기준에 부합하는 방향으로 내부화할 것이다. 즉 인건비, 제조경비 등 기존의 다양한 계정과목에 분산되어 포함될 것이다. 예컨대 환경 관련 각종 분담금 납부, 사회적 책임 업무 부서의 제반 운영 경비, 지배구조 개선을 위한 활동비 등 수많은 관련 원가가 그 대상이 될 것이다.

그림 4 역사상 원가의 포괄 영역의 확대

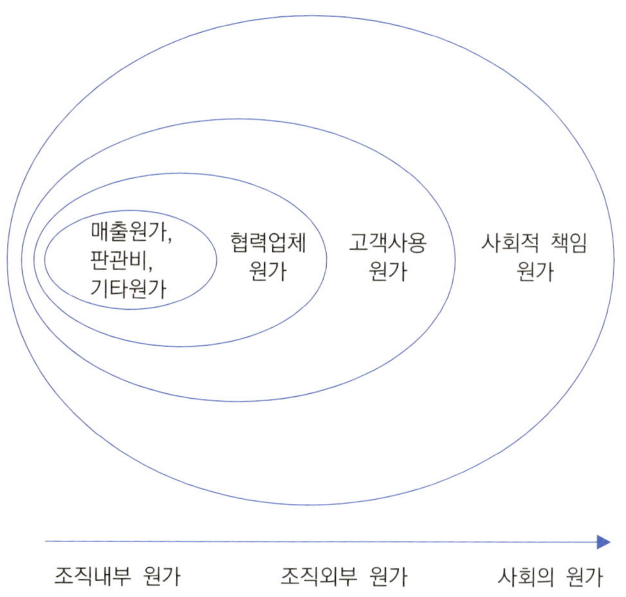

CHAPTER

02 연습문제

01 다음은 ㈜경기의 20X1년 원가자료이다. 아래 자료를 바탕으로 당기총제조원가와 매출원가의 가액을 각각 제시하시오.

구 분	기초 재고	당기 매입액	당기 발생액	기말 재고
직 접 재 료	₩100,000	₩900,000		₩200,000
재 공 품	300,000			400,000
제 품	300,000			500,000
직접노무원가	N/A		₩500,000	N/A
제조간접원가	N/A		700,000	N/A

02 다음은 ㈜대한상사의 20X1년 3월중 원가자료이다. 대한상사의 20X1년 3월 중의 직접재료 매입액은 ₩50,000이고, 제조간접원가는 직접노무원가의 200%이었으며, 매출원가는 ₩300,000이었다. 대한상사의 20X1년 3월의 가공원가(conversion cost)는 얼마인가?

	20X1년 3월 1일	20X1년 3월 31일
직 접 재 료	₩50,000	₩70,000
재 공 품	100,000	80,000
제 품	200,000	250,000

03 다음의 사항들을 괄호 안에 적당한 용어를 적어 넣으시오.

1) 가공원가는 (　　　)원가와 (　　　)원가의 합으로 구성된다.
2) 추적가능한 원가는 (　　　)원가, 추적불가능한 원가는 (　　　)원가라고 부른다.
3) 제조간접원가 실제배부율을 계산하는 단위기간을 늘리면 배부율의 (　　　)은 높아지나, (　　　)은 낮아진다.
4) 포기된 대안의 기대가치 중에 가장 큰 것을 (　　　)원가라고 한다.
5) 정상원가계산에서 예정제조간접원가는 제조간접비 (　　　)배부율에 (　　　)조업도를 곱해 계산한다.

04 ㈜원가는 기계장치를 생산, 판매하는 기업으로 사업 첫 해에 다음과 같은 원가가 발생했다. 이 자료를 바탕으로 원가계산을 했을 경우 (가)부터 (마)까지의 설명 중 타당하지 않은 것을 모두 고르면? (단, 기초재공품재고액은 없고, 기말재공품재고액이 ₩10 존재한다.)

(회계사 2010)

직접재료원가	₩110	간접재료원가	₩30	판매직급여	₩30
직접노무원가	120	간접노무원가	60	관리직급여	70
간접경비	200	광고선전비	20	이자비용	10

(가) 당기제품제조원가는 ₩510이다.
(나) 기본원가(기초원가, prime costs)는 ₩230이다.
(다) 제조간접원가에는 어떤 재료원가도 포함되지 않으므로 간접노무원가와 간접경비를 합한 ₩260이다.
(라) 당기총제조원가는 ₩520으로, 기본원가에 가공원가를 합한 금액이다.
(마) 기간원가는 ₩130으로, 재고가능원가라고 부르기도 한다.

① (가), (나) ② (다), (라) ③ (라), (마)
④ (나), (다), (마) ⑤ (다), (라), (마)

05 ㈜남송의 1월 중 발생한 비용과 월초 및 월말 재고자산 자료는 다음과 같다.

	1월초	1월말
재공품재고	₩1,000	₩800
직접재료재고	300	100

1월 중 발생비용

직접노무원가	₩300
감가상각비 – 공장	50
감가상각비 – 영업점포	50
감가상각비 – 본부사옥	100
공장감독자급여	100
그 밖의 제조간접원가	200

1월 중 직접재료의 매입은 발생하지 않았다. ㈜남송의 1월달 당기제품제조원가는?

(회계사 2001)

① ₩850 ② ₩900 ③ ₩1,050
④ ₩1,100 ⑤ ₩1,200

06 다음에 주어진 ㈜한국제조의 손익계산서는 회계지식이 부족한 인턴직원이 작성한 것이다. 그러나 위의 손익계산서에 표시된 매출액 및 영업비용 내역은 모두 올바른 자료이다. 만약 당신이 ㈜한국제조의 20X1년도 손익계산서를 정확하게 작성하고자 하는 경우 필요한 추가 자료는 다음과 같다. 20X1년도 ㈜한국제조의 정확한 당기제품제조원가와 영업이익은 각각 얼마인가? (회계사 2015)

손익계산서

㈜한국제조	20X1. 1. 1 ~ 20X1. 12. 31	(단위 : ₩)
• 매출액		900,000
• 영업비용 :		
간접노무원가	24,000	
수도광열비	30,000	
직접노무원가	140,000	
감가상각비(공장설비)	42,000	
감가상각비(본사건물)	36,000	
당기 원재료 매입액	330,000	
보험료	8,000	
임차료	100,000	
판매 및 관리부서의 직원급여	64,000	
광고선전비	150,000	924,000
• 영업이익		(24,000)

(1) 수도광열비의 60%, 보험료의 75%와 임차료의 80%는 공장설비와 관련된 것이며, 나머지는 판매 및 일반관리활동과 관련하여 발생한 것이다.

(2) 20X1년도 재고자산의 기초 및 기말잔액은 다음과 같다.

구 분	기 초	기 말
원 재 료	₩16,000	₩26,000
재 공 품	₩32,000	₩42,000
제 품	₩80,000	₩120,000

	당기제품제조원가	영업이익
①	₩620,000	₩12,000
②	₩620,000	₩24,000
③	₩620,000	₩36,000
④	₩630,000	₩12,000
⑤	₩630,000	₩24,000

CHAPTER

3

합리적 기업 경영을 위해 정확한 원가 계산이 필요하다

학습목표

1. 정확한 원가계산의 필요성을 설명할 수 있다.
2. 개별원가계산이 적용되는 상황을 이해하고 원가를 계산할 수 있다.
3. 종합원가계산이 적용되는 상황을 이해하고 원가를 계산할 수 있다.
4. 결합원가계산이 적용되는 상황을 이해하고 원가를 계산할 수 있다.
5. 활동기준원가계산의 등장배경을 설명하고 이를 적용하여 원가를 계산할 수 있다.

기업의 성과를 정확히 산정하고 미래를 계획하며, 성과를 평가하고, 다양한 의사결정문제를 해결하기 위해서는 원가 정보가 필요하다. 만약 이러한 원가 정보가 잘못 계산된 것이라면 큰 문제가 발생하게 된다. 첫째, 재무제표가 왜곡될 가능성이 높아진다. 재무상태표의 재고자산과 손익계산서의 매출원가가 왜곡되어 정확한 정보 전달을 방해한다. 둘째, 원가를 정확히 산정하지 못하면 제조에 관여된 조직과 개인에 대한 성과평가가 왜곡될 가능성이 높다. 셋째 정확한 원가를 산정하지 못하면 이를 통해 의사결정을 내리는 과정에서 잘못된 결정을 내릴 가능성이 높아진다. 이처럼 정확한 원가를 구하지 못하면 합리적 기업경영을 할 수 없게 된다.

본장에서는 이와 관련하여 네 가지의 대표적인 원가계산 방법을 제시한다. 이질적인 제품이나 서비스를 제공하는 경우 주로 사용되는 개별원가계산(job order costing), 동질적인 제품을 대량 생산할 때 사용되는 종합원가계산(process costing), 동일한 공정을 통해 몇 가지 연산품이 생산될 때 적용되는 결합원가계산(joint costing) 등 전통적 방식의 원가계산 방법 세 가지를 먼저 소개한다. 그리고 제조간접원가를 보다 정교하게 배부함으로써 원가계산의 정확성을 높인 활동기준원가계산(Activity-Based Costing)을 마지막으로 소개한다.

3.1 개별원가계산

개별원가계산은 제품이나 서비스의 종류가 이질적인 경우 사용되는 원가계산 방법으로 제품이나 서비스가 이질적이기 때문에 보통 주문생산 기업의 경우 적용되기 좋다. 주로 조선업이나 건설업 등의 분야에서 사용되는 방법이다. 이들 산업에서 만드는 배나 건물 등은 대체로 주문에 따라 다른 성격을 갖는다. 주문이 들어오면 기업은 해당 주문별로 작업주문서(job order sheet)를 작성한다. 직접재료원가와 직접노무원가는 제품별로 추적이 가능한 원가이므로 이 부분은 원가계산에서 큰 문제가 될 것이 없다.

그러나 제조간접원가는 추적이 불가능하기 때문에 적절한 배부가 이루어져야 할 것이다. 개별원가계산에서는 보통 전체의 제조간접원가를 모두 모으고 이에 대한 적절한 배부기준을 선정하여 제조간접원가를 제품이나 서비스에 배부한다. 즉, 제조간접원가 전체를 선정된 배부기준 전체의 합으로 나누면 배부기준 단위당 제조간접원가를 산출할 수 있다. 이렇게 계산된 배부기준 단위당 원가를 각각의 제품이나 서비스가 해당 배부기준을 얼마나 소비하는가를 측정하여 곱하면 제조간접원가를 구할 수 있다.

예를 들어, ㈜서울의 공장전체 제조간접원가가 ₩1,000이고 제조간접원가의 배부기준으로 직접노무시간을 사용하기로 했다고 가정하자. 측정된 직접노무시간이 회사전체로 100시간이라면 이 기업의 제조간접원가배부율은 ₩1,000을 100시간으로 나누어 직접노무시간당 ₩10이라고 계산할 수 있다. 만약 해당 작업의 직접노무시간이 5시간이라면 제조간접원가는 ₩10 × 5시간 = ₩50으로 계산될 것이다. 해당 작업에 대한 직접재료원가가 ₩20이고 직접노무원가가 ₩30이라면 전체의 원가는 ₩100이 된다. 다음의 예를 통해 이를 보다 구체적으로 살펴보자.

예 제

㈜한국건설은 상가건물을 제작해 주문자에게 인도하는 건설회사이다. 이 회사의 20X2년 작업관련 자료를 살펴보면 20X1년에 주문을 받아 제작하고 있던 상가A가 있으며, 20X2년에 새로이 주문을 받아 제작중인 상가B가 있다. 기말 현재 상가A는 완성되었으며 상가B는 아직도 건설 중이다. 20X2년 이들과 관련된 원가자료는 다음과 같다.

구 분	상가A	상가B	합 계
직접재료원가	₩500,000	₩800,000	₩1,300,000
직접노무원가	800,000	1,600,000	2,400,000
직접노무시간	1,000시간	2,000시간	3,000시간
제조간접원가			1,200,000
기초 재공품	900,000	N/A	900,000

㈜한국건설이 직접노무시간을 기준으로 제조간접원가를 배부할 경우 실제원가계산 방법에 의한 당기제품제조원가와 기말재공품 원가를 구하시오.

풀이

㈜한국건설은 이질적인 제품을 생산하고 있으므로 개별원가계산을 적용하여 원가를 계산하여야 한다. 상가A는 완성되었으므로 상가A와 관련된 원가는 당기제품제조원가에 해당할 것이며, 상가B는 아직 완성되지 않았으므로 기말재공품 원가로 분류될 것이다. 먼저 상가A의 원가는 기초 재공품 ₩900,000과 직접재료원가 ₩500,000, 직접노무원가 ₩800,000, 마지막으로 제조간접원가로 구성될 것이다. 제조간접원가는 회사 전체의 제조간접원가 ₩1,200,000을 제조간접원가 배부기준인 직접노무시간 3,000시간으로 나누어 배부율을 먼저 구하면 직접노무시간당 ₩400이 된다. 상가A에 소모된 직접노무시간은 1,000시간이므로 이를 곱하면 ₩400,000의

제조간접원가가 상가A에 배부된다. 이를 모두 합하면 상가A의 원가는 ₩2,600,000이 된다.

한편, 상가B도 같은 방식에 의해 계산을 하면 기초재공품은 없으므로, ₩0, 직접재료원가는 ₩800,000, 직접노무원가는 ₩1,600,000 제조간접원가는 시간당 배부율 ₩400에 2,000시간을 곱해진 ₩800,000이다. 이들을 모두 합하면 ₩3,200,000이 된다. 즉 ㈜한국건설의 기말 재공품은 ₩3,200,000 당기제품제조원가는 ₩2,600,000인 것이다.

그러나 이러한 실제원가에 의한 개별원가계산은 한 가지 문제를 가지고 있다. 직접재료원가나 직접노무원가와 같은 직접원가들은 문제가 없으나 제조간접원가는 실제 이것이 집계되기 위해서는 회계기간 말까지 기다려야 하는 문제가 있다. 즉 실제 제조간접원가를 이용해 제조간접원가를 배부하기 위해서는 회사 전체의 제조간접원가를 어떤 기간동안 집계할 것인가의 문제가 있는 것이다.

만약 이러한 기간을 길게 잡는다면 원가계산을 위해 너무 오랜 시간을 기다려야하는 단점이 있다. 이 경우 제조간접원가가 집계되기까지 기다리다보면 원가계산의 적시성(timeliness)이 낮아질 것이다.

그렇다면 적시성을 높이기 위해 제조간접원가가 계산되는 기간을 짧게 가져가면 아무런 문제가 없을까? 그렇지 않다. 이 경우 기간적 특수성이 반영되어 제조간접원가의 배부율이 불안정할 가능성이 높아 비용의 안정성이 낮아진다. 예를 들어, 제조간접원가의 분자 측면을 살펴보면 겨울에는 난방과 관련된 비용이 다른 계절에 비해 높게 발생할 것이다. 이 경우 겨울철의 제조간접원가는 다른 계절에 비해 더 높게 산정될 것이다. 또한 매년 4월에 발생하는 수선비가 있다고 가정해 보자. 매년 발생하는 수선비는 1년간 균등하게 배분하는 것이 더 바람직할 것이나, 이 경우 4월의 단위당 제조간접원가는 다른 월에 비해 더 높게 발생할 것이다. 이러한 관점에서 매월 제조간접원가를 계산하는 것은 논리적으로 문제가 있다. 이러한 문제는 분모적인 측면에서도 발생한다. 예를 들어, 여름에 성수기인 어떠한 제품이 있다고 가정해 보자. 이 제품에 대한 제조간접원가 배부기준인 조업도는 여름에 많이 발생했을 것이다. 그럼에도 불구하고 분자에 속하는 제조간접원가가 비슷하게 발생했다면 여름철에는 제조간접원가 단위당 배부율이 낮게 계산될 것이다.

이러한 문제점을 어떻게 하면 해결할 수 있을 것인가? 제조간접원가의 예정배부율을 이용하면 간단하게 해결할 수 있다. 예정배부율이란 사전에 제조간접원가의 예상치를 제조간접원가의 배부기준 사용 예상치로 나누어 계산하는 것이다. 즉 올해의 제조간접원가 배부율을 추정에 의해 사전에 산정하는 것이다. 예정배부율에 실제 조업도를 곱해 정상원가를 계산하고 기중에는 이를 통해 회계처리를 한다. 그리고 기말에 수정분개를 통해 예정배부액과 실제발생액의 차이를 조정하는 방법이다.

예 제

1. 앞선 예제에서 20x1년말 추정한 20x2년 ㈜한국건설의 예상 총제조간접원가는 ₩2,400,000이었으며, 예상 직접노무시간은 4,000시간이었다. ㈜한국건설이 직접노무시간을 기준으로 제조간접원가를 배부하는 정상원가계산 방법을 사용할 경우 조정전 당기제품제조원가와 기말재공품의 원가를 구하시오.
2. 제조원가 배부차이를 구하고, 이를 매출원가와 재공품재고의 원가요소별 기말잔액에 따라 조정하는 경우 기말 수정분개를 제시하시오.

풀이

먼저 정상개별원가를 사용하기 위해서는 제조간접원가 예정배부율을 계산하여야 한다. 예정배부율은 예상제조간접원가를 예상 기준조업도로 나누어 계산한다. 본 사례에서 예정배부율은 ₩600(2,400,000/4,000)이다. 상가A는 직접노동시간이 1,000시간이므로 예정 배부되는 제조간접원가는 ₩600,000(600 × 1,000)이다. 상가B의 경우는 직접노동시간이 2,000시간이므로 예정배부 제조간접원가는 ₩1,200,000(600 × 2,000)이다.

다음으로 제조간접원가 배부차이는 실제 발생한 제조간접원가가 ₩1,200,000인데 반해 예정배부제조간접원가는 ₩1,800,000(600 × 3,000)으로 ₩600,000이 과대 배부됨을 관찰할 수 있다. 이를 원가요소별로 안분하자면 상가A는 전체 직접노무시간 3,000시간 중에서 1,000시간이므로 ₩200,000(600,000 × 1,000/3,000), 상가B는 전체 직접노무시간 3,000시간 중에 2,000시간이므로 ₩400,000(600,000 × 2,000/3,000)을 아래와 같이 기말에 수정분개하면 된다.

제조간접원가	600,000	/	당기제품제조원가(상가A)	200,000
			기말재공품(상가B)	400,000

3.2 종합원가계산

종합원가계산은 동일한 제품을 대량생산하는 경우 적용되는 원가계산방법이다. 이 계산방법의 원리는 생산하는 제품이 모두 동일한 제품이므로 작업량을 완성품환산량(equivalent unit)의 관점에서 생각하는 것이다. 완성품환산량이란 간단하게 말하면 완성품으로 치자면 해당 작업이 어느 정도 진행되었는가를 나타내는 것이다. 예를 들어, 재료의 관점에서 100% 완성된 제품이 있다면 이는 완성품환산량 1이다. 만약 50% 완성된 제품이 있다면 이는 완성품환산량 관점에서 0.5개가 되는 것이다. 이는 원가요소별로 가법의 원리를 적용 가능하게 한다.

원가요소별로 완성품환산량의 관점에서 일의 양을 계산해 낼 수 있다면 해당 원가 요소별로 소모된 비용을 합산하여 이를 나눌 수 있다. 이렇게 계산하면 원가요소별로 완성품환산량 단위당 원가를 계산할 수 있다. 완성품환산량 단위당 원가를 완성품과 기말 제품에 나누어주면 이들의 원가를 계산할 수 있다.[1)]

정리하자면 종합원가계산은 다음과 같이 크게 다섯 단계의 작업을 통해 원가계산이 이루어진다고 할 수 있다.

1단계 : 명목상의 제조원가 물량을 완성품환산량으로 전환
2단계 : 원가요소별로 완성품환산량 계산
3단계 : 원가요소별로 투입된 원가를 기초와 당기로 나누어 정리
4단계 : 원가요소별로 완성품환산량 단위당 원가 계산
5단계 : 완성품환산량 단위당 원가를 이용하여 기말재공품과 완성품의 원가 계산

더불어 하나 고려해야할 중요한 내용은 물량의 흐름에 대한 가정이다. 즉 모든 제품이 전기와 당기 구분없이 생산된다고 가정할 것인지, 먼저 생산을 시작한 제품이 먼저 완성된다고 가정할 것인지에 대한 것을 정하는 것이 필요하다. 전자를 평균법(WAM : Weighted Average Method)라고 하고 후자를 선입선출법(FIFO : First In First Out)이라고 한다.[2)] 선입선출법은 전기의 생산과 당기의 생산을 구분하여 계산하기 때문에 생산비용의 변화를 추적할 수 있다는 면에서 이론적으로 평균법보다 정교한 방법이라고 할 수 있다. 이상의 내용을 예를 들어 설명해 보기로 하자.

---

1) 앞서 설명한 바와 같이 원가계산은 큰 관점에서는 소모된 자원을 기말 재고자산과 매출원가로 나누어 주는 과정이다.

2) 개념적으로 나중에 들어온 물건이 먼저 나간다는 가정도 가능하며 이를 후입선출법(LIFO : Last In First Out)이라고 한다. 국제 회계기준은 LIFO를 인정하지 않고 있다.

㈜한국의 기초재공품은 명목상 100단위이며 당기에 400단위의 생산을 시작했다고 가정하자. 이 중에서 300단위는 완성되었으며 200단위는 기말재공품으로 남아있다고 가정하자. 원가는 크게 직접재료원가와 가공원가가 발생을 하며 직접재료는 생산의 초기에 전량투입되고 가공원가는 공정의 진행에 따라 점진적으로 발생한다고 하자. 원가는 기초직접재료원가 ₩1,000, 기초 가공원가 ₩920, 당기에 투입된 직접재료원가 ₩2,000, 당기투입 가공원가 ₩3,700이라고 하자. 단, 기초재공품의 완성도는 50%이며, 기말재공품의 완성도는 60%이다.

이 상황에서 먼저 파악을 하여야 하는 것은 재공품의 진행율이다. 재공품이라고 하는 것은 기본적으로 아직 완성이 안 되었다는 뜻이기 때문에 완성도가 0%초과 100%미만 사이에 존재할 것이다. 이를 파악하여야 수행한 일의 양을 파악할 수 있다. 즉, 직접재료의 투입여부나 가공원가의 진행정도를 파악하여 완성품환산량을 계산할 수 있다.

문제에서는 기초재공품의 완성도는 50%이며 기말재공품의 완성도는 60%라고 하였으므로, 선입선출법의 관점에서 1단계물량의 정리를 실시하면 아래 표의 첫 번째 열과 같이 정리될 수 있을 것이다(1단계).

		직접재료비(0%)	가공비(-)
기초	100(50%)	100	50
당기투입	400		
당기완성(기초)	100	0	50
당기완성(당투)	200	200	200
기말	200(60%)	200	120
완성품환산량		400	370

이를 원가요소별로 완성품환산량으로 전환하면 위의 표의 두 번째와 세 번째 열과 같이 정리될 수 있을 것이다(2단계). 이를 통해 당기의 작업량이 직접재료비의 관점에서는 400단위의 작업을 한 것이며, 가공비의 관점에서는 370만큼의 작업을 수행한 것임을 알 수 있다.

다음으로 수행해야하는 작업은 이러한 활동에 원가요소별로 얼마의 자원이 투입되었는지를 파악하는 것이다. 아래의 표는 이를 정리한 것이다(3단계). 직접재료의 경우 기초에 투입된 원가는 ₩1,000, 당기에 투입된 원가는 ₩2,000이다. 가공원가의 경우 기초에 투입된 원가는 ₩920이고, 당기에 투입된 원가는 ₩3,700이다. 즉 직접재료원가의 합은

₩3,000, 가공원가의 합은 ₩4,620이며, 이들의 총합은 ₩7,620이다. 총합 ₩7,620은 5단계에서 완성품과 기말재공품의 원가로 나누어져야 한다.

	직접재료비(0%)	가공비(−)
기초 투입원가	1,000	920
당기투입원가	2,000	3,700
합 계	3,000	4,620

원가요소별로 완성품환산량과 원가가 파악되면 완성품환산량 단위당 원가를 계산할 수 있다(4단계). 직접재료원가의 경우 완성품환산량 단위당 원가는 ₩5(2,000 ÷ 400), 가공원가의 경우 완성품환산량 단위당 원가는 ₩10(3,700 ÷ 370)이 됨을 계산할 수 있다.

	직접재료원가	가공원가	합 계
기초원가	1,000	920	1,920
당완(기초 + 당투)	200 × 5 = 1,000	250 × 10 = 2,500	3,500
기말	200 × 5 = 1,000	120 × 10 = 1,200	2,200
합 계	3,000	4,620	7,620

완성품환산량 단위당 원가가 구해지면 최초의 표의 두 번째와 세 번째 행을 이용하여 당기 완성품원가를 구할 수 있다(5단계). 위의 표는 당기 완성품 직접재료원가가 ₩1,000, 당기완성품 가공원가가 ₩2,500으로 당기에 작업한 제품의 원가가 ₩3,500임을 보여주고 있다. 여기에서 주의해야 할 점은 선입선출법을 가정하고 있기 때문에 전기에 소모된 원가들도 당기에 완성이 되었을 것이므로 이들 원가도 역시 완성품 원가에 포함되어야 한다는 것이다.[3] 즉 완성품 원가는 기초의 원가인 ₩1,920을 합한 ₩5,420이 되는 것이다. 한편, 기말재공품의 직접재료원가는 ₩1,000, 기말재공품의 가공원가는 ₩1,200으로 측정되어 기말 재공품의 원가는 두 원가요소의 합인 ₩2,200으로 보고될 것이다.

이처럼 선입선출법은 기초의 원가와 당기의 원가를 구분하여 계산한다. 반면 평균법은 이러한 구분이 없다. 기초와 당기를 구분할 필요가 없기 때문에 1단계인 물량의 흐름을 정리하는 단계에서부터 선입선출법과 차이가 있다.

---

3) 기초재공품 수량보다 완성량이 더 많기 때문에 기초재공품은 모두 완성되었다고 보는 것이다.

		직접재료비(0%)	가공비(-)
기초	100(50%)	100	50
당기투입	400		
당기완성	300	300	300
기말	200(60%)	200	120
완성품환산량		500	420

이를 원가요소별로 완성품환산량으로 전환하면 평균법에서는 작업량이 직접재료비의 관점에서는 전기와 당기를 합한 500단위의 작업을 한 것이며, 가공비의 관점에서는 420만큼의 작업을 수행한 것으로 측정된다.

다음으로 수행해야하는 작업은 이러한 활동에 원가요소별로 얼마의 자원이 투입되었는지를 파악하는 것이다. 평균법에서는 기초와 당기투입원가를 합하여 생각하며, 이를 적용할 경우 직접재료비는 ₩3,000, 가공비는 ₩4,620을 투입한 것으로 측정된다(3단계).

	직접재료비(0%)	가공비(-)
기초 투입원가	1,000	920
당기투입원가	2,000	3,700
합 계	3,000	4,620

원가요소별로 완성품환산량과 원가가 파악되면 완성품환산량 단위당 원가를 계산할 수 있다(4단계). 직접재료원가의 경우 완성품환산량 단위당 원가는 ₩6(3,000 ÷ 500), 가공원가의 경우 완성품환산량 단위당 원가는 ₩11(4,620 ÷ 420)이 됨을 계산할 수 있다.

		직접재료원가	가공원가	합 계
당완	300	300 × 6 = 1,800	300 × 11 = 3,300	5,100
기말	200(60%)	200 × 6 = 1,200	120 × 11 = 1,320	2,520
합 계		3,000	4,620	7,620

완성품환산량 단위당 원가가 구해지면 최초의 표의 두 번째와 세 번째 행을 이용하여 당기 완성품원가를 구할 수 있다(5단계). 위의 표는 당기 완성품 직접재료원가가 ₩1,800, 당기완성품 가공원가가 ₩3,300으로 당기에 작업한 제품의 원가가 ₩5,100임을 보여주고 있

다. 한편, 기말재공품의 직접재료원가는 ₩1,200, 기말재공품의 가공원가는 ₩1,320으로 측정되어 기말 재공품의 원가는 두 원가요소의 합인 ₩2,520으로 보고된다는 것이다.

3.3 결합원가계산

주로 공통의 생산과정을 통해 동시에 여러 제품이 생산되는 경우 결합원가계산을 통해 원가를 배분할 수 있다. 사실 이 방법은 엄밀한 의미에서 원가를 계산하기보다는 발생한 원가를 제품별로 배분하는 것이다.

예를 들어, 화학 산업의 경우를 생각해 보자. 일정한 공정을 거쳐 물을 분해하여 산소와 수소로 분리를 한다고 하자. 일정한 공정에는 전체 ₩200 만큼의 원가가 투입되었다. 이 경우 산소와 수소의 원가는 각각 얼마라고 하는 것이 합리적일까? 결합원가계산은 이러한 문제에 대한 고민이다. 현재 이 결합원가를 최종적인 제품에 나누어 주는 방법은 다음과 같은 네 가지의 관점이 있다.

첫째, 최종적으로 생산된 제품의 물리적 수량에 따라 원가를 배분하는 방법이다. 이를 물량기준법이라고 한다. 물량기준법은 단순하긴 하지만 각 제품의 단위당 가치를 반영하지 못하는 문제가 있다.

둘째, 물량기준법이 가지는 한계를 보완하고자 고안된 방법이 분리점에서의 상대적 판매가치법이다. 이는 분리점에서 생산된 제품의 시장판매가격을 기준으로 원가를 배분하는 방법이다. 이는 수익비용의 대응관점에서 일견 합리성을 갖는 방법으로 여겨진다. 그러나 생산된 제품의 시장이 존재하지 않는 경우들이 존재한다. 즉 추가가공을 거쳐야만 시장에서 판매되는 제품들이 많다.

셋째, 추가가공을 거쳐야 판매가 가능한 제품들을 고려하여 순실현가치법에 의한 배분방법이 존재한다. 이 방법은 최종 판매가치에서 추가가공에 투입되는 원가를 차감하여 순실현 가치를 측정하고 이에 비례하여 결합원가를 배분하는 방법이다. 대부분의 경우가 순실현가치에 의해 결합원가를 배분한다.

마지막으로 균등이익률법에 의한 배분방법이 있다. 균등이익률법은 모든 제품의 이익률이 동일해지도록 결합원가를 배분하는 방법이다. 이들 방법을 사례를 통해 보다 상세히 살펴보기로 하자.

예 제 

1. ㈜한국F&B는 고등어와 삼치를 잡는 사업을 하고 있다. 이들은 어선을 이용해 조업을 하는데 1회 출항에 노무원가 등 총원가 ₩300이 투입되었다. 이를 통해 고등어 1톤과 삼치 1톤을 잡았다고 가정하자. 물량기준법과 판매점에서의 상대적 가치법에 의해 결합원가를 배분하시오. 단, 시장에서 판매가는 고등어는 톤당 ₩400, 삼치는 톤당 ₩100이다.
2. 만약 생고등어의 시장이 존재하지 않아 이를 반드시 간고등어로 추가 가공하여야 한다고 가정해 보자. 분리점에서 고등어의 가치가 존재하지 않기 때문에 어쩔 수 없이 간고등어로 추가가공해야 할 것이다. 이 경우 추가가공원가가 ₩200이고 추가가공시 간고등어의 시장가치가 ₩800이라고 한다.

1) 순실현가치에 의해 결합원가를 배분하시오.

2) 균등이익률법에 의해 결합원가를 배분하시오.

풀이

결합원가 ₩300을 물량기준법에 의해 나누어 주면 어떻게 배분되어야 할 것인가? 결합원가 ₩300은 고등어와 삼치의 물량이 각각 1톤으로 같기 때문에 ₩150씩 배분되면 될 것이다.

분리점에서의 상대적 판매가치법을 적용하면 고등어의 가격이 톤당 ₩400이고 삼치의 가격이 톤당 ₩200이므로, 결합원가는 고등어에 ₩200(300 × 400/(400 + 200))이 배분되어야 할 것이며, 삼치에는 ₩100(300 × 200/(400 + 200))이 배분되어야 할 것이다.

만약 생고등어의 시장이 존재하지 않아 이를 반드시 간고등어로 추가가공하여야 하는 경우 순실현가치에 의해 결합원가를 배분하기 위해서는 간고등어의 순실현가치를 계산해야 한다. 순실현가치는 추가가공 이후의 시장가치에서 추가가공에 사용된 원가를 차감하여 계산할 수 있다. 이 경우 간고등어의 순실현가치는 ₩600(800 − 200)이 된다. 삼치의 가치는 여전히 ₩200이기 때문에 결합원가는 간고등어에 전체의 75%인 ₩225이 배분되어야 할 것이다(300 × 600/(600 + 200) = 225). 반면 삼치는 나머지인 ₩75이 배부되게 될 것이다.

만약에 동일한 상황에 대해 균등이익률법이 적용되면 어떤 결과가 나올 것인가? 균등이익률법에서는 각 제품의 이익률이 동일하므로 기업 전체의 이익률도 동일할 것이다. 따라서 기업 전체의 수익 ₩1,000(800 + 200)에서 비용 ₩500(결합원가 300 + 추가가공원가 200)을 고려하면 이익률은 50%이다. 이 경우 간고등어의 수익이 ₩800이므로 비용이 ₩400 배분되어야 한다. 추가가공원가가 ₩200이므로 결합원가에서 ₩200이 배분되어야 한다. 결합원가에서 남은 ₩100(300 − 200)이 삼치에 배분되면 삼치의 수익 ₩200 대비 비용 ₩100으로 수익률이 역시 50%가 됨을 관찰할 수 있다.

결합원가계산에서 재미있는 점은 실제 발생한 사실은 바뀐 것이 없음에도 어떤 방법을 적용하는가에 따라 결합원가가 다르게 배분된다는 점이다. 이는 각 기업별로 어떠한 방법을 적용하여 원가를 배분할지를 잘 선택해야 함을 의미한다.

3.4 활동기준원가계산

활동기준원가계산(Activity-Based Costing)은 제조간접원가를 보다 정확히 배분하기 위해 등장한 개념이다. Johnson과 Kaplan은 "관리회계의 적합성 상실(Relevance Lost)"에서 기존의 원가계산방식과 자신이 제시한 활동기준원가계산에 의한 원가계산의 결과가 매우 다름을 제시하였다. 동시에 자신들의 방법이 제조간접원가를 보다 정교하게 배부했기 때문에 인과관계 관점에서 타당한 방법임을 주장하였다. 그 결과 만약 Kaplan의 ABC방법에 의한 원가계산이 더 타당한 것이라면 기존의 원가계산 방법은 매우 부정확한 것이 되는 것이다.

이러한 활동기준원가계산의 등장은 몇 가지 경제적 요인의 변화에 기인한다. 우리가 흔히 직접재료원가와 직접노무원가를 기초 원가라 칭했듯이 과거의 산업에서 제조간접원가의 비중은 상대적으로 미미했다. 그러나 최근 기계화 등은 직접노무원가의 비중을 낮추고 감가상각비 등 제조간접원가의 비중을 높이는 역할을 수행하고 있다. 여기에 산업화의 성숙으로 소비자의 다양한 기호를 만족시키지 못하는 기업은 시장에서 어려움을 겪게 된다. 이로 인해 기업들은 과거에 비해 보다 다양한 종류의 제품을 생산할 필요가 있어졌다. 이는 소위 소품종 다량생산에서 다품종 소량생산으로 제조업의 패러다임이 바뀌었음을 의미한다.

이러한 변화는 과거보다 제조원가에서 제조간접원가의 비중이 높아짐과 동시에 이를 배부해야할 대상이 보다 많아짐을 의미하는 것이다. 이런 측면에서 기업전체의 제조간접원가를 모두 모아 하나의 제조간접원가 배부기준에 의해 나누어 주는 과거의 접근 방법은 지나치게 단순한 것으로 평가받게 된다. 이러한 문제를 해결하기 위해서는 제조간접원가를 보다 정교하게 배부할 필요가 있을 것이다.

ABC는 이를 다음과 같은 방식에 의해 해결할 수 있다고 보았다. 모든 제품이나 서비스는 기업의 활동을 소비하며 활동은 자원을 소비한다는 것이다. 이를 구체적으로 설명하자면 제조간접원가를 활동을 중심으로 모으고, 모아진 원가를 활동을 소비하는 것에 비례하여 제품이나 서비스에 배부하는 것으로 가능해 질 것이다.

그림 1

이러한 활동기준원가계산에 의한 제조간접원가 배부방법은 관찰 가능한 활동을 중심으로 논리적으로 배부된다는 장점이 있다. 그렇다면 활동기준원가계산에 의한 제조간접원가의 배부와 기존 방법에 의한 제조간접비의 배부는 왜 그렇게 큰 차이가 난 것일까?

이에 대해 활동기준원가계산은 원가의 계층구조를 통해 설명하였다. 활동원가는 크게 단위수준의 활동, 배치수준의 활동, 제품수준의 활동, 설비수준의 활동 등 네 가지 차원으로 분류가 가능하다. 단위수준의 활동은 제품 생산 수준과 관련이 있다. 이는 기존의 제조간접원가 배부기준과 유사하다.

배치수준(batch)의 활동이란 몇 개의 제품이 묶어서 제조됨에 기인한다. 배치 생산은 거리에서도 쉽게 볼 수 있다. 예를 들어, 독자들은 거리에서 붕어빵을 사 먹어본 경험이 있을 것이다. 붕어빵의 제조는 대략 10개 정도의 단위로 생산이 된다. 이를 생산하는 과정에서 쇠틀을 닦고 여기에 기름을 바르고 하는 행동 및 가스요금은 개개 붕어빵이 아닌 10개 단위로 발생할 것이다. 이를 배치수준의 활동이라 한다. 이는 마치 계단원가와 같이 작용하여 기존의 생산량에 비례하여 발생한다는 가정과 이질적인 결과를 나타낸다.

제품수준의 활동이란 제품 한 가지를 기획하며 들어가는 원가와 관련이 있다. 예를 들어, 기업이 한 가지 새로운 신제품을 시장에 내 놓기 위해서는 기획과 관련하여 다양한 원가가 들어갈 것이다. 이는 실질적인 판매량에 관계없이 발생한다. 즉, 소나타의 개발비용이 ₩1,000억 들었다면 이는 소나타를 10대 생산하던 100만대 생산하던 일정하다. 이러한 원가를 기존의 방법처럼 생산량에 비례하여 배부한다면 원가에 큰 차이가 발생할 것이다.

마지막으로 설비수준의 원가가 존재한다. 이는 특정한 생산시설의 운영과 관련이 있다. 예를 들어, 현대자동차가 알라바마에 생산 공장을 만들었다면 이와 관련하여 세금이나, 토지와 관련된 비용들이 발생할 것이다. 이러한 비용들은 그 공장의 생산량과 무관하게 발생한다.

이러한 원가들은 제품생산량에 완전히 비례하지 않기 때문에 이를 조업도에 비례하는 변동원가로 파악하여 원가를 계산하면 왜곡이 발생한다. 따라서 배치수준의 원가, 제품수준의 원가, 설비수준의 원가가 크다면 이와 관련하여 기존의 제조간접원가 배부결과와 활동기준원가계산에 의한 제조간접원가 배부결과는 큰 차이가 발생할 것이다. 다음의 사례를 통하여 기존의 제조간접원가 배부방식과 활동기준원가계산 방법에 의한 원가계산 방법의 차이를 비교해 보기로 하자.

예 제 **전통적 원가계산과 활동기준원가 계산의 비교** 

㈜대한은 휴대전화기를 생산한다. 현재 회사는 제조간접원가를 단일 배부율을 사용하여 공장 전체에 배부하고 있다. 회사의 경영진은 제조간접원가를 좀 더 정교하게 배부할 필요가 있다고 판단하고, 회계담당부서로 하여금 주요 생산활동과 그 활동에 대한 원가동인을 파악하라고 지시하였다. 다음은 활동, 원가동인 그리고 배부율에 대한 자료이다.

활 동	원가동인	배부율
재료취급	부품의 수	부품당 ₩1,000
조립	직접노무시간	시간당 ₩40,000
검사	검사부문에서의 검사시간	분당 ₩10,000

현재의 전통적인 원가계산방법은 직접노무시간에 기초하여 1시간당 ₩150,000의 배부율을 사용한다. 휴대전화 제작을 위하여 한 번의 작업(batch)으로 50대의 휴대전화가 제조되었다. 전통적인 원가계산방법과 활동기준원가계산방법을 사용할 경우 휴대전화 한 대당 배부될 제조간접원가는 각각 얼마인가? 한 번의 작업(batch)에는 1,000개의 부품, 직접노무시간 8시간, 그리고 검사시간 15분이 필요하다. (회계사 2007)

풀이

㈜대한은 50단위의 배치 단위로 생산을 수행하고 있다. 따라서 배치 단위의 전체 제조간접원가를 구하여 이를 50으로 나누면 단위당 제조간접원가가 계산될 것이다. 전통적인 방법에서는 기업 전체의 제조간접원가를 집계해 이를 기업 전체의 배부기준으로 나누어 제조간접원가 배부율을 구하고 이를 통해 제조간접원가를 배부한다. 사례에서 제조간접원가 배부의 기준은 직접노무시간으로 파악되며, 1시간당 제조간접원가 ₩150,000이 발생한다고 하였다. 따라서 1배치당 8시간의 직접노무시간이 발생하므로 배치 당 제조간접원가는 ₩1,200,000(₩150,000 × 8시간)이 되며, 1배치 당 50개의 제품이 생산되므로 제품 단위당 제조간접원가는 ₩24,000이 된다.

활동기준원가계산에 의하면 배치의 제조간접원가를 재료취급, 조립, 검사의 세 가지 활동을 통해 측정한다. 각각의 활동에 대해 활동량과 단위당 활동원가를 통해 계산하면 다음과 같다.

재료취급활동원가 = 1,000 × ₩1,000 = ₩1,000,000
조립활동원가 = 8 × ₩40,000 = ₩320,000
검사활동원가 = 15 × ₩10,000 = ₩150,000

따라서, 활동기준원가계산에 의한 배치 당 제조간접원가는 위의 세 가지 활동원가를 합한 ₩1,470,000이며, 1배치 당 50개의 제품이 생산되므로 제품 단위당 제조간접원가는 ₩29,400이 된다.

이러한 활동기준원가계산의 개념은 제조업뿐만 아니라 서비스업에도 적용가능하다. 서비스업에서는 활동기준원가계산을 활용하여 고객별 수익률을 계산할 수 있다. 고객별 수익률 정보는 경영자에게 기업이 마케팅적 자원을 어디에 투입해야하는가에 대한 의사결정에 활용될 수 있다.

예 제 ABC의 서비스업 적용

상품매매기업인 ㈜한국유통이 활동기준원가계산을 적용하여 간접원가(overheads)를 고객별로 배부하기 위해, 20x1년초에 수집한 연간 예산자료는 다음과 같다. ㈜한국유통은 20x1년 중 주요 고객인 ㈜대한이 20회의 주문을 할 것으로 예상하고 있다. ㈜대한의 주문 1회당 예상되는 평균매출액은 ₩25,000이며, 매출원가는 매출액의 80%이다. 활동기준원가계산을 적용하여 간접원가를 고객별로 배부하는 경우, ㈜한국유통이 20x1년 중 ㈜대한으로부터 얻을 것으로 예상할 수 있는 이익은 얼마인가? 단, 매출원가를 제외한 어떠한 직접원가도 발생하지 않는다.

(1) 연간 간접원가

간접원가항목	금 액
급 여	₩300,000
판 매 비	₩100,000
계	₩400,000

(2) 활동별 간접원가 배부비율

간접원가항목	활 동		계
	고객주문처리	고객관계관리	
급 여	30%	70%	100%
판 매 비	20%	80%	100%

(3) 활동별 원가동인과 연간 활동량

활 동	원가동인	활동량
고객주문처리	고객주문횟수	200회
고객관계관리	고객수	100명

풀이

㈜한국유통의 ㈜대한에 대한 활동기준 원가는 얼마인지를 알기 위해서는 직접원가 외에도 제조간접원가를 분석해야 한다. 예제에서 직접원가는 매출원가 외에는 없다고 가정하고 있다. 매출액은 ₩500,000(20회 × 25,000), 매출원가는 ₩400,000(500,000 × 0.8)로 매출총이익은 ₩100,000이다. 여기에 활동기준원가계산을 이용하여 간접원가를 차감하면 ㈜대한에 대한 수익성 분석이 가능하다. 먼저 ㈜대한은 고객주문처리 활동을 소비한다. 고객주문처리 활동은 급여의 30%인 ₩90,000과 판매비의 20%인 ₩20,000의 활동원가를 발생시킨다. 총 ₩110,000의 활동원가가 고객주문처리에 사용된다. 고객주문처리활동이 총 200회 발생하여 회당 고객주문처리비용은 ₩550(110,000 / 200)이 된다. ㈜대한의 경우 20회의 주문을 하였으므로 이와 관련하여 ₩11,000(20회 × 550)의 원가가 발생하였다. 한편 고객관계관리와 관련하여 급여의 70%인 ₩210,000과 판매비의 80%인 ₩80,000의 자원을 사용하였다. 이는 총 100명의 고객에 대해 ₩290,000(210,000 + 80,000)이 발생한 것을 의미하는 것으로 ㈜대한은 ₩2,900(290,000 / 100)의 원가를 발생시킨 것이다. 결론적으로 ㈜대한과 관련하여 매출총이익 ₩100,000에서 주문비용 ₩11,000, 고객관계관리 ₩2,900을 차감한 ₩86,100의 이익이 발생하였음을 알 수 있다.

CHAPTER

03 연습문제

01 다음의 괄호에 알맞은 용어를 써 넣으시오.

1) 직접재료원가와 직접노무원가의 합을 (　　　)라 한다.
2) 직접노무원가와 제조간접원가의 합을 (　　　)라 한다.
3) 직접원가와 간접원가는 원가를 (　　　)의 차원에서 분류한 것이다.
4) 원가의 발생행태에 따라 원가를 크게 (　　　)와 (　　　)로 나눌 수 있다.
5) 의사결정에 필요한 원가를 (　　　), 의사결정와 무관한 원가를 (　　　)라 한다.

02 ㈜경기건설은 상가건물을 제작해 주문자에게 인도하는 건설회사이다. 이 회사의 20x2년 작업관련 자료를 살펴보면 20x1년에 주문을 받아 제작하고 있던 상가A가 있으며, 20x2년에 새로이 주문을 받아 제작중인 상가B와 상가C가 있다. 기말 현재 상가A와 상가B는 완성되었으며 상가C는 아직도 건설 중이다. 20x2년 이들과 관련된 원가자료는 다음과 같다.

구 분	상가A	상가B	상가C	합 계
직접재료원가	₩1,000,000	₩500,000	₩500,000	₩2,000,000
직접노무원가	800,000	800,000	1,400,000	3,000,000
직접노무시간	1,000시간	2,000시간	2,000시간	5,000시간
제조간접원가				2,500,000
기초 재공품	900,000	N/A	N/A	900,000

1) ㈜경기건설이 직접노무시간을 기준으로 제조간접원가를 배부할 경우 실제원가계산 방법에 의한 당기제품제조원가와 기말재공품 원가를 구하시오.

2) 실제원가계산에 의한 제조간접원가 배분의 문제점을 두 가지만 제시하시오.

3) 20x1년말 추정한 20x2년 ㈜경기건설의 예상 총제조간접원가는 ₩1,800,000이었으며, 예상 직접노무시간은 3,000시간이었다. ㈜경기건설이 직접노무시간을 기준으로 제조간접원가를 배부하는 정상원가계산 방법을 사용할 경우 조정전 당기제품제조원가와 기말재공품의 원가를 구하시오.

4) 제조원가 배부차이를 구하고, 이를 원가요소별 기말잔액에 따라 조정하는 경우 기말 수정분개를 제시하시오.

03 다음은 A회사의 제1공정에 관한 자료이다. 원재료는 공정의 0%에 모두 투입되며, 가공비는 전체공정에 걸쳐 균등하게 발생한다. 선입선출법을 적용하여 제품원가를 계산하고 있다. 완성품원가와 기말 재공품원가를 계산하시오.

(1) 생산자료

	물량단위	가공비 완성도
기초재공품	20,000	60%
기말재공품	30,000	40%
당기투입	80,000	
완성품	70,000	

(2) 원가자료

	직접재료원가	가공비	합 계
기초재공품	₩200,000	₩300,000	₩500,000
당기투입	1,600,000	1,400,000	3,000,000

04 다음은 어묵 제조하는 ㈜한국식품의 제조공정에 대한 원가자료이다. 어묵의 기초재공품은 5,000개이며 이의 공정 진행율은 60%였다. 당기에 투입된 어묵 물량은 30,000개이며 공손은 없었다. 기말재공품은 10,000개였으며 진행율은 50%였다. 원재료인 생선과 밀가루와 생선은 공정의 초기에 전량 투입되며 가공비는 공정의 진행에 따라 균등하게 발생한다. 재료비는 기초 재고에 대한 것이 ₩275,000, 당기투입분은 ₩600,000이 발생하였다. 가공비는 기초 재고에 대한 것이 ₩150,000, 당기투입분이 ₩810,000이었다.

1) ㈜한국식품이 평균법을 적용할 경우 완성품과 기말재공품의 원가를 구하시오.
2) ㈜한국식품이 선입선출법을 적용할 경우 완성품과 기말재공품의 원가를 구하시오.

05 ㈜한국화학은 20x1년 2월초 영업을 개시하여 당월에 제1공정에서 원재료 R을 가공하여 결합제품 A와 B를 생산한다. 제품 A는 제2공정에서 추가가공을 거쳐 판매되고, 제품 B는 제3공정에서 결합제품 C와 D로 분리된 후 각각 제4공정과 제5공정에서 추가가공을 거쳐 판매된다. 20x1년 2월의 각 공정에서 발생한 원가자료는 다음과 같다.

- 제1공정 : 제품 A, B의 결합원가 ₩30,000
- 제2공정 : 제품 A의 개별원가(분리원가) 10,000
- 제3공정 : 제품 C, D의 결합원가 20,000
- 제4공정 : 제품 C의 개별원가(분리원가) 20,000
- 제5공정 : 제품 D의 개별원가(분리원가) 10,000

20x1년 2월 ㈜한국화학의 제품별 생산량과 kg당 판매가격은 다음과 같다.

제 품	생산량	kg당 판매가격
A	500kg	₩100
C	1,000	70
D	100	600

1) 순실현가능가치를 기준으로 결합원가를 배부하는 경우, 제품 C의 매출총이익은?

2) 균등이익률법을 기준으로 결합원가를 배부하는 경우, 제품 A의 매출총이익은?

06 아래 그림과 같이 제품A는 공정1, 공정2, 공정4를 거쳐서 생산되고 제품B는 공정1, 공정2, 공정5를 거쳐서 생산된다. 제품C는 공정1과 공정3을 거쳐서 생산된다. 각 공정의 제조원가는 그림에서 주어진 수치와 같다. 결합원가가 순실현가치를 기준으로 배부되고, 제품A, 제품B, 제품C의 판매가액이 각각 ₩800,000, ₩500,000, ₩1,000,000일 때, 제품A의 총제조원가는 얼마인가? 순실현가치법과 균등이익률법에 의해 각각 제시하시오.

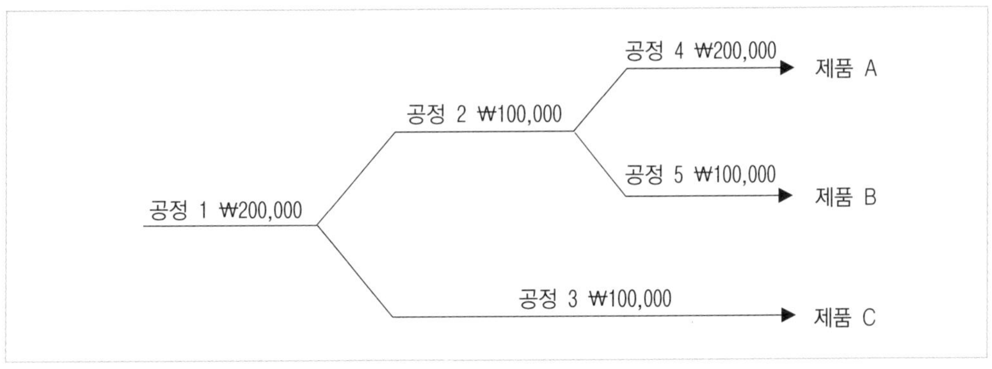

[연구] ABC 원가계산의 적용

ABC는 제조업뿐만 아니라 서비스업에도 적용가능하다. 안태식 등(2007)의 연구는 활동기준원가계산을 이용하여 약국에서 발생하는 원가를 계산하였다. 이들은 건강보험이외원가와 건강보험원가로 분리하고 건강보험급여의료원가를 상대가치점수와 연결시킴으로써 약사 조제행위 원가를 계산하고, 활동별 환산지수를 산출하였다. 모집단을 대표할 수 있는 표본을 추출하기 위해 사전에 설계된 표본계획에 따라 48개 약국의 수익과 비용자료를 수집하였고 자료의 신뢰성을 높이기 위해 방문조사, 전화인터뷰, 재무제표 뿐만 아니라 해당 약국의 세무대리인으로부터 조회서를 수취하였다. 이를 통해 표본 약국의 인력현황과 1인당 인건비를 산출하였고 비보상재료비와 관리비에 대한 자료도 수집하였다. 이들이 제시한 원가의 배분과정은 다음과 같다.

그림 2 원가배분과정

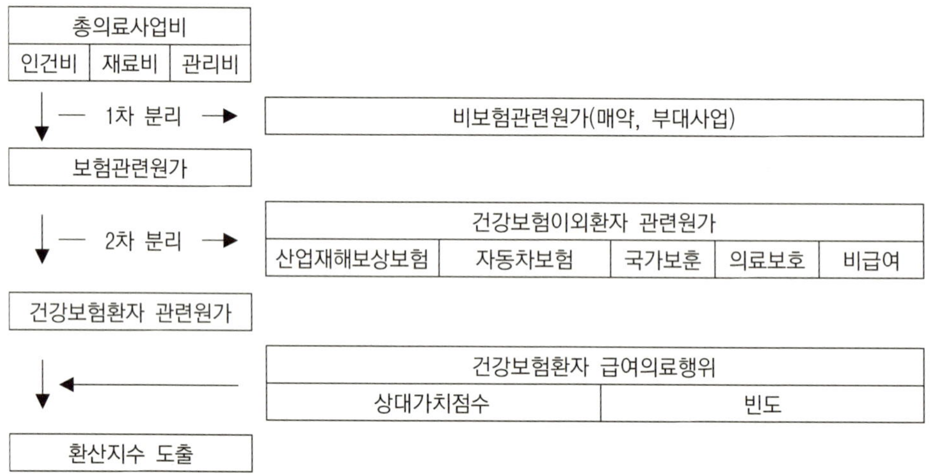

출처 : 활동기준원가계산을 통한 약국의료원가 및 수가연구
(안태식, 오동일, 정형록 세무와 회계저널 8권 제3호 2007년 9월 33p ~ 52p) 中 〈그림 1〉 '원가배분과정' 발췌

한편, 조영주와 백태영의 연구(2003)는 은행의 원가를 다음과 같이 활동을 기준으로 파악하여 ABC관점에서 원가를 계산하였다. 이처럼 ABC는 최근 다양한 분야에서 원가 계산의 합리성 증대를 위해 사용되고 있다.

그림 3 은행원가배부 흐름도

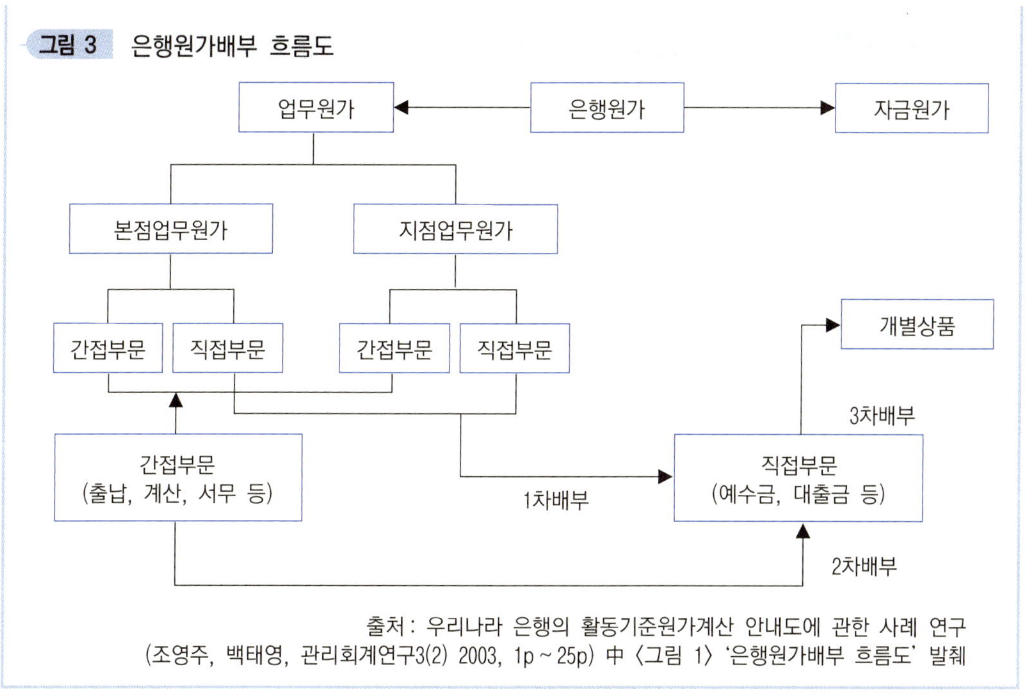

출처: 우리나라 은행의 활동기준원가계산 안내도에 관한 사례 연구
(조영주, 백태영, 관리회계연구3(2) 2003, 1p ~ 25p) 中 〈그림 1〉 '은행원가배부 흐름도' 발췌

CHAPTER
4

원가절감은 기업의 본원적 경쟁력을 높인다

학습목표

1. 원가절감의 의미와 효과에 대해 설명할 수 있다.
2. 전략적 관점에서 원가 절감 방법을 설명할 수 있다.
3. 합리적 의사결정 관점에서 원가 절감 방법을 설명할 수 있다.

4.1 원가절감(cost reduction)의 의미와 효과

4.1.1. 원가절감의 의미

유니콘(unicorn) 기업이라는 말은 기업가치 10억달러(약 1조 2천억 원) 이상, 설립한 지 10년 이하의 신생 기업을 뜻한다. 대표적인 유니콘 기업으로 미국의 우버나 에어비앤비, 우리나라의 쿠팡 등이 있다.[1] 여러 분들도 다양한 분야에서 창업을 구상해 보면 느끼겠지만 어떤 일이든 기존의 기업들이 존재하고 이들은 자금력과 조직 노하우 등을 선점하고 새로운 경쟁자를 물리칠 준비를 하고 있다. 이처럼 경쟁적인 환경에서 새로 진입하는 것도 힘든데 유니콘 기업이 된다는 것은 결코 쉬운 일이 아니다.

그러나 척박한 환경에서도 원가에 있어서 경쟁력이 있다면 해당 기업은 얼마든지 기존 시장을 석권할 수가 있다. 이와 관련하여 본장에서는 최근 국내에서도 화제가 되고 있는 WeWork(위워크)라는 기업을 통해 이야기를 시작해 보기로 한다.[2] WeWork는 미겔 맥켈비(Miguel Mckelvey)와 애덤 노이만(Adam Neumann)이 2008년에 그린 데스크(Green Desk)라는 사업을 시작한 것이 모태가 되어 2010년에 설립된 기업이다. 애덤 노이만은 '크롤러(Krawlers)'라는 작은 아기 옷 회사를 창업해 운영하고 있었으나 임대료도 내지 못할 만큼 사업에 어려움을 겪게 되었다. 이 때 미게 맥켈비가 자신의 사무실을 같이 사용할 것을 제안하였고, 이들은 자신들처럼 처지가 어려운 스타트업 기업을 대상으로 사무실을 공유하는(사실은 임대하는) 사업을 구상하였다.

이들은 사업을 구상했지만 정작 부동산에 대해 잘 몰랐기 때문에 번번이 사업 구상이 투자자들로부터 거부당했다. 그러다가 여러 개의 작은 회사들을 유치해 공간을 쪼개 임대하고 대신 응접 담당자와 몇 가지 서비스를 공유하는 사업모델을 건물주에게 제시하며 부동산 소유주들의 호기심을 끌기 시작했다. 즉 이들은 아무런 자산도 경험도 없이 기존의 건물 소유주를 만나 자신들이 건물을 효율적으로 리노베이션(renovation)하고 이를 임차인들을 발굴해 임대하고 및 관리해 이들에게 과거보다 더 높은 임대료를 주겠다고 제안한 것이다. 자신들은 아무 것도 없이 아이디어 하나만으로 비즈니스를 일으킨 것이다.

---

1) 유니콘(unicorn)이란 머리에 뿔이 하난 달린 상상 속의 동물로 2013년 여성 벤처 투자자인 에일린 리(Aileen Lee)가 처음 사용한 용어이다. 유사한 용어로 데카콘(decacorn)이란 용어가 있는데 이는 머리에 뿔이 10개 달린 상상 속의 동물을 의미하며, 기업 가치가 100억 달러(= 10조원) 이상인 비상장 스타트업 기업을 지칭한다. 현재 유니콘 기업을 가장 많이 배출하는 나라는 중국으로 전세계 유니콘 기업의 약 30%를 차지한다고 알려져 있다.

2) 이 책을 처음 쓰기 시작할 때만해도 WeWork는 매우 전도 유망한 기업이었으나, 이후 여러 문제들이 발생하며 상장이 지연되고 있다. 이는 자본주의 사회가 얼마나 시시각각 변하는 환경에 노출되어 있는지를 잘 보여준다.

그렇다면 이 기업의 진정한 경쟁력은 무엇일까? 이들은 표면적으로는 여러 일을 하는 사람들이 한 공간에 모여 네트워크를 이뤄 보다 효과적인 결과물들을 내게 한다는 것이 자신들의 경쟁력인 것처럼 말한다. 그러나 실제로 이 기업의 경쟁력은 다른 곳에 숨어있다. 이 기업은 최적의 배치와 사무실 비품에 대한 대량 구매 등을 통해 원가를 절감하고 이를 일반 기업에게 제공한다. 기업의 입장에서는 자신들의 사무실을 소유하는 것보다 리스를 함으로써 최초에 투자비용을 줄이고 보다 저렴한 사무실 이용료를 내게 하며, 더구나 이를 비용처리 함으로써 이를 통해 세금 효과를 누릴 수 있도록 한다.[3] 이와 같은 다양한 경제적 효익은 시장에서 지불 고객(paying customer)들을 끌어당기기에 충분한 것이다.

이들은 사무실 배치의 효율화를 통해 단위 면적당 훨씬 많은 사람들이 일을 할 수 있도록 도모하고 있다. 이들의 관심은 단위면적당 근무할 수 있는 사람들의 수를 얼마나 늘릴 수 있는가에 있다. 이는 1인당 사무실 유지비용을 최소화한다는 의미이다. 이를 위해 이들은 사무실 이용자들의 행동 분석을 통해 입주자들이 어느 자리를 선호하는지 어느 시설을 얼마나 이용하는지 등을 분석해 회의실의 규모 등을 공학적으로 최적화(optimize)하려는 노력을 기울이고 있다. 또한 사무용품의 대량 공급으로 규모의 경제를 실현하여 사무 공간과 관련된 원가 절감을 하고 있다.[4]

이로 인해 실제 WeWork의 주 고객은 소규모 고객에서 대규모 기업으로 확대되고 있다. 실제 미국에서는 포춘 500대 기업 중 20%가 WeWork의 고객이다. 한국에서도 대기업들이 자신들의 빌딩을 WeWork에 임대하고 다시 자신들이 그 곳에서 장기 리스를 통해 임차하는 상황들도 발생하고 있다. 기업들이 자신들의 사무실 유지비용과 관련하여 굳이 이를 매입하여 디자인하고 관리하는 노력을 들이지 않고 이를 보다 저렴한 비용에 임차하여 효율적으로 아웃소싱(outsourcing)하고자 하는 동기에 기인하는 것이다.

이처럼 WeWork가 내세우는 비전은 자신들의 오피스를 쓰면서 세계와 연결된다는 것이지만 현실적인 이들의 경쟁력은 원가 경쟁력에 있다. 이들의 원가 경쟁력은 기존의 오피스 시장을 보다 효율적으로 바꿈으로써 사회를 보다 경제적인 면에서 효율성을 가지도록 한다. 또한 기존의 비효율적 구조를 개선하여 새로운 기회를 창출함으로써 기존 기업들의 원

---

3) 만약 어떤 기업이 자신들의 사무공간을 건물을 매입하여 운영한다면 이는 자신들의 자산을 활용하는 것이므로 비용처리에 의한 세금 절감 효과를 얻기 힘들다. 반면 사무실을 임차하여 사용하는 경우 사무실 임차료는 전액 비용 처리되어 법인세를 감소시키는 효과가 있다.

4) 생산요소 투입량의 증대(생산규모의 확대)에 따른 생산비절약 또는 수익향상의 이익을 의미한다. 일반적으로 대량생산의 이익 또는 대규모 경영의 이익이라고 생각할 수 있다. 어떤 고객이 물건을 1개 살 때 판매자가 제시하는 가격과 1만 개 사갈 때 제시하는 가격은 매우 차이가 클 것이다. 또한 최적의 사무실 디자인을 계산하여 정하고 나면 이는 다른 사업장에도 적용될 수 있을 것이며, 이는 궁극적으로 사업장당 디자인 비용을 절감하는 효과로 귀결될 것이다.

가를 절감하는 데 도움을 준다. 이러한 긍정적인 면으로 인하여 공유형 오피스 비즈니스를 하고자하는 후발 기업들도 많이 등장하고 있다. 후발 주자들이 어떻게 선두 업체를 공략하고, 선두 업체는 이들을 어떻게 견제하는지를 지켜보는 것도 매우 재미있는 공부가 될 것이다.

[개념] 공유경제(sharing economy)

로렌스 레식(Lawrence Lessig) 하버드대 법대 교수가 처음 만들어 낸 개념으로 자동차, 사무실, 도서 등 활용도가 떨어지는 부동산이나 동산을 다른 사람들과 함께 공유함으로써 자원활용의 극대화를 추구하는 경제활동이다. 이를 원가의 관점에서 보자면 사용원가가 현저히 낮아짐을 의미한다. WeWork도 사무실을 공유함으로써 이용자에게 보다 저렴하게 공간을 활용하도록 하는데 그 본원적 경쟁력이 있다.

4.1.2. 원가절감의 효과

우리는 앞서 제3장에서 원가를 합리적으로 측정하는 방법들에 대해 공부했다. 원가를 합리적으로 측정하는 것의 효용이 정확한 보고와 의사결정에 있다면 원가 절감(cost cutting)하는 것의 효용은 기업의 본원적 경쟁력(core competence) 측면에서 생각할 수 있을 것이다. 어떤 기업이 동일한 제품에 대해 경쟁사에 비해 저렴한 가격에 생산할 수 있다면 장기적으로 경쟁 기업은 시장에 살아남기 어려울 것이다.

당신이 주주로 있는 회사에 두 명의 CEO 후보자가 찾아왔다. 첫 번째 후보자는 매출액을 10% 증가시킬 수 있는 능력이 있고, 두 번째 후보자는 비용을 10% 줄일 수 있는 능력이 있다고 할 때 당신은 어떤 후보를 선택할 것인가?

이 문제는 흔히 원가절감의 효과를 이야기할 때 드는 사례이다. 매출을 10% 증가시키는 경영자는 최초의 매출액이 ₩100이었다면 매출 10% 증가로 매출이 ₩110이 되고, 매출원가도 10% 증가하여 ₩99이 된다. 이로 인해 이익은 기존 ₩10에서 ₩11으로 10% 증가하게 된다. 반면 원가를 10% 절감하는 경영자의 경우를 생각해 보자. 매출은 원래와 같이 ₩100이고 매출원가 ₩90의 10%인 ₩9이 줄어 매출원가는 ₩81이 된다. 이익은 매출 ₩100에서 매출원가 ₩81을 차감한 ₩19이 되어 기존 이익에 비해 90%의 증가를 보여준다.

물론 이상의 예는 매출원가가 모두 변동원가인 극단적인 경우이지만 원가를 절감하는 것은 이익에 영향이 매우 직접적인 영향을 끼침을 관찰할 수 있다. 따라서 원가를 절감할 수 있는 경영자는 주주와 기업입장에서 매우 환영을 받는 존재이다. 이처럼 원가를 경쟁기업에 비해 낮출 수 있다면 기업은 해당 시장에서 높은 경쟁력을 가질 수 있을 것이다. 대표적으로 일본의 도요타 자동차는 원가 경쟁력을 바탕으로 세계 자동차 시장에서 높은 경쟁력을 유지해 왔다. 이러한 관점에서 대부분의 기업들은 원가 절감에 높은 관심을 가지고 있다.

이상에서 살펴본 바와 같이 원가 절감의 의의는 첫째 재무제표의 수익성을 개선시키는 것에 둘 수 있을 것이다. 둘째 실질적으로 더 중요한 의미인데 이는 궁극적으로 기업의 경쟁력을 높여 시장에서 우월적 지위를 가지게 할 것이다. 어떤 기업이 동일한 제품에 대해 경쟁사에 비해 저렴한 가격에 생산할 수 있다면 장기적으로 경쟁 기업은 시장에 살아남기 어려울 것이다. 이러한 예는 다양한 산업에서 관찰할 수 있는데 반도체 치킨게임(Chicken game)에 의해 현재 세계 메모리 반도체는 한국의 삼성전자와 SK하이닉스, 미국의 마이크론의 세 회사의 과점체제가 되었다.[5)]

그러나 원가절감이라는 것이 생각만큼 쉬운 것은 아니다. 전통적인 관점에서 원가절감은 비용절감과 동일선상에서 접근이 이루어진다. 이로 인해 단순히 전기를 아끼는 것, 재료를 아껴 쓰는 것 등이 원가 절감의 방법과 동일시되는 경향이 있다. 그러나 이러한 접근은 결국 다른 비용의 증가를 가져와 원가 절감의 효과를 반감시킨다. 예를 들어, 국내에서도 공공기관을 중심으로 2000년대 중반 난방비를 줄이기 위해 실내 온도를 낮춘 적이 있다. 그러나 이러한 실내 온도를 낮추는 행위로 인해 감기 등으로 병원비용, 병원에 가기 위한 시간 비용, 집중도 하락 비용 등 다양한 예상치 못한 원가를 발생시켜 진정한 원가 절감과 역행하는 결과를 가져왔다. 이러한 관점에서 현명한 원가 관리(smart cost management)를 위한 연구가 필요하다.

---

5) 치킨게임이란 원래 어느 한 쪽이 양보하지 않을 경우 양쪽이 모두 파국으로 치닫게 되는 극단적인 게임이론을 의미한다. 반도체 치킨게임은 수율 등에서 앞서는(원가 경쟁력이 높은) 대규모 기업이 가격을 낮게 가져가 원가 경쟁력이 낮은 군소규모의 반도체 기업들을 시장에서 몰아내고 시장을 독식한 사건을 말한다. 과거 일본 기업과 미국 기업 간의 1차 반도체 치킨게임에 이어, 2차 반도체 치킨게임에서는 일본 업체들이 국내 업체들에 의해 시장에서 소멸되었다. 이러한 과정을 거쳐 반도체 생산기업은 대폭 감소하였다.

4.2 전략적 관점에서의 원가 절감

전략적 관점에서의 원가절감이란 보다 거시적이고 장기적인 관점에서 원가 절감을 추구하는 것을 의미한다. 이러한 전략적 원가절감은 기업 자체의 변화를 유발하게 된다. 반면 3절에서 설명하는 전술적 관점의 원가 절감은 의사결정의 합리화 등을 통해 원가를 절감하는 것을 의미한다.

전략적 원가관리란 기업의 전략적 관리에 유용한 정보를 제공하는 새로운 혁신적 관리회계 기법을 전략적 원가관리라고 한다. 전략적 원가관리의 가장 큰 틀은 제품수명주기이며, 주요 기법은 제품수명주기원가계산, 목표원가계산, 카이젠원가계산, 품질원가계산 등이 있다(BSC 등은 성과평가에서 다룸).

4.2.1. 수명주기원가계산(Life Cycle Costing)

Life Cycle Costing은 흔히 수명주기 원가계산으로 불리 운다. 이는 제품수명주기라는 이론에 기반 한다. 제품수명주기이론(product life cycle theory)은 제품도 생물과 비슷하게 태어나고, 성장하고, 쇠퇴한다는 이론이다. 제품을 처음에 만들기 위해서는 연구개발 등 투자가 필요하고, 이후 이를 생산하며, 나중에는 사후 처리가 필요하다. 제품의 연구 개발부터 설계, 제조, 유통, 판매후서비스, 생산중단, 고객에 대한 판매와 지원활동이 중단되는 시기까지 발생되는 원가를 장기적 관점에서 식별한다. 공급자 측면에서 연구개발비, 제조원가, 판매비, 물류비 등의 원가와 수요자 측면에서 유지비, 폐기비용 등이 포함된다.

수명주기원가의 손익계산서는 여러 회계기간에 걸친 수명주기의 원가와 수익이 제품별로 표시되는 손익계산서이다. 이를 통해 수명주기에서 발생하는 모든 원가를 파악하고 수명주기원가간의 상호관계를 파악할 수 있다. 예를 들어 시간 진행에 따른 연구개발 원가, 제품설계 원가와 마케팅원가, 유통원가, 고객서비스원가 등의 관계를 살펴볼 수 있다. 이를 통해 장기적 관점에서 총원가를 산정하고 이를 바탕으로 최적의 대안을 평가하는데 유용하다.

이는 사회적 선택의 문제에도 응용이 가능하다. 최근에는 사후 처리 비용이 매우 많이 들어가는 경우가 많다. 예를 들어, 우리 사회에 가장 유용한 에너지원을 선택하는 문제를 생각해 볼 수 있다. 일반적으로 원자력, 석탄, 태양광 등 여러 가지 에너지를 생산하는 생산단계에서의 원가만을 기준으로 경제성을 비교한다. 그러나 원자력 발전의 경우 이의 해체비용을 고려하는 것이 보다 바람직할 것이고, 태양광 페널도 사후 처리 비용을 계산하여 이를 반영할 필요가 있다. 즉 생산 이후 단계에서 산업 폐기물이 상당히 많이 배출되고 이를 안전한 상태로 되돌리는 데 막대한 비용이 들어갈 것이라는 것이며 이를 적절히 반영해야 합리적 의사결정이 필요할 것이기 때문이다.

이러한 수명주기 원가계산의 개념은 마이클 포터의 가치사슬을 가로축으로 하고, 세로축에 원가를 대입한 것이다. 가치사슬이란 1985년 하버드대의 마이클 포터가 맥킨지의 가치사슬을 보다 발전시켜 기업 활동에서 부가가치가 생성되는 과정을 설명한 모형이다. 부가가치 창출에 직 · 간접으로 관련된 일련의 활동, 기능, 프로세스의 연계를 주활동(primary activities－생산, 운송, 마케팅, 판매, 물류, 서비스)과 지원활동(support activities－구매, 기술개발, 인사, 재무, 기획)으로 나누어 제시하였다. 주활동은 부가가치를 직접 창출하는 부문을 지원활동은 부가가치가 창출되도록 간접적인 역할을 하는 부문을 의미한다. 이를 통해 가치활동 각 단계에 있어서 부가가치 창출과 관련된 핵심활동이 무엇인가를 규명하여 강점과 약점, 차별화 요인을 분석하고 각 활동 단계별 원가 동인을 분석하여 경쟁우위 구축을 위한 도구로 활동하였다.

공급사슬은 공급업자＞생산자＞물류업자＞도소매업자＞최종소비자로 이어지는 제품의 공급과정을 나타낸다. 생산자는 다시 연구개발＞설계의 제조이전 상류원가(upstream cost)를 발생시키고, 제조단계에서의 제조원가, 마케팅＞유통＞고객서비스 등 생산이후의 하류원가(down stream cost)를 발생시킨다. 이처럼 기업 활동을 연계성을 통해 인식하면 활동간의 관련성을 식별할 수 있다. 예를 들어, 제조 이전 상류 원가를 많이 써서 제조 원가를 낮추거나 불량률을 낮추어 고객서비스 비용을 낮출 수 있다면 상류원가 자체를 많이 쓰는 것은 큰 문제가 되지 않을 것이다.

실제 발생한 원가와 확정원가가 수명주기별로 어느 정도의 비율로 발생하는가를 보여주고 있다. 확정원가는 실제 발생하지는 않았지만 발생이 될 원가가 정해지는 것을 의미한다. 실제 발생 원가는 말 그대로 발생된 원가를 의미한다. 그림에서 보여지듯이 확정원가는 제품의 제조 이전 단계에서 대부분 발생한다. 반면 실제원가는 제조과정에서 주로 발생된다. 예를 들어, 오늘 점심에 무엇을 먹을 것인가와 관련하여 라면을 먹기로 한다면 ₩5,000 수준이 발생할 것이고 갈비를 먹기로 한다면 ₩30,000이 수준이 발생한다고 해보자. 우리가 갈비를 먹기로 하는 순간 향후 발생될 원가는 ₩30,000 대가 될 것이고, 라면을 먹기로 정한 순간 ₩5,000 대의 점심값이 확정될 것이다. 이는 개념상 경영자에게 매우 중요한 시사점을 제공한다. 경영자가 원가와 관련하여 주목하여야하는 단계는 가치사슬상 제조단계가 아니라 제조이전 단계인 것이다(본서 제17장 참조).

그림 1 수명주기별 원가의 발생

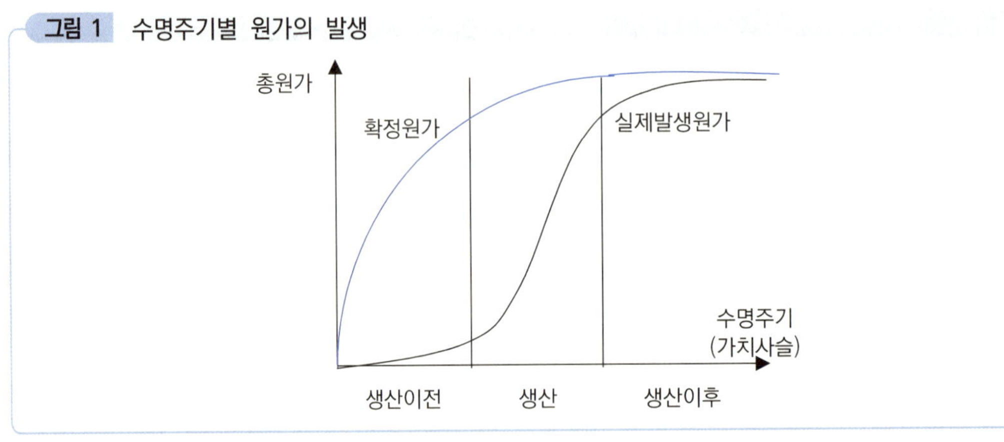

4.2.2. 목표원가계산(Target Costing)

기존의 원가에 대한 접근이 측정을 중심으로 이루어져왔고, 이로 인해 가격을 설정할 때 기업이 해당 제품이나 서비스를 생산하기 위해 투입된 원가에 일정한 이익을 덧붙여 가격을 설정하는 순차적인 관점에 기반이 있었다. 목표원가계산은 해당 제품이 시장에서 어느 정도의 가격에 팔릴 수 있는가를 먼저 생각하고 여기에서 자신들의 목표이익(target profit)을 차감하여 그렇다면 원가는 얼마 이내여야 하는가를 계산하는 관점이다.

목표원가계산은 기존의 관점을 역순으로 적용하여 원가를 통제해야할 대상으로 명확히 인식한다는 면에서 그 차이점이 있다. 제품개발단계부터 고객의 요구를 고려하고, 제품개발 및 설계단계에서 이미 원가에 대한 대부분의 사항이 결정되므로 이 부분에 중점을 두게하는 부수적 효과가 있다. 이 과정에서 공급사슬의 구성원들을 적극적으로 참여시켜 다기능의 팀을 운영목표원가계산을 적용하면 원가를 얼마 이내에서 통제해야하는지가 분명해 지기 때문에 특정 사업을 시행해야할 것인지 말 것인지를 사업의 구상단계에서 파악할 수 있다는 면에서 큰 장점이 있다.

예를 들어, 우리 회사가 만드는 제품이 시장에서 ₩100에 팔릴 수 있다는 것을 파악하고 자신들의 목표 이익이 ₩10이라면 해당 제품은 ₩90 이내에서 만들어져야 하는 것이다. 이를 목표원가라고 한다. 목표원가를 파악하고 나면 실질적으로 해당 제품을 생산할 때의 예상원가를 추정해야 한다. 만약 예상 제조원가가 ₩85이라면 이는 목표원가 내에 있으므로 해당

사업을 추진하는데 별 문제가 없을 것이다. 그러나 만약 예상 제조원가가 ₩95만으로 목표원가를 초과한다면 해당 사업을 추진해야하는 가에 대해 신중히 고려할 필요가 있다.

이처럼 예상 제조원가가 목표원가를 초과하는 경우 우리는 가치공학(VE : Value Engineering) 등 공학적 방법에 의해 예상 제조원가를 낮추려는 노력을 수행해야 한다. 가치공학은 몇 가지의 방법론에 의해 구체화될 수 있다. 가치공학은 제품설계변경, 공정변경, 재료교체 등과 같은 공학적 방법을 통해 제품의 성능이나 특성 등의 희생없이 보다 낮은 원가로 동일한 품질의 제품을 생산하도록 가치사슬의 모든 측면을 체계적으로 평가하는 것을 의미한다.

가치공학과 관련하여 몇 가지 대표적인 방법을 살펴보기로 하자. 우선 동시적 엔지니어링(cuncurrent engineering)은 제품의 기획단계부터 모든 부서(기획/설계/생산, 구매/판매 부서 등)를 참여시켜 제품개발을 통합적이고 협력적으로 수행하여 비부가가치 활동 축소시키고, 품질과 생산성 및 고객만족도 향상을 꾀하는 방법이다. 게스트 엔지니어링(guest engineering)은 제품의 기획 단계부터 협력업체를 참여시켜 원가 절감과 관련된 아이디어를 공유하는 것이다. 이 방법은 협력업체들과의 신뢰관계가 필수적이다. 역엔지니어링(reverse engineering)은 경쟁회사가 사용한 제품디자인, 원재료, 기술 등을 파악하기 위해 경쟁회사의 제품을 분해하여 분석하는 방법으로 많은 제조업체들이 즐겨사용하는 방법이다. 리엔지니어링(reengineering)은 원가, 서비스, 품질, 시간 등을 개선하기 위해 새로운 프로세스를 설계 또는 기존의 프로세스를 재설계하는 방법이다.

[개념] 가치공학(VE : Value Engineering)

가치공학에서는 다음과 같이 정의되는 가치를 향상시키는 방법을 모색한다.

$$가치(V) = \frac{기능(F)}{원가(C)}$$

즉 기능의 향상 또는 원가의 절감을 적절히 배합함을써 전체 가치를 증가시키는 공법 또는 기술을 채택하려는 것을 목적으로 한다. 기능을 유지하면서 원가를 절감하거나, 원가를 유지하면서 기능을 향상시키는 것 모두 VE의 성과가 된다.

이때 기능(F)은 최소한 유지 또는 상향하는 것을 전제로 한다. 원가를 대폭 감소시킴과 동시에 기능을 소폭 감소시켜 결과적으로 가치가 향상되는 것은 가치공학에서 무의미한 활동으로 간주된다.

VE를 수행하기 위해서 대안 생산방식 간 비교검토를 수행하게 되는데, 다음과 같은 여러 경로가 가능하다.

- 공정의 결합, 다양화, 통합, 분화
- 불필요 부품의 제거 또는 변경
- 구조와 형태의 개선
- 내성의 연구
- 대체물의 발견
- 표준화품목의 변경
- 설계 변경
- 구매방식 변경

설계단계에서 생산방식을 미리 결정하기도 하고, 생산 또는 시공 단계에서 생산 방식을 변경하는 것이 모두 허용된다. 여러 제조업 분야에서 적용할 수 있지만 특히 건설토목 분야에서 상대적으로 활발히 적용되고 있다.

예를 들어서, 6,000석 규모의 현대건설 창원 자전거경기장(공사기간 1996.12-2000.09, 공사금액 ₩751억)은 VE를 통해 공기순환방식의 기존시스템과 대체시스템 비교함으로서, 벽면선회형 멀티팬 방식을 채택해서 공사비를 대폭 절감한 사례로 알려져 있다[6].

▸ ▸ 〈표 1〉 창원 자전거경기장 건설에서 VE를 통한 원가절감 달성 효과 예시[7]

항 목		기존시스템 (디리벤트팬방식)	대체시스템 (멀티팬방식)	절감액 (기존시스템 - 대체시스템)
설치비	시스템	₩432,067,000	₩214,140,000	
	가설공사	327,800,000	0	
	계	759,867,000	214,140,000	545,727,000
운전비	연간운전비	37,120,000	6,064,000	
	20년운전비	742,400,000	121,280,000	621,120,000
합 계		1,502,267,000	335,420,000	1,166,847,000

6) 대한 설비 공학회, 설비저널(2001. 30권5호 - 현대건설 건축사업본부 박일규.) http://valueengineering08.pbworks.com/w/page/사례%203%20-%20현대건설의%20창원%20자전거%20경기장%20VE도입 사이트 참조

7) 출처 : 앞과 동일한 사이트

▸ ▸ 〈표 2〉 창원 자전거경기장 건설에서 시공방식별 기능 비교 예시[8)]

구 분		기존시스템 (천장취출순환형디리벤트팬방식)	대체시스템 (벽면선회형멀티팬방식)
설치비	개요	닥트말단노즐로 수직분사한 하향 순환기류로 공기희석	실내공기전체를 도넛형태의 선회류 발생시켜 정체 공기희석
	구성	터보팬 15대 + 스파이럴 닥트 + 노즐 532개	멀티팬 26대
	장점	국내적용실적 많다.	• 도달거리 길다. • 운전소음 낮다.
	단점	• 도달거리 짧다. • 운전소음 높다.	개발초기 성능비교 어려움
시공성	개요	터보팬은 종방향트러스에 닥트는 하단트러스에 전체시공	천정부트러스 상단 조명용 점검통로(Cat-Walk) 위에 설치
	장점	• 시공기술인력 확보 용이 • 대고객 설득 불필요	• 중량 작다. • 비계공사 없음 • 공기단축
	단점	비계공사로 추가비용발생 및 공기단축	점검통로(Cat-Walk) 동하중 증대로 안전진단 필요

[개념] 카이젠 코스팅(Kaizen Costing)

Toyota, Nissan 등 일본의 자동차 회사들이 주로 사용해 유명해진 목표원가계산은 대규모의 혁신적 원가 절감을 목표로 한다. 그렇다면 이들은 이러한 방법만을 썼을까? 그렇지 않다. 이들은 대규모의 원가 절감과 더불어 생산단계에서 작은 원가도 줄이려고 애썼다. 마른 수건도 짜낸다는 정신이 바로 그 것이다. 카이젠 코스팅은 주로 생산 단계에서 현장의 관리자들의 제안을 통해서 원가를 절감하는 방법이다. 한자 개선(改善)을 의미하는 카이젠은 생산현장에서 지속적인 원가 절감을 추구하는 방법이다. 현장의 사정에 대해 기업의 상위층은 알기가 어렵다. 그러나 현장에는 절약할 수 있는 다양한 원가가 존재한다. 대규모 공정의 변화가 유발하는 비용 및 절차의 부담에서 벗어나 소규모의 지속적 개선을 통하여 조금씩 원가를 절감해나가는 방법이다.

8) 출처 : 앞과 동일한 사이트

4.2.3. 병목공정이 있는 경우

병목(bottle neck)공정이란 흔히 연속 생산 공정에서 어느 한 공정의 처리 속도가 현저히 늦은 공정을 의미한다. 이러한 병목 공정은 공정 전체의 속도를 낮추는 문제를 가질 뿐만 아니라 생산량에도 영향을 미친다. 즉 어떤 공장의 최대 처리량은 그 병목 공정에 의해 결정되는 것이다.

제약이론은 병목공정이 있을 경우 이에 대한 해법을 제시한다. 이들은 단기적인 접근으로 병목공정이 있을 경우 병목공정에 전체 공정의 속도를 맞출 것을 제안한다. 그 이유는 병목공정이 있음에도 다른 공정이 자신들의 처리 속도만을 고집할 경우 병목공정의 앞에는 많은 재고가 쌓이게 되기 때문이다. 이 경우 전체적인 생산량은 늘지 않으면서도 단지 재고로 인한 비용의 증가만 발생하게 된다. 따라서 병목공정의 속도에 생산을 맞추는 것이 가장 바람직하다.

그림 2

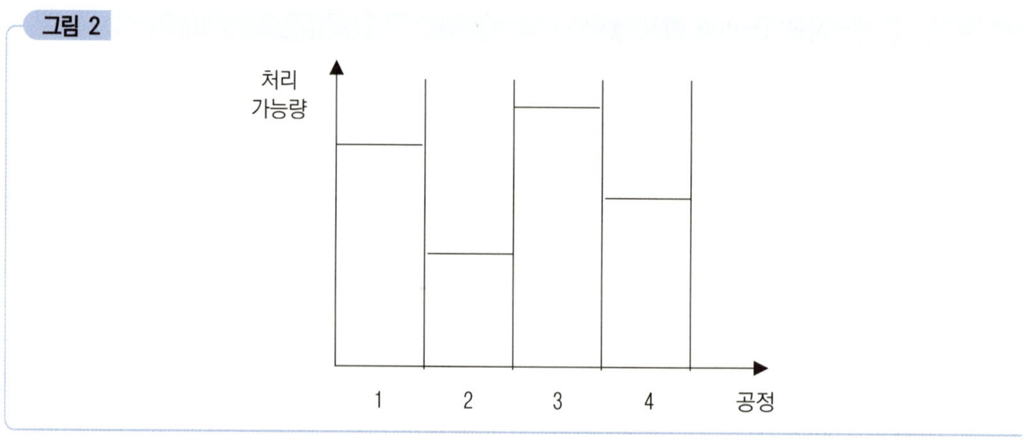

그림에서 병목공정은 2공정이다. 단기적으로 다른 공정들도 조업도를 2공정의 수준으로 맞추는 것이 재고비용을 줄이는 합리적 판단이다. 장기적으로는 2공정의 생산능력을 증가시켜 병목문제를 해결 해야한다. 장기적인 관점에서는 병목공정 자체의 생산능력을 확대할 것을 주장한다. 병목공정의 생산량이 확대되면 전체 공정의 처리 가능량이 늘어나게 된다. 따라서 장기적으로는 병목공정을 확대하여야 한다.

제약이론에서 경영자의 목표는 재료처리량 공헌이익을 극대화하고, 재고를 감소시키며, 운영비용을 줄이는 것이다. 제약이론의 단계는 1단계로 기업 목표달성에 장애가 되는 제약요인 파악하는 것이다. 2단계에서는 가장 장애가 되는 제약요인을 찾아내 기업의 성과를 최대화하기 위하여 그 제약요인을 가장 효율적으로 이용할 수 있는 방안 강구한다. 대표적인 예가 제약요인 단위당 재료처리량 공헌이익이 큰 제품을 우선 생산하는 것이다. 3단계에서는 DBR 시스템을 이용하여 비제약요인의 생산일정을 제약요인의 속도에 맞추는 것이다.[9] 4단계에서는 제약요인의 생산성이나 유휴시간/가공시간 단축, 재료처리량 공헌이익에 도움이 안되는 제품 생산 중단, 외부 구입, 불량률 감소 등을 통해 효율성을 증가시킨다. 마지막 5단계에서는 다시 새로운 제약 요인을 발굴하고 개선하는 것이다. 제약이론의 주창자인 Goldratt은 경영자는 이 단순한 과정만 반복하면 효율적인 경영을 할 수 있다고 주장했다.[10]

4.3 경영 합리화 관점에서의 원가 절감

이노베이션(innovation)은 J.A.슘페터가 경제 진화의 원리를 설명할 때 사용된 중심 개념으로, 생산을 확대하기 위하여 노동 · 토지 등의 생산요소의 편성을 변화시키거나 새로운 생산요소를 도입하는 기업가의 행위를 말한다. 좁게는 기술혁신의 의미로 사용되기도 하나 이노베이션은 생산기술의 변화만이 아니라 신시장이나 신제품의 개발, 신자원의 획득, 생산조직의 개선 또는 신제도의 도입 등도 포함하는 보다 넓은 개념이다. 슘페터는 이노베이션이야말로 경제진화의 가장 주도적인 요인이라고 주장하였다. 이러한 측면에서 경영과 관련된 의사결정의 혁신으로 원가를 절감시키는 방법들이 있다. 이러한 방법들에 대해 알아보기로 하자.

4.3.1. IT를 이용한 최적 주문

기존의 보몰 등이 제시한 재고자산관련 EOQ모형(Economic Order Quantity, 경제적 주문량 모형)은 재고관련 총원가를 총주문원가와 총재고유지원가의 합으로 보았다. 이들은 총원가를 최소화시키는 최적주문량이 다음과 같다고 제시했다.

$$Q = \sqrt{2 \times \text{연간총수요} \times \text{주문당주문원가} \div \text{재고단위당연간유지원가}}$$

9) DBR 시스템이란 Drum-Buffer-Rope 시스템의 줄임말로 각각은 다음을 의미한다.
- Drummer; 가장 중요한 제약요인으로 기업전체의 생산속도를 결정
- Buffer; 병목 공정 앞 공정의 소량의 완충재고
- Rope; 원재료의 투입속도를 병목공정의 생산속도에 맞추는 것. 완충재고 초과 않도록 생산속도 조정

10) Goldratt은 The Goal(1984)이라는 소설을 통해 제약이론의 핵심원리를 설파했다.

이는 총비용을 최소화시키는 경제적 주문량을 제시한 선구적 연구다. 그러나 IT 등을 이용해 총주문원가를 줄일 수 있다면 경제적 주문량은 감소하고, 이 때 총비용 또한 처음보다 감소한다. 즉 IT기술을 이용해 재고 주문과 관련된 절차와 인원을 줄이고, 수요자와 공급자를 바로 연결시킴으로써 관련 인원의 업무량을 줄임으로써 주문비용을 줄이고 이는 최적 주문량과 최소 재고비용을 감소시킬 수 있다.

4.3.2. 적시생산시스템(Just In Time)

적시생산시스템은 필요한 제품을 필요한 시점에 요구되는 수량만큼 정확하게 생산하는 시스템을 의미한다. 기업이 수행하는 제반활동에 있어서 최소한의 인력 부품, 자재, 면적 및 설비를 사용하기 위하여 고안된 제조환경의 구축을 필요로 한다. 소비자수요/제품/재공품/원재료의 순으로 수요가 파악되고 이에 따라 제조활동 수행한다. 이러한 측면이 수요견인시스템(demand-pull system)이라는 별칭을 가져왔다.

이 시스템의 특징은 셀(cell) 생산방식을 사용한다는 점이다. 셀 생산방식은 특정 제품의 제조에 필요한 기계나 설비를 제품별로 모아 놓은 제조셀을 중심으로 생산작업 수행함을 의미한다. 또한 칸반(Kanban)시스템(제조활동이 기록되어 있는 명세서)이라는 정보전달 시스템을 이용하는데 이는 총체적으로 생산공정을 개선하는 lean 생산의 일부로 작동한다.11)

원가면에서 제조간접원가의 감소로 원가의 추적가능성 제고되고, 원가중심점의 감소 및 생산수량보다는 거래의 회수에 따라 비례적으로 발생하는 원가항목들이 많아져서 원가의 특성이 변동원가 고정원가에서 준변동원가 준고정원가의 형태로 재분류를 가져온다. ABC 보다도 더 정확한 원가계산이 가능해진다.

[개념] 린 생산 시스템(lean manufacturing system)

토요타의 JIT를 기반으로 미국에서 정립된 시스템이다. 조립생산체제에 적용되었던 적시생산제를 다양한 생산/서비스 시스템에 적용하기 위해 확장된 이론으로 핵심은 조직내의 모든 낭비적 요소들을 제거함으로써 리드타임을 단축하고 신축성을 향상하는데 있다. 제조조직에서 생길 수 있는 모든 낭비적인 요소를 제거함으로써 물 흐르는 듯한 흐름생산의 구현에 최종적인 목표가 존재한다.

---

11) 칸반(kanban)은 토요다 자동차의 적시생산시스템에 사용된 생산 통제 수단으로 한자로는 간판(看板)을 의미한다. 이는 생산흐름을 통제하기 위해 앞 단계 부품 제공자에게 그들이 담아온 용기 등에 마분지나 플라스틱 카드 등에 필요한 부품 수 등을 적어 회송시키는 전달 체계를 의미한다. 과거 컴퓨터나 통신수단이 발달하지 않은 시절에 경제적이고 효과적으로 자신들이 필요로 하는 바를 전달하여 Pull 생산(수요에 의한 생산)을 실현시키는 수단으로 사용되었다.

적시생산시스템은 재무회계에도 영향을 미쳤다. 재공품이 무시할만한 수준으로 작아지며 회계처리의 일부를 생략하는 역류원가계산(backflush costing)이 등장한 것이다. JIT는 셀단위 제조, 불량품과 제조대기시간의 감소, 원재료 적시공급 등 기존과 다른 생산방식이다. 한기간의 모든 제조원가는 바로 매출원가가 되고 원재료에서 제품으로 원가의 이동이 신속하게 진행되므로 선입선출/평균법 등 원가의 흐름에 대한 가정이나 전부원가계산이나 변동원가계산 등 재고자산의 평가에 대한 가정이 불필요하다. 따라서 단순한 방법을 사용하여 원가의 흐름에 대한 회계처리가 가능하다.

4.3.3. 품질원가관리(Quality Cost Management)

품질과 관련하여 어떠한 수준을 택할 것인가는 기업의 품질과 관련된 총원가에 영향을 미친다. 활동기준원가 계산의 관점에서 기업의 품질 관리활동은 다음과 같이 분류된다. 불량이 발생하지 않도록 하는 예방활동, 생산된 제품이 불량인지를 가려내는 평가활동 등 품질통제활동, 불량인 제품이 고객에게 전달되기 전에 식별하여 대처하는 내부실패활동과 제조된 불량품으로 인해 소비자와 관련해 외부실패활동 등 품질실패활동이 존재한다. 이들 각각의 활동은 원가를 발생시키는 전자를 통제원가 후자를 실패원가라고 한다. 품질원가의 종류와 관련하여 다음의 표를 통해 정리해 볼 수 있다.

▸ ▸ 〈표 3〉 품질원가의 종류

통제원가	예방원가	품질방침기획 및 선포활동원가, 품질관리계획수립원가, 품질개선을 위한 토의원가, 공급업체의 공급능력에 대한 일반적 평가원가, 통제원가, 품질관련 교육 훈련원가 등
	평가원가	원재료 검사원가, 공정상태 평가원가, 제품품질검사원가, 제품시험원가
실패원가	내부실패원가	원재료의 반품/재구입에 따른 원가, 재작업/작업폐물/손망실 등으로 인한 실패원가, 품질 문제로 인한 공정 중단 원가 등
	외부실패원가	판매기회의 상실에 따른 기회비용, 반품된 제품의 원가/재작업 원가, 클레임처리원가, 리콜시행을 위한 원가, 제품보증원가, 손해배상원가 등

품질원가의 관리와 관련하여 전통적 관점은 일정수준의 불량을 허용하는 것이 품질과 관련된 원가를 최소화한다는 허용가능품질의 관점이다. 이 관점은 총품질원가 최소화를 위해서는 어느 정도의 불량률은 허용해야 한다고 보는 관점으로 통제원가와 실패원가 사이의 상충관계로부터 허용품질수준(AQL : Acceptable Quality Level) 또는 최적품질수준을 도

출한다. 즉 품질의 수준을 높이면 통제원가는 상승하고 실패원가는 감소한다. 이 둘을 종합한 총품질원가는 아래로 볼록한 2차함수가 된다. 여기서 원가라는 y축에서의 기준을 최소화하는 적정 불량률을 찾아 이를 통제의 목표로 하는 관점이다.

반면 최근의 관점은 TQM(Total Quality Management : 전사적 품질관리)을 적용하여 무결점(zero defect)을 추구하는 것이 품질관련 원가를 최소화한다는 것이다. 일반적으로 불량률을 낮추기 위해서는 통제원가의 지출을 증가시켜야 하지만 불량률이 0에 가까울수록 실패원가와 통제원가가 모두 감소하여 품질원가가 최소화 된다고 보는 관점이다. 이는 예방원가의 증가가 평가원가의 감소를 유도하는 것으로, 불량품의 고객 이탈로 인한 실패비용을 매우 중요시 한다. 실제 미국의 경우 잘 운영되다가 갑자기 망하는 회사들의 경우 소비자의 소송으로 인한 손해보상 등 외부 실패원가에 기인하는 경우가 많다.

TQM품질원가 관련 선행 연구 중 Hubiack and O'Donnell(1996) 등에 의하면 TQM을 이행한 미국기업의 2/3가 실패한 것으로 조사되었다. 일반적인 결론은 품질경영기법의 성공적인 이행은 품질개선, 종업원혁신, 프로세스혁신, 고객혁신 등과 같은 비재무적 성과와 품질원가의 절감, 수익성 향상 등의 재무성과로 이어지지만 그 과정에서 적합한 관리통제 시스템의 구축과 활용 기업문화의 지원이 이루어질 때 더 큰 시너지 창출된다고 한다.

4.3.4. 활동기준경영(Activity-Based Management)

활동기준경영은 이름에서와 같이 활동기준 원가계산의 관점을 활용하여 경영의 효율을 기하는 기법이다. ABM은 활동의 분석을 통해 매우 중요한 관점을 제공한다. 분석된 기업의 활동들을 고객의 가치를 증대시키는 부가가치활동과 고객의 가치를 증대시키지 못하는 비부가가치활동으로 구분하고 이 중에서 비부가가치활동의 발생을 줄임으로써 원가를 줄이고자하는 방법이다.

예를 들어, 기업이 부품을 조달 받는 회사를 선정함에 있어 일류의 회사를 선택하면 이들은 단가는 비싸지만 불량이나 납기 오류 등이 적어 납품을 받는 측에서는 검수활동이나 물건과 관련된 컴플레인 등 비부가가치 활동을 줄일 수 있다. 이는 업무 처리에 있어 비효율을 줄이게 하여 원가를 절감할 수 있는 좋은 방법이 될 수 있다.

CHAPTER

04 연습문제

01 원가 절감(cost reduction)의 의미와 효과에 대해 논하시오.

02 적시주문 시스템이 최적 재고주문 모형에서 갖는 의미는 어떠한 것인가?

03 제조업을 영위하는 ㈜한국은 다음과 같은 시간이 발생하는 것으로 조사되었다. 이 중에서 비부가가치 활동과 관련된 시간은 어떠한 것들인가?

공정시간 (processing time) : 제품의 가공에 소요되는 시간
저장시간 (storage time) : 원재료 또는 제품의 재고로써 저장되어 있는 시간
대기시간 (queue time) : 다음 작업으로 이동하기 전에 대기하는 시간
이동시간 (moving time) : 다음 작업장으로 이동하는 시간
검사시간 (inspection time) : 검사에 소요되는 시간

04 다음 품질원가(quality cost)들을 예방원가, 평가원가, 내부실패원가, 외부실패원가로 나눌 때 그 값은 얼마인가? (회계사 2001)

활 동	활동원가 (또는 비용)	활 동	활동원가 (또는 비용)
품질방침기획 및 선포활동	₩100	제품품질검사 및 시험활동	₩140
선적 전에 발견된 부적합품 재작업활동	210	미래 판매기회상실에 따른 기회비용	500
반품 재작업활동	400	반품 재검사활동	80
예방적 설비보수 및 유지활동	50	품질교육 및 훈련활동	50

05 목표원가계산(target costing)에서 목표원가를 산출하는 방법에 대해 설명하시오.

06 카이젠(Kaizen) 원가계산과 수명주기(life cycle costing) 원가계산의 차이점에 대해 논하시오.

07 ㈜한강은 두 가지 공정을 거쳐 제품을 생산하는 회사이며, 관련 자료는 다음과 같다. 제품은 단위당 ₩60에 판매되며, 생산된 제품은 생산량에 관계없이 판매가 가능하다고 가정한다. 제2공정에 연간 리스료가 ₩1,000인 기계장치 1대를 리스하여 투입하면, 연간 100단위의 제품을 추가로 생산할 수 있다. 동 기계장치 1대를 리스할 경우 ㈜한강의 이익은 얼마나 증가 또는 감소하는가? (회계사 2005)

	제1공정	제2공정
연간 최대생산능력	1,000단위	600단위
연간 고정원가	₩2,000	₩1,000
단위당 변동원가	30	10

[화제] 원감 절감과 기업의 경쟁력

최근에 비즈니스의 형태로 각광받고 있는 것 중의 하나는 공유경제(sharing economy) 개념을 이용한 것이다. 이는 최초에는 주로 한 번 생산된 제품을 여럿이 공유해 쓰는 협업 소비를 기본으로 한 경제를 의미했다. 쉽게 말해 자동차, 빈방, 책 등 활용도가 떨어지는 물건이나 부동산을 다른 사람들과 함께 공유함으로써 자원활용을 극대화하자는 것이다. 소유자 입장에서는 효율을 높이고, 구매자는 싼 값에 이용할 수 있게 하는 소비형태인 것이다. 최근에는 이와 관련하여 다양한 사업이 개발되고 있는데 이와 관련하여 다음의 사례는 좋은 참고가 될 것이어서 소개한다.

신문기사 인용 : 건물을 층 단위로 빌려 쪼갠 후 기업 · 개인 상대로 다시 임대
설립 5년 만에 기업 가치 12兆원
올해 안에 1조원 이상 투자해 수도권 10곳에 '공유 사무실'
(조선일보 2016년 1월 16일 인터넷)

세계 최대 '사무실 공유 서비스' 기업인 'WeWork(WeWork)'가 한국에 진출한다. WeWork는 서울 명동 대신증권 신(新)사옥을 시작으로 올해 안에 1조원 이상 투자해 수도권 일대 10곳에 공유 사무실을 오픈할 계획이다. 공유 사무실은 건물을 층(層) 단위로 빌린 뒤 이를 쪼개서 다시 기업이나 개인에게 재임대하고 다양한 서비스를 제공하는 일종의 '전전세(轉傳貰)' 개념이다.

2010년 설립한 WeWork는 미국과 유럽에 공유 사무실 52곳을 운영 중이며 기업 가치가 12조원으로 평가된다. 아시아 진출은 중국 상하이에 이어 한국이 두 번째다. WeWork의 상륙을 계기로 국내 오피스 임대차 시장에도 지각 변동이 예상된다.

- WeWork, 연내 국내 사무실 10곳 추진

  WeWork는 올 10월 준공하는 지상 26층짜리 서울 명동 대신증권 본사 사옥의 10개층(연면적 2만여㎡)을 향후 15년간 통임대하는 내용의 양해각서(MOU)를 지난 8일 체결한 것으로 13일 확인됐다. 김송규 대신증권 인프라관리본부장은 "대신증권이 WeWork 국내 1호 사무실을 유치하게 됐다는 상징적 의미가 있다"고 말했다. WeWork는 사무실 임대료로 2031년까지 수천억원을 내는 것으로 알려졌다.

  WeWork는 대신증권 본사 외에도 서울 강남과 경기 판교신도시 등 수도권 일대에 고층 빌딩을 가진 대 · 중소기업 10여 곳과 임대 협상을 벌이고 있다. WeWork의 임대 대행업체인 미국 뉴욕 PD프로퍼티의 데이비드 박 부사장은 "현재 한국 도심 오피스의 공실률이 높아 사무실을 대규모로 임차하는 WeWork의 국내 진출을 반기는 건물주들이 많다"고 말했다.

• 빌딩 직접 소유보다 저렴하고 편리

미국에서 시작된 사무실 공유 서비스는 세계 각국으로 빠르게 확산되고 있다. 기업 입장에서는 경기 침체로 대형 빌딩을 소유하는 부담이 커졌고 창업하는 개인이 늘어나면서 저렴한 사무실 공유 서비스의 인기가 높아지고 있다. WeWork의 경우 창업 5년 만에 미국 · 영국 · 네덜란드 · 이스라엘 등지에 사무실을 52개까지 늘렸다. 포브스지(誌)가 평가한 기업 가치도 102억달러(12조2000억 원)에 이른다.

WeWork의 경우 공유 사무실에 입주하는 고객은 공용(公用) 홀만 이용할 수도 있고 전용 사무실 1칸 또는 그 이상을 이용할 수도 있다. 홀을 이용할 경우 최소 1인당 월(月) 45달러, 전용 사무실은 1칸에 월 450달러부터 시작해 인원이 많아질수록 가격도 비싸진다.

WeWork는 사무실을 빌려주는 데 그치지 않고 각종 서비스도 제공한다. 입주 기업들은 초고속인터넷과 책상 · 복사기 · 프린터 등 사무용품을 자유롭게 쓸 수 있고, 무료 커피와 맥주가 비치된 공용 주방도 있다. 워크숍이나 다양한 교육 행사도 자주 열어 입주 기업끼리 인맥도 쌓을 수 있다.

• "국내 공유경제 활성화 신호탄 될 것"

WeWork의 진출을 계기로 국내에 기존 사무실 공유 서비스 기업과 치열한 경쟁이 벌어질 전망이다. 외국계 사무실 임대 회사인 리저스 코리아는 사무실 임대와 더불어 업무에 필요한 전화와 유 · 무선 인터넷, 각종 IT(정보기술) 인프라를 제공해주는 '비즈니스센터'를 15곳에서 운영 중이다. 국내 신생 벤처기업인 '패스트파이브', '까사갈라' 등도 개인사업자나 신생기업 상대로 사무실 공유 서비스를 제공하고 있다. WeWork는 전 세계 3만개 이상의 개인 · 법인 사업자를 회원으로 확보하고 있는 만큼 한국 시장에서도 성공을 자신하고 있다. 실제 아메리칸익스프레스 · 레드불 · 레딧 · 에어비앤비 등 유명 대기업들도 WeWork 공유 사무실을 이용하고 있다. WeWork 관계자는 "한국은 도심 인구 밀도가 높고 IT가 발전한 나라여서 성공 가능성을 높게 본다"고 말했다.

전문가들의 전망은 엇갈린다. 이현석 건국대 교수는 "WeWork의 본격 진출은 국내 공유경제를 활발하게 만드는 계기가 될 것"이라고 말했다. 반면 홍지은 세빌스코리아 상무는 "미국과 달리 소규모 기업이나 1인 창업자가 적은 한국에서도 통할지는 미지수"라고 했다.

CHAPTER

5

원가정보를 활용해 합리적 의사결정을 해야 한다

학습목표

1. 관련 원가를 파악하여 합리적인 의사결정을 할 수 있다.
2. 외부조달 및 특별주문에 대해 합리적 의사결정 방법을 제시할 수 있다.
3. 제약요건 존재 및 제품 구성에 대해 합리적 의사결정 방법을 제시할 수 있다.
4. 합리적 이전가격의 범위를 제시할 수 있다.
5. CVP분석을 통해 사업 수행 여부와 관련된 의사결정을 할 수 있다.

5.1 원가 정보를 활용한 단기적 의사결정

정확한 원가를 계산하면 기업은 이를 통해 다양한 문제를 합리적으로 해결할 수 있다. 예를 들어 제조한 물건을 얼마에 팔아야 손해가 되지 않는지 어떤 물건이 더 수지가 맞는지 등을 파악하여 판매 포트폴리오를 조정할 수도 있다. 이처럼 정확한 원가의 산정은 기업의 경영을 합리적으로 할 수 있는 토대가 된다. 이러한 의사결정은 크게 기업 내부에서의 의사결정, 다른 기업과의 사이에서의 의사결정, 이전가격 의사결정 등으로 나누어 생각해 볼 수 있다.

의사결정과 관련된 작업은 다음과 같은 일련의 절차를 통해 수행된다. 첫째 관련 수익과 원가(relevant revenue and cost)를 파악해야 한다. 관련 수익과 원가란 의사결정에 반영되어야 할 수익과 원가를 의미한다. 예를 들어, 새로운 기계를 도입할 것인가 말 것인가를 결정함에 있어, 해당 기계가 그 전보다 전기료를 얼마나 덜 발생시키는가와 같은 정보는 의사결정에 유용한 정보로 관련원가에 해당한다. 그러나 새로운 기계를 판매하는 회사가 이 기계를 개발하는데 얼마의 개발비가 들었는가 하는 정보는 기계를 구매하는 입장에서는 필요가 없는 비용 정보이다. 이와 같은 정보는 비관련 원가(irrelevant cost) 정보라고 한다.

관련원가가 파악된 이후에는 다음과 같은 논리를 적용하여 의사결정을 한다. 첫째, 특정 대안을 수행할 때 증가하는 증분 수익(incremental revenue)을 계산한다. 둘째, 특정 대안을 선택할 때 증가하는 증분 비용(incremental expense)을 산정한다. 마지막으로 증분 수익에서 증분 비용을 차감하여 증분 이익(incremental earnings)을 구하고, 이 증분 이익이 양(+)의 값을 가지면 해당 대안을 받아들이고 증분 이익이 음(−)의 값을 가지면 해당 대안을 받아들이지 않는다.

<단기적 의사결정 구도>

1. 의사결정을 위한 관련 수익과 원가를 파악한다.
2. 특정 대안을 선택할 때 증가하는 수익을 추정한다(증분 수익).
3. 특정 대안을 선택할 때 증가하는 비용을 추정한다(증분 원가).
4. 증분 수익 − 증분 비용 = 증분 이익을 계산한다(증분 이익).
   - ➲ 증분 이익이 0보다 크면 해당 대안을 선택한다.
   - ➲ 증분 이익이 0보다 작으면 해당 대안을 선택하지 않는다.

<단기적 의사결정 유형과 접근법>

1. 기업 외부와 관련
   1) 특별주문의 수락 또는 거절
      유휴 설비에 따른 기회비용 고려, 생산 능력의 한계가 있는 경우
   2) 부품의 자가 제조 또는 외부구입 의사결정
      회피가능고정원가, 유휴설비 임대
2. 기업 내부와 관련
   1) 제약요소가 존재하는 경우 : 제약요소 단위당 공헌이익 구해서 해결
   2) 제품라인의 유지 또는 폐지의 의사결정 : 고정비의 효과 등
3. 이전가격
   1) 공급부서와 수요부서의 가능가격의 교집합 내에서 절충
      외부판매 가능여부에 따라 공급부서의 가격 달라짐
   2) 국제 이전가격
      세금 최소화의 관점에서 접근

5.2 외부 거래와 관련된 의사결정

5.2.1. 특별 주문의 수락

기업을 운영하다보면 판매부서는 다음과 같은 문의를 자주 받는다. "원래 시장에서 ₩100에 팔리는 제품에 대해서 100,000개를 구매하려고 하는데 ₩70에 구매할 수 있는가?" 이러한 주문에 대해 여러 분은 어떻게 대처해야 하는가? 다음의 예를 통해 이러한 문제에 합리적으로 접근해 보기로 하자.

㈜한국의 복사능력은 시간당 2,000부이다. 준비시간 및 용지 재공급시간으로 인해 하루 최대가동시간은 10시간이다. 경기복사는 기존 거래처에 1일 15,000부의 복사를 공급한다. 가격은 1부당 ₩60이고, 총변동원가는 ₩20이다. 그런데 한 고객이 하루의 업무시작시점에 찾아와서 15,000부의 복사물을 업무마감시간까지 1부당 ₩40에 복사해달라고 요구하였다. 이 주문에 대한 부분수락은 허용되지 않는다. 이 주문을 수락할 경우 예상되는 순이익에의 효과는 얼마인가?

이 문제의 경우 앞서 언급한 바와 같이 증분수익과 증분비용을 계산하여 증분이익을 계산하여 의사결정을 할 수 있다. 증분 수익은 주문 가격과 수량을 곱하여 계산할 수 있다. 새로운 안을 받아들일 경우 증분수익은 한 부당 ₩40에 15,000부를 곱하여 계산할 수 있다. 즉 이 주문을 받아들일 경우 증분수익은 ₩600,000(40 × 15,000)이 될 것이다. 한편, 증분 비용은 변동비에 주문 수량을 추가로 생산하기 위한 원가로 계산될 수 있다. 1부를 복사하는데 총변동원가가 ₩20이므로 ₩300,000(20 × 15,000)의 증분비용이 발생하게 된다.

다음으로 이러한 추가 생산과 관련하여 유휴 생산설비가 있는가를 파악하는 것이 중요하다. 만약 유휴 생산설비가 존재한다면 증분비용은 말 그대로 추가 생산을 위한 순순한 비용만을 산정하면 될 것이다. 그러나 유휴 생산설비가 존재하지 않는다면 기존의 판매분을 특별 주문을 위해 줄여야 할 것이다. 이 경우 기회비용이 존재하게 된다. 증분비용에 이 기회비용을 반영하는 것이 필요하다. 이 문제의 경우 ㈜한국의 복사능력은 하루에 10시간 시간당 2,000부이므로 20,000부인데, 이미 15,000부를 작업하고 있기 때문에 유휴 생산능력은 5,000부이다. 그런데 새로운 주문 15,000부를 받아들이면 ㈜한국은 기존의 거래처에 공급하던 15,000부 중에서 10,000부의 공급을 줄여야 한다. 이의 기회비용은 원래 팔던 가격 ₩60에서 총변동원가 ₩20을 차감한 ₩40에 10,000부를 곱하여 계산될 수 있을 것이다. 결국 ₩400,000(40 × 10,000)의 기회비용을 추가로 차감하여야 할 것이다.

결론적으로 ㈜한국이 새로운 주문을 받아들이게 되면, 증분수익 ₩600,000에 증분비용 ₩300,000을 차감하고 다시 기회비용 ₩400,000을 차감하여 결론적으로 증분손실 ₩100,000을 기록하게 될 것이다. 따라서 이 주문을 수락해서는 안 된다.

물론 이 문제도 앞서의 아웃소싱과 마찬가지로 여러 가지를 고려해야 하는 사안이다. 만약에 이러한 제안을 받아들이는 것이 기존의 제품 판매에 영향을 미칠 수 있는가를 고려하여야 할 것이다. 이러한 판매로 인해 기존의 제품 판매가가 무너진다면 이는 바람직하지 않은 의사결정이 될 수 있기 때문이다. 또한 기존의 거래처와의 거래 가격도 살펴보아야 할 것이다. 기존의 거래처들에 비해 낮은 가격을 판다면 기존의 거래처들이 반발할 수 있을 것이다. 이는 장기적인 고객과의 신뢰를 낮추는 일이므로 신중을 기해야 할 것이다.

한편 이 것은 소위 단가 후려치기인가? 단가 후려치기란 하도급거래 공정화에 관한 법률에 등장하는 용어로 부당 단가인하, 부당 발주취소, 부당 반품행위 등을 일컫는 말이다. 이는 주로 대기업이 중소기업을 상대로 우월적 지위를 이용하여 납품 단가를 깎는 행위를 말한다. 그러나 이러한 종류의 제안은 우월적 지위를 이용한 것이 아니라 대량의 구매를 통해 가격 인하의 여부를 묻는 것이기 때문에 이러한 일과는 관련이 없는 규모의 경제(economies of scale)와 관련된 문제로 보인다.

5.2.2. 아웃소싱(outsourcing) 의사결정

아웃소싱이란 외부로부터 기업의 일부 기능을 조달하는 것을 의미한다. 즉, 기업 업무의 일부 프로세스를 경영 효과 및 효율의 극대화를 위한 방안으로 제3자에게 위탁해 처리하는 것을 말한다. 기업이 본원적 경쟁력을 갖는 부분을 제외하고는 외부의 전문가를 활용하고 기업은 자신들의 본질적 역할에만 집중하도록 한다. 이는 기업 업무의 일부 프로세스를 경영 효과 및 효율의 극대화를 위한 방안으로 제3자에게 위탁해 처리하는 것을 말한다. 다른 의미로는 외부 전산 전문업체가 고객의 정보처리 업무의 일부 또는 전부를 장기간 운영 · 관리하는 것을 뜻하기도 한다.

국내외의 경제 상황 악화와 이에 따른 경쟁의 격화로 인해 한정된 자원을 가진 기업이 모든 분야에서 최고의 위치를 유지하기 어렵게 되면서 해당 기업이 가장 유력한 분야나 핵심역량에 자원을 집중시키고, 나머지 활동은 외부의 전문기업에 위탁 처리함으로써 경제효과를 극대화하는 전략을 말한다. 보통 상호 복합적이고 의존적이며, 장기적인 파트너 관계를 형성해 하나의 통합 시스템으로 운영될 뿐 아니라, 비용절감보다는 기업의 성장과 경쟁력 · 핵심역량 강화를 위한 대안으로 운영된다는 점에서 임시적 · 단기적 · 반복적인 컨설팅 · 외주 · 하청 등과는 많은 차이가 있다.

결국 세계 시장의 급격한 변화와 경쟁력 심화에 따라 기존의 인소싱에 주력하던 기업들도 경영자원을 집중시키고 핵심역량을 강화하기 위한 수단으로 아웃소싱을 채택하고 있고, 이 추세는 갈수록 늘어날 것으로 보인다. 그러나 가격증가에 따른 저효율과 발주사 직원의 전직, 직원의 직무 감소로 인한 직원 수 초과, 공급업체와 발주사 간의 마찰, 공급업체의 미숙한 관리와 구성원의 직무 혼동 등의 위험 요소도 가지고 있다.

아웃소싱을 할 것인가 말 것인가를 결정하는 것은 쉬운 일이 아니다. 이는 기업의 전략과도 맞물려 있다. 예를 들어, 애플은 제품을 직접제작하지 않고 전부 외부로부터 아웃소싱한다. 반면 삼성전자는 이를 전부 자사에서 제조하여 판매한다. 이들의 선택은 여러 전략적 요소를 고려하여 결정된 것이다. 그러나 그들의 의사결정과정에 반드시 포함되는 것이 있다. 이는 원가에 의한 대안의 평가이다.

원가의 관점에서 평가를 위해서는 다음과 같은 순서의 작업을 수행하여야 한다. 먼저 증분 수익을 산정하여야 한다. 아웃소싱으로 인한 증분 수익은 주로 기존 비용의 감소에 기인한다. 이 때 감소하는 비용은 주로 변동비용인 경우가 많다. 하지만 변동비용 이외에도 특정한 종류의 고정비용이 감소하는 경우도 있다. 이 때 이러한 고정비용의 감소도 역시 수익의 증가로 평가하여야 한다. 반면 기존의 시설을 다른 것에 전용하여 얻는 수익도 존재할 수 있다. 예를 들어, 과거 자체 제조할 경우 필요한 공간을 아웃소싱 후에는 다른 일에 쓴 다든지 아니면 이를 외부에 빌려 줌으로써 수익을 창출할 수 있다.

이러한 종류의 수익의 증가가 모두 산출이 되면 다음은 비용의 증가를 측정하여야 한다. 대체로 아웃소싱으로 인한 비용은 외주 업체에게 지불하는 비용인 경우가 많다. 그러나 이러한 아웃소싱으로 인해 발생하는 조정 비용이나 기타 비용들이 존재할 수 있다. 이러한 비용을 모두 합산하여야 한다. 이러한 과정을 통해 아웃소싱 시의 수익의 증가가 비용의 증가를 넘어선다면 아웃소실을 해야 할 것이며, 수익의 증가가 비용의 증가보다 작다면 아웃소싱을 하면 안 될 것이다.

㈜한국은 공장의 수선과 유지에 필요한 소모품을 자체 생산하고 있다. 현재 필요한 수량은 수량은 월 100단위이고 단위당 변동원가는 ₩10이며, 고정원가는 ₩1,000이다. ㈜중국은 이 소모품을 단위당 ₩12에 공급하겠다고 제안해 왔다. 이 경우 ㈜한국은 고정원가를 50% 감소시킬 수 있다. 이 제안을 받아들여 소모품을 외부로부터 조달할 경우 ㈜한국의 순이익에 미치는 영향은 어떠한가?

㈜한국이 자체 생산하여 사용하고 있던 소모품을 외부로부터 구입할 경우 100단위에 대해 단위당 ₩12을 지급해야 하므로 ₩1,200(12 × 100) 비용의 증가가 예상된다. 반면 직접 생산할 때 소요되던 변동비가 감소하므로 ₩1,000(10 × 100)의 비용감소가 수반된다. 여기에 고정원가가 50% 감소되므로 ₩500(1,000 × 0.5)의 고정원가 감소효과가 더해진다. 따라서 ㈜한국이 기존 생산하여 사용하던 소모품을 외부로부터 구입하면 총 이익이 ₩300(− 1,200 + 1,000 + 500) 만큼 증가할 것으로 예상된다. 따라서 ㈜한국은 이 제안을 받아들이는 것이 단기적으로 합리적이다.

5.3 기업 내부의 효율과 관련된 의사결정

5.3.1. 제약요건이 존재하는 경우의 의사결정

제품의 생산과 관련된 요소가 무한히 존재하는 것은 아니다. 예를 들어 기계시간은 유한하기 때문에 이를 이용하여 만들 수 있는 제품의 수는 제한된다. 이러한 의사결정은 이익을 극대화 시키는 제품 믹스 결정과 관련된 의사결정과 관련된다. 제약 요건이 존재하는 경우 의사결정은 제약 요건의 수에 따라 달라진다. 제약요건이 1개인 경우는 제품별로 단위당 공헌이익을 구하고, 제약 요건을 얼마나 사용하는지를 고려하기 위해 제약 요건 단위당 공헌이익[1)]을 산출한다. 그리고 제약요건 단위당 공헌이익이 큰 제품부터 생산을 한다. 제품에 대한 시장 수요까지 생산하고, 다음으로 제약요건 단위당 공헌이익이 큰 제품을 생산한다. 이러한 순서로 제약 요건의 활동을 최대치까지 활용한다. 제약 요건이 2개 이상인 경우는 최적화문제(optimization problem)의 일종으로 선형계획법(linear programming) 등을 활용해 최적의 의사결정을 하는데 이는 본서에서는 이를 다루지는 않는다.[2)]

예 제 

㈜경기제과는 동일한 생산라인에서 기계작업을 통해 딸기 아이스크림과 초코 아이스크림을 생산하고 있다. 이들의 생산과 판매에 관한 자료는 아래와 같다. 연간 기계의 최대 가동시간은 2,000분이며 현재 공헌이익관점에서 최적 조합의 제품생산을 하고 있다. 최적의 배합은 각 제품을 몇 개씩 생산하는 것인가?

	딸기 아이스크림	초코 아이스크림
단위당 판매가격	₩1,000	₩2,000
단위당 변동원가	₩500	₩1,000
단위당 기계시간	5분	20분
연간 시장 수요	300개	600개

1) 공헌이익(貢獻利益, contribution margin)이란 특정 제품의 매출액에서 해당 제품의 변동원가를 차감한 금액을 의미한다. 이는 고정비의 회수력과 순이익에 대한 공헌도를 나타낸다.

2) 제한된 자원 내에서 최대의 만족 또는 이익을 얻을 수 있는 방법을 강구하는 문제를 최적화문제라고 한다. 선형계획법은 최적화이론의 한 분야로 제약 조건이 연립일차부등식 또는 연립일차방정식으로 나타나고, 알고자 하는 값을 나타내는 목적함수도 일차식인 경우에 이 일차식의 최댓값 또는 최솟값을 구하는 방법에 관한 이론이다. 린도(Lindo), 링고(Lingo) 등 전문 프로그램이나 마이크로소프트 엑셀의 해찾기 기능을 활용하여 해결 가능하다.

풀이

딸기 아이스크림은 단위당 판매가에서 단위당 변동원가를 차감한 단위당 공헌이익이 ₩500(1,000 − 500)이고, 초코 아이스크림은 단위당 공헌이익이 ₩1,000(2,000 − 1,000)이다. 그러나 1단위의 제품을 생산하는데 각각 5분과 10분의 기계를 사용해야 한다. 따라서 제약요건 단위당 공헌이익은 딸기 아이스크림의 경우 분당 ₩100(500/5), 초코 아이스크림의 경우 ₩50(1,000/20)으로 딸기 아이스크림이 더 높다. 따라서 우선 딸기 아이스크림을 생산하는 것이 유리하다. 딸기 아이스크림의 시장 수요가 300개 이므로 딸기 아이스크림을 300개 생산한다. 이 경우 기계시간은 1,500분이 사용되어 500분의 유휴시간이 발생하며 이 시간동안 초코 아이스크림을 생산하면 기계를 완전히 사용하게 된다. 초코 아이스크림은 하나 만드는데 20분이 소요되므로 25개(500/20) 추가로 생산할 수 있다. 결과적으로 ㈜경기제과는 딸기 아이스크림 300개와 초코 아이스크림 25개를 생산하여 최대 공헌이익 ₩175,000(500 × 300 + 1,000 × 25)을 달성할 수 있다.

5.3.2. 제품 생산라인의 유지와 관련된 의사결정

재무회계에서는 기업 전체에 대한 재무제표 하나만을 작성한다. 이는 주로 외부의 이해관계자에게 보여주기 위한 것으로 매우 공식적인 정보이다. 반면 원가 관리회계는 의사결정자에게 수시로 다양한 정보를 제공하여 기업의 효율을 높이려 한다. 이러한 관점에서 원가 관리회계에서는 손익계산서도 다양한 측면에서 작성한다. 예를 들어, 지역별 재무성과를 알아보기 위해 지역별 손익계산서를 작성하기도 하고, 제품별로 수익성을 분석하기 위해 제품별 손익계산서를 만들기도 한다.

이처럼 제품별 손익계산서를 만들 때 해석에 주의해야 할 점이 있다. 관리자는 이러한 자료를 주로 특정 제품의 생산 중단 여부를 결정하는데 사용한다. 즉 제품별로 만들어진 손익계산서를 보고 손실이 발생하는 제품의 생산 중단을 고려한다. 그런데 이 때 손익계산서의 해석에 주의할 점이 있다. 수익이나 변동원가는 제품의 생산 중단과 함께 바뀌지만 고정원가는 그렇지 않을 가능성이 있다는 점이다. 다음의 예제를 통해 이러한 점을 보다 자세히 살펴보기로 하자.

예 제

㈜고려는 A제품과 B제품 2가지를 생산하여 판매하고 있다. 20X1년 말 두 제품의 제품별 손익계산서를 만들어보니 다음과 같았다. CEO는 손실이 나고 있는 B제품의 생산중단을 고려하고 있는데, B제품을 생산중단하면 고정원가가 ₩2,000 감소할 것으로 예상된다. ㈜고려가 B제품을 생산중단하면 회사전체의 손익에는 어떠한 영향을 미치는지 답하시오.

	A제품	B제품
매 출 액	₩10,000	₩10,000
변 동 원 가	5,000	4,000
고 정 원 가	3,000	7,000
영 업 이 익	2,000	(1,000)

풀이

현재 제품별 손익계산서에 의하면 A제품은 ₩2,000의 이익을 내고있는데 비해 B제품은 ₩1,000의 손실을 보고하고 있다. 따라서 경영자나 관리자는 B제품의 생산 중단을 통해 회사전체의 이익을 극대화하기를 추구할 수 있다. 이 문제에 합리적인 결론을 제시하기 위해서는 B제품을 생산중단할 경우 수익과 비용의 변화를 관찰하면 된다. B제품을 생산중단하면 수익이 ₩10,000 줄어든다. 그리고 변동원가 ₩4,000이 감소할 것이며 여기에 더해 고정원가 ₩2,000도 감소하여 비용의 감소가 ₩6,000(4,000 + 2,000) 발생한다. 이를 종합하면 이익은 ₩4,000(10,000 − 6,000)이 감소하게 된다. 따라서 B제품을 생산중단하면 이전보다 이익이 ₩4,000감소하여 회사 전체로는 손해가 된다.

왜 이런 일이 발생하는가? 이는 고정원가가 생산의 중단에도 불구하고 발생하는 경우들이 많기 때문이다. 특히 특정 제품의 생산에 전용으로 사용되는 설비 등이 존재할 경우 이러한 일이 자주 발생한다. 따라서 제품의 생산 중단을 고려하려면 단순히 손실이 나는 품목을 제거하면 되는 것이 아니다. 고정비의 변동을 면밀히 검토하여야 하여 종합적인 판단을 내려야 한다. 여기에 기존 제품과의 대체재 또는 보완재 효과를 추가로 고려하여 품목간 간섭효과에 대해서도 검토하여야 할 것이다.[3)]

3) 대체재(substitutional goods)는 서로 다른 재화에서 같은 효용을 얻을 수 있는 재화를 의미하며, 보완재(complementary goods)는 두 가지 이상의 재화가 사용됨으로써 한 효용을 얻을 수 있는 재화를 의미한다. 예를 들어, 밥과 빵은 대체재, 커피와 설탕은 보완재로 해석할 수 있다.

5.4 이전가격과 관련된 의사결정

5.4.1. 사업부문제를 운영하는 기업 내부에서 이전가격 결정문제

이전가격(移轉價格, transfer price)이란 기업 내부의 부문간 원재료 · 제품 및 용역을 공급하는 경우에 적용되는 가격을 말한다. 이러한 이전가격은 대규모 기업에서 기업 내의 관리를 효율화하기 위해 부문별로 운영하는 경우에 발생한다. 부문은 기업 내에서 독립적인 기업처럼 다루어진다. 즉 부문의 손익계산서가 독자적으로 계산되어 부문별로 평가를 받는다. 따라서 기업은 부문별로 책임자를 임명하고 이들에 대해 독자자적인 평가를 한다. 이는 각 부문이 자기중심적 의사결정을 할 가능성이 있음을 의미한다.

그러나 부문을 운영하는 것은 거대 기업의 운영효율성을 높이기 위함이지 실제 독립적인 기업임을 의미하지는 않는다. 따라서 독립적 운영에 따른 의사결정이 기업 전체의 이익을 해하지 않는지를 살펴보아야 한다. 이전가격의 결정은 이와 관련된 문제이다.

예를 들어 연필심을 생산해 연필을 만드는 기업이 있다고 생각해 보자. 연필심을 만드는 부문은 해당 연필심을 자사의 연필생산부문에 판매할 수도 있고, 외부의 연필 생산업자에게 판매할 수도 있다. 이 경우 연필심 생산부분은 자신의 이익을 극대화하기 위해 연필심의 가격을 외부에 판매할 수 있는 가격 이상을 요구할 것이다. 그러나 만약 외부에 판매할 수 없다면 어떻게 될까? 외부에 판매할 수 없다면 연필심 생산을 위한 변동원가 이상의 수준에서 연필심에 대한 가격을 보상받으면 충분할 것이다. 이처럼 부품을 제공하는 부문의 경우에는 유휴생산설비의 존재여부가 중요하다.

한편 부품을 공급받는 부문의 경우를 생각해보자. 부품을 공급받는 기업의 입장에서도 외부에서 부품을 공급받을 수 있다면 이들은 외부의 업체보다 같거나 낮은 수준에서 부품을 공급받기를 원할 것이다. 만약 외부에서 조달할 수 없는 부품이라면 해당 이전가격을 통해 공급받은 연필이라는 제품이 판매로 인해 이익을 달성할 수 있는 수준 내에서 이전가격이 결정되어야 할 것이다.

수요와 공급 사업부의 의사결정 구조를 정리해보면 다음과 같다. 먼저 수요 사업부의 최대대체가격은 외부구입가격이나 단위당 지출가능원가 중 작은 값이 될 것이다. 단위당 지출가능원가란 완제품의 판매가격에서 추가 가공원가를 차감한 값으로 이 금액보다 더 지불하면 전체적으로 손실이 발생하기 때문에 수요 사업부로서는 이를 조달받을 필요가 없다.

단위당 지출가능원가 = 완제품 판매가격 - 추가 가공원가

반면 공급 사업부의 최소대체가격은 증분비용과 기회비용의 합으로 생각할 수 있다. 기회비용은 유휴설비가 존재할 경우 없으며, 유휴설비 없으면 외부시장에 팔 경우에 얻을 수 있는 공헌이익의 감소액으로 계산될 수 있을 것이다.

기업 전체 관점에서는 최소대체가격이 최대대체가격 보다 작은 경우 양 사업부의 이익이 모두 증가하여 기업 전체의 이익도 증가한다. 따라서 이 경우는 반드시 사업부간 대체가 필요하다. 반면 최소대체가격이 최대대체가격 보다 큰 경우, 사업부간 대체시 이 차이만큼 기업 전체의 이익이 감소할 것이다. 따라서 이 경우에는 대체를 하지 않는 것이 바람직할 것이다. 다음의 예를 통해 이와 관련된 합리적 접근을 시도해 보기로 하자.

예 제 

㈜경기모터스는 엔진생산부문과 완성차생산부문으로 구성되어 있다. 엔진생산부문에서는 완성차부문의 엔진을 자체생산하며, 엔진 1개당 ₩50,000의 변동비가 발생한다. ㈜서울엔진은 완성차사업부가 필요로 하는 엔진 2,000개를 개당 ₩40,000에 납품하겠다고 제의했다. 이 엔진을 사용하면 완성차부문에서는 엔진의 성능 조정을 위해 완성차 단위당 ₩5,000의 변동비가 추가로 발생한다. 엔진생산부문은 자체 생산한 엔진을 ₩60,000에 전량 외부에 판매할 수 있다. 이 경우 변동판매관리비가 ₩5,000 발생하며 이는 내부대체시에는 발생하지 않는다.

1) 각 부문에 부문이익을 최대화하기 위해 자율적으로 의사결정을 한다면 내부거래가 성립하는가?
2) 만약 내부거래를 한다면 내부거래를 하지 않는 경우에 비해 회사전체의 관점에서 얼마의 영업이익 차이가 발생하는가? 유 · 불리를 구분하여 답하시오

풀이

㈜경기모터스의 엔진생산부분은 ₩60,000에 자체 생산 엔진을 외부에 전량 판매할 수 있으므로 완성차부문에도 ₩60,000 이상의 가격으로 내부대체하기를 원할 것이나, 외부판매시 추가적 변동판매비가 ₩5,000발생하므로 내부에는 ₩55,000(60,000 - 5,000) 이상의 대체가격을 원할 것이다.

완성차부문은 ㈜서울엔진으로부터 ₩40,000에 납품받을 수 있다. 그러나 이 엔진을 사용하면

₩5,000의 변동비가 추가로 발생하므로 엔진부문에는 ₩45,000까지 내부대체를 받아도 동일한 가격이 된다. 따라서 이 두 부문은 서로 다른 파트너와 거래를 하는 것이 더 유리할 것이다. 그럼에도 불구하고 회사가 이 두문이 서로 대체를 하도록 한다면 단위당 ₩10,000(55,000 − 45,000)의 기회비용이 발생할 것이며, 엔진 2,000개에 대해 내부대체를 하지 않는 경우에 비해 영업이익 총 ₩20,000,000 감소할 것이다.

한편, 대체가격을 결정할 때에는 다음과 같은 세 가지 사항을 고려할 필요가 있다. 첫째, 목표일치성 기준으로 각 사업부의 목표뿐 아닌 기업 전체의 목표도 극대화해야 함을 반드시 고려하여야 한다. 둘째, 성과평가 기준으로 각 사업부의 성과를 공정하게 평가할 수 있는 방법으로 결정해야 한다. 그렇지 않으면 사업부의 불만을 야기할 수 있다. 셋째, 자율성 기준으로 각 사업부가 자신의 이익을 향상시킬 수 있는 의사결정을 자율적으로 내릴 수 있는 권한이 주어져야 한다.

대체가격의 결정 방법은 다음의 세 가지를 생각해 볼 수 있다. 첫째, 시장기준 가격으로 이는 내부 거래되는 재화나 용역의 시장이 존재하는 경우에 사용할 수 있다. 둘째, 원가기준 가격으로 목표불일치, 비능률적 원가가 그대로 이전되는 성과평가의 왜곡, 원가절감동기부여의 부재 문제 등이 발생할 수 있다. 마지막으로 협상 가격은 공급사업부와 수요사업부가 서로 합의한 가격을 대체가격으로 설정하여 각 사업부의 자율성과 갈등 해소 측면에서 긍정적 방법이라고 할 수 있다.

▸ ▸ 〈표 1〉 대체가격 결정기준과 특성

	시장기준	원가기준	협 상
목 표 일 치 성	가 능	불가능 경우 존재	가 능
성 과 평 가	공 정	실제(어려움), 예산(가능)	공정. but 협상력에 영향
자 율 성	가 능	불가능	가 능
동 기 부 여	부 여	실제(어려움), 예산(가능)	부 여

5.4.2. 세금최소화를 위한 국제 이전가격 결정

다국적기업이 이전가격을 조절하는 이유는 법인세율이 낮은 나라에 보다 많은 이익이 발생하도록 하여 당해 그룹전체로 볼 때 법인세 부담을 최소화하고 세후이익을 극대화하려 하기 때문이다. 이를 위해 법인세율이 낮은 나라(tax haven)의 계열기업에 상품을 공급할 때에는 낮은 가격을 책정하고 공급받을 때는 고가로 매입하여 자동적으로 법인세율이 낮은 나라로 이익이 산정되도록 하는 것이다.[4)]

이전가격은 국제거래에서 발생되는 다국적기업간의 이전가격조작에서 특히 문제가 된다. 이때에는 이러한 이전가격을 부인하고 정상가격을 기준으로 소득금액을 계산하는데 이를 이전가격과세라고 한다. 2013년 공인회계사시험에 출제되었던 다음의 문제는 조세최소화를 위한 이전가격 결정 문제의 단면을 잘 보여준다.

㈜무역은 칠레에서 와인을 생산하여 한국에서 판매한다. 칠레에는 와인의 생산사업부가, 한국에는 와인의 판매사업부가 존재한다. 한국과 칠레의 법인세율은 각각 20%와 10%이며, 한국은 칠레산 와인 수입에 대해 15%의 관세를 부과해왔다고 가정한다. 관세는 판매사업부가 부담하며, 당해 연도에 수입된 와인은 당해 연도에 모두 판매된다.
와인 생산과 관련된 단위당 변동원가와 단위당 전부원가는 각각 ₩1,000과 ₩4,000이다. 생산된 와인은 원화가격 ₩5,000에 상당하는 가격으로 칠레에서 판매 가능하며 수요는 무한하다. 판매사업부는 한국에서 이 와인을 ₩10,000에 판매하고 있으며, 국내에서 다른 도매 업체로부터 동일한 와인을 ₩7,000에 필요한 양만큼 공급받을 수 있다.
한편 한국과 칠레는 FTA를 체결하고 양국간 관세를 철폐하기로 했다. ㈜무역의 세후이익을 극대화시키는 대체가격(transfer price)은 FTA 발효 이후에 발효 이전보다 얼마나 증가(또는 감소)하는가? 단, 두 나라의 세무당국은 세금을 고려하지 않았을 때 각 사업부가 이익을 극대화하기 위해 주장하는 범위 내의 가격만을 적정한 대체가격으로 인정한다. 또한 대체거래 여부에 관계없이 각 사업부는 납부할 법인세가 존재한다.

위의 상황에서 먼저 FTA[5)]가 존재하는 경우 이전가격에 대해 생각해 보자. 와인을 생산해 판매하는 칠레 사업부의 경우 이들은 현지에서 ₩5,000에 무한히 판매 가능하므로 자신들의 원가가 아닌 자신들이 취할 수 있는 ₩5,000 이상의 가격을 이전가격으로 원할 것이

4) tax haven은 우리 말로는 보통 조세피난처라고 해석된다. 이는 법인 소득에 대한 법인세가 전부 또는 상당 부분 부과하지 않는 국가를 의미한다. OECD는 조세피난처를 소득세나 법인세를 부과하지 않거나 15% 이하인 국가와 지역으로 규정하고 있다. 대표적인 조세피난처로 바하마, 버뮤다, 케이맨제도, 네덜란드령 앤틸제도, 버진제도, 저지섬, 바레인, 모나코 등이 있다.

5) Free Trade Agreement의 약자로 우리 말로는 자유무역협정(自由貿易協定)이라고 한다. 국가 간의 상호 무역증진을 위해 물자나 서비스 이동을 자유화시키는 협정으로, 제반 무역장벽을 완화하거나 철폐하여 무역자유화를 실현하기 위한 특혜무역협정을 의미한다.

다. 반면 와인을 수입하는 한국 사업부는 동일한 와인을 ₩7,000에 원하는 만큼 조달할 수 있으므로 이전가격을 ₩7,000 이하에서 정하려고 할 것이다. 이 경우 이전가격은 ₩5,000와 ₩7,000 사이에서 정해질 수 있을 것이다.

문제는 세금을 고려한다면 기업 전체의 세금을 가장 적게 만드는 이전가격을 특정할 수 있다는 점이다. 만약 이전가격을 ₩1 올린다면 칠레 사업부는 ₩1 × 10%만큼 법인세가 증가할 것이다. 반면 한국 사업부는 비용이 ₩1 증가해 ₩1 × 0.2만큼의 법인세가 감소할 것이다. 여기에 FTA가 시행되기 전이므로 관세가 ₩1 × 0.15만큼 증가하게 된다. 결과적으로 FTA가 실행되기 전에 이전가격을 ₩1 증가시키면 ₩0.05(+ 0.1 − 0.2 + 0.15 = 0.05)만큼 총 부담 세액이 증가하게 된다. 이는 이전가격을 높일수록 부담 세액이 증가한다는 의미이므로 최적의 이전가격은 ₩5,000이 될 것이다.

FTA 이후에는 위의 상황에서 관세 ₩0.15만 감소하므로 전체적인 효과는 ₩0.1만큼 세금이 줄어들게 된다. 따라서 이전가격이 높을수록 전체 세금이 줄어들므로 최적의 이전가격은 ₩7,000이 될 것이다. 이처럼 FTA 또는 각 국가의 세율에 따라 기업은 전체의 세금을 줄이기 위한 전략적 이전가격을 선택할 수 있다.

이전가격을 통한 조세회피는 특정 국가가 법인세율을 높임으로써 실제 법인세를 많이 징수할 수 있는가에 관해 의문을 제기하게 만든다. 왜냐하면, 최근 많은 기업들이 국제 무역을 하고 있는데 이 경우 이전가격을 통해 기업 차원의 세금 최소화 의사결정을 할 경우 과세 대상 소득을 세율이 상대적으로 낮은 국가로 회피할 수 있기 때문이다. 이 경우 특정 국가의 법인세율 인상은 법인세 증가를 가져오지 않을 가능성이 있다.

5.5 CVP분석을 이용한 의사결정

5.5.1. 기본 개념과 가정

CVP분석은 C(Cost : 원가), V(Volume : 조업도), P(Profit : 이익) 사이의 관계를 이용하여 사업 타당성 분석 등 다양한 의사결정 상황에서 정보를 얻는 분석방법이다. 매우 쉽고 빨리 계산될 수 있으며 직관적인 분석이 가능하다는 장점이 있다. 반면 CVP분석은 현실을 극단적으로 단순화하여 얻어진 결과이기 때문에, 경영 의사결정과 관련해 제한적으로 해석하는 것이 바람직하다.

CVP분석과 관련된 주요 가정은 다음과 같다. 첫째, 수익과 원가의 행태는 관련 범위 내에서 조업도와 선형의 관계를 가진다. 둘째, 모든 원가는 조업도와 관련하여 완전한 고정원가이거나 완전한 변동원가 중의 하나이다. 셋째, 제품의 생산량과 판매량은 동일하다. 넷째, 화폐의 시간가치가 고려되지 않고 합산 및 비교된다.

5.5.2. 구성요소 및 활용

CVP 분석은 변동원가계산에 의한 손익계산서를 활용한다.[6] 즉 매출액에서 변동원가와 고정원가를 차감하여 영업이익(OI : Operating Income)을 도출하는 구조를 이용하여 다음과 같이 식(1)을 도출한다. 식(1)은 매출액에서 변동원가를 차감하여 공헌이익(contribution margin)을 구하고, 공헌이익에서 고정원가를 차감하여 영업이익을 구하는 변동원가 손익계산서의 구조를 가로 식으로 정리한 것이다.

$$p \times Q - vc \times Q - FC = OI \qquad \text{식 (1)}$$

단, 여기에서

매출액 : p(unit price : 단위당 판매가격)

판매량 : Q(Quantity : 판매량 = 생산량)

변동원가 : vc(unit variable cost : 단위당 변동원가)

고정원가 : FC(Fixed cost : 고정원가)

영업이익 : OI(Operating Income)

식(1)에서 매출액은 단위당 판매가(p)와 매출 수량(Q)을 곱해서 구할 수 있다. 전체 변동원가(VC)는 단위당 변동원가(vc)에 매출 수량(Q)을 곱해서 구할 수 있다. 마지막으로 고정원가(FC)는 조업도에 비례하는 원가가 아니기 때문에 전체를 비용으로 한다. 이렇게 매출액에서 변동원가를 차감하여 공헌이익을 구하고, 공헌이익에서 고정원가를 차감하여 영업이익을 구한다.

식 (1)을 Q에 대해서 정리하면 식 (2)를 얻을 수 있다.

---

6) 변동원가계산에 의한 손익계산서는 생산량이 증가하면 단위당 고정제조간접원가가 낮아지는 특성이 있다. 이러한 성질을 이용해 경영자는 판매량보다 많은 수량을 제조하여 당기의 원가를 낮출 수 있는데, 외부보고용인 전부원가계산에 의한 손익계산서에서는 단위당 원가가 낮아져 이익이 증가하는 현상이 발생된다. 이러한 실물이익조정(real earnings management)을 통한 경영자의 기회주의적 행동을 막기 위한 성과평가체계로 등장한 것이 변동원가계산에 의한 손익계산서이며, 이는 원가를 변동원가와 고정원가로 나누고 고정원가를 당기에 모두 비용처리 한다.

식(1)의 $(p - vc) \times Q - FC = OI$를 Q에 대해 정리하면

$$Q = (OI + FC) \div (p - vc)$$
$$Q = (OI + FC) \div ucm$$
$$Q = (FC + OI) \div ucm \qquad \text{식 (2)}$$

단, 여기에서

ucm(단위당 공헌이익) = p − vc

식(2)에서 ucm은 단위당 공헌이익을 의미하는 것으로, 판매량은 고정원가와 영업이익의 합을 단위당 공헌이익으로 나눈 값으로 계산된다. 식(2)를 활용하여 우리는 목표 이익을 위한 판매량이나, 손익분기점(BEP : Break Even Point)을 달성하기 위한 판매량이 얼마인지 등을 쉽게 구할 수 있다.

한 걸음 더 나아가 목표이익을 위한 매출액도 구할 수 있는데, 이는 식(2)의 양변에 단위당 판매가(p)를 곱하여 가능하다. 식(2)의 양변에 p를 곱하면 목표이익 매출액은 식(3)과 같이 정리할 수 있다. 공헌이익률은 공헌이익을 단위당 판매가로 나누어 구할 수 있다. 식(3)이 보여주는 바와 같이 목표 매출액은 고정원가와 목표이익을 공헌이익률로 나누어 계산할 수 있다.

$$p \times Q = (FC + OI) \div cm\% \qquad \text{식 (3)}$$

단, 여기에서

cm%(공헌이익률) = ucm ÷ p

원래 공헌이익이란 매출액에서 변동비를 차감하여 계산되는 것으로, 이는 고정원가의 회수에 공헌(貢獻)하고 고정원가의 회수가 끝나면 이익 창출에 기여한다는 측면에서 붙여진 이름이다. 공헌이익률은 공헌이익을 다시 매출액으로 나눈 것으로 전체 매출액 중에서 얼마가 고정원가를 줄이고 이익을 증가시키는가를 쉽게 알 수 있다. 예를 들어, 단위당 판매가가 ₩100인 제품의 단위당 변동원가가 ₩40이라면 이 제품의 공헌이익률은 60%가 될 것이다. 이 경우 매출액이 ₩100만 만큼 증가한다면 손익계산서는 증가 전 보다 이익이 ₩60만 만큼 증가하는 결과가 나올 것이다. 이처럼 관리자가 공헌이익률 등을 파악하고 있으면 경영 현장에서 손익계산서의 효과까지를 쉽게 파악할 수 있는 장점이 있다.

예 제 

㈜경기는 단위당 판매가격 ₩1,000, 단위당 변동원가 ₩600, 총 고정원가 ₩20,000의 원가 구조를 가지고 있다. 다음 물음에 답하시오.

1) 손익분기점 판매량은 얼마인가?
2) 목표이익 ₩20,000을 얻고 싶다면 매출액이 얼마여야 하는가?

풀이

1) 단위당 공헌이익이 ₩400(1,000 − 600)이므로,
   고정원가(20,000) + 목표이익(0) = ₩20,000을 ₩400으로 나누면 50개의 판매량이 필요함을 알 수 있다.
2) 공헌이익률은 400 ÷ 1,000 = 40%이므로,
   고정원가(20,000) + 목표이익(20,000) = ₩40,000을 40%로 나누면 ₩100,000의 매출액이 필요함을 알 수 있다.

참 고 **스프레드시트를 이용한 손익분기점 계산** 

❖ 현실의 고정비 변동비 발생구조가 복잡할 경우에는 스프레드시트를 이용해서 손익분기점 조업도를 계산한다.

그러나 현실에서는 손익계산서 상 고정비와 변동비 구조는 생각보다 복잡한 형태로 발생할 수 있다. 앞에서와 같이 고정비와 변동비를 각각 한 가지 값으로 합산해내는 작업이 곤란할 경우가 있다. 예컨대 조업도 수준에 따라 원재료 대량구매에 따른 할인이 발생하거나, 변동비성 지급 수당이 구간별 또는 계단식으로 책정되어 있다거나, 수도광열비가 생산량 수준에 따라 할증적으로 발생한다거나 하는 경우가 그렇다.

이럴 경우 실무에서는 앞의 간편 산식 대신에 엑셀(EXCEL)과 같은 스프레드시트(Spreadsheet) 소프트웨어로 손익분기점을 계산하는 것이 더욱 효과적이다. 물론 발생가능한 고정비가 빠짐없이 반영되어 있어야 하고, 조업수량 변동이 변동비에 미치는 영향이 그 특성을 반영하여 셀(Cell)사이에 정확히 수식으로 연결되어 있어야 할 것이다.

예컨대 앞의 단순 산식에서 보인 것 같은 조업도 대비 단순 고정비, (선형)변동비 이외에 다양한 비용함수 C = f(Q)가 현실에서는 얼마든지 발생할 수 있다.

Ex) 계단형 변동비 : 조업도가 10단위 미만일 경우 변동비 ₩5, 10단위 ~ 20단위 사이일 경우 변동비 ₩7, 20 ~ 30단위 사이일 경우 변동비 ₩9, 30단위를 초과할 경우 변동비 ₩11이라면 조업도 셀의 값 Q에 대하여 총변동비는 다음과 같은 산식으로 구성될 것이다([그림 1]참조).

총변동비 = Q*IF(Q < 10, 5, IF(Q < 20, 7, IF(Q < 30, 9, 11)))

그림 1 구간형 또는 계단형으로 단위당 변동비가 증가하는 구조

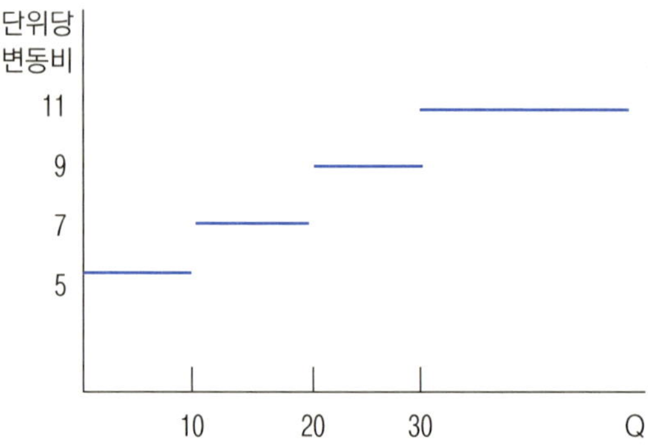

반대로 조업도 수준이 높아질수록 단위당 변동비가 줄어드는, 예컨대 앞서 언급했던 원재료 대량 구매 할인이 예상되는 경우에도 그 조건을 반영하여 이 산식을 유연하게 구성할 수 있을 것이다([그림 2]참조).

총변동비 = Q*IF(Q < 10, 11, IF(Q < 20, 9, IF(Q < 30, 7, 5)))

그림 2 구간형 또는 계단형으로 단위당 변동비가 감소하는 구조

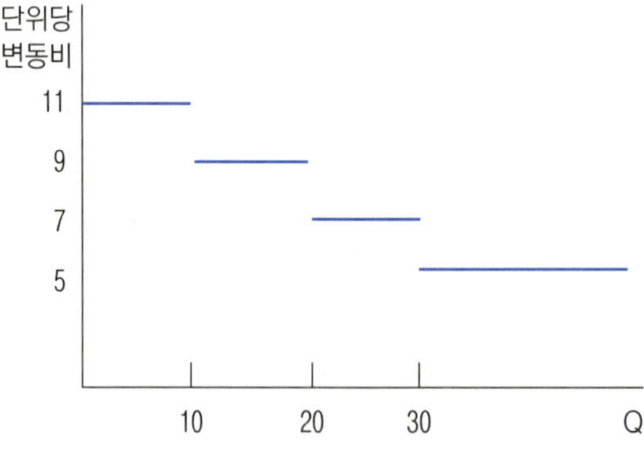

그밖에 계단구간을 미리 정확히 구분하기 어려울 경우, 총변동비선이 앞의 [그림2]처럼 조업도(매출액) Q 대비 선형이 아니라, 조업도가 증가함에 따라 숙련 증가 등으로 체감(decreasing rate)하는 형태로 증가하는 경우도 많다. 즉 [그림 3]에서 총비용함수가 위로 볼록한 형태를 취하는 증가함수인 경우다. 이 경우에는 그 체감하는 비율을 고려하여 다음과 같은 형태의 비용함수 산식을 구성할 수 있다.

총변동비 = 14*LN(Q + 1)

그림 3 체감형으로 증가하는 총변동비선

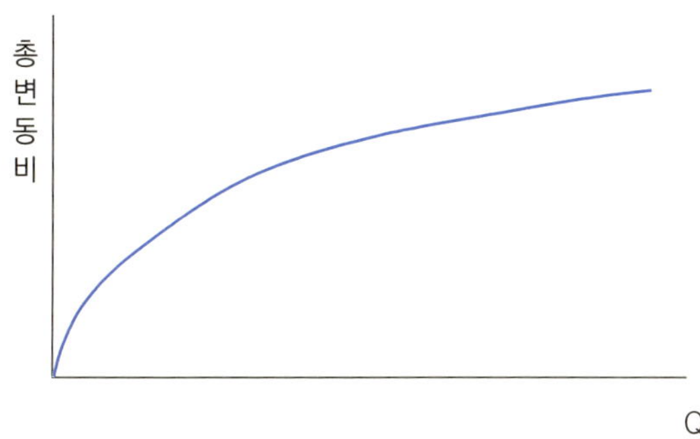

아래 [그림 4]는 매출원가에서 적용하는 단위당 변동비가 계단식일 경우, 예컨대 원재료 구매할인이 반영되어 조업도가 100개 이하일 경우 ₩300, 100~200개 일 경우 ₩250, 200~300개일 경우 ₩200, 300개 이상일 경우 ₩180인 구조를 띨 경우, 스프레드시트에서 계단식 변동비함수

= IF(D2 < 100, 300, IF(D2 < 200, 250, IF(D2 < 300, 200, 180)))

를 적용해서 손익분기점을 탐색하는 예를 보인다. 판매량이 161개 이하일 경우 목표로 하는 당기순이익은 음수가 되며, 161개일 경우 비로소 양수로 전환되는 것을 볼 수 있다.

그림 4 스프레드시트를 이용한 손익분기점 탐색

	A	B	C	D	E	F	G	H	I	J	K
1	회계기간(연간, 월간, 분기간 등 다 가능) 중										
2			판매량(Q, 개)	161	**<--손익분기 탐색을 위해 변화시킬 값**						
3			단위당 판매가격(P, 원)	2,000							
4	**매출액(S)**			**322,000**	= Q*P						
5	**매출원가**	=		**216,350**							
6		+고정매출원가		150,000							
7		(감가상각비)		10,000							
8			단위당 매출원가변동비	250	<--계단식 변동비 =IF(D2<100, 300, IF(D2<200, 250, IF(D2<300, 200, 180)))						
9		+변동매출원가		40,250							
10		+준고정 또는 기타유형 매출원가		26,100	Ex) = 10,000+Q*100						
11	**판매관리비**	=		**105,608**							
12		+변동비		17,388	= Q*100						
13			단위당 판매관리비	108							
14		+고정비		80,000							
15		+준고정 또는 기타유형 판관비		8,220	Ex) = 5,000+Q*20						
16	**영업이익**			42							
17	**법인세**			**8**	세율단순가정 20%						
18	**당기순이익A**			**34**	**<--0이상이 되어야 할 목표값**						

일단 조업도 Q와 변동비가 정확히 연결된 손익계산서가 작성되기만 한다면, 손익분기점 조업도를 찾는 방법은 간단하다. 조업도 셀의 값을 여러 가지 변경 입력해보면서 목표 이익값이 음수에서 양수로 전환되는 순간의 조업도 값을 찾아내면 된다. [그림 4]의 예에서는 D2 셀의 값을 여러 가지로 넣어보다가 161개가 손익분기점 조업도임을 확인할 수 있었다. 엑셀의 <해찾기(solver)> 또는 <데이터 - 표> 기능을 이용할 수도 있으나, 단지 손익분기점 수준을 찾는 일이라면 조업도 값을 이리 저리 변화시켜보는 수작업만으로도 큰 비용을 들이지 않고 쉽게 작업이 가능하다.

❖ 손익분기점 분석시 비용 세분화의 수준은 적절히 타협해야 한다.

모든 재무추정에서는 비용분석의 간략화 대 정밀화 사이에서 적절히 타협을 해야 한다. 손익분기점 분석은 기본적으로 고정비와 변동비라는 2가지 범주의 원가를 구분해내는 것이다. 하지만 사업 현실에서 발생하는 원가는 고정비와 변동비를 막론하고 그 종류와 성격이 복잡다단하다.

추정시에 과도하게 비용을 세분화하거나 앞에서 든 계단식 비용함수 이상으로 복잡한 비용함수를 굳이 도입하는 것은 그 득보다 실이 크므로 피해야 한다. 스프레드시트에서 비용 추정에만 수백라인을 잡아먹는 것은 무익한 일이다.

반면에 개별 비용의 특성을 무시하고 과도하게 비용을 간략화해서 적당히 고정비나 변동비로 일괄 처리해 추정을 하게 되면 추정 결과는 심각한 오류를 낳게 된다. 예를 들어서 매출원가 안에는 고정비와 변동비성 성격의 항목들이 혼재해 있음에도 일률적으로 업종 평균 매출원가율(예컨대 61% 등)을 변동비성으로 적용하는 경우 심각한 분석 오류를 낳게 된다.

분석가는 타협을 해야 한다. 전체 비용에서 차지하는 비중이나 그 성격을 고려하여 해당 사업에 중대한(significant) 비용을 소수 개 선별하고 적절한 비용함수를 설정하는 능력이 필요하다. 예컨대 광고비가 중요한 사업이 있고 그렇지 않은 사업이 있으며, 설비투자 규모가 커서 감가상각비가 중요한 사업이 있고 그렇지 않은 사업이 있는 것이다. 중대하지 않다고 판단되는 비용들은 모두 간략화해서 고정비나 변동비로 일괄 처리하는 수준에서 타협을 한다.

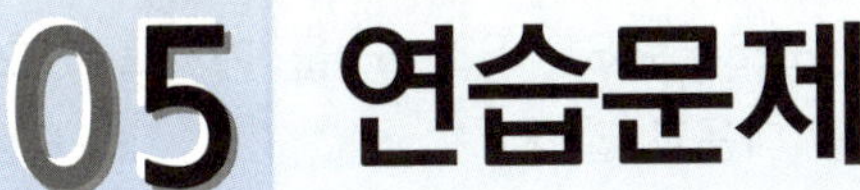
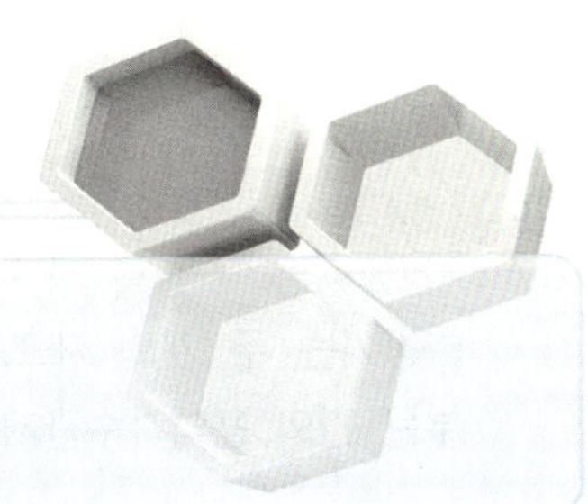

CHAPTER 05 연습문제

01 의사결정의 구도에 대해 수익과 비용의 관점에서 설명하시오.

02 ㈜경기제과는 동일한 생산라인에서 기계작업을 통해 아이스크림 일봉, 이봉, 삼봉을 생산하고 있다. 이들의 생산과 판매에 관한 자료는 아래와 같다. 연간 기계의 최대 가동시간은 5,000시간이며 현재 공헌이익관점에서 최적 조합의 제품생산을 하고 있다. 이 상태에서 제품 단위당 변동원가가 ₩800이며 기계소요시간이 10시간인 신제품 사봉 100개를 생산하려하고 있다. 아이스크림 사봉의 판매가격이 얼마 이상이어야 ㈜경기제과 전체의 영업이익이 증가하는가?

	일 봉	이 봉	삼 봉
단위당 판매가격	₩1,000	₩2,000	₩1,500
단위당 변동원가	₩500	₩1,500	₩700
단위당 기계시간	10시간	5시간	20시간
연간 시장 수요	300개	800개	700개

03 ㈜한국완구는 매년 완구생산에 필요한 부품인 모터 3,000개 중 일부를 자체생산하고, 나머지 부족한 부분은 외주로 충당하고 있다. 자체생산은 모터부서에서 담당하며 연간 총 2,000개의 모터를 생산한다. 모터 1개당 변동제조원가는 ₩55이며, 모터부서의 총고정원가는 연간 ₩150,000이다. 자체생산시 발생하는 모터부서의 총고정원가 중 80%만이 모터부서 폐지시 회피가능한 원가이다. 외주로 조달하는 모터는 연간 총 1,000개이다. 당기초 외주업체는 전격적으로 모터의 판매가격을 모터 1개당 ₩120에서 ₩100으로 인하하였다. 이에 따라 ㈜한국완구는 기업내 모터부서를 폐지하고, 모터 3,000개를 전량 외주업체에서 구매할 것을 검토하기 시작하였다. 이에 모터부서는 부서 폐지를 막기 위한 자구방안으로 단위당 변동제조원가 ₩10과 회피가능 고정원가 ₩10,000을 동시에 절감하였다. 만약 ㈜한국완구가 외주업체로부터 모터 3,000개 전량을 구입할 경우 ㈜한국완구의 순이익에 미치는 영향은 얼마인가?

04 ㈜경기는 두 개의 제조부문(P1, P2)과 세 개의 보조부문(S1, S2, S3)을 가지고 있으며, 부문 간의 용역수수관계와 보조부문의 원가자료는 다음과 같다. (회계사 2011)

사용부문 / 공급부문	제조부문		보조부문			합 계
	P1	P2	S1	S2	S3	
S1	4,000단위	3,000단위	0단위	2,000단위	1,000단위	10,000단위
S2	5,000단위	3,000단위	2,000단위	0단위	0단위	10,000단위
S3	2,000단위	5,000단위	3,000단위	0단위	0단위	10,000단위
변 동 원 가	?	?	₩100,000	₩300,000	₩400,000	?
고 정 원 가	?	?	₩800,000	₩200,000	₩200,000	?

㈜경기는 동일한 생산수준을 유지하면서 보조부문 S1의 용역을 모두 외부로부터 구입하고자 하며, 이 경우에 보조부문 S1의 고정원가 10%, 보조부문 S2의 고정원가 10%, 보조부문 S3의 고정원가 20%가 각각 감소할 것으로 예상된다. ㈜경기가 지불할 수 있는 보조용역 S1의 단위당 원가는 얼마인가?

05 ㈜대한은 한복 A와 한복 B를 생산 · 판매하고 있다. 한복 A와 한복 B의 제작에 사용되는 재료인 명주와 염료는 1년에 각각 200kg과 300리터만 확보 가능하다. 한복 A에 대한 시장수요는 무한하나, 한복 A에 대한 시장수요는 연간 50단위이다. 단위당 공헌이익 및 생산관련 재료사용량이 다음과 같을 때 최적 제품 배합에 의한 총공헌이익은 얼마인가? (회계사 2013)

구 분	한복 A	한복 B
단 위 당 공 헌 이 익	₩1,000	₩4,000
단 위 당 명 주 사 용 량	1kg	1kg
단 위 당 염 료 사 용 량	3리터	1리터

06 ㈜한국은 두 개의 지원부서, 즉 엔지니어링부서와 전산부서를 운영하고 있다. 개별 지원부서 가동시간 중 70%는 제품생산부서를 위해 사용되고, 나머지 30%는 타 지원부서를 위해 사용된다. 엔지니어링부서와 전산부서의 변동원가는 가동시간당 각각 ₩10과 ₩15이고, 고정비용은 연간 ₩2,000과 ₩3,000이 각각 소요된다. 제품생산부서는 연간 1,000개의 제품을 생산하고, 이를 위해 두 지원부서로부터 각각 700시간의 지원을 받는다. 따라서 두 지원부서는 연간 1,000시간을 각각 가동한다. 그런데 ㈜한국은 엔지니어링 지원업무를 외부 용역업체에 맡기는 방안을 검토하고 있다. 만약 외부 용역업체에 맡긴다면, 기존

엔지니어링부서의 운영에 소요되는 연간 고정비 ₩2,000을 절감할 수 있고, 전산부서는 엔지니어링부서에 지원하던 서비스를 제공하지 않아도 된다. 한 외부 용역업체가 시간당 ₩12에 엔지니어링 용역을 제공하겠다고 제의하였다. ㈜한국이 이 제의를 받아들일 경우 증분손익은 얼마인가?

07 ㈜경기모터스는 엔진생산부문과 완성차생산부문으로 구성되어 있다. 엔진생산부문에서는 엔진을 완성차부문의 엔진을 자체생산하며, 엔진 1개당 ₩50,000의 변동비가 발생한다. ㈜서울엔진은 완성차사업부가 필요로 하는 엔진 2,000개를 개당 ₩40,000에 납품하겠다고 제의했다. 이 엔진을 사용하면 완성차부문에서는 엔진의 성능 조정을 위해 완성차 단위당 ₩5,000의 변동비가 추가로 발생한다. 엔진생산부문은 자체 생산한 엔진을 ₩60,000에 전량 외부에 판매할 수 있다. 이 경우 변동판매관리비가 ₩5,000 발생하며 이는 내부대체시에는 발생하지 않는다.

1) 각 부문에 부문이익을 최대화하기 위해 자율적으로 의사결정을 한다면 내부거래가 성립하는가? 그림을 그려 답하시오.
2) 만약 내부거래를 한다면 내부거래를 하지 않는 경우에 비해 회사전체의 관점에서 얼마의 영업이익 차이가 발생하는가? 유 · 불리를 구분하여 답하시오.

08 100실 규모의 호텔을 운영하는 영산호텔의 연간 고정비용은 ₩120,000,000이고, 객실의 1일 임대료는 ₩50,000, 임대객실 1실 당 평균변동비용은 ₩10,000이다. 1년 365일 무휴인 영산호텔이 손익분기에 도달하기 위한 객실임대율(점유율)은 얼마인가? 단, 객실임대는 1일 단위로 한다. (회계사 2001)

① 2.50%　　② 8.21%　　③ 12.16%
④ 67.75%　　⑤ 현재의 원가구조로는 알 수 없음

09 ㈜남천은 위성라디오를 제조하는 회사이다. 울산에 있는 공장의 연간 생산능력은 50,000단위이다. 최근에 ㈜남천은 판매가격 ₩21,000에 40,000단위를 판매하고 있다. 이 제품의 원가구조는 다음과 같다. 제조부서에서는 새로운 사양을 추가하기 위해서 제조공정을 변화시킬 것을 제안했다. 제조공정의 변화는 고정제조원가를 ₩20,000,000 증가시키고 단위당 변동제조원가를 ₩400 증가시키게 된다. 현재 판매량인 40,000단위를 기준으로 할 때, ㈜남천이 제조공정의 변화 후에도 최소한 기존의 영업이익을 유지하기 위해서는 단위당 판매가격을 얼마로 해야 하는가? (회계사 2004)

단위당 변동제조원가	₩9,000
고정제조원가	₩160,000,000
단위당 변동마케팅원가	₩2,000
고정마케팅원가	₩120,000,000

① ₩10,950 ② ₩18,900 ③ ₩19,900
④ ₩21,500 ⑤ ₩21,900

[화제] 애플의 아웃소싱과 최근 변화

아웃소싱(outsourcing)은 기업의 활동이나 기능 중 일부를 외부 제3자에게서 조달하는 것으로 내부조달(insourcing)의 반대 개념이다. 1980년대 후반 미국 제조 기업에서 활용되기 시작된 이후 많은 기업들이 이를 받아들이고 있다. 이는 기술의 진보와 경쟁이 가속화되고 있는 상황에서 기업의 비 핵심 분야를 내부조직을 통해 수행하는 경제활동 비용보다 아웃소싱을 통해 조달하는 것이 비용을 더 적게 들게 하여 경쟁력을 높인다는 논리에 기반 한다.

아웃소싱은 기업의 효율성을 높이고, 보다 핵심적인 부분에 집중하도록 하는 장점이 있기도 하지만 전략적으로 다음과 같은 문제를 유발하기도 한다. 따라서 원가 측면에서의 무조건적인 아웃소싱이 아닌 전략적 아웃소싱이 필요하다.

기사인용(조선비즈 : 2012.12.10.: 애플이 삼성을 '프랑켄슈타인'으로 키웠다)
"애플이 삼성전자에게 아웃소싱을 하면서 스마트폰 판매에 대한 다양한 경영 노하우를 전수해줬다." 제임스 올워스 하버드경영대 연구원은 지난 6일(현지시각) 최근 아심코(Asymco) 블로그에 올린 칼럼에서 "애플이 삼성전자 (55,800원▼ 700 -1.24%)를 프랑켄슈타인 괴물로 만든 것 같다"고 분석했다.

올워스 연구원은 IT전문 블로그 아심코에 기고한 '삼성전자가 애플에 가하는 실제 위협'이라는 제목의 칼럼에서 "실제 위협은 디자인 모방이 아니라 부품 등에서 삼성전자에 아웃소싱을 하면서 다양한 경영 노하우가 전수되고 규모의 경제까지 이룰 수 있게 도와준 점"이라고 주장했다. 그는 "애플이 현재 삼성전자의 성공에 가장 많은 기여를 했다"면서 "애플의 최고경영자(CEO) 팀 쿡이 최근 미국에서 제품을 제조하겠다는 의지를 밝힌 것은 그걸 고치려는 조치를 시작했다는 것을 의미한다"고 분석했다. 또 올워스는 IT산업에서 디자인 모방은 항상 있어온 일이라고 주장했다. 올워스는 "지난해 10월 사망한 공동창업자 스티브 잡스가 주도한 애플 기기의 디자인 혁신이 애플의 초기 성공의 핵심 요소인 것 맞지만 IT업계에서는 디자인 모방은 항상 있어온 일"이라며 "오히려 팀 쿡CEO가 주도해온 제조와 판매 부분의 노하우가 장기적으로 애플의 핵심 장점"이라고 새로운 시각을 내놓았다.

하지만 애플이 아시아 납품업체에 광범위하게 의존하면서 이들 가운데 일부가 세계 납품업체 관리를 포함한 제조와 판매부문의 노하우를 습득하고 대량생산을 통합적으로 관리하는 규모의 경제까지 갖출 수 있게 됐으며 그 중심에 삼성전자가 있다고 지적했다. 올워스는 "애플은 주요 부품의 납품업체가 경쟁자가 되지 않도록 관리하고 이미 경쟁자가 됐다고 판단되면 납품선을 바꾸는거나 직접 제조하는게 최선"이라고 제안했다. 그러면서도 삼성전자가 빠르게 성장하며 위협하는 속도를 감안했을 때 애플의 이런 조치가 이미 늦은 것일 수도 있다고 덧붙였다.

사 례 시어스 백화점을 통해 본 기술의 진화와 적자생존

시어스(Sears) 그룹은 미국의 대표적인 유통 기업이었다. 19세기 말 리처드 워렌 시어스(Richard Warren Sears)와 알바 로벅(Alvah Roebuck)에 의해 설립되었다. 시어스는 카탈로그를 통한 상품 판매 방식을 통해 20세기 초반에 비약적인 발전을 이루었다.

이들은 카탈로그에 우수한 제품의 목록을 수록하여 우편으로 각 가정에 배달하고 전화나 우편을 통해 주문을 접수하였다. 이는 미국처럼 넓은 국토를 가지고 있는 나라에서 매우 효과적인 판매 방법이었다. 대량의 구매를 통해 구입 단가를 낮추고 오프라인 매장을 운영하지 않음으로써 유통비용을 줄였다. 그리고 우수한 제품 라인을 갖추어 소비자들로 하여금 싼 가격에 좋은 품질의 가격을 손쉽게 살 수 있는 구조를 만든 것이다. 이러한 방식으로 자금을 축적한 시어스는 백화점 사업을 통해 자신들의 영역을 넓혀갔다.

그러나 월마트 등 도시 외곽에 대형 유통점들이 보다 효율적인 방식에 의해 재화를 공급하며 이들의 성장은 정체 또는 하락을 맞이하게 되었다. 특히 2000년대 들어 인터넷이 보급되며 동일한 방식으로 아마존 등에 의해 공격을 받게 되었다. 이로 인해 2011년부터 7년 연속 순손실을 기록했고 2018년 파산을 논하게 되었다.

어찌 보면 아마존의 영업방식은 20세기 초에 카탈로그를 통해 오프라인 매장을 공격했던 자신들의 영업방식과 많이 닮아있다. 이는 경영이 기술의 발전에 항상 민감하게 대응해야 함을 보여주는 좋은 예일 것이다.

CHAPTER

6

사업수행의 결과에 대한 성과평가가 필요하다

학습목표

1. 분권화와 성과평가의 필요성에 대해 설명할 수 있다.
2. 투자수익률법과 잔여이익법을 적용하여 투자안을 평가할 수 있다.
3. 경제적 부가가치법을 적용하여 투자안을 평가할 수 있다.
4. 균형성과표의 개념과 장점을 설명할 수 있다.

6.1 성과 평가의 필요성

6.1.1. 통제의 한계와 위임

삼성전자는 2018년 당기순이익이 약 44조에 달했다. 여러 분의 친구가 삼성전자에 다니고 있어 "올 해 보너스 많이 받았겠다고 밥이나 사라"고 한다면 친구는 이렇게 말할 가능성이 있다. "그건 반도체 부문이야기이고 우리 부문은 이익이 높지 않아 연봉 외에는 별로 더 받은 것이 없어" 여러 분은 이 말의 뜻을 이해할 수 있는가?

실제 삼성전자는 크게 세 가지 부문으로 나뉘어져 있다. 쉽게 이야기 하자면 삼성전자 내에 반도체 등을 만드는 DS(Device Solution), 핸드폰 등을 만드는 IM(IT and Mobile), 가전제품을 만드는 CE(Consumers Electronics) 등 세 개의 부문이 있는 것이다. 그도 그럴 것이 삼성전자는 시가총액은 상장시장에서 전체의 거의 30% 가까이 되는 큰 회사이기 때문에 이를 나눈다 해도 다른 대기업 수준의 규모를 갖는 것이다. 따라서 조직 내부의 효율을 위해 이들은 이와 같은 부문제를 운영하고 있다.

이러한 논의를 조금 더 거시적인 관점에서 한다면 이는 분권화와 관련된 논의로 이어진다. 사업가는 규모가 커지며 모든 일을 자신이 할 수 없는 상황에 봉착한다. 이를 통제의 범위(span of control) 한계 문제라고 하는데, 이로 인해 자신을 대리할 대리인(agent)을 고용하게 된다. 그리고 그 대리인에게 권한과 책임을 부여한다. 이러한 권한 수준에 따라 분권화의 수준이 결정된다.

단일체로서 기업 조직은 전체 목표의 체계가 존재한다. 여기서 전체 목표의 체계는 당기순이익 같은 단일 이익 지표로 대변되는 것이라기보다는, 현금흐름 목표, 고객창조 목표, 사회적 책임 목표 등 중요한 복수 목표들의 통일체로 존재할 것이다.

경영자의 일은, 이 전체 목표를 달성하기 위한 하위 목표들의 달성을 경영하는 데에 있다. 기업에는 이런 하위 목표들을 할당받은 여러 책임중심점들(responsibility centers)이 존재한다. 기능적으로는 기획, 행정, 재무, 회계, 전산, 영업, 생산, 조달, 교육훈련, 연구개발 같은 이름으로 구분되겠지만, 회계 성과에 대한 책임과 권한의 관점에서는 크게 원가중심점(cost center), 이익중심점(profit center), 투자중심점(investement center)으로 구분할 수 있다.

비용중심점

원가발생에 대해서만 권한이 부여되고 수익 및 독자적인 투자에 대한 권한이 없는 부서를 말한다. 주로 기획, 행정관리, 수선 부문 등이 여기 속한다.

이익중심점

수익 및 원가발생 모두에 대한 권한, 즉 이익의 수준에 대한 통제권이 부여되고, 독자적인 투자에 대한 권한이 없는 부서를 말한다. 판매 부서가 여기에 속한다.

투자중심점

수익, 원가, 투자에 대한 권한 모두 부여된 부서를 말한다. 독립채산제를 채택하는 분권화 사업부가 여기에 속한다.

사실 기능 부서별로 어떤 책임중심점에 귀속되는가가 일반적으로 정해져 있는 것은 아니다. 기획부서나 연구개발부서라고 해서 비용중심점으로만 운영되는 것은 아니며 투자에 대한 권한이 부여될 수도 있다. 판매부서라고 해서 이익중심점으로만 운영되는 것은 아니며 투자중심점이 될 수도 있다. <표 1>은 3종류의 책임중심점이 지닌 일반적인 특성을 요약했는데, 이 내용이 절대적인 것은 아니다. 이 모든 것은 책임과 권한을 부서별로 어떻게 배분하느냐, 그리고 어떤 기준으로 성과평가를 수행하느냐에 따라 달라진다.

극단적인 1인지배형 조직은 사실상 책임중심점이 단 한 사람의 인물로 귀결될 것이다. 극단적인 분권화조직이라면 책임중심점은 한 없이 분산될 것이며, 심지어 모든 부서가 투자중심점처럼 운영될 수도 있을 것이다. 물론 이런 극단적 형태는 결코 바람직하지 않다. 모든 부서에 다 투자결정 권한을 부여한다면 오히려 무분별한 자원 낭비를 심화시킬 수 있다. 그렇다고 해서 모든 부서에 오직 비용 통제권만을 부여하고 수익과 투자에 대한 권한을 중앙이 가지고 있다면 능동적인 성과 창출 동기는 저해될 것이다.

▸▸ 〈표 1〉 3종류의 책임중심점

	원가중심점	이익중심점	투자중심점
대표 부서 예시	행정관리, 교육훈련	생산, 판매	분권화 사업부, 재무
권한	원가발생수준	수익발생수준, 원가발생수준	투자집행수준, 수익발생수준, 원가발생수준
주요 성과평가지표	원가절감액	매출액 대비 이익률	잔여이익(RI) 투자이익률(ROI)
주요 관리수단	예산	예산	독립채산제

참 고 드러커의 cost center, profit center 소개

기업의 책임중심점을 전통적으로 원가중심점, 이익중심점, 투자중심점으로 분류하지만, 경영사상가 피터 드러커(Peter F. Drucker)는 기업은 오직 원가중심점일 뿐이며 이익중심점은 기업 외부에 존재한다고 보았다[1]. 이는 기업 스스로는 오직 비용만을 생성할 수 있을 뿐 절대로 이익을 창출할 수 없으며, 오직 외부의 고객만이 기업으로 하여금 이익을 창출할 수 있도록 한다는 그의 사상에 기인한다. 모든 기업 조직의 본질은 원가중심점이다. 그런 관점에서 볼 때 기업이 스스로 '내가 이익을 만들어내고 있다'고 생각한다면 큰 오판이다. 기업이 자신의 활동에 많은 노력을 기울이든 아니든, 그것이 외부의 고객을 창조하는 성과를 연결되지 않는한 오직 매순간 비용만을 창조할 뿐이다. 그런 의미에서 드러커는 기업의 목적은 고객 창조(creation of a customer)라고 하였다. 아무리 한 때 외부에 초점을 두고 성공한 기업이었다 해도, 경영진이 외부에 기반을 둔 자신의 존재 이유를 망각한채, 내부의 얼핏 원활해보이는 운영, 즉 고착된 관행에만 눈길을 두고 혁신을 게을리하게 되면 결국 소멸하게 되는 이유도 여기에 있다.

그림 1 피터 드러커의 기업 외부에 존재하는 이익중심점 사상

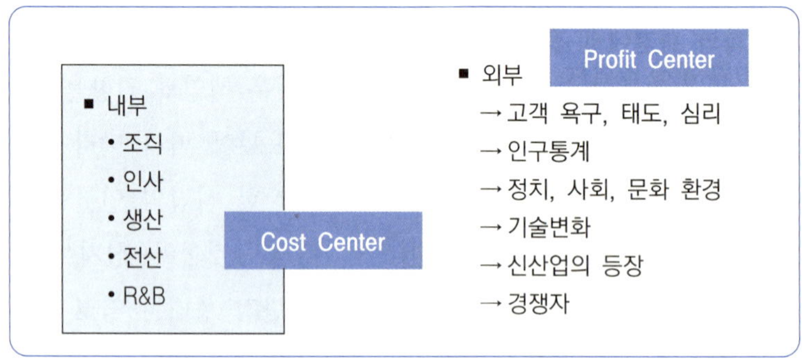

6.1.2. 권한에 대한 책임

권한을 부여받은 대리인들이 문제없이 잘 업무를 수행하는 것을 관찰할 필요가 있다. 즉 권한에는 책임이 따른다. 이러한 책임 문제를 묻기 위해 일정 기간이 지나면 이들의 수탁 책임에 대한 평가를 하는데, 회계는 이와 관련하여 중요한 정보를 제공한다. 관리회계에서는 이를 평가하기 위한 체계를 가지고 있는데 이를 성과평가 시스템이라고 한다. 이러한 성과평가에 의해 업무를 잘 수행한 사람에게는 상이 내려지고, 잘못 수행한 사람에게는 벌이 내려진다. 이러한 상벌은 대리인 문제를 해결하기 위한 하나의 수단이다.

1) P. F. Drucker, Managing for Results, 1964

대리인 문제란 대리인의 노력을 관찰하기가 어려워 대리인의 도덕적 해이[2](단기의사결정/노력의 회피/특권적 소비/예산슬랙)가 발생한다는 것이다.[3] 이 문제를 막기 위한 방법으로 법제도를 통한 방법, 시장기구를 통한 방법, 경영자 보상제도를 통한 방법 등이 적용될 수 있다. 이 중에서 경영자 보상제도는 관리회계와 관련된 것이다.

6.2 전통적 성과평가 방법

성과평가와 관련된 전통적인 방법에는 다음과 같은 것들이 있다. 투자수익률법은 규모가 다른 투자안을 평가하는데 유리하나 목표불일치의 문제를 야기한다. 반면 잔여이익법은 규모다 다른 투자안을 평가하는데는 문제가 있으나 목표불일치의 문제를 해결할 수 있다. 경제적 부가가치법은 잔여이익법을 보다 정교하게 개선한 것으로 그 유용성을 인정받는다.

6.2.1. 투자수익률

투자수익률(ROI : Return on Investment)은 투자액 대비 이익을 의미한다. 투자수익률은 보통 투자자본 대비 이익의 비율로 나타내기 한다. 이익은 부문의 회계적이익을 사용한다. 반면 투자액은 해당 사업을 위해 투입된 자원을 의미한다. 이러한 식은 Dupont의 방정식에 의해 확장이 가능하다. Dupont의 방정식은 다음과 같이 나타낼 수 있다.

$$
\begin{aligned}
\text{ROI(투자수익률)} &= \text{이익/투자} \\
&= \text{(이익/매출액)} \times \text{(매출액/투자)} \\
&= \text{매출액이익률} \times \text{투자회전율}
\end{aligned}
$$

Dupont의 방정식을 활용하면 ROI를 높이기 위해 무엇을 해야 하는지가 명확히 보인다. 먼저 매출액 이익률(이익/매출액)을 올려야 한다. 이는 ROI를 향상시키기 위해 수익성을 향상시키는 것이 필요함을 보여주는 것이다. 다음으로 투자회전율(매출/투자)을 높이는 것

2) 해이(解弛)란 정상적인 위험관리를 하지 않고 주의를 방치하거나 자기 책임을 다하지 않는 상황을 의미한다. 그런데 hazard는 원래 '해이'가 아니라 '위태로운 상황이나 재난'을 뜻한다. 19세기에 이르기까지 보험업에서 계약자가 보험 가입 후 악의 또는 비도적적 동기로 일으키는 사건, 예를 들어서 화재보험에 가입한 뒤 고의로 화재를 일으키는 행위 같은 것을 의미했다. 이후 경제학에서 이 개념을 사용하게 되면서 조금씩 그 의미가 확대되었다. 예를 들어 보험 가입 후 마음이 느슨해져서 보험 가입 이전과 달리 화재위험 관리를 제대로 하지 않는 상태가 된다는 뜻으로 쓰여, '해이'라는 번역어를 사용하게 된 것으로 추정된다.

3) 1915년 듀폰(Dupont)사의 도날드슨 브라운(Donaldson Brawn)은 책임성과 변수로서 사업부문별 ROI를 개발했다. 이는 수직 통합으로 다양한 사업들에 자본을 배분하고 사업부별 성과를 비교 분석하기 위한 지표였다.

이 바람직하다. 이는 효율성을 높이는 것이 중요함을 나타내는 것이다. 이러한 ROI에 대한 분석은 경영자가 목표달성을 위해 실질적으로 무엇을 해야 하는 지에 대한 중요한 시사점을 준다.

투자수익률법은 서로 다른 투자 규모를 가진 부문들을 비교 평가할 수 있다는 면에서 장점이 있다. 그러나 이 방법은 조직 전체의 관점에서 문제를 발생시킬 수 있다. 투자수익률법에 의해 성과를 평가받게 되는 부문의 입장에서 기존 수익률이 새로운 투자안을 받아들을 것인가에 대한 의사결정의 기준으로 작용하게 된다. 즉 새로운 투자안의 투자수익률이 기존의 투자수익률 보다 낮으면 해당 부문은 자신들의 투자수익률이 희석효과에 의해 낮아질 것을 걱정해 이를 기각할 수 있다. 그러나 새로운 투자안의 수익률이 회사의 요구 필수수익률 보다 높다면 회사의 관점에서는 해당 부문이 투자를 하는 것이 더 이익이 될 것이다.

이처럼 투자수익률법은 부문 간의 수익률 비교를 통한 성과평가가 가능하지만 조직 전체와 부문의 이해관계가 상충되는 문제가 발생하기도 한다. 이와 같은 문제도 일종의 대리인 문제에 해당되며, 이를 보통 목표불일치 문제라고 한다.

6.2.2. 잔여이익

잔여이익(RI : Residual Income)은 이익에서 투자 금액에 대한 요구수익을 차감하여 계산된다. 따라서 잔여이익이 0보다 크다면 기업의 관점에서는 이익이 증가하는 것을 의미한다. 이익이 증가하는 대안을 선택하면 된다.

이 방법을 선택하면 앞서 언급한 투자수익률을 이용한 투자대안의 비교가 가지는 문제점을 극복할 수 있다. 그렇다면 이 평가방법은 완벽한 것일까? 그렇지 않다. 이 방법은 기업 관점에서 목표의 불일치성을 극복할 수 있지만 규모의 차이를 반영하지 못한다. 즉 더 큰 잔여이익을 얻는 것이 더 큰 투자를 통한 것이라면 두 대안을 평가하는 것은 적절하지 않다.

잔여이익 = 영업이익 − 투자액(영업자산) × 요구수익률

잔여이익법의 장점은 부문의 최적의사결정과 전체의 최적의사결정의 불일치 문제에서 자유로울 수 있다는 점이다. 그러나 잔여이익법은 투자중심점의 규모가 상이할 경우 성과비교가 어렵다는 단점을 가진다. 즉 100억을 투자해 2억의 이익을 얻은 것이 1억을 투자해

5천만 원의 투자 수익을 얻은 것보다 높게 평가될 가능성이 있다는 점이다. 이처럼 비율을 이용하는 투자수익률 개념은 부문가 전체의 이익이 일치하지 않는 문제가 있고, 잔여이익을 이용하는 방법은 규모를 반영하지 못하는 문제가 있다.

예 제 

㈜경기자동차에는 승용차 사업부와 상용차 사업부의 두 개 사업부가 있다. 다음은 이들 사업부에 대한 성과평가와 관련된 자료들이다. 회사의 최저요구수익률은 10%이다. 두 사업부의 성과를 투자수익률(ROI) 관점과 잔여이익(RI) 관점에서 누가 우수한지 각각 평가하시오.

구 분	승용차 사업부	상용차 사업부
투자액	₩1,000	₩500
순이익	300	200

풀이

승용차 사업부는 투자수익률은 30%(300/1,000)인 반면, 상용차 사업부의 투자수익률은 40%(200/500)이다. 한편 승용차 사업부의 잔여이익은 ₩200억(300 − 1,000 × 0.1)인 반면 상용차 사업부의 잔여이익은 ₩150억(200 − 500 × 0.1)이다. 따라서 투자수익률 관점에서는 상용차 사업부가 더 높은 평가를 받을 수 있는 반면, 잔여이익 관점에서는 승용차 사업부가 더 좋은 평가를 받을 수 있다.

6.2.3. 경제적 부가가치(Economic Value Added)

경제적 부가가치는 회계가 가진 한계를 극복하기 위해 제시된 방법이다. 즉 경제학자들은 회계가 발생주의에 기반해 이익을 측정하기 때문에 여러 가정과 추정 등이 포함된 이익을 제공하는데 이는 자의적이라고 비판한다. 또한 손익계산서상의 순이익은 타인자본비용에 대한 기회비용은 고려하나 자기자본의 기회비용은 고려하지 못하는 단점이 있으므로 이를 보완하기 위한 방법이 필요하다고 보았다. 이들의 입장에서 진정한 이익은 순자산이나 부의 증가이며 이는 화폐적 이익이 아닌 실질적 이익이다. 이러한 생각을 반영하여 성과평가를 시도한 것이 경제적 부가가치 개념이다. 이를 위해 잔여이익의 특수형태로 세후영업이익에서 자본투자자들이 요구하는 자본비용을 차감하는 것을 골자로 한다.

경제적 부가가치를 계산하기 위해서는 먼저 조정세후영업이익을 구하여야 한다. 그리고 여기에서 투하자본에 가중평균자본비용을 곱한 자본비용을 차감한다. 세후영업이익은 영업이익에서 법인세를 차감하여 계산한다. 투하자본은 채권자와 주주가 영업활동을 위하여 기업에 투자한 자본을 의미한다. 순운전자본(영업관련 유동자산 − 비이자발생부채) + 영업고정자산의 구조를 가지며 운용접근법에 의하면 투하자본 = (총자산 − 비이자발생부채) − 비영업자산으로, 조달접근법에 따르면 투하자본 = (이자발생부채 + 자기자본) − 비영업자산 또는 (타인자본조달액 + 자기자본조달액) − 비영업자산으로 계산될 수 있다. 가중평균자본비용은 자기자본비용과 타인자본비용의 가중평균 값이다.[4)]

경제적 부가가치(EVA) = 세후조정영업이익 − 부채 × (1 − 세율) × 타인자본비용 − 자본 × 자기자본비용
= 세후조정영업이익 − 총비유동자산 × 가중평균자본비용

경제적 부가가치는 세후 영업이익을 기준으로 하므로 당기순이익 등 재무활동을 포함한 포괄적 이익이 아닌 투자중심점 고유의 성과에서 출발하므로 투자의사결정 및 성과평가에 유용한 정보를 제공한다. 주주의 자본비용을 고려하므로 보다 정확한 경영성과 측정이 가능하다. EVA 경영은 기업가치의 극대화를 위하여 현금흐름을 중시하는 가치중심 경영을 의미하는 것으로 실무상 현금흐름중시경영 도입의 부진을 기존의 시스템을 활용하여 측정하여 개선하는 것이다. 한편 기업의 가치 측정과 관련하여 MVA(market value added)라는 개념도 존재한다. 이는 EVA의 현재가치의 합으로 개념상 NPV와 유사하다.

---

4) 법인세법에 따르면, 영업이익에서 이자를 차감한 뒤의 금액이 과표가 된다. 이 법을 적용하는 과정에서, 명목상의 이자율로 계산한 이자금액과 별도로 법인세 절감액이 발생하게 된다. 즉 기업이 실질적으로 부담하는 이자금액이 작게 나타난다.

세후이자율 개념은 이를 반영하기 위해 등장했다. 기업이 지출하는 이자비용이 높을수록 과표가 줄어들고 그만큼 법인세를 절감하는 효과를 이자율에 반영한 것이다. 만약 이자를 차감하기 이전의 영업이익에 법인세를 직접 매긴다면 이자에 기인한 절세효과도 없고 세후이자율 개념을 사용할 필요가 없을 것이다.

다음 예를 통해 차입금 이자가 유발하는 절세효과를 확인할 수 있다.

차입금 ₩1,000, 영업이익 ₩200, 이자율 8%, 법인세율 20%인 상황을 가정해 보자.

- 명목이자납부액 : ₩1,000 * 8% = ₩80
- 법인세 납부액 : (영업이익 ₩200 − 이자 ₩80) * 20% = ₩24
- 이자로 인한 절세효과 : 이자를 차감하지 않았더라면 내야 할 법인세 ₩40[= 영업이익 ₩200 * 20%] − 이자 차감 후 부담한 법인세납부액 ₩24 = ₩16
- 절세효과를 반영한 이자액 : ₩80 − ₩16 = ₩64 = ₩1,000 * 6.4% = ₩1,000 * 8% * (1 − 법인세율 20%)

예 제 

㈜경기백화점은 한류관광객의 증가로 전기에 비해 매출이 20% 증가하였다. 실효 법인세율은 전기와 당기 모두 20%이며, 세후영업이익에 대한 추가적인 조정은 없다. 다음의 표를 토대로 x2년의 EVA를 계산하시오.

	매출액	영업이익	투하자본	자기자본	부채	자기자본비용	부채자본비용
x2년	₩1,200	₩600	₩8,000	₩6,000	₩2,000	6%	10%
x1년	1,000	500	6,000	3,000	3,000	4%	5%

(단, 위의 표의 금액들은 모두 세금을 고려하기 전의 금액들이다)

풀이

x2년의 경제적 부가가치는 세후조정영업이익을 구하는 것으로부터 시작한다. 영업이익에서 별다른 조정사항이 없으므로 세후조정영업이익은 ₩480(600 × 0.8)이다. 여기에서 부채 자본비용과 자기 자본비용을 차감해야 하는데, 부채 자본비용은 ₩160억(2,000 × 0.8 × 0.1)이며, 자기자본비용은 ₩360억(6,000 × 0.06)이 되어 경제적 부가가치는 마이너스 ₩40억(480 − 160 − 360)이 된다.

6.3 균형성과표(Balanced Scorecard)

균형성과표는 기존의 성과평가 방법이 가진 문제점을 해결하기 위해 등장하였다. Kaplan과 Norton(1992)은 기존의 성과평가 방법이 지나치게 재무적 성과를 중심으로 이루어져 기업의 장기적인 성장을 도모하는데 문제가 있다고 주장하였다. 이들은 조직내의 비전과 전략을 알리고 모든 역량을 집중할 수 있도록 동기부여하는 평가지표가 필요하다는 상황인식에서 출발했다. 기존의 재무적 성과평가가 단기적 성과에만 치중하게하여 유형적 자산에 대한 투자에만 관심을 유도하는 문제를 해결하기 위해 단기적 성과와 장기적 성과의 균형, 외부평가지표와 내부평가지표의 균형, 재무지표와 비재무지표와의 균형 등을 추구할 것을 주장했다. 실제 미국 기업의 경우 전문경영자들은 자신의 재임기간 중 재무적 성과에만 집착하여 해당 경영자가 스톡옵션 등 자신의 성과에 대한 보상을 받고 떠나면 기업의 실적이 급격히 무너지는 경우가 많았다.

이러한 문제점을 개선하기 위하여 균형성과표라는 개념이 도입되었다. BSC의 창시자인 Kaplan과 Norton에 의하면 조직의 성과는 크게 재무 관점, 고객 관점, 내부프로세스 관점, 학습과 성장 관점으로 나누어진다. 이들도 최종적인 목적은 재무적 성과를 이루어 내는 것에 있다. 그러나 재무적 성과를 이끌어 내려면 고객이 만족을 해야하고, 고객을 만족시키기 위해서는 프로세스가 개선되어야 함을 지적한 것이다. 그리고 이러한 프로세스의 개선은 구성원에 대한 학습과 성장을 통해 가능하다고 보았다.

이러한 균형적 관점에 걸쳐 지표를 개발하고 측정하여야만 미래지향적인 정보를 조직에게 제공해 줄 수 있고, 장기적 계획을 실현할 수 있게 된다. BSC는 조직의 비전과 전략에서 도출된 성과지표들의 조합으로 재무와 비재무, 장기와 단기, 내부와 외부 등에 관한 지표가 균형을 이루고 있다. 이러한 지표들을 통해 조직 내에 비전과 전략이 공유되고, 단기의 성과가 아닌 미래 이익에 선행하는 비재무적 성과도 중요하게 관리될 수 있다. 결과적으로 조직은 전략이 중심이 되어 모든 활동을 전개하는 '전략 중심의 조직(Strategy-Focused Organization)'으로 바뀌도록 하는데 목적이 있다. 즉, BSC의 도입은 단순히 성과지표만을 개선하는 것이 아닌, '전략적 성과 관리체계 구축'에 의한 조직 변화 프로젝트라고 할 수 있다.

이러한 균형성과표가 기존의 성과평가시스템과 다른 점이 있다면 첫째, 전략을 관리할 수 있도록 목표간에, 평가지표간에 인과관계의 존재를 부각 시킨 점이다. 이들은 이러한 인과관계를 논함에 있어 Critical Success Factor의 개념을 도입했다. Critical Success Factor는 핵심성공요인이라고도 번역되는데, 이는 조직에게 성공적인 결과를 가져옴으로써 경쟁력 있는 업무 수행을 보장해 줄 수 있는 한정된 수의 영역을 의미한다. Critical Success Factor는 경영의 목적(Goal)을 성취하는데 중요한 내부항목으로 경영 목적 달성을 위한 수단의 역할을 한다. 예를 들어, 요식업에서 Critical Success Factor는 훌륭한 요리사, 양질의 재료, 유능한 종업원 등이 될 수 있다. 즉 이러한 핵심성공요인을 가지고 있으면 요식업에서 성공할 수 있다. 즉 성공을 가져오는 핵심 요인인 것이다. 둘째, 내부프로세스와 고객서비스, 제품의 개선이 어떻게 재무적 성과의 개선을 가져오는지를 기술하고 있다. 셋째, 결과평가지표와 동인평가지표의 균형을 추구한다. 즉 균성성과표에 제시된 관점들은 인과관계를 이루면서 상호보완적인 관계를 가지고 있다.

그림 2 균형성과표 개념 예시

Financial Perspective

GOALS	MEASURES
Survive	Cash flow
Succeed	Quarterly sales growth and operating income by division
Prosper	Increased market share and ROE

Customer Perspective

GOALS	MEASURES
New products	Percent of sales from new products Percent of sales from proprietary products
Responsive supply	On-time delivery (defined by customer)
Preferred supplier	Share of key accounts' purchases Ranking by key accounts
Customer partnership	Number of cooperative engineering efforts

Internal Business Perspective

GOALS	MEASURES
Technology capability	Manufacturing geometry vs. competition
Manufacturing excellence	Cycle time Unit cost Yield
Design productivity	Silicon efficiency Engineering efficiency
New product introduction	Actual introduction schedule vs. plan

Innovation and Learning Perspective

GOALS	MEASURES
Technology leadership	Time to develop next generation
Manufacturing learning	Process time to maturity
Product focus	Percent of products that equal 80% sales
Time to market	New product introduction vs. competition

출처 : Kaplan and Norton(1992), p.96

사 례 공공기관에 있어서의 BSC

BSC는 재무적 성과 영역을 제외하면 비영리 단체에서도 적용하기 쉬운 구조를 가지고 있다. 이로 인해 정부나 정부 관련 조직 등에서 이 방법을 널리 활용하고 있다. 다음은 임상빈과 고영우(2018)의 논문의 내용의 일부이다.

BSC에 의한 성과관리제도를 운영하는 정부부처의 현황은 다음과 같다. 2010년 현재 43개 정부부처 중 BSC를 운영하는 기관은 25개(약 58%)인데, 그 중 8개 기관(32%)은 BSC 결과를 근무성적 평정, 승진명부 작성, 승진 심사 시에 직접 반영하고 있었으며, 다른 8개 기관은 평가단위 평가, 근무성적평정, 승진 심사 시 참조하는 수준으로 반영하고 있었지만, 나머지 9개 기관(36%)에서는 BSC 평가는 하되 그 결과를 근무평정에 참조하거나 반영하지 않고 있다(행정안전부, 2010).

우리나라 지방자치단체에 BSC 기반 성과관리가 도입된 것은 2005년 3월 K도 부천시에 시범부서를 선정하여 운영한 것이 최초이다. 이어 정부에서는 2006년 3월 24일 '정부업무평가 기본법'을 제정함으로써 공공부문의 평가추진체계를 확립함과 동시에 그동안 민간부문에서 주로 활용하던 BSC를 공공부문에 도입하여 행정자치부를 비롯한 각 정부부처와 지방자치단체에 보급을 추진하였다. BSC의 도입 및 운영이 법적 근거나 지침에 따라 이루어진 것은 아니고 지방행정혁신평가에서 성과관리를 주요요소로 평가하면서 도입하게 된 것이다. 그러나 2008년 이후부터는 BSC 운영상 비용이 많이 들고 내부 공무원들의 반발이 크다는 이유로 BSC 도입을 지방자치단체 자율에 맡기기로 결정함으로써 현재는 지방자치단체의 내부평가제도로만 운영되고 있고 확산은 거의 중단된 상태이다.

우리나라 지방자치단체의 BSC 도입현황은 지방자치단체에 BSC가 도입되기 시작한 2005년부터 2015년 4월까지 조달청의 나라장터 입찰공고에 대한 분석을 통해 조사하였다. 이규홍과 이주성(2014)의 연구에서 서귀포시와 제주시를 포함하여 93개 자치단체가 BSC를 도입한 것으로 보았으나 2014년 7월 이후 경기안성시와 경남사천시가 BSC 제도를 도입하고 있는 것을 파악되었다. 다만 서귀포시와 제주시가 제주특별자치도에 포함되므로 전체 93개 자치단체가 도입한 것으로 추정된다.

지방자치단체 BSC 기반 성과평가 도입현황(조달청 나라장터 자료)

구분	총계	BSC 도입 자치단체			
		광역자치단체		기초자치단체명	계
계	93		16		77
서울	6	서울	1	마포, 중랑, 서대문, 송파, 관악	5
부산	6	부산	1	영도구 동래구, 남구, 해운대구, 기장군	5
대구	3	대구	1	동구, 수성구	2
인천	2	인천	0	강화군, 옹진군	2
광주	4	광주	1	북구, 서구, 동구	3
대전	3	대전	1	중구, 대덕구	2
울산	1	울산	1		0
세종	1	세종	1		0
경기	19	경기	1	성남시, 부천시, 광명시, 시흥시, 군포시, 김포시, 과천시, 고양시, 파주시, 구리시, 하남시, 가평군, 여주시, 양평군, 오산시, 의왕시, 수원시, 의정부, 안성시	19

구분	총계	BSC 도입 자치단체			
		광역자치단체		기초자치단체명	계
강원	4	강원	1	평창군, 원주군, 홍천군	3
충북	3	충북	1	제천시,청주시	2
충남	11	충남	1	계룡시, 보령시, 아산시, 서산시, 부여군, 서천군, 당진군, 청양군, 논산시, 예산시	10
전북	9	전북	1	익산시, 장수군, 부안군, 정읍시, 임실군, 김제시, 남원시, 고창군	8
전남	7	전남	1	순천시, 곡성군, 나주군, 여수시, 담양군, 광양시	6
경북	5	경북	1	구미시, 상주시, 김천시, 포항시	4
경남	6	경남	1	창원시, 거제시, 양산시, 밀양시, 김해시, 사천시	6
제주	1	제주	1	(제주시, 서귀포시) 제외	0

위의 표에서와 같이 광역자치단체는 전체 17개중 16개가 도입하여 94%의 도입률을 보이고 있고 기초자치단체는 전체 227개중 77개 자치단체가 도입하여 34%의 도입률을 보이고 있다. 기초자치단체의 BSC기반 성과관리제도의 도입이 낮은 이유는 시스템 구축에 따른 예산문제로 재정자립도가 낮은 군단위 자치단체에서는 새로운 BSC기반 성과관리제도를 도입하지 못하고 있는 것으로 보인다.

6.4 통제 레버 시스템(Levers of Control)

6.4.1. 개요

Kaplan과 Norton의 BSC가 등장하면서 경영 통제시스템으로서 재무 지표 외에 비재무 지표를 폭넓게 반영해야 한다는 공감대가 회계 이론가 사이에 널리 확산됐다.

이런 추세는 특히 1990년대 이후 전략경영(managerial strategy), 지식경영(knowledge management)과 학습(learning), 미션(mission) · 비전(vison) · 가치(value)에 기반한 경영, 창의(creativity) · 헌신(commitment) · 자율(autonomy)을 중시하는 경영 사상이 크게 확산되면서 강화됐다.

그와 동시에 종전까지 유효성을 인정 받았던 명령과 통제(command and control) 시스템은 점점 설 자리를 잃어갔다. 제품별 또는 사업부별로 매출, 비용, 이익 같은 재무성과는 기업의 지속을 위해 필수적이지만, 그것 자체를 목표로 삼거나 그 성과를 가지고 임직원들을 통제하는 방식으로는 큰 효과가 없다는 인식이 점점 늘어났다. 그 대신에 동기부여는, 심리적 안정감, 헌신할 목표의 공유, 수평적 협업 체제, 자율 근무, 인화 등 보다 질적이고 인간 중심적인 요소로 비중이 옮겨갔다. 그렇게 함으로써 재무 성과가 결과적으로 향상될 수 있을 것이라는 믿음 때문이었다. 하지만 비재무 지표와 자율경영만을 지나치게 강조하다보면 오히려 경영의 전체적인 균형이 깨질 위험이 있다.

로버트 사이먼스(Robert Simons)의 통제 레버 시스템(Levers of Control, 이하 LOC) 개념은 과도한 자율지향적 추세에 다시 통제의 힘을 부과하여 균형을 세우려는 시도로 등장했다. 그는 1994년에 <통제 레버 시스템(Levers of Control : How Managers Use Innovative Control Systems to Drive Strategic Renewal)[5]>에서 이 개념을 제시했다.

BSC가 이상적인 성과 달성 프로세스를 염두에 두고 설계된 것과 달리, LOC는 긍정적인 요소와 부정적인 요소를 함께 고려해서 설계됐다는 점이 특징이다.

LOC 기업 경영에 다음 두 가지 상반되는 힘 사이의 역학이 존재한다는 점을 전제한다

- 자율과 창의 : 양(陽)의 힘. 긍정적이고 끌어올리는 힘
- 명령과 통제 : 음(陰)의 힘. 부정적이고 내리누르는 힘

그 동안 많은 경영자들이 혁신에 성공한 기업들일수록 관료주의나 형식적인 통제를 하지 않을 것이라는 기대를 해왔지만, LOC에 따르면 이는 편견이라는 것이다. 오히려 그런 기업들일수록 잘 작동하는 통제 시스템(control system)을 보유하고 있다는 것이 진실이다.

경영자들은 흔히 권한이양과 혁신집착이 가져오는 문제점을 간과한다. 권한이양은 잘 못 적용될 경우 하위직의 잘못된 의사결정이 몰고오는 피해를 막을 길이 없다. 허울 좋은 혁신 구호에 집착하다보면, 변화와 개혁만 부르짖으며 쓸데 없는 실험만 반복하다가 자원을 낭비하게 될 공산이 크다.

LOC는 다음과 같은 4종류의 통제 시스템으로 구성된다.

---

5) 우리나라에서는 포스코 경영연구소에서 <창의적인 회사, 효율적인 관리(오롬, 1995)>라는 제목으로 번역 출간했다. 번역서에는 Levers of Control을 '관리의 지렛대'라고 표현했다. 그러나, Lever는 지렛대라는 원래의 뜻보다는 항공기 등 운행 장치의 조종용 손잡이 장치로 보는 것이 더 적절하다. 그러므로 Levers of Control은 회사를 목표하는 방향으로 움직이도록 조종할 수 있는 통제 수단들의 체계를 의미하는 것이다. 적합한 번역어는 찾기 힘들지만, 이 책에서는 Levers of Control을 '통제 레버 시스템'로 부르기로 한다.

1. 신념 시스템(Beliefs System)

이는 미션(Mission)과 핵심가치(Core value)로 구성되며, 구성원에게 중요한 동기부여 원천으로 작용한다.

2. 제약 시스템(Boundary System)

이는 회피해야 할 리스크(Risks to be avoided), 또는 하지 말아야 할 것들에 대한 규정이다.

3. 진단통제 시스템(Diagnostic Control System)

이는 핵심 성과 변수(Core Performance Variables)로 구성된다. 기존의 KPI 와 유사한 통제 체계라고 할 수 있다.

4. 외부소통 통제 시스템(Interactive Control System)

이는 기업 외부로부터 발생하는 전략적 불확실성(Strategic Uncertainties)에 대응하는 체계다. 외부 고객변화, 경쟁구조 변화, 기술변화, 정책 변화 등에 대한 인지와 전략수립 과정을 포함한다.

그림 3 LOC(통제 레버 시스템)의 구성 체계

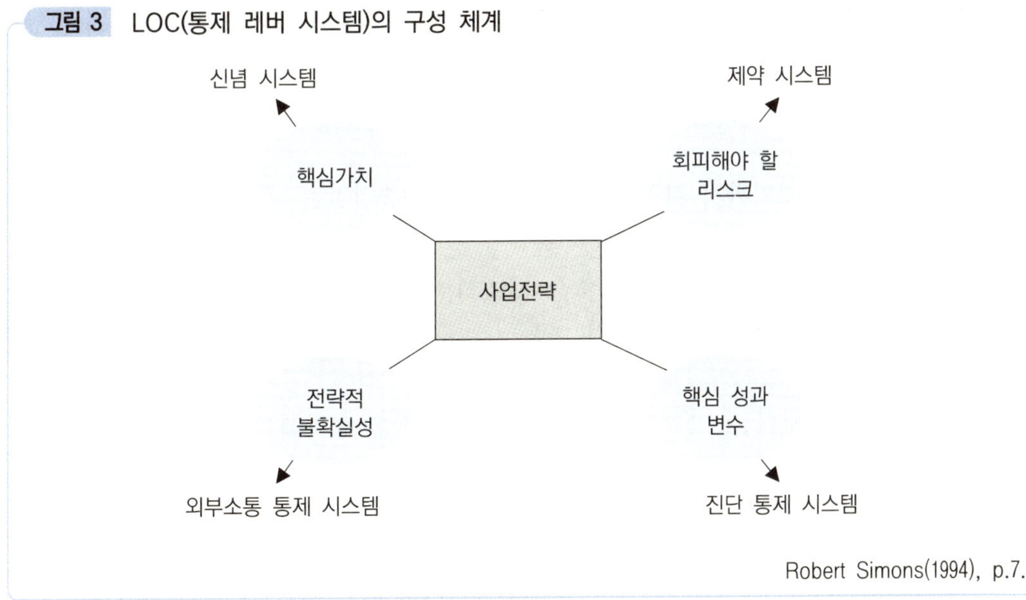

Robert Simons(1994), p.7.

LOC는 세 종류의 균형을 추구한다. 이것은 BSC에서 말하는 균형과는 접근 방향이 좀 다른 것이다.

첫째, 집단과 개인 사이의 균형이다.

조직은 목적을 지닌 집단기구이지만, 구성원 개인들은 태생상 자기중심적이다. 구성원 개인이 자기 이익을 추구하도록 방치하지 말고 조직의 목적을 인지하고 헌신하도록 동화시키는 것이 중요하다.

둘째, 기회와 주의집중 사이의 균형이다.

현대는 기회가 희소한 것이 아니라 너무 많아서 문제인 시대다. 급격한 환경 변화와 정보 과부하 속에서 중요한 것과 그렇지 않은 것을 구분하는 일은 점점 어려워지고 있다. 유사한 업종이라 해도, 기업마다 서로 다른 기회공간(opportunity space)에 직면하게 된다. 예를 들어서 동일한 유통 사업이라 해도 시어스(Sears), 월마트(Walmart), 이마트(eMart)가 각각 직면했던 기회공간은 전혀 다른 곳에 위치해 있었다.

경영자는 구성원들에 내재한 주의력의 한계(Limited Attention)를 인정해야 한다. 최고경영진, 중간관리자, 하급노동자 모두 수많은 목표에 다 주의를 기울일 수는 없다. 그들의 지각 범위와 지식은 어쩔 수 없이 제약되어 있다.

셋째, 계획성과 의외성 사이의 균형이다.

전략은 내부 전략(Internal Strategy)과 의외전략(Emergent Strategy)으로 구분된다. 내부전략은 내부에서 의도적으로 수립한 전략 계획이다. 의외전략은 애초에 의도하지 않았던 아이디어, 예상치 않은 고객반응 등 계획에 없었던 사항에 기반을 둔 전략이다. 내부전략은 중요하나 그것만으로는 충분하지 않으며 적절한 의외전략으로 이를 항상 보완해야 한다.

LOC의 등장에 이르기까지 기업의 성과를 측정하는 중심점은 다음과 같이 변화해 왔다.

> 재무 성과로서 ROI에 주목하는 단계 → BSC의 재무 · 비재무 긍정적 균형성과 지표 → LOC의 양의 힘과 음의 힘 간에 균형 지표

LOC는 과거 ROI보다는, 그를 포함하여 보다 균형 잡힌 성과에 바탕을 둔 ROM(Return on Management)에 주목해야 한다고 강조한다.

6.4.2. 구성

6.4.2.1. 신념 시스템

신념 시스템은 공식적인 면과 비공식적인 면을 동시에 지닌다. 공식적 신념 시스템은 사훈, 사명문, 조직목표 선언문 등에 명시적으로 표기되는 것이다. 비공식적 신념 시스템은 이들을 전파하고 이해시키기 위한 토론 과정에서 생성된다. 모든 공식적 신념 선언문은 추상적이고 모호하다. 문제는 이를 통해 어떻게 구성원들의 행동에 초점을 부여하고 합목적인 활동으로 전환시킬 수 있는가에 있다. 그러므로 비공식적 측면에서 이 시스템이 제대로 작동하는 것이 중요하다.

6.4.2.2. 제약 시스템

제약 시스템은 기회 탐색에 제한을 가하는 체계다. 구성원들에게 모든 기회와 행동을 다 허용하는 것이 아니라, 허용가능한 활동영역을 구획짓는 것이다. 사실 이런 제약은 자유의 침해가 아니라, 조직의 존속을 위해 준수할 의무이다. 제약 시스템에서는 보상 대신에 위배 시 처벌 부과가 원칙이다.

이 시스템은 다음 두 가지로 구성된다.

첫째, 많은 기업에서 발견되는 행위 제한 규정(Business Conduct Boundaries), 즉, 청렴, 윤리, 기밀보호, 공정경쟁, 평판유지와 관련한 금지 규정들은 제약 시스템의 중요한 한 부분이다. 컨설팅회사가 "고객사 이름을 배우자에게도 발설하지 말 것"을 요구하는 것이나 프랜차이즈 가맹점이 직원교육을 통해 청결과 품질 기준을 준수하도록 요구하는 것을 예로 들 수 있다.

둘째, 전략적 제약(Strategic Boundaries)이다. 이것은 무분별한 신사업, 다각화, 시장확대 추진에 제동을 거는 것이다. 사업은 무조건 확대하는 것보다 때로는 축소하는 것이 지혜로울 때가 많다. 그렇게 함으로써 기업의 자원 낭비를 막고 보다 생산적이고 강점이 있는 영역으로 역량을 집중할 수 있다. 아이아코카가 크라이슬러의 시장을 북미 시장으로 축소한 것도 그런 제약을 실천한 예다.

6.4.2.3. 진단 통제 시스템

진단 통제 시스템은 조직의 결과를 상시 모니터하면서, 사업 활동이 특정 궤도로부터 이탈했을 때 수정하는 데 사용되는 공식적인 정보체계를 말한다.

우리는 건강검진 결과표 상의 수치들, 가정용 온도조절기, 비행기 조종실의 계측기 등 기업 경영 이외의 영역에서 진단 통제 시스템의 역할을 하는 수단들을 자주 볼 수 있다.

기업 경영에서는 핵심성과변수(Critical Performance Variables) 체계가 그 역할을 하는데, 관리회계 시스템의 주요 구성물인 사업계획안, 예산, 표준원가 시스템, 지출통제 시스템 등과, 시간당 판매량, 고객이탈률, 불량률, 인력자원 운용 계획 등 비재무 통제 시스템을 예로 들 수 있다.

진단 통제 시스템은 신뢰성 있는 회계기록과 정보체계를 전제해야만 제대로 작동할 것이다. 그리고 이를 체계적으로 집계하고 관리하는 스탭(staff) 조직의 역할이 매우 중요하다.

진단 통제 시스템은 세 가지 요건을 구비해야 한다.

첫째, 객관성(Objective)이다.

핵심 성과 지표들은 그 자체로서 독립적 정의 및 측정이 가능해야 한다(Independently verifiable).

시장점유율은 객관성을 충족한다. 데이터로 기록되기 때문에 보는 사람에 따라 그 값이 달라지지는 않는다. 반면에 고객만족도라는 지표는 어떤가? 이 값은 자주 주관성 때문에 뒤바뀔 수 있다. 이런 지표는 상사와 부하 사이 신뢰도가 높을 경우에만 작동한다. 주관적인 지표는 언제나 적절한 조건 하에서 해석하고 활용해야 한다.

둘째, 완비성(Complete)이다.

완비성이란 통제 가능한 여러 활동 요소들을 충분히 포괄하는 정도(Capture all relevant actions)를 말한다.

완비성이 높다고 반드시 좋은 것만은 아니다. 과도하게 완비성이 높은 지표의 한 예로 매출액을 들 수 있다. 매출액은 사실 기업의 거의 모든 활동을 다 포함하는 지표다. 이익도 완비성이 과도하게 높은 지표다. 반면에 완비성이 너무 낮아도 바람직하지 않다. 그런 지표로는 고객방문횟수를 들 수 있다.

완비성이 낮은 하위 지표들을 수없이 나열하는 것보다, 이들을 되도록 종합적으로 포괄하는 완비성이 적절히 충족된 소수 개의 지표를 구성하는 것이 바람직하다.

셋째, 반영성(Responsive)이다.

반영성은 측정 대상인 개인들의 노력과 행동을 잘 반영해야 한다.

진단 통제 시스템과 관려하여 인센티브(incentive)의 역할은 매우 중요하다. 진단 통제 시스템은 구성원들에게 그들의 책임이 무엇인지, 즉 그들이 해야 할 일이 무엇인지 알게 해주는 것이 목적이다. '돈'으로 제공되는 성과급은 자주 효과적이지만, 결코 만능이 아니다. 사람들은 돈 이상의 동기로 일한다. 조직 내 인정, 자존감, 자기성취욕 같은 것들이 그들의 진정한 행동을 이끈다. "직원에게 수표를 한 장 주더라도 무대 위에서 주라"는 말이 있다.

핵심성과지표에 따라 책정된 인센티브가 잘못 된 결과를 낳는 예가 많다. A/S 수리할당량을 채울 시에 보상을 제공하는 정책을 수행한 결과, 단지 부과된 수리 할당량을 채우려는 동기만이 횡행하게 된다. 그 결과 불필요한 과잉 수리가 남발되면서 고객 불만이 늘어나고 평판이 추락할 가능성이 높다.

6.4.2.4. 외부소통 통제 시스템

외부소통 통제 시스템은 현재의 경영전략을 위협하거나 무효화할 수 있는 외부 불확실성과 우발성에 대응하는 체계다. 일상적 의사소통 채널 이외에 개방적인 정보수집 체계를 가동함으로써, 예상치 않은 고객 반응, 잘 보이지 않게 이루어진 환경 변화, 의도하지 않았던 새로운 아이디어 등을 확보하고 이를 전략 수립에 반영하는 것이다.

마치 전국 단위의 기상정보 모니터 시스템처럼, 중앙 전담 부서에서 전사차원의 대외 정보 수집 활동을 관리해야 한다. 이 시스템이 제대로 작동하기 위해서는 최고경영자, 중간관리자, 현장실무자의 개방성 문화가 중요한 역할을 한다.

GM의 알프레드 슬로언(Alfred Sloan)은 회계시스템의 초점을 과거의 자료에 바탕을 두지 않고, 시시각각 변화하는 소비자 선호를 관찰한 후 미래 예측을 하는 시스템으로 변경한 바 있다.

외부소통 통제 시스템에는 위험 요소도 있다. 이것은 너무 많은 외부 정보에 함몰되어 주의력이 잘못 배분되고 엉뚱한 의사결정에 이르게 될 위험이다. 이를 구분하는 능력이야말로 경영자의 핵심 능력임은 말할 것도 없다.

6.5 예산의 함정에서 벗어나기

예산 중심 사고는 경영을 계획에 입각하여 수행하는 데 도움이 된다. 이것은 분명히 하나의 큰 장점이다. 특히 시장 구조나 생산 기술에 큰 변화가 없는 사업을 효율적으로 운영하는 데에는 도움이 된다. 반면에 급변하는 경영 환경에서 혁신와 창의를 추구해야 하는 상황에서는 예산중심 사고의 단점이 자주 노출되고 있다.

보그스네스(Bjarte Bogsnes)는 예산 중심 사고가 야기하는 문제점을 다음과 같이 지적했다[6].

- 전략(strategy)과 연계성이 결여되어 있다.
- 예산 실무는 막대한 시간소모성(time-consuming) 작업이다. 새로운 성과를 낳는 생산적인 작업이라기보다는 현안을 유지하기 위한 소모적인 작업이다.
- 비윤리적 행동(unethical behaviours)을 유인한다. 예산 한도만 준수하면 종종 낭비적인 행동 조차도 용인된다.
- 예산 수립 당시 최초의 가정은 예산을 실행하는 과정에서 자주 바뀐다.
- 경영자에게 통제 환상(illusion of control)을 부여한다. 경영자들은 자신이 의도한 대로 조직이 통제되고 있다고 착각하게 된다.
- 손쉬운(too early) 의사결정을 유도한다. 경영자들은 단순히 상의하달로 목표 설정이 완료됐다고 생각하기 쉽다.
- 진정으로 해야 할 일(right things)과 괴리된 행동을 추구하도록 할 가능성이 있다.
- 예산이 편성된 일만을 하려 한다. 변화한 환경에서 새로이 추구해야 할 일은 예산이 수립되어 있지 않다는 이유로 기피할 가능성이 높다.
- 세상이 항상 12월 31일에 끝나고 1월 1일부터 다시 시작한다고 사고하게 만든다. 경영 환경은 그런 시간 구분 없이 항상 변화한다는 사실을 망각하기 쉽다.
- 예산 자체는 성과평가 수단으로서 효과가 작다.

예산을 뜻하는 영어 budget의 어원은 프랑스어로 주머니를 뜻하는 bougette였다. 이 주머지는 선주가 먼 항해를 떠나는 선장에게 지급한 것이었다. 이것이 나중에 자금계획, 즉 예산이라는 뜻으로 사용되기 시작했다.

예산은 전통적으로 경영자가 직원을 통제할 수 있는 수단이라고 간주되어 왔다. 더구나 비목이 상세할 수록 통제 수준은 상승하는 것처럼 보였다.

경영에서 비용은 대단히 중요하다. 하지만 맹목적인 비용 관리가 아니라 효과적인 비용 관리라야만 진정한 성과를 낳을 수 있다.

---

6) Bjarte Bogsnes, Implementing Beyond Budgeting : Unlocking the Performance Potential(2nd ed), John Wiley & Sons, 2016. BSC의 창시자 가운데 한 명인 카플란(R. Kaplan)은 이 책의 서문에서, 좌뇌과 주도하는 재무회계와 우뇌가 주도하는 인적 자원 경영을 성공적으로 통합할 필요성이 있다고 강조했다. 예산의 함정에서 벗어나는 것은 예산을 무시하라는 것이 아니라 예산의 단점을 보완하라는 뜻이다.

예산의 본질은 무엇인가? 그것은 바로 희소한 자원을 '미리' 배분하는 것이다. '나중에' 배분하는 것이 아니라, '미리' 배분한다는 것이 핵심이다. 문제는 '미리'계획 또는 예상한 바와 대비하여 그 실적은 항상 차이가 나게 되어 있다는 데에서 발생한다. 계획대로 투입된 비용이 과연 미래에 성과를 낳을 것인지는 여전히 불확실성에 노출되어 있거니와, 심지어 현재 제대로 성과를 낳고 있는지 제대로 파악하는 일조차 쉽지 않다.

경영 철학자 피터 드러커(P. F. Drucker)는 수많은 조직에서 결과의 90%는 노력의 첫 10%에서 발생하고, 비용의 90%는 나머지 쓸 데 없는 90%의 노력에서 주로 발생하는 경향이 있다고 간파했다[7]. 많은 자원과 노력들이 아무런 결과를 낳지 않는 활동으로 몰려가는 경향이 자연스럽게 발생한다. 예를 들어서 대부분 조직에서 잘 팔리는 상품에는 영업사원을 추가로 배치하지 않으려 한다. 그렇게 안 해도 잘 팔린다고 생각하기 때문이다. 반면에 잘 안 팔리는 상품에는 영업사원들을 추가로 투입하는 경향이 있다. 잘 안 팔리니까 잘 팔리게 하기 위해서다. 그러나 여기에 쏟아 붓는 비용은 생각처럼 판매를 잘 신장시키지 못한다. 그 상품이 안 팔리는 이유는 고객을 발견하거나 창조하는 데에 실패했기 때문이다. 차라리 그 상품을 폐기하고 혁신을 통해 신상품을 개발하거나 고객을 창조하는 데에 적절한 비용을 투입하지 않으면, 시장성이 부족한 기존 상품에 영업사원을 더 배치하고 광고를 투입해도 성과는 크게 개선되지 않을 것이다.

드러커에 따르면 올바른 비용절감, 또는 진정한 구조조정이란, 많은 경영자들이 습관적으로 하듯이 '모든 부문에서 비용을 일률적으로 줄이는 것(across-the-board cut)'이 아니다. 그렇게 하게 되면, 성과를 잘 낳는 부문까지 희생시키는 우를 범하는 것이다. 효과적인 비용 경영은 쓸모 없는 비용 투입 부문을 찾아내서, 그 자원과 노력을 보다 성과를 낼 수 있는 부문으로 이동시키는 것이어야 한다.

이처럼 비용이란 성과를 낳는 행동에 투입되어야 한다. "단돈 1원도 허투루 사용해서는 안 된다"는 것이 예산의 기본 철학이다. 그러나, 현실에서 많은 조직이 비용 예산에서 심각한 부작용을 경험하고 있다. 낭비와 기회 차단이라는 모순적 행동이 동시에 발생하고 있다. 그것은 예산이 지닌 상한선(ceiling)으로서의 역할과 하한선(floor)으로서의 역할이 동시에 작용하기 때문이다.

예산이 지닌 상한선으로서 역할 때문에 "정작 써야 할 돈이 발생해도 못 쓰게 되는" 상황이 발생한다. 또한 그 하한선으로서 역할 때문에 구성원들은 "일단 다 쓰고 보자"는 심리에 노출된다.

---

7) P. F. Drucker(1964), Manageing for Results, Harper Collins, p.9

재무회계 분야에 종사하는 전문가들이 흔히 빠지는 함정이 있다. 그것은 바로 숫자로 세계를 재단하려는 습관이다.

물론 숫자는 현실을 묘사하는 매우 중요한 수단이다. 숫자를 알지 못하고 오직 주관적 인상에 의존해서 조직의 성과를 판단하는 것처럼 위험한 일도 없다. 숫자의 중요성은 아무리 강조해도 지나치지 않다.

반면에 이와 동시에 숫자에만 주의를 기울이면 그 숫자가 나오게 된 이면의 역학 관계를 간과할 위험도 높다. 아무리 헛된 비용이 나가도, 예산실무자 입장에서는 예산 범위 내에서 이루어지면 아무런 문제가 없다고 생각하게 될 수도 있다. 이런 식의 예산 중심적 매너리즘에 빠지게 되면 정작 투입해야 할 진정한 비용(투자)에 대해서는 무관심하게 된다[8].

예산은 일단 수립되고 나면 보이지 않는 견고한 프레임이 된다. 한 번 수립하기는 쉬워도 조정하거나 폐기하는 것은 정말 어렵다. 가장 큰 장애는 예산을 예산을 전용하거나 조정할 때, 예산이 줄어드는 부서의 저항이 반드시 발생한다는 것이다. 그들은 어떤 이유를 대서라도 예산의 타당성을 호소한다. 그런 면에서 예산은 오히려 효과적인 비용경영을 저해한다.

모든 혁신가의 일상적 고민은 다음가 같은 것이 되어야 한다.

“동일한 효용을 제공하되, 보다 비용을 줄일 방법은 없을까?”

“좀 더 투자를 많이 해서, 더 큰 효용을 낳는 방법은 없을까?”

이때 예산이 그 걸림돌이 되지 않도록 하는 것이 경영자의 중요한 역할 가운데 하나일 것이다.

---

8) 경영자가 숫자를 어떻게 이해하고 해석해야 하는가에 대한 피터 드러커의 통찰에 대해서는 송경모, <피터 드러커로 본 경영의 착각과 함정들>, 을유문화사, 2016 제3부 5장 ‘모든 것을 숫자로 말할 수는 없다’를 참조하라.

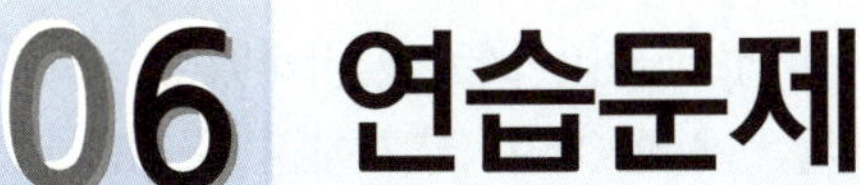

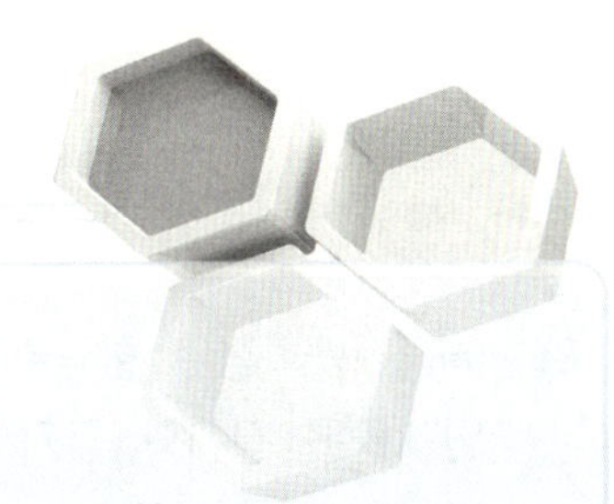

06 연습문제

01 성과평가를 하는 이유에 대해 기술하시오.

02 대리인 문제란 무엇인가?

03 ㈜경기자동차에는 승용차 사업부와 상용차 사업부의 두 개 사업부가 있다. 다음은 이들 사업부에 대한 성과평가와 관련된 자료들이다. 회사의 최저요구수익률은 20%이다.

구 분	승용차 사업부	상용차 사업부
투자액	₩1,000	₩5,000
순이익	500	2,000

두 사업부의 성과를 투자수익률(ROI) 관점과 잔여이익(RI) 관점에서 각각 평가하고, 각 관점의 문제점을 한 가지씩 지적하시오.

04 기존의 성과평가방법에 비해 균형성과표가 갖는 장점에 대해 기술하시오.

05 다음은 ㈜경기의 남부사업부와 중부사업부의 대차대조표와 손익계산서 자료의 일부이다. 법인세율은 40%이며, 자기자본비용은 20%, 타인자본비용(부채비용)은 10%이다. 남부사업부와 중부사업부의 경제적 부가가치(EVA)는 얼마인가? (단, 각 사업부는 동일한 자본비용을 적용하며, 총부채는 모두 이자발생부채이다)

	남부 사업부	중부 사업부
장기부채	₩2,000,000	₩5,000,000
자기자본	1,000,000	5,000,000
세전영업이익	1,000,000	1,500,000

06 ㈜경기백화점은 한류관광객의 증가로 전기에 비해 매출이 20% 증가하였다. 실효 법인세율은 전기와 당기 모두 20%이며, 세후영업이익에 대한 추가적인 조정은 없다. 다음의 표를 토대로 당기와 전기의 EVA를 각각 계산하시오.

	매출액	영업이익	투하자본	자기자본	부채	자기자본비용	부채자본비용
당기	1,200	600	8,000	6,000	2,000	6%	10%
전기	1,000	500	6,000	3,000	3,000	4%	5%

(단, 위의 표의 금액들은 모두 세금을 고려하기 전의 금액들이다.)

CHAPTER

7

재무제표는 어떻게 구성되어 있는가?

학습목표

1. 다양한 재무제표를 구성하는 수치들 가운데 스톡과 플로우 성격의 것들을 구분할 수 있다.
2. 재무상태표, 손익계산서, 현금흐름표의 통용되는 양식과 그 표현하려는 대상이 무엇인지 이해한다.
3. 제조원가명세서, 이익잉여금처분계산서, 자본변동표, 기타 다양한 부속 명세서의 성격과 전체 재무제표 구성에 차지하는 위치를 이해한다.
4. 본 회사와 지분 관계로 연결되어 있는 회사의 재무 성과가 본 회사의 성과에 반영되는 원리를, 지분법과 연결재무제표의 개념을 통해 이해한다.

우리는 제6장에 이르기까지 경영자가 올바른 의사결정을 위해 회계 정보, 특히 그 중에서도 원가 정보를 올바로 확보해야 한다는 사실을 배웠다. 그와 관련해서 다양한 이익과 원가의 개념을 소개했다. 여기까지 소개한 내용들은 흔히 관리회계(management accounting) 영역에 속하는 것들이다.

기업 내부의 이해관계자인 경영자에게는 관리회계 정보는 필수다. 경영자 이외에도 회계정보를 필요로 하는 주체들이 많은데, 기업의 외부 이해관계자(stakeholder)가 가장 대표적이다.

관리회계와 구분되는 개념으로서 재무회계(financial accounitng)는 바로 이 외부의 이해해관계자, 특히 좁은 의미로는 재무적 이해관계자의 정보 요구에 부응하여 작성되는 회계다. 본장에서는 재무회계 및 회계기준, 대표적인 재무제표인 재무상태표, 포괄손익계산서 및 부속명세서, 자본변동표, 현금흐름표에 대해서 설명하려고 한다.

만약 독자가 기업 내부의 의사결정자가 아니라, 외부의 이해관계자 또는 투자분석가라면 대부분 접하게 되는 것이 바로 재무회계의 산출문서로서 재무제표가 될 것이다. 본 장에서는 재무제표의 전체 구조와 특성을 개관하는 것을 목적으로 한다. 각 재무제표, 특히 재무상태표와 손익계산서를 구성하는 주요 계정과목 및 그를 보완하는 주제들은 9장, 10장, 11장에서 다룬다.

7.1 스톡과 플로우

기업의 재무제표에 등장하는 수치들은 크게 스톡(stock)과 플로우(flow) 성격을 지닌 것으로 나눌 수 있다. 이 개념을 이해하면 각종 재무제표가 표현하고자 하는 수치의 성격을 보다 분명히 이해할 수 있다.

스톡이란 특정한 시점에 존재하는 사물의 양을 말한다. 그 양을 화폐액으로 표현할 경우 잔액(balance) 개념이 된다. 반면에 플로우란 일정한 기간에 증가 또는 감소한 양을 말한다.

사람으로 치자면 '홍길동씨가 ○○○○년 ○○월 ○○일 ○○시 현재 보유하고 있는 현금은 ₩100만이다.'라는 것은 스톡을 표현한 것이다. 반면에 '홍길동씨가 ○○○○년 ○○월 ○○일~○○일 동안 벌어들인 현금은 ₩30만이다.'라는 말은 플로우를 표현한 것이다. 시점은 어느 시점도 채택 가능하고, 기간은 어느 기간도 설정 가능하다. 다만 기업은 관행상 스톡은 연말일 거래 종료 이후 시점을 채택하는 경우가 많다. 즉 20x0년 12월 31일 기준 총자산 ₩125억6천9백2십만 같은 식이다. 플로우는 관행상 연간, 반년간, 또는 분기간을 택한다.

즉 20x0년 1/4분기 매출액 ₩52억8천만, 또는 20x0년 매출액 ₩277억9천2백만 같은 식이다.

어떤 시점에 스톡이 아무리 많아도 그 이후 일정 기간 동안 벌어들인 플로우는 아주 작을 수 있다. 또는 한 때 스톡이 거의 없었다가도 그 뒤 일정 기간 동안 많은 양의 플로우 수입이 발생해서 스톡이 늘어난 상태가 될 수도 있다.

스톡은 플로우가 늘면 높아지고, 플로우가 빠져나가면 낮아진다. 즉 매순간 수조의 물높이는 스톡이고, 단위 시간에 수도꼭지에서 쏟아져 나오거나 배수구로 빠져 나간 물의 양은 플로우다. 기업의 재무성과는 이처럼 물의 양, 아니 더 정확히는 '가치(value)'의 양을 지속적으로 관리한 결과를 의미한다. 그것은 높을 때도 낮을 때도 있고, 시시각각 늘어나기도 하고 줄어들기도 한다. 다만, 이 가치를 생성하는 여러 요소들 사이의 인과관계가 매우 복잡하고 통제하기가 쉽지 않다는 것이 바로 경영의 어려움이다. 기업 구성원들은 기업이 보유하는 부동산, 기계와 시설물, 지식재산은 물론이고, 고용하고 있는 인력, 거래하는 공급기업과 고객과 같은 요소들을 경영함으로써, 가치의 유입과 유출을 수시로 발생시킨다. 그리고 그 결과가 몇 가지 재무제표로 집약된다.

회계기준에 대해서는 본서의 4.3절에서 설명할 것이다. 우리나라에서 채택하고 있는 회계기준인 K-IFRS에서 재무제표는 재무상태표, 포괄손익계산서 자본변동표, 현금흐름표로 나뉜다. 그리고 그 주석이 수반된다. 재무상태표는 바로 스톡을 표현한 것이다. 포괄손익계산서는 플로우를 표현한 것이다. 자본변동표와 현금흐름표는 기중 플로우를 표현하는 것이 중심이지만, 그 결과로 나타나는 스톡이 상단 또는 하단에 병기된다(<그림 1> 참조).

그림 1 재무제표의 종류와 스톡, 플로우 구조

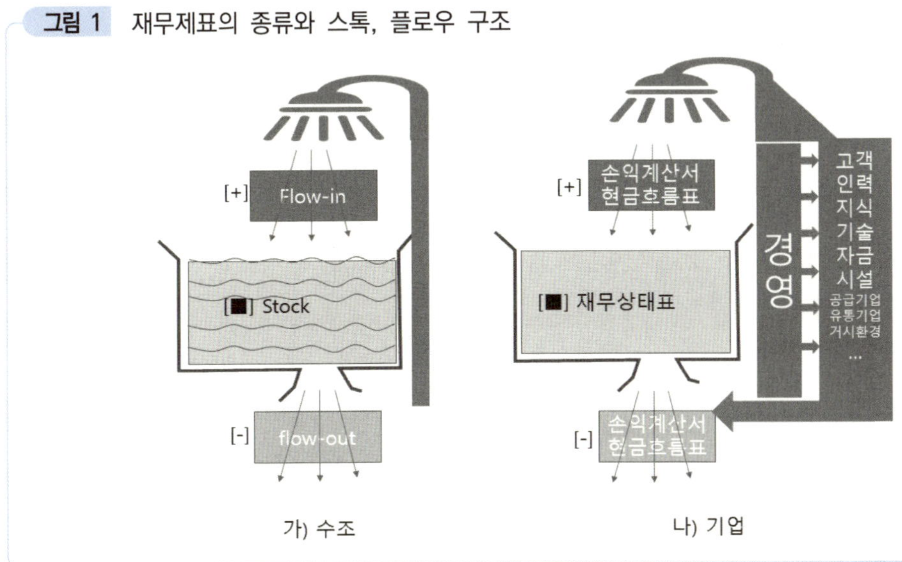

7.2 여섯 가지 재무제표의 기본 형태

재무제표가 한 가지 종류의 표로만 되어 있다면 얼마나 편할까? 보기도 쉽고 시간도 절약될 것이기 때문이다. 하지만, 불행하게도 재무제표는 성격이 조금씩 다른 여러 종류의 표들로 구성되어 있다. 이는 기업의 재무 성과가 단지 한 가지 차원에서만 표현할 수 있는 대상이 아니기 때문이다.

[그림 2]로부터 [그림 7]에 이르기까지 각 재무제표의 전형적인 구조가 나와 있다. [■]는 stock 값을, [+] 또는 [−]는 flow 값을 나타낸다. 여기에서는 독자의 개념 파악을 돕기 위해, 회계 용어와는 일부 차이가 나는 일상 용어들을 사용했다. 예를 들어 재무상태표에서 자산 스톡의 목록 가운데 하나로 '부동산'이 등장하지만, 회계 용어로는 '건물', '구축물' 같은 명칭을 사용한다는 점에 유의하자.

7.2.1. 재무상태표

그림 2 재무상태표

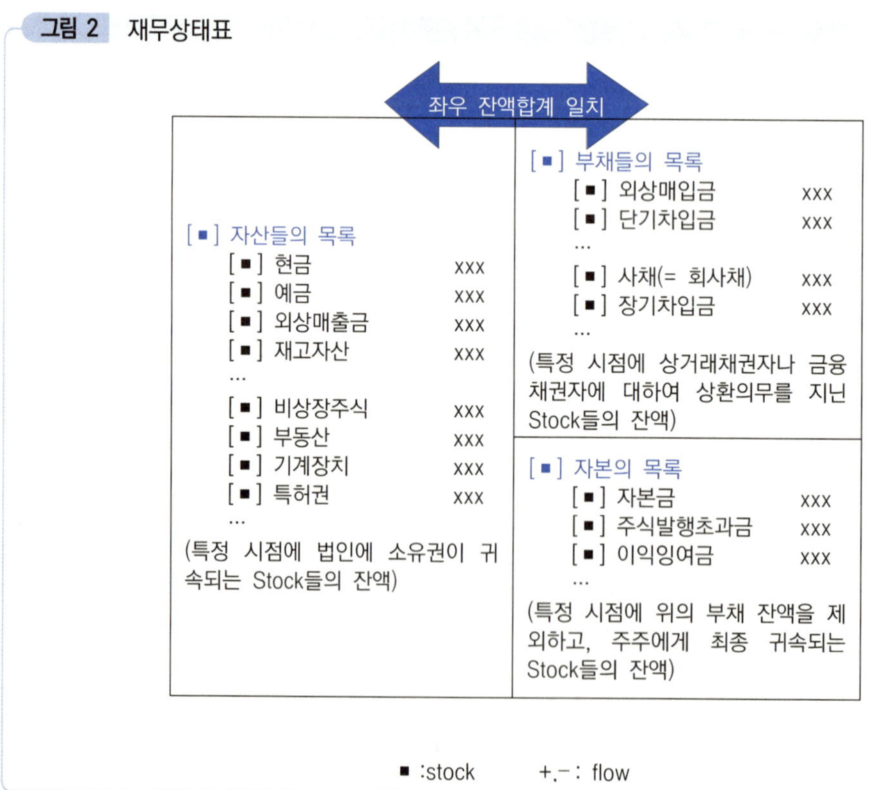

재무상태표란 일정 시점에 기업의 자산, 부채, 자본의 상태를 나타내는 보고서다. 좌측에 재산(자산) 목록을, 우측에 그 조달원천(부채와 자본) 목록을 표기한다. 좌측을 차변(debit), 우측을 대변(credit)이라고 나란히 부른다.

여기에 표시되는 수치들은 특정 시점의 잔액, 즉 스톡값이다. 일정 기간 사이에 증가 또는 감소액을 표현하지 않는다는 사실에 다시 한 번 유념하자. 예컨대 20x0년 12월 31일 거래종료 시점에 예금통잔 잔액이 ₩1억인 상태가 표시되는 것이지, 20x0년 1월1일부터 12월 31일 기간 중 예금 증가액 ₩5천만이 표시되는 것이 아니다. 20x0년 12월 31일 거래종료 시점에 보유 상품재고의 공정가치가 ₩5천만이라고 표시되는 것이지, 20x0년 1월1일부터 12월 31일 기간 중 연초 대비 신규로 유입된 재고 ₩1천만이나 판매로 소진된 재고 ₩2천만이 표시되는 것이 아니다. 즉 모든 재무상태표상의 수치는 특정 시점 한 순간만의 상황을 표시한다.

잔액을 표기하는 기준 시점은 원리상 어느 때라도 가능하다. 다만 실제 재무상태표는 연말(12월 31일 거래 종료 시각) 기준으로 가장 많이 작성되고, 3월 31일자, 6월 30일자, 또는 9월 30일자 기준으로 재무상태표를 작성하기도 한다.

재무상태표의 차변과 대변을 구성하는 개별 계정과목들의 의미와 특성에 대해서는 본서 제8장과 제9장에서 상세히 다룰 것이다. 또한 재무상태표 구성 원리의 핵심을 이루는 회계등식(accounting equation)과 복식부기(double entry book keeping) 개념에 대해서는 본서의 제12장 12.1.2절에서 상세히 설명할 것이다. 본장에서는 재무상태표의 전체적인 구조와 의미를 이해하는 데에 중점을 둔다.

[용어] 대차대조표

K-IFRS를 도입하기 이전에 '기업회계기준'에서는 재무상태표를 '대차대조표'라 불렀다. 이는 자산을 표시하는 좌측 차변(debit)과, 부채와 자본을 표시하는 우측 대변(credit)을 대조한 데에서 나왔던 이름이다. 재미있는 것은 왼쪽부터 시작해서 '차대대조표'라 하지 않고, 거꾸로 '대차대조표'라고 읽었다는 사실이다. 원래 일본에서 사용하던 용어였고 해방 이후 우리나라도 그 단어를 그대로 사용해왔지만, K-IFRS를 도입한 뒤에는 재무상태표라는 용어가 일반화됐다. 지금도 여러 경제 또는 경영 관련 문헌에서 대차대조표라는 용어가 종종 사용되고 있다.

앞의 간단한 예시에 대하 이해를 바탕으로, <표 1>은 홍길동건강주식회사(가칭)의 재무상태표를 예시했다. 계정과목들은 대부분 추상적인 명칭의 큰 항목으로 집계되어 있지만, 이 시점의 재무상태에 이르기까지 대기업으로서 무수히 많은 종류의 복잡한 거래가 누적된 결과임은 능히 짐작할 수 있을 것이다.

그러나, 본 재무상태표만 가지고는 회사의 자산 구성에 대한 구체적인 정보를 얻기에는 부족하다는 느낌이 들 것이다.

예를 들어서, 매출채권을 이루는 거래처 내역이나 무형자산의 구체적 구성에 대해서는 알길이 없다. 이를 좀 더 구체적으로 파악하기 위해서는 함께 기재된 주석 사항을 참조하거나, 회계담당자와 면담을 통해 구체적인 내용에 대한 설명을 듣거나 사업보고서 등 추가 자료를 입수해야 한다.

K-IFRS를 따르는만큼 계정과목의 구성에 다소의 자율성이 부여되어 고유의 방식을 따르고 있다는 점을 눈여겨 보라. 또한 어떤 회사들은 항목 머리에 로마숫자와 아라비아 숫자를 붙이기도 한다. <표 1>의 예시에서는 계정과목을 구분하는 로마숫자나 아라비아숫자가 등장하지 않는다. 그러나, 이런 상황은 회사마다 조금씩 차이가 있다.

▸ ▸ 〈표 1〉 홍길동건상사의 재무상태표

재무상태표

제20(당)기 2××2년 12월 31일 현재

제19(전)기 2××1년 12월 31일 현재

주식회사 홍길동건강(가칭) (단위 : 원)

과 목	주 석	제20(당)기말		제19(전)기말	
자산					
유동자산			950,324,051,984		773,513,696,793
현금및현금성자산	7,41,42,43	224,276,260,129		105,355,940,074	
단기금융상품	38,42,43	16,900,000,000		16,900,000,000	
매출채권	8,39,42,43	395,211,588,249		329,564,101,127	
기타채권	8,39,42,43	21,912,064,980		19,985,354,866	
재고자산	9	283,338,629,182		289,392,603,980	
기타유동자산	10	8,685,509,444		12,315,696,746	
비유동자산			2,534,839,588,065		2,316,391,201,480
장기금융상품	38,42,43	16,500,000		17,000,000	
장기기타채권	11,42,43	43,291,444,854		39,353,054,233	
매도가능금융자산	12,42,43	45,720,081,566		4,901,987,309	
종속기업투자	13,39	1,458,418,666,317		1,449,854,865,323	
관계기업및공동기업투자	6,14	16,486,779,029		21,268,183,250	

이연법인세자산	36	40,608,706,410		30,727,568,901	
유형자산	6,15,39,41	746,637,699,953		615,344,755,342	
투자부동산	16,42	21,483,758,566		21,709,256,689	
무형자산	6,17,41	150,289,336,087		129,853,300,685	
기타비유동자산	10	11,886,614,983		3,361,229,748	
자산총계			3,485,163,640,049		3,089,904,898,273
부채					
유동부채			849,774,781,690		674,497,928,821
매입채무	39,42,43	162,503,866,163		128,918,953,851	
기타채무	39,41,42,43	151,059,422,165		109,216,923,927	
단기차입금	8,18,42,43	22,638,060,065		16,654,687,362	
유동성사채	19,41,42,43	259,985,122,337		179,928,384,861	
당기법인세부채	36	118,443,089,704		102,925,458,045	
이연수익	21	11,566,913,538		13,766,827,177	
반품충당부채	22	1,675,419,921		1,499,925,258	
기타유동부채	20,42,43	121,902,887,797		121,586,768,340	
비유동부채			275,645,318,887		539,545,501,803
사채	19,41,42,43	249,658,930,265		509,188,224,943	
예수보증금	42,43	4,364,010,830		4,479,987,100	
퇴직급여부채	23	11,692,305,639		6,940,584,727	
기타비유동부채	20,23,42,43	9,930,072,153		18,936,705,033	
부채 총계			1,125,420,100,577		1,214,043,430,624
자본					
자본금	24	88,589,470,000		88,589,470,000	
자본잉여금	25	97,325,737,783		97,325,737,783	
이익잉여금	26,27	2,243,399,809,065		1,759,569,535,338	
기타포괄손익누계액	28	1,056,723,494		1,004,925,398	
기타자본항목	29,36	(70,628,200,870)		(70,628,200,870)	
자본 총계			1,359,743,539,472		1,875,861,467,649
부채와 자본 총계			3,485,163,640,049		3,089,904,898,273

7.2.2. 손익계산서와 포괄손익계산서

손익계산서란 일정 기간에 기업의 수익, 비용, 그리고 수익에서 비용을 차감한 이익을 나타내는 보고서다. 말하자면, 일종의 수입 · 지출 목록 같은 것이다.

이 목록에 표시되는 금액들은 재무상태표와 달리, 기간 중 증가 또는 감소액, 즉 플로우 성격을 지닌다. 특정한 한 순간에 존재하는 값이 아니라 기간 중 늘어나거나 줄어든 크기를 표현한다.

다만, 기업의 모든 거래발생액이 모두 표시되는 것이 아니라, 회계기준에 따라 매출 또는 비용으로 인식할 수 있는 사항들만을 표시한다는 점에 유의하자. 이 기준에 따르면 손익계산서 상 수익(매출 또는 기타수익) 또는 비용이 실제로 현금액의 지출 또는 유입과 직접 대응이 되지 않는 경우가 많다. 예를 들어 물건을 인도한 뒤 아직 판매대금이 입금되지 않은 상태라 해도, 그만큼은 매출로 계상된다. 수년 전에 이미 대금 지불을 완료하고 취득한 기계장치에 대해서, 올해 추가적인 매입 대금이 지출이 전혀 없음에도 불구하고 그 일정 부분에 해당하는 금액이 비용(감가상각비)으로 기록된다. 사실 이런 점 때문에 일반인들이 손익계산서의 의미를 정확히 이해하는 데에 어려움이 발생한다. 보다 상세한 사항에 대해서는 본서의 제10장에서 다룰 것이다.

이상이 전통적으로 작성되는 손익계산서의 개념이다. 그런데, K-IFRS에서 작성하는 손익계산서는 포괄손익계산서까지 확장해서 작성한 것을 요구하고 있다.

손익계산서 앞에 '포괄'이라는 접두사가 붙은 이유는, 다음과 같이 기타포괄손익이라는 항목을 당기순손익에 합산한 후의 손익, 즉 총포괄손익이 계산되기 때문이다.

당기순손익 + 기타포괄손익 = 총포괄손익

기타포괄손익이란 자산과 부채의 공정가치 평가에 기인한 미실현손익을 말한다. 당기순손익이 개념상으로는 각종 수익과 그에 대응하는 제반 비용의 차액에서 발생하는 것과 달리, 기타포괄손익은 자산가치의 평가 차액에서 발생한다는 점이 다르다. 손익계산서에서 당기순손익으로 인식하지 않는 여타 손익은 모두 기타포괄손익으로 분류한다.

다른 모든 조건이 같을 때 당기순이익의 증가는 그만큼 자본계정(동시에 총자산)을 증가시킨다. 반대로 다른 모든 조건이 같을 때 매도가능금융자산(상장주식)의 평가액이 상승하면 그만큼 자본계정(동시에 총자산)이 증가한다. 후자처럼 수익과 비용 거래에 기인하지 않으면서 총자산 증가 또는 감소를 유발하는 손익을 기타포괄손익으로 분류한다.

여기에는 실로 다양한 항목이 들어갈 수 있는데, 주로 특수한 성격의 금융자산이나 부채, 외환과 관련된 평가 손익이 등장한다. 다만 이 손익이 현금유입이나 유출을 바로 뜻하는 것은 아니며 많은 경우 장부상 평가, 즉 미실현된 평가손익의 형태로 등장한다는 것이 특징이다. 일반적으로 환율변동으로 인한 손익이나 매도가능한 펀드의 평가손익, 파생금융상품 관련 평가손익, 관련 법인세 효과 등은 당기손익으로 재분류되는 세후 기타포괄손익으로, 퇴직급여관련 재측정 요소 등은 당기손익으로 재분류되지 않는 세후 기타포괄손익에 포함된다.

[그림 3]에는 제조업과 유통업의 손익계산서 및 포괄손익계산서의 전형적인 구조가 나타나있다.

그림 3 손익계산서와 포괄손익계산서

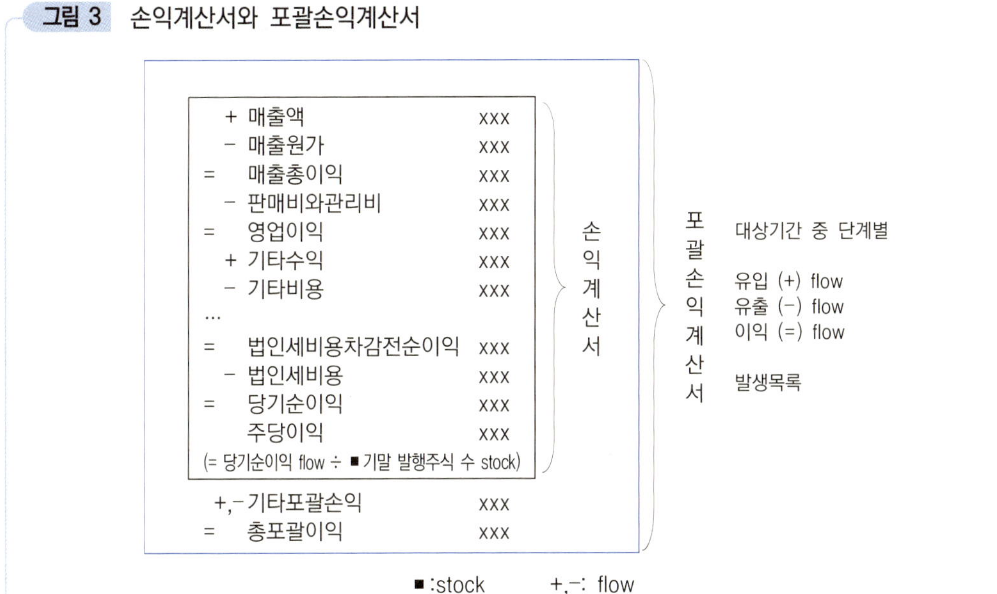

[그림 3]을 보면 수입과 지출이 단계적으로 몇 가지 범주로 나누어 등장하고, 그에 따라 이익도 단계별로 계산된다는 점을 알 수 있다. 수입은 매출, 기타수익, 기타포괄손익 등으로, 지출은 매출원가, 판매비와관리, 기타비용, 기타포괄손익 등의 순으로 차례차례 등장한다. 그에 따라 이익도 매출총이익에서 출발해서, 영업이익, 법인세비용차감전순이익, 당기순이익, 주당이익이 연이어 등장한다.

한편, 유형의 제품이나 상품을 취급하지 않는 서비스업에 대해서는 K-IFRS 하에서 매출액 대신에 영업수익이 등장하고, 매출원가는 등장하지 않는다. 또한 판매비와 관리비에 해당하는 영업비용이 등장한다. 우리나라에서 K-IFRS가 도입되기 전에는 제조업, 유통업, 서비스업을 막론하고 일률적으로 매출액과 매출원가라고 표기했던 것과 차이가 있는 부분이다.

서비스 사업이라 해도 과거 관행대로 매출액과 매출원가라는 계정과목을 사용하는 회사도 있다. 이런 서비스업 가운데 종종 매출원가가 0으로 처리되어 있어서 어색해보이는 경우가 있으나, 그 자체로 문제가 될 것은 전혀 없다. 다만, 많은 회사들이 서비스업 외에 유형의 재화에 바탕을 둔 유통, 제조 활동을 일부라도 겸하게 되면 그 때에는 매출원가가 발생하기 때문에 매출액과 매출원가 계정을 유지하는 것이 맞게 된다.

포괄손익계산서란 당기순이익에 추가로 기타포괄이익과 총포괄이익(당기순이익+기타포괄이익)을 연이어 표기한 것이다.

기타포괄이익 또는 기타평가손실이란 손익계산서에서 당기순손익으로 인식하지 않는 여타 손익을 통털어 말하는 것이다. 대개 자산이나 부채의 가치를 재평가하면서 발생하는 차익 또는 차손이 여기에 들어간다. 당기순손익 이외에 굳이 이런 항목이 등장하는 이유는 재무상태표의 차변과 대변을 일치시키기 위해서다.

회사에 따라 손익계산서에 연이어 포괄이익과 총포괄이익을 표기한 단일 포괄손익계산서를 제시하는 경우도 있고, 당기순이익과 주당이익까지 표기된 손익계산서와, 당기순이익, 기타포괄이익, 총포괄이익이 별도로 표기된 포괄손익계산서의 두 재무제표를 별도로 제시하는 경우도 있다.

손익계산서를 읽을 때 주의해야 할 중요한 사실은, 여기 계상되는 금액들은 현금주의가 아니라 발생주의에 입각해 있다는 사실이다. 실제로 현금이 유입됐는가와 상관 없이 회계기준에 의해 거래가 발생한 것으로 인식된 양만큼을 계상한다는 것이다.

손익계산서 상의 수치가 실제 현금의 유입 또는 유출과 괴리를 보이는 상황은 대단히 다양한 형태로 나타난다. 한 가지 예를 들자. ₩1,000만의 거래 계약을 체결하고 12월에 물건을 인도할 경우 매출액으로 ₩1,000만이 계상된다. 동시에 거래 대금은 외상매출금으로서 다음 해 일정 시점에 계좌에 입금될 예정이라고 하자. 이때 ₩1,000만은 매출로 계상되지만, 그 회계연도에 현금으로 유입되지 않은 것이다. 비용에서도 감가상각비나 각종 충당금 계정과목은 장부상 비용이 지출된 것으로 되어 있지만 그해에 그 만큼의 현금이 실제로 지출됐다는 뜻은 아니다.

이런 발생주의 특성 때문에 손익계산서만을 보고 기업의 자금상황을 정확히 파악하는 데에 애로를 겪게 된다. 그래서 손익계산서는 항상 현금흐름표와 병행해서 해석할 필요가 있다. 본서의 7.2.5절 현금흐름표에 대한 설명을 참조하라.

현금주의와 발생주의의 차이 때문에 발생하는 한 가지 혼란스러운 현상은 바로 흑자부도다. 흑자부도란 최근 시점까지 손익계산서 상으로는 분명히 흑자였는데, 정작 회사는 자금 회전이 원활치 못하여 부도를 내는 것을 말한다. 시장에서 이따금 흑자부도가 발생하고, 많은 투자자들이 당혹하게 된다. 손익계산서 상 이익은 비록 회계기준을 위배하지 않더라도 수치를 조금씩 조정할 수 있다. 심지어 경영자가 악의를 가지고 매출액을 과대계상하거나 비용을 과소계상함으로써 손익을 조작하는 경우가 있을 수도 있다. 반면에 자금회전 관리 능력은 이런 손익계산서 상 수치만으로는 파악하기 어렵다.

예를 들어서, 매출액이 급증했지만 그 상당 부분이 미결제 상태의 외상매출금이나 받을 어음으로 구성되어 있거나, 재고자산이 급증하여 부실화된다 해도 일시적으로 기말재고 과대계상으로 인해 장부상 매출원가는 줄어든다. 그 결과 손익계산서상 이익은 늘어나게 되어 있다. 그런데, 마침 그 시기에 만기가 도래하는 차입금이 거액 발생하게 되면서 여기 충당할 현금을 적시에 마련할 방도가 없다면 그 기업은 부도를 내게 된다. 그밖에도 손익계산서상 지분법 평가에 힘입은 이익 산출 방식 등 대상 기업의 실제 현금흐름에 대하여 착시 현상을 일으키는 요소들은 항존한다.

<표 2>는 손오공제약주식회사(가칭)의 포괄손익계산서의 형태를 예시하고 있다. 앞에서 설명한 포괄손익계산서의 작성 원리를 염두에 두고 그 구조를 살펴보기 바란다. 여기 등장하는 개별 항목에 대한 설명은 본서의 제10장에서 다룰 예정이므로, 여기서는 포괄손익계산서의 실제 형태를 느껴보는 정도로 한다. 수치에 괄호 표시가 된 것은 재무제표에서 음수를 표시하는 관행이다. 예를 들어서 총포괄이익이 (2,406,942,702) 로 표기된 것은 총포괄손실이 ₩2,406,942,702 발생했다는 것을 의미한다.

▸ ▸ 〈표 2〉 손오공제약(가칭)의 포괄손익계산서 예시

포괄손익계산서

제20기 : 2××2년 1월 1일부터 2××2년 12월 31일까지
제19기 : 2××1년 1월 1일부터 2××1년 12월 31일까지

손오공제약주식회사(가칭) (단위 : 원)

과 목	주 석	제20(당)기		제19(전)기	
Ⅰ. 매출액	7,32,35		702,635,601,281		687,781,953,844
제품매출		497,828,673,639		460,840,307,222	
상품매출		132,9689,385,598		175,719,358,999	
임가공매출		13,882,680,943		15,544,556,397	
기술수출수익		57,657,029,469		27,726,523,333	
기타매출		277,831,632		7,951,207,893	
Ⅱ. 매출원가	30,32		345,478,795,124		381,249,339,414
제품매출원가		208,750,037,724		201,444,723,455	
상품매출원가		126,961,977,518		168,099,154,417	
임가공매출원가		9,766,779,882		11,705,461,542	

Ⅲ. 매출총이익			357,156,806,157		306,532,614,430
Ⅳ. 판매비와관리비	26,30,32		177,768,862,678		188,045,840,140
Ⅴ. 경상개발비	30		132,433,628,722		122,888,338,497
Ⅵ. 영업이익			46,954,314,757		(4,401,564,207)
Ⅶ. 금융수익	27		2,301,738,926		6,08,802,994
Ⅷ. 금융비용	27		9,880,073,142		9,429,012,018
Ⅸ. 기타영업외수익	28,32		7,914,562,327		45,773,946,330
Ⅹ. 기타영업외비용	28,32		22,856,271,253		62,827,857,329
XI. 법인세비용차감전순이익(손실)			24,434,271,615		(24,175,684,230)
XII. 법인세비용(수익)	29		(14,221,925,064)		(28,115,270,027)
XIII 당기순이익			38,656,196,679		3,939,585,797
XIV 기타포괄손익	20,25,29		6,195,834,548		(6,346,528,499)
후속적으로 당기손익으로 재분류 되지 않는 항목			(3,824,590,767)		(2,044,410,076)
확정급여제도의 재측정요소		(4,903,321,496)		(2,621,038,558)	
법인세효과		1,078,730,729		576,628,482	
후속적으로 당기손익으로 재분류될 수 있는 항목			10,020,425,315		(4,302,118,423)
매도가능금융자산평가손익		12,846,699,122		(5,731,650,004)	
현금흐름위험회피파생상품평가손익		-		216,113,565	
법인세효과		(2,826,273,807)		1,213,418,016	
XV. 총포괄이익(손실)			44,852,031,227		(2,406,942,702)
XVI. 주당이익 :					
기본및희석주당손익	31		3,507		379

포괄손익계산서를 <표 2>처럼 하나의 표로 표기할 의무는 없다. 매출액부터 당기순이익까지 표시되는 손익계산서, 그리고 당기순이익(또는 당기순손실) 이후부터 표시되는 주당이익까지 표시되는 포괄손익계산서를 2개의 표로 나누어서 공시하는것도 허용된다. 이것은 어디까지나 재무제표 이용자의 편의성을 감안하여 기업이 선택할 사안이다.

이 손익계산서만 가지고는 뭔가 아쉬운 점이 있다. 이 표에 나타난 항목 분류가 너무 포괄적이어서 회사의 사업 실상이 전혀 보이지 않는다는 것이다. 예컨대 다음과 같은 의문이 들 것이다.

✎ 매출을 구성하는 여러 상품 또는 서비스는 구체적으로 어떻게 구성되어 있는가?

예 나는 어떤 게임개발사의 매출 중에서 구체적으로 A게임 매출이 출시 이후 매년 얼마나 발생했는지 알고 싶다. 또 그것이 국내 매출과 해외 매출로 어떻게 나뉘는지 알고 싶다.

예 나는 어떤 가전회사의 에어컨 매출액이 얼마인지 알고 싶다. 또 그 모델별 비중도 알고 싶다.

예 나는 어떤 지주회사가 여러 제조 및 유통 자회사들로부터 브랜드 이용수수료를 각각 얼마나 수취하는지 알고 싶다.

✎ 매출원가, 또는 판매비와관리비는 구체적으로 어떤 항목들이 어느 정도의 금액으로 구성되어 있는가?

예 나는 어떤 회사의 인건비 중에서 정규직과 비정규직의 비율이 얼마나 되는지 알고 싶다.

예 나는 어떤 제약회사가 분석 시점 현재 미국 FDA 승인을 진행 중인 특정 의약품의 연구개발에 매년 투입해온 예산이 얼마인지 알고 싶다. 더 나아가 이 예산이 인건비, 시험장비비, 재료비 등으로 어떻게 나뉘어지는지 알고 싶다.

기업 성과의 세부 내용에 대해 의외로 손익계산서를 비롯한 재무제표에서는 그다지 의미 있는 정보를 제공해주지 못하는 경우가 많다. 감사보고서 이외에 사업보고서로 명명된 공시자료를 봐도 한계가 있다. 대개 이런 사항들은 '영업비밀'이라는 구실을 들어 외부 공표가 제한되는 경향이 있다.

기업 입장에서는 회계기준을 위배하지 않는 한에서 재무제표와 사업보고서를 공시하면 아무런 문제가 없다고 느낄지 모른다. 사업 성과의 상세한 내역들을 굳이 공표할 동기는 부족하다. 물론 이따금 운이 좋으면 재무제표 이용자가 알고 싶어하는 의미 있는 정보를 재무제표 및 그 주석에서 발견할 수도 있지만, 그 가능성은 제한되어 있다.

주석은 재무제표의 일부로서 재무제표 본문에서 표현하지 못한 보다 세부 사항들이 기록되어 있다. 다만 우리나라 기업들의 재무제표 주석은 회계처리 지침을 상세히 서술하는 데 초점을 두고 있으며, 사업의 성과 또는 경쟁력을 범주별로 표현하는 것이 목적이 아니다. 이런 이유 때문에, 단 1~2쪽 짜리 포괄손익계산서에서 출발해서, 그 주석 사항들을 남김 없이 열람했다 해도, 이는 손익계산서를 작성하는 회계처리 지침의 전모를 보았다는 것이지, 이것만 가지고는 해당 기간 중 기업의 구체적인 사업 성과 또는 경쟁력의 실상을 구체적으로 파악했다고 말하기는 힘들다.

사 례 건설업과 금융업의 손익계산서

건설업은 구조물 완성에 장기가 소요된다는 공정 특성과 기타 수익발생 특성 상 제품매출(원가)와 상품매출(원가) 대신에 공사매출(수주계약)(원가), 분양매출(원가) 등의 개념을 사용한다.

은행업은 이자수익과 이자비용의 차익인 순이자마진(NIM : Net Interest Margin)을 주요 수익원(기타 수수료 이익, 배당수익 등)으로 한다는 특성을 반영하여, 이 이익들을 합산한 영업이익으로 시작하는 손익계산서를 사용한다. 이때 영업이익은 서비스업에서 사용하는 영업수익과 당연히 다른 의미를 지니고 있다. 전자가 수익에서 비용을 차감한 개념이라면, 후자는 비용을 차감하기 전 수익 단계를 의미한다.

이처럼 은행업 외에 보험업, 증권업, 리스업 등 다양한 금융 회사, 그리고 실제 사업을 영위하지 않는 순수 지주회사의 경우, 손익계산서는 일반 제조업이나 서비스업과 다른 독특한 양식의 손익계산서를 사용한다.

건설업과 금융업은 이런 독특한 사업 특성 때문에 일반 제조업이나 유통업 등과 구분되는 전문화된 회계지식을 필요로 한다. 이에 대한 내용은 본서의 범위를 넘어서므로 생략한다.

21세기 지식경제에서 무형의 지식 또는 정보를 가공하고 서비스하는 기업들이 날로 늘어나고 있다. 이 사업들은 과거에는 단순히 서비스업의 한 종류로 분류됐지만 지금은 경제의 중요한 성장동력으로 자리잡고 있다. 검색 서비스, 정보 포털, 데이터 제공은 물론이고, 이를 기반으로 전자상거래와 사회관계망서비스 사업까지 전개하고 있다. 한 걸음 더 나아가서 SW 및 게임 개발, 콘텐츠 생산 사업도 넓게 이 범주에 포함시킬 수 있다. 또한 지주회사의 경우 직접 제조나 판매를 영위하는 것이 아니라 배당금이나 로열티 수익을 관리하기 때문에 이들의 손익계산서도 전통적인 제조업 손익계산서와 다른 계정과목을 사용하기도 한다.

이런 회사들의 손익계산서는 전통적인 표기법대로 매출액, 매출원가를 따르기도 하지만, 많은 경우 영업수익, 영업비용으로 표기한다. <표 3>에서 SW개발을 영위하는 비제조 기업 홍길동SW(가칭)주식회사의 포괄손익계산서를 참조하라.

▸▸ 〈표 3〉 비제조 소프트웨어 기업 홍길동SW(가칭)의 포괄손익계산서 예시

포괄손익계산서

제10(당)기 2××2년 01월 01일부터 2××2년 12월 31일까지

제9(전)기 2××1년 01월 01일부터 2××1년 12월 31일까지

홍길동SW주식회사(가칭) (단위 : 원)

과목	주석	제10(당)기말	제9(전)기말
Ⅰ. 영업수익	27,35	1,668,776,658,371	1,073,084,079,576
Ⅱ. 영업비용	28,35	1,500,889,357,944	972,082,464,089
Ⅲ. 영업이익		167,887,300,427	101,001,615,487
영업외수익	29	1,690,660,882	12,598,987,074
영업외비용	29	46,567,142,554	62,425,460,341
금융수익	31,35	40,837,458,641	14,190,831,942
금융비용	31	38,998,306,242	18,036,418,442
Ⅳ. 법인세비용차감전순이익		124,849,971,154	47,329,555,720
법인세비용	34	39,463,140,469	23,758,742,041
Ⅴ. 당기순이익		85,386,830,685	23,570,813,679
Ⅵ. 기타포괄이익		288,549,251,346	58,455,349,174
후속적으로 당기손익으로 재분류되지 않는 항목 :			
확정급여부채의재측정요소	20	(425,993,246)	(1,156,563,783)
후속적으로 당기손익으로 재분류되는 항목 :			
도가능금융자산평가손익	10,33	288,975,244,592	59,611,912,957
Ⅶ. 총포괄이익		373,936,082,031	82,026,162,853
Ⅷ. 주당이익			
기본주당이익	25	1,077	368
희석주당이익	25	1,068	366

[개념] 이익(profit), 이익률(profit ratio), 수익률(rate of return)

얼핏 비슷하지만 뜻이 좀 다른 용어들이다. 사실 일부 중복되는 의미도 있기 때문에 혼란이 가중되기도 한다.

이익 profit

이익은 수익 또는 수입과 달리 잔여(residual) 개념이라는 데에 유의하자. 수익에서 비용을 제하고 남은 부분을 말하는 것이다. 그러므로 이 비용의 범위를 어디까지로 정하느냐에 따라 이익의 크기가 달라질 수밖에 없다. 이 다양한 수준의 이익에 서로 다른 이름들, 그러니까 매출총이익, 영업이익, 세전이익 등이 붙는다. 물론 수익과 비용을 어떤 기준으로 계상하느냐도 역시 회계기준에 정한 바를 따라야 한다.

수익과 이익을 혼동하는 사람들이 가끔 있다. 은행이 대출해준 기업이나 개인으로부터 이자를 받았다면 이자수익이라고 하지 이자이익이라고 부르지는 않는다. 왜냐하면 아직 관련된 비용을 제거한 잔여 상태가 아니기 때문이다. 하지만 은행의 한 기간 동안 이자수익이 ₩1천억인데, 여기에서 조달비용, 예컨대 예금주에게 지불하는 이자비용이나 발행채권의 이자비용으로 ₩8백억이 발생했을 때, 그 차액인 ₩2백억이 비로소 이익 개념이 된다[1]. 더 나아가서, 이런 기본적 자금 조달비용 외에 각종 관리비용 및 기타 제반비용이 ₩1백60억이 소요됐다면 은행의 순이익은 결과적으로 ₩40억이 되는 것이다.

이익률 profit rate

이익률은 말 그대로, 수익총액 대 잔여액의 비율을 말한다. 잔여액은 비용의 범위를 어떻게 설정하느냐에 따라 다양한 값이 나올 수 있기 때문에, 말그대로 매출총이이익률, 매출액영업이익률, 매출액순이익률 등 다양한 이익률이 계산될 수 있다.

2xx1년 한 기간 동안 매출이 ₩100 발생한 경우, 매출원가가 ₩60이면 매출총이익률은 매출총이익 ₩100 − ₩60/매출액 ₩100 = 40%, 판매비와관리비가 ₩25이면 매출액영업이익률은 영업이익 ₩100 − ₩60 − ₩25/매출액 ₩100 = 15%, 기타수익비용과 법인세 등이 ₩9이면 매출액순이익률은 (₩100 − ₩60 − ₩25 − ₩9)/₩100 = 순이익 ₩6/매출액 ₩100 = 6%가 될 것이다.

그러나, 이것은 어디까지나 사업가 또는 경영자의 관점에서 계산한 수치다. 그런 의미에서 이익률은 다음에 설명하는, 투자자 관점에서 계산하는 수익률과는 다른 개념이다.

수익률 rate of return

수익률은 투자액 대비 투자수익액의 비율을 말한다. 수익률은 사업가의 관점이 아니라 투자자의 관점에서 계산하는 수치라는 면에서 이익률과는 성격이 다르다.

특정 주주들이 2xx1년 1월1일에 ₩200을 주주 지분으로 투자했다는데, 연말에 배당금으로 순이익의 절반인 ₩4을 수취하고 ₩2은 내부적립금으로 이월시켰다고 가정하자. 이때 수익률, 보다 정확히 말해서 주주의 연간배당수익률은 ₩4/₩200 = 2%가 될 것이다.

만약 이 회사가 2xx2년 중 IPO에 성공했고 연말에 이 주주들의 지분가치가 ₩440, 즉 2.2배로 상승했다고 가정하자. 만약 이 주주들이 자신의 지분을 전부 매각해서 현금 수익 ₩440을 창출했다면 2년에 걸쳐 발생한 수익률은 얼마가 될까? 다면 여기서는 설명의 편의상 매각제한 규정이나 주식양도 관련 세금 등은 없다고 가정하자. 그리고, 잠시 계산의 편의를 위해 배당수익은 수익에 포함시키지 않고 지분가치 상승에 기인한 자본이득(capital gain)만을 수익으로 간주하자.

1) 이 이익을 은행권에서는 순이자마진(NIM : Net Interest Margin)이라고 부른다.

- 2년 수익률 : 방정식

$$₩200 \times (1+r) = ₩440$$

또는

$$₩200 = \frac{₩440}{(1+r)}$$

의 해 r = 1.2, 즉 120%가 2년에 걸친 수익률이 된다.

- 1년(평균) 수익률 : 방정식

$$₩200 \times (1+r)^2 = ₩440$$

또는

$$₩200 = \frac{₩440}{(1+r)^2}$$

의 해 $r \approx 0.483$, 즉 약 48.3%가 연평균 수익률이 된다. 투자자들은 2해에 걸쳐 매년 평균적으로 48.3%의 수익률을 올린 것이라고 말할 수 있다.

그런데, 별다른 말이 없으면 수익률은 1년 수익률을 말하는 것이 보통이다. 2년, 3년, 또는 6개월, 1개월, 1일 수익률을 계산할 수도 있지만, 이 경우에는 그 수익률 계산 기간을 명기해 주어야 한다. 그렇지 않은 경우 별다른 말이 없으면 그것은 1년 수익률을 뜻한다. 마치 은행 이자율도 별다른 단서조항이 없을 때 암묵적으로 1년 이자율을 뜻하는 것과 같다.

모든 수익률은 시기별로 발생한 투자 금액들과 실현 수익들을 날짜 단위로 정확히 구분해서 계산하는 것이 원칙이다. 금융자산의 수익률 계산은 실무에서는 매우 복잡한 과정을 과정을 거치게 된다.

만약 앞의 예에서 이 투자자들이 2xx1년말 받은 배당금 ₩4까지 수익으로 포함하게 되면 연간 수익률은 어떻게 달라질까? 바로 다음 방정식의 해 r = 49.3%가 바로 그 수익률이 된다. 앞에서 배당금을 고려하지 않고 자본차익만을 고려했을 때 수익률 48.3%보다 약간 상승한 값이 나온다.

$$₩200 = \frac{₩4}{(1+r)} + \frac{₩440}{(1+r)^2} \rightarrow r = 49.3\%$$

7.2.3. 이익잉여금처분계산서

부속명세서 두번째는 이익잉여금처분계산서다. 이익잉여금처분계산서는 전기로부터 이월된 미처분이익잉여금에 당기의 이익잉여금(또는 결손금)을 가감한 금액을 주주배당 또는 사내유보 등으로 배분한 내역을 나타낸 표이다.

주주에 대한 배당금이 무엇을 뜻하는지는 독자들이 비교적 쉽게 이해할 수 있을 것이다. 주식회사는 이익잉여금이 존재할 경우 주주총회의 의결에 따라 이익의 일부를 주주에게 배당한다. 주주 배당은 주식회사를 재무 관점으로 한정해서 보았을 때 주주에게 실현시켜주는 최종 결과이므로 주주의 단기적인 이익을 직접 표현해주는 지표라고 할 수 있다.

이익잉여금 가운데 주주배당 후 남는 금액은 그해의 준비금, 또는 적립금으로 처리한다. 이 준비금 또는 적립금은 흔히 '사내유보금'이라고 불리는 것인데, 이는 미처분이익잉여금으로 잔존하는 것이 아니라, 사내에 다른 형태의 자산 매입을 위해 또는 다른 용도를 위해 처리되는 것이다. 정작 이익잉여금처분계산서에 '사내유보금'이라는 명칭은 등장하지 않으며, 대신에 '이익준비금', '연구개발적립금' 과 같은 계정과목으로 표현된다. 사내유보금은 reserve 또는 retained earnings의 번역어다. 재무에서는 사내유보금이라는 단어를 일반적으로 사용해왔지만, 회계에서는 '준비금' 또는 '적립금' 이라는 용어를 주로 사용한다.

그림 4 이익잉여금처분계산서

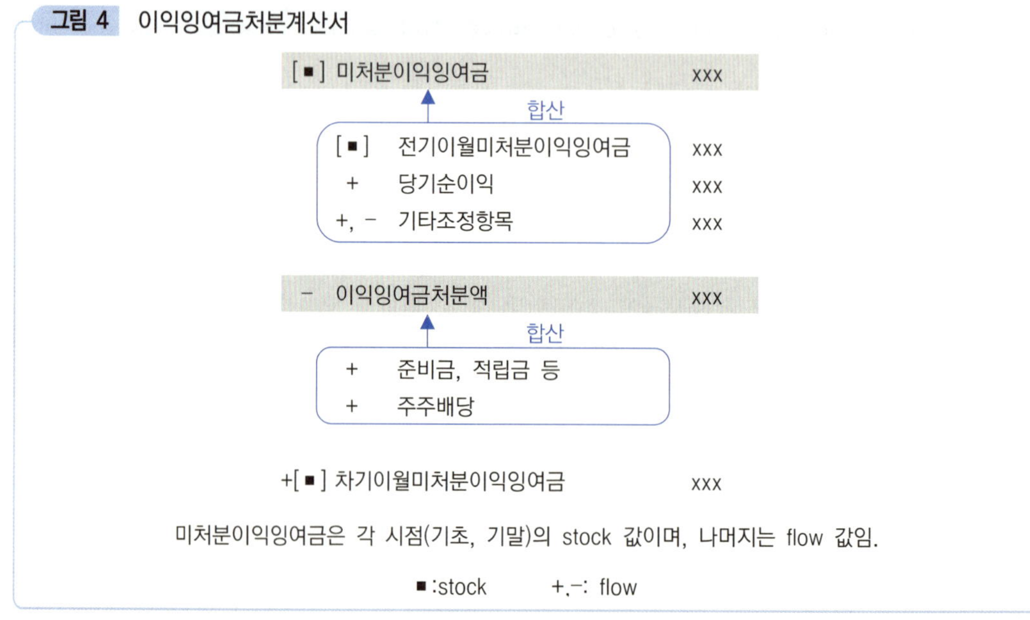

이 '사내유보금'에 대해서는 마치 기업이 그만큼 사내에 현금을 쌓아두고 있는 것이 아

닌가 오해하는 사람들이 많다. 그래서인지, 사내유보금의 뜻을 잘 모르는 일부 정치인 내지 시민단체들 사이에서는 기업, 특히 대기업이 그 막대한 사내유보금을 풀어서 고용과 투자를 늘여야 한다는 주장이 나오기도 했다.

이런 주장은 적립금의 성격에 대한 오해에서 나온 것이다.

기본적으로 적립금은 기업의 핵심적인 위험관리(risk management) 수단으로 존재하는 것이다. 미래에 손실 발생 또는 배당이 잘 이루어지지 않을 때에 대비하거나 미래의 좋은 사업기회에 투자하기 위하여 현금성 자산을 확보해 놓자는 것이 기본 취지다.

적립금을 단기 회계년도의 절대 금액으로만 보면, 특히 중소기업이 아니라 대기업의 그것으로만 보면 커보일지 모른다. 하지만 기업이 직면한 장기 생존의 불확실성에 대비하는 여유자산 또는 준비자산으로 보면 그리 큰 것이 아니다. 기업 입장에서는 언제 시장이 변화할지 모르고 경기가 하강할지 모른다. 지금 잘 되는 사업이 신기술 등장으로 하루아침에 몰락할 수도 있다. 당장 이익을 내지 못하는 기업이라면 준비자산을 마련할 겨를조차 없겠지만, 적어도 이익을 창출하는 기업이라면 미래를 대비한 자산을 비축해놓아야 한다. 물론 이 준비자산은 현금성 자산 취득 뿐만 아니라, 연구개발투자, 기타 유형 무형의 고정자산투자 등 다양한 형태로 이루어질 것이다.

물론 기업은 아무 자산에나 마구잡이로 투자할 수는 없으며, 어디까지나 대부분은 상법과 기업 정관에 규정된 목적에 부합하는 한에서 다양한 자산의 구입에 지출해야 한다. 그래서 적립금은 그 법적 근거에 따라 법정적립금과 임의적립금의 두 가지로 나뉜다.

- 법정적립금 : 법정적립금은 법령에 의해 강제로 적립되는 이익준비금, 기업합리화적립금 등을 의미한다. 상법상으로도 기업의 위험관리를 위하여 매 결산기에 현금으로 주는 이익 배당금의 10분의 1이상에 해당다는 금액을 최대 자본금의 2분의 1 수준 이내에서 이익준비금을 의무적으로 적립하도록 규정하고 있다.
- 임의적립금 : 임의적립금은 대개 회사의 정관 규정에 따라 차입금 상환에 대비, 신축, 확장에 대비, 연구개발 투자 확대에 대비할 용도 등으로 마련하는 성격의 것이다.

결국 어떤 회계연도의 적립금은 현금성 자산으로만 축적되는 것이 아니라, 다음 회계년도에 여러 자산을 취득하는 형태로 분산(연구개발비, 유형고정자산 등)된다. 물론 일부는 현금성 자산으로 보유하고 있을 수 있다. 2000년대 이후 국내 대기업의 사내유보금 대비 현금성자산의 비율은 약 30% 내외, 중소기업은 약 60% 내외를 유지해온 것으로 알려져 있다[2].

2) 김학수, "기업의 사내유보, 현금성자산, 그리고 투자행태 추이와 시사점", 재정포럼, 제262호, 2018년4월, 한국조세재정연구원, 32쪽.

그렇다면 어떤 기업의 사내유보금, 즉 적립금이나 준비금이 많다는 것은 좋은 것인가, 나쁜 것인가? 이 질문은 그렇게 이분법으로 대답할 수 있는 성질의 것이 아니다. 사내유보금은 결국 다음 회계연도에 다양한 형태의 자산에 투자될 것이므로, 그 투자가 과연 합리적 또는 효과적인 투자였느냐 하는 것만을 문제삼아야 한다. 그러나 투자의 성과는 투자한 즉시 나타나는 것이 아니라 미래에 실현되는 것이므로, 현재 투자 진행 중이거나 진행 예정인 사내유보금이 많다고 해서 그 공과를 당장 판단하기는 어렵다.

설령 기업이 현금성 자산으로 가지고 있는 비중이 과다하다 해도, 그것이 과연 과다한지 아닌지 판단할 객관적인 기준을 찾기는 어렵다. 기업은 언제나 기회를 노리면서 시장을 주시해야 하는데, 만일 절호의 투자 기회가 왔다고 했을 때 당장 가용 현금을 마련할 수 없다면, 즉 모든 자금이 당장 회수불가능한 고정자산이나 연구개발투자에 잠겨 있다면 어찌할 것인가? 반대로, 기업이 보유 중인 현금성 자산을 미래 성과 창출에 기여하지 않는 당장의 지출에 소모해버린다면 그것은 과연 현명한 결정일까?

경영자는 기업의 지속과 성장이라는 사명을 이행하기 위해 단기 지출과 장기 투자 사이에, 그리고 단기 현금성 자산과 장기 고정자산 간 배분에 적절한 균형을 잡아야 할 책임이 있다. 또한 주주 역시 단기의 재무적 이익으로서 배당과 장기 성장에 투자할 사내유보 사이에 적절한 균형을 잡아야 할 책임이 있다. 이런 관점에서 볼 때, 이익잉여금처분계산서의 구조는 다음 회계연도에 재무상태표의 구성과 함께 기업의 균형 잡힌 성장 가능성의 일단을 판단할 수 있는 중요한 근거가 된다.

[화제] 외국계 기업의 과도한 배당에 대한 논란

외국계 기업의 경우 국내 투자사업을 본사와 대등한 입장에서 장기적으로 성장시켜야 할 사업의 하나로 생각하는가? 물론 다 그런 것은 아니겠지만, 종종 과도한 배당이 눈에 띄는 외국계 기업들이 있다. 마치 국내 우량한 투자 사업을 마치 본사의 수익에 재무적으로 기여하는 수단으로 간주하고 있다는 인상을 주기도 한다.

"한국암웨이는 지난해 벌어들인 596억 원의 당기순이익을 모두 '암웨이 유럽 리미티드'에 지급했다. 암웨이 유럽 리미티드는 상위 기업으로 '미국 알티코 글로벌 홀딩'을 두고 있어 이익 전액이 사실상 미국 본사로 빠져나간 셈이다. 담배 수입 · 유통 판매사업을 하는 브리티시아메리칸토바코 코리아도 지난해 당기순이익(126억 원) 전액을 주주인 미국 법인 '브라운앤드윌리엄스(B&W)홀딩스'에 배당금으로 지급했다."

주요 외국인 투자기업 배당성향

(단위 : 원)

기업명	당기순이익	배당금	배당성향(%)	임직원 수(명)	증감률(%)
한국암웨이	596	596	100.0	372	−3.4
한국IBM	1155	1328	115.1	2242	−10.5
브리티시아메리칸토바코코리아	126	126	100.0	758	−3.2
필립모리스코리아	1408	1571	111.6	635	−1.9
유한킴벌리	1356	1100	81.1	1722	+2.1

* 임직원수 증감률은 2012년 대비 2013년.

※ 한국IBM은 별도 감사보고서 기준.

〈자료 : 금융감독원〉

출처 : 서울신문, 2014-04-14, 한국IBM 115% · 필립모리스코리아 111%… 외국계 기업 과도한 '배당잔치' 논란, http://www.seoul.co.kr/news/newsView.php?id=20140414014019

우리나라에서 이익잉여금처분계산서는 재무제표 본문에 직접 표시되지 않고 별도재무제표의 주석사항으로 표시된다. <표 6>에 손오공화학(가칭)의 이익잉여금처분계산서가 소개되어 있다. 회사마다 개별계정과목의 명칭이나 종류에는 다소 차이가 있지만, 이 예시를 통해 이익잉여금처분계산서가 표현하고자 하는 내용을 이해할 수 있을 것이다.

▸ ▸ 〈표 4〉 손오공화학의 이익잉여금처분계산서 예시

제8기	2××2년 01월 01일부터 2××2년 12월 31일까지	제7기	2××1년 01월 01일부터 2××1년 12월 31일까지
처분예정일	2××3년 3월 16일	처분확정일	2××2년 3월 10일

(단위 : 천원)

구 분	당 기		전 기	
Ⅰ. 미처분이익잉여금		42,647,299		7,815,693
1. 기초미처분이익잉여금	7,815,693		5,920,517	
2. 당기순이익	38,656,197		3,939,586	
3. 확정급여제도의 재측정요소	(3,824,591)		(2,044,410)	
Ⅱ. 이익잉여금처분액		36,111,576		–
1. 연구및인력개발준비금	10,000,000		–	
2. 시설적립금	10,000,000		–	
3. 신사업확장적립금	10,000,000		–	
4. 이익준비금	555,598		–	
5. 배당금	5,555,978		–	
가. 현금배당	5,555,978		–	
[주당배당금(률)보통주 :				
당기 500원(20%)				
전기 – 원(%)]				
Ⅲ. 차기이월미처분이익잉여금				
		6,535,723		7,815,693

7.2.4. 자본변동표

그림 5 자본변동표

	자본금	자본잉여금	이익잉여금	기타	총계
[■] 기초	xxx	xxx	xxx	xxx	xxx
+, − 유상증(감)자	xxx	xxx	xxx	xxx	xxx
+, − 당기순이익(손실)	xxx	xxx	xxx	xxx	xxx
+, − 기타 변동액	xxx	xxx	xxx	xxx	xxx
↓ 합산					
[■] 기말	xxx	xxx	xxx	xxx	xxx

제조원가명세서가 손익계산서의 매출원가 중 제품매출원가에 대한 상세 정보를 제공한 것이라면, 자본변동표는 재무상태표의 자본 계정에 대한 상세 정보를 제공한 것이라고 볼 수 있다. 이는 특정 기간의 기초와 기말에 이르기까지, 대개는 연초와 연말에 걸쳐 재무상태표 상 자본의 구성항목들, 즉 자본금, 자본잉여금, 자본조정, 기타포괄손익누계액, 이익잉여금이 변화한 내역을 표시하는 보고서다. 즉 자본변동표는 '기초자본액 → 기중자본구성항목들의 변동액 → 기말자본액'의 순으로 표시된다.

<표 5>에서 홍길동SW(가칭)의 자본변동표를 살펴보면, 전기와 당기의 자본변동표가 행으로 연이어 표시되어 있다. 자본금과 자본잉여금에는 아무런 변동이 없고 대분의 자본변동이 이익잉여금에서 나왔음을 알 수 있다.

▸ ▸ **〈표 5〉** 홍길동SW(가칭)의 자본변동표

포괄손익계산서

제16(당)기 2××2년 01월 01일부터 2××2년 12월 31일까지

제15(전)기 2××1년 01월 01일부터 2××1년 12월 31일까지

홍길동SW주식회사(가칭) (금액 : 원)

과목	주석	자본금	자본잉여금	기타포괄 손익누계액	이익잉여금	총계
2××1.1.1.(전기초)		872,500,000	5,167,893,000	6,251,393	7,098,254,181	13,144,898,574
총포괄손익 :						
− 당기순이익		−	−	−	2,696,525,744	2,696,525,744
− 매도가능금융자산 평가이익		−	−	190,095	−	190,095
− 순확정급여부채의 재측정요소	15	−	−	−	113,381,326	113,381,326

총포괄손익 소계		-	-	190,095	2,809,907,070	2,810,097,165
자본에 직접 반영된 소유주와의 거래						
- 중간배당	18	-	-	-	(3,000,000,000)	(3,000,000,000)
자본에 직접 반영된 소유주와의 거래 소계		-	-	-	(3,000,000,000)	(3,000,000,000)
2××1.12.31.(전기말)		872,500,000	5,167,893,000	6,441,488	6,908,161,251	12,954,995,739
2××2.1.1.(당기초)		872,500,000	5,167,893,000	6,441,488	6,908,161,251	12,954,995,739
총포괄손익 :						
- 당기순이익		-	-	-	2,243,115,845	2,243,115,845
- 매도가능금융자산 평가손실		-	-	(2,711,221)	-	(2,711,221)
- 순확정급여부채의 재측정요소	15	-	-	-	34,108,744	34,108,744
총포괄손익 소계		-	-	(2,711,221)	2,277,224,589	2,274,513,368
2××2.12.31.(당기말)		872,500,000	5,167,893,000	3,730,267	9,185,385,840	15,229,509,107

<표 6>에는 손오공기계(가칭)의 자본변동표 가운데 한 회계기간 대상분을 예시하고 있다. 10기 회계기간 중 유상증자로 자본금이 ₩1조2천억 증가(액면가 × 발행주식수) 했고, 그에 수반한 주식발행초과금(액면가 대비 주주의 초과 납입금)이 ₩1,920억 발생했음을 알 수 있다.

▸ ▸ 〈표 6〉 손오공기계(가칭)주식회사의 자본변동표

자본변동표

제36기 2××1.01.01.부터 2××1.12.31.까지

(단위 : 원)

	자 본					
	자본금	주식발행초과금	기타포괄 손익누계액	기타자본항목	이익잉여금	자본 합계
2××1.01.01.(기초자본)	1,950,574,225,000	752,018,095,705	871,586,238,140	(963,896,146,243)	3,057,572,508,422	5,667,854,921,024
회계정책변경효과			287,12,842		(29,761,836,730)	(29,363,598,777)
당기순손실					(436,189,286,783)	(436,189,286,783)
기타포괄손익 -공정가치 금융자산 평가			2,036,507,829			2,036,507,829
기타포괄손익 -공정가치 금융자산 처분			209,661,019		(209,661,019)	
매도가능금융자산평가손익						
재평가적립금			(19,898,004,425)		19,898,004,425	

순확정급여부채의 재측정요소					(427,635,232)	(427,635,232)
파생상품평가손익			(30,893,354,750)			(30,893,365,750)
유상증자	1,200,000,000,000	192,034,289,382				1,392,034,289,382
2××1.12.31.(기말자본)	3,150,574,225,000	944,052,385,087	823,439,285,766		2,610,882,093,083	6,565,051,842,693

사업의 지속성은 자본변동표에 나타난 자본 자체의 구성 변동보다는, 재무상태표에 나타난 자본 대 부채의 구성 변화로부터 더 영향을 받는다고 말할 수 있다. 그런 의미에서 자본변동표는 사업의 재무적 지속 위험을 판단하는 정보라기보다는, 주주에게 귀속되는 자금의 성격과 규모를 판단하는 데에 더욱 도움이 된다.

7.2.5. 현금흐름표

현금흐름표란 기초의 현금 Stock이 기중의 현금 유입 flow또는 유출 flow를 거친 후에 기말 현금 Stock이 얼마나 존재하는지를 나타낸 표이다. 예컨대 2xx1년 1월1일 거래 개시 시점에 현금성 자산이 ₩100이었는데, 1년 동안 온갖 종류의 현금 유입과 유출을 다 상계한 후 순현금유입이 ₩30이라면, 기말의 현금성 자산은 ₩130이 될 것이다. 또는 2xx1년 1월1일 거래 개시 시점에 현금성 자산이 ₩100이었는데, 1년 동안 온갖 종류의 현금의 유입과 유출을 다 상계한 후 순현금유출이 ₩60이라면, 기말의 현금성 자산은 ₩40(= 100 − 60)이 될 것이다.

이렇듯 현금흐름표는 다음과 같은 세 가지 성격의 값을 나란히 보여주는 것이다.

- 기초 현금 Stock : 기초 재무상태표상 현금성 자산
- 기중 현금 유입 Flow 또는 유출 Flow
  - 영업활동에서 기인한 부분
  - 투자활동에서 기인한 부분
  - 재무활동에서 기인한 부분
- 기말 현금 Stock : 기말 재무상태표상 현금성 자산

이 가운데에서 기초 현금 Stock은 기초 재무상태표상 현금성 자산과 같은 값이 되고, 기말 현금 Stock은 기말 재무상태표상 현금성 자산의 크기와 같다. 기중 현금의 유입과 유출 flow값들은 성격별로 영업활동, 투자활동, 재무활동으로 구분해서 집계한다.

그림 6 현금흐름표

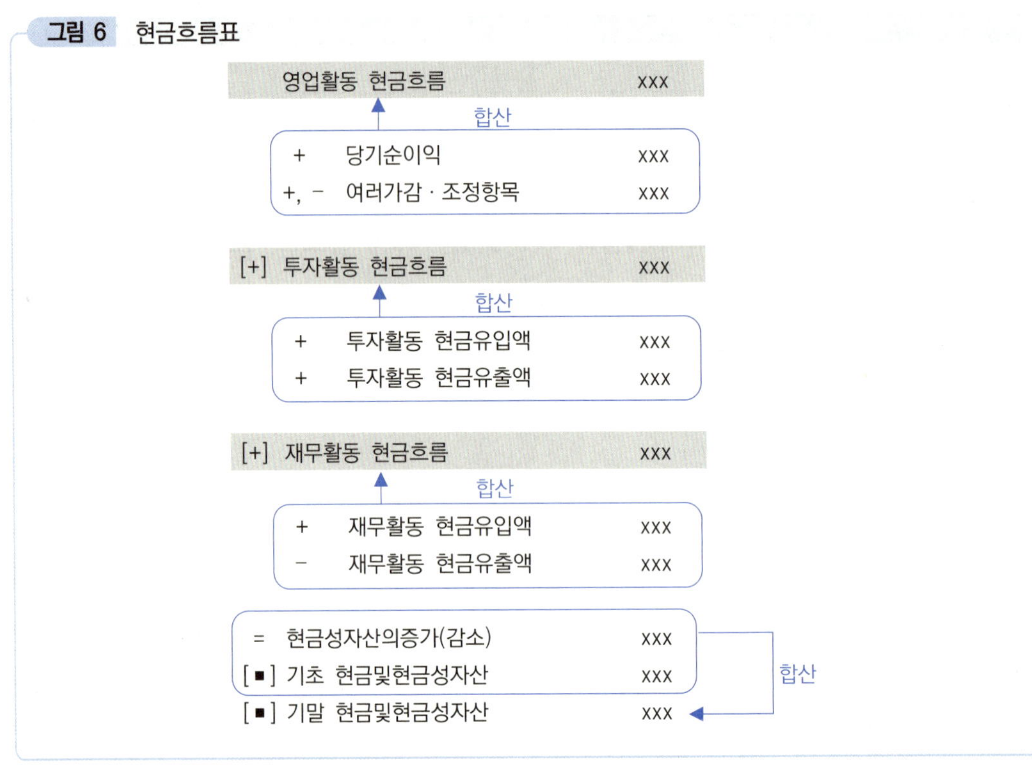

현금흐름표는, 기중에 재무상태표에서 발생하는 변화와 손익계산서로 집계되는 거래를 현금성 자산의 변화에만 기준을 두어 재측정한 것이라고도 말할 수 있다. 예를 들어서 보유 부동산을 매각하고 대금을 지급받으면 재무상태표상 그만큼 부동산이 감소하겠지만, 동시에 그만큼의 매각 대금이 현금으로 유입되는 것이다. 이런 식으로 많은 거래를 현금의 유출입 관점에서 재분류해서 표현한 것이 현금흐름표다.

장부상으로만 가치에 변화가 있는 항목이나 손익계산서 상 실제 현금유출입 없이 회계기준에 따라 수익 또는 비용으로 계상된 항목은 현금흐름표에 반영되지 않을 것이다. 각종 충당금, 감가상각비, 자산재평가, 외상매출금의 증가와 같은 항목들은 그 특성을 감안하여 현금흐름 계산시 배제하거나 조정한다.

손익계산서나 현금흐름표는 기중에 기업이 벌어들인 돈과 쓴 돈을 기록한다는 취지로만 보면 서로 비슷해보이지만, 양자가 보여주는 세계는 전혀 다른 모습이다. 다음과 같은 간단한 예를 보자.

예 손익계산서 상 이익은 ₩7억이다.

A사는 연초에 현금 ₩4억이 잔액으로 남아 있었다. 그 해에 제품 ₩100억을 판매했는데 원가 및 판매관리비, 차입금 이자, 법인세 지출한 후 당기순이익 ₩7억이라고 하자. 편의상 이 ₩7억이 전액 현금으로 입금(영업활동 현금흐름 유입)됐다고 가정하자.

예 현금흐름표 상 연초 현금은 ₩4억이었는데 연말 현금은 ₩1억이다.

그런데, 이 회사는 그 해에 신규 설비를 매입하는 데에 ₩20억을 지출했다(투자활동 현금흐름 유출). 그리고 ₩10억을 은행차입금으로 조달했다(재무활동 현금흐름 유입). 그러면, 연말에 총현금 잔액은 연초의 ₩4억보다 줄어든 ₩1억에 불과하게 된다. 왜냐하면 그 기간 중 현금의 순유출이 ₩3억(= 연중 ₩7억 이익 현금유입 – 연중 기계장치 매입 ₩20억 현금유출 + 연중 차입금 ₩10억 현금 유입)이기 때문이다.

앞의 예시에서 A사의 성과를 연간 이익 ₩7억으로 볼 것인가? 아니면 연간 현금이 감소한 금액 ₩3억, 즉 연초 ₩4억의 현금 대비 줄어든 연말 현금잔액 ₩1억에 중심을 두고 볼 것인가? 앞의 것에 중점을 두면 A사는 한 해에 ₩7억이나 돈을 벌어들인 회사로 보이지만, 뒤의 것에 중점을 두면 현금이 ₩3억이나 순유출되고 결국 ₩1억밖에 남지 않은 회사가 되는 것이다.

하지만 기업은 매우 복합적이고 역동적인 실체다. 이 숫자 한 두 가지로만 기업의 체력을 평가할 수는 없다. 당장의 이익이나 현금 보유 수준이 아니라, 지금 지출하는 현금의 규모와 성격에 대비하여 미래에 벌어들일 수익의 안정성과 규모가 어느 정도 달성될 것인가를 종합적으로 판단해야 한다.

그럼에도 불구하고 최근의 현금 유입액과 보유 현금 잔액 규모는 기업의 단기 생존 체력을 판단하는 매우 중요한 지표가 된다. 막상 현금이 고갈되고 당장 이를 보충할 현금을 어디선가 마련해오지 못하면 기업은 문을 닫아야 한다. 손익계산서 상 이익이 났다면 뭔가 현금도 잘 돌아가고 있을 가능성이 높다고 보이지만, 그렇지 않을 경우도 얼마든지 있다. 실제로 손익계산서 상 이익을 냈는데도 현금이 유입되지 않아서 채무 상환에 실패하는 상황을 '흑자부도'라고 칭한다.

이와 반대로 손익계산서 상 손실이 나고 있지만 오히려 현금은 두둑하게 보유하고 있는 상황도 있을 수 있다. 예를 들어서 신기술 개발이 진행되고 각종 비용을 집행되고 있지만,

아직 매출이 전혀 발생하고 있지 않은 상태에서, 그 기업의 미래 이익 가능성만을 보고 막대한 자금을 투자 받았을 경우가 그렇다.

현금흐름표에서 활동의 성격을 구분한 '영업', '투자', '재무'라는 단어는 일상에서 사용하는 뜻과는 조금 다른 의미를 지니고 있다.

영업활동의 의미

영업이라고 하면, 일상에서는 넓은 의미로 판매업 또는 서비스업의 전반적인 활동 또는 좁은 의미로 판매사원들의 고객개발 및 판매 활동을 지칭한다. 반면에 회계에서는 기업의 목적 사업을 영위하는 과정에 수반되는 판매, 용역 제공, 원자재와 상품 매입, 제조 및 관리 활동 전반을 의미한다. 이 과정에서 현금이 유입(매출에 따른 수금)되기도 하고 유출(인건비 지급, 원재료비 지출, 임차료, 각종 관리비 납부 등)되기도 한다. 손익계산서에서, 매출, 매출원가, 판매비와관리비에 등장하는 금액을 발생시키는 활동들은, 비록 다는 아니지만 대부분이 영업활동에 기인하는 것들이라고 보아도 무방하다.

K-IFRS이전의 기업회계기준에서는 목적 사업 영위를 위한 임대료 지급은 매출원가 또는 판매비와관리비에 포함되어 영업활동이라는 점이 분명했고, 부동산 임대업을 목적 사업으로 삼지 않는 한 과외로 들어오는 임대료 수익은 영업외 수익으로 분류되어 있었다. 그런 의미에서 임대료 수익은 과거 기업회계기준에서는 영업외 활동으로 본 것이다. 하지만 K-IFRS에서는 기타수익도 영업활동 현금흐름으로 분류한다.

마찬가지로 로열티, 수수료, 중개료 등도 영업활동 현금흐름으로 본다. 단기매매목적으로 보유하는 자산에서 발생하는 현금흐름은, 아래에 설명하는 투자활동, 즉 장기보유 목적의 자산 취득활동이 아니므로, 영업활동 현금흐름으로 본다.

다시 말해서, 아래에서 말하는 투자와 재무활동으로 분명히 속한다고 분류되지 않는 활동은 모두 영업활동으로 귀속시킨다.

영업활동이 창출한 손익은 궁극적으로 당기순이익으로 표현된다. 하지만, 당기순이익 계산에 이르기까지 수익과 비용 항목 중에서 실제로 당기에 현금의 유입이나 유출이 수반되지 않은 것들이 있을 수 있다. 이런 항목들을 적절히 당기순이익에 가감함으로써 영업활동 현금흐름의 크기로 조정하는 절차를 거친다. 이런 여러 가감, 조정항목으로는 다음과 같은 성격의 것들이 있다.

• 발생주의 원칙에 입각하여 계상하였으나 실제로 현금흐름을 수반하지 않은 수익이나

비용 : 법인세비용, 이자비용, 이자수익 가운데 당기에 실제로 지출되지 않은 금액을 가산하거나, 각종 환급, 추가 납부 사항을 가감한다.

- 감가상각비와 무형자산상각 : 자산취득을 위해 실제로 지출된 현금과 별도로 감가상각비나 무형자산상각은 순수하게 회계상 당기에 배분된 비용이므로 이를 가산한다.
- 각종 충당금 설정 : 당기에 신규로 설정된 퇴직급여충당금, 대손충당금 등 역시 미래의 현금 지출을 예상하고 이를 당기로 끌어와서 회계상 배분한 것이므로 이를 가산한다.
- 영업활동 관련 자산 및 부채의 변동 : 환율 변동, 손상 등 현금흐름의 변동 없이 자산이나 부채의 크기의 평가액 변화를 일으킴으로써 비용 또는 수익 처리된 항목을 조정한다.

이런 가감, 조정 작업은 회계실무자가 담당할 매우 복잡한 작업이다. 그리고 그 작성 방법도 매우 다양하다. 그리고 이런 작성이 과연 회계기준에 따라 올바로 이루어졌는지를 점검하는 것은 회계감사인의 역할이다. 따라서 회계 전문가가 아닌 일반 회계정보 이용자 입장에서는 영업활동 현금흐름이 계산되는 절차의 본질만을 이해하는 것으로 충분하다.

투자활동의 의미

투자라고 하면, 일상에서는 주식 투자나 부동산 투자를 연상하지만, 회계에서는 장기에 걸쳐 경제적 효익을 발생시키는 자산을 매입하는 행동을 의미한다. 장기라 함은 내구 연한 또는 만기가 1년 이상으로 분류되는 것들을 대상으로 한다. 즉 다시 현금화하는 데 1년 이상이 소요될 것으로 예상되는 자산들, 예컨대 부동산, 기계장치, 장기 금융자산(지분, 채권, 펀드 등) 등이 그 대상이 된다. 이들을 취득하면 기업으로부터 현금유출이 발생하고, 매각하면 기업으로 현금유입이 발생한다.

장기성 금융자산을 취득하는 데에서 발생하는 현금흐름, 예를 들어서 비상장주식 보유로부터 받는 배당금이나 회사채 보유로부터 발생하는 이자수익은 원칙적으로 투자로부터의 현금유입으로 보아야 한다.

수시 입출금이 가능한 예금이나 단기금융자산, 즉 단기에 현금화가 가능한 자산을 취득하는 경우에는 기업의 내 · 외부로 현금유입 또는 유출이 발생한 것으로 간주하지 않는다. 즉 그냥 현금에 준하는 자산이 기업 내부에 그대로 머물러 있는 것으로 본다.

한편 유형자산 중에서 재고자산을 증가시키는 행위, 그러니까 원재료나 부품, 또는 상품을 사들여서 적재한다면 이는 투자가 아니라 영업활동으로 분류한다. 왜냐하면 이것들은 단기에 생산 또는 판매 과정에 투입되어 현금으로 회수될 것을 전제로 하기 때문이다. 물론 이런 재고 중에도 의도와 달리 몇 년간 악성으로 쌓여있는 것들이 있을 수 있다. 이런 특별한 경우에 재고증가분은 별도의 절차를 거쳐 매년 매출원가 증가 요인으로 반영되고 (본서 10.1.2.절 참조) 그해의 영업활동에서 발생한 이익을 감소시키는 역할을 한다.

재무활동의 의미

재무는 일반적으로 기업의 자금 관리 활동을 통털어 지칭한다. 따라서 넓은 의미로 수금과 같은 영업 활동이나 기계장치 취득에 따른 현금 지출 등 투자 활동까지 포함한다.

하지만 회계에서 재무활동은 자기자본 및 타인자본의 조달 및 상환에 관련된 활동들을 의미한다. 전자로는 유상증자나 배당 등, 후자로는 은행 차입, 채권 또는 구조화증권 발행, 그 이자의 지급과 같은 것들을 들 수 있다. 유상증자, 은행차입, 채권발행 등은 현금유입을 낳고, 유상감자, 차입금이나 채권의 원리금 상환은 현금유출을 낳는다.

그러나, 발행주식의 액면분할이나 자사주소각 등은 장부상 발행주식수에 변화를 가져오지만 현금유출입을 낳는 것은 아니다.

리스이용시 금융리스부채 상환에 따른 현금유출은 재무활동 현금유출로 본다.

[원리] 이자와 배당의 수취 · 지급은 어떤 활동에 속하는가?

앞의 설명대로라면 이자와 배당은 투자 또는 재무활동에 기인하는 것이어야 한다. 사실 우리나라에서 오랫동안 회계를 공부해온 사람들은 그런 관점을 지니고 있었다. 그런데 과거와 달리 K-IFRS에서는 이자와 배당을 반드시 재무활동이나 투자활동으로 분류해야 한다는 강제 규정을 두지 않고 있다. 이는 K-IFRS가 규정 중심이 아니라 원칙 중심으로 운영되기 때문에 발생하는 현상이다.

그래서 DART에 공시된 현금흐름표를 살펴보면 회사마다 이자와 배당을 투자활동 또는 재무활동 중 적절한 곳에 임의로 소속시켜놓고 있는 것을 볼 수 있다. 그러므로 독자들은 이자와 배당이 어느 활동으로 분류되느냐와 상관 없이 결국 기중 현금흐름과 기말 현금 잔액에 동일하게 영향을 미친다는 사실을 알고 현금흐름표를 읽어도 무방할 것이다.

▸▸ 〈표 7〉 영업, 투자, 재무 활동의 개념 구분

개 념	통상적인 의미	회계용어로서 의미
영업	재화와 용역의 판매 활동	목적 사업 영위에 수반하는 생산 및 판매관리 관련 활동 또는 기타 활동 또는 투자 및 재무 활동으로 분명히 귀속되지 않는 활동
투자	주식 투자, 부동산 투자 등 자본 차익을 기대하는 활동	현금화 기간이 1년 이상 장기로 예상되는 유형자산, 무형자산, 또는 금융자산을 취득하거나 이를 처분하는 활동
재무	기업의 자금관리 활동 전반	자기자본과 타인자본의 조달 및 상환에 관련된 활동

✐ 기업의 다음 각 활동은 영업활동, 투자활동, 재무활동 중 어디에 가까운가?

- 인력을 고용해서 인건비를 지급하기(영업)
- 토지 또는 부동산을 매입하기(투자)
- 최신 스마트팩토리 공정 라인을 건설하기(투자)
- 업무용 사무실을 임차해 사용하기(영업)
- 판매촉진 활동을 수행하기(영업)
- 회사채를 발행해서 자금을 조달하기(재무)
- 사용 중인 기계장치를 매각하기(투자)
- 사외이사를 영입하여 수당을 지급하기(영업)
- 외상매출금을 회수하기(영업)
- 공정의 일정 부분을 위탁생산하기(영업)
- 미래 수익을 담보로 자산유동화증권을 발행하기(재무)
- 주주에 배당금을 지급하기(영업 또는 재무)
- 은행 차입금에 대한 이자를 지급하기(영업 또는 재무)
- 여유 자금을 장기 주식형 펀드에 투자하기(투자)
- 비상장 회사의 지분을 매입하기(투자)
- 운영자금 관리용 수시입출금 통장에서 발생하는 이자 수익(영업 활동에 가까움)
- 여유 자금을 장기성 정기예금에 가입해 두고 발생하는 이자 수익(투자 활동에 가까움)

현금흐름표는 간접법 또는 직접법으로 작성된다. 직접법이란 개별거래 항목별로 현금유입액에서 현금유출액을 직접 차감하여 계산하는 방법이다. 간접법이란 손익계산서에 제시된 당기순이익에 어려 조정 또는 가감 항목을 적용하여 간접적으로 현금흐름을 계산하는 방법이다.

손익계산서에 기입된 금액들은 이른바 현금주의가 아니라 발생주의에 입각한 것이다. 예를 들어서, 순이익이 ₩1억이라고 해서 실제로 영업활동에서 ₩1억의 현금잉여가 발생한 것은 아니다. 매출액이 ₩100억으로 기재되어 있다고 해서 실제 매출대금이 그만큼 수금되어 기업으로 유입된 것은 아니며 외상매출금이나 받을어음 상태로 아직 현금이 유입되지 않은 거래까지 그 안에 포함되어 있다. 유형의 물품을 제조판매하는 제조업 외에, 건설업이나 용역업으로 들어가면 매출 인식 기준은 좀 더 복잡해진다. 법인세 납부나 이자 지급도 실제로 그 액수가 현금으로 유출된 것은 아니며 세법과 회계기준에 따라 기간별로 할당해서 배분한 것뿐이다. 그래서 손익계산서상 당기순이익으로부터 출발해서 적절한 값들을 가감, 조정함으로서 현금흐름을 역산해내는 것이다. 이 조정 항목 중에서 대체로 감가상각비, 무형자산상각, 퇴직급여, 각종 손실 대비 충당금, 그리고 각종 장부상 평가손익 등이 자주 등장하게 된다.

통상적으로 영업활동 현금흐름은 간접법으로, 투자 및 재무활동은 직접법으로 작성된다. 이론상으로는 영업활동 현금흐름을 직접법으로 작성할 수도 있다. 하지만, 연간 매출, 제조, 판매관리 영역에서 거래 건수가 작게는 수백건, 많게는 수만건에 걸쳐 발생하는데, 이 모든 거래를 항목별로 나누어 현금유입과 유출을 집계한다면 매우 불편할뿐더러 오류를 낳을 가능성도 높다. 그런 이유로 영업활동 현금흐름은 간접법을 택하는 것이 일반적이다.

<표 8>, <표 10>, <표 11>은 홍길동식품(가칭)의 현금흐름표 가운데 각각 영업활동현금, 투자활동 현금흐름, 재무활동 현금흐름을 예시하고 있다. <표 9>는 당기순이익으로부터 출발해서 다양한 가감항목로 조정한 후 영업활동 현금흐름이 도출되는 간접법 작성 과정을 예시하고 있다. 간접법에 의거한 계산은 내용이 간단할 경우 하나의 현금흐름표 안에서 다 표시해줄 수도 있지만, 그 내용이 복잡할 경우 주석으로 분리하여 별도 표시해주는 경우가 많다.

▸ ▸ 〈표 8〉 홍길동식품 영업활동 현금흐름 예시

현금흐름표

제11기 2××2년 1월 1일부터 2××2년 12월 31일까지

제10기 2××1년 1월 1일부터 2××1년 12월 31일까지

홍길동식품주식회사(가칭) (단위 : 원)

과목	주석	제11(당)기		제10기(전)기	
Ⅰ. 영업활동 현금흐름			388,973,255		209,433,565
1. 영업에서 창출된 현금흐름	32	439,086,840		296,910,460	
2. 법인세의 지급		(50,113,585)		(87,476,895)	
Ⅱ. 투자활동 현금흐름			(470,378,363)		(523,056,328)
1. 이자수취		2,735,392		4,143,520	
2. 배당금수취		5,733,997		41,873,925	
…					

출처 : 금융감독원 전자공시 시스템. dart.fss.or.kr

▸▸ 〈표 9〉 홍길동식품의 당기순이익으로부터 출발하는 간접법 현금흐름 조정 예시

(단위 : 천원)

구 분	2××2년	2××1년
당기순이익	239,233,707	197,322,348
조정항목 :		
법인세비용	56,938,754	63,739,284
금융수익	(339,750,251)	(129,185,358)
금융비용	158,012,850	160,826,921
감가상각비	132,176,173	126,913,883
무형자산상각비	41,383,752	45,903,089
투자자산상각비	743,244	984,032
퇴직급여	55,113,220	34,764,685
유형자산손상차손	4,343,440	–
무형자산손상차손	12,048,828	–
종속기업투자주식손상차손	27,222,497	11,819,186
매각예정자산손상차손	8,794,814	6,032
기타	35,038,239	(49,627,622)
영업활동으로 인한 자산 · 부채의 변동 :		
매출채권의 증가	(22,401,918)	(67,272,516)
재고자산의 증가	(29,906,209)	(38,277,552)
미수금의 감소	12,476,652	13,916,690
선급금의 증가	(4,099,237)	(1,166,753)
매입채무의 증가	67,368,596	13,981,918
미지급금의 증가(감소)	65,466,083	(17,112,781)
예수금의 증가	2,243,351	9,699,127
미지급비용의 감소	(2,882,538)	(14,326,556)
사외적립자산 기여금의 납부	(78,466,550)	(46,543,821)
기타 자산 · 부채의 증감	(2,010,657)	(19,453,776)
영업으로부터 창출된 현금	439,086,840	296,910,460

▸ ▸ 〈표 10〉 홍길동식품의 투자활동 현금흐름 예시

(단위 : 천원)

	주석	제11(당)기		제10(전)기	
Ⅱ. 투자활동 현금흐름			(470,378,363)		(523,056,328)
1. 이자수취		2,735,392		4,143,520	
2. 배당금수취		5,733,997		41,873,925	
3. 단기금융상품의 순증감		214,588		(919,637)	
4. 단기대여금의 감소		24,375,079		20,147,051	
5. 단기대여금의 증가		(21,997,000)		(23,528,733)	
6. 유형자산의 처분	13	568,715		4,622,351	
7. 유형자산의 취득	13	(402,377,459)		(255,884,908)	
8. 무형자산의 처분	14	–		500	
9. 무형자산의 취득	14	(42,685,078)		(49,457,733)	
10. 파생상품의 정산		(22,836,920)		25,969,856	
11. 공동기업 및 관계기업투자주식의 처분	12	1,988,843		4,976,000	
12. 공동기업 및 관계기업투자주식의 취득	12	(7,537,005)		(6,400,000)	
13. 종속기업투자주식의 취득	12	(354,849,379)		(402,489,007)	
14. 종속기업투자주식의 처분	12	2,727,841		–	
15. 매도가능금융자산의 처분	9	353,039,932		–	
16. 매도가능금융자산의 취득	9	–		(480,000)	
17. 보증금의 감소		2,164,932		5,339,863	
18. 보증금의 증가		(6,556,046)		(3,544,741)	
19. 장기대여금의 감소		745,215		558,324	
20. 장기대여금의 증가		(3,523,220)		–	
21. 투자부동산의 처분	15	–		114,833,000	
22. 기타투자활동으로 인한 현금유입액		169,210		17,968,497	
23. 기타투자활동으로 인한 현금유출액		(2,480,000)		(20,784,456)	

▸ ▸ 〈표 11〉 홍길동식품의 재무활동 현금흐름 예시

(단위 : 천원)

	주석	제11(당)기		제10(전)기	
Ⅲ. 재무활동 현금흐름			(48,520,370)		380,911,632
1. 이자의 지급		(64,866,595)		(55,685,833)	
2. 단기차입금의 순증가(감소)		(32,737,405)		171,234,168	
3. 장기차입금의 차입		46,437,325		193,385,155	
4. 사채의 발행		398,727,640		598,305,649	
5. 유동성장기부채의 상환		(299,455,718)		(466,140,604)	
6. 장기차입금의 상환		–		(25,826,305)	
7. 현금배당금의 지급		(35,393,585)		(35,384,348)	
8. 주식선택권의 행사		3,549,450		1,024,900	
9. 자기주식의 취득		(460)		(1,150)	
10. 금융리스부채의 상환		(64,781,022)		–	

실제로 회사마다 원칙은 동일하지만 현금흐름표 항목의 배열방식이나 범위에서, <표 8>, <표 9>, <표 10>, <표 11>에 예시된 그것과는 차이가 있을 수 있다. 원칙 중심 K-IFRS에서는 회사마다 계정과목의 배치 방식과 수준에 어느 정도의 자율성을 부여하고 있기 때문이다.

이상 설명한 여러 재무제표 중에서 재무분석가가 흔히 가장 중점을 두어 보게 되는 것은 재무상태표와 포괄손익계산서, 그리고 현금흐름표이다. 나머지 표들은 그 해석을 보조하는 추가적인 정보를 제공하는 것들이다.

7.2.6. 기타 명세서

재무제표의 부속 명세서는 K-IFRS 재무제표에 공식적으로 포함되는 대상은 아니다. 다만 재무제표 이용자의 편의를 위해서 주석 등에 이를 포함할 수 있을 뿐이다.

제조원가명세서, 매출채권명세서, 재고자산명세서, 매입채무명세서, 유형자산명세서, 매출액명세서, 판매비와관리비명세서, 기타 다양한 명세서들이 있다. 매출채권명세서와 매입채무명세서는 주요 외상거래처들의 목록과 그 외상매출금(외상매입금) 또는 받을어음(지급어음)의 잔액들을 표기한 것이다. 재고자산명세서는 원재료, 제품 재고의 목록과 그 잔액을 표기한 것이다. 유형자산명세서는 부동산과 기계장치 등의 목록과 그 잔액을 표기한 것이다. 원칙적으로는 재무상태표와 손익계산서에 등장하는 모든 목록, 예컨대 현금예금에 대한 명세서 작성이 가능하다.

7.2.6.1. 제조원가명세서

손익계산서 부속명세서 가운데 가장 중요한 위치를 차지하는 것은 제조원가명세서다. 제조원가명세서는 소정의 제조공정을 거쳐 유형의 물품을 생산하는 사업에 한해서 작성된다. 유통업 또는 서비스업은 제조 공정이 없으므로 제조원가명세서가 없다.

그림 7 제조원가명세서

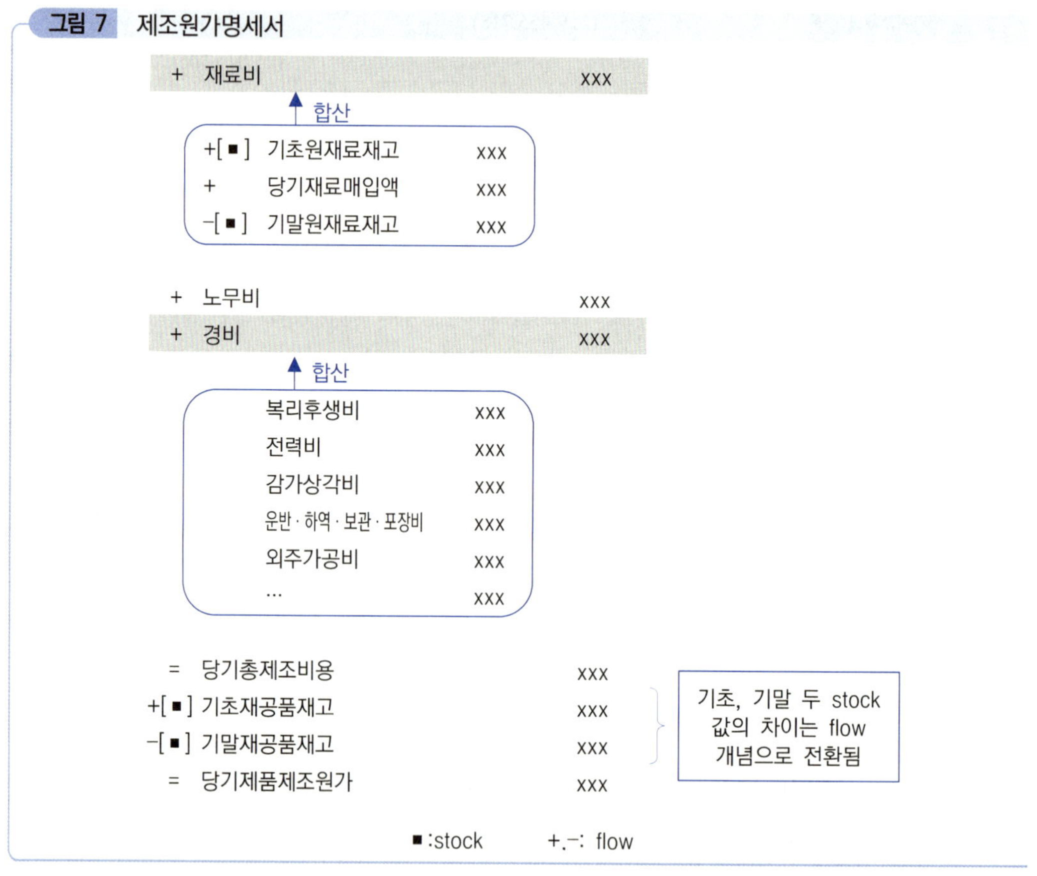

개념상으로는 제품매출원가를 구성하는 상세 정보, 예컨대 재료비, 노무비, 각종 경비(임차료, 전기요금, 수도요금, 외주가공비, 감가상각비 등), 그리고 당기 원가 수준에 영향을 미치는 여러 재고자산 조정액 등을 별도의 표로 분리해서 표기한 것이다.

제조원가명세서가 전체 재무제표에서 차지하는 위치를 이해하려면, 제조비용, 제조원가, 매출원가의 차이점을 알아야 한다. 또한 제조비용의 일부를 구성하는 재료비와 당기재료매입액 사이의 차이를 알아야 한다. 이에 에 대해서는 본서의 제2장 2.3제조원가의 개념과 분류 내용을 참고하기 바란다.

제조원가의 구조는 제조업 경쟁력의 중요한 역할을 하기 때문에, 제조원가명세서는 한 기업의 제조업 경쟁력을 파악할 수 있는 유용한 정보가 담겨 있다. 그런데 우리나라 금융감독원 전자공시시스템(dart.fss.or.kr)에 공시된 재무제표에서 제조원가명세서를 항상 발견할 수 있는 것은 아니다. 제조원가명세서는 손익계산서에 대해 일종의 '부속'명세서 정도의 지위를 지니고 있을뿐만 아니라, 일종의 영업비밀처럼 간주되어 회사 입장에서는 적극적으로 공시할 유인이 없는 것이 사실이다.

하지만, 회사가 외부감사를 받기 전 결산서에는 제조원가명세서가 포함되는 것이 일반적이다. 그러므로 어떤 제조업체의 제조원가명세서를 입수하려면, 결산서 또는 그에 준하는 내부 정보를 얻어야 한다. 하지만, 회사의 이해관계자가 아니면 그런 정보를 제공 받기 어렵다는 것이 한계다.

<표 12>는 사오정전자(가칭)의 결산서에 등장하는 제조원가명세서를 예로 든 것이다.

▸ ▸ 〈표 12〉 사오정전자 주식회사의 제조원가명세서

제조원가명세서

제10기 : 2xx1년 1월1일부터 2xx1년 12월31일까지

사오정전자주식회사(가칭) (단위 : 백만원)

1. 재료비		179,955
(1) 기초재료	825	
(2) 당기재료매입액	180,000	
(3) 타계정에서대체	1,000	
(4) 타계정으로대체	370	
(5) 기말재고	1,500	
2. 노무비		1,052
(1) 급여	752	
(2) 상여금	200	
(3) 퇴직급여충당금전입액	100	
3. 경비		82,791
(1) 복리후생비	60	
(2) 임차료	20	
(3) 접대비	25	

(4) 감가상각비	600	
(5) 세금과공과	11	
(6) 외주가공비	82,000	
(7) 여비교통비	42	
(8) 통신비	7	
(9) 운반비	11	
(10) 차량유지비	15	
4. 당기총제조비용		263,798
5. 기초재공품재고액		853
6. 타계정에서대체		–
7. 기말재공품재고액		1,984
8. 타계정으로대체		–
9. 당기제품제조원가		262,667

재료비와 노무비, 경비의 구성 항목들을 보면 그 내용들을 직관적으로 이해할 수 있을 것으로 판단된다. 다만 타계정에서대체, 타계정으로대체라는 항목에 대해서는 약간의 설명이 필요하다.

타계정에서대체란 재고자산이 본래의 공정(재공품, 제품)이나 외부 조달처(원재료)가 아닌 곳에서 유입된 경우 그 재고자산의 크기만큼을 원가에 가산하기 위해서 설정한 금액이다. 반대로 타계정으로대체란 재고자산이 본래의 목적 이외의 용도로 사내에서 사용되는 경우 그 재고자산의 크기만큼을 원가에서 차감하기 위해 설정한 금액이다.

본래의 출처 또는 본래의 사용처란 무엇인가? 재고자산은 외부로부터 원재료 조달 ➲ 생산 공정 투입 ➲ 제품 생산 ➲ 외부로 판매 과정을 거치는데, 각 단계마다 그 앞단계가 본래의 출처를 말하고 뒷단계가 본래의 사용처를 말한다. 그런데, 간혹 이 본래의 출처가 아닌 곳에서 재고자산이 유입되어 오거나, 본래의 사용처가 아닌 다른 경로로 재고자산이 유출되는 경우가 있다.

예를 들어서, 원재료를 취득했는데 그 일부를 제조공정이 아니라 연구개발용으로 투입한 경우 타계정으로대체가 발생한다.

기초재료재고	₩100	
당기재료매입액	₩800	
타계정으로 대체	₩50	(연구개발비)
기말재료재고	₩70	
재료비	₩780	(= 100 + 800 − 50 − 70)

이렇게 타계정으로대체된 ₩50은 재료비를 그만큼 줄이는 대신 연구개발비를 50원만큼 증가시킨다. 그밖에도 생산된 제품을 판매용이 아닌 견본품, 광고용품 등으로 사용할 경우도 타계정으로대체가 발생하며, 이 경우에는 제조원가가 그만큼 줄어드는 대신 견본비 또는 광고비가 늘어날 것이다.

타계정에서대체는 그 반대 개념이다. 예를 들어서, 외부에서 조달한 부품이 아니라 지사에서 입고된 부품을 사용한 경우를 예로 들 수 있다.

✎ 다음 중 제조원가명세서를 작성하지 않는 사업을 고르시오

소프트웨어개발업, 인형제조업, 은행업, 컨설팅서비스업, 주택건설업, 조선업, 생산자동화설비제조업, 노트북컴퓨터제조업, 정유업, 제지업, 시장조사업, 대형마트

✎ 다음 항목들은 각각 제조원가(보다 넓게는 매출원가)에 포함되는 항목과 판매비와관리비 어느 쪽에 포함되는 것이 타당한지 구분하시오.

공장장 인건비, 대표이사 인건비, 사외이사 수당, 생산주임 복리후생비, 기획실 인건비, 본사 회계업무 아웃소싱 용역비, 공장건물 화재보험료, 생산설비 감가상각비, 금형 감가상각비, 판매직원 컴퓨터 감가상각비, 인사부서 통신비

[개념] 재무제표의 작성 주기

개념적으로는 연중 어떤 시점에서도 작성 가능하나, 일반적으로 회계연도의 말일 시점으로 작성함으로서 한 회계연도를 결산한다는 의미를 지닌다. 대부분의 기업에서 한 회계년도는 12월 31일에 종료되므로 12월 31일자 재무상태표가 가장 흔하지만, 일부 기업의 경우 3월 31일, 9월 30일을 회계연도의 종료일로 하는 경우도 발견된다.

또 필요에 따라 회계연도 말이 아니라, 반기 또는 4분기 말일자 재무상태표를 작성하는 경우도 있다. 예를 들어 현재 우리나라 상장기업의 경우 분기별 재무상태표 공시가 의무화되어 있다.

7.3 지분법과 연결재무제표

7.3.1. 개요

지분법과 연결재무제표는 회계실무자 입장에서도 고급 지식에 속한다. 그러나, 회계 실무자가 아니라 회계 정보의 이용자로서는, 지분법이 반영된 손익계산서와 종속회사를 연결한 연결재무제표의 의미를 이해하고 독해할 수 있는 수준의 지식을 갖추면 족할 것이다.

특히 K-IFRS는 별도재무제표 대신에 연결재무제표를 기본재무제표로 삼기 때문에, 그 개념을 반드시 이해해야 한다. 별도재무제표란 연결재무제표를 작성하기 이전, 연결회사를 고려하지 않은 상태에서 작성된 재무제표를 말한다. 개별재무제표란 연결관계에 있는 종속회사가 없어서 처음부터 연결재무제표를 작성할 필요가 없는 회사의 재무제표를 말한다.

미국이나 영국에서는 기업들이 기본적으로 연결재무제표를 작성하여 공표하지만, 우리나라에서는 별도재무제표와 연결재무제표를 각각 만들어서 공표하고 있다. 이용자 입장에서는 혼란스러울 수 있지만, 결국 분석 과정에서 처음에는 개별 실체를 보고 나중에는 연결 실체를 보아야 한다는 절차 측면에서 접근하면 크게 문제될 것은 없다.

한편 우리나라에서 과세는 연결재무제표가 아니라 별도재무제표를 기준으로 하고 있다. 그만큼 별도재무제표의 효용이 여전히 인정된다고 볼 수 있다.

어떤 회사가 제3자인 회사의 투자지분을 보유하고 있는 경우, 그 지분의 성격에 따라 제3자인 회사는 두 가지로 구분된다.

- 종속회사 : 지분율이 50%이상이거나, 50%미만이라 해도 실질적 지배력 행사 대상이면 종속회사로 간주한다.
- 관계회사 : 지분율이 20% ~ 50%이고 유의적인 경제적 영향력이 있는 경우 관계회사로 간주한다.

이때 지분율 판정 기준은 의결권 주식을 대상으로 한다.

지분보유관계의 특성에 따라 지배회사는 종속회사와 연결 재무제표를 작성해야 하고, 관계회사는 지분법 평가를 해서 모회사 이익(손실)에 합산해야 한다.

그러나, 다음과 같이 단순히 금융 투자 목적으로 지분을 보유하는 회사의 경우는 연결재무제표를 작성하거나 지분법 손익평가를 해야 할 의무가 없다.

- 단순투자회사 : 지분율이 20%미만이고 유의적인 경제적 영향력이 없는 회사

이런 회사에 대한 투자지분은 기초로부터 기말에 이르는 기간 중 평가손익을 계산하여 은 손익계산서상 기타포괄손익에 포함시킨다. 예를 들어 A사가 상장기업 B사의 지분 5%를 단순히 금융 투자 목적으로 보유하고 있고, 기초에 그 지분의 공정가치 평가가액이 ₩5억, 기말에 공정차기 평가가액이 ₩7억이라면, 평가이익 ₩2억이 기타포괄손익에 공정가치 변동액으로 계상된다.

7.3.2. 지분법

지분법이란 피투자회사의 이익(손실)을 보유지분의 비율만큼 모회사 이익(손실)에 합산하는 것이다. 투자회사가 피투자회사에 유의적인 영향력을 행사하는 경우에 적용한다.

지분법평가이익(손실)에 따라, 모회사의 당기순이익이 영향을 받는다. 예를 들어서 A사(모회사)의 개별 영업이익이 ₩20억인데, 30% 지분을 보유한 피투자회사의 개별순이익이 ₩10억이면, 그 30%인 ₩3억을 모회사의 세전이익에 합산한다. 그 결과 A사의 세전이익은 ₩23억이 된다.

지분율 20% 이상이면 무조건 지분법 평가 대상이 된다. 20%미만이라도 대개는 재무적 목적의 단순 투자인 경우에는 지분법을 적용하지 않지만 질적 요건으로 판단해서 유의적 경제적 영향력을 행사한다고 판단되는 경우에는 지분법평가를 해야 한다. 그런데 이 판단에는 항상 회색 지대가 존재할 수 있어서, 자칫 회계분식이라는 빌미를 제공할 수 있다.

A사는 관계회사 B의 지분의 25%를 보유하고 있다고 하자. A사의 영업이익이 ₩10억이고, B사의 당기순이익이 ₩12억이라면, A사는 B사의 당기순이익에 대해 그 지분율 25%인 ₩3억을 영업이익 이후에 합산해서 처리해야 한다.

지분법 평가이익이 발생한 경우

영업이익	₩10억
지분법평가손익	₩3억
기타수익	…
기타손실	…
금융수익	…
금융비용	…
법인세차감전순이익	₩13억

B사의 당기순손실이 ₩12억이라면, A사는 B사의 당기순손실에 대해 그 지분율 25%인

₩－3억을 영업이익 이후에 합산해서 처리해야 한다.

지분법 평가손실이 발생한 경우

영업이익	₩10억
지분법평가손익	₩－3억
기타수익	…
기타손실	…
금융수익	…
금융비용	…
법인세차감전순이익	₩7억

지분법평가손익 계정은 회사에 따라 ‘지분법손익’, ‘관계회사 및 종속회사관련이익’ 등 조금씩 다른 표현을 사용하기도 하며, 그 위치도 영업이익 하단과 법인세차감전순이익 상단에서 자유롭게 자리잡기도 한다.

<표 13>은 사오정식품(가칭)의 손익계산서 중 영업이익으로부터 시작해서 법인세차감전순이익에 이르기까지 지분법평가이익이 반영된 부분만을 예시하고 있다. 지분법평가손익을 반영하는 관계회사의 목록과 그 당기순이익에 대한 상세한 내용은 별도 주석으로 분리해서 표기하는 것이 일반적이다.

▸ ▸ 〈표 13〉 사오정식품(가칭) 포괄손익계산서에서 지분법손익 반영

영업이익		17,174,937,875
기타영업외수익	458,693,858	
기타영업외비용	967,000,718	
금융수익	633,077,743	
금융수익	1,277,865,600	
금융원가	5,149,099,498	
지분법손익	4,006,382,457	
법인세비용차감전순이익		17,434,857,317
법인세비용		4,811,962,744
당기순이익		12,622,894,573

7.3.3. 연결재무제표

만일 A사가 지분관계를 통해 실질적인 지배력을 행사하는 대상 기업 B사가 있다면, A

사는 연결재무제표를 작성해야 한다. 이때 A사를 '지배회사', A사의 지배력 행사 대상이 되는 B사를 '종속회사'라고 한다. 개념상으로는 A사와 B사의 재무제표를 합쳐놓은 것과 유사한데, 단순히 합치는 것이 아니라 채권채무관계와 내부거래 등을 상계하고 합치는 것이다.

종속회사의 재무제표를 지배회사의 재무제표와 합쳐서 연결재무제표를 만든다는 것은 종속회사를 지배회사와 별도로 존재하는 회사가 아니라 두 회사를 하나의 경제적 실체로 간주한다는 것을 의미한다. 대개 종속회사와 지배회사가 다음처럼 가치사슬 상 서로 밀접하게 연결되어 있는 경우가 많다.

예 제조업A사(지배회사)와 판매대행사B사(종속회사)

예 제조업A사(지배회사) 또는 원재료부품공급사B사(종속회사)

종속회사까지 고려한 연결재무제표가 만들어지는 기본 절차는, 먼저 두 회사의 재무제표를 단순합산하는 데에서 출발한다. 다음에 다음과 같은 여러 값들을 상계 또는 제거처리절차를 거친다.

- 두 회사의 재무제표 단순 합산
- 투자자본 상계
- 채권채무관계 상계
- 내부거래와 미실현손익의 제거

절차1 투자자본 상계

설명 편의상 아주 단순화한 상황을 예로 들어 보자. 자산규모 ₩100억인 A사가 B사의 지분 100%를 ₩30억에 취득했다. 당연히 B사가 발행한 주식에 대한 이 취득가격 ₩30억은 고스란히 A사의 차변에 투자유가증권 계정으로 계상될 것이다. 이렇게 A사가 B사의 지분을 보유한 상태에서 A사와 B사는 소유지배 관점에서는 사실상 한 회사로 볼 수 있기 때문에, A사가 실질적으로 지배하는 자산규모가 ₩100억에 그친다고 말하기 어렵다.

만약 B사의 총자산이 ₩50억이라면 어떻게 될까? A사는 B사에 대한 전적인 지배권을 지니고 있기 때문에 A사가 통제할 수 있는 B사의 자산은 단지 보유지분 가치에 국한한 ₩30억이 아니라 B사의 총자산 ₩50억 전체가 된다. 그렇다면 A사는 B사 소유를 통해 추가로 통제할 수 있는 자산 ₩20억을 더해서 실질적으로 자산 규모가 ₩120억에 이른다고 말할 수 있다. 말하자면 A사와 B사는 단지 법적으로 분리된 회사일 뿐 경제적 실체라는 면에서는 한 회사나 다름 없다고 간주하는 것이다.

이때 A사의 연결재무상태표 상 총자산규모는 ₩120억이 되는 것이다. 이는 다음과 같은 절차를 거쳐 계산된 금액이라고 말할 수 있다.

- 계정
  1) A사와 자산 ₩100억과 B사의 자산 ₩50억 합산 → ₩150억
  2) A사가 보유한 B사지분 ₩30억이 중복되므로 제거 → ₩150억 - ₩30억 = ₩120억
- 부채와자본 계정
  1) A사의 부채 ₩40억과 B사의 부채 ₩20억, A사의 자본 ₩60억과 B사의 자본 ₩30억 합산 → ₩150억
  2) B사의 자본계정 ₩30억은 중복되므로 제거 → ₩150억 - ₩30억 = ₩120억

이 관계에 대해서는 [그림 8]을 보면 보다 명확히 이해할 수 있을 것이다. 그림에서 회색 부분이 바로 합산 후 제거되는 부분이라고 이해하면 된다.

앞의 설명 방식은 어디까지나 독자의 개념 이해를 돕기 위한 것으로, 실제 연결재무제표 작성은 별도의 연결조정분개 절차를 거치게 된다. 그러나, 재무제표 작성자가 아닌 이용자 입장에서는 연결조정분개 절차까지 굳이 알아야 할 필요는 없다. 연결재무제표가 보이고자 하는 대상이 무엇인가를 이해하고 그 의미를 해독할 수 있으면 충분하다고 보인다.

그림 8 완전한 지배 - 종속 관계에 있는 회사의 재무상태 연결 효과

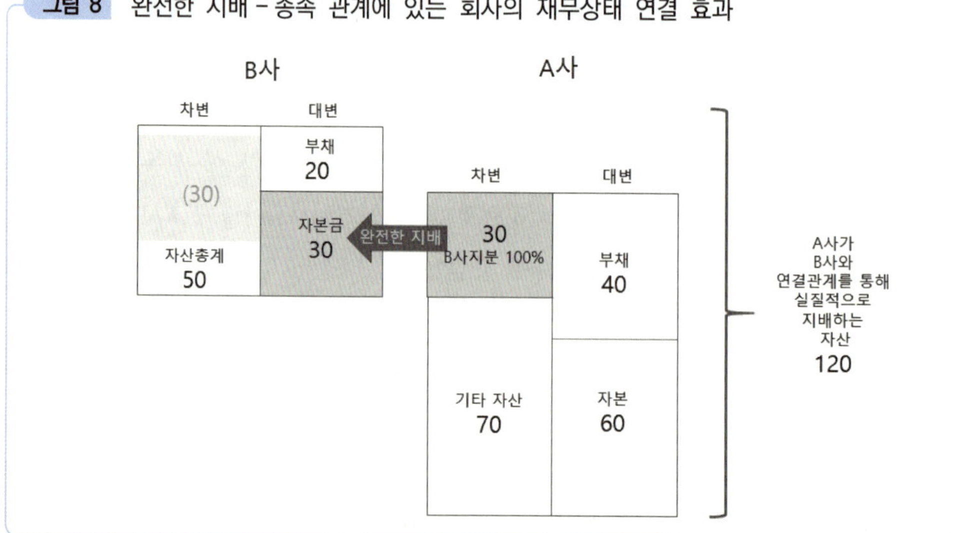

다시 정반대 상황을 가정하자. 만약 A사가 B사의 지분을 단지 1%만 보유하고 있다면 그때에도 A사의 자산규모를 B사와 연결하여 ₩120억이라고 말하기는 힘들다. 왜냐하면 A사는 B사에 대한 경영상 지배력이 없다고 보이기 때문이다. A사는 B사 지분의 1%, 예컨대 ₩3천만에 해당하는 보유주식을 단순히 투자유가증권으로 보유하고 있을 뿐이다. 이때 경제적 실체의 관점에서 B사를 A사와 연결해서 보는 것은 무의미하고, A사의 자산은 단지 ₩100억이라고 보는 것이 타당하다.

A사가 B사에 대한 지분율이 반드시 100%가 아니더라도, 50%를 초과해서 법적으로 지배력을 확보하고 있거나 우호지분을 포함하여 실질적인 지배력을 행사하고 있는 경우, 마치 한 회사인 것처럼 간주하되 다만 지분율에 비례하여 그 성과를 적절히 안분하고 내부거래나 채권 채무 관계를 상계하여 연결재무제표를 작성하게 된다.

만약 A사가 B사 지분 70%를 확보하여 지배권을 확보하고 있다면, 이 경우에도 A사는 실제로 ₩120억의 자산을 통제하는 것이나 마찬가지다. 다시 말해서 연결재무상태표 상 자산총계는 ₩120억이 된다. 그렇다면 A사 이외에, B사의 지분 30%를 보유하고 있는, 지배력이 없는 다른 주주의 지분 ₩9억은 어떻게 되는가? 이는 연결재무상태표의 자본계정에 비지배지분이라는 항목으로 자리잡게 된다. 비지배지분을 제외한 나머지 금액은 바로 지배기업소유주지분이 된다. 이렇게 연결재무상태표의 자본계정은 지배기업소유주지분과 비지배지분으로 구성된다.

- 자산 계정
  1) A사와 자산 ₩100억과 B사의 자산 ₩50억 합산 → ₩150억
  2) A사가 보유한 B사지분 21억과 다른 주주의 비지배지분 ₩9억을 제거
     → ₩150억 - ₩30억 = ₩120억

- 부채와자본 계정
  1) A사의 부채 ₩40억원과 B사의 부채 ₩20억,
     A사의 자본 ₩60억과 B사의 자본 ₩30억 합산 → ₩150억
  2) B사의 자본계정 ₩30억은 중복되므로 제거 → ₩150억 - ₩30억 = ₩120억
  3) B사에 대한 다른 주주의 비지배지분 ₩9억은 A사의 지배권 덕분에 통제가능한 대상처럼 되며 연결 후 일종의 초과자본처럼 간주되고 연결재무상태표 대변에 비지배지분으로 등장함.

그림 9 지배지분을 통해 지배-종속 관계에 있는 회사의 재무상태 연결 효과

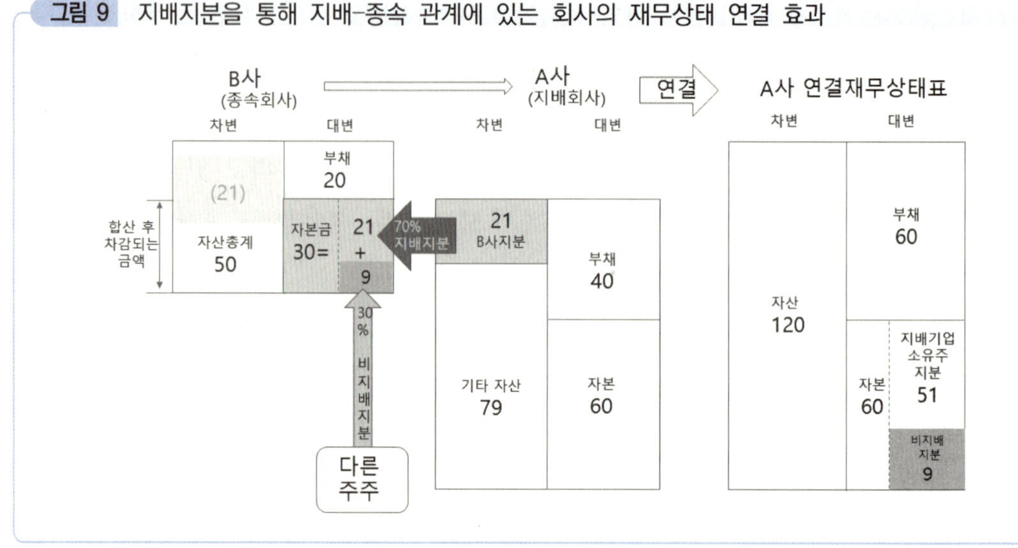

연결재무제표는 연결재무상태표, 연결포괄손익계산서, 연결자본변동표, 연결현금흐름표 등이 있는데, 이 중에서 가장 중요한 것은 연결재무상태표와 연결포괄손익계산다.

앞의 예에서는 독자의 개념 이해를 돕기 위해, 단지 지분관계만이 있고 아무 영업 및 재무상 거래가 없으며 연결된 회사의 순이익이 모두 ₩0이라는 극도로 단순화된 가정 하에 연결재무상태가 어떻게 만들어지는가를 설명했다. 연결회사 간 채권채무관계, 내부거래의 상계 또는 제거, 그리고 비지배지분순이익 등을 반영하지 않은 것이다. 실제로는 이들을 모두 고려함으로써 연결재무상태표와 연결포괄손익계산서가 만들어지게 된다.

절차2. 채권채무관계의 상계

연결 대상 회사 사이의 채권채무관계도 지분투자관계와 마찬가지 논리로 제거된다. 앞에서 예로 든 A사와 B사 사이에 이제 추가로 A사가 B사를 상대로 ₩8억의 대여금이 존재하는 상황을 예로 들어보자. A사 차변에서는 현금이 ₩8억이 사라지는 대신 대여금 ₩8억이 발생할 것이다. B사 대변에는 차입금이 ₩8억 존재하고 차변에는 그 차입금으로 조달한 자산 ₩8억(현금 등)이 존재할 것이다.

이 두 회사를 하나의 경제적 실체로 보게 되면, 이 ₩8억은 한 쪽 주머니에서 다른쪽 주머니로 돈을 옮긴 것에 불과할 뿐 전체로 보아서는 자산 총액은 전혀 증가하지 않았다. 그러므로 [그림 10]에서 보듯이 자산 및 부채를 단순 합산한 금액에서 지분투자 상계분(a) 외에 채권채무 상계분(b)도 차감해야 한다. 마찬가지로 두 회사 간에 상호대출이 있을 경우에

도 이 금액을 전부 제거해야 한다.

그림 10 채권채무 관계가 있는 회사의 재무상태 연결 효과

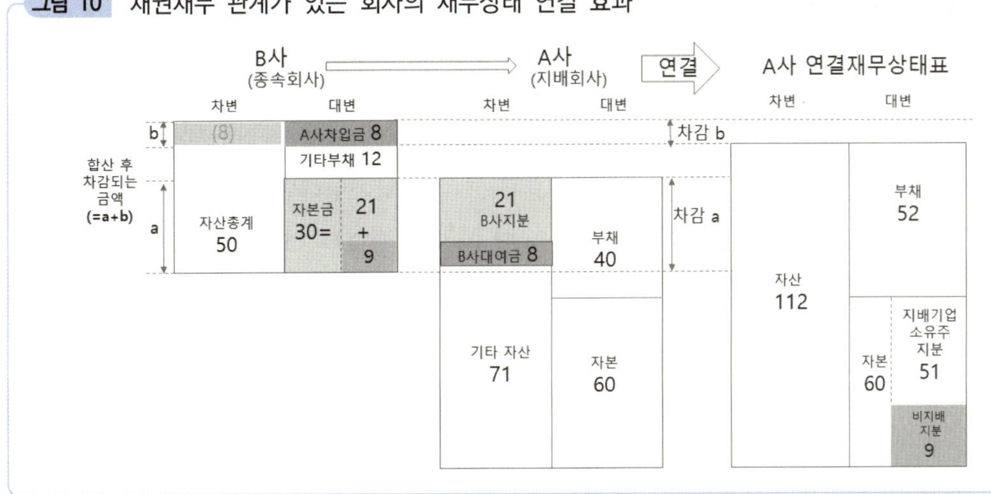

앞에서 투자자본상계 후 연결재무상태표의 자본계정은 지배기업소유주지분과 비지배지분으로 나뉘어 표시됨을 보았다.

마찬가지로 연결손익계산서의 당기순이익 역시 지배기업소유주지분(A사 몫)과 비지배지분(B사 지분을 보유한 다른 주주의 몫)으로 나뉘어 표기된다. 연결포괄손익계산서의 당기총포괄이익 역시 지배기업소유주지분(A사 몫)과 비지배지분(B사 지분을 보유한 다른 주주의 몫)으로 나뉘어 표기된다.

연결당기순이익은 다음의 내부거래 제거와 미실현이익 제거 절차를 거쳐 계산한다.

절차3. 내부거래와 미실현이익의 제거

내부거래는 지배회사와 종속회사 사이에 이루어진 매출, 매입 거래를 말한다. 내부거래는 연결실체 내에서 상품이나 용역이 이전된 것에 불과하다. 지배회사와 종속회사의 재무상태표나 손익계산서를 합산할 때 내부거래에 기인해서 발생한 금액은 전부 제거한다. 이렇게 제거하는 과정은 이 계정과목들이 원래부터 발생하지 않았던 것으로 간주하는 것과 같다.

미실현이익은 지배회사와 종속회사간 이루어진 매출, 매입 거래가 아직 제3의 거래처로 판매되지 않고 남아 있는 경우에 발생한다. 이는 연결 대상자간 거래에서만 이익으로 인식됐을 뿐, 연결 대상을 하나의 경제적 실체로 봤을 때 외부를 상대로 해서는 아직 실현되지

않은 이익을 말한다.

예를 들어서 지배회사 A사가 원가 ₩9억인 상품을 종속회사 B사에 ₩10억 판매했다고 하자. A사와 B사를 분리된 실체로 보면 A사는 ₩1억의 이익을 실현한 것이지만, A사와 B사를 하나의 경제적 실체로 보면 문제가 달라진다. 다음과 같은 3가지 상황이 가능하다.

상황 1

이 상품이 전혀 판매되지 않고 B사 창고에 그대로 남아있다면, A사는 아직 이익을 실현하지 못한 것이다. 왜냐하면 이 상품은 단지 서로 연결된 하나의 경제적 실체 내에서 이 창고에서 저 창고로 위치를 바꾼 것에 불과할 뿐이기 때문이다.

상황 2

B사가 여기에 다시 마진을 붙여서 ₩12억에 전량 판매했다면, 이 상품은 연결관계에 있는 하나의 경제적 실체로부터 외부의 제3자로 이전됨으로써 비로소 A사는 ₩10억 가운데 ₩1억이 이익으로 실현된다.

이런 상황은 [그림 11]에 표시되어 있다. 상품이 연결실체 내부(점선 사각형)에만 머물러 있다면, 즉 아직 B사로부터 외부로 매출이 이루어지지 않은 상태라면, A사가 달성한 이익 ₩1억은 아직 외부를 상대해서는 미실현 상태(점선 사각형 안 회색 영역)로 남아있는 것이다.

반면에 B사가 연결실체 외부의 고객으로 매출을 발생시켰다면, 그때 비로서 A사는 ₩1억의 이익(점선 사각형 바깥 회색 영역)을 달성하게 되는 것이다. 이와 동시에 B사도 ₩2억의 이익을 달성하게 된다.

그림 11 미실현이익의 개념(단위 : 백만원)

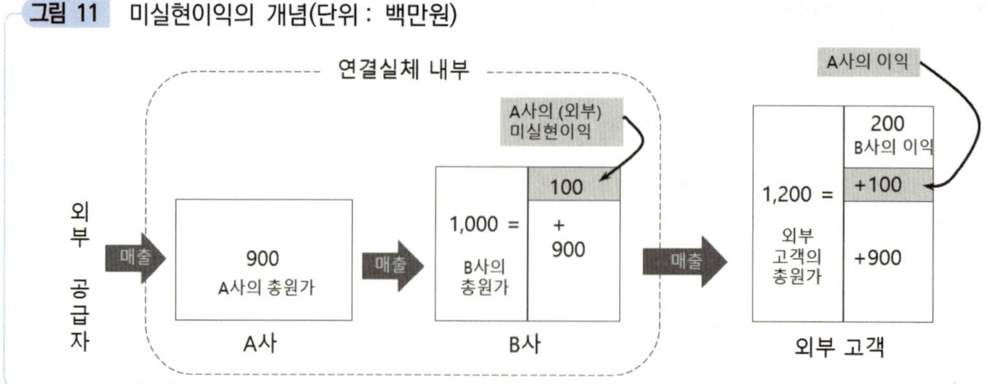

상황 3

만약 이 상품이 B사로부터 3/4만 외부로 판매(₩12억 × 3/4 = ₩9억)되고 나머지 1/4이 B사 창고에 여전히 남아 있다면 A사는 ₩7천5백만의 이익만을 실현하게 되고 ₩2천5백만은 미실현이익이 된다[그림 12].

그림 12

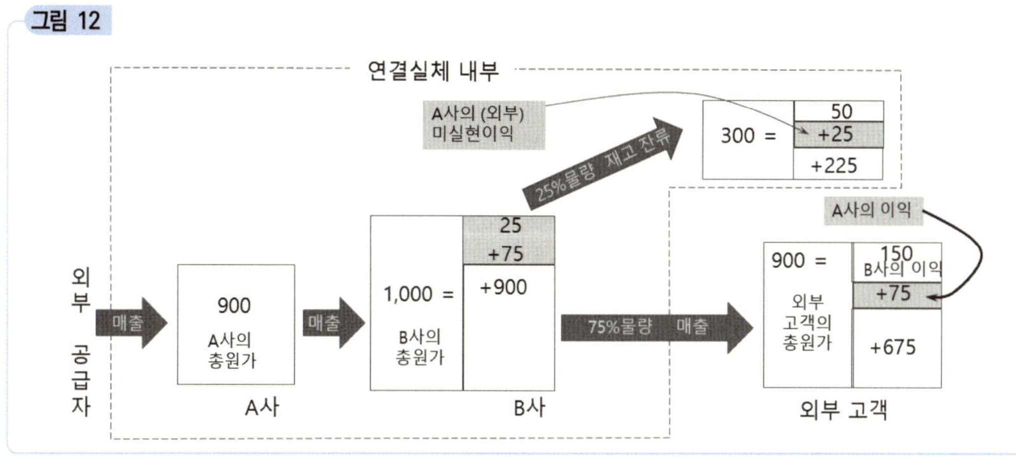

상황 3의 경우, A사와 B사의 연결순이익은 얼마일까? A사의 실현된 순이익 ₩7천5백만과, B사의 순이익 ₩1억5천만을 합친 ₩2억2천5백만이 된다. 연결실체로 보면 A사의 총원가에 순이익 ₩2억2천5백만이 가산된 것과 같다.

여기서는 지배회사로부터 종속회사로 가치가 이전되는 과정을 예로 들었지만, 거꾸로 종속회사로부터 지배회사로 가치가 이전되는 경우도 많다. 제조회사가 판매자회사를 통해 물품을 유통시키는 경우가 전자라면, 부품회사가 완제품조립회사에 부품을 납품하는 경우가 후자라고 할 것이다. 연결실체 내의 가치 사슬(value chain) 앞뒤에 지배회사 또는 종속회사 어떤 것이 위치해도 상관 없다.

다음의 예제를 통해 연결당기순이익, 지배기업소유주지분, 지배지분의 크기를 계산해보자.

예 제 

지배회사 A사가 2xx1년 중 제조한 물품을 종속회사 B사에 ₩60억에 판매하고 이로부터 A사의 당기순이익이 ₩6억 발생했다(제품매출원가 ₩50억 + 판매비와관리비 ₩4억)고 가정하자. 다만 A사는 판매 대금을 아직 현금으로 받지 않고 전액 매출채권 형태로 가지고 있다고 가정하자. 한편 B사는 매입대금을 지불하지 않고 ₩60억의 매입채무를 보유하고 있다고 가정하자.

1) 만약 이 상품이 전량 B사에 상품재고로 남아 있다면, 즉 아직 판매가 전혀 이루어지지 않은 상태다면, A사의 연결당기순이익, 그리고 그 가운데 지배기업소유주지분, 비지배지분을 계산하시오.
2) 만약 이 B사가 A사로부터 ₩60억에 매입한 상품을 전량 ₩80억에 판매했고 B사의 판매비와관리비가 ₩2억 발생하여 B사가 당기순이익 ₩18억을 시현했다면, 이 경우 A사의 연결당기순이익, 그리고 그 가운데 지배기업소유주지분, 비지배지분을 계산하시오.
3) 같은 해에, 앞의 2)항과 같은 상황에서 B사가 보유하는 부동산의 공정가치가 ₩11억만큼 상승하였다면, A사의 총포괄이익을 계산하시오.

풀이

1) 다른 조건(여타 기초상품재고와 판매비와관리비등)이 동일하다면 B사의 당기순손실이 ₩60억 증가하게 된다. 왜냐하면 B사는 당기상품매입액이 ₩60억 증가하면서 상품매출원가도 그만큼 증가할 것이기 때문이다.

   두 회사를 별도의 경제적 실체로 보면, 두 회사의 순이익 합산 값은 ₩6억(A사) − ₩60억(B사) = ₩−54억이 될 것이다. A사의 매출액 ₩60억과 B사의 매출액 0원의 합산은 ₩60억, A사의 비용 ₩54억과 B사의 비용 ₩60억의 합산은 ₩114억이므로, 이 합산 매출로부터 합산 비용을 차감한 합산 순이익은 ₩−54억이 된다. 이 과정에서 A사 매출 또는 B사 매입 ₩60억은 자연스럽게 제거된다.

   즉 두 회사를 서로 연결된 하나의 경제적 실체로 보더라도 총 순이익은 합산 순이익과 동일한 ₩−54억이 된다. 왜냐하면 A사의 매출원가 ₩50억(= 제조원가 ₩50억 − 기말재고 ₩0)과 판매비와관리비 4억원은 여전히 추가로 발생한 것이지만, A사의 매출과 B사의 매입은 전혀 발생한 적이 없이 단지 이 창고에서 저 창고로 옮긴 것에 불과한 것이 되기 때문이다. 이렇게 내부거래는 연결순이익 계산 과정에서 제거된다. 이 경우 연결당기순이익은 ₩−54억원이 된다.

   이 연결당기순이익은 다시 지배기업소유주지분(A사 몫)과 비지배지분으로 나뉜다.

연결당기순이익	₩−54억
(지배기업소유주지분(A사))	₩−36억
	(= A사 순이익 ₩6억 + B사 순손실 ₩60억 70%인 ₩42억)
(비지배지분(B사의 다른 주주))	₩−18억
	(= B사 순손실 ₩60억 × 30%)

2) B사가 A사로부터 ₩60억에 매입한 상품을 전량 ₩80억에 판매했고 B사의 판매비와관리비가 2억원 발생하여 B사가 당기순이익 ₩18억을 시현했다고 가정하자. 또한 또한 B사는 보유 부동산의 시가가 상승하여 ₩11억의 평가이익이 발생했다고 가정하자.
A사의 별도 당기순이익 ₩6억과 B사의 별도 당기순이익 ₩18억을 합산하면 ₩24억이다. 이를 연결상태로 보아도 연결당기순이익은 ₩24억이 된다. 연결상태에서 전체적으로 이 상품 판매로부터 최종 발생한 수익이 ₩80억인데, 두 회사 합쳐서 총비용은 ₩56억(A사의 매출원가 ₩50억 + A사의 판매비와관리비 ₩4억 + B사의 판매비와관리비 ₩2억)이기 때문이다. 이 연결상태의 총비용에 B사의 매출원가 ₩60억(= 상품매입액 ₩60억 − 기말상품재고액 ₩0)을 더해서는 안 된다. 왜냐하면 이 B사의 상품매입액 ₩60억에는 이미 A사의 매출원가 ₩50억과 판매비와관리비 ₩4억이 포함되어 있기 때문이다.

연결당기순이익	₩24억
(지배기업소유주지분)	₩18.6억
	(= A사 당기순이익 ₩6억 + B사 당기순이익 ₩18억 × 70%)
(비지배지분)	₩5.4억
	(= B사 당기순이익 ₩18억 × 30%)

3) 종속회사인 B사의 보유 부동산 평가이익 ₩11억은 지배회사인 A사 입장에서는 아직 실현되지 않은 이익으로서, 연결포괄손익계산서에 기타포괄이익으로 계상한다.

기타포괄이익	₩11억
총포괄이익	₩24억
	(= 연결당기순이익 ₩24억 + 기타포괄이익 ₩11억)
(지배주주소유주지분)	₩29.6억
	(= ₩18.6억 + ₩11억)
(비지배지분)	₩5.4억

CHAPTER

07 연습문제

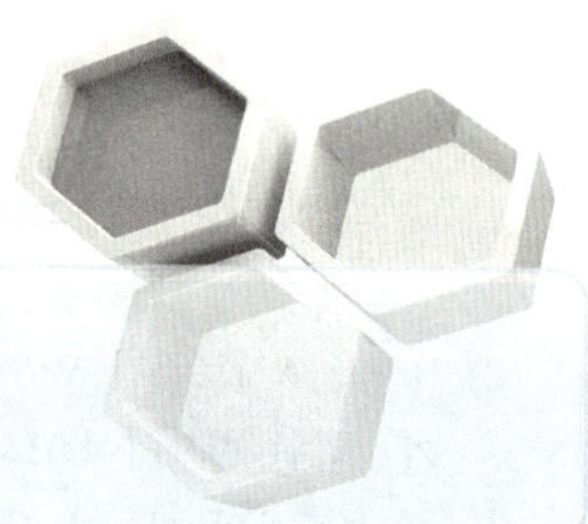

01 회사 내부에서 의사결정용으로 작성하는 것을 목적으로 하지 않고, 외부의 보편적 이해관계자에게 제공하는 것을 목적으로 작성된 재무제표가 지닌 장점과 단점에 대하여 논의하시오.

02 스톡을 표현하는 재무상태표와 플로우를 표현하는 손익계산서는 어떤 계정을 통해 연결되는지 설명하시오.

03 사내유보금을 마치 기업이 보유하고 있는 현금인 것처럼 해석해서는 안 되는 이유에 대해 설명하시오.

04 A사는 B사의 지분을 15% 보유하고 있다. 그런데 B사는 A사 제품의 판매대행사로서 역할만을 수행하며, B사의 주주 구성 역시 A사 대주주의 유관 회사 및 A사 창업주의 친인척으로 구성되어 있다. 이 경우 B사는 A사의 지분법 평가 대상 여부에 대해 판단하시오.

05 다음 항목들에 대하여 스톡, 플로우 성격 여부를 분류하고, 재무제표 또는 부속명세서 가운데 어느 문서에 기록되는 것이 합당한지 기술하시오.

	스톡, 플로우 여부	기록할 대상 문서 (복수 가능)
1년간 지불한 외주비 총액		
기말 재공품재고		
건물과구축물 감가상각비		
토지 평가액		
사내 적립금(추가적립액)		
현금시재액과 보통예금잔액		
보유 비상장주식 평가액		
비상장주식 매입액		
기계장치 매입액		
토지 매각처분액		
외상매출금 잔액		
주주배당액		
반기중 광고선전비		
유상증자 금액		
보유 펀드의 장부상 평가손실		
제××회 회사채 발행액		
미상환 회사채 잔액		

CHAPTER

8

재무상태표 상세히 보기 I: 자산

학습목표

1. 회계에서 공정가치의 의미를 이해한다.
2. 손상차손, 시가평가, 재평가의 개념을 통해 공정가치의 표현 방식이 지니는 복잡성을 이해한다.
3. 유동자산을 구성하는 다양한 계정 과목의 의미를 이해한다.
4. 고정자산을 구성하는 다양한 계정 과목의 의미를 이해한다.
5. 회계에서 무형자산의 인식 요건과, 내부창출 무형자산이 인식되지 못하는 이유, 그리고 영업권이라는 특수한 무형자산의 생성 원리를 이해한다.
6. 연구개발과 관련된 지출을 어떤 기준에 따라 무형자산 또는 (당기) 개발비로 구분하여 처리하는지를 이해한다.

8.1 개요

8.1.1. 배열 기준

과거의 거래나 경제적 사건의 결과로서 현재 기업이 지배하고 있는, 미래에 경제적 효익을 창출할 것으로 기대하는 자원을 자산이라고 한다.

자산은 여러 가지 기준으로 구분할 수 있으나, 재무상태표에서는 현금화 기간이 통상 1년 이내인 유동자산(current assets; 현금, 예금, 단기금융자산, 매출채권, 재고자산 등)과 1년을 초과하는 고정자산(fixed assets; 장기금융자산, 토지, 건물, 기계장치 등)으로 구분하여 표시한다. 이렇게 현금화 예상 기간, 즉 유동성의 정도에 따라 계정과목을 순서대로 배열하는 것을 유동성 배열법이라고 한다. 유동성 배열법은 자산 뿐만 아니라 부채에서도 동일하게 적용한다. K-IFRS에서는 유동성 배열법을 의무적으로 적용할 것을 강제하지 않지만, 많은 회사들이 관행상 이 방법을 따른다.

유동자산 안에서도 역시 그 현금화 예상 기간이 가장 짧은 현금및현금등가물부터 시작해서 가장 긴 재고자산까지, 유동성 배열법에 따라 계정과목이 등장한다. 고정자산 안에서도 현금화기간이 상대적으로 짧은 투자자산과 유형자산 순으로 배열하고, 투자자산과 유형자산 안에서도 역시 유동성 배열법에 따라 계정과목이 등장한다.

이 구분 기준 외에 유형자산(tangible assets)과 무형자산(intangible assets)으로 나눌 수도 있고, 영업자산(operating assets)과 비영업자산(non-operating assets)으로 구분할 수도 있으나, 이런 구분은 회계기준에서 특별히 요구하고 있는 사항이 아니므로 재무상태표에서는 그런 기준으로 분류해서 기재하지는 않는다. 다만 유동성 배열법을 따라 유동자산과 고정자산 순으로 기재하는 것은 회계기준에서 규정한 바이므로 재무상태표 작성시 의무적으로 준수하게 되는 것이다.

[개념] 영업자산(operating asset)과 비영업자산(non-operating asset)

기업의 자산들은 회계 관점에서는 재무상태표에서 나타나는 것처럼 유동성 배열법에 따라 유동자산과 고정자산으로 분류하지만, 재무 관점에서는 영업자산과 비영업자산으로 구분하기도 한다. 이는 회계기준에 따라 재무상태표에서 채택하는 분류법은 아니지만 기업가치평가(corporate valuation)나 사업구조조정 시에 활용하는 분류법이기도 하다.

영업자산은 회사의 목적 사업을 영위하기 위한 생산과 판매 과정에 투입되는 자산을, 비영업자산은 그렇지 않은 자산을 의미한다. 대개 목적 사업에 투입되는 매출채권, 재고자산, 공장이나 사업장 부동산, 기계장치 등이 영업자산에 포함된다. 그 외에 금융자산(비상장주식, 펀드 등)이나 비업무용 부동산 등은 비영업자산으로 분류된다.

현실에서 어떤 자산이 명확히 영업자산이나 비영업자산 중 어디에 속하는지 명쾌히 구분하기 어려운 경우가 많으므로, 상황에 따라 판단해야 한다. 예를 들어 기업이 보유한 리조트 회원권은 일반적으로 비영업자산으로 보는 것이 무방하나, 직원들에 대한 교육훈련과 복지 목적으로 영업자산과 같은 성격을 일부 지닐 수도 있다. 보유하고 있는 건물 중 임대수익을 발생시키는 부분은 비영업자산이라고 보아야 하나, 만일 임대사업자로 등록하고 사업을 영위하고 있다면 임대업이 목적 사업이 되므로 그 때에는 영업자산으로 분류해야 한다.

영업자산과 비영업자산의 구분은 기업가치평가에서 중요한 의미를 지니는데, 이에 대해서는 본서의 제13장을 참조하라.

[개념] 자산(資産, asset)과 재산(財産, property)

미래에 그 소유권자에게 배타적인 경제적 효익을 제공하는 자원을 자산, 또는 재산이라고 부른다.

다만 자산은 미래에 경제적 효익을 창출한다는 속성을 더욱 강조하고 회계에서 사용하는 용어이며, 재산은 배타적인 권리라는 속성을 더욱 강조하고 주로 법률에서 사용하는 용어라는 차이가 있다.

상황에 따라 자산과 재산이라는 용어를 섞어서 사용하는 것이 큰 잘못은 없으나, 회계와 재무 문헌에서는 asset의 번역어로서 자산을, 법률 문헌에서는 property의 번역어로서 재산이라는 용어를 쓰는 것이 관행이 됐다.

한때 지식재산(intellectual property)과 지식자산(intellectual assets)도 마찬가지로 혼용된 경향이 있었으나, 우리나라게서는 2011년에 <지식재산기본법>이 제정된 이후 많은 문헌에서 지식재산이라는 용어 사용이 정착됐다.

여기에서도 재산이라는 용어는, 그 권리가 법으로 보호를 받는다는 측면을 강조한 것이다. 그런 의미에서 회계와 재무에서는 무형재산이 아니라 무형자산이라는 표현을 사용하고, 법률에서는 무체(無體)재산권이라는 용어를 사용하는 것이다.

8.1.2. 가액산정 방식

8.1.2.1. 공정가치(fair value)의 의미

재무상태표에 기록하는 수치들, 그러니까 개별 자산, 부채, 자본 항목별 가액은 어떤 기준에 따라 적어 내야 하는가? K-IFRS상 큰 원칙은 공정가치를 계상해야 한다는 것이다. 그렇다면 어떤 가치가 과연 '공정'한 것인가?

공정하다는 것은 경제학의 관점에서 말하자면, 어떤 거래의 참여 당사자들이 자신이 수취할 몫에서 부당한 손실을 입지 않는다는 것을 의미한다[1]. 사실 '공정함'이 무엇인가 하는 문제는 그 용어의 정의를 포함하여 철학 상의 난제 가운데 하나이지만, 이 문제는 본서의 영역을 벗어난다[2]. 다만 여기서는 어떤 거래 참여자들 사이에 '불편부당함'이 바로 '공정함'을 뜻한다는 정도로 이해하자. 속된 말로 '바가지'를 썼다거나, 가격이 실제 가치와 달리 부풀려져 있거나 축소되어 있다면 공정하지 못한 것이다.

이런 관점을 이해한 뒤, 회계에서 말하는 공정가치의 측정 기준을 살펴보자. K-IFRS에서 말하는 공정가치의 측정 순서는 다음과 같다.

- 1순위 : 구속력 있는 매매계약 하에 형성된 거래가격
- 2순위 : 매매계약이 없는 경우 활성시장(active market)에서 관찰되는 시장가격
- 3순위 : 당해 자산에 대한 거래가격이 없으면 최선의 정보로 추정한 금액

1순위 기준의 가격을 따라 모든 가액을 산정하되, 1순위 기준을 충족하는 가격(거래가격)이 없으면 2순위 기준의 가격(시장가격)을 따른다. 만약 2순위 기준을 충족하는 가격조차 적절한 것이 없으면 그 가격을 적절히 추정해서 기록해야 한다.

기업이 적절한 계약을 통해 생산설비 1대를 ₩10억에 구입했다면 그 거래가격인 ₩10억이 공정가치가 된다. 물론 이 ₩10억은 감가상각의 대상이 되어, 기간이 경과하면서 그 가치는 점점 감액된 상태, 예컨대, ₩9억, ₩8억, ... 같은 식으로 계상될 것이다.

감모, 손상, 시장가격 하락 또는 상승이 명확히 관찰되는 경우 그만큼을 반영해서 평가한다. 현금 및 예금, 외상매출금, 재고자산, 토지, 건물 모두 해당한다. 예컨대 과거에 ₩10억으로 매입한 토지가 지금 ₩100억로 시가가 상승했다면 과거 거래가격 ₩10억을 공정가

1) 주요국의 정부 기관으로 활동하는 공정거래위원회(Fair Trade Commision)는 바로 기업간 거래 내지 제반 생산 및 판매 활동에서 공정하지 않은 요소가 있는지 감시하고 이를 시정하는 것을 사명으로 한다.

2) 정의론(Theory of justice)은 넓은 의미에서 이 공정함의 문제를 사회 전반의 행위 관계 차원으로 확대한 것이다. 롤스(J. Rawls)의 <Theory of Justice> 센델(M. Sendel)의 <정의란 무엇인가> 같은 책의 논의가 널리 알려져 있다.

치로 삼는 것은 문제가 있다. 이때에는 시장, 특히 활성시장에서 형성된 거래가격, 다시 말해서 부동산 거래 시가를 기준으로 그 토지의 공정가치를 계상한다.

다만 암묵적으로 이 계약이 일방의 부당한 횡포나 강요가 아닌 자발적이고 합리적인 합의에 의해 체결되었다는 대전제가 있다. 이 대전제가 충족되지 않는다면 이 가격은 형식적으로는 공정하지만, 실질적으로는 불공정한 것이다. 그리고 이런 불공정 문제는 종종 회계 차원을 벗어나 윤리문제로 미화한다. 종종 회사가 회계기준을 준수해서 처리했음에도 불구하고 그와 별도로 불공정 행위로 지탄을 받게 되는 경우가 발생한다.

다음으로, 2순위에서는 매매계약이 없는 경우를 말하지만 이는 사실상 흔치 않다. 대부분의 자산 취득과정은 반드시 그에 상응하는 매매계약을 수반하기 때문이다.

마지막으로, 거래가격도 시장가격도 존재하지 않는 자산에 대해서는 예컨대 회사가 임직원에게 부여한 스톡옵션의 부채가치가 여기 해당하는데, 그 가치는 3순위 기준을 따라야 한다. 예컨데 회사가 임직원에게 부여한 스톡옵션의 부채가치가 여기 해당하는데, 그 가치는 현재 확보할 수 있는 최선의 정보를 이용해서 납득할 수 있는 금액으로 추정해내야 한다. 스톡옵션은 말 그대로 그냥 선택권, 즉 임직원이 미래 특정 기간에 소속된 회사의 지분을 특정가격에 살 수 있는 권리를 말하는데, 미래의 권리 행사 여부를 미리 확정하기 어렵고 그 행사 시점도 지금 알기는 어렵다. 대개 블랙-숄즈 옵션가치 산식 또는 기타 인정받는 평가기법을 사용해서 스톡옵션의 가치를 추정하게 된다.[3)]

대부분 자산의 공정가치는 1순위 기준에 따라 측정할 수 있다. 2순위, 3순위 기준을 따라야 하는 경우는 그 빈도가 매우 적다. 다만 그 측정 결과에 따라 회사의 재무상태나 손익이 민감하게 영향을 받는 경우가 종종 발생한다.

공정가치 측정 기준에 등장하는 용어, '활성시장'과 '최선의 정보'의 의미를 더 살펴보자.

활성시장(active market)

활성시장이란 동질적 항목을 거래하고 매매를 원하는 거래자를 늘 찾을 수 있으며 가격이 공개되는 시장을 말한다. 주식시장, 부동산 거래 시장 등을 연상하면 된다. 반면에 거래되는 품목의 동질성이 현저히 결여되어 있거나 매매를 희망하는 거래자가 드물게 출현하는 경우 활성시장과는 거리가 있다. 고미술품 시장이나 특허권 거래 시장을 연상하면 될 것이다.

활성시장과 거리가 먼 시장에서 형성된 거래가격은 일반성이 결여되어 있다고 본다. 따라서 실제 가치로부터 크게 이탈되어 있을 가능성이 높다.

---

3) 이와 관련하여 보다 자세한 내용에 대해서는 본서 9.3.1. 우발부채를 참조하라.

최선의 정보(the best information)

최선의 정보란 동종 산업 내의 기업에서 근래 있었던 당해 자산과 유사한 자산의 거래결과를 말한다. 비활성시장에서 거래된 유사 자산에 대해서는, 비교 사례의 특수성을 감안하여 적절한 논리적 조정 과정을 거쳐 계상한다. 그럼에도 불구하고 측정이 난해한 자산에 대해서는 종종 외부 회계법인의 재무자문사업부(Financial Advisory Service) 또는 신뢰할 만한 전문평가기관의 추정 결과를 채택하기도 한다.

8.1.2.2. 3종류의 자산가치 평가법

K-IFRS에서는 다음과 같은 3종류의 자산가치평가법을 허용한다.

원가법

과거에 취득에 소용된 비용에 기준을 둔다. 과거 취득 비용에 기준을 둔다는 면에서 비용접근법이라고 말할 수 있다. 다만 최초 인식 후에 원가에서 감가상각누계액과 손상차손누계액을 차감한 금액을 장부금액으로 평가하게 된다.

사실 대부분의 자산은 특별히 재평가나 손상차손을 반영해야 할 상황이 발생하지 않는 한 이 방법을 따른다.

예 A사는 2xx1년 12월 31일 대금 ₩1억을 지불하고 토지를 매입했다. 2xx2년 12월 31일 현재 대상 토지는 시가가 ₩1억5천만으로 상승했다. 원가법 하에서는 재무상태표에 토지는 (감가상각 없이) ₩1억으로 계상된다.

예 A사는 2xx1년 12월 31일 대금 ₩5억을 지불하고 생산설비 1기를 취득했다. 경제적 내용연수 10년, 잔존가치 0원으로 추정한 상태에서 2년간 정액법으로 감가상각비 누계액 ₩1억이(연간 감가상각비 ₩5천만 × 2년) 발생했다. 2xx3년 12월 31일 현재 재무상태표에 대상 생산설비는 ₩5억에서 감가상각비 누계액 ₩1억을 차감한 ₩4억으로 계상된다. 물론 해당 시점에 중고시장에서 해당 생산설비의 실제 거래 가격은 여기에 반영되지 않는다.

재평가법

평가시점에 형성된 시장 가격에 기준을 둔다. 시장에 기준을 둔다는 면에서 시장접근법이라고 말할 수 있다.

재평가일에 공정가치에서 취득일 이후의 감가상각누계액과 손상차손누계액을 차감한 재평가금액을 장부금액으로 평가하는 방법이다.

예 A사는 2xx1년 12월 31일 대금 ₩1억을 지불하고 토지를 매입했다. 2xx2년 12월 31일 현재 대상 토지는 시가가 ₩1억5천만으로 상승했다. 재평가법 하에서는 재무상태표에 토지는 (감가상각 없이) ₩1억5천만으로 계상된다.

이 경우 차변에 토지가액이 ₩5천만 증가했으므로, 회계등식에 따라 대변에도 그에 상응하는 금액이 증가해야 한다. 이 평가차익 ₩5천만은 2xx1년의 기타포괄손익으로 반영되고 이는 대변에 이익잉여금을 같은 금액만큼 증가시켜, 대차는 일치하게 된다.

손상차손(impairment losses)

손상차손이란 자산의 사용기간 중 그에 내재한 미래의 경제적 효익 자체가 감소한 금액을 의미한다. 이때 자산은 회수기간이 장기인 유형자산(건물, 기계장치 등) 또는 금융자산(장기보유 지분, 채권 등)을 말한다. 유동자산(매출채권, 재고자산, 단기매도가능증권 등)은 손상차손이 아니라 평가손실 처리하여 감액하고 그만큼 손익계산서 상 기타비용에 반영한다.

손상차손 = 장부금액 − 자산의 회수가능액
회수가능액 = max(순공정가치, 사용가치)
순공정가치 = 공정가치 − 처분부대원가
사용가치 = 미래의 경제적 효익의 현재가치 합계

먼저 손상차손 인식액은 장부금액과 자산의 회수가능액의 차이로 정의된다. 물론 여기서 장부금액은 원가법을 적용해서 적절한 감가상각액이 차감된 후의 금액을 말한다. 다시 말해서 손상차손은 감가상각을 통해 자연스럽게 자산의 가치가 줄어드는 것 이외의 요인으로 그 가치가 감소한 크기를 의미한다.

회수가능액은 시장에 매각할 경우 제반 부대비용을 제외하고 받을 수 있는 금액을 의미한다. 말하자면 일종의 중고시장 예상 매각가격을 뜻한다고 생각하면 된다. 하지만 회계적으로는 단지 이것만을 의미하는 것이 아니라, 이를 사용가치와 비교한 뒤 둘 중 큰 값을 채택한다. 사용가치란 개념상으로는 미래에 창출할 것으로 예상하는 효익을 말하는데 어떤 객관적인 값이 주어지는 것이 아니라 시장 상황을 고려한 주관적인 추정값을 택한다. 미래 효익의 추정은 매우 어려운 과제이기 때문에 공인회계사의 합리적인 추정이 어려울 경우, 감정평가사 또는 가치평가사의 전문적인 평가를 활용할 수 있다.

A사는 2년전 제품 '가'를 생산하기 위해 ₩100억을 투자해 기계장치를 취득했다. 2년이 경과한 지금 2xx1년 12월 31일 현재 장부가액은 감가상각 ₩20억을 차감한 뒤 ₩80억이다. 그런데 그 동안 경쟁기술을 채택한 B사의 제품 '나'가 시장에서 주류로 자리잡고 '가' 제품은 시장점유율이 급격히 하락했다. A사의 기계장치는 '가' 제품의 시장 수요가 급감하여 가동율이 현저히 떨어진 상태다. 이런 추세는 역전 불가능한 상태로 접어들었다고 판단된다. 이때 A사의 기계장치 가액을 ₩80억으로 계상하는 것이 과연 적절한가?

원가법을 기준으로 한다면 ₩80억을 계상하는 것이 맞다. 하지만 이 기계가 더 이상 미래에 ₩80억에 상당하는 효익을 창출할 가망이 없다고 한다면, 여기에 ₩80억의 가치를 부여하는 것은 옳지 않다. 이 기계가 미래에, 비록 소량이나마 제품 '가' 생산을 영위해서 얻을 수 있는 매출을 추정하고 이를 기반으로 기계장치의 사용가치를 추정한 결과, ₩20억이 나왔다.

한편, 기계장치를 매각해서 회수할 수 있는 가격을 타진해본 결과 이제는 진부화된 '가' 제품에 대한 시장이 아직 존재하는 제3세계 국가에 매각할 경우 부대원가를 제외하고 약 ₩10억을 회수할 수 있다는 사실을 확인했다. 즉 순공정가치는 ₩10억이다. 이 경우 회수가능액은 max(₩10억, ₩20억), 즉 ₩20억으로 결정한다. 손상차손은 장부가액 ₩80억에서 회수가능액 ₩20억을 차감한 ₩60억이 된다.

만약 손상차손을 인식하지 않았더라면 유지됐을 자산가액은, 손상차손이 인식되면 그만큼 감소하게 된다. 이렇듯 차변에서 자산가액이 감소하면 동일한 금액만큼 대변에서 이익잉여금이 감소해야 한다. 즉 이 손상차손 ₩60억은 기타비용으로 인식되어 그만큼 당기순손익을 감소시킴으로서 대차는 다시 일치하게 된다.

손상차손은 이처럼 유형자산의 가치가 감가상각 이외의 요인으로 현저히 감소한 경우 이외에도, 장기보유중인 지분이나 채권의 가치가 현저히 하락하여 회복불가능한 상태라고 판단할 경우에도 적용된다. 대개 지분을 보유한 대상 기업의 회복불가능한 적자 누증, 상장폐지, 기업회생절차 개시, 또는 보유 채권의 부도 처리 등으로 그 회수가치가 현저히 하락하는 경우가 이에 해당한다. 이때 그 가액은 손익계산서 상 기타비용에 장기금융자산손상차손이라는 계정 과목으로 처리된다.

사 례 손상차손 인식이 재무제표에 미치는 영향 : 포스코 사례

포스코는 2018년 재무제표에 자사와 종속 · 관계기업에서 손상차손 ₩1조5376억을 반영해서 당기순이익이 대폭 하락하는 결과를 낳았다. 포스코의 2018년 포괄손익계산서 기준 매출은 ₩30조6594억, 영업이익은 ₩3조8093억, 당기순이익은 ₩1조725억을 기록했다.

매출과 영업이익은 모두 전년보다 각각 6.8%(₩2조1066억), 23.8%(₩9069억) 늘었는데, 당기순이익은 오히려 57.8%(₩1조4730억) 줄었다.

유형자산 손상차손이 이토록 크게 발생한 이유는 포스코가 2009년에 개시한 합성천연가스(SNG · Synthetic Natural Gas, 석탄을 가스화하여 청정연료를 생산하는 방식) 사업을 중단하면서 기존 SNG 설비의 회수가능 금액이 대폭 하락했기 때문이다. SNG설비의 손상차손은 ₩8,777억에 달했다.

기타 자회사인 포스코 베트남 법인(포스코 SS VINA), 브라질 CSP 제철소(Companhia Siderurgica do Pecem · 뻬셍철각주식회사), 포스코대우의 지분에 대해 사업부진과 공정가치 하락 등으로 각각 손상차손 ₩2,414억, ₩2,372억, ₩2,030억이 발생했다[4].

사 례 시가평가(Mark To Market, M2M)가 일으킨 혼란

시가평가란 금융자산을 역사적 원가가 아닌 현재가치로 평가하는 것을 말한다. 상장주식은 매시점 변동하는 매매체결 가격이 공개되어 있으므로 시가평가가 쉽게 이루어진다.

예금은 거래 대상이 아니므로 상장주식에 볼 수 있는 것과 같은 시가가 형성될 수는 없다. 그러나 예금잔액, 금리, 예금은행의 부도가능성 등에 기반해서 예금의 현재가치를 계산할 수 있다.

대출자산도 부실자산처리처럼 특별한 경우를 제외하고는, 시장에서 거래가 제한되어 있으므로 역시 통용되는 시가는 형성되지 않는다. 그러나, 차주의 예상 부도율, 부도 시 예상 회수율을 적용해서 적정 현재가치를 산출할 수 있다.

비상장주식, 채권 또는 펀드 역시 빈번한 거래는 없지만 적절한 가치평가 방법을 동원해서 현재가치를 산출할 수 있다. 시가평가회사는 이런 금융자산의 적절한 현재가치를 계산하는 일을 전문적으로 수행하고 있다[5].

4) 더 벨, "포스코, 1조5,376억원 손상차손 회계 반영", 2019-03-12
http://thebell.co.kr/free/Content/ArticleView.asp?key=201903110100015270000968&svccode=04

5) 우리나라에서는 2019년 12월31일 현재, 한국자산평가, 나이스피앤아이, KIS채권평가, 에프엔자산평가 4개 회사가 금융감독원으로부터 시가평가회사 지정을 받아 활동하고 있다.

시가평가 제도는 금융자산을 과거 취득 당시의 가치가 아니라 취득 이후 보유하고 있는 매 시점(매일 또는 그에 준하는 정기)마다 현재가치를 평가해서 공시함으로써, 시장 참가자들이 올바른 정보를 공유하고 시장 경제의 효율성을 도모하자는 취지로 도입된 것이다. 시가평가 제도는 그만큼 순기능도 많지만, 때로는 예상치 못했던 역기능을 낳기도 한다.

특히 2008년 미국의 서브프라임 모기지 발 금융위기가 확산되는 과정에서 그 예를 찾을 수 있다.

미국 금융회계기준위원회(FASB)와 증권거래위원회(SEC)의 시가평가 규정에 따라 미국의 금융회사 및 투자금융을 목적으로 하는 특수목적회사(SPC)들은 자신들이 보유한, 부동산담보대출들을 기초자산(underlying asset) 또는 준거자산(reference asset)으로 삼아 구조화한 증권[6]의 시가평가를 의무적으로 실시해야 했다.

시티은행의 자회사인 특수목적회사, 그리고 베어스턴스나 리먼브러더스와 같은 유서 깊은 투자금융회사들이 보유하고 있는 관련 증권의 부실화가 표면화되기 시작한 후 이들의 보유자산 가치와 공시 수익률이 급락하기 시작했다. 이 사실이 시장에 알려지면서 수많은 금융기관들이 관련 증권의 부도 위험을 직감하고 보유 자산의 현금화를 위해, 부동산대출 관련 증권은 물론이고 여타 자산들에 대해서도 '팔자' 주문이 쇄도했다. 이 사태는 미국 내에서만 한정된 것이 아니라 글로벌 시장을 대상으로 벌어졌다. 중동, 유럽, 동아시아의 수많은 자금들이 이 증권에 투자하고 있었기 때문에 이들도 대규모 손실을 입을 수밖에 없었다. 이 증권이 부실화할 경우에 대해 보험[7]을 제공한 보험사들도 동반 부실화됐다. 결과는 글로벌 자산 가격의 연쇄 폭락과 대형 금융사들의 도산이었다. 이는 이내 미국에서는 구제금융, 유럽에서는 재정위기, 그리고 전세계적 불황이라는 희대의 혼란으로 이어졌다.

물론 시가평가 적용과 무관하게 이 위기 자체는 피할 수 없는 성격의 것이었다. 왜냐하면 이 모든 구조화 증권과 파생금융상품의 가장 근원에 자리잡은 고위험 부동산담보대출의 대규모 부도 자체를 막을 수 없었을 것이기 때문이다.

다만 M2M 덕분에 공포감의 확산이 보다 빠른 속도로 이루어졌다는 것만큼은 분명하다. 매시점 공표되는 M2M 평가수익률은 말 그대로 그 시점에 장부상의 평가수익률일 뿐 아직 실현수익률이 아니다. 그럼에도 불구하고 숫자 자체는 사람들의 심리와 행동에 지대한 미친다.

어떤 자산이거나 중간에 매각하거나 만기에 상환 내지 회수 절차가 완전히 종료되기 전까지는 아직 손실이 실현된 것은 아니다. 예를 들어 ₩100에 매입한 자산의 평가액이 1년 경과 후 시점에 ₩95, ₩93, ₩96 어떤 상태가 되더라도 각각의 평가수익률 −5%, −7%, −4% 등은 단지 숫자의 문제일 뿐 아직 실현되지 않은 값이다. 오직 그 자산을 ₩90에 매각했을 때에만 −10% 라는 손실이 실제로 발생하는 것이다. 더구나 지금 평가액이 아무리 하락했다 해도 조금 더 기다리면 시가가 ₩100 이상으로 회복되고 그간의 심리적 손실을 충분히

6) 이른바 CDO(부채담보부채권, Collateralied Debt Obligation)같은 증권이 대표적이다.

7) 이른바 신용부도스왑(CDS, Credit Default Swap)이라는 보험 상품이 대표적이다.

만회할 가능성도 있다.

M2M 없이 역사적 원가법만을 적용했다면, 손실이 실현되기 전에 신속히 적절한 조치를 취해서 사태의 확산을 최소화하고 조기 수습할 수도 있지 않았을까 하는 상상도 가능하다. 그러나 이는 어디까지나 상상일 뿐이다.

이런 사태를 보면 역사적 원가와 시가 중 과연 '무엇이 가치의 진정한 실체인가?' 하는 근본적 의문이 등장하게 된다.

시가평가가 절대적으로 바람직하다는 환상은 금물이다. 시가평가는 어디까지나 '지금 현금화를 가정'한 상태에서 평가하는 것이므로 실제 현금화가 이루어지기 전까지는 무의미한 개념일 수도 있다.

그렇다고 해서 역사적 원가가 항상 옳은가? 그렇지는 않다. 3년전에 취득한 주식의 가격이 지금 5배 올랐는데 오래전 취득가격을 지금 그 주식의 가치로 기록해놓는 것은 누가 봐도 비합리적이다. 반면 5년전에 토지를 ₩100에 취득했는데 그 동안 토지 평가액을 계속 역사적 원가인 ₩100으로 유지해오다가, 어느 해에 갑자기 자산재평가를 실시해서 토지가격을 ₩500으로 평가한다면 어떤 일이 벌어질까? 자산 규모는 갑자기 증가하고 기타포괄손익에 평가차익이 반영되어 수익성 비율 또한 향상될 것이다. 만약 회계기준을 준수했다면 이것을 분식으로 보기는 어렵지만 재무제표 독자에게 자칫 회사의 실적이 좋아진 것 같은 착각을 불러일으킬 가능성이 있다.

이 모든 혼란은 자산의 존재이유가 보유목적인가 아니면 매매목적인가 하는 문제와 연관되어 있다. 만약 보유목적이라면 시가평가가 큰 의미가 없다. 그러나, 애초부터 매매목적이었거나, 원래 보유 목적이었으나 언제든지 매매 대상으로 전환할 가능성이 있다면, 역사적 원가가 아니라 시가평가가 타당할 것이다.

8.2 자산

8.2.1. 유동자산

8.2.1.1. 현금 및 현금성자산

현금 및 현금성 자산은 현금전환이 용이하고 이자율 변동에 따른 가치변동 위험이 적은 유가증권 및 단기금융상품을 말한다. 즉 시재금, 수표실물, 보통예금, 당좌예금, 양도성예금증서(CD : Cerfiticate Deposit), CMA, MMF(머니마켓펀드) 등이 해당한다.

취득 당시 만기가 3개월 이내에 도래하는 환매조건부 채권, 그리고 취득 당시 상환일이 3개월 이내인 상환우선주도 여기에 해당한다.

현금성자산 중 특별히 주의를 기울 대상 중 하나는 양도성예금증서(CD)이다. 양도성예금증서가 일반 예금과 다른 점은 무기명, 즉 예금주의 성명이 표시되지 않는다는 것이다. 더구나 제3자에게 양도가 가능하다. 만기일에 양도성예금증서를 보유하고 있는 사람은 누구나 (요구불양도성예금의 경우에는 수시로) 인출이 가능하다.

양도성예금증서는 그 익명성과 양도가능성 때문에 종종 돈 세탁 용도로 활용된다는 단점이 있다. 예를 들어서 경영주가 회사 현금을 유용한 후, 회계감사 시즌에만 맞추어서 그 액수만큼 사채시장에서 양도성예금증서를 빌려와서 아무 문제 없는 것처럼 처리 후 다시 상환하는 것이 가능하다. 하지만 이는 사실상 횡령에 해당하는 범죄 행위라고 말할 수 있다.

현금 및 현금성 자산은 특별한 경우가 아니면 그 가액의 실체를 대부분 인정하는 것이 보통이다. 예컨대 A사의 20x0년 12월 31일 현재 현금 및 현금성자산이 여러 종류의 예금 등을 포함해서 ₩2억3천4백만으로 계상되어 있다면 대부분 그 자산성을 인정할 수 있다는 뜻이다.

그럼에도 불구하고 간혹 그 자산성을 인정하기 어려운 경우가 있을 수 있으니 개별 자산 내역을 세심히 확인해볼 필요가 있다. 예를 들어서 해외 예금으로서 현금의 국외반출이 금지되어 있는 국가의 금융기관에 개설된 것이거나, 계좌를 개설한 금융기관이 영업정지 또는 사실상 부도 상태에 처해 있어 일부 또는 전부 회수가 불가능하다고 판단되는 단기금융상품, 기타 담보제공 대상이 되었거나 기타 사유로 인출이 제약되어 있는 예금이 있는지 파악해야 한다.

8.2.1.2. 단기금융상품

단기금융상품은 만기가 1년 이내로 도래하는 정기예금, 정기적금을 말한다. 현금성 자산과 차이점은 만기 전까지는 인출이 불가능하다는 것이다.

종종 담보로 제공된 단기예금은 앞의 현금 및 현금성자산과 마친가지로 역시 주의해서 해석해야 한다. 이는 만기와 무관하게 차입금 담보로 제공되어 인출이 제약된 경우가 있다. 이런 예금은 계정상으로는 '단기금융상품'이지만 실질적으로는 '단기'라고 볼 수 없다. 왜냐하면 단기에 인출이 불가능하기 때문이다.

8.2.1.3. 유가증권

유가증권은 현금 및 단기금융상품에 해당하지 않는 금융상품으로 일반적으로 지분증권(equity)으로서 주식(stock)과 채무증권으로서 채권(bond)으로 분류되는 자산을 말한다.

회사는 여러 가지 목적으로 유가증권을 보유할 수 있다. 단순 투자 목적으로 다른 회사의 주식을 보유할 수도 있고, 종속회사 또는 관계회사로서 다른 회사의 지분을 보유할 수도 있다. 여유 현금을 이자수익 또는 고정 배당 수취 목적으로 확정금리부 채권 또는 우선주 등을 매입해서 보유할 수도 있고, 주식 전환권 행사 등을 목적으로 전환사채와 같은 복합형(hybrid) 채권을 매입해서 보유할 수도 있다.

문제는 이 유가증권을 보유하고 있는 기간 중, 취득시와 비교하여 가격이 계속 변동한다는 사실에 있다. 재무상태표 작성 시점에 아직 미처분 보유 중에 있다면, 취득 시점 이후 발생한 이 평가이익 또는 평가손실을 어떻게 반영해주어야 하는가가 중요한 문제가 된다. 이와 관련하여서는 K-IFRS 관련 기준이 변경됨으로 일반기업회계기준과 다소의 차이가 있다.

단기매매증권, 매도가능증권, 만기보유증권

2018년 변경 이전의 K-IFRS 및 일반기업회계기준에 의하면, 지분증권은 그 보유 목적에 따라 1년 이내의 단기간 보유하며 시세차익을 얻기 위해 빈번하게 매도와 매입을 하는 목적으로 보유중인 상장주식, 채권, ELS(Equity Linked Securities)[8], DLS(Derivative Linked Securities) 등은 단기매매증권으로, 만기까지 보유할 목적으로 중도 매매 의사가

8) ELS(주가연계증권)란 보유 기간 중, 사전에 정한 하나 또는 둘 이상의 주식가격 또는 주식관련 지수의 변동 조건에 맞추어 지급이자와 원금 상환조건이 달라지는 채권을 말한다. 예를 들어 매월 영업종료일 종가기준으로 A사의 주가가 ₩ㅇㅇㅇ 이상 또는 ₩ㅇㅇㅇ 이하 도달 조건을 충족하면 이자를 10% 지급하고 조기상환이 가능하다던가 하는 식으로 매우 다양한 옵션을 걸어서 구성된다. 만기 상환과 고정 금리로 특징 지워진 전통적 채권의 틀을 벗어난, 일종의 옵션부 채권이라고 말할 수 있다. DLS(파생상품연계증권)는 그 연계 자산이 주식이 아니라 다양한 파생금융상품이라는 점만 차이가 있다.

없는 채권(국공채, 회사채, 금융채 등)은 만기보유증권으로, 그밖의 것들을 매도가능증권으로 분류한다.

그리고 일반 증권과 달리, 당해 회사가 직접 이자수취 등을 목적으로 담보를 제공받거나 신용으로 일정 기간 동안 또는 동 기간 종료시 원리금의 반환을 약정하고 자금을 대여하는 경우 및 대지급금 등의 구상채권 발생 시, 해당 금융자산은 대출채권으로 분류한다.

변경 이전 K-IFRS 기준에서는 단기매매증권의 시가 변동에 따른 평가손익과 처분손익은 모두 손익계산서에 이익 또는 손실로 처리했었다. 매도가능증권은 평가손익은 손익계산서 대신에 재무상태표의 기타포괄손익누계액이라는 자본 항목에 포함시켰고, 처분손익 또는 손상차손은 손익계산서에 반영했다.

상장기업이 이외에 일반기업회계기준을 적용하는 기업의 경우 여전히 변경 이전의 K-IRFS 방식을 적용한다. 변경전 방식은 다음과 같다.

보유상장주식을 처음 ₩100에 매입한 이후 기말에는 보유하고 있다가 다음해 일정 시점에 처분할 때까지 다음과 같이 가격이 변화했다고 가정하자.

- 2xx1년 12월 1일 매입가 ₩100
- 2xx1년 12월 31일 시가 ₩110
- 2xx2년 1월 31일 처분가 ₩120

보유상장주식을 단기매매증권으로 분류할 때 당기손익은 다음과 같이 인식된다.

- 2xx1년 평가이익 ₩10(= 110 − 100) 발생 ➲ 2xx1년 당기순이익에 포함하고 그만큼 자본의 증가에 반영된다.
- 2xx2년 처분이익 ₩10(= 120 − 110) 발생 ➲ 2xx2년 당기순이익에 포함하고 그만큼 자본의 증가에 반영된다.

결국 실제 매매차익 ₩20은 2xx1년 평가이익과 2xx2년 처분이익으로 각각 ₩10씩 나뉘어지고 2기간의 당기순이익 전체 금액을 ₩20 증가시키는 결과를 낳는다.

반면에, 매도가능증권으로 분류할 때 당기손익은 다음과 같이 인식된다.

- 2xx1년 미실현이익 ₩10 발생 ➲ 2xx1년 기타포괄이익으로 분류하고 그 기간 자본의 증가에 반영한다.
- 2xx2년 처분이익 ₩20 발생 ➲ 2xx2년 당기순이익에 포함하고, 미실현손실 ₩ −10을 2xx2년 자본의 감소에 반영한다.

이 경우 사실상 2xx1년의 미실현이익은 2xx2년의 미실현손실로 상계처리되고, 두 기간에 걸쳐 발생한 매매차익 ₩20은 각 기간의 자본 증가로 ₩10씩 나뉘어 반영되는 결과를 낳는다.

그림 1 K-IFRS 금융상품 분류와 회계처리의 변경(2020년 10월 28일 의결)

[금융자산 분류·측정 관련 회계기준 비교 도표]

■ 종전 : K-IFRS 제1039호(금융상품 : 인식과 측정)

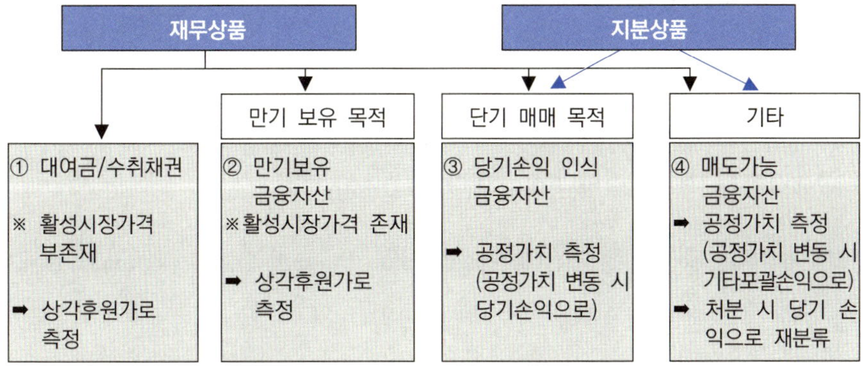

■ 신규 : K-IFRS 제1109호(금융상품)

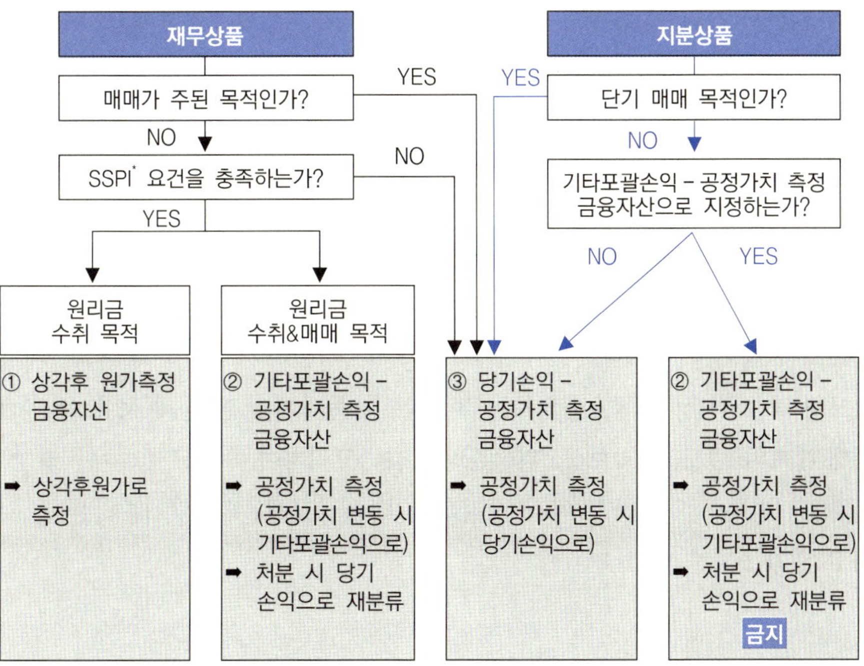

* SSPI(contractual cash flows that are Solely Payments of Principal and Interest of the principal amount outstanding) : 금융상품의 계약상 현금흐름이 원금과 이자로만 구성 ⇨ 기본적인 금전대여의 성격

자료 : 금융감독원 보도자료 2018.6.29. 〈IFRS 금융상품 新기준서의 금융회사 영향 및 시사점〉 7쪽

변경 K-IFRS '금융상품' 기준

개정된 K-IFRS 제1109호 '금융상품' 기준서에서는 금융자산의 분류 기준이 다음과 같이 상각후원가 측정 금융자산, 기타포괄손익-공정가치 측정 금융자산, 그리고 당기손익-공정가치 측정 금융자산의 3종류로 바뀌었다. 재무제표 상 계정과목도 이 명칭을 사용하게 되었다.

또한 개정 전 기준서의 '보유 목적'이라는 개념 대신에 '사업모형'과 '계약상 현금흐름의 특성'이라는 새로운 개념을 도입하였다.

① 상각후원가(AC : Amortized Cost) 측정 금융자산

1) 계약상 현금흐름을 수취하기 위해 보유하는 것이 목적인 사업모형 하에서
2) 금융자산의 계약조건에 따라 SPPI 발생

② 기타포괄손익-공정가치(FVOCI : Fair Value through Other Comprehensive Income) 측정 금융자산

1) 계약상 현금흐름 수취와 금융자산의 매도 모두를 통해 목적을 이루는 사업모형 하에서
2) 금융자산의 계약조건에 따라 SPPI 발생

③ 당기손익-공정가치(FVPL : Fair Value through Profit or Loss) 측정 금융자산

1) 상각후원가(AC) 또는 기타포괄손익-공정가치(FVOCI) 외의 모든 금융자산
2) 지분상품에 한해 공정가치선택권(FVO : Fair Value Option) 부여 : FVOCI로 인식가능

기본적으로 모든 지분증권, 즉 주식은 ③에 해당하여 당기손익인식 항목으로 분류하며, 예외적으로 빈번한 거래를 통한 단기차익 목적이 아닌 경우 선택적으로 ②의 기타포괄손익 항목으로 지정이 가능하다.

'사업모형'과 '계약상 현금흐름의 특성'이라는 기준에 따르면 실제 보유 중인 채권 등의 운용 행태(매매의 빈도, 성과보상, 위험관리 등)를 고려하여 수취모형, 수취 및 매도, 기타모형의 3가지 범주를 구분하고 각각 상각후원가, 기타포괄손익, 당기손익항목으로 분류하도록 하고 있다.

사업모형

'사업모형'은 개정 전 1039호에서 설명하는 '보유목적'과 유사하나, 금융자산으로부터 수취하는 현금흐름의 구조에 중점을 둔다는 면에서 차이가 있다. 사업모형은 다음 세 가지

로 나뉜다.

- 금융자산의 계약상 현금흐름을 수취하기 위해 보유
- 금융자산의 매도를 위해 보유
- 금융자산의 계약상 현금흐름수취와 매도 둘다를 위해 보유

계약상 현금흐름의 특성

계약상 현금흐름의 특성은 두 가지가 있다.

- 금융자산으로부터의 현금흐름이 원금과 이자만으로 구성(SPPI : contratual cashflows that are Soley Payments of Principal and Interest of the principal amount outstandings)
- 그 외의 경우(금융자산으로부터의 현금흐름이 원금과 이자 외 항목도 포함)

계약상 현금흐름이 원금과 이자만으로 구성된 경우를 SPPI라고 한다. 전통적으로 만기 원금 상환액과 기간 내 이자 지급 조건만이 부가된 회사채나 대여금 같은 금융자산이 SPPI에 해당된다. 그러나, 원금과 이자 이외의 현금흐름 발생 구조가 내재된, 예컨대 전환사채와 같은 복합금융상품은 SPPI에 해당되지 않는다.

개정된 기준 하에서 기존 단기매매증권에는 큰 변화가 없지만, 매도가능증권의 회계처리에 큰 변화가 발생했다. 과거에는 매도가능증권 평가손익을 자본의 기타포괄손익누계액으로 처리해왔지만, 개정된 기준에 따르자면 매도가능증권도 기본적으로는 당기손익인식 금융자산으로 처리하고 일부 기타포괄손익누계액으로 회계처리할 수 있는 옵션을 선택할 수 있다. 이 옵션을 선택할 경우 매도가능증권이라 하더라도 추후에 당기손익인식 금융자산으로 분류를 변경하는 것은 불가능하며, 평가손익과 처분손익 모두 기타포괄손익으로 처리하고 손상평가도 하지 않는다.

K-IFRS를 적용하는 상장기업의 경우 취득하는 지분상품의 종목별로 기타포괄손익 옵션을 선택할 수 있기 때문에 주식을 취득할 때마다 이 옵션을 선택할지 여부를 판단해서 가장 유리한 방식을 취하도록 해야 하는 번거로움이 있을 수 있다. 예컨대 이 옵션을 선택할 경우 주식의 처분으로 발생한 이익을 손익계산서에 표시할 수 없으므로, 당기순이익을 높게 드러내고 싶어하는 기업 입장에서는 달갑지 않은 반면, 주식 처분으로 발생한 손실은 손익계산서에 표시하지 않아도 되므로 오히려 환영할만한 것이 된다.

사실, 날로 복잡해져가는 금융자산의 종류에 따라 이를 어떻게 분류할 것이며, 어떤 상각 방식이나 공정가치 계산법을 택할 것인가는 사전적으로 명쾌히 분류되어 있지 않으며

대상에 따라 회계 전문가가 종합적 판단을 수행할 영역이 되어 있다. 회계정보 이용자의 입장에서는 회계 전문가가 이런 판단을 내리게 되는 회계기준 상 배경을 이해할 필요가 있다.

지분법적용증권

피투자회사에 중대한 영향력을 행사할 목적으로 취득한 지분을 말한다. 가치평가기준일 현재의 시가로 조정해서 평가해야 한다.

유가증권 평가에서 가장 문제가 되는 것은 그 공정가치를 어떻게 계상할 것이냐이다. 액면가나 역사적 원가는 대개 공정가치와 차이가 나는 경우가 많기 때문이다. 상장주식처럼 입수가능한 시가가 존재한다면 문제가 없겠지만, 그렇지 않은 경우에는 그 가치평가가 매우 어려운 문제가 된다. 특히 ELS나 DLS는 복잡한 옵션 상품이기 때문에 그 공정가치를 계산하려면 전문적인 기법이 필요하다. 이 경우 채권시가평가회사를 포함한 전문 가치평가기관에 평가를 의뢰하기도 한다.

8.2.1.4. 매출채권

8.2.1.4.1. 개요

매출채권이란 일반적 상거래에서 발생한 외상매출금과 받을어음을 의미한다. 쉽게 말하자면 물건 값을 근시일 내에 수령할 것으로 예정되어 있는 상품과 그 가액들의 합계를 의미한다. 외상매출금은 말 그대로 판매자가 구매자로부터 근시일내에 대금을 직접 지급받을 예정으로 있는 금액을 말한다. 받을어음은 구매자가 대금을 만기가 있는 어음증서로 발행해준 것을 의미한다. 어음의 만기는 매우 다양하나 발행일로부터 90일이 많은 비중을 차지한다. 판매자는 만기가 도래한 어음을 거래 은행에 제시하고 대금을 지급받는 형태를 취한다.

그 의미에서도 알 수 있듯이, 매출액 대비 매출채권 비중이 높을수록 기업 입장에서는 재화나 용역이 제공된 이후 그 대금을 아직 받지 못한 부분이 크다는 의미이므로 자금관리 측면에서는 바람직하지 않다. 모든 판매를 현금결제 또는 선입금으로만 실행할 수 있다면 매우 이상적일 것이다. 그러나, 많은 사업에서 거래 관행 또는 고객 유지 차원에서 어느 정도의 매출채권 발생은 불가피하다. 다만 이 수준이 과도해지지 않도록 늘 관리를 할 필요성이 있다.

8.2.1.4.2. 대손충당금

일반적으로 매출채권은 대손충당금 설정을 병행한다. 대손충당금이란 매출채권 중 미회수 예상액을 말한다. 예를 들어서 2xx0년 12월 31일 현재 매출채권이 ₩100이라고 한다면, 얼마를 대손충당금으로 설정해야 할까? 여기에는 어떤 정해진 공식이 있는 것이 아니라 과거의 미회수 발생 경험을 토대로 적절한 값을 산정한다. 그것은 사업에 따라 4%, 5% … 기타 여러 수치로 정할 수 있다. 사업에 따라서는, 주로 건설업 분야에서 그런 경향이 있지만, 10%가 넘는 비율로 대손충당금을 설정하는 경우까지 심심찮게 발견된다.

이렇게 정한 대손충당금이 과연 적정한 수준인지는 누구도 단정하기 어렵다. 그 적정성은 대개 기업이 주장하는 수치와 회계사가 인정하는 수치 사이에 타협의 산물이다. 어쨌든 매출채권 대비 대손충당금의 비율은 매년 어느 정도의 일관성이 있어야 신뢰를 얻을 수 있다는 점만큼은 분명하다.

재무상태표에서 인식한 '대손충당금'은 매출채권을 그만큼 감액시키는 역할을 한다. 이 부분은 동시에 손익계산서에서 '대손상각비' 계정으로 발생하여 대차를 일치시키게 된다. 어쨌든 대손충당금과 대손상각비 설정에 주관적인 판단이 많이 개입할 수 있다는 특성 때문에 대손충당금을 자의적으로 설정함으로써 당기순이익을 조작하는 데 오용할 가능성도 있다.

(단위 : ₩)

재무상태표	
매출채권	100
대손충당금	(5)
매출채권계	95

↔

(단위 : ₩)

손익계산서	
매출액	1,000
매출원가	700
매출총이익	300
판매비와관리비	88
…	
대손상각비	5
…	
세전이익	212
법인세등	25
당기순이익	212

우리나라 제조업 전체의 매출액 대비 대손상각비 비율은 0.2% 내외로, 매출채권 대비 대손충당금 비율은 약 1% 내외로 알려져 있다[9]. 물론 개별 산업별로는 이 수준에 편차가

9) 매년 발간하는 한국은행 <기업경영분석>의 수치를 참고하라.

있을 것이지만, 평균적으로 매출채권 100원당 1원 꼴로 대손을 예상한다고 해석할 수 있다.

매출채권은 생성되기도 하지만 소멸되기도 한다. 소멸은 대금 회수가 이루어진 경우에 그 회수액만큼이 매출채권에서 감액되는 방식으로 이루어진다. 2xx0년 12월 31일 A사를 상대로 현재 ₩1천만의 외상매출금이 존재했는데, 다음해 2월 28일 대금을 수령받았다면 그 ₩1천만은 2xx2년 2월 28일 현재 ₩0이 된다. 이와 동시에 ₩1천만에 해당하는 비율만큼의 대손충당금과 대손상각비도 감액된다. 예컨대 그 비율을 4%라고 한다면 대손충당금과 대손상각비도 각각 ₩40만씩 줄어든다.

판매처가 부도를 내면 어떻게 될까? 이때 해당 매출채권이 사실상 회수가 불가능한 것으로 판명된다면 그 매출채권은 전액 소멸된다. 그러나, 장부상 소멸 여부와 관련 없이 매출채권에 대해 실사를 통해 일정 비율, 예컨대 10~20% 정도를 향후 1~2년 이내에 회수할 수 있을 것으로 추정한다면 그만큼의 자산성을 인정해줄 수는 있다. 이런 손실 또는 소멸액 가운데 어느 정도를 재무상태표에 반영할지는 실무적인 문제로서 회계사와 경영진 사이에 이루어지는 판단과 합의가 중요한 역할을 한다.

만약 대손충당금을 설정하지 않는다면 어떤 일이 일어날까? 이 경우 대손충당금을 설정하는 경우보다 재무제표상 매출채권이 높게 나타날 것이므로 자산규모가 상대적으로 더 커 보일 수 있다. 손익계산서에도 대손상각비가 계상되지 않으므로 상대적으로 손익 구조는 양호해 보일 것이다.

대손충당금이 설정되지 않은 상태라 해도 매출채권 회수가 계속 원활하게 이루어지기만 한다면 아무런 문제가 없을 것이다. 그러나, 이어지는 해에 매출채권 부도가 발생하면 상황이 달라진다. 그 규모에 따라 차이는 있겠지만 많은 경우 자금난으로 이어진다. 재무상태표의 자산 규모와 보유 현금 규모는 크게 줄어들 것이다. 이어지는 해에 손익계산서 상으로는 당장 비용이 늘어나거나 매출이 감소하는 모습은 보이지 않을지 모른다. 하지만 일단 자금난에 빠지면 그 동안 정상적으로 이루어진 비용 지출이나 예정되었던 투자가 어려워지게 된다. 부족한 자금을 보충하기 위해 차입이 늘어나고, 자금 사정이 특별히 개선되지 않으면 증가한 차입은 조금씩 비용 압박요인이 된다. 일시적으로 재무제표상 별 문제가 없어 보였던 기업이라 해도 서서히 부실화되고 어느날 재무제표는 갑자기 악화된 모습으로 나타난다.

재무제표는 기업의 수익창출능력을 연속성, 일관성 있게 보여주는 것이 목적이다. 대손충당금을 설정하는 이유도 바로 거기에 있다. 미래에 발생할 미회수 사태를 현재의 자산 및 손익구조에 일정 수준 미리 반영함으로써 보수적인 입장에서 실적을 집계해 놓자는 것이 그 취지인 것이다.

기업분석가 입장에서 매출채권의 실체를 파악하는 일은 매우 중요하다. 그 미회수 가능성도 문제지만, 팩토링에 담보로 제공되어 그 자산성에 제약이 가해지고 자칫 상환청구권 행사가 집중될 경우 자금난을 유발할 가능성이 높기 때문이다.

[개념] 매출채권 팩토링factoring)

매출채권과 관련하여 팩토링이라는 개념을 이해할 필요가 있다.

팩토링이란 회사(A사)가 보유하고 있는 매출채권의 일부를 은행, 캐피탈 사등 금융기관에 양도 또는 담보 제공하여 현금화하는 활동을 말한다. A사는 자신이 보유한 매출채권 ₩100을 금융기관에 양도 또는 담보제공하고 금융기관은 A사에 ₩95의 현금을 지급한다. 이 차액 ₩5은 5%의 할인율이 적용된 것으로서, 금융기관의 조달금리와 각종 사업비용가 반영된 것이다. 대상 매출채권의 만기 시에 금융기관은 해당 매출채권의 채무기업(대금 지불 의무자, 구매자)에 ₩100을 청구하여 회수한다.

기본 개념은 이렇지만 실제 운용 형태는 여러 가지가 있을 수 있다. 팩토링은 소구권의 존재 여부에 따라 매각거래와 차입거래로 나뉜다.

- 매각거래 : 우선 A사의 매출채권이 금융기관에 완전매각된 경우, 만약 B사가 부도가 나면 금융기관은 대금회수에 실패하고 손실을 입게 된다. 이때 금융기관은 A사에 대한 소구권이 없는 상태이기 때문이다.

앞의 수치 예로 들자면, A사의 재무상태표에서는 매출채권 ₩100이 감소하고, 대신에 현금 ₩95이 증가한다. 동시에 손익계산서에서는 매출채권 처분손실 ₩5이 기타비용으로 계상되어 대차가 일치하게 된다.

- 차입거래 : 완전한 매각거래는 그리 흔치 않으며, 대개 차입거래 형태를 띠게 된다. 그리고 이때 A사와 금융기관 사이에 계약상, 부도시 A사에 대한 소구권 조항이 들어가는 것이 보통이다. 금융기관은 B사로부터 대금회수에 실패하게 되면 A사를 상대로 상환 청구를 하여 손실을 최소화할 필요가 있기 때문이다.

이 경우, A사의 매출채권은 앞의 매각거래와 달리 여전히 A사의 소유로 남아 있으며 아무런 변동이 없다. 다만 이 매출채권은 금융기관에 담보로 제공됐을 뿐이다. 앞의 수치 예로 들자면, A사의 단기차입금이 ₩95 증가하고, 손익계산서에는 이자비용 ₩5이 기타비용에 계상된다.

사 례 **2014 모뉴엘 사태**

2007년에 창립한 이해 고성장을 구가해왔던 우리나라의 가전제품 회사 모뉴엘은 매출채권 팩토링 제도를 악용했다. 모뉴엘은 해외 총판업체 등 다수의 거래처에 대해 수출 매출채권이 없는 것을 마치 있는 것처럼 서류를 조작해서 은행을 상대로 자금을 대출 받았다. 그리고 매출채권 만기마다 서류를 조작해서 자금을 받는 방식으로 이른바 '돌려막기'를 이어갔다. 이후 매출채권 부실화가 표면화되자 은행이 모뉴엘을 상대로 한 상환청구권 행사가 집중됐다. 결국 2014년에 회사는 부도처리되고 법정관리를 신청했다. 대표는 불법대출 혐의로 구속 기소됐다.

회사는 2013년 매출이 ₩1조에 달했지만 영업활동으로 인한 현금유입은 ₩15억 수준에 불과했다. 또한 회사는 은행권에 ₩1조580억을 매출채권 양도한 것으로 보고했다. 이는 그 해의 매출 ₩1조2737억에 근접한 수준이었다. 그러나 장부상 처리한 매출채권 양도가 사실은 완전한 매각거래가 아니라 소구권 조항이 있는 차입거래였고 이후 상환청구권이 집중되는 계기가 됐다.

매출채권 양도액이 거의 매출액에 근접한 수준이었다는는 것 자체가 비정상적인 모습이었다. 다른 어떤 사업에서도 이런 형태는 발견하기 힘들 것이다. 매출액 규모 대비 현금흐름이 지나치게 작은 것도 매출액이 실제보다 과도하게 부풀려졌다는 의심을 받기에 충분했다. 그럼에도 불구하고 재무제표에 대한 면밀한 분석과 실사가 부족한 상태에서 대출이 이루어졌다.

8.2.1.5. 재고자산

8.2.1.5.1. 개요

재고자산은 다음과 같은 3가지 형태로 나뉜다.

- 상품, 제품정상적 영업활동을 통하여 판매할 것을 목적으로 하는 재화
- 재공품, 반제품 : 판매를 위하여 제조과정 중에 있는 재화
- 원재료, 저장품 : 제품생산을 위하여 당기에 소비될 유형의 재화.

재고자산의 본질에 관해서 말할 때 '모든 재고는 현금을 지출한 대가'라는 사실을 명심해야 한다. 그러므로 모든 재고는 판매를 통하여 그 대가를 보상받는 현금 수입으로 이어져야만 한다. 즉 모든 재고는 주된 영업활동을 통해 팔릴 것을 목적으로 보유하고 있는 자산이라고 말할 수 있다.

이런 관점에서 볼 때 재고가 자산으로서 지니는 가치는 그 현금화 가능성이다. 예를 들어서 어떤 이유로 판매가능성이 사실상 소멸됐다면 재고로서 자산가치를 인정받기 힘들다.

A사는 신개념 통신단말기를 개발한 유망한 벤처기업이었다. 설립 후 몇 년이 지나지 않았음에도 불구하고 2xx0년 재무제표 상 매출액 ₩100억을 달성하는 성과를 올렸다. 벤처캐피탈Z사는 투자를 검토하기 위해 A사의 재무제표를 살펴보던 중 제품재고자산이 무려 ₩70억으로 계상되어 있는 사실을 발견했다. 이내 창고를 방문하여 제품 재고의 실체를 확인하고 시장 동향을 조사해본 결과, 대부분 판매가능성이 소멸된 불용재고인 것으로 판단하였다. 시장에서 대체기술이 적용된 단말기 수요는 계속 늘고 있었지만, A사의 단말기는 경쟁력을 상실하여 주문이 감소하기 시작한 상태였던 것이다.

만약 이 ₩70억을 전액 불용재고로 처리하여 가치를 인정하지 않을 경우 장부상 자산규모는 그만큼 감소할 것이다. 그러나 이미 여기에 ₩70억이라는 현금 대가를 지불했기 때문에, A사는 사실상 ₩70억의 손실을 입게 되는 것이다. 그리고 그만큼 현금흐름 압박에 처하게 된다.

이렇듯 재고가 지닌 자산으로서의 가치를 공정하게 평가하기 위해 재무상태표에서는 '재고자산평가충당금'을, 손익계산서에서는 '재고자산평가손실'을 주기적으로 인식한다. 이는 앞에서 매출채권에 대해서 대손충당금과 평가손실을 인식하는 것과 동일한 취지에서다.

재고자산의 가치를 하락시키는 요소는 비단 판매 가능성의 하락에만 있는 것이 아니다. 다음과 같은 여러 사건으로부터 영향을 받는다.

- 물리적으로 손상된 경우
- 변질, 부패, 파손, …
- 진부화
- 유행의 변화로 쓸모 없게 된 부품, 미완성 중간제품, 완제품, …
- 시장가격 하락
- 가격하락으로 원가조차 보전하지 못할 것으로 예상하는 경우

제조업이나 유통업을 영위하는 기업의 재무제표를 분석할 때 불용 또는 부실재고 여부를 정밀 분석해야 하는 것이 원칙이다. 하지만, 현실적으로 자산실사 권한을 지니고 있지 않은 외부인이 그리 하기는 불가능하고, 때로는 분석 시간이 부족해서 실사를 생략하는 경우도 있다. 어떤 경우라 해도, 회사의 재고자산 관리 정책을 최소한 살펴보고, 동종 업계 재무제표의 매출액 대비 재고자산 비율 , 매출채권 또는 매입채무 대비 비율 등과 비교하

면서 재고자산 수준의 적정성 여부를 점검할 필요가 있다.

8.2.1.5.2. 원가 효과

재무상태표에 기말재고가 과다하게 계상된 경우 이는 재무제표의 형태에 어떤 영향을 미칠까?

먼저 장부상 자산규모를 증가시키는 역할을 한다. 그러나, 이는 자산 건전성과 별개의 문제로 파악해야 한다. 물론 증가한 재고가 자산건전성을 인정 받으려면 가까운 미래에 현금화 가능성이 그만큼 확실하다는 조건이 수반되어야 할 것이다.

다음으로는 그 기간의 원가를 감소(이익 증가)시키는 역할을 한다. 왜냐하면 원가는 기본적으로 다음과 같은 산식에 따라 계산되기 때문이다.

원가 = 기초재고 + 기중증가비용(매입/제조비용) − 기말재고

이 산식만 보았을 때, 기말재고가 늘어나면 원가가 그만큼 줄어드는 효과가 있다. 즉 그만큼 손익계산서상 이익을 증가시키는 효과가 있다. 하지만 당기에 늘어난 기말재고는 차기에 기초재고를 그만큼 증가시킨다. 당기의 원가하락 요인이 차기에는 오히려 원가상승요인으로 전환되는 것이다. 당기에 부풀려진 이익은 결국 차기에 손실로 전환되게 되어 있으므로 장기적으로는 진정한 손익구조를 결코 숨길 수가 없는 것이다.

8.2.1.5.3. 적정 재고

'적정 재고를 어느 정도 수준으로 정하고 생산 또는 매입을 할 것인가?' 이 결정이 잘못될 경우 기업의 현금흐름에 직접적인 타격을 입힐 수 있다. 대부분 기업은 과거의 경험을 바탕으로 적절한 재고 수준을 가늠하고 유지해야 한다.

그러나 경영자가 과다한 낙관론에 빠져 무모하게 생산용량을 증설하거나 일시적인 호황으로 급증한 주문 물량을 소화하기 위해 공장을 최대한 가동할 경우 어떤 일이 발생할까? 시장이 예상대로 지속되기만 한다면 증산한 물량은 당분간은 계속 소화될 것이다. 그러나, 영원히 지속될 것만 같았던 호황이 돌변하여 수요가 급감한다면 경영자는 산더미처럼 쌓인 재고를 보며 한탄하기 시작할 것이다. 대규모 할인판매 등 여러 방식으로 대응하겠지만 이미 상황은 돌이킬 수가 없다.

불용재고 또는 과다재고는 경영자의 의도와 무관하게 발생하는 경향이 있다. 판매 예측

은 사실 경영자의 지각 능력으로 감당하기에는 지극히 어려운 과업이기 때문이다. 인간은 미래를 예측할 수 없다. 회사 외부에서 지금 일어나고 있는 방대하고 복잡한 현실, 예컨대 고객 심리 변화, 경쟁사 동향, 기술 변화, 규제 변화 등을 모두 적절하게 인지하기도 어렵거니와 설령 그리 했다 하더라도 미래에 어떤 일이 일어날지는 누구도 알 수 없다.

재고자산 보유 수준은 유형자산 투자 규모와 아울러 기업에게는 가장 큰 불확실성 요인이다. 이는 제품재고만이 아니라 원재료나 부품 재고에서도 동일하게 나타나는 현상이다. 원재료 → 재공품 → 제품으로 이어지는 재고의 사슬은, 각 단계에서 부가비용(cost-added)이 얼마나 추가되느냐의 차이가 있을 뿐, 각 결국 한 몸이라고 볼 수 있다. 충분한 수요를 예상하고 대량으로 원재료를 매입해놓았는데 최종 제품의 수요가 감소하여 생산에 투입조차 못하고 쌓아놓게 된다면 이만한 손실이 어디 있겠는가?

일본 자동차 제조기업이 도입한 적시생산(JIT, Just-In-Time) 또는 패션의류 사업에서 등장한 패스트 패션(Fast Fashion)은 바로 이 재고자산이 야기하는 불확실성을 최소화하고자 하는 시도였다. 필요한 원재료나 부품 재고를 미리 대량으로 구입해 놓는 것이 아니라 공정시 필요한 시점마다 수시로 조달하거나, 모델별 생산량을 가장 최근 시점의 시장 수요에 맞춰 결정함로써 원재료, 재공품, 제품 재고 수준을 최소화하는 방식이다(본서의 제4장 원가절감 참조).

8.2.1.6. 기타 유동자산

기타 유동자산이란 앞의 현금 및 현금성자산, 매출채권, 재고자산을 제외한 모든 유동자산을 말한다.

기타채권, 기타수취채권, 기타유동자산 등 회사마다 조금씩 다른 명칭을 사용하며, 내용상으로는 미수금, 대여금, 미수수익, 선급금, 선급비용 등이 여기에 포함된다.

8.2.1.6.1. 미수금

미수금이란 영업활동 이외의 채권을 말한다. 즉 목적사업으로부터 발생하는 판매대금 이외의 형태로 받아야 할 금액을 말한다는 의미에서 매출채권과 차이가 있다. 유형자산 매각대금 미수금, 부가세 환급예정액 등이 해당된다. 미수금 역시 매출채권과 마찬가지로 적절한 수준의 대손충당금을 설정할 수 있다.

8.2.1.6.2. 대여금

대여금은 금융업을 영위하지 않는 일반 기업이 기업 내부 또는 외부 주체를 대상으로 제공하는 사적 대출을 말한다. 주주임원종업원단기대여금, 관계회사대여금 등이 여기에 속한다. 회사가 대여금을 발생시키는 행위에 원칙적으로 문제는 없으나, 특히 대표이사나 주요 경영진이 차입하는 금액이 지나치게 크다면 그 배경이 무엇인지 주의해서 살펴볼 필요가 있다. 어떤 경우든 회사 자금을 개인 용도로 사용하기 위해 회사로부터 차입한 형식을 취했을 수 있기 때문이다. 그들로부터 조속한 상환이 이루어진다면 상관이 없지만 미회수 상태가 장기화되거나 부도가 발생하는 경우, 횡령에 준하는 사태라고 볼 수도 있다.

8.2.1.6.3. 미수수익

미수수익이란 현금이 미입금된 상태이나 회계기준 상 수익으로 인식한 수익을 말한다. 예를 들어 기간이 도래하지 않은 이자수익 같은 것을 들 수 있다. 2xx1년 4월 1일 가입한 정기예금의 1년분 이자 ₩120만이 2xx1년 4월 1일 지급될 예정이라면, 4 ~ 12월 기간 중 아직 미수령한 ₩90만을 2xx1년 미수수익으로 인식한다. 미수수익 역시 대손충당금을 설정할 수 있다.

8.2.1.6.4. 선급금

선급금이란 재화와 용역을 제공받는 시기보다 앞서서 대금 일부를 지급하는 것을 말한다. 매출채권과는 시간적으로 반대 개념이다.

예를 들어서 게임개발사가 외주를 의뢰하고 1년 뒤 개발 결과를 제공받기 전에 개발비를 먼저 지급하는 경우나, 영화사가 주연배우에게 선지급하는 출연료, 소위 개런티 등이 여기에 속한다.

선급금 역시 대손가능성이 항존한다. 다만 매출채권이나 미수금처럼 돈을 못 받는 것이 아니라, 약정한 재화와 용역을 제공받지 못하는 경우에 대손이 발생한다. 외주개발사가 개발에 실패하거나, 주연배우가 사고로 출연을 하지 못하게 되는 경우를 예로 들 수 있다. 물론 이에 대비하여 계약상 위약금 조항을 포함시키거나 보험에 가입하기도 한다.

매출채권은 그 반복성으로 통계 또는 경험을 통해 대손가능성을 어느 정도 추정할 수 있지만, 선급금은 그렇지 않다. 재무제표 상 기재된 금액 또는 주석에 기재된 내용만으로는 그 불확실성을 파악하기가 어려운 편이다.

8.2.1.6.5. 선급비용

선급비용이란 특정기간에 발생할 비용을 장부상 지급하는 것을 말한다.

8.2.2. 고정자산

8.2.2.1. 유형자산

8.2.2.1.1. 개요

유형자산이란 재화와 용역이 생산이나 제공, 타인에 대한 임대 또는 관리활동에 사용할 목적으로 보유하는 물리적 형태가 있는 자산을 말한다.

쉽게 말하자면, 재고자산을 제외하고, 손에 잡히고 눈에 보이는 구체물 상당부분이 유형자산으로 분류된다. 포함된다. 토지, 건물, 구축물, 기계장치, 선박, 차량운반구, 건설중인 자산 등이다.

다만 경제적 효익 창출에 기여하는 기간이 1년 이상일 것으로 판단되는 것들만이 자산으로 분류되며, 그렇지 않은 것들을 자산이 아니다.

정수기가 있다면, 정수기 자체는 자산이 되겠지만, 거기에 정기적으로 교체 탈착되는 생수는 소모품으로 분류될 것이다. 이런 식으로 제반 소모품, 예컨대 잉크, 윤활유, 테이프, 생수처럼 짧은 기간 동안 소모되고 사라지는 물품들은 유형자산으로 분류되지 않는다. 당연히 이들 소모품을 취득하는 데 지출된 경비는 투자가 아니라 당기비용으로 처리된다. 이 경비는 당기의 수익에만 대응하는 비용으로 처리되며, 장기에 걸쳐 상각되지 안는다.

유형의 구체물이 과연 유형자산인가 재고자산인는 그 물리적 형태가 아니라 보유 목적과 사업 목적(정관)에 따라 구분된다. 예를 들어 토지와 건물은 사업 목적이 무엇이냐에 따라 다음과 같이 달라진다.

- 부동산개발업 : 토지와 건물은 재고자산
- 부동산임대업 : 토지와 건물은 투자부동산

그러므로, 일반사업자가 보유 건물의 일부를 임대해서 수익을 얻는 경우, 그 임대수익은 매출이 아니라 기타수익으로 계상한다. 그리고 이 임대수익은 영업이익에 영향을 미치지 않는다.

K-IFRS상 유형자산에 대하여 원가모형과 자산재평가 모형을 선택할 수 있다. 그러므로, 재무제표의 독자는 취득원가 기준인지, 재평가 기준인지에 대해서 주석사항을 잘 살펴보아

야 한다.

8.2.2.1.2. 인식 시점과 측정

유형자산을 취득하는 경로는 다음과 같이 매우 다양하다.

① 매입

② 자가제작, 건설

③ 교환에 의한 취득

④ 현물출자

⑤ 증여 등 무상 취득

⑥ 정부보조금 등 정부지원

유형자산의 취득원가는, 자산을 취득하기 위하여, 자산의 취득시점이나 건설시점에서 지급한 현금(또는 현금성자산)이나 기타 제공한 대가의 공정가치를 말한다. 그런데, 이 대가에는 단지 그 유형자산의 구입 가격 뿐만 아니라, 회사가 사용가능한 상태에 이르기까지 발생하는, 직접 귀속되는 부대 비용들을 포함하는 것이 일반적이다.

직접 관련된 비용은 유형자산의 취득 원가가 되고 감가상각 대상이 되지만, 직접 관련되지 않은 비용들은 경상비 처리한다.

직접 귀속되는 비용

유형자산의 매입 · 건설과 직접 관련되어 발생한 종업원급여, 설치장소 준비원가, 최초의 운송 · 취급 관련 원가, 설치 · 조립원가, 유형자산의 정상작동 여부에 대한 시험원가, 전문가 수수료 등이 포함된다.

직접 귀속되지 않는 비용

새로운 시설의 도입과 관련한 간접적 개설 원가, 시설 운영과 관련된 광고비 판촉비 등, 교육훈련비 등 새로운 지역이나 새로운 고객층 대상의 영업에 소요되는 원가, 기타 판매관리비 및 일반간접비 등이 포함된다.

사실, 유형자산으로 인식하는 시점에 대한 기준에는 미묘한 부분이 있다. 사용가능한 상태로 회사의 적절한 공간에 배치했다 하더라도, 아직 미사용 상태인 경우에 발생하는 원가는 유형자산 원가로 인식하지 않는다. 또한 사업을 재배치, 재편성하는 과정에서 유형자산에 발생하는 원가도 유형자산 원가로 인식하지 않는다.

유형자산의 최초 취득 이후 발생하는 원가도 그 성격에 따라 자본적 지출과 수익적 지출로 구분하여, 전자는 유형자산 취득으로 인식하는 반면에, 후자는 당기비용(수선비, 소모품비 등)으로 처리한다.

자본적 지출(capital expenditure)

그 지출의 효과나 성격이 유형자산의 생산능력을 증대시키거나, 효율성을 제고하거나(원가절감, 생산성 및 품질 향상), 내용연수를 연장시키는 것일 경우 자본적 지출로 인정한다.

수익적 지출(revenue expenditure)

자본적 지출로 인정되는 것 이외의 지출을 말한다.

자본적 지출과 수익적 지출의 구분은 대상 유형자산의 사용 특성에 따라 이루어지는 천차만별의 지출에 대하여 적절한 판단을 내려야 하는 문제가 된다.

차량운반구, 즉 자동차를 예로 들어보면 윤활유 교체 비용은 명백히 수익적 지출이다. 타이어 교체는 모호한 면이 있으나 별다른 이유가 없는 한 수익적 지출로 처리할 것을 우리나라 법인세법 시행규칙 제17조에서 규정하고 있다. 그러나, 단순한 교체가 아니라 사업목적에 기여하기 위해 차량 개조를 수반하면서 특수 고성능 타이어로 교체할 경우에는 단순히 수익적 지출로 보기에는 무리가 있고 자본적 지출로 보는 것이 맞다.

건물의 지붕을 개보수한 것도 단순히 낡아서 수선을 한 취지였다면 수익적 지출이지만, 예컨대 빗물 고임 문제를 해결하기 위해 지붕의 구조 자체를 개량하고 성능을 개선하려는 취지였다면 자본적 지출로 분류하는 것이 옳다.

회계 실무자는 이 판단과 관련하여 자주 곤혹스러운 상황에 직면하곤 한다. 이런 이유로 관련 회계 기준, 법인세법 시행규칙 등을 꼼꼼히 다시 살펴보거나, 관련 처리 사례를 조회하거나, 국세청이나 회계법인 등에 질의, 자문을 거쳐야 하는 경우가 빈번히 발생한다.

8.2.2.1.3. 감가상각(depreciation)과 손상

유형자산 중에서 토지와 건설중인 자산을 제외한 모든 자산은 감가상각 대상이 된다.

감가상각이란 수익 - 비용 대응의 원칙에 따라 취득가액을 미래에 경제적 효익을 발생시키는 기간 동안 합리적으로 배분하는 것을 말한다. 감가상각 행위 자체는 그 본질이 가치평가가 아님에 유의하자. ₩100억을 투자해서 매입한 기계장치는 수익을 창출하는 데에 기여하는 예상 내구 연수를 10년으로 예상할 때 매년 그 10분의 1인 ₩10억씩 감가상각비로 처리한다.

주의할 사항은 이 기간은 물리적 내구기간이 아니라, 경제적 효익 창출에 기여하는 기간을 말한다는 사실이다. 물리적 내구기간이나 경제적 효익 창출 기간은 대강의 값을 추정할 수는 있어도 그 누구도 정확히 예측할 수가 없다. 그래서 종종 낡은 기계가 장부상으로 감가상각이 완료되었음에도 불구하고 현장에서는 여전히 사용되고 있는 경우가 발견되기도 한다.

한편, 토지가 감가상각 대상이 되지 않는 이유는 토지 자체는 아무리 시간이 흘러도 가치가 줄어들지 않는다는 사실을 전제하고 있기 때문이다. 또한 오직 건설이 완료된 자산만이 완료된 시점부터 감가상각이 적용되며, 건설 중인 자산은 그 대상이 되지 않는다.

내용연수 매기간마다 감가상각비를 계산하는 방법은 여러 가지가 있다. 정액법, 정률법, 생산량비례법 등이 있다. 기업은 필요에 따라 이 중 하나를 선태할 수 있다.

n은 내용년수라고 했을 때 정액법은 취득원가를 $\frac{1}{n}$로 나눈 값을 매기 감가상각비로, 정률법은 매기에 전기말 잔액에 일정 비율 d를 곱한 값을 당기의 감가상각비로 삼는 것이다.

이중 가장 단순한 정액법과 정률법만을 예로 들어보자. ₩100억을 투자해서 취득한 유형자산을, 만약 내용연수가 5년이라고 가정하면 정액법과 정률법은 다음과 같이 매기 상이한 감가상각비를 산출한다. 다음 예는 $n = 5$, $d = 45\%$인 경우이다.

(단위 : ₩억)

	취득원가	1년차	2년차	3년차	4년차	5년차	감가상각완료 후 잔액
정액법	100	20	20	20	20	20	0
정률법	100	55	25	11	5	2	2

<표 1>은 설명의 편의상 유형자산으로 기계장치 1종류만 보유하고 있는 회사를 전제하고, 당기의 감가상각비는 ₩12은 손익계산서에, 당기를 포함한 과거의 총 감가상각누계액 ₩61은 재무상태표에 표기되는 방식이 나타나 있다.

▸ ▸ 〈표 1〉 유형자산 감가상각누계액과 감가상각비

(단위 : ₩)

재무상태표	
기계장치	100
감가상각누계액	(61)
기계장치	39

(단위 : ₩)

손익계산서	
매출액	1,000
매출원가	700
…	
감가상각비	12
…	
매출총이익	300
판매비와관리비	88
세전이익	212
법인세등	25
당기순이익	212

감가상각은 그 설정 기간이 자의적이므로 손익에 미치는 영향이 매우 크다. 상각기간을 과도하게 장기로 잡을 경우 각 기간 중 감가상각비가 크게 줄어들고 영업이익이 증가하는 효과가 있다. 또한 정률법을 택할 경우 초기에 감상각비가 집중되어 초기의 영업이익이 감소하는 효과가 있다. 사실 감가상각 기간 및 그 규모의 적절성을 판단하는 객관적인 기준은 없다. 분석가는 오직 업종, 또는 사업 특성에 대한 현장 경험 바탕으로 상각기간과 상각방식의 적절성을 판단해야 한다.

한편 감가상각 외에 손상차손(impairment)도 기말 유형자산 잔액의 크기를 감소시킨다.

유형자산 장부상 잔액보다, 실제 예상되는 경제적 효익이 작을 경우 그 차액을 손상차손으로 처리하게 됨은 이미 말한 바 있다(본서 8.1.2.2. 중 손상차손 참조). 즉 손상차손을 인식한만큼의 자산은 장부에서 소멸하게 된다.

손상차손은 손익계산서에 기타비용으로 처리되어 당기 영업이익에는 영향을 미치지 않는다. 그러나, 그러나 기말 잔액을 감소시킴으로써 다음해부터 발생하는 감가상각비 자체를 줄어들게 하는 효과가 있다. 이처럼 손상차손은 당기가 아니라 차기 영업이익을 증가시키는 효과가 있다는 사실에도 유의해야 한다.

[원리] 장부상 유형고정자산인 ₩0인데, 현장에는 기계장치가 가동중일 수 있는가?

감가상각이 완료되어 유형고정자산이 존재하지 않는데 현장에서는 여전히 기계가 잘 돌아가고 있다면 재무비율에서는 어떤 현상이 발생할까?

감가상각비가 전혀 발생하지 않기 때문에, 매출액 대비 비용효율성이 상대적으로 높은, 즉 매출액 대비 이익률이 상대적으로 높아지는 효과가 발생한다. 이렇게 되면 매우 허황된 사태가 발생하기도 하는데, 유형자산 이익률이 적어도 계산상으로는 무한대(당기순이익 ÷ 0 = ∞) 가 된다. 비유하자면, 존재하지 않는 허깨비로부터 보화가 쏟아져나오는 상황이라고도 말할 수 있다.

[역사] 19세기 철도사업의 등장과 유형자산 감가상각 도입

감가상각이 회계에 도입된 배경에는 19세기 후반 서구에서 등장하기 시작한 철도회사가 있었다. 철로와 열차와 같은 막대한 고정자산이 문제였다. 투자 금액이 매우 컸기 때문에, 투자가 집중되는 초기에는 적자가 발생하고, 투자가 이루어진고 이후 기간에는 흑자가 발생했다. 문제는 주주 배당이었다. 초기에 투자한 주주는 적자가 나면 배당을 받을 수 없었지만, 나중에 들어온 주주는 배당을 받아가는 현상이 발생했다. 이런 불평정한 배당을 개선하고자 철도회사들은 비용을 미래 여러 기로 나눔으로써 매기의 이익을 평준화하는 회계처리 방식을 도입했다. 감가상각 개념은 이전에도 있었지만 이론을 세우고 적용한 것은 철도회사가 처음이었다. 이후 고정자산은 감가상각 대상이 된다는 오늘날 익숙한 회계절차가 자리잡기 시작했다[10].

10) 다나카 야스히로 지음, 황선종 옮김, <부의 지도를 바꾼 회계의 세계사>, 위즈덤하우스, 2019, 150-152.

그림 2 유형자산 감가상각을 도입하기 시작한 19세기 철도사업

출처: Wikimedia. https://upload.wikimedia.org/wikipedia/commons/2/2f/CGR_Ocean_train_19th_Century_c137809k.jpg

8.2.2.2. 무형자산(intangible assets)

8.2.2.2.1. 개요

무형자산이란 재화의 생산이나 용역의 제공, 타인에 대한 임대 또는 관리에 사용할 목적으로 기업이 보유하고 있으며, 물리적 형체가 없지만 식별가능하고 기업이 통제하고 있으며 미래 경제적 효익이 있는 비화폐성 자산을 말한다. 상표권, 특허권, 회원권, 전속계약금, 소프트웨어, (무형자산으로 인식된) 개발비, 광업권, 영업권 등이 여기에 포함된다.

무형자산의 핵심은 형체 없음, 식별성 보유, 통제권 보유, 미래의 경제적 효익 창출 능력의 4가지로 요약된다. 이 가운데 형체 없음을 제외한 3가지 특성은 유형자산의 경우에도 동일하게 나타나는 특성이다. 판매용이 아니라 사업 과정에 투입할 목적을 지니고 있다는 점이나, 화폐자산은 유동자산에 속하며 무형자산으로 분류하지 않는다는 점은, 자명하면서도 주변적인 특성이므로 굳이 설명하지 않아도 될 것이다.

- 형체 없음: 손에 잡히지 않고 그 형태가 보이지 않는다.
- 식별성: 타 자산과 분리되며 타인에게 양도가 가능하다.
- 통제권: 타인의 사용을 막고 배타적으로 사용할 수 있다.
- 미래의 경제적 효익 창출: 미래 일정 기간에 걸쳐 화폐수입 창출에 기여한다.

이들은 유형자산처럼 손에 잡히지는 않지만 대개 법률상의 권리, 코드화된 지식, 또는 고객을 창출하는 특별한 힘 같은 형태로 존재한다는 특징이 있다. 구체물로서 손에 잡히지 않는 이런 것들이 어떻게 해서 자산이 되는 것일까? 그 이유는 이들을 보유했을 때 미래 일정 기간에 창출할 것으로 예상되는 경제적 효익이 이들을 보유하지 못하고 있을 경우의 그것에 비하여 훨씬 크기 때문이다.

이런 권리나 지식을 확보하고 있지 못한 경우와 비교해 보면 명확해진다. 법적으로 상표를 보호받지 못 한다면, 타인이 상표를 모방함으로써 이 회사는 매출에 타격을 입을 것이다. 그러므로 상표권은 그것이 없을 경우에 발생할 손실을 예방해 준다는 차원에서 자산의 역할을 수행한다. 특정 업무를 수행하는 소프트웨어를 갖추고 있는 경우 그 업무의 수행 속도 또는 수행 비용이 그렇지 않을 경우에 비해 유리할 것이므로, 소프트웨어는 자산이 된다.

[원리] PNB와 풍년제과 상표권 분쟁

전주에서 1951년에 창업한 ㈜풍년제과는 지역의 유명한 제과점으로 수십년 사업을 영위해 왔다. 이후 창업주의 사위 A씨가 '풍년제과'를 자신의 이름으로 상표등록하고 프랜차이즈 업을 시작했다. 하지만 경영에 어려움을 겪으면서 그는 2006년 ㈜강동오케익에 상표권을 양도했다.

이후 강동오케익은 ㈜풍년제과를 상대로 '풍년제과'라는 표장이 담긴 포장지, 전단지, 광고 일체 사용을 금지하는 가처분 신청을 제기했다. 원조 풍년제과 입장에서는 난감했으나 상표권이 법적으로 양도된 상태에서 강동오케익이 풍년제과라는 이름을 사용하는 것을 막을 방법이 없었다. 이에 대응하여 ㈜풍년제과는 'PNB'라는 브랜드명을 새로 만들어 사업을 계속했다.

두 회사는 오랜 상표권 분쟁을 겪었으나, 2016년 4월 법원은 결국, 원조 풍년제과가 단지 자신의 상호를 보통으로 사용하는 방법으로 표시했을 뿐 독특한 글씨체나 도안을 통해 식별력을 갖도록 표시함이 없었으므로, 그가 강동오케익의 상표권을 침해한 것은 아니라고 하여 풍년제과의 손을 들어주는 것으로 결론이 났다.

풍년제과라는 이름은 무형자산으로 고유한 가치를 지니고 있었기 때문에 자산으로서 양도되었고 그만한 분쟁을 일으킨 것이다. 그 이름이 타인에게 양도되는 이후 풍년제과를 찾는 고객의 상당 부분이 원조 풍년제과가 아닌 강동오케익으로 흡수되었다는 면에서 풍년제과라는 이름이 갖는 자산으로서 효력을 실감할 수 있다.

무형자산으로서 상표권의 중요성을 인식시킨 PNB풍년제과의 로고

식별성(identifiability)이란 어떤 대상을 그 대상이 아닌 것과 분리된 대상으로 인식할 수 있고, 그렇게 분리된 대상을 타인에게 양도할 수 있다는 것을 뜻한다.

- 분리가능성 : 사람이 나무를 나무라고 식별할 수 있는 이유는 그 나무가 나무 옆 다른 사물들과 경계가 명확히 구분되기 때문이다.
- 양도가능성 : 사물이 분리될 수 있다면 자연스럽게 그 사물을 타인에게 양도하는 것도 가능하다. 예컨대 나무는 뽑아서 타인에게 판매할 수 있다.

보이지 않는 대상들 가운데 이 식별성이 충족되는 것도 있고 아닌 것도 있다. 먼저 식별불가능한 무형자산으로 어떤 것이 있는지 이해하면 식별가능한 무형자산도 쉽게 이해할 수 있다.

먼저 식별불가능한 무형의 자산으로는 어떤 것이 있을까? 사람의 두뇌 또는 감각에 체화된 지식이나 능력은 무형이지만 이것만을 분리해서 타인에게 이식시키는 것이 불가능하다. 적어도 현재 인류의 기술 수준으로는 말이다. 아인슈타인의 두뇌에 깃든 연구능력이나 마이클 조던의 신체에 저장된 운동능력을 분리해서 제3자에게 양도할 수는 없다. 즉 이들은 식별성을 충족하지 않는 무형의 자산이다. 구글이나 페이스북의 개발인력에 체화된 프로그래밍 능력 역시 분리양도가 불가능하다. 이런 능력은 식별성을 충족하지 않으므로 재무상태표에 금액으로 계상할 수 없다.

그렇다면 식별가능한 무형의 자산으로는 어떤 것이 있을까? 업무 매뉴얼은 다른 사물과 명확히 분리된 책자 또는 파일의 형태로 존재하고 양도 가능하다. 소프트웨어는 특정의 전자 매체에 기록된 코드 형태로 존재하며 이것만을 분리해서 양도하는 것이 가능하다. 고객 명단 역시 출력문서 도는 DB파일 형태로 명확히 분리된 상태로 양도 가능하다. 특허권은 청구항에 대한 보호권리가 법으로 명확히 규정되어 있으며, 이 권리는 적절한 라이선싱 계약을 통해 일정한 댓가를 받고 타인에게 이전할 수 있다. 독점적 거래 계약 역시 그 권리의 범위가 계약문서에 명확히 구분 기술되어 있으며 이 권리는 적절한 계약을 통해 타인에게 양도할 수 있다.

8.2.2.2.2. 내부창출 무형자산

현대 경제에서 내부창출 무형자산(internally generated intangible assets)의 인식은 회계 관점에서 큰 논란을 일으키고 있다. 내부창출 무형자산이란 외부를 상대로 한 거래에서 댓가를 지불하고 취득한 자산이 아니라 영업활동 과정에서 생성된 무형자산을 말한다. 그런데, K-IFRS 등 현행 회계에서 내부창출 무형자산은 무형자산으로 재무상태표에 계상할 수 없다. 보다 상세한 내용은 본서 제16장 무형자산의 가치평가 부분에서 다루겠지만 본장에서는 상표권, 브랜드, 특허기술을 예로 들어 간단히 살펴보기로 한다.

상표권 취득

회사가 자체 디자인한 상호와 표장에 대해 상표권을 취득하기 위해서는 관련 출원, 등록, 유지 비용을 지출해야 한다. 이렇게 지출된 금액은 자산 취득으로 인정해서 무형자산 상표권으로 인식된다.

반면에 자체 디자인에 소요된 인건비나 외주비는 무형자산으로 인정하지 않고, 판매비와 관리비에 인건비, 외주비 등으로 당기비용 처리된다. 억지로 이 인건비와 외주비 등을 무형자산 개발비로 계상하려 할 수도 있지만 대부분 회계사들은 이를 인정치 않을 것이다.

내부창출 브랜드 자산

이렇게 창출된 상호와 디자인은 영업활동을 통해 외부에 계속 노출되는 과정에서 가치를 스스로 증식시켜 나간다. 고객들이 각종 매체를 통해 브랜드를 접하는 빈도가 계속 늘어나면서 그에 대한 신뢰도 역시 부지불식간에 향상되고 그 브랜드를 부착한 상품을 선택하려는 유인은 증가한다. 상호와 디자인을 처음 개발했을 때의 가치에 비해 수년 후 브랜드 가치는 큰 차이가 있게 된다. 이렇게 증가한 브랜드는 회사 입장에서 중요한 무형자산이다. 그럼에도 불구하고 회계기준 상 이 브랜드 자산가치를 분리하여 재무상태표에 계상하는 것은 허용되지 않는다. 회계기준은 오직 외부에 댓가를 지불하고 취득한 자산의 계상만을 허용하기 때문이다.

외부획득 브랜드 자산

만약 다른 회사의 상호 및 표장에 대한 권리를 일정한 댓가를 지불하고 양수했다면 이는 자산으로 인정받을 수 있다.

만약 일체의 권리를 정액을 지불하고 인수했다면, 이는 '라이선스' 자산으로 인식해서 일정한 기간에 걸쳐 상각 대상이 될 것이다.

반면에 특정 기간에 걸쳐 상표이용권을 정기적 로열티 형태로 지불하는 계약을 취했다면, 자산이 아니라 매기의 비용, 즉 매출원가 또는 판매비와관리비에 '지급수수료'로 계상될 것이다.

앞의 상표권에 대해서 설명한 상황은 특허권에 대해서도 마찬가지로 적용할 수 있다. 혼란을 피하기 위해 우리가 분명히 인식할 사실은, 특허권은 단지 법적 보호수단을 가리키는 것이며 결코 기술 자체를 가리키는 것이 아니라는 점이다. 법적 보호수단을 취득하는 것은 해당 기술을 구사할 수 있는 지식과 능력을 획득하는 것과 전혀 다른 것이다.

특허권 취득

특허출원, 등록, 유지 관련 비용은 무형자산으로 인식된다. 그러나, 이는 법적으로 보호받는 수단을 확보하는 데에 투자한 금액만을 가리킨다. 재무상태표 무형자산에 기재된 특허권은 바로 이것을 가리킨다.

내부창출 특허기술 자산

특허취득 기술을 구성하는 제반 지식은 적어도 그것이 내부 연구개발을 통해 형성한 것이라면, 내부창출 무형자산이다. 만약 회사가 이 지식에 대해 전략적으로 특허를 출원하지 않기로 결정했다면, 그것은 외부에 공개되지 않고 계속 영업비밀로 유지될 수 있을 성격의 것이었다. 반대로 회사가 특허를 등록했다면 그 지식은 외부에 공개됨과 동시에 그 댓가로 보호권을 획득하게 될 뿐이다. 이 법적 보호권의 가치와 기술 자체의 가치는 논리적으로 엄밀히 구분해야 함에도, 실제로는 그 구분이 모호한 경우가 많다. 기술 자체의 수익창출력을 보호권에 기인해서 창출된 수익창출력과 구분해야 한다. 이 계산 작업은 전문 가치평가 기관에 의뢰해야 할 과제가 된다.

어떤 경우에든 현행 회계기준 상 재무상태표에 내부창출 특허기술 가치를 별도로 계상하지는 못하게 되어 있다. 그렇다면 오랜 기간 특허기술 개발에 지출된 제반 금액, 예컨대 연구개발 인건비, 재료비, 정보구입비, 개발 및 시험 장비 구입비, 외주비 등은 어떤 항목으로 처리되는가? 이들은 그 성격에 따라 재무상태표에 무형자산 '개발비'로 계상되고 이후 상각되거나, 손익계산서에 당기 경상연구개발비나 각종 당기경상비용 계정과목으로 분산 처리된다.

외부획득 특허기술 자산

만약 다른 회사가 특허 등록한 기술에 대한 제반 권리를 일정한 댓가를 지불하고 양수했다면 이는 비로소 무형자산으로 인정받을 수 있다.

만약 그 권리를 정액을 지불하고 인수했다면, 이는 '라이선스' 자산으로 인식되고 일정한 기간에 걸쳐 상각 대상이 될 것이다.

반면에 특정 기간에 걸쳐 정기적으로 로열티 형태로 지불하는 계약을 취했다면, 자산이 아니라 매기의 비용, 즉 매출원가 또는 판매비와관리비에 '지급수수료'로 계상될 것이다.

현실에서는 후자의 경우가 더 많은 비중을 지니는 것으로 관찰된다.

사 례 회계기준 상 지식콘텐츠 기업의 무형자산 계상의 한계 

우리나라의 대표적인 지식서비스 회사인 NAVER의 공시된 무형자산 규모를 살펴보자. 2020년 공시된 연결재무상태표 주석13에 따르면 NAVER의 무형자산은 산업재산권, 소프트웨어, 기타무형자산으로 구성되어 있다. 각 무형자산 유형별로 세부 내역에 대해서는 감사보고서에 더 이상의 설명이 없어서 NAVER가 확보한 무형자산의 구조를 구체적으로 파악하기에는 어려움이 있다.

2020년 12월 31일 NAVER의 연결기준 총자산 규모는 ₩17조, 유형자산은 ₩1조7천억에 이른다. 적어도 장부상으로 무형자산은 ₩1천51억으로 총자산 대비 0.62%, 유형자산 대비 6.24%에 불과하다. 그러나 이 수치는 무형자산을 회계기준에 따라 인정되는 부분만을 계상한 것이며 NAVER의 축적된 내부창출 무형자산 규모는 그 이상일 것이라고 쉽게 짐작할 수 있다. 다만 현행 회계기준 상으로는 NAVER의 진정한 무형자산의 가치가 상당히 과소평가될 수밖에 없다는 점을 인정해야 한다.

▸ ▸ 〈표 2〉 NAVER의 2020년 무형자산 공시 내역

(연결재무제표기준, 단위 : 천원)

구 분	당기말		
	취득원가	상각누계액(*)	장부금액
산업재산권	10,010,217	(8,130,140)	1,880,077
소프트웨어	73,405,000	(61,561,613)	11,843,387
영업권	34,241,699	–	34,241,699
기타무형자산	106,232,082	(49,061,058)	57,171,024
합 계	223,888,998	(118,752,811)	105,136,187

(*) 손상차손누계액 및 정부보조금을 합산한 금액입니다.

출처 : dart.fss.or.kr

8.2.2.2.3. 상각과 손상

회계상 무형자산의 가치는 시간이 경과하면서 감소하는 것이 보통이다. 가치를 감액시키는 수단으로는 상각(amortization) 또는 손상(impairment)이 있다.

무형자산 상각의 논리는 유형자산 감가상각의 논리와 동일하다. 합리적인 경제적 내용연수에 걸쳐 무형자산을 정액법 또는 정률법을 적용하여 매기 감액시킨다. 무형자산의 지속성을 감안할 때 초기에 대규모 상각이 집중되는 정률법은 취지에 맞지 않아보이고, 정액법이 간편하고 일반적인 것으로 보인다. 하지만 회사의 판단에 따라 정액법과 정률법 중 선택이 가능하다. 어떤 경우에든 상각기간과 상각 방식을 어떻게 설정하느냐에 따라 연간 무형자산상각비가 달라지고 결과적으로 장부상 회사의 손익 수준에 영향을 미친다는 것은 분명하다. 이런 현상은 유형자산 감가상각의 경우와 동일하다.

무형자산은 상각 외에도 손상에 의해 감액되기도 한다. 무형자산 손상차손은 상각처럼 정기적이 아니라 수시로 발생 가능하다. 예를 들어 전속계약 스타가 스캔들이나 부패로 몰락할 경우 전속계약금은 자산으로서의 가치를 상당 부분 상실할 것이다. 유망해 보였던 특허권을 선불금을 지불하고 취득했는데 특허 무효화 판결이 나오거나, 연구개발이 실패로 판명나고 기존의 연구개발 투자가 물거품이 되거나, 거액을 들여 양도받고 자산으로 계상한 인허가권이 당국의 정책 변경으로 취소되는 등의 사태에서 그런 현상이 일어날 것이다. 이런 식으로 발생한 손상차손은 손익계산서 상 기타비용에 포함되고 당기순이익을 그만큼 감소시킨다.

사 례 무형자산 대규모 손상처리 사례

"일양약품은 연구개발비 손상차손을 반영한 수정공시 결과, 당초 공시한 순이익이 반 토막 수준으로 줄어드는 어닝쇼크를 기록했다. 연결재무제표 기준 2017년 매출은 ₩2698억으로 전년 대비 3% 늘었지만 순이익은 ₩57억으로 52% 급감했다. ₩66억의 개발비 손상차손을 반영했기 때문이다. 개발비 손상차손은 연구개발이 성공하지 못할 가능성이 높아졌다고 판단되거나 의약품을 출시했지만 투자된 개발비조차 건질 수 없을 정도로 매출이 저조할 때 발생한다. 아직 개발 중인 세포치료제, 백신 등에 들어간 비용 ₩400억 이상을 무형자산으로 잡았지만 이 중 상당수는 아직 임상 1상에도 진입하지 못했다."[11]

8.2.2.3. 개발비

기업이 연구개발 활동에 지출한 돈은 그 성격에 따라 자산으로 평가하는 것도 있고, 당기비용으로 처리하는 것도 있다.

회계기준의 취지는 원칙적으로 연구 활동과 개발 활동을 구분한다.

- 연구(research) 활동 지출 : 손익계산서 상 판매비와관리비에 연구비로 처리
- 개발(development) 활동 지출 : 자산화가 허용되는 것만 재무상태표에 무형자산 항목에 개발비로 계상하고, 그렇지 않은 것들은 손익계산서 상 판매비와관리비에 경상개발비로 처리

개념 상, 연구 활동은 사업화를 전제로 하지 않은 순수 지식 탐구 활동을 의미하며, 개발 활동은 사업화를 목적으로 구체적인 제품, 서비스로 구현될 수 있는 지식을 생성하는 활동이다. 예를 들어서, 해외 첨단 과학연구 동향을 파악하기 위해 해외에 인력을 파견하거나 관련 정보를 구입하는 활동, 또는 신기술을 적용한 신사업 기획 단계에서 행하는 활동은 대개 연구활동으로 본다. 반면에, 기존에 출시된 모델의 성능을 개선하거나 보완하기 위한 실험과 테스트, 또는 미래 출시를 목적으로 구체화된 모델을 설계하고 시험하는 것 역시 개발 활동이다.

회사가 지출한 돈을 자산화할 수 있는 근거는, 그것이 당기의 수익에 대응하고 끝나는 것이 아니라 미래 일정 기간에 경제적 효익을 창출한다고 판단하기 때문이다. 그런 의미에

11) 매일경제신문, "줄줄이 실적 하향조정 충격…제약 · 바이오 고무줄회계 논란", 2018.03.19. https://www.mk.co.kr/news/it/view/2018/03/177234/

서, 미래에 판매를 목적으로 하는 재화나 서비스를 구체화하려는 목적으로 지식 생성 활동에 지출했다면, 그것은 개발 활동으로 인정되고 그 지출은 자산을 취득하는 데에 충당한 것으로 간주한다. 반면에 그런 연구활동은 미래의 경제적 효익 창출에 구체적으로 기여한다고 보기 어려우며 자산으로 계상하지 않고 당기 연구비로 처리해버린다.

회계기준에서 구체적으로 다음 6가지 조건이 모두 충족되어야만 개발비를 무형자산화하는 것이 허용된다.

- 무형자산을 사용하거나 판매하기 위해 그 자산을 완성할 수 있는 기술적 실현가능성
- 무형자산을 완성하여 사용하거나 판매하려는 기업의 의도
- 무형자산을 사용하거나 판매할 수 있는 기업의 능력
- 미래 경제적 효익을 창출하는 방법(거래 시장의 존재, 기타 활용 상의 유용성 입증)
- 개발 완료 후 판매 또는 사용에 필요한 기술적, 재정적 자원 입수가능성
- 개발과정에서 발생한 무형자산 관련 지출을 신뢰성 있게 측정할 수 있는 능력

하지만 오늘날 기술 기업에서 둘 사이에 구분이 모호한 경우가 많다. 연구활동도 보기에 따라서는 얼마든지 개발활동이라고 주장할 근거를 찾을 수 있기 때문이다. 예컨대 아직 그 용도가 명확히 규정되지 않은 신소재 탐구 활동은 연구비로 분류될 수 있지만, 미래의 사업화에 간접적으로 기여할 가능성을 강조하면 개발비로 처리할 여지가 있게 된다. 이런 이유로 무형자산 개발비 처리 여부에 대해서는 종종 회사와 회계사 사이에 견해 차이가 발생하곤 한다. 결국 회사의 주장에 대해 회계사가 인정하는 선에서 개발비로 처리된다.

반대로 조직 구조상 부설연구소 등 연구개발 조직이 아님에도 불구하고, 예컨대 영업부나 조달부 등의 인건비 등을 개발비로 처리하는 경우, 많은 논란이 있을 수 있다. 회사가 이를 개발비라고 입증 할 근거가 취약하면 분식으로 간주될 수도 있는 사안이므로 최대한 보수적으로 접근하는 것이 바람직하다.

이런 모호성 때문에 연구개발 지출을 어떻게 회계처리하느냐에 따라 장부상 기업의 손익과 자산 규모가 달라질 수 있다.

특히 스타트업들은 연구개발성 지출을 되도록 무형자산 개발비로 처리하고자 하는 유인이 있다. 예를 들어 창업 후 3년간 매년 ₩10억을 연구개발활동에 지출했다고 가정했다고 하자. 다음의 극단적인 두 경우에, 이 연구개발지출에서 연유하는 원가의 크기는 전혀 달라지게 된다.

⊙ 전액 경상연구비 처리할 경우 (단위 : ₩억)

	1년차	2년차	3년차
연구개발활동에 연유한 경상비	10	10	10
무형자산 개발비	0	0	0

⊙ 전액 무형자산 개발비 처리할 경우 (단위 : ₩억)
(설명 편의상 연초에 전액 지출되고 연초부터 상각한다고 가정)

	1년차	2년차	3년차	(3년차 이후)
재무상태표 무형자산 개발비				
기초 잔액(A)	10	8	14	(…)
증가액(B)		10	10	(…)
상각액	2	2	2	(2 2)
		2	2	(2 2 2)
			2	(2 2 2 2)
상각액 합계(C)	2	4	6	
기말 잔액(A + B − C)		14	18	

이 가상의 사례에서 보듯이, 초기 3년간 비용은 연구개발 지출을 매년 전액 무형자산 개발비로 처리해서 5년간 정액상각하는 경우, 2, 4, 6(₩억)이며, 전액 경상연구비로 처리할 경우 10, 10, 10(₩억)이 된다. 이런 이유로 아직 매출 실적이 저조한 스타트업이 손익을 상대적으로 양호하게 표시하고자 한다면 무형자산 개발비 처리를 선호할 유인이 있다. 회사는 이렇게 함으로써 당기에 지출된 연구개발비의 상당 부분을 마치 미래에 발생한 것처럼 미룰 수, 즉 미래 비용으로 이연(移延, defer)시킬 수 있기 때문이다. 즉 올해 발생한 지출 ₩10억에 대하여, 예컨대 ₩2억만 올해의 비용으로 처리하고, 나머지는 다음 해 이후 매년 ₩2억씩 나누어서 비용처리하는 식으로 미룰 수 있는 것이다.

이런 문제는 굳이 스타트업이 아니라 성숙 기업이라도 해도 일부 업종, 특히 신약 연구개발비가 막대하게 소요되는 제약회사에서 첨예하게 드러난다. 제약바이오 기업의 경우, 연구개발비 처리 방식 여하에 따라 손익이 자주 반전되곤 한다.

2018년 금융감독원의 제약회사 무형자산 회계처리 감리에서 이런 현상이 극명하게 드러났다. 그동안 제약회사들이 연구개발비를 과도하게 무형자산 처리하면서 상대적으로 이익이 부풀려진 것이 아닌지 금융감독원이 감리에 들어갈 것이라는 계획이 알려지자, 많은 제약회사들이 그동안 관행과 달리 연구개발비의 상당 부분을 비용처리하기 시작했다. 그 결과 장부상 손실이 더욱 확대되거나 이익이 감소했다. 금융감독원은 실제로 같은 해 9월에 「제약 · 바이오 기업의 연구개발비 회계처리 관련 감독지침」을 발표한 바 있다. 동 지침의 자세한 내용은 금융감독원 홈페이지를 참고하라.

사 례 매일경제신문, "줄줄이 실적 하향조정 충격…제약 · 바이오 고무줄회계 논란", 2018.03.19.

"지속형 성장호르몬과 항암제를 개발하는 바이오 기업 제넥신은 당초 무형자산으로 잡았던 연구개발비를 비용 처리하는 것으로 회계기준을 바꾸면서 2017년도 영업손실이 원래 공시했던 ₩64억에서 ₩269억으로 5배 가까이 대폭 확대됐다. 지난해 순이익도 ₩11억 흑자에서 ₩193억 적자로 변경됐다.

보유 자산 규모는 ₩1854억에서 ₩1407억으로 확 쪼그라들었다. 제넥신은 2016년 재무제표도 기존 영업손실 ₩242억, 순손실 ₩243억에서 영업손실 ₩309억, 순손실 ₩309억으로 하향 수정했다. 그간 제넥신은 신약 개발에 들어간 비용 대부분을 무형자산으로 계상하는 회계 처리를 해왔다. 이에 따라 지난해 9월 말 현재 개발비 ₩553억을 비롯해 전체 무형자산 규모가 ₩600억에 달했다. 하지만 이번에 회계 처리 방식을 바꿔 자산으로 잡던 연구개발비를 비용으로 처리하면서 무형자산 규모는 ₩42억으로 급감했다.

바이로메드도 지난해 연구개발비 38억원을 비용 처리해 영업손실이 200% 이상 증가했다. 회사 측은 '기존에는 임상시험 단계에 들어간 연구개발비를 무형자산으로 잡았지만 앞으로는 임상시험 3상 단계 이전 연구개발비는 비용으로 처리할 예정'이라고 밝혔다.[12]

사 례 미국의 로봇 제조기업 iRobot사의 연구개발비 회계처리 방식과 손익

iRobot Corporation은 MIT의 과학자들이 1990년에 창업한 이후, 민간 및 군사용 로봇을 성공적으로 개발해왔다. 2005년 11월에 NASDAQ에 상장했고 2009년말 기업가치는 $4억4천만에 달했다. 그러나, 회사는 IFRS가 아니라 미국회계기준 US-GAAP에 의거하여 그동안 쏟아부은 막대한 연구개발비를 전액 경상비 처리했다. 그 결과 창업 20년이 경과한 2009년도말에 누적 손실이 $7천6백만에 달했다. 그나마 이 수치는 최근 회계연도에 이익 규모가 증가하면서 과거부터 훨씬 감소한 수준이다. 만약 회사가 IFRS에 따라 연구개발비의 일정 비율을 자산으로 계상하고 이연상각했다면 누적 적자 규모는 그에 상응하여 더 줄어들었을 것이다.

12) https://www.mk.co.kr/news/it/view/2018/03/177234/

회사는 제품매출(product revenue)과 아울러 연방정부의 R&D 지원금도 계약매출(contract revenue)로 계상했다. 그러므로 실제 투입한 연구개발비는 정부지원금까지 합한 규모로 봐야 할 것이며, 손익계산서에 보고된 연구개발비보다 훨씬 더 큰 규모였을 것이다. 그리고 정부 지원은 손익계산서 상 인건비, 경비 등 다양한 명목의 비용으로 분산 계상됐을 것이다[13].

8.2.2.4. 영업권(goodwill)

영업권이란 피매입회사 지분을 인수하는 대금이 피매입회사의 순자산 공정가치를 초과하는 금액을 말한다. 예를 들어서, A사가 B사의 지분 전량을 총 ₩55억에 인수한 뒤 B사를 합병했다. 그런데, 합병 전 B사의 순자산 공정가치는 ₩45억이었다. 이때 그 차액 ₩10억이 영업권이라는 계정과목으로 합병 후 회사의 차변에 계상한다([그림 3] 참조).

여기서 한 가지 유의할 점은 B사의 순자산 공정가치는 단순히 장부상으로 계산된 가치, 즉 장부상 '총자산 - 총부채'가 아니라, 적절한 가치평가를 거쳐 조정된 재무상태표에 의거한 순자산 가치를 의미한다는 사실이다.

이 차액이 발생하는 원천은 어디에 있는가? 만약 A사가 B사의 순자산, 즉 자본의 가치 ₩45억만큼 대금을 지불하고 B사 지분을 인수했다면, A사의 현금이 ₩45억 감소하는 대신에 그 자리에 B사 지분이 들어올 것이다. 다시 B사의 자산 ₩80억이 합쳐지면서 합병 후 자산은 ₩135억(= ₩100억 - ₩45억 + ₩80억)이 될 것이다. 그리고 합병 후 부채는 ₩65억(= A사 ₩30억 + B사 ₩35억)이 될 것이다. 그리고 합병 후 자본은 합병 주체의 자본 규모인 ₩70억이 그대로 유지될 것이다.

그런데, 인수대금을 ₩45억이 아니라 ₩55억을 지불하면 어떤 일이 벌어질까? A사의 현금이 ₩55억 감소하는 대신에 그 자리에 B사 지분이 들어올 것이다. 그런데 B사의 순자산가치는 ₩45억임에도 불구하고 이를 ₩55억에 매입했다는 것은, 그만큼 B사의 자산가치를 장부에 표시된 것보다 ₩10억 더 얹어서 평가해준 것으로 해석할 수 있다. B사의 순자산가치 ₩45억 외에 이렇듯 장부가치에 추가해서 평가해준 자산가치 ₩10억이 영업권이라는 새로운 계정과목으로 탄생한다.

영업권은 어디까지나 사후 처리 과정에서 생성되는 개념이라는 점에 유의하자. 인수 이전에 영업권이라는 항목이 미리 존재하는 것이 아니다. 공정가치를 초과해서 지불하는 금

13) Robert M. Bowen, Jane Jollineau, Loren Margheim, "iRobot Corporation's Intellectual Property : Accounting For Research And Development Under U.S. GAAP Versus IFRS", Journal of Business Case Studies, Vol. 9, No.4, July/August 2013.

액이 증가할수록 그만큼 생성되는 영업권의 규모도 증가할 것이다.

한 가지 주의할 점은, 앞의 예에서와 같이 A사가 B사 인수를 통해 지배회사가 되면 A사의 별도재무상태표에는 영업권이 계상되지 않고 연결재무상태표에 영업권이 계상된다는 사실이다. 그러나 합병 후 단일법인이 탄생하면 별도재무제표에 영업권이 계상될 것이다.

영업권의 본질은 피인수회사의 재무상태표에 표시되지 않는 미래의 수익창출력이다. 이것은 무형의 자산이다. 인수회사가 피인수회사의 지분에 대해 영업권에 상응하는 금액을 공정가치 이상으로 추가로 지불하는 이유는 그만큼 피인수회사가 무형의 자산을 추가로 보유하고 있다고 인정하기 때문이다.

그런 무형의 자산에는 어떤 것들이 있을까? 사업 과정에서 생성된 브랜드 가치, 모방이 곤란한 탁월한 사업 노하우, 확고한 충성 고객층, 안정적인 영업망, 유리한 입지조건, 우수한 경영진과 종업원, 독과점 지위, 우수한 기술력, 또는 원만한 노사관계 등이 거기에 포함될 것이다. IFRS는 M&A시 이런 개별 무형자산들의 공정가치를 분리 계상할 수 있다면, 그렇게 하는 것을 허용하고 있다. 그러나, 이 일이 어렵다고 판단되면 영업권이라는 하나의 계정과목으로 일괄 처리하도록 하고 있다. 실제로 대부분의 경우 개별 무형자산을 분리 계상하는 일이 어려우므로, 영업권으로 처리하고 끝내는 것을 흔히 볼 수 있다.

그림 3 지분인수시 영업권의 발생 개념도(단위 : ₩억)

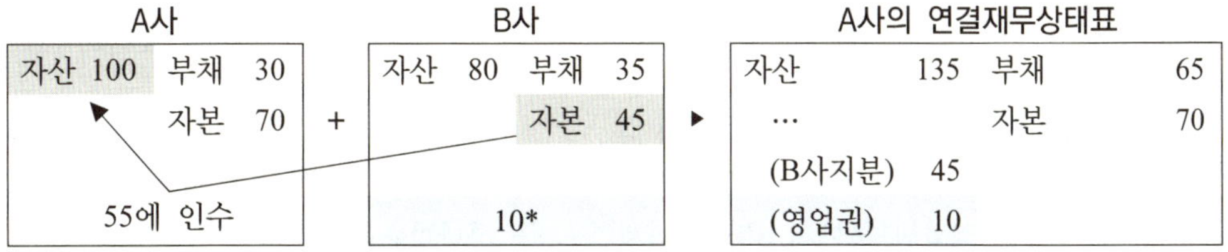

A사

자산 100	부채 30
	자본 70
55에 인수	

\+

B사

자산 80	부채 35
	자본 45
10*	

▶

A사의 연결재무상태표

자산	135	부채	65
…		자본	70
(B사지분)	45		
(영업권)	10		

* 순자산가치를 ₩10억만큼 더 인정해준 셈

영업권은 매입영업권의 형태로만 발생하며, 자가창출영업권은 K-IFRS에서는 인정되지 않는다. 앞의 B사의 경우, A사에 인수되기 전에는 자가창출영업권이 재무상태표에 드러나지 않고 잠복해 있었을 뿐이다. A사가 B사 지분을 인수하는 순간 이 무형의 자산은 비로서 매입영업권으로 모습을 드러낸다.

현행 회계기준에서 자가창출영업권이 인정되지 않는다는 사실에 대해 많은 기업들이 불만을 호소할 수 있다. 회사가 보유한 무형의 자산들이 재무제표에 충분히 표시되지 않고 있기 때문이다. 투자를 받을 때 투자자가 오직 표면상의 재무제표만을 보고 회사의 가치를 과소평가하거나, 설령 투자자가 회사의 진정한 가치를 내심 인정한다 해도 재무제표에만 의거해서 낮은 투자액을 고집하면, 회사는 불만스러울 수밖에 없을 것이다. 이런 이유로 회사는 투자 유치시에 재무제표 이상의 가치를 투자자에게 설득력 있게 제시함으로써 가능한 한 높은 투자납입액을 요구해야 할 유인이 생긴다. 반면에 투자자는 가능한 한 낮은 금액을 투자하고 싶어 한다. 결국 영업권의 크기는 이 둘 사이에 협상 결과로 결정된다.

영업권은 현행 K-IFRS, US-GAAP 하에서는 상각하지 않는다. 이 점이 개발비 등 여타 무형자산과 다른 점이다. 과거 회계기준에서는 한 때 영업권도 상각대상인 적이 있었다. 그러나, 영업권으로 대변되는 무형의 자산들은 시간이 경과하면서 대부분 그 가치가 증가하면 증가했지 감소하는 일은 드물다는 견해가 제기됐다. 이후 논란 끝에 영업권은 상각하지 않는 방향으로 회계기준이 개정되어 오늘에 이르렀다.

영업권은 토지 등과 달리, 자산재평가를 통해 스스로 그 가액을 상향조정할 수 없다. 영업권에 대하여 자가창출을 인정하지 않는다는 점을 상기하면 그 취지를 이해할 수 있을 것이다. 반면에 그 가치훼손 여부 상황을 수시로 판단하여 손상차손을 반영할 수 있다. 즉 영업권은 취득 이후 동일한 가액이 여러 해 동안 유지되거나 손상차손으로 그 가치를 감액시키는 경우만이 존재할 뿐이다. 제3자에 지분이 매각되면서 그쪽에 추가로 영업권을 생성시키는 경우를 제외하면 매각 전에 스스로 그 가치를 증액시키는 일은 있을 수 없다.

사 례 CJ헬로의 하나방송 인수와 영업권 발생

CJ그룹의 종합유선방송사업자인 씨제이헬로는 다수 지역방송사를 인수하는 과정에서 영업권이 발생했다. 2018년 12월 31일 연결재무상태표 상 영업권은 총 ₩5천8백9십2억1천만이었다. 이렇게 축적된 영업권 중에서, 2018 회계연도 중 하나방송을 인수하면서 발생한 영업권 내역을 살펴보자. CJ헬로는 2018년 1월 10일에 하나방송 지분 100%를 ₩25,399백만에 인수했다, 장부상 식별가능한 순자산 공정가치는 8,472백만 원이었으므로, 그 차액인 ₩16,926백만이 영업권으로 계상됐다.

CJ헬로의 2018년 하나방송 지분인수 후 발생한 영업권 내역

주석 37. 사업결합

(1) 당기 중 발생한 사업결합의 내역은 다음과 같습니다.

(단위 : 천원)

구 분	주요 영업활동	취득일	취득한 지분(%)	이전대가
㈜CJ헬로비전 하나방송	유선방송업	2018-01-10	100.00	25,399,795

(2) 당기 중 발생한 사업결합에서 발생한 영업권은 다음과 같습니다.

(단위 : 천원)

구 분	금 액
이전대가	25,399,795
차감 : 식별가능한 취득한 순자산의 공정가치	8,472,839
영업권	16,926,955

(3) 당기 중 발생한 사업결합의 이전대가의 공정가치는 다음과 같습니다.

(단위 : 천원)

구 분	금 액
현금	23,149,795
기지급한 이전대가㈜	2,250,000
이전대가 총계	25,399,795

㈜. 회사는 전기말 지급한 계약금 등에 대해 전기말 기타투자자산으로 계상하였습니다.

출처 : dart.fss.or.kr 2018회계년도 감사보고서, 공시일자 2019.03.19.

[역사] 영업권을 뜻하는 영어 goodwill 의 유래

good will은 원래 고대 영어에서 타인에게 호의를 베풀거나 안녕을 기원하는 마음을 뜻했다. 그러나, 회계에서 사용하는 용어인 goodwill은 좀 다른 배경에서 나왔다. 이때 will은 유언을 뜻한다.

Goodwill은 근대 서구 변호사 사회에서 유언의 검인(檢認) 가치를 뜻하는 말로 쓰였다. 지분 소유자가 사망한 뒤 유산은 법률에 따라 상속 배분되는데, 이때 기업의 미래 가치를 변호사들이 계산하고 검인해야 했다. 그렇게 함으로써 이 유언은 '좋은 유언'이 되는 것이다.

어느 날부터인 이 단어는 점점, 기업가들이 지분 매각시 요구하는 일종의 웃돈, 즉 '초과대금(extra money)'이라는 뜻으로 사용되기 시작되어 오늘에 이르렀다.

8.2.2.5. 기타 비유동자산

기타 비유동자산은 유동자산, 투자자산, 유형자산, 무형자산 어디에도 속하지 않는 자산을 가리킨다. 임차보증금, 이연법인세자산(유동자산으로 분류되는 부분 제외), 장기매출채권, 장기미수금 등이 여기에 포함된다.

임차보증금은 IFRS에서 현재가치로 평가해서 계상하도록 하고 있으나, 중소기업에 대해서는 중소기업특례로 실무 상의 번거로움을 감안하여 최초의 인식 금액을 동일하게 유지하는 것을 선택할 수 있다. 건물주 상황 변화 등으로 반환 가능성이 소멸되었음이 확인된 경우에는 적절히 평가하여 손상처리해야 한다. 장기매출채권이나 장기미수금에 대해서는 대손충당금을 설정하고 일반적인 매출채권과 미수금에 준하여 처리한다.

이연법인세자산은 말 그대로 해석하자면, 차기에 납부할 법인세를 덜 납부하게 되는 효과를 당기에 자산으로 인식하는 것을 말한다. 이런 현상은 세법에서 인정하는 손금 기준과 회계기준이 정하는 비용 인식 기준이 다른 데에서 발생한다. 회계기준에 따라 올해 차입금 이자비용을 ₩10 계상했지만 실제 은행에 지급하는 날짜가 다음 해라면, 그 ₩10은 세법에 따라 다음 해의 손금으로 인식되고 그만큼 다음 해의 법인세 납부액을 줄여주는 효과를 낳는다. 하지만 회계상으로는 올해 이자비용이 늘어남으로서 법인세가 줄어들고 이익이 늘어나는 만큼, 대변에 이에 상응하는 자산 증가 항목을 발생시켜야 한다.

이연법인세자산은 이런 차이를 보정하기 위해 등장한다. 이연법인세자산의 자산으로서의 효과는 본질적으로 미래의 법인세 납부액을 감소시키는 효과다. 이 효과가 단기에 발생하면 유동자산으로, 장기에 걸쳐 발생하면 기타 비유동자산으로 분류한다.

반대로 이연법인세부채는 미래에 법인세를 추가로 납부하도록 하는 효과를 당기에 부채로 계상하는 것이다. 이연법인세자산/부채의 분개 및 정확한 회계 처리는 회계 실무자가 처리해야 할 다소 복잡하고 기술적인 작업이 된다. 본서에서는 이 정도로 설명을 그치며, 경영자 입장에서는 최소한 그 의미를 정확히 이해하고 있어야 한다는 점만을 지적하기로 한다.

CHAPTER

08 연습문제

01 자산으로서 매출채권, 미수금, 미수수익의 차이를 설명하시오.

02 유형자산에 대하여 당기에 실제 취득을 위해 지출한 금액과 차이가 나는, 감가상각비 개념을 회계 처리에 도입하게 된 배경을 설명하시오.

03 토지와 영업권에 대해서 각각 감가상각과 무형자산 상각을 행하지 않게 된 배경에 대하여 설명하시오,

04 A사는 보유 중인 상장기업 B사 지분증권의 평가액이 20×0년말 ₩300에서 20×1년말에 ₩400으로 상승하였고 그만큼 재무상태표에서 자산총계가 증가했다.

a) 이때 부채 및 자산 총계에서는 어떤 항목이 증가하여 대차가 일치하게 되는가?

b) 장부상 자산규모는 성장하였지만, 회사의 자금 사정은 개선되었다고 판단할 수 있는가? 지분증권의 평가액 변동이 회사의 자금 사정을 실질적으로 개선하기 위해서는 어떤 조건이 충족되어야 하는가?

05 연구개발비의 회계처리에 관한 다음 설명에 대하여 옳음과 틀림을 구분하시오.

- 연구단계와 개발단계로 구분하여 판단한다. ( )
- 개발단계에서 발생한 지출이 무형자산 인식요건을 충족하면 자산으로 처리한다. ( )
- 재무상태표에 계상하는 특허권 가액에는 연구개발비 지출액이 포함되어 있다. ( )
- 무형자산으로의 인정 여부에 따라 최초로 인정하는 회계기간의 손익만이 달라질 뿐이며 이후 회계기간의 손익에는 영향을 미치지 않는다. ( )

06 재무상태표 상 자산의 특성에 대한 다음 설명에 대하여 적절함과 적절하지 않음 구분하시오.

- 매출채권에 대해 대손충당금을 설정하는 이유는 미래의 회수불확실성을 반영하여 그만큼 보수적으로 매출채권 가치를 인식하기 위해서다.(　)
- 역사적 원가는 과거에 자산을 취득할 때 지급한 명목 대가액을 역사적 변천 과정을 감안하여 현재 시점의 공정가치로 재평가한 것을 의미한다.(　)
- 동일한 매출 성과를 낸다고 가정하면 자산 규모가 적을수록 불안정하고 비효율적이다. (　)
- 영업권은 영업을 하기 위해 정부로부터 취득한 인허가 권리를 의미한다. (　)
- 장부상 기계장치 가액이 ₩0이면 현장에도 기계장치가 절대로 존재할 수 없다. (　)
- 재고자산은 시장 수요 예측에 기반을 두고 적절히 높거나 낮은 수준을 유지하는 융통성이 중요하다.(　)
- 유형자산에 대해서는 전기말 평가액에 대하여 당기감가상각액을 차감한 잔액을 당기말 잔액으로 표시한다.(　)

CHAPTER 9

재무상태표 상세히 보기 II: 부채와 자본 등

학습목표

1. 유동부채와 고정부채를 구성하는 다양한 계정 과목의 의미를 이해한다.
2. 회계상 채권(bond)을 인식하는 방법이 일반 금융기관 차입금과 어떤 차이가 있는지를 이해한다.
3. 채권과 지분의 성격이 혼합된 복합증권의 성격과 그 회계처리 지침을 이해한다.
4. 다양한 형태의 충당부채가 여타 영업 · 재무 상 부채와 어떻게 성격이 다른지 이해한다.
5. '자본'이라는 어구가 포함된 다양한 어휘들, 예컨대 자본금, 자본, 자본잉여금, 타인자본, 자기자본, 운전자본 등의 의미가 어떻게 다른지 이해한다.
6. 우발부채의 성격과 인식 기준의 복잡성을 이해한다.

9.1 부채

9.1.1. 개요

과거 거래나 경제적 사건의 결과로서 현재 기업이 상환 의무를 부담함과 동시에 그 이행에 기업 자원의 유출 또는 사용이 예상되는 의무를 부채하고 한다.

부채 역시 회계기준에 따라 자산과 마찬가지로 만기가 1년 이내에 도래하는 유동부채와 1년 이후에 도래하는 고정부채로 구분하여 재무상태표 대변(우측 상간)에 기재한다.

부채는 성격상 영업 부채와 금융 부채로 구분할 수도 있다. 물론 이 방식은 회계기준에 제시된 것은 아니므로 재무제표에 그렇게 계상할 의무는 없다. 영업부채는 거래 관계 상 거래상대방(공급기업, 외주기업 등) 또는 이해관계자에게 미래에 지급해야 할 의무가 있는 부채, 또는 금융부채 이외의 부채를 말한다(외상매입금, 지급어음, 미지급금, 선수금, 퇴직급여충당금 등). 금융부채는 금융기관(시중은행, 증권사, 자산운용사, 상호저축은행 등)을 대상으로 상환의무가 존재하는 부채를 말한다(단기차입금, 장기차입금, 유동성장기차입금, 사채, 기업어음 등)

[개념] 부채(debt), 채무(liability), 차입금(borrowing), 사채(社債, bond)

동일한 의미를 지니고 있음에도 주로 부채는 회계 용어로, 채무는 법률 용어로 사용된다는 배경이 있다는 점에 유의하자.

차입금은 부채의 일부분을 구성하지만 그 상환 여부에 따라 기업 부도 여부가 결정나고 사업의 지속성에 심대한 영향을 미치므로 특별히 중요한 부채라고 할 수 있다. 재무구조를 분석할 때 부채의 상대적 규모도 중요하지만 특별히 차입금의 규모와 만기 구조에 더욱 주목해야 하는 이유가 여기에 있다(제9장 참조).

재무상태표에 등장하는 사채(社債)라는 용어는 법인이 발행한 채권(bond)을 의미하는데, 이는 비제도권 금융인 사채(私債)와 전혀 다른 것이므로 유의해야 한다. 만약 회사가 비제도권 시장 또는 개인에게 차입한 자금이 있다면, 그 성격에 따라 단기차입금 또는 장기차입금으로 분류해서 계상한다. 또는 실질적 경영자가 개인 명의로 차입하되 회사 자산을 부당하게 담보로 제공하는 경우 부외부채, 즉 이면 계약을 통해 장부상에 계상되지 않은 채무 상태로 존재할 수 있다.

9.1.2. 유동부채

9.1.2.1. 매입채무

매입채무는 일반적 상거래에서 발생한 외상매입금과 지급어음을 말한다. 거래 당사자 관점에서 매출채권의 반대 개념이다. 제조에 필요한 원재료와 부품, 유통에 필요한 상품 등의 공급자를 상대로 지급해야 할 대금의 잔액을 말한다.

매입채무 역시 매출채권과 마찬가지로, 회사의 사업 규모에 대비하여, 대표적으로 매출액에 대비하여 안정적인 비율을 유지하는 것이 바람직하다.

특별히 매출이 급증하지도 않았는데, 회사의 매입채무 잔액이 전기에 비해 급증했다면 이를 어떻게 해석해야 할까? 표면상으로는 현금 여유가 발생하는 것처럼 보일 수도 있다. 왜냐하면. 다른 조건이 같다면 '매출채권 + 재고자산 − 매입채무'로 계산되는 운전자본 잔액이 전기에 비해 줄어드는 효과가 있기 때문에, 단기적으로는 운전자본 부담이 줄어드는 것처럼 보이기 때문이다. 그러나, 이는 회사가 공급사에 지급해야 할 돈을 못 지급하고 있는는 상태가 심화됐다는 것을 의미하므로, 본질적으로 기업의 지급능력에 문제가 발생하고 있을 가능성이 높다.

이럴 때는 실사를 통해 매입채무의 증가가 회사 입장에서 위험 요소인지 아닌지를 제대로 판단할 필요가 있다. 특별히 비중이 증가한 공급사 현황을 파악하고 그들과 매입채무 거래 관계가 늘어나게 된 배경을 담당자 면담과 관련 자료 열람을 통해 직접 탐문해 보아야 한다.

9.1.2.2. 미지급금

미지급은 영업활동 외의 거래에서 발생하는 채무를 말한다. 예를 들어서 유형자산 매입대금 외상액, 세무서에 납부해야 할 세금 등이 여기에 포함된다.

9.1.2.3. 미지급비용

회계상으로는 기중에 발생했으나 아직 현금으로 지출되지 않은 비용을 말한다. 예를 들어서 아직 지급시기가 도래하지 않은 기간 이자비용, 임차료, 보험료, 임금 등이 여기헤 해당한다.

이자비용을 예로 들어 설명해보자. 차입금 이자 납입 방식은 월납이 많은 형태를 차지하나, 차입금의 성격에 따라 월납, 분기납, 연납 등 많은 차이가 있을 것이다. 여기에서 미지급비용의 개념을 보다 명확히 설명하기 위해 연납을 예로 들어서 설명한다.

A사는 2xx1년 9월1일에 연 이자율 10%로 신규 차입금 ₩1억2천만을 조달했다. 그런데 연간 이자 납입일이 2xx2년 9월 1일이라고 하자. 연 이자는 ₩1천2백만인데, 이를 기간 배분하면 2xx1년 9 ~ 12월 4개월은 ₩4백만, 2xx1년 1 ~ 8월 8개월은 ₩8백만으로 나뉠 것이다. 그런데, 앞의 ₩4백만은 2xx1년에 회계상 비용으로 인식하되 아직 지급이 안 된 것으로 처리해서, 2xx1년말 미지급비용 잔액이 된다.

2xx2년 9월 1일에 연간이자 ₩1천2백만을 지급하고 나면, 기존의 미지급비용 ₩4백만은 소멸되고 ₩8백만이 손익계산서 상 이자비용으로 발생할 것이다. 그리고 재무상태표 상 현금이 ₩1천2백만 감소할 것이다. 대변에서 부채 ₩4백만과 자본 ₩8백만이 감소하는 것과 동일한 크기로 차변에서 자산이 ₩1천2백만이 감소하게 되어 대차는 일치하게 된다.

9.1.2.4. 선수금

선수금은 먼저 돈을 받고 그에 상응하는 재화와 용역을 제공해야 할 의무를 말한다. 자산인 선급금의 반대 개념이다. 예를 들어서 일정한 돈을 먼저 받고 연구개발 용역이나 생산, 건설 등을 장기에 설쳐 수행한 뒤 그 결과를 미래에 납품할 경우, 먼저 받은 돈은 부채로서 선수금으로 계상된다.

대변에서 선수금이 발생하면 그만큼 차변에 현금이 증가한다. 약정한 미래가 도래하여 재화와 용역이 제공되고 나면 이 선수금 부채는 소멸하고, 그만큼 매출이 발생한다. 이때 다른 조건이 같다면 차변에 현금에는 아무런 변화가 없다. 이와 동시에, 부채에서 선수금이 소멸하고 그만큼 자본에서 매출증가로 이익잉여금이 증가하므로, 대변 전체로는 아무런 변화가 없다.

9.1.2.5. 단기차입금

단기차입금은 만기가 1년 이하인 차입금을 의미한다. 만기에 상환이 되면 단기차입금은 소멸한다. 이와 동시에 상환재원으로 쓰인 자산, 예컨대 현금이 차변에서 그만큼 소멸한다.

여신한도 내에서 수시로 차입과 상환이 가능한 차입금, 속칭 마이너스 통장에 대해서는 여신한도액이 아니라 기준일 현재 차입금 잔액을 계상한다.

한 가지 유의할 점은 차입금은 오직 금전을 빌린 경우에만 발생한다는 사실이다. 금전이 아니라 현물을 빌렸다면, 단기차입금이 아니라 미지급금으로 분류한다.

단기차입금은 물론이고 뒤에 설명할 장기차입금까지 포함하여 일체의 차입금은 단지 장부상의 금액만이 중요한 것이 아니라, 함께 제공된 담보의 내용을 함께 파악해야 한다. 회사가 금융기관에 제공한 담보는, 설정이 해지되기 전까지는 처분에 제약을 받기 때문에 그만큼 자산으로서의 가치가 제약되어 있기 때문이다. 이를 위해 주석을 면밀히 살펴볼 필요가 있다.

9.1.2.6. 유동성장기차입금

유동성장기차입금이란 장기차입금 중 만기가 1년 이내 시점으로 도래한 차입금을 말한다. 단기차입금과 동일한 방식으로 처리한다.

9.1.3. 고정부채

9.1.3.1. 장기차입금

장기차입금은 만기가 1년을 초과하는 차입금을 말한다. 장기차입금 중에서 만기일이 1년 이내로 도래한 것은 유동성장기차입금으로 계상하며, 그 이외의 것들은 장기차입금으로 계상된다.

9.1.3.2. 사채

사채(社債)란 채권(bond) 발행을 통한 차입금을 말한다. 이는 시중은행, 특수은행, 상호저축은행, 대부업체 등 간접금융 형태의 차입금과 구분해서, 직접금융 형태의 차입금으로 분류된다. 이중 특별히 기업이 자금조달용으로 직접 발행한 증권을 회사채라고 부르는데, 재무상태표에서는 '회사채'가 아니라 '사채'라는 계정과목으로 기재된다.

대부분 독자들은 시중은행에 예금도 해보고 대출도 받아본 경험이 있을 것이므로, 회사가 시중은행으로부터 조달하는 차입금은 어느 정도 쉽게 이해할 수 있을 것이다. 이 차입금은 다름아니라 바로 독자 여러분을 포함해서 불특정 다수 경제주체들, 예컨대 개인과 법인들이 예금해 놓은 돈의 일부가 적절한 심사를 거친 뒤 대출로 실행된 것이다. 이런 과정으로 실행되는 금융을 가리켜 간접금융이라고 부른다.

하지만 회사가 채권을 발행해서 조달하는 자금은 어디서 어떻게 오는가. 채권을 통한 자금차입 업무는 회사가 거래하는 증권사가 자금 조달 업무를 대행한다. 증권사는 국내외 자산운용사나 연기금 등 기관투자자를 상대로 채권을 중개 매각하고, 기관투자자는 해당 자금을 회사로 투입함으로서 회사의 자금조달 업무가 이루어진다.

채권을 이용한 자금 조달 시 은행 차입금과는 달리 액면발행, 할인발행, 할증발행과 같은 특성들이 등장한다. 이는 몇 가지 회계 처리 상의 문제를 야기한다.

먼저 액면발행을 살펴보자. 경우에는 아무런 문제가 없다. 액면가(par value)란 만기에 상환해야 할 금액을 의미한다. 채권의 액면가가 ₩100이라는 것은 만기에 ₩100을 상환해야 한다는 뜻이다. 그런데 주의할 사실은 채권발행 시 투자자가 액면가인 ₩100을 빌려준다는 개념이 아니라 투자자가 미래에 수취할 원리금의 흐름을 발행시점 기준으로 계산한 현재가치만큼을 빌려준다는 것이다.

이를 이해하기 위해 액면이자율 또는 표면금리(coupon rate), 그리고 시장이자율(market rate of interest)의 차이를 이해해야 한다.

액면이자율은 액면가 대비 지급해야 할 이자율을 말한다. 액면이자율이 9%라면, 만기일까지 액면가 ₩100에 대해 매년 ₩9의 이자를 소정의 계좌로 지급해야 하고, 이 이자는 채권을 보유한 기관투자자의 계좌로 이체된다. 이때 손익계산서에 이자비용으로 ₩9이 매년 계상될 것이다.

시장이자율은 채권의 부도 및 회수 위험을 감안하여 시장에서 형성되는 채권의 평균적 기대수익률을 말한다. 액면이자율도 이런 위험을 반영하여 결정되고 시장이자율도 액면이자율에서 그리 멀리 떨어있다고 보기는 어렵지만, 양자는 일치하지 않는 경우가 많다. 투자자는 투자로부터 예상하는 현금흐름이 현재가치를 계산할 때 대개 이 시장이자율 값을 사용한다.

액면이자율이 9%일 때 이 채권투자로부터 투자자가 예상하는 원리금의 현금흐름은 1년 후 이자 ₩9, 2년후 이자 ₩9, 3년 후 만기에 이자 ₩9과 원금 ₩100이 된다. 마침 할인율(discount rate)로 사용할 시장이자율이 9%라고 하자. 할인율이란 미래의 명목현금흐름(₩9 또는 ₩100)을 현재가치로 전환시킬 때 사용하는 비율이다. 본질적으로는 투자의 기회비용을 반영하는 수치이며, 내용상으로는 무위험수익율과 위험프리미엄의 합으로 구성된다. 할인율에 대한 상세한 설명은 본서의 제15장 15.4.1.3.절을 참조하라.

이때 이 현금흐름의 현재가치는 다음과 같이 계산된다.

$$\frac{9}{(1+9\%)}+\frac{9}{(1+9\%)^2}+\frac{9}{(1+9\%)^3}+\frac{100}{(1+9\%)^3}=100$$

다행히도 이 값은 액면가 ₩100과 동일하다. 그 이유는 액면이자율 9%와 동일한 값을 할인율 9%(위의 산식에서 분자에 표시된 값)로 사용했기 때문이다. 할인율은 미래의 명목수익을 현재가치로 환산할 때 사용하는 기회비용이다. 원리상으로는, 기회비용과 예상수익이 일치하므로 액면가액과 인수가액(투자자 입장)도 일치하게 된다. 이처럼 '액면이자율 = 시장이자율'인 경우 액면가와 발행가(발행자 입장, 사채발행비용 차감 전)가 일치하는 것을 액면발행이라고 부른다. 할인율에 대해서는 본서의 15.4.1.3.과 15.4.1.4. 부분을 참조하라.

여기서 한 가지 주의할 것은 회사에 순유입되는 금액은 ₩100이 아니라 사채발행비용을 차감한 후의 금액이라는 사실이다. 사채발행비용은 증권사 수수료, 신용평가회사 수수료, 기타 인쇄비, 광고비 등이 포함된다. 사채발행비용이 ₩2 발생했다고 가정하면, 회사에 순유입자금은 ₩98(= 액면발행가액 ₩100 - 사채발행비용 ₩2)이 된다.

사채발행비용은 손익계산서에 당기 비용으로 처리하지 않고, 사채발행금액에서 처음부터 차감해서 발행금액을 결정한다. 즉 처음부터 자산감소 요인으로 반영하는 것이다. 이 자산감소요인은 만기 중 계속 상각해서 만기일에는 다시 발행금액 수준이 회복된다.

이 경우 발행금액은 ₩98이 되고, 자금을 조달한 회사는 현금 ₩98이 증가한다.

▸ ▸ 〈표 1〉 액면가 ₩100 채권의 액면발행 시점에서 재무상태표의 변화

차변	대변	비고
현금 ₩98 ↑	사채 ₩98 ↑ (= 액면발행가액 ₩100 - 사채발행비용 ₩2)	자산의 증가, 부채의 증가

회사는 만기에 이르기까지 투자자에게 1년마다 ₩9을 지급하고, 만기일에 ₩100을 상환해야 한다. 상환시점에 재무상태표에서는 사채발행비 차감 부분은 상각되어 사채 잔액은 다시 ₩100이 되어 있다. 사채를 상환하는 시점에 재무상태표에서 현금은 ₩100 감소, 사채는 ₩100 감소할 것이다.

만일 할인율을 9%가 아닌 다른 값, 예컨대 10%를 사용했다면 그 현재가치는 ₩100보다 작은 값이 나올 것이다. 반대로 할인율을 8%를 사용했다면 그 현재가치는 ₩100보다 큰 값이 나올 것이다. 전자는 액면가보다 발행가가 작으므로 할인발행이 되고, 후자는 반대로 할증발행이 된다.

회계처리 상 문제는 액면발행이 아니라 할인발행 또는 할증발행에서 발생한다

먼저 할인발행의 경우를 살펴보자. 회사가 발행한 채권의 액면은 ₩100인데 실제로 투자자가 이 채권을 ₩97.5에 인수했다면, 이는 투자자가 다음과 같이 미래현금흐름을 계산

했기 때문이다.

$$\frac{9}{(1+10\%)}+\frac{9}{(1+10\%)^2}+\frac{9}{(1+10\%)^3}+\frac{100}{(1+10\%)^3}\approx 97.5$$

이렇게 조달한 ₩97.5에서 사채발행비용 ₩2을 차감한 ₩95.5이 순조달액이 된다. 재무상태표에 사채의 장부가액은 만기 예정 상환액 ₩100이 아니라, ₩95.5으로 계상된다.

이 예에서 액면가 ₩100과 순발행가 ₩95.5의 차액 ₩4.5을 사채할인발행차금이라고 한다. 대변에서 사채 ₩95.5이 발생하고, 차변에서 현금 ₩95.5이 발생한다. 다음과 같이 액면가와 사채할인발행차금을 병행 표기하는 방식으로 사채 장부가액을 표기하기도 한다. 마치 유형자산에 대해 감가상각누계액을 차감한 뒤에 장부가액을 표시하는 것과 같은 방식이다.

Ⅱ. 비유동부채	
1. 사채	100
사채할인발행차금	(4.5)
	95.5

사채를 할인발행했다는 것은 발행사 입장에서 실제로 부담해야 할 이자가 액면이자율보다 훨씬 더 크다는 것을 뜻한다. 조달금액은 액면가에 미치지 못하는데, 상환액은 액면가에 상당하기 때문이다. 투자자 입장에서는 액면가보다 저렴하게 채권을 매입한 뒤 액면가만큼 채권을 매각하게 되는 셈이다. 투자자로서는 적어도 채권의 부도위험이 동일한 조건이라면 그만큼 적은 금액을 투입한 것이므로 이득이며, 발행사는 그만큼 적은 금액을 조달하는 데에 그친 것이므로 손해라고 말할 수 있다.

그런 의미에서 사채할인발행차금 ₩4.5은 발행사가 액면가 대비 추가로 부담하는 금액이라고 해석할 수 있다. 달리 해석하면 사채할인발행차금은 일종의 선수이자와 같은 성격의 것이다. 이 추가 부담액은 당기비용으로 처리하지 않고 만기까지 상각하면서 그 크기를 줄여나가며, 만기에 상각이 끝나면 장부상 사채 잔액은 액면가와 동일한 수준으로 회복된다. 이것이 사채할인발행차금상각이다.

▸▸ 〈표 2〉 사채할인발행차금 상각 개념 예시

시점	이자비용	사채할인발행차금		장부상 사채 잔액 (전기 잔액 + 상각액)
		상각액	상각후 잔액	
1기초 (발행직후)			4.5	95.5
1기말	9	1.35	3.15	96.85
2기말	9	1.50	1.65	98.35
3기말	9	1.65	0	100
상환 직후				0

앞의 예는 상각의 예를 하나 든 것이며, 상각액을 실제로 계산하는 작업은 유효이자율법 등을 적용한 회계전문가의 영역이므로, 여기에서는 경영자로서 사채할인발행의 개념과 그 발행차액이 상각되는 이유 정도를 알면 충분할 것이다.

사채할증발행은 사채할인발행과 정반대다. 투자자가 앞의 예로 든 액면가 ₩100, 액면이자율 9% 채권을 시장이자율 7%를 적용해서 할인한 경우 발행금액은 ₩105.2이 된다.

$$\frac{9}{(1+7\%)}+\frac{9}{(1+7\%)^2}+\frac{9}{(1+7\%)^3}+\frac{100}{(1+7\%)^3}\approx 105.2$$

순발행액은 발행액에서 사채발행비를 차감한 금액이 된다. 이 예에서 사채발행비가 ₩1 소요됐다면 발행액은 ₩104.2이 되고, 사채할증발행차금은 ₩4.2이 될 것이다.

사채를 할증발행했다는 것은 발행사 입장에서 실제로 부담해야 할 이자가 액면이자율보다 훨씬 더 줄어든다는 것을 뜻한다. 조달금액은 액면가를 상회하지만, 상환액은 액면가에 상당하기 때문이다. 투자자 입장에서는 액면가보다 더 많은 금액을 채권 매입에 지출한 뒤 액면가만큼 채권을 매각하게 되는 셈이다. 투자자로서는 적어도 채권의 부도위험이 동일한 조건이라면 그만큼 많은 금액을 투입한 것이므로 손실이며, 발행사는 그만큼 더 많은 금액을 조달하는 데에 그친 것이므로 이득이라고 말할 수 있다.

이렇듯 회사가 액면이자보다 실질적으로 이자를 적게 부담하는 데에서 오는 이익은 당기수익으로 처리하지 않고 만기까지 상각하면서 그 크기를 줄여나가며, 만기에 상각이 끝나면 장부상 사채 잔액은 액면가와 동일한 수준으로 회복된다. 이것이 사채할증발행차금상각이다.

▸ ▸ 〈표 3〉 사채할증발행차금 상각 개념 예시

시점	이자비용	사채할인발행차금		장부상 사채 잔액 (전기 잔액 + 상각액)
		상각액	상각후 잔액	
1기초 (발행직후)			4.2	104.2
1기말	9	1.3	2.9	102.9
2기말	9	1.4	1.5	101.5
3기말	9	1.5	0	100
상환 직후				0

사 례 풀무원의 2018년 장단기 차입금 조달, 채권 발행과 잔액 내역

풀무원계열의 지주회사인 ㈜풀무원은 2018년 12월 31일 현재 개별재무상태표 기준으로 총 (비유동) ₩16,250백만의 장기차입금 및 사채를 보유했다. 이와 대배하여 만기가 1년 이내로 도래한 '유동'으로 분류된 것은 것이 ₩63,712백만에 달하여, (유동 + 비유동)장기차입금은 총 ₩79,962백만에 달했다.

풀무원은 2018년 5월에 제65회 액면가 ₩30,000백만, 액면이자율 3.5%의 회사채를 신용등급 A-Stable(나이스신용평가)발행했으며, 2018년 장부가액은 ₩29,962백만으로 기재되어 있다.

같은 시점에 자산총액이 ₩478,978백만에 달하며, 자산총액 대비 (유동 + 비유동)장기차입금 비중은 16.7%에 달한고, 부채비율은 25.1%로서 매우 양호하다.

그러나, 풀무원은 지주회사로서 풀무원식품 등 국내 21개 자회사와 해외 9개 자회사 등 다수의 종속기업을 보유하고 있다. 풀무원의 장기차입금 규모는 종속회사까지 한 몸으로 간주하고 파악할 필요가 있다. 같은 시점에 연결재무상태표상 자산총액은 ₩1,214,578백만이고 (유동 + 비유동)장기차입금은 ₩237,323백만, 그 중 비유동 장기차입금은 ₩172,081백만이었다. 연결재무제표 기준 자산총액 대비 (유동 + 비유동)장기차입금 비중은 19.5% 로서 개별재무제표에 비하여 다소 높은 수준으로 나타난다.

분량 문제로 본서에는 수록하지 못했지만, 실제로 독자들은 같은 시점 풀무원의 연결재무제표 주석을 살펴보면 장기차입금과 사채의 종류가 개별재무제표의 경우보다 훨씬 많아짐을 확인할 수 있을 것이다.

▸ ▸ 〈표 4〉 ㈜풀무원의 2018회계년도 (개별)재무상태표 상 부채내역과 차입금 잔액

(단위 : 천원)

과 목	주 석	제35(당)기		제34(전)기	
유동부채			74,623,959,325		30,825,117,674
매입채무및기타채무	3,5,6,7,18,33	5,535,579,482		3,525,857,413	
단기차입금	3,5,6,7,19	63,712,263,148		20,000,000,000	
당기법인세부채	21	2,029,020,928		3,511,102,838	
기타유동부채	20,33	3,347,095,767		3,788,157,423	
비유동부채			20,988,121,257		71,660,970,533
장기매입채무및기타채무	3,6,18	–		29,410,517	
장기차입금	3,5,6,7,19	16,250,000,000		64,927,104,051	
순확정급여부채	22	4,374,536,853		6,073,719,822	
기타비유동충당부채		224,506,284		346,202,709	
기타비유동금융부채	3, 5, 6, 7	139,078,120		284,533,434	
부채총계			95,612,080,582		102,486,088,207

출처 : dart.fss.or.kr

주석19. 차입금

당기말과 전기말 현재 차입금의 내역은 다음과 같습니다.

㈜풀무원의 2018회계년도 (개별)재무상태표 상 장단기차입금과 사채 내역

(단위 : 천원)

구분		차입처	최장만기일	당기말 연이자율(%)	당기말		전기말	
					유동	비유동	유동	비유동
단기 차입금	원화대출	㈜국민은행	2019-03-30	3.81	5,000,000	–	5,000,000	–
	원화대출	KEB하나은행	2018-03-28	–	–	–	5,000,000	–
	원화대출	㈜신한은행	2019-01-27	3.82	5,000,000	–	5,000,000	–
장기 차입금	원화대출	한국산업은행	2019-09-11	3.72	15,000,000	–	–	15,000,000
	원화대출	㈜우리은행	2020-03-15	3.73	5,000,000	1,250,000	3,750,000	6,250,000
	원화대출	㈜국민은행	2019-08-22	3.94	3,750,000	–	1,250,000	3,750,000
	원화대출	KEB하나은행	2020-05-16	4.07	–	10,000,000	–	10,000,000
	원화대출*	한국산업은행	2025-12-20	3.39	–	5,000,000	–	–
사채	확정금리 원화사채	65회 공모사채	2019-10-14	3.30	29,962,263	–	–	29,927,104
합 계					63,712,263	16,250,000	20,000,000	64,927,104

* 당사는 한국산업은행에 대한 차입금 ₩5,000백만과 관련하여 토지분양대금반환 청구권을 한국산업은행에 담보로 제공하고 있습니다. 한국산업은행이 토지분양대금 반환청구권에 설정한 담보설정금액은 ₩1,863백만입니다.

출처 : dart.fss.or.kr

[원리] 중소기업의 회사채 발행은 가능한가?

일반적으로 중소기업, 특히 신기술 스타트업이 회사채를 발행하기는 매우 어렵다. 이는 시장의 수급 조건을 고려했을 때 불가피한 면이 있다.

회사채 투자자의 주종을 이루는, 연기금, 자산운용사, 대형 시중은행, 특수은행 등은 위험관리 차원에서 BB+ 이하의 투기등급(speculative grade) 회사채 매입을 제한하고 있다. 그들은 상대적으로 안정적인 원리금 상환이 예상되는 BBB− 이상의 투자등급(investment grade) 회사채를 선호한다.

하지만, 회사가 국내 투자자를 상대로 무보증 공모 회사채를 발행하기 위해서는 신용평가회사로부터 회사채 신용등급을 받아야 하는데, 우리나라 신용평가회사의 제반 평가기준과 과거 기록을 고려했을 때 중소기업이 투자등급을 받을 가능성은 매우 낮다.

다만, 정책 목적이나 특수 목적의 하이일드 펀드(high-yiled fund) 등 투기등급 회사채를 상당 부분 편입하는 것이 제도적으로 허용되는 소수의 경우에 한하여, 제한적으로 중소기업의 회사채 발행이 가능한 상태이다.

9.1.3.3. 상환우선주, 전환사채, 교환사채

앞의 사채는 모두 전통적인 형태의 만기와 상환의무를 지닌 채권을 대상으로 하는 것이었다. 많은 기업들이 이런 전통적인 채권에 이질적인 특성이 가미된 복합증권(hybrid)을 발행한다. 우선주, 상환우선주, 전환우선주, 전환사채, 교환사채 등이 그것이다.

이들을 이해하기 위해 먼저 우선주(Preferred Stock)의 개념을 설명하기로 한다.

우선주란 보통주보다 이익배당에 우선권이 부여된 주식을 말한다. 사전에 정해진 액면가 대비 배당률(예를 들어 10% 등)에 따라 배당이 이루어진다. 이런 특권이 부여된 댓가로 보통주와 달리 의결권이 부여되지 않는 경우가 대부분이다. 우선주는 기업 경영에는 무관심하되 단지 배당 수익에만 관심이 있는 투자자를 대상으로 한다. 뒤에 설명할 전환권이나 상환권이 부여된 우선주는, 특히 불확실성이 높은 창업기업 또는 신기술기업에 투자하는 벤처캐피탈 등이 위험관리 차원에서 보통주보다 선호하는 투자 형태이기도 하다.

사 례 고바이오랩의 전환상환우선주 발행 

"고바이오랩이 상장 전 투자로 266억원을 유치했다고 1일 발표했다. 이번 투자에는 기존 투자자인 에이티넘인베스트먼트, 컴퍼니케이파트너스, 스톤브릿지벤처스 및 타임와이즈인베스트먼트를 비롯, 신규투자자인 KDB산업은행, 삼성증권, 대신증권. 퀀드자산운용, 파인벨류자산운용, 에셋원자산운용 및 프로디지인베스트먼트 등 총 11개의 기관사들이 전환상환우선주(RCPS) 인수 형태로 참여했다. 이로써 고바이오랩은 창업 5년 만에 1930억원 상당의 기업가치를 달성했다.

고바이오랩은 인체에 서식하는 미생물과 그 유전정보 전체를 뜻하는 인체 마이크로바이옴을 연구하는 기업이다. 지난 9월 인체 마이크로바이옴 기반 자가면역치료 소재인 'KBLP-001'의 글로벌 임상을 국내 최초로 승인받고 미국 임상 2상 시험계획서(IND) 제출을 위해 미국 식품의약국(US FDA)와의 미팅도 마쳤다."

(출처 : 한국경제신문, 2019-10-02, https://www.hankyung.com/it/article/201910029463f)

배당이 확정된 이후 남은 배당액을 나눠 가질 수 있는 권리가 있는 경우 참가적 우선주라 하고, 보통주보다 우선해서 받는 확정 배당 이외에 추가로 배당을 요구할 수 없는 경우를 비참적 우선주라고 한다.

과거에는 일반 주식처럼 만기가 없었으나, 최근에는 상환 만기가 부여되는 것이 일반적이다. 이렇게 상환 만기가 있고 그 기간 동안 고정된 배당 수익을 제공한다는 면에서 보면, 우선주는 지분(equtiy) 성격의 증권이라기보다는 고정수익증권(fixed income security)인 채권 쪽에 더 가깝다. 그래서 우선주는 보통주와 달리 신용평가의 대상이 되기도 한다.

이름에도 나타나듯이 주식이라는 면에서는 원칙적으로 자본으로 분류해야 옳다. 하지만 발행 조건에 따라 회사 입장에서 실질적으로 상환 의무를 부담하게 되는 경우 부채로 분류해야 한다. 과거 기업회계기준에서는 우선주를 자본으로 분류했으나, K-IFRS 도입 이후 발행 조건을 검토해서 부채로 인정될 경우에는 부채로 분류하도록 되어 있다.

우선주를 자본으로 볼 것인가 부채로 볼 것인가는, 발행조건에 상환이나 전환권이 어떤 형태로 부여되어 있는가에 따라 달라진다.

확정된 미래의 어느 시점에 회사가 의무적으로 우선주 보유자에게 상환을 해주어야 하거나, 우선주 보유자가 미래 특정 기간에 회사에 상환을 청구할 권리가 부여된 경우 이 우선주는 자본이 아니라 부채로 분류해야 한다.

그런데, 우리나라에서 K-IFRS 적용 의무가 없는 기업들, 예컨대 중소기업회계기준을 따르는 비외감 비상장 중소기업이나 일반기업회계기준을 따르는 비상장 외감법인들은 우선주 또는 상환전환우선주를 어떻게 처리할까? 상환의무가 명시된 우선주는 부채로 계상하고, 상환권이나 전환권이 부여된 우선주는 자본으로 분류한다. 이런 기업들이 비상장 상태일 때에는 상환전환우선주는 자본으로 처리되어 있다. 그런데, 이 회사들이 상장을 하게 되면 상환전환우선주는 대부분 부채로 전환되고, 회사의 재무구조는 악화된다. 회사의 실체는 변함이 없는데, 단지 회계처리 방식을 변경함으로써 재무제표상 지표가 악화되는 것이다.

이처럼 상환전환우선주가 지닌 모호한 성격 때문에 재무적 안전성의 실체를 파악하는 데에도 혼란이 야기되는 것이 보통이다. 보수적인 관점을 지닌 해석가는 부채로 보려 할 것이고, 공격적인 관점을 넜다면 자본으로 보려 할 것이다.

상환우선주(Redeemable Preferred Stock, RPS)란 미래 특정 시점에 현금 상환권을 행사할 수 있는 우선주다. 전환우선주(Convertible Preferred Stock, CPS)란 미래 특정 시점에 보통주로 전환할 수 있는 권리가 부여된 우선주를 말한다. 상환전환우선주(Redeemable Convertible Preferred Stock, RCPS)란 앞에서 말한 현금 상환권과 보통주 전환권이 모두 부여된 주식을 말한다.

회사가 상환의무를 이행하고 나면 우선주는 장부에서 소멸될 것이다. 반면에 우선주 보유자가 보통주 전환권을 행사하고 나면, 부채에 계상되어 있던 우선주 가액은 그대로 자본계정으로 대체될 것이다. 이 경우 자본금이 그만큼 늘어나게 되고 부채비율은 감소하게 될 것이다.

전환우선주 투자자들은 회사가 예측가능한 미래에 상장 또는 M&A 등을 통해 자본이득(capital gain)을 실현할 가능성이 높아지면, 대개 전환권을 행사함으로서 주주로 신분을 바꾸어 놓게 된다.

사 례 **전환상환우선주의 주식 전환**

인공지능 헬스케어 업체 뷰노3는 창업 이후 세 차례에 걸쳐 상환전환우선주 발행을 통해 자금을 유치했다. 2015년 엔젤투자 단계에서는 ₩9억을, 2016년에는 벤처캐피탈로부터 ₩30억을, 2018년에는 기존 투자자 및 추가 참여 투자자로부터 ₩117억을 추가 조달했다.

뷰노의 코스닥 상장 계획이 구체화되자, 2018년말 투자자들은 전환상환우선주(RCPS)를 전량 보통주로 전환했다. 전환 후 보통주 자본금은 ₩4,444만으로 증가했고, 주식발행초과금 ₩149억이 자본잉여금에 계상됐다.

(자료 : 더벨, 뷰노에 꽂힌 벤처캐피탈, RCPS전환권 행사, 2019-05-03, https://www.thebell.co.kr/free/content/ArticleView.asp?key=201905020100001310000080&lcode=00)

전환사채(CB, Convertible Bond)란 만기 이내에 주식으로 전환할 권리가 부여된 채권이다. 앞의 우선주는 명목상 주식이지만 사실상 채권과 유사한 성격의 것이었고 여기에 보통주 전환권이 부여되기도 한다. 전환사채도 보통주 전환권이 부여된 것은 우선주와 같으나, 공식적으로 채권의 형태로 발행되기 때문에, 우선주와 달리 이론의 여지 없이 부채(사채)로 분류한다.

하지만 가치평가를 할 때에는 문제가 좀 복잡해진다. 전환사채는 사채의 성격과 자본의 성격을 동시에 갖추고 있기 때문에, 양자를 분리해서 하나는 부채가치로, 다른 하나는 자본가치로 평가해야 한다. (K-IFRS 1032호와 1109호)

전환사채의 공정가치 = 사채(부채)의 공정가치 + 전환권(자본)의 공정가치

사실 이 둘을 분리하는 방식은 그리 간단치가 않으며 매우 전문적인 영역이므로 본서에서는 다루지 않겠다. 불확실성이 내재한 채권파생상품과 금융옵션(financial option)의 가치평가 기법을 동원해야 하기 때문이다. 특히 사채의 경우 인수자에게 전환권 이외에 상환권까지 부여된 경우 계산은 더 복잡해질 것이다. 회계 분야에 종사할 전문가가 되는 것을 목표로 하지 않는다면, 전환사채의 가치는 부채와 자본으로 분리해서 계상하게 된다는 사실만을 인식하고 넘어가도 무방할 것이다. 이런 특성은 앞에서 언급한 상환전환우선주나 뒤에서 다룰 신주인수권부 사채에 대해서도 마찬가지이다.

전환사채는 통상적인 채권에 전환권이라는 특권이 부여된 것이므로, 채권의 표면 금리는 통상적인 채권보다 낮은 수치로 책정되는 것이 보통이다. 많은 경우에 표면금리를 0%로 설정하는 대신에 투자자에게 만기보장수익률을 제시한다. 만기보장수익률은 발행액과 만기상환액의 차이를 연수익률로 환산한 것이다. 물론 이는 투자자가 중간에 전환권을 행사하지 않고 만기에 상환을 받는 경우에 달성하는 수익률일 것이다.

만기보장수익률

₩100을 발행(조달)했는데, 만기(5년 후)에 ₩105.1을 상환한다면, 투자자의 만기수익률은 1%이다. 왜냐하면 복리로 연 1% 수익률을 적용하면 투자금 ₩100은 5년 후에 ₩105.1 [= $100 \times (1 + 0.01)^5$]이 되기 때문이다. 또는 ₩95.15[= $100/(1 + 0.01)^5$]을 발행하고 만기에 100원을 상환받아도 연수익률은 1%가 된다.

만기보장수익률도 투자계약 체결 당시의 상황에 따라 차이가 있겠지만 대개는 시장수익률보다 낮은 수준으로 책정된다. 왜냐하면 투자자가 전환권 행사시 기대할 수 있는 이익이 만기상환수익률에 추가하여 부여되기 때문이다. 우리나라에서는 집필일 현재 1% 내외로 책정되는 것이 보통이다.

사채상환할증금

앞의 예에서 발행액이 ₩100인데 만기상환액이 ₩105.1이라고 할 때, 그 차액 ₩5.1을 사채상환할증금이라고 한다. 이것은 투자자에게 지급할 일종의 이자 개념이라고 말할 수 있다. 그런데 표면이자처럼 정기적으로 지급하는 이자비용이 아니라 만기에 투자자에게 상환해야 할 의무가 있는 것이므로, 부채로 계상된다.

전환우선주와 마찬가지로 전환사채 보유자가 만기 이내에 전환권을 행사하게 되면, 그만큼 사채가 감소하고 자본금이 증가한다.

전환사채 역시 투자자에게 고정이자와 자본이득이라는 두 마리 토끼를 동시에 제공함으로써 보다 용이하게 자금을 조달하기 위해서 발행한다.

왜 기업은 전환사채라는 복합형 증권을 발행하려 시도하고, 한 편에서는 이를 인수하는 투자자들이 나타나는 것일까?

기업이 만약 채권을 용이하게 발행할 수 있거나 은행 차입이 수월하다면 굳이 전환사채를 발행할 이유가 없다. 전환사채 보유자가 전환권을 행사해서 보통주 주주로 전환하게 되면 기존 주주의 지분율과 주당 수익률이 위협을 받을 위험이 분명히 존재하기 때문이다.

만약 기존 주주의 보유 주수가 1만주인데, 전환사채 전환권 행사로 추가된 주수가 2천5백주라면, 기존 주주의 지분율은 100%에서 80%로 감소하게 된다. 또한 순이익이 ₩1억이라면, 주당 순이익도 전환권 행사 전에는 주당 ₩10,000(₩1억 ÷ 10,000주)이지만, 전환권 행사 후에는 주당 ₩8,000(₩1억 ÷ 12,500주)으로 하락하게 된다.

비록 특수한 경우이긴 하지만 기존 주주가 전환사채를 보유하고 있다면, 이는 기존 주주가 전환권 행사를 통해 자신의 지분율을 높이겠다는 계산이 깔려 있다고도 해석할 수 있다.

전환권 행사로부터 야기되는 이런 효과를 기존 지분의 희석화 효과(dilution effect)라고 한다. 회사가 이런 위험을 감수하면서까지 전환사채를 발행하려 하는 배경에는 현재의 경영구조상 정상적인 채권 발행이나 은행 차입이 용이하지 않을 경우가 많다. 이때 투자자에게 전환권을 제시함으로써 미래 성장성과 자본 이득 실현 가능성을 부각시키고 투자를 유인할 수 있기 때문이다.

회사가 정상적인 차입이 어렵다면 차라리 보통주 발행을 통해 유상증자를 하면 되지 않겠느냐고 반문할 독자가 있을지 모른다. 하지만 정상적인 차입이 어려운 기업에 보통주 주주로 참여한다는 것 역시 많은 리스크를 지는 것이다. 가장 후순위의 변제권자로서 보통주 주주는 배당이나 자본이득은커녕 경영 악화시 자칫 투자원금조차 모두 날릴 가능성도 배제할 수 없기 때문이다. 이런 리스크에 민감한 투자자는 차라리 고정적인 이자 수익을 더 선호할 것이다. 전환사채는 이런 투자자에게 이자 수익이라는 당근을 제시하는 수단이 된다.

물론 전환사채를 발행하는 기업이 모두 정상적 자금조달이 어려운 상황이라는 말은 아니다. 다만, 현 단계에서 상대적으로 높은 사업 불확실성에 처해 있지만 장래 성장 가능성이 높거나 주가가 상승할 것으로 예상되는 기업에게 전환사채는 매우 효과적인 자금조달 수단이 된다는 것만큼은 분명하다.

사 례 전환사채 발행조건 

화장품 제조업을 영위하는 리더스코스메틱(코스닥016100)은 공시 감사보고서 주석에 따르면 2018년 12월 31일 현재 다음과 같은 전환사채 내역을 보유하고 있다.

주석16. 사채

(1) 보고기간종료일 현재 당사가 발행한 사채의 내역은 다음과 같습니다.

리더스코스메틱의 2018-12-31 전환사채 발행내역

(단위 : 천원)

명칭	발행일	만기일	구 분	당기말	전기말
제4회 무기명식 이권부 무보증 사모 전환사채	2017.07.11	2022.07.11	액면금액	28,890,000,000	32,000,000,000
			전환권조정	(9,010,153,098)	(12,185,043,982)
			사채상환할증금	1,484,342,354	1,638,560,000
합계				21,364,189,256	21,453,516,018

당기 중 전환사채 3,110,000천원이 전환권 행사되어 보통주로 전환되었습니다.
상기 사채의 조기상환청구권 개시일이 보고기간종료일로부터 1년이내에 도래함에 따라 당기말 현재 유동부채로 분류하였습니다.

출처 : 금융감독원 전자공시 시스템. dart.fss.or.kr

예시한 전환사채는 발행일 2017-07-01, 발행금액 ₩320억이고, 만기는 5년후인 2022-07-11이다. 발행시 회계 또는 가치평가 전문가가 적절한 금융공학기법을 이용하여 계산한 전환권의 공정가치는 ₩12,185백만이었다. 투자자는 2018년(당기) 중 이 가운데 ₩3,175백만을 보통주로 전환했고, 2018년말 전환사채의 가치는 기존의 ₩320억으로부터 전환가액 ₩3,175백만을 차감한 ₩28,890백만으로 줄어들었다.

예시한 전환사채의 발행조건을 살펴보면 전환가액은 발행당시에는 주당 ₩11,878으로 설정되었으나, 전환가액을 전환시점의 주가 변동 상황에 따라 변경시킬 수 있다는 조건이 명기되어 있다. 예를 들어서 전환시점에 주가가 예상보다 많이 하락해 있는 경우 전환가격도 그에 맞추어 하향조정할 수 있다는 것이다. 이렇게 전환가액을 조정할 수 있다는 조항을 리픽싱(re-fixing) 조항이라고 한다.

전환권을 행사할 수 있는 기간은 발행일로부터 1년 후인 2018-07-01부터 만기 1개월 전인 2022-06-11 사이다.

이 전환사채에는 보통주 전환권 외에도, 관행에 따라 조기상환청구권까지 부여되어 있다. 투자자는 발행일로부터 2년이 경과한 시점부터 매3개월마다 투자액의 전부 또는 일부에 대해 리더스코스메틱을 상대로 상환을 요청할 수 있다. 물론 상환액은 만기보장수익률을 조기상환시점에 맞추어 복리로 적용한 금액이 될 것이다. 예를 들어 2년 지나는 시점에 조기상환을 요청하면 투자액 ₩100에 대해 상환액은 ₩102.01이 될 것이다.

이렇게 전환사채 발행시 투자자에게 부여된 상환청구권을 풋옵션(put option), 또는 속칭 풋백옵션(put-back option)이라고 한다. 풋옵션이란 증권을 미래 특정 시기에, 사전에 약정한 가격으로 매도할 수 있는 권리를 의미한다[1]. 풋백옵션은 말 그대로, 발행사로부터 매입한 채권을 발행사에 일정한 조건으로 되팔 수 있는 권리를 말한다.

예시한 전환사채에는 이례적으로 매도청구권이라는 특수한 권리가 부가되어 있는 것을 알 수 있다. 이 권리는, 조기상환청구권과 달리 투자자에게 부여된 것이 아니라 발행사에게 부여되어 있다는 점이 특징이다. 발행사는 필요에 따라 이 전환사채를 발행사에게 되팔 것을, 또는 발행사가 지정하는 제3자에게 되팔 것을 요청할 수 있다. 이때 전환사채 투자자는 보유사채를 의무적으로 되팔아야 한다.

발행사가 매도청구권을 행사하는 이유는, 전환권으로부터 발생하는 희석화 효과를 예방하기 위해서, 또는 전환사채 잔액을 감소시킴으로써 부채비율을 낮추려는 의도 등이 있을 수 있다.

이런 성격의 매도청구권은 발행사가 보유하는 콜옵션(call option)이라고 말할 수 있다. 콜

1) 금융공학에서 풋옵션의 반대 개념은 콜옵션(call option)이다. 콜옵션은 어떤 증권을 미래 특정 시기에 사전에 약정한 가격으로 매입할 수 있는 권리를 의미한다.

옵션이란 증권을 미래 일정 시점에, 사전에 약정한 가격으로 매수할 수 있는 권리를 의미한다. 이것은 풋옵션의 반대 개념이다.

사 례 리더스코스메틱 제4회 전환사채의 주요 발행조건

(2) 상기사채의 상환 또는 전환과 관련한 주요 발행 조건은 다음과 같습니다.

- 전환사채(4회)

구 분	내 용
표면이자율	0%
만기보장수익률	1.00%
전환에 따라 발행할 주식의 종류	㈜리더스코스메틱 기명식 보통주
전환가액	11,878(원/주)(합병, 분할, 주식의 분할 및 병합, 자본의 감소 등이 있는 경우 당해 조정사유 발생 직전에 전환권이 행사되어 전액 주식으로 전환되었더라면 당해 조정사유 발생 이후에 사채권자가 가질 수 있었던 주식수로 전환가액 조정함. 또한 사채 발행 후 매 2개월이 되는 날마다 전환가액 조정일 전일을 기산일로 하여 기산일로부터 소급한 1개월 가중산술평균주가, 1주일 가중산술평균주가, 최근일 가중산술평균주가를 산술평균한 가액과 최근일 가중산술평균주가 중 높은 가액이 본건 전환사채의 전환가액보다 낮은 경우에는 그 가액을 새로운 전환가액으로 조정함)
전환청구기간	2018.7.11. ~ 2022.6.11
조기상환청구권	사채권자는 사채의 발행일로부터 24개월이 되는 2019년 7월 11일 및 이후 매 3개월에 해당되는 날에 본 사채의 전부 또는 일부에 대하여 만기 전 조기상환을 청구할 수 있음(조기상환수익률은 만기보장수익률과 동일함)
매도청구권	발행회사는 사채 발행일로부터 1년이 되는 날로부터 1년 11개월이 되는 날까지 매 3개월에 해당되는 날에 사채 권면금액의 30/100 한도내에서 사채권자로 하여금 발행회사 또는 발행회사가 지정하는 자에게 매도청구권 대상 사채를 매도할 것을 청구할 수 있는 권리를 가짐(매도청구권 행사시 발행일로부터 매도청구권 행사에 의한 매매일까지 연복리 3%의 수익률을 보장하는 금액을 인수인에게 지급하여야 함)

출처: 금융감독원 전자공시 시스템, dart.fss.or.kr

신주인수권부사채(BW, Bond with Warrant)란 발행사가 신주발행시 그 인수에 우선적으로 참여할 권리를 보유하고 있는 채권이다.

신주인수권부사채가 전환사채와 다른 점은, 신주인수권 행사시 기존의 사채는 그대로 유지된다는 사실이다. 즉 부채는 줄어들지 않는다. 동시에 신주인수 금액만큼 자본금이 증가한다. 이때 당연히 차변에서 현금이 증가할 것이다.

▸ ▸ 〈표 5〉 전환사채와 신주인수권부 사채의 권리 행사 후 차이

	행사 권리(옵션)	권리 행사 후 변화			재무구조 변화
		자산	부채	자본	
전환사채(CB)	보통주 전환권	전환가액이 사채가액보다 높게 조정될 경우 증가	감소	증가	부채비율 감소
신주인수권부사채 (BW)	보통주 인수권	증가	유지	증가	부채비율 감소

신주인수권 행사시 부채가 줄어들지 않는다는 점을 제외하고는 대부분의 회계처리 방식은 전환사채와 동일하다. 신주인수권의 공정가치 역시 전환사채에서 전환권의 댓가를 계산할 때와 마찬가지로 회계 또는 가치평가 전문가의 별도 작업을 통해 계산하게 된다. 전환권의 공정가치 계산은, 주식연계형 증권의 경우 별도의 옵션 가치평가 산식을 따르게 되나, 이는 본서의 영역을 넘는 영역이므로 자세한 설명은 생략한다.

[원리] 주가가 상승하면 RCPS, CB, BW 발행사의 부채비율이 상승하고 평가손실이 증가한다?

다음과 같은 일이 있었다.

"(2018년 9월) 6일 금융투자업계에 따르면 올해 파생상품손실이 발생했다는 코스닥 업체가 급증했다. 에코마이스터 (5,230원 ▲100 1.9%), 바이오제네틱스 (6,980원 ▲160 2.4%), 오스테오닉 (3,045원 ▼20 -0.7%), 알리코제약 (16,400원 ▲1750 11.9%), 와이오엠 (11,600원 ▼300 -2.5%) 등 23개 코스닥 기업이 올해 파생상품거래손실발생 공시를 냈다. 코스닥 업체가 파생상품손실 공시를 낸 것은 지난해 1개사, 2016년 3개사, 2015년 1개사에 불과했다.

삼성증권에 따르면 이들은 자기자본 대비 평균 39%의 손실을 기록했으며, 일부 회사는 200%를 넘는 손실을 보였다. 부채비율 급증은 기업 연속성에 크게 타격을 줄 수 있는 내용이라 투자자들의 당혹감은 컸다. 그러나 해당 기업들은 하나같이 "손실이 현실화되거나 현금 유출을 초래하지 않는다"고 해명했다."[2]

RCPS, CB, BW 등 주식과 연계된 복합형 증권의 회계처리와 관련해서 흔히 혼란이 발생하는 내용은, 관련 주가가 상승하면 발행사 입장에서 평가손실이 증가한다는 사실이다. 현실적으로 이해가 잘 되지 않는 내용이라고 느끼는 독자들이 있을지 모른다. 주가가 상승하면 얼핏 평가이익이 발생해야 할 것 같은데, 어째서 평가손실이 발생한다는 것일까?

결론부터 말하자면, 이 상황은 자산의 실질적 증가 없이 장부상 부채가 증가함에 따라 어쩔 수 없이 기타포괄손익에서 그만큼 손실을 인위적으로 증가시켜야 주어야 하는 불가피한 상황이다. 회계기준을 따르는 과정에서 어쩔 수 없이 발생하는 장부상 가공(架空)의 수치가 야기하는 부작용이라고 말할 수 있다.

문제의 발단은 이들 복합형 증권이 포함하고 있는 보통주 전환권에 있다. 이 전환권의 실체는 과연 자본인가 부채인가? 이 전환권은 투자자가 전환하고 나면 명백히 자본으로 전환되지만, 전환권을 행사하기 단지 자본으로 변신할 수 있는 권리 상태로만 남아 있는 것이다. K-IFRS에서는 이 박쥐 같은 모호한 수익권(투자자 입장)을 발행사 입장에서 부채로 포함시킬 것을 요구하고 있다.

한편 파생상품(derivatives)이란 일반적인 주식, 채권, 외화, 실물 같은 자산으로부터 파생된 성격의 수익권을 말한다. 선물(futures), 옵션(option), 스왑(swap) 등이 대표적인 파생상품들이다. 대개 리스크 관리 차원에서 미래의 거래 내용을 미리 계약하는 형태를 취한다. 파생상품에 대한 자세한 설명은 본서의 차원을 넘는 전문 영역이므로 설명을 생략한다[3].

다만 독자 여러분은, 주식 연계형 복합증권에 내재한 전환권은 그 중에서도 콜옵션(call option)의 성격을 띠는 파생상품에 해당된다는 점만을 알아두자. 이 콜옵션에는 행사가격(exercise price, 또는 strike price), 즉 주식으로 전환할 수 있는 금액이 반드시 함께 따라다니는데, 이 금액은 미리 발행사와 투자자 사이에 약정으로 지정해 놓으며, 계약 내용에 따라 주가변동 상황에 맞추어 재조정(refixing)할 수도 있다.

---

2) 머니투데이, "잇다르는 파생상품 손실 공시, 이유는?", 2018.09.06. https://news.mt.co.kr/mtview.php?no=2018090508051044469

3) 파생금융상품을 설명하는 가장 고전적이고 보편적인 텍스트는 John C. Hull의 Options, Futures, and Other Derivatives다. 1987년에 초판이 발행됐고, 본서 집필일 현재 Sankarshan Basu와 공저한 10판까지 출간되어 있다.

투자자가 행사가격을 ₩100으로 약정해 놓은 상태인데, 전환권 행사 가능한 시점이 도래했을 때 주가가 ₩150이라면, 이 투자자는 전환권 행사를 통해 ₩50의 차익을 실현할 수 있을 것이다. 또는 미래 행사 시점에 주가가 ₩110이라면 전환권 행사를 통해 ₩10의 이익을 보게 될 것이다. 반면에 그 시점의 주가가 행가가격보다 낮은 ₩90이라면 미리 약정된 전환권을 행사할 필요가 없다. 종종 욕심 많은 투자자라면, 주가 하락시 행사가격을 더 낮게 재조정할 수 있다는 조항을 계약조항에 넣어놓았을 수도 있다.

어쨌든 투자자가 전환권 행사를 통해 이익을 보는 순간 발행사 입장는 손실을 보게 된다는 사실을 주목하자. 예컨대 앞의 예에서 주식의 시가 ₩150일 때, 투자자의 전환권 행사 후 기업은 단지 ₩100을 납입 받은 것에 불과한 결과를 낳기 때문이다. 즉, 옵션 보유자가 권리 행사를 통해 이익을 보면, 옵션 거래 상대방은 의무적으로 이를 이행함으로써 손실을 보게 된다는 사실을 명심하자.

최초에 행사가격을 약정할 때에는 미래에 주가가 상승할지 하락할지 불확실하기 때문에 미래 상승가능성에 대한 예상에 근거하여 적절한 전환가격을 산출하게 된다. 미래에 전환권을 행사해서 과연 차익을 얼마나 얻을 수 있을지는, 여러 모형, 예컨대 이항옵션(binary-option) 모형 또는 블랙-숄즈(Black-Scholes) 모형을 이용해 산출하고, 이것이 전환권의 공정가치가 되고 재무상태표에 부채에 포함되어 계상된다.

독자 여러분은 이론상 주가가 상승할수록 전환권의 공정가치는 상승한다는 사실만을 알고 있으면 충분할 것이다.[4] K-IFRS는 역사적 원가가 아니라 평가시점의 공정가치를 평가하는 것을 원칙으로 삼는다는 사실을 상기하자. 전환권의 가치가 상승할수록 부채로 계상된 복합증권의 가치는 증가한다. 회계등식 상, 실질적인 자산 증가가 수반되지 않은 상태에서 장부상 부채 가액이 이 증가하면, 자본 계정에서 그만큼 감소가 이루어져야 한다. 바로 이 감소분이 기타포괄손익의 파생상품평가손실 항목으로 등장하는 것이다.

이런 문제는 실제로 전환권을 행사해서 주식으로 전환되는 경우에만 어느 정도 해소될 수 있다. 그때는 이 성격이 모호했던 부채 자체가 장부에서 모두 사라지고 상당액이 자본으로

---

4) 옵션의 공정가치를 계산하는 산식은 이항옵션 모형, 블랙숄즈 모형 등이 있다. 이 가운데 블랙숄즈 콜옵션 가치평가 산식을 소개하면 다음과 같다.

$$C = S_0N(d_1) - Xe^{-rT}N(d_2).$$

단, C : 콜옵션 공정가치, S_0 : 현재 주가, X : 행사가격(=전환가격), r : 무위험이자율, T : 옵션만기, 즉 미래의 콜옵션 행사시기(년), $N(d)$: 표준정규분포 상 d 지점의 누적확률값, $d_1 = \frac{\ln[S_0/K + (r + \sigma^2/2)T]}{\sigma\sqrt{t}}$, $d_2 = d_1 - \sigma\sqrt{T}$, σ: 주가 변동성(종종 주가 수익률 통계의 표준편차를 사용)

이 산식에서 보는 바와 같이 현재 주가 S_0가 상승하면 콜옵션의 공정가치 C는 증가한다.

재등장하면서, 부채비율은 그만큼 하락하게 된다. 이 계산은 주가변동 상황과 전환가격의 재조정 여부, 행사 여부 등이 모두 반영된 매우 복잡한 작업이 된다. 구체적인 계산은 회계 전문가가 담당할 몫이며 독자는 회계기준을 준수함으로써 발생하는 이런 다소 비현실적인 재무비율 변화가 야기하는 착시 현상의 본질을 올바로 이해하고 있으면 된다. 앞의 기사에서 기업의 담당자들이 손실이 현실화되거나 현금 유출이 초래된 것은 아니라고 말한 내용이 바로 이것이다.

[원리] 영구채 발행과 부채비율

이름은 부채이면서 사실은 별로 부채 같지 않은 증권이 발행될 경우, 시장의 반응은 여러 가지로 나타난다. 영구채(perpetual bond)는 명목상 만기가 있는 채권이지만 사실상 만기가 계속 연장되어 마치 자본인 것처럼 보인다.
반면에 발행사는 자신의 통상적인 신용등급보다 고금리를 부담해야 하고, 만기가 연장될 때마다 금리가 조금씩 가산된다. 따라서 투자자에게는 고금리 상품으로서 매력이 있다. 반면에 파산시 변제권 순위에서 일반 채권보다 후순위에 놓이게 된다는 단점이 있다.

이런 이유로 그동안 우리나라에서는 2010년대에 들어 두산인프라코어, 풀무원 등을 비롯하여 CJ그룹, 신세계그룹, 롯데그룹 등이 앞다투어 영구채 발행을 통해 자금을 조달했다. 대부분 부채비율 개선 효과를 노리고 발행하는 경우가 많았다.

하지만 영구채가 자본인가 부채인가에 대해서는 국제회계기준위원회(IASB)에서도 여전히 논란이 되고 있다. 중요한 것은 조달 계약 내용 상 자본의 성격을 훼손하는, 의무적 상환이나 이자지급에 준하는 내용이 포함될 결과 그 실체를 고려하여 판단해야 한다는 사실이다. 만약 영구채가 부채로 전환된다면, 그동안 재무구조 개선 차원에서 영구채를 자본으로 인식한 기업의 재무구조는 순식간에 악화될 가능성이 높다. 영구채 규모가 클 경우, 재무구조는 표면상의 수치와 달리 보다 보수적으로 해석해야 한다.

만약 투자자가 영구채에 대해 조기상환권을 행사하게 되면, 회사의 부채비율은 상승하게 되어 있다. 자본이 그만큼 줄어들기 때문이다. 더욱이 상환자금을 내부 창출 현금이 아니라 회사채 차환(refinancing)[5] 발행을 통해 조달하게 되면 부채가 더 늘어나므로 부채비율은 상승하게 된다. 금융감독원은 <표 6>의 예시와 같이 영구채 조기상환권을 행사할 경우 부채비율이 상승하게 되는 시나리오를 제시한 바 있다.

---

5) 차환이란, 차입금 상환에 필요한 자금을 마련하기 위해 또 다른 차입금을 조달하는 것을 말한다. 만기가 도래한 은행 차입금 또는 회사채를 상환하기 위해 다시 새로운 차입금을 조달하거나 회사채를 발행하게 된다. 속칭 '돌려막기'와 같은 것이다. 현금흐름의 미스매치는 자주 발생하는 일이기 때문에 심지어 우량기업조차도 차입금 상환을 이런 수단에 의존하는 경우가 종종 발생하고 있는데, 기업의 지속성 차원에서 보면 그리 바람직한 관행은 아니다.

▸▸ 〈표 6〉 주요 발생사의 영구채 조기상환후 부채비율

회사명	조기상환예정액(억원)	부채비율(%)[*1]	조기상환후 부채비율(%)[*2]	부채비율 변동분(%포인트)
A사	6,000	302	709	407 ↑
B사	5,306	557	665	108 ↑
C사	534	2,517	3,714	1,197 ↑
D사	3,600	988	7,092	6,104 ↑

*1 부채비율 = 부채총액 / 자본총액 × 100

*2 조기상환후 부채비율 = (부채총액 + 회사채 차환발행액) / (자본총액 − 영구채 상환액) × 100

출처 : 금융감독원 보도자료, "일반기업의 영구채(신종자본증권) 발행현황 및 시사점", 2018년 5월 29일.

9.1.3.4. 퇴직급여충당부채

퇴직급여충당부채(reserve for retirement allowances)는 회계연도 말 전임직원이 일시에 퇴직할 경우 회사가 지급해야 할 퇴직금 추계액에 상당하는 금액에서 사외적립자산액을 차감한 금액을 말한다.

확정급여채무 현재가치 − 사업적립자산의 공정가치 = 확정급여채무의 부채인식액

예를 들어서 특정회계년도말에 퇴직금추계액이 ₩1억3천만으로 계산되는데 회사 외부의 금융기관에 퇴직연금운용자산으로 ₩9천만이 적립되어 있다면, 퇴직급여충당부채는 ₩4천만(= 1억3천만 − 9천만)이 된다.

퇴직급여충당부채는 채무액과 지급시기가 확정된 것이 아니라 불확실성에 노출된 일종의 추정 부채라고 말할 수 있다. 재직 중인 인력의 근속년수와 외부 퇴직연금적립자산의 크기가 매회계년도말에 달라질 것이므로 이 부채액도 달라질 것이다.

확정급여형(DB : Defined Benefit) 퇴직연금은 직원이 아니라 회사가 지급의무를 지는 것이다. 이 방식으로 지출한 사외적립자산은 퇴직연금운용자산으로 차변에 계상된다. 이 잔액은 확정급여채무 현재가치에서 차감함으로써 퇴직급여충당부채에 포함되지 않는다.

확정기여형(DC : Defined Contribution) 퇴직연금은 회사 자금으로 납입되기는 하지만 운용 책임이 직원 개인에게 있으며, 그 직원이 퇴직할 때 회사는 별도의 지급의무가 없다. 회사가 DC형 퇴직연금으로 매달 납부하는 금액은 손익계산서상 퇴직금으로 (사실상 퇴직에 앞서 미리) 비용처리하고 회사 입장에서 부채는 남아 있지 않게 된다.

직원 1명이 퇴직함으로써 회사가 지급해야 할 법정 퇴직금이 총 ₩1천만이라고 가정하자. 이 ₩1천만은 회사가 DB형 퇴직연금에 가입해있지 않았다면, 일단 회사의 예금계좌에서 지출될 것이므로 재무상태표 상 예금잔액을 ₩1천만 감소시킬 것이다.

이 직원의 퇴직이 발생하기 이전 회계년도말에 퇴직급여충당부채가 ₩1억으로 설정되어 있다고 가정하자. 퇴직 후에는 퇴직급여충당부채가 ₩9,000만(= ₩1억 - ₩1천만)으로 감소할 것이다.

만약 회사가 DB형 퇴직연금에 가입해 있었다면, 퇴직금 지급후 퇴직연금운용자산은 ₩2천만 감소하게 될 것이다. 동시에 퇴직급여충당부채도 ₩2천만 감소할 것이다.

만약 남아 있는 퇴직급여충당부채보다 더 많은 금액을 퇴직금으로 지급해야 할 상황이 발생한다면 어떻게 될까. 앞의 예에서 만약 지급해야 할 퇴직금이 퇴직급여충당부채를 초과하는 ₩1억2천만이라고 가정하자. 그때에는 그 부족분 ₩2천만만큼을 손익계산서 상에서 퇴직급여로 비용처리해서 차감하게 된다. 보통예금에서는 물론 ₩1억2천만이 감소할 것이다.

이처럼 재무상태표상 퇴직급여충당부채는 손익계산서상 퇴직급여충당금 및 퇴직급여 계정과 상응한다.

퇴직급여의 회계처리는 세무와 연결되어 있고 실제 계산은 손금처리와 관련하여 상당히 복잡한 절차를 거치게 된다. 이는 세무회계 전문가의 영역이므로 본서의 독자는 퇴직급여충당부채의 개념만을 이해하고 있으면 충분할 것이다.

9.1.3.5. 기타 충당부채

지금까지 설명한 부채 항목 이외에 미래에 지출이 예상되는 금액들을 다양한 형태의 충당부채로 계상한다. 지출 시기 또는 지출 의무 금액이 확정된 것도 아닌데 부채로 계상할 필요가 있느냐고 반문할지도 모른다. 회계는 수익 비용 대응의 원칙에 따라 수익에 대응하는 비용을 기간에 합리적으로 배분하는 것을 추구한다는 것을 상기하자. 현재 활동에 기인한 것임에도 단지 미래에 일어날 일이라고 해서 전혀 현재 재무제표에 반영하지 않으면 어떤 일이 일어날까? 당장은 손익계산서상 이익이 좋아보일지 모르지만 미래에 실제로 그 지출이 발생했을 때 비용 처리하면 그 시점의 이익 구조가 현저히 악화될 것이다. 그래서 이런 성격의 미래 지출에 대해서는 미리 부채로 계상하고 비용 처리함으로써 보다 보수적인 입장에서 재무제표를 작성하게 된다.

이런 성격의 충당부채로는 대표적으로 다음과 같은 것들이 있다.

판매보증충당부채

제품 판매 후 품질보증기간 동안 하자가 생기면 A/S를 해주어야 한다. 이때 관련 제반 지출(교체 부품 비용 등)을 예상하여 판매보증충당부채로 계상한다. 회사는 경험적으로 매출 물량 대비 어느 정도의 규모로 A/S 신청이 접수되고 관련 지출이 발생할지 알고 있다. 매출액 대비 적정 수준에서 판매보증충당부채을 설정하고 대응 계정으로 손익계산서에 판매보증비를 계상한다.

	재무상태표	손익계산서	비고
매출발생시	대변 : 판매보증충당부채 ₩100↑ 부채증가 이익잉여금 ₩100↓ 자본감소(= 손익계산서 비용 증가)	판매보증비 ₩100↑ 비용발생	판매보증비는 실제로 현금이 지출되지 않는 비현금성 비용이다.

실제로 A/S를 제공하게 되면, 그만큼 현금 또는 저장품이 지출되고 판매보증충당부채는 감소한다.

	재무상태표	손익계산서	비고
A/S제공시	대변 : 판매보증충당부채 ₩80↓ 부채감소 차변 : 현금 ₩60↓ 저장품 ₩20↓ 현금감소, 저장품감소	–	판매보증비는 실제로 현금이 지출되지 않는 비현금성 비용이다.

복구충당부채

유형자산(사무실, 공장 건물 등) 임차기간 종료 시점에 최초 계약 당시의 원상으로 복구하기 위한 인테리어 철거 비용, 수선보수 비용 등 지출이 예상될 수 있다. 임차기간 동안 복구충당부채를 쌓아나가다가 임차 계약이 끝날 때 현금 지출과 함께 소멸된다.

소송충당부채

민사소송을 제기 당했을 경우 소송 결과는 불확실하지만 일단 배상액을 적절히 예상하여 소송충당부채로 설정해 놓는다. 나중에 확정 판결이 나오면 현금이 지출되고 부채는 소멸된다.

9.1.3.6. 이연수익(포인트)

최근에는 제조업 서비스업을 막론하고 고객에게 포인트(고객충성제도)를 제공하는 사업이 많다. 포인트는 고객 입장에서는 잠재적인 수익권이지만 기업 입장에서는 부채가 된다.

만약 ₩1만 매출에 대해 고객에게 ₩100의 포인트를 제공했다면, 회사는 일정 기간 내에 고객이 포인트를 행사할 경우 그에 해당하는 재화나 서비스를 제공해야 할 의무가 있다.

이때 ₩100은 매출로 계상되지 않고 이연수익이라는 부채로 집계된다. 손익계산서에는 매출이 ₩9천9백 계상된다. 마치 ₩1만 매출에 대해 마치 고객에게 ₩100을 할인해준 것 또는 ₩100에 상당하는 혜택을 제공한 것처럼 처리하는 것이다. 반면에 고객은 ₩1만을 지불했으므로 현금은 ₩1만이 증가한다.

	재무상태표	손익계산서
매출발생시	차변 : 현금 ₩10,000 ↑ 자산증가 대변 : 이연수익 ₩100 ↑ 부채증가 이익잉여금 ₩9,900 ↑ 자본증가	매출 ₩9,900 ↑ 수익발생

나중에 고객이 포인트를 사용하게 되면, 이연수익 부채는 소멸하고 매출은 포인트 액수만큼 증가한다.

고객이 포인트를 사용하지 않고 있다가 기한 종료 등으로 포인트가 소멸하게 되면 역시 이연수익 부채는 소멸하고 매출은 그만큼 증가한다.

	재무상태표	손익계산서
포인트 행사 또는 소멸시	대변 : 이연수익 ₩100 ↓ 부채감소 이익잉여금 ₩100 ↑ 자본증가	매출 ₩100 ↑ 수익발생

독자 여러분은 포인트가 사라지면 그 포인트 금액만큼 매출이 발생한다는 사실을 납득하기 어려울지 모르겠다. 하지만, 이미 포인트 발생시 현금은 ₩1만이 들어온 대신에 매출은 ₩100이 모자란 ₩9,900으로 기록되어 있으므로, 이 부족분 ₩100을 다시 원상복구시키는 개념이라고 생각하면 이해가 쉬울 것이다. 다만 포인트 행사 금액만큼 기업은 다시 ₩100을 부담해야 하므로, 이 ₩100은 후속 매출에서 차감되거나 기타 다른 형태의 지출로 처리될 것이다.

항공사 마일리지 제도는 포인트 제도의 원조라고 할 수 있다. 마일리지가 누적될수록 회사의 부채는 증가하고 다른 조건이 같다면 부채비율은 상승한다. 실제로 고객의 마일리지 행사가 이어지게 되면 회사의 수익성은 악화된다.

9.2 자본

9.2.1. 개요

회계에서 말하는 자본은 재무상태표를 구성하는 자산 총액에서 부채 총액을 차감한 잔여 부분을 의미한다.

이렇게 차감된 잔액이라는 관점에서 순자산(net assets)이라고 부르기도 한다. 순자산이란 기업의 전체 자산 가운데 채권자에 대한 상환의무를 이행하는 데에 사용하고 남은 지분보유자(equity holder)의 잔여청구권을 말한다.

이렇게 자본을 잔여 개념으로 정의함으로써, 회사가 파산했을 때 변제권, 즉 잔여재산청구권에서 부채보다 후순위에 놓이게 된다는 특성이 명확히 드러나게 된다. 파산시 선순위 채권자들에게 상환해야 할 금액을 모두 지급하고 남는 금액이 비로서 지분보유자의 몫이 된다는 것이다.

자본 계정은 발행주식의 액면가의 합계를 나타내는 자본금, 자본거래를 통한 잉여금인 자본잉여금, 영업활동을 통한 순자산(자산합계에서 부채를 차감한 잔액)의 증감변동을 나타내주는 이익잉여금 등으로 구분된다.

[개념] 자기자본(equity capital), 타인자본(debt capital)

자기자본과 타인자본에는 다 '자본'이라는 단어가 들어있다. 이 용어 구분은 회계가 아니라 재무(finance)에 기원을 두고 있다. 자본이라는 단어가 지닌 다면적인 특성 때문에 자주 혼란이 일어난다.

재무상태표 상 우측(대변) 하단에 표기된 자본, 즉 회계기준 상 '자본'은 이 가운데 자기자본만을 의미한다.

반면에 회계기준에서 재무상태표 우측 상단에는 '자본'이 아니라 '부채'가 계상된다. 회사 입장에서 보면 차입금이나 영업 부채가 지분소유자의 자금이 아닌데 어떻게 여기에 자본이라는 말을 붙여서 '타인자본'이라고 부르는 것일까?

이런 혼란은 자본을 물리적 실체로 보느냐 화폐 자본으로 보느냐의 차이에서 나온 것이다. 생산과 판매 과정에 투입되는 일체의 물리적 자원(토지, 건물, 기계, 매출채권, 재고자산, 여유현금 등)이 물리적 자본인데, 이 자본을 취득하는 데 소요된 화폐 원천들도 주주이거나 대출금융기관이거나를 막론하고 모두 자본이라고 볼 수 있다. 즉, 이 자원들을 조달하는 자금의 원천이 대출금융기관이라고 해도, 그들로부터 제공받은 자금은 회사의 전체 물리적 자본을 형성하는 데에 그 액수만큼 기여한 것이므로 역시 자본의 일종으로 볼 수 있는 것이다. 그런 의미에서 타인으로부터 대여받은 화폐자금에 대해서 타인'자본'이라는 표현을 사용하게 됐다.

그러나 회사 입장에서 보았을 때 자기자본과 타인자본은 회사가 부담하는 상환의 우선순위 내지 강도가 다르다. 자기자본과 타인자본의 구성 상태에 따라 기업의 지속성 측면에서 발생하는 리스크가 달라진다. 이 점은 본서의 제11장 11.6 레버리지(안전성) 분석에서 보다 상세히 설명한다.

9.2.2. 자본금

자본금은 발행주식의 액면가액의 합계를 말한다. 즉 '주식수 × 액면가액'이다. 상법상 액면가액은 ₩100 이상이면 되지만, 우리나라에서는 대개 액면가액이 ₩5,000 또는 ₩500이다. 주당 액면가가 ₩5,000인 주식을 총 1만주 발행했다면, 자본금은 ₩5천만이 될 것이고, 총 1백만주 발행했다면 자본금은 ₩50억이 될 것이다.

발행주식은 회사의 정관에 기재된 '발행할 주식의 총수' 이내의 범위에서 (설립 이후 증가한 주식 총량에서 감자 등을 통해 감소한 주식총량을 차감한 수 기준으로) 발행된다. '발행주식'과 '발행할 주식'을 혼동하지 말아야 한다.

자본금에서 주의할 사실은 주주가 주당 실제로 납입한 금액이 아니라, 액면가액을 기준으로 한다는 점이다. 실제로 납입한 금액은 액면가액과 차이가 날 수 있다. 주당 액면가가 ₩5,000인데, 실제로 주주가 납입한 금액은 주당 ₩8천이라면, 이 주당 액면가를 초과하는 금액 ₩3,000은 발행주식 총수와 곱하여 주식발행초과금이라는 별도 과목에 계상된다. 주식발행초과금에 대해서는 이어지는 9.2.3.1.절에서 상세히 설명한다.

발행주식은 의결권과 배당에 따라 보통주, 우선주, 종류주 등으로 분류한다.

- 보통주 : 주주총회 의결권과 배당금을 받을 권리가 있는 주식이다.
- 종류주(種類株) : 소정의 권리, 예컨대 배당을 받을 권리 등에 관하여 특수한 내용을 부여한 주식이다. 종류주식은 다른 주주의 권익에 영향을 줄 수 있으며 그 내용과 수는 미리 정관에 규정되어 있다.

종류주식의 대표적인 한 가지가 우선주다.

- 우선주 : 대부분 주주총회 의결권이 없이 배당금만 받을 권리가 있는 주식이다. 의결권이 없는 대신 이익배당에서 보통주보다 우선권이 있다.

우선주는 부여된 조건에 따라 참가적우선주, 누적적우선주, 전환우선주 등 다양한 형태를 띤다.

- 참가적우선주 : 보통주식의 배당률이 우선주식의 배당률을 초과하는 경우에 그 초과분에 대하여 보통주식과 동일한 비율로 참가시켜 배당한다.
- 누적적우선주 : 어느 사업연도에 배당을 하지 못한 경우에 누적된 미배당분을 다음 사업연도 배당시에 우선하여 배당한다.
- 전환우선주 : 발행일로부터 일정 기간(예를 들어 10년)이 지난 후에 보통주로 전환된다.

전환우선주는 9.1.3.3.절에서 설명한 전환상환우선주처럼 일종의 옵션(option)으로서 전환권이 부여된 것이 아니라 자동으로 전환되는 것이라는 면에서 큰 차이가 있다. 더욱이 투자자에게 별도의 상환권이 부여되지 않았다면 의심의 여지 없이 자본으로 분류한다.

자본금은 그 금액만을 보고 판단하지 말고, 사업보고서 상 주식 총수, 발행주식의 종류와 각각 의결권과 배당에 관한 사항을 함께 보고 구조를 전체적으로 이해해야 한다.

9.2.3. 자본잉여금

자본잉여금은 자본거래로부터 발생하는 잉여금을 말한다. 자본거래란 지분 구조의 변동, 예를 들어 증자, 감자 등을 의미한다. 그런 의미에서 사업상 거래를 통하여 발생하는 이익잉여금과 구분된다. 주식발행초과금과 기타자본잉여금으로 구성된다.

9.2.3.1. 주식발행초과금

주식발행초과금은 발행가액이 액면가액을 초과하는 금액을, 주식할인발행차금은 발행가액이 액면가액에 미치지 못할 때 그 차액을 의미한다.

주당 액면가 ₩5,000 주식 1십만주를 주당 ₩2만에 발행하는 경우, 자본금은 액면가를 기준으로 계산하여 ₩5억 증가하지만, 실제로 주주는 회사에 ₩20억을 납입하게 된다. 이 차액 ₩15억이 주식발행초과금으로 계상된다.

반대로 주당 액면가 ₩5,000 주식 1십만주를 주당 ₩4,000에 발행하는 경우, 자본금은 액면가를 기준으로 계산하여 ₩5억 증가하지만, 실제로 주주는 회사에 ₩4억만을 납입하게 된다. 이 차액 ₩1억이 주식할인발행차금이다. 주식할인발행차금은 (−)의 부족분 개념이기 때문에 자본잉여금에 포함시키지 않고 않고 자본조정 항목에 (−)의 값으로 계상한다는 사실에 유의하자. 주식할인발행차금은 3년 이내의 기간에 걸쳐 상각하면서 소멸시키는데 처리절차는 회계 실무자 입장에서는 다소 복잡한 과정을 거치지만 독자들은 잉여금처분과 상계하면서 대차를 일치시키는 과정이 존재한다는 사실만을 알고 있어도 족할 것이다.

한편, 증자과정에서 각종 비용, 예를 들어서 신규상장수수료(신규상장시), 등록세, 교육세, 전산용역비, 신문공고비, IR비용 등이 발행한다. 이 발행제비용은 주실발행초과금에서 차감한다.

주식발행초과금 = 발행액 − 액면가총액 − 발행제비용

<표 7>은 액면가 ₩500인 주식 100주를 액면가의 1.5배인 주당 ₩750에 유상증자하는 경우, 재무상태표에 일어나는 변화를 표현한 것이다. 발행제비용이 ₩1,000 지출됐다고 가정하면, 주주의 총납입금액 ₩75,000에서 ₩1,000을 차감한 결과, 차변에서 현금이 ₩74,000(= 75,000 − 1,000) 증가할 것이다. 대변에서 자본금은 액면가 기준으로 ₩50,000(= 100주 × ₩500) 증가하고, 자본잉여금은 액면가를 초과하여 납입한 주금 ₩25,000에서 발행제비용

₩1,000을 차감한 ₩24,000이 된다.

▸ ▸ 〈표 7〉 액면가보다 높은 금액으로 유상증자 시 재무상태표의 변화

(단위 : ₩)

차변		증감액	대변		증감액
현금	74,000	74,000	자본금	50,000	50,000
			자본잉여금	24,000	
			주식발행초과금 (발행제비용 차감후)	24,000	24,000

이처럼 발행가액이 액면가액보다 클 경우, 그 액면가액 대비 발행가액의 비율을 시장 관행상 배수라고 부른다. '기관투자자로부터 5배수로 투자받았다' 든지 '벤처캐피탈이 20배수로 투자했다'는 말이 그것이다. 특히 비상장 벤처 투자에서 많이 오가는 말이다. 원래 배수란, 주당 액면가 대비 투자액에만 적용되는 것이 아니라, 매우 다양한 재무지표 사이에 얼마든지 적용할 수 있다. 예컨대 EV/EBITDA 배수(본서 15.3.2.4. 참조), PER(= 주가 / 주당순이익) 배수(본서 15.3.2.1. 참조) 등 분석 목적에 따라 다양한 종류의 배수 지표를 활용할 수 있다. 어쨌든 독자는 본 절에서 주식발행초과금을 발생시키는 요인으로서 액면가를 초과하는 투자액 배수의 개념을 이해하고 있으면 된다.

반대로 발행가액이 액면가액보다 작은 경우는 그 빈도도 높지 않고 언론의 관심 자체가 되지 않기 때문에 배수 자체가 거론되지 않는다.

왜 액면가액과 발행가액에 차이가 나는 것일까? 그것은 본질적으로 주식의 시세가 미래의 수익창출력에 대한 투자자들의 기대에 크게 영향을 받으면서 변동하기 때문이다. 높은 기대는 시장에서 주식 수요를 증가시키고 그 결과 주식 가격은 상승한다.

액면가가 ₩5,000인 A사의 주식 시세가 주당 ₩20,000 내외로 형성된 시점에 A사가 100,000주 유상증자를 해야 하는 상황이라고 가정하자. 이때 동일한 주식을 대상으로 발행사와 투자자가 각각 요구하는 투자 금액 사이에는 다음과 같이 괴리가 발생하게 된다.

발행사 입장

동일한 주식수에 대해 발행사는 최대한 많은 투자금을 받고 싶어한다. 넉넉하게 자금을 확보하는 것을 마다할 회사는 없다. 그래서 일단 시세에 근접하는 수준에서 투자금을 유치

하는 것을 희망할 것이다. 간혹 특수관계에 있는 제3자를 상대로 시세보다 낮은 수준으로 투자를 허용하는 경우도 있을 수 있다. 하지만 이런 경우 유상증자를 결정하는 기구인 이사회를 통과하지 못할 수도 있을뿐만 아니라 비슷한 시기에 병행 투자자들이 있다면 불공정 거래 문제가 제기될 수도 있다.

투자자 입장

투자자는 기업가치 대비 가급적 투자금을 적게 납입하고 싶어한다. 그는 시세보다 낮은 금액으로 투자할수록 유리하다. 예컨대 시세가 주당 ₩20,000인 주식에 대해 액면가 ₩5,000에 주식 100,000주, 총 ₩5억을 투자했는데, 미래 회수 시점에 총액이 그 7배인 ₩35억으로 상승한다면, 명목 금액 상으로는 투자원금 대비 무려 6배의 차익을 남기게 될 것이다. 반면에 그 주식의 시세대로 ₩20억을 투자한다면 미래에 보유 주식 시가총액이 ₩35억으로 상승해도, 투자원금 대비 0.75배의 차익을 얻는 데에 불과하게 된다. 어쨌든 투자자는 시세에 따르는 것이 합리적이라 보이지만, 기회만 된다면 시세보다 낮은 가격에 주식을 매입하려 할 동기가 있다는 것은 분명하다.

발행사와 투자자 간 선호의 차이는 결국 둘 사이에 적절한 타협을 통해 해소된다. 귀결된다. 상장 기업 또는 그에 준하는 수준으로 거래가 활발히 이루어지는 기업은 시세에 상대적으로 근접한 수준에서 결정될 것이다. 반면에 비상장 기업은 주식 거래가 상대적으로 뜸하게 이루어지고 시세라고 할만한 수치를 내세우기 힘들기 때문에, 잠재 투자자들은 나름대로 주가에 대한 기대치를 형성하고 발행사와 협상에 임한다.

어느 경우에든 주식 가치평가(stock valuation)는 중요한 절차가 된다(본서 제15장 참조). 비록 상장기업이라 해도 투자자는 적절한 가치평가를 수행함으로써 그 주가에 거품이 끼어 있다거나 지나치게 저평가되어 있는지 여부를 판단하고 적절한 투자 금액을 결정하게 된다. 주식 시세가 형성되지 않은 비상장 기업의 경우에는 말할 것이 없다. 벤처캐피탈(VC : Venture Capital) 또는 기업벤처캐피탈(CVC : Corporate Venture Capital)은 투자 대상회사의 미래 성장성과 사업 위험을 저울질하면서 주식의 적정 가치를 평가한 뒤, 발행사와 협상을 통해 투자 배수를 결정한다. 이렇게 배수를 적용해서 투자한 금액이 액면가를 초과한 부분이 주식발행초과금으로 재무상태표에 계상된다.

사 례 닷컴 거품(dotcom bubble)

2000년을 전후해서 일어난 닷컴(dotcom) 열풍과 주가 거품 붕괴 사태는 미국 NASDAQ 뿐만 아니라 우리나라에서도 KOSDAQ 시장을 뒤흔들었다. 광고를 보면 현금을 지급해준다는 골드뱅크, 무료 인터넷 전화 서비스를 내세운 새롬기술 등 당시로서는 전혀 새로운 사업모델이 등장했다. 이런 사업의 미래 현금흐름 창출력에 대한 검증이 전혀 이루어지지 않은 상태에서 투자자들은 막연한 기대감에 액면가 대비 고배수 투자에 뛰어들었다.

새롬기술은 1998년 9월에 코스닥에 등록했다. 주가는 1999년 10월 ₩1,890, 같은 해 11월과 12월에 각각 ₩3만, ₩12만까지 상승했고, 2000년 3월 초에는 ₩28만2천까지 폭등했다. 6개월간 주가가 약 150배 가량 뛴 것이다. 그러나, 새롬기술은 이 주가를 뒷받침할만한 수익창출 구현에 실패했다. 게다가 내부 경영권 분쟁까지 일어나면서 거품은 꺼지기 시작했다. 2002년 말에 새롬기술의 주가는 ₩3천대까지 떨어졌다.

이 투기 광풍을 틈타 수많은 창업기업들이 검증되지 않은 사업모델로 포장한 채 액면가 대비 수십배 내지 수백배에 달하는 투자금을 조달했다. 사회 각계 각층에서 닷컴기업 투자에 충당하기 위한 불법대출과 무분별한 M&A가 극성했다. 그 과정에서 홈페이지와 그룹웨어 구축 회사였던 한국디지털라인 같은 닷컴 기업의 사기극 등이 발생하기도 했다.

한편, 시장에서 주식가격이 아무리 변동해도 재무상태표상 자본금과 자본잉여금에는 아무런 변화가 없다는 사실에 주의하자. 주식시장에서 매일 같이 형성되면서 투자자들의 심리에 영향을 주고 또 그 심리를 표현하기도 하는 시가총액(market capitalization)[6]은 적어도 재무상태표의 자본 계정 어디에도 나타나지 않는다.

$$\text{시가총액} = \text{발행주식수} \times \text{주가}$$

이 지점에서 재무상태표가 기업의 가치를 과연 올바로 표현하는가 하는 의문이 나올 수 있다.

---

6) 속칭 '마켓캡'이라고 부르기도 한다.

그림 1 주식시가 변화가 반영되지 않는 재무상태표

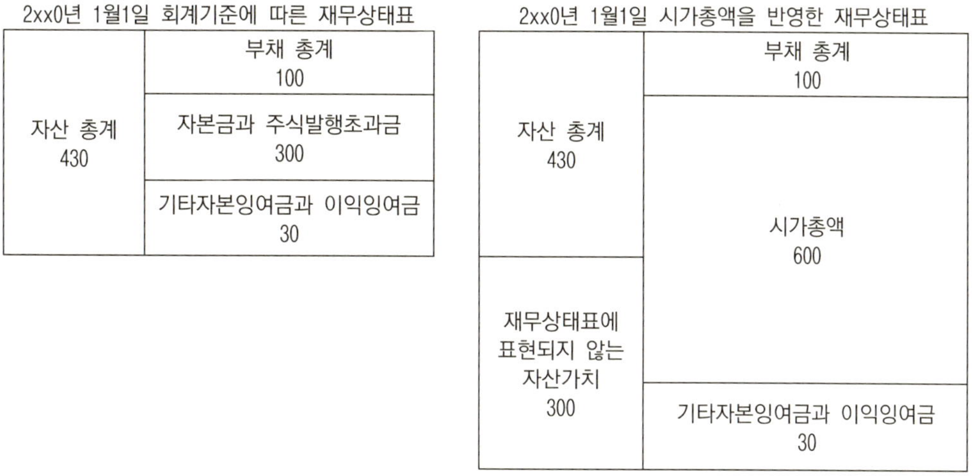

2xx0년 1월1일 회계기준에 따른 재무상태표

자산 총계 430

부채 총계 100

자본금과 주식발행초과금 300

기타자본잉여금과 이익잉여금 30

2xx0년 1월1일 시가총액을 반영한 재무상태표

자산 총계 430

재무상태표에 표현되지 않는 자산가치 300

부채 총계 100

시가총액 600

기타자본잉여금과 이익잉여금 30

[그림 1]의 좌측은 자본금과 주식발행초과금 합계, 즉 주주의 순납입금액이 ₩300인 재무상태표를 나타낸다. 이 당시 자산총계는 ₩430이고, 부채와 자본의 합계도 ₩430이다. 그런데 이 시점에 주식시장의 시가기준으로 계산한 지분의 가치, 그러니까 시가총액이 ₩600이라고 가정하자. 이 경우에도 기업의 재무상태표는 좌측에 표기된 그대로 남게 된다.

우측에 지분의 시가를 반영한 가상의 재무상태표는 말 그대로 가상일 뿐이며, 현행 회계기준에는 이렇게 재무상태표에 주식 시가를 반영할 근거가 없다. 왜냐하면 주식 가격 변화는 회사 입장에서 '거래'가 아니라, 단지 회사 외부에서 독립적으로 형성된 사건이기 때문이다. 주가가 아무리 오르거나 내려도 재무상태표 자체는 요지부동이다.

그러나 시시각각 변하는 주식 가격이 기업의 미래 수익창출력에 대한 시장의 기대가 반영된 지표라는 사실을 받아들인다면, 시가총액 기준으로 계산한 자산의 총가치가 진정한 기업가치가 되어야 마땅할 것이다. 즉 우측 가상의 재무제표처럼 ₩730이 진정한 기업의 가치가 되어야 한다.

한편, 공표된 재무상태표에는 자산총계가 ₩430으로만 표시되어 있다. 그렇다면, 그 차액 ₩300은 재무상태표에 표현되지 않는 자산가치가 될 것이다. 이 회사는 회계상 측정가능한 자산 이외에 뭔가 측정이 어려운 무형자산을 보유하고 있다고 보인다. 기업이 자체창출한 브랜드 가치, 대외 신뢰도, 혁신 능력, 활력 있는 조직 문화, 높은 생산성, 미래의 이익창출 잠재력 등이 거기 해당될 것이다. 이런 중요하면서도 보이지 않는 자산에 대한

투자자들의 인지와 기대가 분명히 시장에서 형성되고 있음에도 불구하고 재무상태표에는 이런 것들이 나타나지 않는다. 이런 무형의 자산들은 대개 기업 내부에서 자생한 것이다. 외부와 거래를 통해 금전적 댓가를 지불하면서 취득한 것이 아닌 이상 이런 자산들을 재무상태표에 계상할 회계기준 상 근거가 없다.

이런 이유로 기업의 가치를 제대로 평가하는 데에 현행 회계기준에 따라 작성된 재무상태표가 분명히 한계가 있다는 사실을 많은 사람들이 알고 있다. 하지만 회계 제도의 큰 틀은 한 번 고착(lock-in)되면 좀체로 바뀌기 어렵다. 투자자들 또는 기업분석가들은 재무상태표와 병행해서, 그밖의 다양한 보완 정보를 추가로 분석해야만 기업의 진정한 가치를 평가할 수 있다.

9.2.3.2. 기타자본잉여금과 기타자본

기타자본잉여금은 주식발행초과금 이외에 감자차익, 자기주식처분이익, 전환권 대가, 신주인수권부대가 등이 있다. 잉여, 즉 (+)의 크기로 자본을 변화시키는 거래는 자본잉여금이라는 이름으로 표시되고, 손실, 즉 (−)의 크기로 자본을 변화시키는 거래는 기타자본이라는 이름으로 표시된다는 차이가 있다.

후자의 계정과목을 자본잉여금과 쌍을 이루어 자본손실금이라고 표기하고 싶은 생각이 들기도 하겠지만, 국내 회계기준에서는 자본손실금이 아니라 기타자본이라는 이름을 사용한다는 점에 유의하자.

- 자본잉여금 : 주식발행초과금, 감자차익, 자기주식처분이익
- 기타자본 : 감자차손, 자기주식, 자기주식처분손실

잠시, 주식발행초과금에 대응하는 주식할인발행차금은 기타자본이 아니라 자본조정 항목에 포함시시키고 정기적으로 상각해서 소멸시킨다는 사실에도 유의하자.

9.2.3.2.1. 감자차익(차손)

감자차이란 감자 시 발생하는 장부상 이익을 말하며, 감자차손이란 손실을 말한다.

감자차익을 이해하려면 먼저 감자의 의미를, 다음으로는 감자의 두 가지 형태인 유상감자와 무상감자의 특성을 이해해야 한다.

감자란 회사의 발행주식의 수가 감소하는 것을 말한다. 발행주식의 총수가 100만주였는데, 90만주로 줄었다면 감자가 이루어진 것이다.

이 예에서 10만주가 어떤 식으로 줄어들게 될까?

첫째 방법은 회사가 주주들에게 적절한 대금을 지급하고 10만주를 회수하는 것이다. 이것을 유상감자라고 한다. 회수할 때 주주들에게 보상 금액이 지불되기 때문에 '유상'이라고 한다. 유상증자를 하면 차변에서 대금지급액만큼 현금이 감소함과 동시에, 대변에서는 자본금이 감소하고 감자차손 또는 감자차익이 발생한다.

회사가 주당 액면가보다 적은 금액을 주주에게 지급하고 회수하면 그 차이만큼 감자차익이 발생하고, 반대로 주당 액면가보다 많은 금액을 주주에게 지급하고 회수하면 그 차이만큼 감자차손이 발생한다.

<표 8>은 유상감자 후 감자차익이 발생하는 경우를 예로 들고 있다. 회사는 30주에 대하여 주당 액면가 ₩500보다 작은 ₩400을 지급하고 회수하므로, 주당 ₩100에 해당하는 감자차익이 총 ₩3,000[= 30주 × (₩500 − 100)] 발생하게 된다. 반면에 자본금은 액면가 기준으로 ₩15,000(= 30주 × ₩500) 감소한다. 결과적으로 대변에서 자본계정은 총 ₩12,000이 감소한다. 동시에 차변에서 현금이 ₩12,000(= 30주 × ₩400)감소하므로 대차는 일치하게 된다.

마찬가지 방식으로 주당 액면가보다 많은 금액을 주주에게 지급하고 회수하면 그 차이만큼 감자차손이 발생하는 원리도 쉽게 이해할 수 있을 것이다. 마찬가지로 주당 액면가와 일치하는 금액을 주주에게 지급하면 감자차익도 감자차손도 발생하지 않게 될 것이다.

▸ ▸ 〈표 8〉 유상감자 후 감자차익이 발생하는 경우

(단위 : ₩)

• 유상감자 전

차변		대변	
현금	40,000	자본금	50,000
		발행주식수(주)	100
		액면가	500

• 유상감자 후
30주에 대해 주당 ₩400에 유상회수 가정

차변		증감액	대변		증감액
현금	28,000	(−12,000)	자본금	35,000	(−15,000)
			발행주식수(주)	70	
			액면가	500	
			감자차익	3,000	(+3,000)

둘째 방법은 회사가 주주에게 보상을 지급하지 않은 상태에서 발행주식의 총수를 줄이는 것이다. 이를 무상감자라고 한다. 예를 들어 발행주식 총수가 100주였는데 이를 25주로 줄이는 일이 어떻게 가능한 것일까? 이는 회사가 이사회에서 감자의 방법을 정하고 주주총회에서 의결하고 적절한 절차를 거쳐 주주에게 통지함으로써 가능하다. 핵심은 감자비율인데, 예컨대 감자비율이 4 : 1이라는 말은 주주가 보유하고 있는 100주가 25주로 뒤바뀐다는 것을 의미한다. 달리 말하자면, 주주가 보유하고 있던 100주 중에 75주가 휴지조각이 되어버린다는 것을 말한다.

유상감자와 달리, 무상감자는 차변에서 현금 감소가 전혀 일어나지 않는다는 점에 주의하라. 당연히 대변에서 자본금이 감소하는만큼 감자차익을 그만큼 발생시켜, 대차를 일치시키게 된다. 말하자면 현금지급이 없는 만큼 감자차익이 발생한다고 해석할 수 있다.

무상감자는 당연히 주주 입장에서는 거센 반발을 불러일으킬 수 있는 결정이다. 100주를 보유하고 있던 주주가, 어느날 갑자기 25주밖에 가지고 있지 않은 상태로 전락하는 것이기 때문이다.

그렇다면 회사는 주주의 거센 반발에도 불구하고 왜 가끔씩 무상감자라는 극단적 수단을 택하게 되는 것일까?

그 배경은 매우 다양하지만 대개 다음 두 가지 경우를 생각할 수 있다.

첫째, 무상감자를 통해 장부상 계산되는 자본잠식률을 낮추어 보이는 효과를 기대하기 때문이다. 결손금이 누적되어 자본이 잠식된 기업 입장에서, 자본금 자체의 크기를 줄이면 그만큼 자본잠식률을 종전 자본금에 비하여 작아보이도록 할 수 있다.

납입자본금이 ₩5만인 기업이 결손금이 누적되어 자본이 ₩1만밖에 남아 있지 않은 상태라면 자본잠식률은 80%(= 잠식액 ₩4만/납입자본금 ₩5만)에 달한다. 만약 4 : 1로 무상감자를 실시해서 납입자본금이 ₩1만2천5백으로 조정된다면, 자본잠식률은 25%(= 잠식액 ₩2천5백/납입자본금 ₩1만)로 줄어든다. 이런 결과는 회사의 실체 변동과는 무관하게 장부상 수치 조작으로부터 나온 것임에도 불구하고 외견상으로는 마치 재무구조가 개선된 것 같은 착시를 불러일으키는 효과가 있다.

우리나라에서는 부실경영으로 자본잠식이 심화되어 거래소에서 관리종목으로 지정될 위험에 처한 경우, 일단 이를 피하기 위한 편법으로 많이 사용되고 있다.

둘째, 부실기업이 채무를 출자전환하는 경우에 대개 기존 주주를 상대로 무상감자를 먼저 실시한다. 예를 들어서 은행권 차입금 ₩3만이 더 이상 채무가 아니라 자본금 ₩3만(= 60주 × 주당 ₩500)으로 전환되고 은행의 지위도 채권자가 아니라 주주로 바뀌는 상황을 생각해 보자. 기존 주주의 납입자본금이 100주에 대해 총 ₩5만이라면 동일한 상태에서 은행이 주주로 신규 추가되면 은행 지분율은 37.5%(= 60주/160주)가 될 것이다. 경영 정상화를 위해 채권단과 회사가 협상하는 과정에서 채권 은행은 기존 주주의 지분 수를 줄인 다음에, 예컨대 감자비율을 2 : 1로 실행한 다음에, 주주로 참여하여 보다 높은 지분율 54.5%[= 은행 신규 배정 60주/(은행 신규 배정 60주 + 기존 주주 감자후 50주)]을 확보하려 노력할 것이다. 이렇듯 채권단이 기존 주주를 대상으로 무상감자를 요구함으로써 자신의 지분율을 높이려는 이유는 적극적 경영 참여를 통해 경영 정상화를 보다 원활하게 달성하려는 의도 때문이다. 이유야 어떻게 되었던 간에 기존 주주는 경영 부실화의 책임을 지고 손해를 감수하는 결과에 이르게 되는 것이다.

9.2.3.2.2. 자기주식처분이익

자기주식처분이익이란 자기주식을 취득한 가격보다 더 높은 가격에 매각했을 때 발생하는 이익이다.

먼저 다소 혼란스러울 수 있는 자기주식의 성격을 정확히 이해해야 한다. A사가 기존 주주 X가 보유하고 있던 A사 주식을 10주 취득한 경우, A사의 자기주식 10주가 발생하게 된다. 이때 회계상으로는 어떤 일이 발생할까?

<표 9>는 앞의 <표 8>의 유상감자 전의 상태로부터 출발해서 회사가 자기주식 10주를 ₩5,000에 취득한 후 재무상태표의 변화를 보여준다.

먼저 취득금액만큼 차변에서 현금 ₩5,000이 감소함을 알 수 있다.

대변에서 자본금은 그대로 유지되지만 기타자본에 자기주식이 ₩−5,000으로 계상되어, 결국 대차를 일치시키게 된다.

취득금액은 액면가보다 클 수도 있고 작을 수도 있는데, 이는 각각 그만큼 기타자본잉여금 계정에서 감차차손 또는 감자차익으로 계상되어 대차를 일치시키게 될 것이다.

▸ ▸ 〈표 9〉 자기주식 취득 후 재무상태표의 변화

(단위 : ₩)

차변		증감액	대변		증감액
현금	35,000	(−5,000)	자본금	50,000	
			기타자본	5,000	
			자기주식	(5,000)	(−5,000)

이 자기주식을 다시 시장에서 제3자 Y에게 처분하게 되면 자기주식은 처분한 금액만큼

소멸된다. 취득가격보다 처분가격이 크면 자기주식처분이익이, 반대의 경우에는 자기주식처분손실이 발생하게 된다.

<표 10>은 처분가격이 취득가격보다 큰 경우에 자기주식처분이익이 발생하는 상황이 나타나 있다. <표 9>의 상태를 출발점으로 해서, 자기주식 취득가격 ₩5,000보다 더 높은 처분가격 ₩6,000에 매각했다면, 차변에서 현금은 ₩6,000이 증가할 것이다. 동시에 대변에서는 자기주식처분이익이 ₩1,000 발생함과 동시에 이전의 자기주식 ₩−5,000은 소멸할 것이다.

▸ ▸ **〈표 10〉 자기주식처분이익 발생시 재무상태표의 변화**

(단위 : ₩)

차변		증감액	대변		증감액
현금	41,000	6,000	자본금	50,000	
			자본잉여금	1,000	1,000
			자기주식처분이익	1,000	
			기타자본	0	
			자기주식	0	5,000

마찬가지 논리로, <표 11>은 처분가격이 취득가격보다 낮은 경우에 자기주식처분손실이 발생하는 상황을 표시하고 있다. 역시 <표 9>의 상태를 출발점으로 해서 자기주식취득가격 ₩5,000보다 더 낮은 처분가격 ₩4,000에 매각했다면, 차변에서 현금은 ₩4,000이 증가할 것이다. 동시에 대변에서는 자기주식처분손실 ₩−1,000이 발생하고, 이전의 자기주식 ₩−5,000은 소멸할 것이다.

▸ ▸ **〈표 11〉 자기주식처분손실 발생시 재무상태표의 변화**

차변		증감액	대변		증감액
현금	39,000	4,000	자본금	50,000	
			기타자본	−1,000	
			자기주식	0	5,000
			자기주식처분손실	−1,000	−1,000

9.2.3.2.3. 전환권대가와 신주인수권부대가

앞에서 전환사채를 설명할 때, 전환사채는 채권의 성격과 주식의 성격을 동시에 구비하고 있다고 설명했다. 그런데 이 주식의 성격이 매우 독특하다. 자금 공급자가 현재 주주로서 권리를 보유하고 있는 것이 아니라 미래에 주로 신분을 전환할 가능성을 현재 기준으로 유지하고 있을 뿐이라는 사실이다.

어떤 회사가 전환사채를 발행하면서 자금을 ₩100만을 조달했다고 하자. 회계의 관점에서는 이 ₩100만을 전액 채무로 처리하지 않고 일부를 자본으로 분리해서 표기해야 한다. 예를 들어서 어떤 회사의 전환사채 발행에 참여한 자금공급자 A씨는 계약상 미래에 특정된 전환청구기간 중 2천주에 대하여 주당 ₩501으로 전환권을 행사할 수 있는 것으로 규정되어 있다고 하자. 실제로 A씨가 그 전환권을 행사할지 안 할지는 철저히 확률적인 사건이다. 미래의 전환권 행사기간에 도달했을 때 주가가 전환가격 ₩501보다 높으면 A씨는 전환권을 행사할 유인이 있고, 그렇지 않으면 전환권을 행사하지 않을 것이다. 미래 주가는 현재 시점에는 알 수가 없으므로 실제로 미래에 이 ₩100만 중 자본으로 전환될 금액이 어느 정도 될지는 확률 모형에 의하여 예측하여야 하고, 이를 현재가치화해서 전환권 대가로 자본잉여금에 계상해야 한다.

전환권 계산 방식은 옵션 가치평가(option valuation) 기법 등 다소 복잡한 계산을 거치게 되는데, 이는 본서의 수준을 넘는다. 만약 일정한 확률 모형에 의하여 계산된 전환권 대가가 ₩20만으로 산출되었다고 가정하면, 독자들은 이를 자본잉여금에 계상한다는 사실만을 알고 있도록 하자.

만기까지 A씨가 전환권을 행사하지 않는다면 만기에 이 ₩100만(부채 ₩80만과 자본 ₩20만)은 모두 소멸할 것이다. 동시에 만기에 A씨가 원금을 상환받는만큼 차변에서 현금이 감소할 것이다.

반면에 A씨가 전환권을 행사한다면 그동안 회사 입장에서 부채로 계상되었던 금액 ₩80만은 전부 자본으로 이전되고 전환권 대가 ₩20만도 자본금으로 전환되면서 자본 총액이 증가하게 될 것이다. 당연히 이때 차변에서 현금 감소는 일어나지 않을 것이다.

신주인수권부대가도 마찬가지다. 신주인수권부사채는 자금공급자가 신주를 인수할 수 있는 권리가 특정 기간 동안에 부여된 채권이다. 전환사채 보유자가 전환권을 행사하게 되면 자신이 보유한 채권의 일부 또는 전부를 주식으로 전환하면서 기존의 채권 금액이 감소하는 데에 반하여, 신주인수권부사채 보유자가 신주인수권을 행사하게 되면 자신이 보유한 채권 금액에는 변동 없이 회사에 대한 지분 보유 금액만이 증가하게 된다. 물론 이는 회사가 신주를 발행한다는 계획이 있을 경우에 해당되는 사항이므로 여전히 확률적인 사건이다. 신주인수권부 대가도 적절한 확률모형에 의하여 그 가액을 산출하여야 하나, 이 역시 본서의 범위를 넘으므로 생략한다. 신주인수권부대가 역시 자본잉여금으로 계상해 놓았다가, 나중에 신주인수권을 행사하거나 미행사 상태로 종결되는 것과 같은 사건이 실제로 발생하면 그에 따라 적절히 자본의 증가 또는 소멸로 회계처리를 하게 되는데, 구체적인 처리 방법은 회계 실무자의 몫으로 남겨 두고 본서의 독자는 그 개념만을 이해하고 있으면 될 것이다.

[개념] 현물출자

본서에서는 회사가 유상증자를 하는 댓가로, 주주는 주식을 받고 회사에 현금을 납입하는 것이 원칙이라고 설명해왔다.

현물출자란 주식을 받는 댓가로 금전을 납입하는 대신에 비현금 유형 또는 무형의 재산을 회사에 양도하는 것을 말한다. 그 대상 재산으로는 주로 유가증권(債券, 어음, 債權[7], 제3의 회사의 주식), 부동산(토지, 건물), 기계장치, 특허권, 실용신안권, 의장권과 같은 무체재산권(無體財産權) 등 재무상태표 자산에 기재할 수 있는 모든 것이 가능하다.

그런데 우리나라 상법은 자본충실(資本充實)의 원칙에 의하여 주식회사는 자본액에 상당하는 재산을 보유할 것을 요구하고 있다. 예컨대 자본금이 ₩10억이라면 그에 상당하는 재산이 실체로서 형성되어 있어야 한다. 그런 이유로 유상증자 시 액면가에 미치지 못하는 주식할인발행, 주식발행대금의 가장납입(假裝納入)을 규제하고 있으며, 특히 재산적 가치가 불분명한 현물의 출자를 까다롭게 제한하고 있다.

그럼에도 불구하고 현물출자를 인정받기 위해서는 비교적 까다로운 절차를 거쳐야 한다. 일반 유상증자와 마찬가지로 정관에서 정한 현물출자 규정을 따르고 이사회에서 현물출자를 의결하여야 하는 등 공통적으로 거치는 절차 외에, 출자 재산에 대한 감정을 위해 법원에 검사인의 선임을 청구하거나 공인된 감정인, 즉 가치평가 또는 감정평가 전문가의 공정가치 평가를 받아야 한다. 많은 경우 부동산, 동산, 기계장치 등은 감정평가사에게, 채권 등은 공인회계사에게, 특허기술 등 지식재산은 정부에서 지정받은 기술가치평가 전문기관에게 공정가치평가를 의뢰한다. 공정가치 평가 결과가 법원의 심사를 통과해야만 그 출자 재산의 가치가 공식적으로 인정이 된다. 소정의 납입일까지 대상 재산을 인도하고 주식을 교부 받는 절차를 완료하면 현물출자가 성립하게 된다.

---

7) 여기에서 債券은 재무적 투자 결과 보유하게 된 bond를 의미하고, 債權은 영업거래상 대금을 수취할 제반권리 증서를 의미한다.

이런 절차를 거쳐서, 예를 들어 A사가 자신이 보유하고 있는 기계장치의 공정가치를 ₩100으로 평가해서 B사에 현물출자하게 되면 A사와 B사의 재무상태표는 각각 <표 12>와 같이 변화가 일어난다. B사에 대한 A사의 지분율도 교부받은 주식의 수에 맞추어 증가할 것이다.

▸ ▸ **〈표 12〉 공정가치에 따른 현물출자 후 재무상태표의 변화**

(단위 : ₩)

• B사에 현물출자한 A사

차변		대변
기계장치의 감소	(100)	변화 없음
유가증권(B사 주식)의 증가	100	

• A사로부터 현물출자를 받은 B사

차변		대변	
기계장치의 증가	100	자본금의 증가	100

현물출자를 통해서 지분율이 변화함에 따라 연결재무제표 작성 또는 지분법 적용을 해야 하는 경우가 발생할 수 있다. 특히 현물출자 대상이 주식일 경우 지배구조가 매우 여러 단계를 거쳐 연결되어 연결재무제표 작성 또는 지분법 회계처리가 매우 복잡한 양상을 띠게 된다. 이 경우의 회계처리 방식은 본서의 수준을 넘으므로 생략한다.

9.2.4. 이익잉여금

이익잉여금은 당기순이익이 누적된 금액을 말한다. 한 가지 유의할 사실은 결산일 기준 재무상태표에 계상되는 이익잉여금은 미처분이익잉여금이라는 사실이다. 왜냐하면 결산일 기준으로 이익잉여금을 집계하고 이를 포함한 제반 재무제표 작성이 완료되는 것은 결산일로부터 약 1개월 이내의 기간이 소요되며, 이를 바탕으로 회계감사를 완료하고 이익잉여금을 주주배당, 적립금, 준비금 등으로 처분하는 결정을 내리는 일은 결산일 이후 약 2~3개월이 지난 뒤 주주총회에서 가능하기 때문이다.

2xx1년 결산일 미처분이익잉여금
= 2xx0년 결산일 미처분이익잉여금 − 2xx1년 주주총회에서 처분된 이익잉여금 + 2xx1년 당기순이익

이익잉여금처분계산서는 손익계산서의 부속명세서 중 하나로 본서의 제7장 7.2.4.에서 소개한 바 있으므로 다시 참고하기 바란다. 주주총회에서 배당을 포함하여 이익잉여금의 처분이 결정되고 나면, <표 13>에서 보는 바와 같이 대변에서 이익잉여금은 배당금 처분액만큼 감소하고 차변에서는 배당금이 빠져나간만큼 현금이 감소할 것이다. 배당금이 빠져나간 뒤에는, 적립금이나 준비금의 형태로 남은 금액이 회사에 현금과 예금, 유가증권, 연구개발 투자(무형자산 취득), 유형자산 투자 등의 형태로 분산된다. 이때 어떤 형태의 자산을 취득하느냐 하는 구성만 달라질 뿐 이익잉여금 총액은 변화가 없다.

▸ ▸ 〈표 13〉 이익잉여금의 배당 처분 후 재무상태표의 변화

(단위 : ₩)

차변		대변	
현금의 감소	(100)	이익잉여금의 감소	(100)

9.3 재무상태표 추가 고려 사항

9.3.1. 우발부채

우발부채란 미래 발생 가능성과 그 규모가 불확실한 지급의무를 의미한다. 예를 들어서 클레임 피소 또는 기타 피소 상태로서 미래에 지급의무가 발생할 가능성이 있는 배상액, 각종 하자보증의 실현 가능 채무액, 여타 법인의 차입금에 대해 제3자 지급보증을 제공한 상태로서 미래에 발생할 가능성이 있는 차입금 상환액 대지급액 등이 있다.

우발부채는 아직 시기와 규모가 확정되지 않은 부채이기 때문에 재무상태표에 그 금액을 확정하여 계상하기가 매우 곤란하다. 재무상태표에 계상되지 않는다는 점 때문에 재무제표 이용자들로 하여금 회사가 직면하고 있는 재무적 위험의 실태를 제대로 파악하지 못 하도록 할 위험이 있다. 이런 이유로 회사는 재무제표에 우발부채에 관한 사항을 성실하게 표시할 책임이 있으며, 회계감사인들은 회사의 우발부채 사항을 파악하여 주석사항에 포함시킨다.

그럼에도 불구하고 종종 중대한 우발부채가 재무제표 주석에 표기되지 않는 경우, 투자자와 회사 사이에 많은 분쟁이 야기되기도 한다.

우발부채는 업종을 가리지 않고 발생할 수 있으나, 특히 건설회사에서 빈번하게 관찰할 수 있다. 건설회사에서 공사하자에 대한 배상청구, 즉 클레임은 물론이거니와, 우리나라의

많은 대형 건설회사, 즉 시공사들은 시행사(developer)의 프로젝트 파이낸스(PF : Project Finance)[8] 은행 차입금 또는 그들이 발행하는 자산유동화증권(ABS : Asset-Backed Security, 구조화된 채권의 일종)[9]이나 자산유동화기업어음(ABCP : Asset-Backed Commercial Paper)에 대해 지급보증 또는 자금보충약정을 제공하는 경우가 많다. 대부분 시공사들은 그들이 시공하는 공동주택(아파트)이나 사무용 건물의 건설사업에서 미래에 발생할 분양대금이나 임대료 현금흐름에 대한 전망을 확인한 후에 시행사 차입금에 지급보증을 제공한다. 실제로 시행사의 부도로 시공사의 지급보증이 현실화되어 시공사 재무 상황이 악화될 가능성이 항존하고, 반대로 시공사의 부도로 시행사에 대한 지급보증이 무효화되는 경우까지 발생할 수 있다.

사 례 홍길동건설(가칭)의 PF 지급보증

<표 14>는 홍길동건설(가칭)이 주택사업 시행사에 대하여 회사가 제공한 ABCP 지급보증은 총 6건의 사례를 예시한다. <표 14>에서 채무자란 시행사(developer)를 가리키며, 채권자는 자산유동화기업어음(ABCP)을 발행하는 특수목적법인(SPC)을 가리킨다. 채권자가 ABCP의 원리금 상환에 차질을 빚을 경우, 대림산업은 채무자를 대신해서 채권자에게 상환을 대납해야 한다.

---

8) 프로젝트 파이낸스는 자금을 대출하는 대상이 법인이 아니라, 특정한 사업 프로젝트인 경우를 말한다. 예를 들어서, 특정 교량 건설 사업, 특정 건물 건설사업, 특정 드라마 제작 사업, 특정 관광지구 개발 사업 등 다양한 종류의 사업이 다 그 대상이 될 수 있다. 프로젝트 파이낸스는 반드시 건설 공사에 국한된 것은 아니지만 우리나라에서 PF라고 하면 흔히 시행사의 부동산 개발사업용 자금 차입을 의미하는 경우가 많다. 이를 위해서 대상 프로젝트의 현금흐름을 법인의 여타 사업들의 현금흐름과 분리하기 위해 대상 사업만을 영위하는 특수목적회사(SPC : Special Purpose Company)를 설립하거나 입출금 계좌를 통제하는 것이 일반적이다.

9) 자산유동화증권(Asset-Backed Security)이란, A사가 자신이 보유한 자산을 특수목적회사에 담보 목적으로 양도, 더 자세히는 진성양도(true sale)하고, 특수목적회사가 이를 담보로 발행하는 채권(bond), 더 정확히는 상환 조건이 세분화된 다수의 채권 트랜치(tranche)들의 집합체를 의미한다. 자산유동화증권의 트랜치 채권들이 만기가 1년 이상임에 반하여, 자산유동화기업어음은 만기가 1년 미만으로 단기화된 세분화된 기업어음 트랜치의 집합체를 말한다. 이 중에서도 시행사가 담보로 제공하는 자산은 여러 가지가 가능하나 미래 분양대금 또는 임대료에 대한 수익권이 대표적인 형태가 된다.
자산유동화증권에 대한 보다 상세한 내용은 본서 제11장 11.1.2.2. 부외자산의 [개념] 자산유동화증권 부분을 참고하라.

▸▸ 〈표 14〉 홍길동건설(가칭)의 부동산 개발사업 PF 지급보증 예시

(단위 : 천원)

채무자	채권자	대출(보증) 금액	대출잔액	보증내역	지급보증기간	유형
A사	X사	110,000	110,000	지급보증	2××1.04 ~ 2××2.04	ABCP
A사	X사	100,000	100,000	지급보증	2××1.05 ~ 2××2.05	ABCP
A사	Y사	90,000	90,000	지급보증	2××1.07 ~ 2××2.07	ABCP
B사	Y사	80,000	80,000	지급보증	2××1.07 ~ 2××2.07	ABCP
B사	Y사	80,000	80,000	지급보증	2××1.08 ~ 2××2.08	ABCP
C사	Z사	57,000	57,000	지급보증	2××1.09 ~ 2××2.09	ABCP

우발부채가 모두 재무상태표 본문에 계상되지 않는 것은 아니다. 우발부채라 하더라도 발생가능성이 매우 확실해지고 금액에 대해서도 합리적으로 추정이 가능해지면 재무상태표에 비로소 부채로 계상할 수 있다. 그러나, 발생가능성이 확실해졌다는 것이나 금액에 대한 합리적 추정이 가능하다는 것 자체는 회계사와 회사의 판단 영역에 속한다는 점에서 언제나 논란의 소지가 있다.

여하튼 이런 성격을 지니고 재무상태표에 계상 가능한 우발부채로 콜옵션(call option) 부채를 들 수 있다.

A사가 B사를 상대로, C사 주식에 대해 행사가격(Exercise Price, Strike Price) X원으로 정해진 물량에 대해 미래 정해진 시점에 취득할 권리를 콜옵션(Call Option)이라고 한다. 행사가격, 즉 A사가 미래 약정 기간에 B사로부터 C사 주식을 매입하기로 약정한 가격이 ₩100인데, 만약 권리 행사 시점에 C사 주식 가격이 ₩120이라면 A사는 당연히 권리를 행사해서 B사로부터 C사 주식을 행사가격 ₩100에 매입하려 들 것이다. 이때 B사는 자신이 이미 보유하고 있는 C사 주식을 행사가격에 매도하거나, 그렇지 않은 경우 시장에서 C사 주식을 즉시 차입 또는 매입하여 A사에 매도해야 한다.

B사는 여러 정황을 보았을 때 A사가 옵션을 행사할 가능성이 없다고 판단할 경우[10]) 콜옵션을 부채로 인식하지 않는 것이 허용된다. C사 주식의 가격이 행사가격보다 높아질 가능성이 희박하다고 판단할 경우에 이런 일이 발생할 것이다.

그러나, A사의 옵션 행사 가능성이 높아졌다고 판단되면 적절한 방식을 통해 B사는 C사 주식을 A사에 제공해야 할 의무가 발생한다. 대개 권리행사 시기기 임박해 있고 여러 정황으로 볼 때 C사 주식의 가격이 행사가격보다 높아질 가능성이 높다고 판단할 경우에 이런 일이 발생할 것이다.

이때, 미래 권리 행사 시점을 기준으로 했을 때 C사 주식의 시가 P와 행사가격 X의 차이(P − X > 0)는 B사가 부담해야 할 부채가 된다. 앞의 수치 예로 들면 ₩120과 ₩100의 차액 ₩20이 회사가 순수하게 부담해야 할 금액이다. 왜냐하면 B사는 ₩120짜리 C사 주식을 A사에 ₩100에 매도해야 하기 때문이다. 그런데 현재 시점에 이 부채액은 미래에 확률적으로 발생할 가능성으로만 존재하는 것이므로, 회사는 적절한 옵션 가치평가모형, 예를 들어서 블랙 − 숄즈(Black−Scholes) 모형 등을 이용하여 그 부채액의 적절한 현재가치를 산정해서 재무상태표에 계상해야 한다. 미래 주가의 확률분포를 포함하여 시장 금리 등 여러 요인에 의존하여 계산될 것이다[11].

B사가 A사의 옵션 행사 가능성과 그에 따른 부담이 현실화되리라고 판단하는 여부에 따라 우발부채를 B사의 재무상태표에 계상할지 말지가 판단된다. 이는 어디까지나 B사의 판단의 영역이지만 그 결과에 따라 B사의 재무구조가 달라지므로 보는 사람에 따라 B사의 의도를 공격할 여지는 항상 남아 있다.

사 례 삼성바이오로직스의 콜옵션 부채 논란

2012년 2월 삼성그룹에서 삼성바이오에피스를 설립할 당시 지분율은 삼성바이오로직스가 85%, 미국 기업 바이오젠이 15%였다.

---

10) 콜옵션의 경우, 권리 행사 시점에 자산가격이 행사가격보다 높으면, 콜옵션을 행사하는 것이 유리하며 내가격(In−the−money) 상태라 한다. 반대로 권리 행사 시점에 자산가격이 행사가격보다 낮으면, 콜옵션을 행사할 필요가 없으며, 이 상태를 외가격(Out−the−money) 상태라 한다.

11) 블랙 숄즈 옵션 가치평가 모형에 대한 소개는 본서의 범위를 벗어나지만, 이 금액을 실제로 계산해보면 다음과 같다. 현재 주식 시가 S가 ₩110, 행사가격 X가 ₩100, 무위험이자율 r = 2%, 옵션 행사 시기 T = 1(년), 주가 수익률 분포의 표준편차 σ = 0.2 라고 가정하면, 다음의 블랙-숄즈 모형에 의하여 계산한 콜옵션 가치 C는 ₩16.28이 된다.

$$C = SN(d_1) - Xe^{-rT}N(d_2).$$

$$d_1 = \frac{\ln(S/X) + (r + \sigma^2/2)T}{\sigma\sqrt{T}}, \quad d_2 = d_1 - \sigma\sqrt{T}.$$

$N(d)$는 표준정규분포의 d 값에서의 누적확률값.

설립 당시 바이오젠은 삼성바이오로직스를 옵션 거래상대방(option counterparty)으로 해서 삼성바이오로직스가 보유하고 있던 삼성바이오에피스 주식에 대해 콜옵션을 부여 받았다. 2018년 11월 기다리고 기다리던 바이오젠은 콜옵션을 행사했고 삼성바이오로직스는 자신이 보유하고 있던 삼성바이오에스피 주식의 일정 물량을 바이오젠에 ₩7,595억에 매각했다. 그 결과 삼성바이오로직스의 삼성바이오에피스 지분율은 94.6%에서 50% + 1주로 줄어 들고 삼성바이오로직스는 바이오젠으로부터 매각대금 ₩7595억을 현금으로 지급 받았다. 그 결과 삼성바이오로직스는 콜옵션 부채가 소멸되면서 부채비율이 2017년 말 81%에서 2018년 말 44%까지 대폭 감소했다. 더욱이 매각대금 ₩7,595억이 유입되면서 기타수익으로 계상됨으로써, 회사는 2017년까지 영업손실을 기록하다가 순식간에 2018년 순이익이 ₩2000억대의 흑자로 반전했다[12].

그런데, 2015년 삼성바이오로직스의 재무상태표에는, 이처럼 어차피 드러나게 되어 있었던 콜옵션 부채가 전혀 계상되어 있지 않았다. 이를 두고 일각에서는 고의 누락 또는 회계 분식이라는 취지로 금융감독원에 삼성바이오로직스에 대한 특별 감리를 요청한 적이 있었다[13].

우발부채인 파생상품부채는 재무상태표에 항상 의무적으로 계상해야 하는 대상이 아니며 옵션 행사 가능성이 상당히 높아지고 그로 인한 회사의 부담액이 어느 정도 추산될 때에 계상해야 한다는 원칙은, 이처럼 회색 지대를 낳을 수 있다. 그것이 고의였던 아니든 파생상품부채의 실현 가능성에 대한 인식 차이에 따라 분식 논란은 항상 발생할 수 있다.

9.3.2. 운전자본 working capital

운전자본은 기업의 현금흐름에서 매우 중요한 역할을 차지함에도 불구하고, 재무상태표에는 독립된 항목으로 계상되지 않는다. 재무제표 이용자는 운전자본의 규모를 직접 계산해보고 그 의미를 해석해야 한다.

넓은 의미로는 유동자산에서 유동부채를 차감한 순운전자본(net working capital)을 의미한다.

- 유동자산 : 현금 통화, 요구불예금, 매출채권, 재고자산, 단기유가증권 등
- 유동부채 : 매입채무, 외상매입금, 지급어음, 단기차입금, 미지급비용 등

12) 참고 기사 : 더벨, "삼성바이오, 바이오젠 콜옵션 덕 부채비율 절반으로", 2019-02-07, https://www.thebell.co.kr/free/content/ArticleView.asp?key=201902010100002290000150&lcode=00

13) 참고 기사 : 한겨레, "삼성물산 보고서, 삼성바이오 콜옵션 수상한 누락…특별감리 필요", 2018-11-20, http://www.hani.co.kr/arti/economy/economy_general/871076.html

유동자산이 단기에 현금화할 수 있는 자산이라면, 유동부채는 단기에 현금으로 지급해야 할 채무다.

- 매출채권 = 외상매출금 + 받을어음
- 재고자산 = 제품, 재공품, 원재료 재고
- 매입채무 = 외상매입금 + 지급어음

순운전자본은 현금으로 신속하게 전환할 수 있는 특성 때문에 기업의 단기채무지급능력 또는 유동성을 측정하는 지표가 된다.

그런데 이것을 가리켜 왜 자본이라 부르는가? 자본은 원래 1년 이상의 기간(장기)에 걸쳐 보유하면서 효익을 창출(건물, 기계…)하는 자산을 말한다. 순운전자본은 대개 1년 이상 지속하는 자산이 아님에도 자본으로 부르는 이유는, 그 보유 기간만큼은 순환하면서 자본의 역할을 수행하기 때문이다.

운전자본 핵심은 그 순환성에 있다. 그래서 워킹(working)이라는 형용사가 붙은 것이다. 매출은 3개월 전에 일어났어도 대금은 3개월 뒤에 들어오고 매입 역시 3개월 전에 일어났지만 대금은 3개월 뒤에 지급해야 한다면, 이 순환이 제대로 이루어져야 지급해야 할 현금흐름에 무리 없이 충당할 수 있는 것이다. 회사로서는 현금 유입 회전율이 현금 유출 회전율보다 좀 더 높을수록, 즉 현금유입이 현금유출보다 단시일내에 이루어질수록 유리하다. 운전자본의 회전이 원활치 않으면, 즉 순환하면서 유입되어야 할 현금이 많아져도 제 때 들어오지 않거나 지연되고, 나가야 할 현금이 많아지거나 지급기일이 앞당겨지는 경향이 있을수록 기업은 자금 부족 가능성은 점점 커진다. 이 상태가 누적되다가 지급에 충당할 현금을 확보하지 못하는 순간 어느 날 갑자기 흑자도산하게 된다. 단기 자금 흐름의 관점에서 기업의 생존을 결정하는 원리는 다음과 같은 말로 요약할 수 있다.

기업의 단기 생존 공식 : "수금은 가능한 한 빨리, 지급은 가능한 한 늦게"

흑자도산이란 손익계산서상 이익이 나고 있음에도 불구하고 다음과 같은 과정을 겪은 뒤 발생한다.

운전자본 투자 증가로 현금부족상태 발생 ➲ 차입으로 보충하기를 반복 ➲ 차입금 증가 ➲ 추가 차입 중단 ➲ 부도 선언

운전자본의 구조가 기업의 현금흐름에 압박을 가하는 이유를 분명히 알아보자. 유통업, 제조업, 서비스업을 막론하고 회사는 상품매입, 제품제조를 위한 원재료와 부품 매입, 서비스제공을 위한 지출이 시기상 먼저 발생하고, 매출은 나중에 이루어지는 경향이 있다. 선매출 또는 선수수익을 먼저 발생시킨 뒤 그로부터 지출이 이루어지는 사업은 거의 없을 것이다.

<표 15>는 간단한 유통 사업을 예로 들어서, 손익계산서상 영업이익이 동일하게 나옴에도 불구하고 운전자본 부담 구조가 전혀 다른 3가지의 상황을 보이고 있다.

- 상황1 : 현금매입, 외상매출
- 상황2 : 외상매입, 외상매출
- 상황3 : 외상매입, 현금매출

편의상 사업기간은 3기(월)에 걸쳐 형성되고, 매입, 매출, 대금정산은 각각 1기, 2기, 3기에 발생한다. 회사의 사업은 상품을 ₩100에 매입하여 ₩120에 판매하는 것이다. 매기 ₩5의 고정판관비 ₩5(인건비, 임차료, 통신비 등)이 발생한다. 외상매입이나 외상매출이나 대금정산은 모두 3기에 이루어지는 것으로 가정했다. 설명을 단순화 하기 위해 차입금이 발생할 경우, 차입금 이자는 0%라고 가정했다.

▸ ▸ **〈표 15〉 운전자본의 구조에 따른 현금흐름 압박의 차이**

(단위 : ₩)

	상황1			상황2			상황3		
	1기 현금매입	2기 외상매출	3기 대금정산	1기 외상매입	2기 외상매출	3기 대금정산	1기 외상매입	2기 현금매출	3기 대금정산
외상매출금(A)	0	120	0	0	120	0	0	0	0
재고자산(B)	100	0	0	100	0	0	100	0	0
외상매입금(C)	0	0	0	100	100	0	100	0	0
순운전자본 잔액(= A+B−C)	100	120	0	0	20	0	0	0	0
<손익계산서>									
매출액	0	120	0	0	120	0	0	120	0
매출원가	0	100	0	0	100	0	0	100	0
판매비와관리비	5	5	5	5	5	5	5	5	5
영업이익	−5	15	−5	−5	15	−5	−5	15	−5

<현금흐름표>									
영업현금유입(+)	0	0	120	0	0	120	0	120	0
영업현금유출(−)	105	5	5	5	5	105	5	5	105
상품매입(−)	100	0	0	0	0	100	0	0	100
고정판관비(−)	5	5	5	5	5	5	5	5	5
영업현금흐름	−105	−5	115	−5	−5	15	−5	115	−105
소요자금차입	105	5	0	5	5	0	5	0	0
상환전 누적차입금 잔액	105	110	110	5	10	10	5	5	0
차입금 상환	0	0	−110	0	0	−10	0	−5	0
(상환후)현금보유잔액	0	0	5	0	0	5	0	0	5

<표 15>에서 보듯이 손익계산서는 3가지 상황이 모두 동일하다. 수익-비용 대응 원칙에 따라 상품매출이 실제로 발생한 2기에만 영업이익이 ₩15으로 계상되고, 1기와 3기에는 판매비와관리비만이 결손으로 발생하여 영업손실 ₩5만이 기록됐다. 이 손익계산서만 떼어 놓고 보면 기업의 현금흐름 발생 구조에 대하여 아무런 정보를 얻을 수 없다. 이 점이 바로 현금주의가 아니라 발생주의를 따르는 손익계산서의 치명적인 결함이다.

반면에 3가지 상황마다 외상매출금, 재고자산, 외상매입금의 잔액이, 결과적으로 순운전자본 잔액이 매기 큰 차이가 난다. 이에 따라 3가지 상황마다 영업현금유입과 영업현금유입이 발생하는 시기가 다르다. 그것은 매출이나 매입이라는 거래 사건이 발생한 것과 상관 없이, 대금 지불이 이루어진 시기만을 기준으로 했기 때문이다.

[상황1]

하지만 현금매입이 이루어진 상황1에서는 매입비용과 고정판관비 지출로 당장 ₩105의 부족자금이 발생했는데 이를 충당하기 위해 차입이 발생했다. 대개 사업 초기에 자본금을 이용해서 이런 자금을 충당하기는 하지만, 원활한 차입이 가능하다면 차입도 무난한 수단이 된다. 다만 차입은 미래에 상환 의무가 존재하고, 채무불이행 시 기업의 지속성에 심각한 위협이 된다는 차이점이 있을 뿐이다. 또한 상황 1에서는 외상매출금 회수가 이루어지는 3기가 도래하기 전에 2기의 고정판관비 ₩−5을 충당하기 위해 역시 추가 차입을 발생시켜야 한다.

[상황2]

1기와 2기의 거래를 각각 외상매입, 외상매출로 처리한 상황 2에서는 1기와 2기의 고정판관비만을 충당할 소액의 차입만으로 충분하다.

[상황3]

1기와 2기의 거래를 각각 외상매입, 현금매출로 처리한 상황 3에서는 1기의 고정판관비만을 충당하는 소액의 차입만으로 모든 자금조달 문제가 해결된다. 더구나 2기에 이미 현금매출을 발생시켰기 때문에 3기에 지불할 매입대금도 보유 현금으로 충당하면 된다.

독자 여러분은 상황3이 회사의 현금흐름 입장에서는 가장 유리한 상황임을 직감했을 것이다. 왜냐하면 수금은 가장 빨리 이루어졌고 지급은 가장 늦게 이루어졌기 때문이다.

반면에 상황1은 최악이다. 왜냐하면 수금은 가장 늦게 이루어졌고 지급은 가장 빨리 이루어졌기 때문이다.

상황3은 매기말 순운전자본잔액이 존재하지 않는다. 다시 말해서 운전자본 부담이 없이 가벼운 몸집으로 사업을 했다는 것을 뜻한다.

반면에 상황3은 1기와 2기에 운전자본 잔액이 매우 높게 존재한다. 이는 매우 높은 운전자본 부담을 안고 사업을 했다는 것을 뜻한다.

사실 높은 운전자본 잔액 자체는, 운전자본을 취득하기 위해 지출된 현금을 보충할만한 기존의 내부보유현금이나 자본금이 충분하다면, 그 자체로는 문제될 것이 없다. 상황1의 경우에도, 만약 초기 부족자금을 해결할 수 있는 기보유 현금이나 자본금이 충분하다면 아무런 문제가 되지 않을 것이다. 즉 상품매입 대금을 차입금이 아니라 자기자본으로 했다면 높은 운전자본 잔액은 큰 위협이 되지 않을 수도 있다. 따라서 운전자본 잔액이 형성된 시점의 회사의 현금보유 또는 현금조달 가능성에 따라 운전자본의 위협은 커질 수도 있고 별 문제가 안 될 수도 있다.

이 즈음에서 우리는 운전자본은 '자본'인데 왜 기업에 부담이 되는지를 살펴볼 필요가 있다. 얼핏 "자본이 많으면 좋은 것 아닌가?"하는 생각이 들지도 모른다. 문제의 본질은 운전자본이 '현금과 예금'을 제외하고는 아직 현금으로 회수되지 않은 자본이라는 사실이다. 문제의 핵심은 아직 회수되지 않은 상태, 다시 말해서 미래에 회수될 것을 기다리고 있는 상태라는 사실에 있다. 아직 회수되지 않은 상태가 문제가 되는 이유는, 현금 회수가 이루어지기 이전에 지급해야 할 부채들이 존재하기 때문이다. 문제의 핵심은 유동자산의 회수 시기와 유동부채의 지급 시기 사이에 적절한 균형에 있다.

<표 15>에서는 독자의 이해를 돕기 위해 매우 간단한 가상의 사례를 들었지만, 현실에

서 상품, 제품, 서비스의 구조가 아무리 복잡해져도 운전자본 투자가 현금흐름에 영향을 미치는 구조의 본질은 동일하다. 그 영향은 본질적으로 회수 시기와 지출 시기의 시차, 그리고 그 도래 금액의 규모에 달려있다.

대부분 회사는 이런 시차에 따른 운전자본 부담을 은행으로부터 단기차입금의 조달 또는 연장(延長)을 통해, 극단적인 경우 채권발행이나 유상증자 등을 통해 해결해가고 있다. 그러다가, 어떤 이유에서 그 순환 과정의 한 고리에서, 대금지급 실패, 상환 실패, 또는 그로 인한 추가 자금 조달이 난항을 겪게 되면 기업은 흑자인 상태에서도 도산하게 된다.

운전자본 구조는 회사의 단기신용평가(short-term credit rating)에서 중요한 고려 요소다. 운전자본 구조는 매출 또는 이익이 높은 것과는 무관하다. 많은 사람들이 매출이나 자산 규모가 큰, 즉 외형이 큰 기업이 우량기업인 것처럼 착각되기 쉽다.

하지만 운전자본, 투자자본이 과다해도 자산규모, 즉 외형은 증가한다. 문제는 그 자산이 현금화되는 속도인데, 이는 재무상태표만 보고서는 파악하기 매우 어렵다.

흑자도산도 마찬가지 메커니즘을 발생한다. 손익계산서상 아무리 이익이 나고 있어도, 다른 조건이 같을 때 매출채권(외상매출금과 받을어음)이나 재고자산 잔액이 매출액 증가 규모에 비하여 빠른 속도로 증가하고 있거나 회수 시기가 지연되고 있으면 현금흐름에 어려움이 발생하고 있을 가능성이 높다. 반면에 조업수준이 유지되는 상태에 비하여 매입채무(외상매입금, 지급어음) 잔액이 큰 폭으로 줄어든다면, 원재료부품 단가의 대폭 인하 같은 없다면, 거래처에 대한 지급 부담이 크게 늘면서 운전자본 부담이 가중될 수 있다.

운전자본은 넓은 의미에서는 영업상 유동자산 · 유동부채와 비영업(재무) 유동자산 · 유동부채를 다 고려해야 하는 것이지만, 좁은 의미에서는 흔히 영업상 유동자산이 매출채권과 재고자산, 그리고 영업상 유동부채인 매입채무에만 국한하여 판단한다.

이때 중요한 것은 바로 영업주기, 즉 영업 유동자산의 순환주기이다.

영업주기 = 재고자산회전기간 + 매출채권회수기간

매출채권회수기간이라 해도 좋고, 대부분의 재무회계 문헌에서 언급하듯이 '매출채권회전기간'이라 해도 된다. 둘은 결국 동일한 의미다.

재고자산회전기간(율) = 연간 매출액/연간 평균재고자산

만약 ₩100억 매출에 연평균 재고자산 잔액이 ₩33억이라면 이 회사는 재고가 연간 3회전(₩100억/₩33억)한다는 것을 의미하다. 매출액이 동일하다면, 재고자산 잔액이 작을수록 회전은 빠른 속도로 이루어지고, 재고자산 잔액이 많을수록 회전은 느린 속도로 이루어진다.

매출채권회수기간(율) = 연간 매출액/연간 평균매출채권

만약 ₩1,200억 매출에 연평균 매출채권 잔액이 ₩100억이라면 이 회사는 매출채권이 연간 12회전(₩1,200억/₩100억), 즉 1개월 꼴로 대금 회수가 이루어진다는 것을 의미하다. 매출액이 동일하다면, 매출채권 잔액이 작을수록 판매대금 회수는 빠른 속도로 이루어지고, 매출채권 잔액이 많을수록 판매대금 회수는 느린 속도로 이루어진다.

현금순환주기는 영업주기가 매입채무 회전기간을 초과하는 크기다.

현금순환주기 = 영업주기 - 매입채무 회전기간

매입채무회전기간도 앞의 재고자산회전기간이나 매출채권회전기간도 동일한 방식으로 계산한다.

매입채무회전기간(율) = 연간 매출액/연간 평균매입채무

만약 ₩600억 매출에 연평균 매입채무 잔액이 ₩100억이라면 이 회사는 매입채무가 연간 6회전(₩600억/₩100억), 즉 2개월 꼴로 거래처에 대금 지급이 이루어진다는 것을 의미하다. 매출액이 동일하다면, 매입채무 잔액이 작을수록 거래처 대금지급 속도는 빠르게 이루어지고, 매입채무 잔액이 많을수록 그 지급은 느린 속도로 이루어질 것이다.

매출채권, 재고자산, 매입채무 회전율을 종합한 운전자본회전율은 다음과 같이 계산된다.

운전자본회전율 = 연간 매출액/운전자본 평균잔액

회사의 입장에서는 영업상 현금순환주기가 빨라질수록 운전자본 잔액, 즉 '매출채권 + 재고자산 - 매입채무'의 잔액이 작아진다는 것을 의미한다. 그 반대 즉 영업상 현금순환주기가 느려질수록 운전자본 잔액이 커진다는 것을 의미한다.

운전자본은 회전율 뿐만 아니라 현금회전기간(cash conversion cycle)의 관점에서도 분

석할 수 있다. 원재료 또는 상품의 매입으로부터 시작해서 최종 판매 대금이 회수되기까지 현금회전기간이 형성된다. <그림 2>는 현금회전기간의 구조를 보이고 있다.

그림 2 현금회전기간

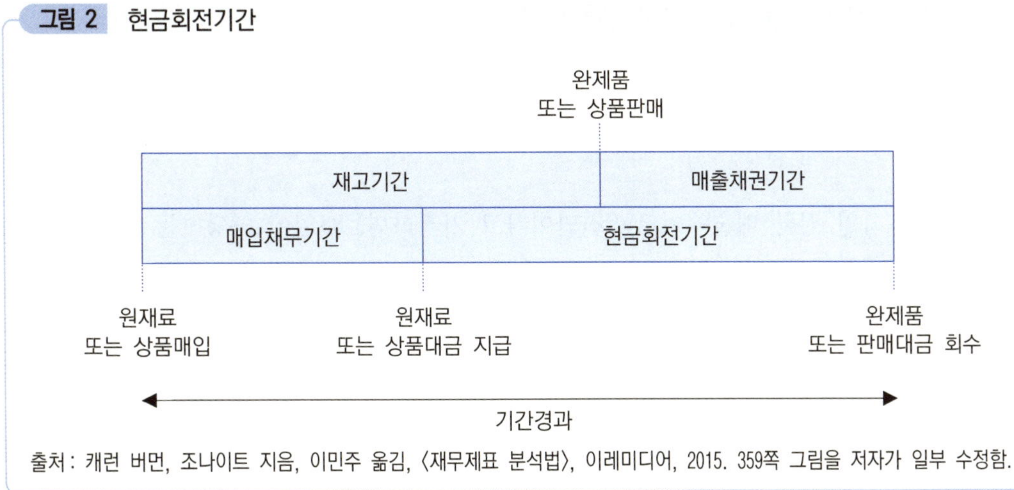

출처: 캐런 버먼, 조나이트 지음, 이민주 옮김, 〈재무제표 분석법〉, 이레미디어, 2015. 359쪽 그림을 저자가 일부 수정함.

현금회전기간은 다음과 같이 정의된다.

현금회전기간 = 매출채권회전기간 + 재고자산회전기간 − 매입채무회전기간

매출채권회전기간, 재고자산회전기간, 매입채무회전기간은 각각 다음과 같이 정의된다.

$$\text{매출채권회전기간} = \frac{365\text{일}}{\text{매출채권 회전율}}$$

$$\text{재고자산회전기간} = \frac{365\text{일}}{\text{재고자산 회전율}}$$

$$\text{매입채무회전기간} = \frac{365\text{일}}{\text{매입채무 회전율}}$$

예를 들어서 매출채권 회전율이 10이면 매출채권회전율은 $\frac{365\text{일}}{10}$ = 37일(반올림)이다. 이는 매출채권이 연간 10회전을 한다는 의미인 동시에, 매출채권이 평균적으로 37일간 지속되고 소멸된다는 것을 뜻한다. 재고자산 회전기간과 매입채무 회전기간도 같은 의미로 해석한다.

현금회전기간은 다음과 같이 정의된다. 예시를 위해 매출채권 회전기간을 60일, 재고자산회전기간을 73일, 매입채무회전기간을 50일이라고 가정하면, 아래 산식에 의해 현금회전기간은 83일, 거의 세 달 가까운 기간이 된다.

$$\underbrace{\text{현금회전기간}}_{83\text{일}} = \underbrace{\text{매출채권 회전기간}}_{60\text{일}} + \underbrace{\text{재고자산 회전기간}}_{74\text{일}} - \underbrace{\text{매입채무 회전기간}}_{50\text{일}}$$

이 회사는 1일 평균 매출액이 ₩9천만이라고 가정하면, 83일에 해당하는 ₩99억6천만의 운전자본이 필요하다.

83일 × ₩9천만 = ₩99억6천만

이 회사의 연간 매출액규모는 ₩438억인데, 이 가운데 22.7%($=\frac{83\text{일}}{365\text{일}}$)에 해당하는 금액인 ₩99억6천만의 운전자본투자를 위한 현금이 그 해에 필요한 것이다.

만약 다음 해에도 동일한 매출액 ₩438억을 유지한다면, 다음 해에 추가로 운전자본투자가 요구되지는 않는다. 첫 해에 투자한 운전자본이 계속 순환하면서 판매대금 회수액이 계속 매입채무 대금 지불에 충당될 것이기 때문이다.

그러나, 이듬 해부터 매출액이 증가하기 시작하면 첫 해에 비해서 추가로 운전자본투자가 필요하다. 예를 들어서 다음 해 매출액이 ₩500억으로 증가하고 현금회전기간이 앞 해와 동일하게 유지된다고 가정하면, 다음과 같이 추가로 운전자본을 투자해야 한다.

다음 해의 추가 운전자본투자액 = ₩500억 × 22.7% − ₩438억 × 22.7% = ₩14억

어느 회사나 현금회전기간이 길수록 운전자본투자 부담에 노출된다. 종종 이 부담으로 자금난에 처하기도 한다. 회사의 입장에서는 현금회전기간이 짧을수록 운전자본투자 부담이 줄어들 것이다. 이를 위해서 회사는 재고자산 회전기간 또는 매출채권 회수기간을 최대한 단축하거나, 매입채무 회전기간을 최대한 연장하기 위해서 노력해야 한다.

사 례 타이코인터내셔널(Tyco International)의 현금회전 압박과 2002년 유동성 위기

미국의 유명한 보안시스템 다국적기업인 타이코인터내셔널은 2000년을 전후하여 단기간에 600여개의 기업을 인수하면서 외형을 확장했다. 그러나 그 결과 재고자산회전기간이 통제불가능할 정도로 늘고 현금회전기간이 급속도로 악화되는 결과를 낳았다. 연매출이 $300억을 넘는 다국적 기업 입장에서 현금이 수억달러 소진되면서 유동성 위기를 겪게 됐다. 상황이 악화되면서 회사는 더 이상의 인수를 중단했고, 이후 회사는 구조조정과 분사를 추진하게 됐다.

기술기업의 사업환경은 20세기 전반의 기계화(mechanization), 20세기 후반의 공장 자동화(factory automation)로부터 21세기 스마트 팩토리(smart factory) 또는 인더스트리 4.0 (industry 4.0) 단계에 이르기까지 많은 변천을 겪어 왔다. 그 중에서도 우리가 주목해야 할 것은 일본의 제조업체들에서 영감을 얻은 린(lean) 사업모델의 철학이다. 린 생산방식의 구체적인 구현 방식에는 매우 복잡한 인적 · 물적 요인들이 포함되지만 적어도 그 철학에만 집중하자면, 이는 결국 효과적으로 원가관리를 하자는 것이다. 그 핵심은 동일한 품질과 조업 규모를 유지한다는 전제 하에 '재고자산 또는 유형자산을 떠안고 있는 부담과 낭비되는 비용을 줄이자'는 데에 있다. 결국 최대한 살을 빼면서 동일한 성과를 내자는 것이다.

린 사업모델의 본질을 알려면 거대 제조기업의 복잡한 공정과 가치사슬을 들여다보는 것보다는 차라리 간단한 소규모 자영업의 운영 방식을 먼저 이해하는 것이 더 빠를 것이다. 결국 과잉재고라는 것이 모든 제조업과 유통업에서 현금흐름 순환에 가장 큰 장애요인이라는 점을 이해하면, 왜 공정의 각 단계에서 그 규모를 가능한 한 최소화해야만 하고 그 순환주기를 되도록 빨리 해야만 하는지를 쉽게 이해할 수 있을 것이다. 유형자산 투자 규모나 인건비, 기타 경비 수준에 대한 목표도 먼저 이 효율적인 재고 순환과 충분히 보조를 맞출 수 있는 선에서 설계되고 결정되어야 함은 말할 나위가 없다. 이와 관련하여 어느 악기판매사 사장의 이야기는 그 본질을 정확히 표현한다.

[화제] 어느 악기판매사 사장의 교훈 : "장사는 이미지가 아니야! – [현금흐름과 재고순환]

직원은 경쟁사인 A업체가 온라인 이미지도 좋고 잘 한다고 했다. 우리는 그러지 못해 부럽다고 했다.

그 업체의 실상을 어느정도 파악하고 있는 내가 A업체가 어떤 점을 구체적으로 잘하고 있는지, 우리가 개선해야할 점은 무엇인지 물었지만 쉽게 대답을 하지 못했다.

"장사를 할 때 기본적으로 생각해야 할 것이 있어. 가장 중요할 수도 있는 이것이 뭔 줄 아니?

바로 '현금 흐름'과 '재고 순환'이야. 우리처럼 객단가가 높고 리텐션이 긴 품목을 취급하는 업체일수록 이것은 아주 절대적이거든.

쉽게 말해, 식당이 적절한 이윤으로 팔면서 그날 쓸 식재료를 남김 없이 소진해야 한다는 것이야. 여기에서 영업 이익이나 재고 순환, 둘 중에 하나라도 막히면 식당은 곧 문을 닫게 돼.

직원 인건비와 임대료 등 모든 고정비용을 계산하면서 동시에 신선한 식재료를 계속해서 공급받아야 하거든. 오래된 재료를 가지고 식탁에 내 놓을 수는 없잖아.

네가 어떤 이유로 A업체가 잘한다고 생각하는지 나도 잘 알아. 그런데 내가 왜 너가 이야기하는 매장의 '이미지'가 아닌, 정말 재미없는 '현금 흐름'과 '재고 순환'이야기를 하고 있는지 잘 생각해봐.

매출이 늘기 위해서 해야할 것이 제품 사입, 지점 확대, 직원 고용 등과 같은 '양적 성장'일까, 제품 큐레이션 능력, 상품 설명 보완, 고객과의 관계 맺기, 커뮤니케이션 능력 향상과 같은 '질적 성장'일까?

매출이 요즘처럼 잘 나온다고 하더라도 내가 무리해서 매입을 하지 않는 이유가 바로 여기에 있어.

장사는 이미지가 중요하지만 그게 다가 아니야.

100가지 물건을 가져다 놓고 파는 건 누구나 할 수 있어. 우리는 우리가 선택한 10가지 물건을 남김없이 파는 것에 목표를 두어야 해.

우리는 부자가 아니야. 그렇지만 위에 얘기한 것은 누구보다 우리가 잘 하잖아."[14)]

14) 우리악기사 김성민 실장의 동의 하에 소셜미디어 포스팅 원문을 그대로 인용하였다.

9.4 재무상태표의 한계

지금까지 재무상태표의 전반적인 구조와 주요 계정과목들의 특성을 알아보았다. 재무상태표는 기업이 보유한 자산과 부채, 자본의 목록표로서 기업 보유자산의 가치와 그 자금조달 구조를 표시하는 대표적인 재무제표 양식이다.

그러나, 본문에서도 언급했지만 현행 재무상태표가 지난 한계를 다시 요약해보면 다음과 같다.

첫째, 자산의 현재가치 반영이 미흡하다. IFRS에서는 현재 시점의 공정가치 평가를 권장하지만, 역사적 원가(취득원가) 기준으로 계상되는 것도 허용되고 있어서, 다수의 자산이 과거 기준으로 가치로 표시되고 있을 가능성이 높다.

또한 수취채권 대손율, 재고자산 감모율 등, 주관적 판단에 의거하여 평가하는 항목이 있고, 유무형자산의 감가상각 계산을 위한 내용연수 설정과 잔존가치 계산에 자의성이 있다.

역사적 원가로 표시된 자산도 자산의 재평가 및 조정을 통해 공정가치 평가가 반영되기는 하지만, 많은 수치가 역사적 원가와 공정가치 사이에서 수시로 선택, 조정되는 상황이다.

둘째, 측정 곤란 자산의 누락이다. 기업 보유 지적 자산, 기술력, 숙련도 등 무형자산, 자체 창출 브랜드 자산, 유리한 독점적 계약 조건 등 기업의 수익 창출 기반이 되는 진정한 무형자산은, 적어도 그것이 내부창출된 것이라면 대부분 누락되어 있다. 다만, 타 기업 자산을 M&A등을 통해 이들 무형자산을 취득할 경우에만 무형자산의 종류별로 구분 계상이 가능한데, 만약 구분 계상할 방법을 뚜렷이 찾을 수 없다면, 흔히 영업권으로 포괄 처리한다(영업권 = 자산매수 대가 지급액 − 매입자산의 공정가치).

셋째, 부외 금융과 부외 부채 항목의 누락이다. 부외 부채의 한 형태인 우발 부채(지급보증 등)에 대해서는 이미 본문에서 설명한 바 있다. 그 밖에도 운용리스와 같은 자산 조달은 재무상태표에서 합법적으로 누락하여 기업의 재무적 현황을 파악하는 데에 장애가 되기도 한다.

동일한 유형자산을 리스로 사용하고 있다 해도 금융리스는 유형자산을 기업이 실제로 구입한 것처럼 처리하여 재무상태표에 유형자산으로 계상되고 리스료와 감가상각비가 반영되는 반면에, 운용리스는 일정한 리스료만이 손익계산서에서 기타비용으로 처리되고 자산이 재무상태표에 계상되지 않는다. 리스회계는 매우 전문적인 영역이므로 본서의 범위를 벗어난다. 독자는 다만 리스회계 처리 방식의 차이에 따라 자산과 부채가 재무상태표에 반영되는 범위에 차이가 난다는 사실만을 알고 있으면 된다.

넷째, 기록 및 공표 시점의 제약이다. 재무상태표의 공표는 공표는 기본적으로 1년 단위, 더 나아가도 기껏해야 분기 또는 반기 단위로 이루어진다. 반면에 현실의 사업은 매순간 연속적으로 이루어진다. 작년 12월 31일의 재무상태와 올해 12월 31일의 재무상태만이 우리에게 주어져 있다면, 도대체 1년 동안 매일 같이 재무상태에 무슨 일들이 일어났는지는 그저 추리를 통해 상상할 수밖에 없다. 완벽한 자동화 전산회계시스템이 도입되어 실시간으로 재무제표를 생성하고 공표하는 날이 오지 않는한 이는 불가피한 일이다. 현재의 정보처리 기술수준으로서는 재무제표 이용자가 요구하는 정보의 충실성과 정보의 생산 유지 비용 사이에 상충을 감내하는 수밖에 없다.

CHAPTER

09 연습문제

01 외상매입금, 미지급금, 미지급비용의 성격 차이를 설명하시오.

02 우선주에 대한 다음 기술 중 옳지 않은 것을 고르시오.

- 우선주는 과거 기업회계기준에서는 자본으로 분류했으나, 상장기업 등 K-IFRS를 적용하는 회사에서는 발행 조건을 검토해서 부채로 분류할 수 있다. ( )
- 비상장 중소기업의 경우 K-IFRS를 적용하는 기업과 달리, 일반적으로 우선주 상환이 발행계약서 상 회사의 의무로 명시되어 있으면 부채로 계상하고, 우선주 보유자에게 상환권이나 보통주 전환권만 부여된 상태에서는 자본으로 분류한다. ( )
- 회사가 우선주의 (전액) 상환의무를 이행하고 나면 우선주는 장부에서 소멸된다. ( )
- 우선주 보유자가 보통주 전환권을 행사하고 나면 단지 권리를 전환한 것에 불과하므로 어떤 경우에든 자본 총액에는 아무 변화가 발생하지 않는다. ( )

03 확정급여형(DB)과 확정기여형(DC) 퇴직연금이 부채 항목에 퇴직급여충당부채를 발생시키는 효과가 어떻게 다른지 설명하시오.

04 우발부채를 계상할 필요가 없는 상황과 계상해야 하는 상황을 어떻게 구분해야 하는지에 대해 설명하시오.

05 부채와 자본에 대한 다음 기술에 대하여 적절함과 적절하지 않음을 구분하시오.

- 단기차입금은 금전과 현물을 막론하고 1년 이내에 상환 기일이 도래하는 일체의 차입을 의미한다. ( )
- 사채의 액면가란 만기에 상환이 약정된 금액을 의미한다. ( )
- 회사가 사채 발행시 언제나 액면가에 해당하는 금액만큼 자금을 조달하게 된다. ( )
- 사채의 액면이자율은 표면금리라고도 불리며 시장이자율과 다른 경우가 많다. ( )
- 전환사채의 사채상환할증금은 손익계산서에 이자비용으로 계상한다. ( )

- 신주인수권부사채 보유자가 약정한 시기에 신주인수권을 행사하고 나도 전체 자본 총액에는 아무런 변화가 발생하지 않는다. (　)
- 유상증자 시 주식발행초과금은 주식의 액면가보다 발행액이 더 많을 경우에 발생하며, 그 크기가 클수록 회사 입장에서는 보다 많은 자금을 납입받을 수 있이서 유리한 반면, 주주 입장에서는 액면가보다 높은 금액을 납입하므로 투자수익률 달성 측면에서 불리하다. (　)
- 시가총액은 재무상태표의 자본 계정에 기타자본잉여금으로 계상된다. (　)
- 회사가 유상감자를 실시하면 대변에서 감자차익이 발생하며 그 차익만큼 차변에서 현금이 증가한다. (　)

06 A사가 어떤 기에 연간 매출액이 전기에 비하여 ₩1,000억 증가했다. 연간 매출채권회전율이 10회, 재고자산회전율이 8회, 매입채무회전율이 11회라면, 이 회사가 전기에 비하여 그 해에 추가로 투입해야 할 운전자본 투자액이 얼마나 필요한가?

07 한국은행(www.bok.or.kr)에서 매년 발간하는 〈기업경영분석〉을 다운로드하여 업종별로 운전자본 및 각종 회전율 통계가 어떻게 다른지 살펴보시오.

CHAPTER

10

손익계산서 상세히 보기

학습목표

1. 수익의 의미와 그 인식 기준을 이해한다.
2. 매출원가의 구성 원리, 특히, 유형의 재고자산이 있을 경우 그 크기가 매출원가에 미치는 영향을 이해한다.
3. 감가상각과 무형자산상각의 원리를 이해한다.
4. 회사의 수입으로서 기타수익을 매출액과 구분하고, 기타비용을 매출원가·판매관리비와 구분하여 계상하는 이유를 이해한다.
5. 기타포괄손익의 개념을 이해한다.
6. 손익계산서 상의 여러 이익을 포함하여, 다양한 형태로 수정된 이익과 현금흐름 개념들이 왜 등장했으며, 그 차이점들은 무엇인지 이해한다.

10.1 계정과목

10.1.1. 수익

10.1.1.1. 수익의 인식

수익은 주요 경영활동으로서의 재화의 생산·판매, 용역의 제공에서 발생한 경제적 효익, 또는 기타 활동에서 발생한 경제적 효익의 유입을 말하는 것이다. 회계에서는 이 가운데 전자를 매출, 후자를 기타수익으로 분류한다. 제조업, 유통업, 일반 서비스업을 대상으로 했을 때 기타수익에는 이자수익, 배당금 수익, 임대수익 등 매출 이외의 원천에서 발생하는 수익이 포함된다. 기타수익은 영업외수익이라고 지칭하기도 한다.

회사의 정관에 기재된 목적 사업 활동이 바로 매출의 원천이 된다. 그래서 매출과 기타 수익의 구분은 목적 사업 구분에 따라 상대적인 것이다. 제조업을 목적으로 하는 회사는 이자수익이 기타수익이 되지만, 대출금융업을 목적으로 하는 회사는 이자수익이 매출이 된다. 부동산임대업이 목적 사업에 포함되지 않는 경우 임대료수익은 기타수익이 되지만, 부동산임대업을 영위하는 회사는 임대료수익이 매출이 된다.

사업에서 기타수익이 중요하지 않은 것은 아니지만, 매출이야말로 기업 수익의 진정하면서도 근본적인 원천이 된다. 대표적인 항목으로는 다음과 같은 것들이 있다.

- 상품매출 : 도소매업(상품인도시점에서 발생)
- 제품매출 : 제조판매업(제품인도시점에서 발생)
- 용역수입 : 회계법인, 법무법인, 세무법인 등
- 건설수입 : 건설업[1)]
- 수수료수입 : 백화점[2)]

회계실무자들이 수익을 인식하고 측정하는 작업은 구체적인 사업 분야와 그 운영방식에 따라 매우 복잡한 기준을 따르게 된다. 기준이 복잡해지는 이유는 고객에게 효용이 제공되는 물리적, 시간적 범위와 그 댓가의 지급 행위가 이루어지는 물리적, 시간적 범위가 불일치하는 경우가 많기 때문이다.

예컨대 물건이 창고에서 반출된 시점과 최종 고객이 그것을 인도 받는 시점이 다르고, 고객이 그 댓가를 지급하는 시기가 다를 수 있다. 또는, 건설업이나 용역제공업처럼, 물건

1) 계약금액이 아니라, 공사진행율에 따라 계상하는 방식을 취한다.
2) 상품의 수량에 판매가격 총액을 곱한 것이 아니라, 판매 후 마진을 매출액으로 계상한다.

을 제작 공급하기로 계약한 시점 이후 물건이 완성 또는 설치되는 시기, 또는 고객이 실제로 사용하게 되는 시기까지 수년이 소요되거나, 고객이 그 댓가를 지급하는 시기 역시 가변적일 수 있다. 공연 입장료를 입금받는 시기와 실제 공연을 개최하는 시기에는 차이가 있다. 물건을 인도 받고 대금을 지불했어도 미래에 구매자가 판매자에게 환불할 수 있는 옵션이 부가되어 있는 경우도있다. 특히 은행, 증권, 보험, 리스 등 금융 사업에서는 금융상품 판매자와 고객 간에 복잡한 계약 구조 때문에 금융기관의 수익인식 기준 역시 복잡해졌다.

회계 실무에서는 이런 모든 복잡한 상황별로 어떤 시기를 기준으로 어느 정도의 금액만큼을 수익으로 인식해야 하는가 하는 문제가 중요해진다.

IFRS를 비롯한 회계기준에서는 이 기준이 지속적으로 개정, 변경되어 왔다. 국제회계기준위원회(IASB)에서는 2014년 5월에 새로운 수익 회계기준 IFRS 15 '고객과의 계약에서 생기는 수익(Revenue from Contacts with Customers)'를 발표하였고, 우리나라도 이에 기반을 두고 2018년11월14일 제정된 K-IFRS 제1115호 '고객과의 계약에서 생기는 수익' 기준을 따른다.

이 기준에 따르면 수익 인식은 그것이 재화이거나 용역이거나를 불문하고 다음의 5단계를 거친다.

1단계 : 고객과의 계약 식별

서면계약, 구두계약, 거래관행 상 거래당사자 사이에 거래대상과 조건, 권리와 의무에 대해 합의한 내용을 구체화해야 한다.

2단계 : 계약의 수행의무 식별

제공해야 할 효용 단위들의 범위를 구분해야 한다. 예컨대 고객이 단말기와 통신 용역을 함께 구매하는 계약이 존재한다면, 단말기 판매와 통신 용역 제공을 구분하여 회계처리해야 할 것인지를 결정한다. 구분된 계약의 수행의무별로 회계 처리의 대상이 된다. 이 개별 수행의무에는 판매자가 고객에게 어느 범위까지의 효용을 제공할 것인가가 규정되어 있어야 한다.

3단계 : 거래 가격 산정

일반적으로 계약금액이 거래가격이 되지만, 변동대가가 얼마나 포함되느냐에 따라 거래

가격은 차이가 날 수 있으므로, 제반 거래 관행 및 변동대가 요소를 고려하여 적절한 거래 가격을 산정한다.

4단계 : 거래 가격의 배분

거래가격을 개별 수행의무별로 배분한다.

5단계 : 수익의 인식

수익을 인식하는 시점을 판단한다. 이 시점이란 재화나 용역에 대한 통제가 고객에게 이전되는 시점을 의미한다. 일반적인 상품의 경우 인도 시기가 이에 해당하지만, 계약의 성립 이후 완성 및 인도에 장기간이 소요되는 용역 제공의 경우 진행기준을 따른다.

그림 1 수익인식의 5단계

	계약식별	수행의무	가격산정	가격배분	수익인식
수익 인식 5단계	• 고객과의 실질 계약을 식별 – 계약 승인 및 의무 확인 – 지급조건, 상업적실질 – 대가의 회수가능성 등 • 계약의 결합, 계약변경 등을 고려	• 고객에게 이전을 약속한 의무의 식별 – 구별되는 재화나 용역 – 실질적으로 같은 일련의 구별되는 재화나 용역 (예시 : 진행률 측정 대상)	• 고객으로부터 받을 것으로 예상되는 대가를 산정 – 할인, 환불, 장려금 등 약속한 대가의 변동 가능성을 고려	• 거래가격을 수행의무에 배분 – 3단계의 거래가격을 2단계의 각 수행의무의 개별 판매가에 따라 배분 • 거래가격의 후속적인 변동효과 고려	• 수행의무 이행할 때 (또는 기간에 걸쳐) 수익을 인식 – 반품권 있는 판매, 보증, 본인/대리인, 라이선싱, 재매입 약정 등 추가 적용지침의 고려

자료 : 금융감독원 보도자료 2021.6.28. 〈2022년도 재무제표 중점심사 회계이슈 · 업종 사전예고〉 4쪽

외부의 회계정보 이용자들이라면, 이 기준에 의거해서 구체적인 수익인식 업무를 수행할 의무는 없을 것이다. 다만 인도시점 기준과 발생주의라는 대원칙 정도는 인지하고 있는 상태에서, 그렇게 인식 측정된 수익이 반영된 손익계산서를 읽고 이해할 수는 있어야 한다.

10.1.1.2. 매출액

10.1.1.2.1. 순매출액

일반적으로 매출액은 총매출이 아니라 순매출액으로 계상하는 것이 원칙이다. 순매출 개념이 적용되는 대표적인 경우는 다음과 같은 것이 있다.

- 반품, 할인 등을 차감한 순매출액
- 부가가치세를 제외한 순매출액

매출액을 인식할 때에는 공급하는 시기과 금액에 대한 회계적 판단이 매우 중요하다. 다음가 같은 예들을 살펴보자.

10.1.1.2.2. 인도시기1 : 매출채권, 미수금, 선수금

일반적으로 제품이나 상품의 매출에서 물건이 인도되는 시점을 기준으로 매출이 계상된다. 즉 판매대금이 전액 입금되기 전에도 매출 계상이 가능하다는 것이다. 이는 손익계산서상 이익이 실제 기업에 유입되는 현금흐름과 차이가 나도록 만드는 한 요인이 되고 있다.

예 가격이 ₩2백만인 노트북컴퓨터 100대를 납품했으나 대금은 1개월 후에 지급받기로 했다면, 매출액은 ₩2억 계상되고 동시에 재무상태표에 외상매출금(차변)과 매출증가에 따른 이익잉여금(대변)이 증가(대변)한다. 1개월 뒤 대금을 지급받으면 외상매출금(차변) ₩2억은 소멸되고 현금(차변)이 그만큼 증가한다.

예 가격이 ₩3천만인 차량 1대를 예약 판매하고 대금을 입금 받았으나 아직 고객에게 실물이 인도되지 않은 시점에는 매출로 계상하지 않고, 재무상태표에 수주잔고(차변)와 선수금(대변)으로 처리한다. 나중에 물건이 인도되어야, 인도된 부분만큼 매출액으로 전환하고 선수금과 수주잔고는 소멸된다.

10.1.1.2.3. 인도시기2 : 진행기준

제조업이나 유통업은 물품 인도 시기가 단기 또는 특정 시점으로 정의되는 것과 달리, 건설업이나 지식용역업(연구개발용역 등)은 수주 이후 물품 인도 시기가 1년을 넘는 경우가 자주 발생한다. 그렇다면 ₩1,000억 공사를 수주했는데 완공까지 3년이 걸릴 경우 첫 두 해는 매출이 없다가 3년 후에 매출이 발생하는 것으로 처리할 것인가?

이 경우 발생주의 대 현금주의 가운데 어떤 원칙을 따를 것이냐에 따라 매출 인식이 달라진다. 현행 회계기준은 발생주의를 따른다.

현금주의

계약금, 중도금, 잔금 입금일 기준 매출을 인식한다. 하지만 이는 현행 회계기준에 위배

된다.

발생주의

- 수주시점에 인식 : 나머지 2년간 매출액은 0이다. 불합리하다.
- 완공시점에 인식 : 초기 2년간 매출액은 0이다. 이 역시 뭔가 불합리하다.
- "수익 비용 대응의 원칙"에 따른 공사기간 전반에 걸친 인식 : 3년 동안 골고루 매출액이 나뉘어 발생한다. 가장 합리적으로 보인다. 현행 회계기준이 따르는 원칙이다.

수익비용 대응의 원칙에 따라 한 해의 '진행기준'만큼 매출을 인식한다. 진행기준이란 다름아닌 원가투입량을 기준으로 삼는 것이며, 진행율은 다음과 같이 정의된다.

진행율 = 누적발생원가 ÷ 총 예정원가

원가는 환율, 재료비 상승, 기타 요인으로 최초에 예상했던 수준으로부터 언제든지 변화 가능하다. 변화한 기준으로 재계산해서 나머지 기간 진행율을 다시 계산해야 한다.

회계기준에서는 원가상승이 실제로 발생한 시점이 아니라, 발생이 예상되는 시점에 미리 원가상승분을 인식하라고 요구(재무상태표에는 공사손실충당부채로 계상)하므로, 매출과 원가가, 결과적으로 회계상 이익이 그 예상 배분액에 따라 변동하게 된다.

10.1.1.2.4. 재고부담과 수익수취 구조

유통업의 경우 고유한 판매정책에 따라 매출 인식 기준이 달라진다. 회사 입장에서 상품을 직매입해서 재고로 보유하고 있다가 판매하는 것인지, 단지 중개만을 대행하면서 단순 수수료를 수취하는 것인지를 확인해야 한다.

백화점을 예로 들면, 일반적으로 기본적으로 다음과 같은 3가지 형태의 매출이 가능하다.

- 직매입 판매 : 백화점이 완전 사입해서 재고 부담을 안고 간다. 식품 매장이 이 형태를 띠는 경우가 많다.
- 특정매입 판매 : 우선 매입한 뒤, 미판매 재고는 납품업체에 반품한다. 입점 사업자가 재고를 부담한다. 의류, 가전, 잡화, 가구 매장이 주로 이런 형태를 띈다.
- 임대매장 : 개별 사업자에게 독립매장 공간을 임대하고 임대료 또는 판매수수료를 수취한다.

10.1.2. 매출원가

10.1.2.1. 상품매출원가

유통업의 상품매출원가는 다음과 같은 식으로 계산된다.

상품 매출원가 = 기초상품재고 + 당기상품매입액 – 기말상품재고

회계원리를 모르는 사람들은 당기 상품매입액을 자칫 원가와 동일하다고 간주하기 쉽다. 예컨대 판매를 목적으로 당기중에 ₩100억을 지불하고 상품을 매입했다면 ₩100억이 원가일 것이라고 여기는 식이다. 하지만 회계상으로는 당기상품매입액에 기초재고와 기말재고를 가감해야 올바른 상품매출원가가 된다.

이렇게 원가를 계산해야 하는 이유는 수익비용 대응의 원칙 때문이다. 즉 회계기간마다 '판매된 부분에 대응'하는 원가를 배분하는 것이 합리적이기 때문이다. 그렇게 하지 않으면 특정 회계기간에 터무니 없이 과도한 손실 또는 이익이 계상되어 사업 성과의 연속성이 훼손되고 재무제표 이용자를 혼란스럽게 할 수 있다.

예를 들어 첫 기에 ₩100억을 지불하고 상품을 매입했더라도 그 기간 중 하나도 팔리지 않고 ₩100억이 그대로 재고로 남아 있다면 그 기간의 매출원가는 ₩0(0 + 100억 – 100억)으로 보는 것이 합리적이다. 그렇게 하지 않고 첫 기의 원가를 당기매입액 ₩100억 그대로 계상하면 그 기의 매출총손실은 ₩100억이 될 것이고, 만약 다음 기에 이 상품이 ₩120억의 판매가격으로 전량 팔리면 다음 기의 매출원가는 ₩0, 매출총이익은 ₩120억이 되어, 두 기간에 걸친 손익 분포가 극도로 불안정해지는 현상이 발생할 것이다. 그보다는 회계에서는 수익비용 대응의 원칙에 따라 첫 기 매출총이익 ₩0(매출액 ₩0 – 매출원가 ₩0), 둘째 기 ₩20억(매출액 ₩120억 – 매출원가 ₩100억)으로 보는 것이 합리적이다.

그래서 다음 예시에서 보는 바와 같이 상품매출원가를 계산한다(화폐단위 생략).

예 기초 재고(전기이월) 0, 기중매입 100, 기말 재고 20

0 + 100 – 20 = 80 ➲ 기초에 창고가 텅텅 비어있었는데 당기에 100을 매입했고 기말에 20이 남아 있다면 100 가운데 80만큼만 팔린 것이르모, 원가는 80으로 계산해야 한다. 매출액은 당연히 이 팔린 부분 80에 대하여 마진을 가산한 '80 + 마진'이 되어야 할 것이다.

예 기초 재고(전기이월) 20, 기중매입 0, 기말재고 5

20 + 0 − 5 = 15 ➲ 기초에 창고에 이월되어 넘어온 재고가 20인데 기말에 15가 남아 있다면, 기중에 15만큼이 판매된 것이므로 15가 원가가 된다.

예 기초 재고(전기이월) 20, 기중매입 110, 기말재고 30

20 + 110 − 30 = 100 ➲ 기초에 재고가 20이고 기중에 110을 매입했는데, 기말에 30이 남아 있다면, 100만큼이 팔렸고 원가는 100이 된다.

10.1.2.2. 제품매출원가

제조업의 경우, 제품매출원가도 상품매출원가와 마찬가지로, 수익비용 대응의 원칙에 따라 당기에 투입된 제조비용에 각종 기초재고와 기말재고를 가감하여 계산된다. 그런데 제조는 원재료로부터 완제품에 이르는 하나의 공정(process)이기 때문에 공정의 각 단계마다 다른 성격의 재고들이 연이어 발생하게 되고, 매 시점 이 재고들이 사업장 내에 혼재하게 된다. 이 공정을 반영한 제조원가 및 매출원가 계산의 원리에 대해서는 본서 제2장 2.3 제조원가의 개념과 분류에서 설명한 바 있으므로 여기서는 설명을 생략한다.

10.1.3. 판매비와관리비

판매비와관리비에는 재고 개념이 없으므로, 기중에 발생한 금액을 그대로 계상한다. 인건비(생산직으로 분류되는 인력을 제외한 임원 및 영업관리직 전원), 복리후생비, 여비교통비, 유지비(통신비, 보험료, 세금과공과, 감가상각비, 광고선전비, 임차료 등), 대손상각비 등이 포함된다.

판매비와관리비는 인건비와 경비 성격으로 구분할 수 있다.

인건비에는 다음과 같은 항목들이 흔히 포함된다.

급료와 임금, 수당, 퇴직급여, 복리후생비

경비에는 다음과 같은 것들이 있다.

교육훈련비, 경상연구개발비, 도서인쇄비, 여비교통비, 회의비, 광고촉진비, 견본비, 시장개척비, 수도광열비, 지급임차료, 수선비, 소모품비, 통신비, 보험료, 지급수수료, 차량유지비, 운반비, 조세공과, 광고선전비, 행사비, 장비유지비, 감가상각비, 무형자산상각비, 대손상각비, 클레임비, 예비비 등

10.1.4. 감가상각과 무형자산상각

제7장에서 간략하게 설명했던 감가상각과 무형자산상각에 대하여 좀 더 자세히 살펴보기로 한다.

이들은 재무상태표에서 상각대상 자산의 가치를 계산하기 위해 차감하는 값인 동시에, 손익계산서의 제조경비와 판매비와관리비에 포함된다.

기업이 보유하고 있는 상각대상 자산은 그 성격에 따라 감가상각비를 매출원가에 귀속시켜야 하는 것인지 판매비와관리비에 귀속시켜야 하는 것인지를 먼저 구분해야 한다.

매출원가에 귀속(보다 구체적으로는 당기총제조비용 중 제조경비에 포함)

제조설비, 공장건물 등 제조와 관련된 유형자산을 대상으로 한다.

판매비와관리비에 귀속

사무용 건물, 영업용 차량, 사무용 컴퓨터 등 판매관리와 관련된 유형자산을 대상으로 한다.

무형자산상각은 당기의 제조원가로 보지 않고 개발비 항목으로서 판매비와 관리비에 포함시키는 것이 일반적이다.

상각방식은 매우 다양하나 대개 정액법과 정률법 중 하나를 선택한다. 기타 연수합계법, 생산량비례법 등 다양한 방법을 선택할 수 있으나 결국 어떤 방법을 쓰더라도 본질은 결국 자산 취득가액을 내용연수에 걸쳐 적절히 비용으로 분배하는 것이다.

정액법은 매기 감가상각비가 균등하게 발생하는 반면에, 정률법은 초기에 가장 많이 발생하고 후기로 갈수록 감가상각비가 줄어든다. 따라서 정률법을 선택하게 되면, 다른 조건이 같을 때, 정액법을 선택하는 것에 비하여, 초기일수록 이익이 과소계상되고 후기로 갈수록 이익이 과대계상되는 경향이 발생한다. 재무제표 상 이익 추이를 해석할 때 주의해야 할 부분이다.

정액법

매기 감가상각비 = (취득원가 − 내용연수 종료 후 예상잔존가액)/내용연수

쉽게 말하자면 정액법은 적절한 내용연수 기간에 걸쳐 균등 상각하는 것이다. 특히 한편 무형자산의 경우, 대개 별도의 근거가 없는 경우 정액법을 채택한다.

취득가액 ₩150, 취득시점 1차년도 10월 1일, 상각기간 5년으로 가정하고 계산해보자.

정액법에 따른 연간 상각액은 ₩150/5년 = ₩30(예상 잔존가액 0 가정)이 된다. 취득시점이 연중에 걸쳐 있을 때에는 연말 또는 연초에 이르는 짜투리 기간을 월할 또는 일할로 나누어 감가상각비를 계산한다. 즉 <표 1>에서 1차년도의 10.1 ~ 12.31 3개월 상각분은 ₩30 × 3/12 = ₩7.5이 된다. 마찬가지로 마지막 6차년도의 1.1 ~ 9.30 9개월 상각분은 ₩22.5이 된다.

▸ ▸ **〈표 1〉 정액법 감가상각비 배분 예시**

(단위 : ₩)

	1차년도 (10.1 ~ 12.31)	2차년도	3차년도	4차년도	5차년도	6차년도 (1.1 ~ 9.30)
기초잔액	150	142.5	112.5	82.5	52.5	22.5
감가상각비 (정액분할 × 월할)	7.5	30	30	30	30	22.5
기말잔액 (= 기초잔액 − 감가상각비)	142.5	112.5	82.5	52.5	22.5	0

정률법

매기 감가상각비 = 전기 잔존가액 × 상각률

단, 상각률 = $1-(\text{내용연수 종료 후 예상잔존가액}/\text{취득원가})^{1/\text{내용연수}}$

전기잔존가액 = 취득원가 − 전기 감가상각누계액

정률법은 상각이 종료되는 시점의 적절한 잔존가액/취득원가 비율을 미리 정해놓고 매년의 상각률을 계산한다. 정률법에서 내용연수 종료 후 잔존가액은 우리나라 법인세법 시행규칙 상 취득원가의 5%로 가정하고, 정률법 상각률이 제시되어 있다(<표 6> 참조).

앞의 정액법 예시와 동일하게, 취득가액 ₩150, 취득시점 1차년도 10월 1일, 상각기간

5년으로 가정하고 계산해보자.

예상 잔존가액/취득가액 비율을 0.05로 가정했을 때 <표 6>에 의하면, 연간 상각률은 0.451이다. 취득시점 또는 내용연수 종료시점이 연초 또는 연말에 이어지는 짜투리 기간은 역시 월할 또는 일할하여 감가상각비를 배분한다.

▸ ▸ 〈표 2〉 정률법에 의한 감가상각비 배분 예시

(단위 : ₩)

	1차년도 (10.1 ~ 12.31)	2차년도	3차년도	4차년도	5차년도	6차년도 (1.1 ~ 9.30)
기초잔액	150	133.1	73.1	40.2	22.1	12.1
감가상각비 (= 기초잔액 × 45.1% × 월할)	16.9	60	33	18.1	9.9	4.1
기말잔액 (= 기초잔액 – 감가상각비)	133.1	73.1	40.2	22.1	12.1	8

10.1.5. 기타수익과 기타비용

기타수익과 기타비용은 기업의 고유한 사업활동 이외의 투자, 재무활동에서 발생하는 수익과 비용을 말한다. IFRS도입 이전 구 회계기준에서는 각각 영업외수익과 영업외비용이라는 용어로 표시되었고 지금도 많은 문헌에서 그런 표현을 사용하기도 한다.

다음과 같은 항목들을 포함한다.

- 기타수익
  지분법평가이익(투자회사의 이익을 해당 지분 비율만큼 평가)
  기타(이자수익, 투자자산처분이익, 유무형자산처분이익, …)

- 기타비용
  이자비용
  기타(지분법평가손실, 투자자산처분손실, 유무형자산처분손실, …)

기타수익 및 기타비용은 그 성격상 대개 기업의 비영업자산(non-operating assets) 또는 비영업부채(non-operating debts) 부채에서 발생한다고 해석할 수 있다. 영업외수익이나 영업외비용이라는 표현이 병행되는 배경도 여기에 있다. 이자수익은 보유예금에서, 이자비용은 금융기관 차입금에서, 투자자산처분이익 또는 손실은 보유하고 있는 상장주식, 비상장

주식, 채권의 처분과정에서, 그리고 지분법 평가이익이나 평가손실은 보유 중인 관계회사의 주식이 있을 때 그 관계회사의 당기 순이익의 크기 및 보유 중인 지분율에 비례하여 발생하기 때문이다.

물론 영업자산인 영업용 건물, 기계장치 등을 처분하는 과정에서 발생하는 유무형자산 처분이익 또는 유무형자산 처분손실이 있지만, 그보다는 비영업자산에서 발생하는 제반 수익 또는 비용이 빈도면에서나 크기면에서 대부분 큰 비중을 차지하는 경향이 있다.

역으로 생각하면, 앞의 비영업자산에서 발생하는 수익과 비용을 차감하기 전 단계의 영업이익은 영업자산과 영업부채의 처분 과정이 아니라 가동 과정에서만 발생하는 이익이라고 해석할 수 있다.

이 가운데서 기업의 수익 구조에서 특히 중요한 의미를 지는 것은 이자비용과 지분법평가이익(또는 손실)인데, 지분법 평가에 대해서는 본서의 제7장 7.3.2.에서 설명한 바 있다.

10.1.6. 법인세등

법인세는 회계기준이 아니라 세법에 따라 계산한다. 단순히 세전이익에 세율을 곱해서 얻어지는 것이 아니다. 과세표준, 이른 바 '과표'를 계산하는 작업은 재무회계가 아니라 세무회계의 영역이다.

결국 법인세는 회계 문제라기보다는 각국이 채택하는 세법 문제에 속한다. 과표 계산시 익금산입, 손금산입, 익금불산입, 손금불산입 처리하는 항목들은 회계기준을 따르지 않고, 법인세법을 따르게 되어있다.

쉽게 말하자면, 법인세법에서 익금이란 회계에서 수익, 즉 기업이 벌어들인 돈에 대응하고, 손금이란 비용, 즉 기업이 쓴 돈에 대응하는 개념이다. 보다 엄밀하게는 법인세법 상 다음과 같이 정의된다.

제15조【익금의 범위】

① 익금은 자본 또는 출자의 납입 및 이 법에서 규정하는 것은 제외하고 해당 법인의 순자산(純資産)을 증가시키는 거래로 인하여 발생하는 이익 또는 수입[이하 "수익"(收益)이라 한다]의 금액으로 한다. (2018. 12. 24. 개정)

제19조【손금의 범위】

① 손금은 자본 또는 출자의 환급, 잉여금의 처분 및 이 법에서 규정하는 것은 제외하고 해당 법인의 순자산을 감소시키는 거래로 인하여 발생하는 손실 또는 비용[이하 "손비"(損費)라 한다]의 금액으로 한다. (2018. 12. 24. 개정)

세무조정이란 기업이 작성한 재무제표상의 당기순손익을 기초로 세법의 규정에 따라 익금과 손금을 조정함으로써 정확한 과세소득을 계산하기 위한 일련의 절차를 의미한다. 이는 우리나라의 법인세법이 각 사업연도의 소득금액을 산정하기 위한 독자적인 계산체계를 갖추고 있지 않고 기업회계에 의한 당기순손익을 출발점으로 하여 세법과 차이나는 부분을 조정하여 각 사업연도 소득을 산출하는 구조를 가짐에 기인한다.

그림 2 세무조정 구조

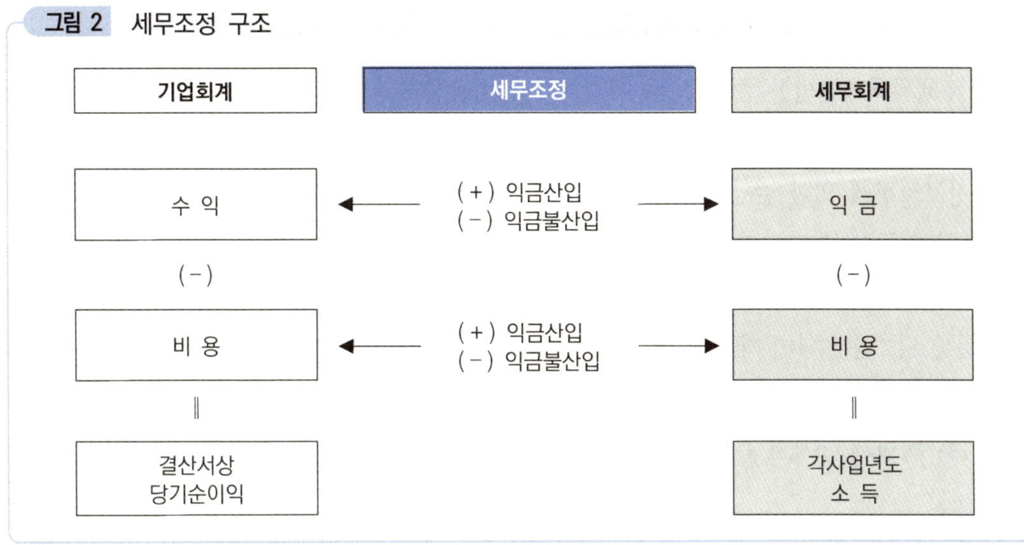

개념적으로 기업의 법인세 과세표준은 특정사업연도의 익금 총액에서 손금 총액을 차감하여 계산한 각 사업연도 소득금액에서 이월결손금, 비과세소득, 소득공제액을 차감하여 산출하여야 하나, 우리나라는 회계상 당기순손익에서 익금산입 항목과 손금불산입 항목을 가산하고, 손금산입 항목과 익금불산입 항목을 차감하여 각사업연도소득을 계산한다.

예를 들어서 접대비는 회계기준에 따르면 전액 판관비에 계상되지만, 법인세법에 따르면 일정 한도액만까지만을 손금산입하고 한도초과액은 손금불산입한다. 또한 그 한도액은 정책에 따라 수시로 바뀔 수 있다.

익금산입 및 손금불산입

익금산입 세무조정은 법인세법상 익금총액에 포함되어야 함에도 불구하고 결산서상 수익으로 계상되지 않은 금액에 대한 가산조정을 의미한다. 예를 들어, 자기주식처분이익, 임대보증금에 대한 간주임대료 등 기업회계상 수익은 아니지만 법인세법상 수익에 해당하는 항목이나 기업회계상 수익에 해당함에도 결산서상 누락한 금액 등을 각사업연도소득에 더

해주는 것이다. 한편 손금불산입 세무조정은 회계상 비용으로 계상하고 있지만 법인세법상 손금에 해당하지 않는 법인세비용, 벌금, 접대비 한도초과액 등을 당기순손익에 가산하는 것을 의미한다.

손금산입 및 익금불산입

손금산입 세무조정은 결산서상 비용으로 계상되어 있지 않지만 법인세법상 손금을 구성하는 금액으로 회계상 이익에서 차감하여 과세소득을 낮추는 세무조정을 의미한다. 예를 들어, 조세특례제한법상 준비금 등 기업회계상 비용은 아니지만 법인세법상 손금을 구성하는 경우나 법인세법상 손금이지만 회계상으로 누락된 금액 등에 이에 속한다. 실무에서는 이를 신고조정에 의한 손금산입이라고 한다. 익금불산입 세무조정은 회계상 수익이지만 법인세법상 익금에 해당하지 않는 금액으로 법인세비용의 환금액이나 국세환급금에 대한 이자 등을 당기순손익에서 차감하는 세무조정이다.

회계상 당기순손익에 대한 세무조정은 소득금액조정합계표(법칙 별지 제15호서식)에 집계된다. 이 서식에 집계된 익금산입 및 손금불산입액, 손금산입 및 익금불산입액 등 세무조정금액은 법인세 과세표준 및 세액조정계산서로 이기하여 각 사업연도의 소득금액을 산정한다.

한편, 과거에 영업손실이 누적된 기업은 어느 해부터 흑자로 돌아서더라도 누적손실이 회복되는 일정 기간 중 법인세를 면제받는다. 이를 이월결손금 공제라고 부른다. 그 관련 기준은 여러 차례 개정되어 왔다. 이월결손금 공제 제도에 기인하여, 상당 수의 적자 기업들이 법인세를 면제받곤 한다. 이런 제도를 전제로, 기업 입장에서는 의도적으로 비용을 과대 계상하거나 제도상 허용된 익금, 손금산입의 범위를 조정함으로써 법인세를 감면 받으려 하는 유인이 발생할 수 있다.

법인세와 관련하여 재무상태표에 계상되는 항목으로 이연법인세자산과 이연법인세부채가 있다. 이연(移延)법인세란 회계상의 이익과 과세표준과의 차이가 일시적일 경우 그 차이로 인한 세금효과를 재무상태표 상에서 이연하는 것을 말한다. 법인세법상 납부해야 할 금액이 법인세비용을 초과하는 경우 그 초과하는 금액을 이연법인세자산으로 재무상태표의 차변에 계상한다. 반대로 법인세비용이 법인세법상 납부하여야 할 금액을 초과하는 경우 그 초과하는 금액을 이연법인세부채로 재무상태표 대변에 계상한다. 이연법인세는 법인세비용이 회계상의 이익과 일정한 관계로 나타나도록 함으로써 수익 · 비용대응의 원칙에 충실하도록 하는 역할을 한다. 이연법인세 회계 처리에 대한 구체적인 내용은 회계 전문가의 고급 지식에 속하며 본서에서는 다루지 않는다.

본서의 독자라면, 손익계산서에 등장하는 법인세비용은 세무조정을 통해 계산된 법인세와 이연법인세자산 또는 이연법인세부채가 종합적으로 고려하여 계산된 것이라는 사실 정도를 최소한 이해하고 있어야 한다. 법인세 계산과 관련된 복잡한 실무 규정이나 절차는 세무회계 전문가의 영역으로 남겨둔다.

10.1.7. 중단사업이익

흔하지는 않지만, 손익계산서 하단에 중단사업이익이란 항목이 등장할 때가 있다. 한 회사가 다수의 사업을 영위하다가 그 중 한 사업을 폐기하거나 법인 외부로 양도하는 경우에 그 사업은 중단사업이 된다.

중단사업은 사업을 중단하는 시점이 포함된 회계기간 이전 기간까지는 한 손익계산서 내에서 여타 사업과 구분이 되지 않은 채로 손익을 계산했지만, 중단하는 시점이 포함된 회계기간에는 여타 계속 사업과 구분하여 손익을 계산한다.

A사가 2xx1년 7월 31일에 자신의 게임사업 A를 타사에 양도했다고 가정하자. 이때 2xx1년의 손익계산서에서 당기순이익과 중단사업이익은 다음과 같이 구분된다.

- 당기순이익 : 2xx1.1.1 ~ 12.31 기간 중 게임사업 A를 제외한 나머지 사업의 순이익
- 중단사업이익 : 2xx1.1.1 ~ 7.31중 게임사업A의 순이익

10.1.8. 주당이익

K-IFRS에 따르면 손익계산서에서 당기순이익 하단에 주당이익을 표기한다. 구 기업회계기준이 당기순이익으로 끝났던 것과 차이가 나는 내용이다. 과거에는 재무제표 이용자가 별도로 유통주식수를 계산한 뒤 주당이익을 계산해서 참조해야 했다.

10.1.8.1. 기본주당이익

기본주당 이익은 다음과 같이 계산된다.

기본주당이익 = 보통주에 귀속되는 당기순이익 ÷ 가중평균유통보통주식수

단, 보통주에 귀속되는 당기순이익 = 지배기업 소유주 지분 - 우선주 지분

여기에서 가중평균유통보통주식수는 기업의 총발행주식수에서 주식수가 증가 또는 감소(유상증자, 보통주 전환권행사 등)되는 사항들을 시중에 유통된 기간에 맞게 조정하여 계산한 것이다.

가중치 부여 기준은 날짜수를 사용한다.

- 전기로부터 그대로 넘어온 보통주식수 : 365일
- 기중 무상증자, 액면분할 보통주식수 : 365일
- 유상증자수 : 증자일로부터 연말까지 남은 일수(예 9월1일 증자했다면 연말까지 122일)
- 전환사채나 우선주로부터 보통주로 전환된 것 : 행사일로부터 연말가지 남은 일수(예 12월 1일 전환됐다면 연말까지 30일)

단, 자기주식은 주식수에서 차감(−)한다.

10.1.8.2. 희석주당이익

희석효과는 보통주가 늘어나서 기존 주주에게 귀속되는 몫이 줄어드는 효과를 말한다. 전환사채(CB), 신주인수권부사채(BW), 스톡옵션(Stock Option) 등 '잠재적 보통주식수'를 감안하여 계산한다. 유상증자는 성격상 '잠재적'이라고 보기는 어려우나, 실행시 희석 효과가 발생한다.

예 당기순이익이 ₩2천만이고 가중평균유통보통주식수가 1만주이면 기본주당이익은 ₩2,000이 된다.

당기순이익 ₩2천만 ÷ 가중평균유통보통주식 수 1만주 = 기본주당이익 ₩2,000

전환사채 등을 포함한 잠재적 보통주식수가 5천주이면 이를 가중평균유통보통주식수 1만주에 가산한 1만5천주를 분모로 해서 희석주당이익을 계산한다.

당기순이익 ₩2천만 ÷ 1만5천주 = 희석주당이익 ₩1,333

기본주당이익과 희석주당이익의 차이가 클수록, 보통주로 전환될 가능성이 있는 권리를 보유한 주체가 많다는 것을 의미한다.

10.1.9. 기타포괄손익

손익계산서에서 당기순손익으로 인식하지 않는 여타 손익은 모두 기타포괄손익으로 분류된다. 기타포괄손익에 대해서는 본서의 제7장 7.2.2. 포괄손익계산서 부분에서 설명한 바 있다.

10.2 다양한 종류의 잔여 수익들

10.2.1. 개요

기업이 수취하는 수익은 가장 첫 단계에 매출로부터 시작해서 이해관계자에 대한 여러 단계의 지급을 거치면서 감소한다. 매출액(Sales)은 고객을 원천으로 해서 창출된 수익이 아직 여러 이해관계자들에게 배분되기 이전 최초 단계의 수익이다.

먼저 손익계산서는 매출로부터 시작해서 단계마다 등장하는 잔여 수익들이 있다. 회계기준에 따라 계산된 이 잔여 수익들을 이익(profit)이라고 표현한다.

10.2.2. 손익계산서의 여러 이익들

10.2.2.1. 매출총이익

매출총이익(Gross Profit)은 매출수익을 매출원가에 대해 배분하고 난 뒤 여타 이해관계자에게 배분해야 할 상태로 남은 수익이다.

10.2.2.2. 영업이익

영업이익(Operating Profit)은 매출을, 본사업(생산 및 판매)을 영위하는 데에 기여한 회계적 경상비용(매출원가, 판매비와 관리비에 포함되는 재료비, 인건비, 외주비, 임대료, 수도광열비, 감가상각비, 광고비, 경상연구개발비 등)에 대해 배분하고 난 뒤 여타 이해관계자에게 배분해야 할 상태로 남은 수익이다.

10.2.2.3. 법인세차감전순이익

세전이익(Before-Tax Profit)은 '영업이익 + 기타수익 − 기타비용'으로 정의된다. 영업이익 가운데 채권자에게 지급할 이자 배분 등 기타비용을 차감하고, 기타수익(이자수익, 또는 비영업자산에서 창출하는 수익) 및 기타 자산처분 등에서 발생한 수익을 가산한 상태의 잔여 수익이다.

10.2.2.4. 당기순이익

(당기)순이익(Net Profit)은 세전이익의 일부를 세금으로 납부한 뒤, 주주에게 배분할 대상이 되는 수익이다. 회계기간의 당기순이익 가운데 주주에게 얼마를 배당금으로 지급할 것인지는 결산 이후 주주총회에서 의결하므로, 실제로 주주에게 얼마가 배당금으로 지급될 것인가는 당기순이익 금액만으로는 알 수 없다. 회계적으로는 당기순이익 가운데 사내유보를 제외한 금액을 배당가능이익으로 제시하게 된다.

10.2.3. 수정된 이익 개념들

앞의 이익들은 회계기준에 따라 산출해서 손익계산서에 표기하는 잔여 수익이다. 그러나 회계기준에 따라 계산한 수치가 사업이 창출한 진정한 잉여가치를 표시하지 못 한다는 반성이 점차 일게 되었다. 재무제표 이용자들은, 회계상 이익이 많이 났다고 해서 반드시 기업의 잉여가치 창출력이 우수하다고 단정할 수 없고 회계상 이익이 나지 않는다고 해서 수익창출력이 미흡하다고 결론 짓기 어려웠다.

그래서 손익계산서에 등장하는 이익 개념을 보완하는 대체 지표들이 개발되기 시작했다. 그 중에 가장 대표적인 것이 EBIT, EBITDA, EVA다.

10.2.3.1. EBIT

EBIT(Earnings Before Interest and Tax, 이자 및 세금 납부 전 이익)는 말 그대로 이자와 세금을 납부하기 전의 이익이다. 회계기준 상 영업이익에 가장 가까운 개념이지만 영업이익과 정확히 일치하지는 않는다.

회계적 손익계산서의 수치로부터 다음과 같이 계산한다.

EBIT = 당기순이익 − (비영업 수익 − 이자비용 이외의 비영업 비용) + 법인세비용 + 이자비용

주주가 아니라 대출 은행 입장에서는 아무래도 당기순이익 대신에 이자와 세금 납부 전

이익의 크기에 관심을 지닐 것이다. 은행 입장에서는 배당금이 아니라 이자를 먼저 받을 수 있느냐 없느냐가 초미의 관심사다. EBIT가 충분한 (+)의 수로 나와야 비로소 안도할 것이다.

기타수익과 기타비용은, 사실상 각각 비영업수익과 비영업비용과 거의 일치한다고 보아도 무방할 것이므로 손익계산서 상 기타수익과 기타비용을 그대로 사용해도 무리가 없다. 다만 기타수익이나 기타비용 가운데 사실상 영업과 관련된 수익이나 비용이 혹시라도 발견되는 경우에는 이들을 제외하고 계산해야 할 것이다.

10.2.3.2. EBITDA

EBITDA(Earnings Before Interest, Tax, Depreciation, and Amortization)는 이자와 세금납부, 감가상각과 기타 무형자산상각이 이루어지기 이전의 이익을 말한다. 개념상으로는 후술하는 여유현금흐름(FCF)와 유사하다. 앞의 EBIT가 비현금성 비용인 감가상각비와 무형자산상각비만큼 과소평가되어 있다는 단점을 보완한 것이다.

EBIDTA = EBIT + 감가상각비 + 무형자산상각

EBITDA는 EBIT와 같은 취지로 활용되는 지표이나, 감가상각비와 무형자산상각이라는 비현금성 비용을 제거함으로서 보다 실제 현금흐름에 가까운 값으로 개선한 것이다.

10.2.3.3. EVA

EVA(Economic Value Added), '경제적 부가가치'는, 회계상 순이익에서 자기자본비용(equity capital cost)을 차감한 값, 또는 세후영업이익에서 자기자본비용과 타인자본비용을 차감한 값이다. EVA는 재무제표상 순이익과 별도로 기업의 초과 이익 성과를 평가하는 수단으로 자주 사용된다. EVA에 대한 구체적인 설명은 본서의 제6장 6.2.3. 절을 참고하기 바란다.

사 례 우리나라 상장기업들은 진정한 초과 이익을 내고 있는가

회사가 당기순이익을 시현했더라도 막상 자기자본비용을 차감한 EVA를 계산해보면 (-)의 값이 나올 수 있다. 2005년 당시 증권선물거래소는 유가증권시장과과 코스닥 시장에 상장된 1,283개 기업의 2004년 EVA를 분석한 결과, EVA가 (+)값인 기업 수가 대상 기업의 53%인 680개사로 나타났다. 이는 거꾸로 절반에 가까운 상장 기업이 EVA가 (-)값, 즉 설령 (+)의 당기순이익을 시현했더라도 총자본비용을 충분히 보상할만큼의 수익을 내지 못했다는 것을 의미한다[3].

▸▸ 〈표 3〉 우리나라 EVA 상위 상장기업(2004)

거래소 EVA상위 10위 기업현황

(단위 : 십억원)

순위	회사명	EVA
1	삼성전자	8,597
2	포스코	3,149
3	케이티	1,489
4	하이닉스반도체	1,353
5	SK텔레콤	1,197
6	현대자동차	842
7	LG전자	433
8	S-Oil	807
9	한국전력공사	708
10	한진해운	629

코스닥 EVA 상위 10위 기업현황

(단위 : 백만원)

순위	회사명	EVA
1	아시아나항공	85,257
2	NHN	67,477
3	GS홈쇼핑	45,621
4	레일클	41,327
5	CJ홈쇼핑	39,095
6	동원개발	35,374
7	다음	35,233
8	인터플릭스	34,376
9	에스에프에이	31,196
10	CJ인터넷	25,671

출처 : 디지털타임스, "상장기업 EVA(경제적 부가가치) 27조 육박", 2005.08.02.

10.2.4. 재무분석을 위한 다양한 현금흐름들

재무회계용 현금흐름표는 본서의 제7장 [그림 6]과 같은 형태로 특정 경제적 실체의 일정 기간 동안의 자금의 유·출입을 표시한 것이다. 회계적 이익이 아니라 실제로 기업에 유입되는 현금흐름의 예측 및 평가의 출발점, 배당지급 및 부채상환능력의 평가, 당기순이익과 순현금흐름 간의 차이의 원인의 세분화, 투자와 재무활동이 기업의 재무상태에 미친 영향 평가 등 다양한 용도로 활용할 수 있다.

3) 디지털타임스, "상장기업 EVA(경제적 부가가치) 27조 육박", 2005.08.02. http://www.dt.co.kr/contents.html?article_no=2005080202011657699003

재무회계용 현금흐름과 구분하여, 재무분석 목적으로 사용되는 다양한 현금흐름 지표들이 있다. 영업현금흐름, 여유현금흐름, 주주귀속현금흐름 등이 그것이다.

10.2.4.1. 영업현금흐름(OCF)

영업현금흐름(OCF : Operating Cash Flow)은 영업이익 가운데 비현금성 매출이나 비현금성 비용에 해당하는 부분을 제거하고 순수하게 현금으로 발생한 부분이다.

OCF = 영업이익 - 비현금성 매출 + 비현금성 비용

비현금성 매출로는 운전자본투자 증가액, 비현금성 비용으로는 감가상각비, 무형자산상각, 각종 충당금 등을 들 수 있다.

10.2.4.2. 여유현금흐름(FCF)

여유현금흐름[4](FCF : Free Cash Flow)은 영업현금흐름과 유사하나, 자기자본제공자와 타인자본제공자에게 귀속될 수 있는 상태의 잔여 현금흐름을 의미한다. 채권자에게 지불할 이자 지급액과 원금 상환액, 주주배당, 또는 사내유보로 배분할 수 있는 상태의 잔여 현금흐름이다. 여유현금흐름의 산식은 다음과 같다.

여유현금흐름 = 세후영업이익 + 비현금성 비용 - 자본적 지출 - 운전자본투자 + 투자회수액

단, 세후영업이익 = '영업이익 × (1 - 법인세율)' 또는 '영업이익 - 법인세'
비현금비용 : 감가상각비, 충당금 등 현금지출 없는 회계상 비용
자본적 지출[5] : 유무형자산의 투자. 즉 자산취득 비용
운전자본투자 : 매출채권 + 재고자산 - 매입채무의 순증액
매출액/매출채권 회전율 = 매출채권(잔액)
투자회수액 : 사업종료로 인한 운전자본회수, 보증금 회수, 기계장치나 다양한 자산 매각을 통한 회수 등

세후영업이익에 대해서는 다소 주의가 필요하다. 엄밀하게 말하자면 세후영업이익을 '영

4) 잉여현금흐름, 자유현금흐름이라고 번역하는 경우도 종종 있다.

5) 회계용어로는 자산취득이지만, 재무용어로는 자본적 지출(Capex : Capital expendicutre)이라고 한다. 회계용어로 비용지출은 재무용어로 '수익적 지출'이라고 한다. 수익적 지출은 유형자산 성능 유지를 위해 당기 경상비 처리하는 비용을 의미한다. 프린터 토너, 윤활유 등 구입이 수익적 지출, 즉 자산 취득이 아니라 경상적 소모품 지출로 본다. 본서의 제8장 8.2.2.1.2에서 우리는 회계 측면에서 특정 지출을 자산 또는 비용 어느 쪽으로 계상할 수 있느냐의 원칙을 살펴보았다.

업이익 × (1 – 법인세율)’로 정의하는 데에는 문제가 있을 수 있다. 왜냐하면 법인세는 회계상 영업이익을 과세 근거로 산출하는 것이 아니라, 법인세법에 따라 산출된 별도의 과표를 과세 근거로 하기 때문이다.

그런 의미에서 FCF의 산식에서 세후영업이익 대신에 역시 세후 개념인 당기순이익을 사용하는 것이 합리적으로 보이기도 한다.

그러나, 재무분석가들이 여유현금흐름 개념을 개발한 취지는 비영업활동이 아니라 영업활동을 통해 창출된 현금흐름을 분석하자는 데에 있다. 그런 의미에서 세후영업이익은 ‘영업이익 – 법인세’로 처리해서 계산해도 FCF의 취지를 살리는 데 무리가 없다.

회사가 미래 매기에 예상되는 여유현금흐름을 합산함으로써, 주주와 채권자의 입장에서 본 기업가치(enterprise value)를 계산하거나, 기술요소법으로 기술가치를 계산할 때 주로 활용된다.

10.2.4.3. 주주귀속현금흐름(ECF)

주주귀속현금흐름(ECF : Equity Cash Flow)은 여유현금흐름 중, 채권자에게 귀속될 몫을 차감한 뒤 주주배당 또는 사내유보로 배분할 수 있는 상태의 잔여 현금흐름을 의미한다.

주주 입장에서 미래 매기에 예상되는 주주귀속현금흐름을 합산함으로서, 주식가치를 평가하거나 사업타당성 의사결정을 해야 하는 주주의 입장에서 재무적 타당성을 분석할 때 활용할 수 있다.

<표 4>는 지금까지 설명한, 기업의 경제적 수익이 다양한 이해관계자에게 배분되는 과정에서 등장하는 다양한 이익과 현금흐름의 종류를 그 가감항목과 함께 예시한 것이다. 각 지표에 포함되는 항목과 그렇지 않은 항목들을 숙지하도록 하자.

▸ ▸ 〈표 4〉 다양한 이익과 현금흐름 지표의 비교

(단위 : ₩)

(당기)		매출액, 제반 이익	EBIT	EBITDA	OCF	FCF	ECF	EVA[*1]	EVA[*2]
			125	180	190	76	65	15	15
A. 매출액 =	=	1,000							
+ 상품매출		300							
+ 제품매출		700							
B. 매출원가 =		600							
	(경비 중 감가상각비)	30		+	+	+	+		
A − B : 매출총이익	= A − B	400							
C. 판매비와관리비	=	275							
	+ 급여	100							
	+ 퇴직급여충당금	10			+	+	+		
	+ 복리후생비	20							
	+ 감가상각비	20		+	+	+	+		
	+ 광고선전비	70							
	+ 연구비, 경상개발비	40							
	+ 무형자산상각비	5		+	+	+	+		
	+ 기타	10							
D. 영업이익	= A − B − C	125	+	+	+	+	+		+
E. 기타수익		0							
F. 기타비용		11							
i. (이자비용)		11					−		
G. 세전순이익	= D + E − F	114							
H. 법인세비용		25				−	−		−
I. 당기순이익	= G − H	89						+	
J. 유형자산투자 (자본적 지출)	(기초일 투자 가정)	60				−	−		
K. 무형자산투자 (자본적 지출)	(기초일 투자 가정)	12				−	−		
L. 기초일 유형무형자산잔액		500							
M. 기초일 운전자본잔액		153							

N.자기자본비용	73			–	–
O.타인자본비용	11				–
(자기자본 요구수익률)	13%				
(차입금 이자율)	7%				
(당기, 매출액 1,000적용)	운전자본평균잔액				
매출채권회전율 4.9	204	a			
재고자산회전율 24.5	41	b			
매입채무회전율 13.2	76	c			
	170	= a + b − c			
(전기, 매출액 900 적용)	운전자본평균잔액				
매출채권회전율 4.9	184	d			
재고자산회전율 24.5	37	e			
매입채무회전율 13.2	68	f			
	153	=d + e − f			
	20	= a − d			
	4	= b − e			
	8	= c − f			
P.운전자본투자액	17	=(a−d)+(b−e)−(c−f)	– –		

*1 당기순이익으로부터 계산
*2 영업이익으로부터 계산

각 지표마다 어떤 비용까지를 차감하느냐, 비현금비용 부분을 어디까지 배제하느냐, 또는 투자금액을 반영하느냐 등의 여부에 따라 그 값이 많이 차이가 남을 알 수 있다. EBITDA는 감가상각비를 비용에서 배제함으로써 EBIT보다 더 큰 값을 나타내고, OCF는 감가상각비 외에 충당금 등 다양한 비현금서 비용을 추가로 배제함으로써 EBITDA보다 더 큰 값이 된다. 여기에 더하여 FCF는 유무형자산과 운전자본 투자에 소요된 지출을 차감함으로써 OCF보다 크기가 줄어든다. 여기에 더하여 ECF는 채권자에게 지급할 금액을 차감함으로서 FCF보다는 작아진다. EVA는 자기자본비용이라는, 재무제표에 전혀 등장하지 않는 값을 구해 차감함으로써 당기순이익보다 크기가 크게 줄어든다.

이처럼 이익과 현금흐름을 표현하는 지표가 한 가지가 아니라 여러 가지 존재하는 이유는, 기업이 매출액의 형태로 최초 창출한 재무가치가 비용과 자산의 성격별로, 그리고 이해관계자 집단 별로 어느 단계에서 어떻게 배분(allocation)되느냐가 다양한 형태로 존재할 수 있기 때문이다. 따라서 재무분석가는 분석 목적에 맞게 적절한 지표를 선택해서 기업의 재무적 잉여가치 창출 능력을 분석해야 한다.

10.3 손익계산서의 한계

손익계산서는 기업의 한 회계기간 중 수익과 비용의 발생을 회계기준에 의거하여 기록한 문서로서, 기업의 경영 성과를 표현하는 중요한 정보 가운데 하나다. 그러나, 손익계산서는 다음과 같은 몇 가지 중요한 한계를 지니고 있다.

첫째, 손익이 회계처리 방법에 따라 달라진다.

감가상각 방법의 선택(정액법, 정률법 등), 재고자산 측정방법(선입선출법, 후입선출법, 평균법 등)의 선택, 각종 충당금 설정 정책, 지분법 적용 또는 연결재무제표 작성 여부 등에 따라 손익의 크기가 달라진다. 이런 점 때문에 손익 실상을 제대로 파악하기 어렵다.

둘째, 실제의 자금창출력을 파악하기 곤란하다.

회계기준은 발생주의를 채택하기 때문에, 매출과 비용은 그에 따르는 현금의 유출입과 무관하게, 거래가 발생하는 순간 계상하는 것을 원칙으로 한다. 이런 이유 때문에 실제 현금의 유출입과 일치하지 않는 매출, 비용 항목들이 발생하게 된다. 이렇게 작성된 손익계산서 상 이익은 기업의 실제 현금흐름과 괴리를 보이게 된다. 손익계산서 상 이익을 내면서도 실제로는 현금 부족으로 도산하는 기업이 발생할 수 있다.

셋째, 사업별 손익 구조를 구분해서 기록하지 않는다.

오늘날 대부분의 기업은 복수 사업, 복수 제품군을 생산 또는 판매한다. 그렇지만 공표되는 손익계산서는 대부분 다수의 사업 손익이 하나의 손익계산서로 통합되어, 사업별로 분리된 손익구조를 파악하기 곤란하다. 회계기준에서도 개별 사업단위별로 구분해서 작성해야 할 것을 요구하지 않는다.

이런 이유로, 다양한 사업부의 손익구조는 기업 내부에서 관리회계 목적으로 작성하기는 해도 공표되는 재무회계용으로는 구분 표기하지 않는 것이 일반적이다. 공표된 재무제표의 주석에 사업단위별 정보가 종종 기재되기는 하나, 그 효용은 극히 제한적이다.

이런 이유로 신사업 추진과 구사업 구조조정 효과가 손익구조에 어떻게 반영되어 있는지 재무제표 이용자들은 알 길이 없으며, 추가 정보를 입수해서 분석해야만 한다.

이상 손익계산서와 재무상태표 상 재무제표상 수치만을 보고는 기업의 비(非)재무 실상은 물론이고 재무 현실조차 제대로 파악하기 힘들며, 오직 적절한 해석을 거쳐야만 그 의미를 정확히 이해할 수 있다. 이것이 바로 이어지는 제11장의 주제, 재무제표의 해석이다.

CHAPTER

10 연습문제

01 A사의 2x01년 외상매출 형태로 발생한 매출액이 ₩2,000, 2x01년초 외상매출금 잔액이 300, 2x01년말 외상매출금 잔액이 ₩500이면, 2x01년 중 매출채권 수금을 통해 유입된 현금흐름은 얼마인가?

02 A사의 2x01년 이자비용이 발생주의 기준으로 ₩150 발생했다. 2x01년초 미지급이자가 ₩20, 2x01년말 미지급이자 잔액이 ₩50이다. 2x01년 중 이자비용으로 유출된 현금흐름은 얼마인가?

03 A사의 2x01년 영업이익은 현금주의 기준으로는 ₩200 발생했다. 그런데 2x01년 중 선수수익[1)]이 ₩50, 미수수익[2)] ₩70이 증가했고, 2x01년말에 선수수익과 미수수익이 각각 ₩50과 ₩70으로 동일하게 유지되고 있다면, 2x01년 발생주의 기준에 의한 영업이익은 얼마인가?

1) 선수수익은 수익이 발생하기 이전에 현금을 미리 수취한 것으로서 재무상태표에 유동부채로 계상한다. 나중에 실제로 수익이 발생하면 그만큼 선수수익 부채가 감소한다.

2) 미수수익은 현금이 입금되지 않은 상태이나 수익으로 인식한 것으로, 재무상태표에 유동자산으로 계산한다. 나중에 현금이 입급되면, 차변에서 그만큼 유동자산은 감소하고 현금이 증가한다.

a. 만약 2x01년말에 선수수익이 소멸되었다면 2x01년 발생주의 기준에 의한 영업이익은 얼마인가?

b. 만약 앞의 1)의 상황에 더하여 미수수익 잔액이 2x01년말에 ₩40으로 변경됐다면, 즉 2x01년 중 미수수익 순증액이 ₩40이라면, 그 기의 발생주의 영업이익과 현금주의 이익은 어떻게 달라지는가?

04 다음은 A사의 현금흐름표의 주요 정보다. 2x02년의 재무활동 현금흐름은 얼마인가? 그리고 이 정보만 가지고 A사에 2x02년 중 어떤 일이 일어났다고 추측할 수 있는가?

2x01년말 현금	₩200
2x02 영업활동현금흐름	₩1,200
2x02 투자활동현금흐름	₩ −2,700
2x02 재무활동현금흐름	(　　　)
2x02년말 현금	₩50

05 A사의 2x01년 손익계산서 및 관련 재무 정보가 다음과 같다고 할 때, 2x01년 EBIT, EBITDA, EVA, FCF를 계산하시오.

(단위 : ₩)

매출액	456,000
매출원가	270,000
(감가상각비)	54,000
판매비와관리비	80,250
(감가상각비)	11,345
(무형자산상각)	5,690
영업이익	105,750
기타수익	2,550
이자비용	12,000
법인세	15,278
당기순이익	81,022
운전자본(순증)투자액	65,125
유형자산투자액	80,000
유형자산회수액	4,601
2x00말 자기자본잔액	125,890
자기자본비용	11%

06 손익계산서와 현금흐름표에 대한 다음 기술 중 적절한 것과 부적절한 것을 고르시오.

- 유통업의 판매비와관리비 계상시 기초상품재고와 기말상품재고를 반영하여 계산된 당기의 판매관리원가를 계상해야 한다. ( )
- 감가상각비는 상각대상 유형자산의 성격을 반영하여 매출원가에 귀속시켜야 할 것과 판매비와관리비에 귀속될 것을 구분하여야 한다. ( )
- 정률법 감가상각 방식은 정액법에 비하여 감가상각비가 초기에 상대적으로 적게 발생하고 후기로 갈수록 더 크게 발생하는 특징이 있다. ( )
- 법인세비용은 회계상 영업이익을 과표로 삼아 법인세법 상 규정된 일정한 세율을 곱해서 계산한다. ( )
- 손익계산서 상의 이익들은 기업의 실제 현금흐름과 괴리를 보이는 경우가 많기 때문에 EBIT, EBITA, FCF 등 다양한 보완 지표를 이용하여 기업의 현금흐름 성과를 파악하는 것이 바람직하다. ( )
- EVA는 기업의 실제 현금흐름 기준으로 산정된 이익을 말하는 것이다. ( )
- 재무분석 목적으로 사용되는 현금흐름표는 회계 관행으로 사용되는 현금흐름표와 다른 형태를 취할 수 있다. ( )

CHAPTER

11

재무제표를 어떻게 해석하는가?

학습목표

1. 재무제표 해석을 위한 다양한 관점, 제반 비율 지표, 보조 정보들의 구조를 이해한다.
2. 성장성 지표와 그 해석 방법을 이해한다.
3. 수익성 지표와 그 해석 방법을 이해한다.
4. 효율성 지표와 그 해석 방법을 이해한다.
5. 유동성 지표와 그 해석 방법을 이해한다.
6. 안전성 지표와 그 해석 방법을 이해한다.

11.1 수치를 읽는다는 것

11.1.1. 재무제표 해석의 의미와 수준

11.1.1.1. 해석(interpretation)이란?

독자 여러분은 어떤 기업의 계정과목과 수치만으로 이루어진 재무상태표나 손익계산서 몇 쪽만이 주어진다면, 그로부터 이 기업의 실상에 대해 얼마나 알아낼 수 있을까? 그 숫자의 의미를 이해할 수 있을까? 일단 계정항목별 숫자들의 크기를 서로 비교할 수는 있다. 사정이 허락한다면 유사한 기업들과 수치들을 비교할 수도 있다. 그러나 그 수치의 의미를 제대로 이해하는 일은 생각보다 어렵고 많은 훈련을 필요로 한다.

첫째, 손익계산서나 재무상태표에 제시된 각종 계정항목과 수치들은 기업의 경영 활동에서 등장한 방대한 정보 가운데 지극히 일부에 불과하다. 손익계산서에 매출 총액은 나올지 몰라도 고객들이 과연 무슨 효용이 동기가 되어 구매를 했는지는 나타나지 않는다. 실제로는 공장에서 기계가 돌아가고 있어도, 연식이 감가상각기간을 초과해버리면 재무상태표에 기계장치 가액이 계상되지 않을 수도 있다. 인건비 총액은 나올지 몰라도, 그 인건비가 과연 생산성 높은 인력에게 지불된 것인지 아닌지는 장부만 보아서는 알 길이 없다.

둘째, 재고자산평가, 감가상각비, 대손상각비, 연구개발비 등 다양한 영역에서 회계 담당자 재량으로 합법적으로 수치를 조절할 수 있다. 그 처리 방식에 따라 원가 구조나 이익 수준이 얼마든지 달라질 수 있다.

셋째, 어떤 산업에 몸 담아본 경험이 없다면, 그 산업에 속한 기업의 재무제표에 추상적으로 집계된 수치가 과연 좋은 것인지 나쁜 것인지 판단하기 어렵다. 단순히 부채비율이 높다고 해서 그 기업이 재무상 취약하다고 보기는 어려우며, 부채와 자본의 성격을 하나하나 뜯어본 뒤 영향을 판단해야 한다. 또한 식음료 기업의 재무제표는 소프트웨어개발 기업의 재무제표와는 성격이 다르므로, 비슷한 수치라도 전혀 다른 의미를 지니고 있다.

11.1.1.2. 해석의 용도

재무제표를 해석해야 할 이유는 궁극적으로 기업의 경영 실상과 성과를 보다 정확하기 파악하고자 하는 데에 있다. 하지만, 보다 실무적인 용도로는 크게 투자 타당성 분석과 경영 의사결정이라는 두 가지로 나눌 수 있다. 기업에 대한 투자타당성 분석은 다시 지분투자, M&A, 대출에 대한 타당성 분석이라는 여러 용도로 나뉜다. 기타 용도로서 고객, 종업원, 납품기업, 세무당국 등 재무적 이해관계자 이외의 이해관계자 입장에서 기업의 경영 현황을 분석하기 위한 것이 있다.

지분 투자 또는 단순 주식투자 타당성 분석

주식의 적정가치가 어느 정도인지, 그를 위해 실제 자산 가치가 어느 정도 수준인지, 현재 공표된 이익 또는 현금흐름 수준이 얼마나 진실하며 향후 지속 가능성이 있는지 등을 분석한다.

M&A 대상으로서 적합성 분석

인수 또는 합병하는 대상 기업의 자산 가치가 어느 정도 수준인지, 인수 합병 후 지속적인 이익 창출 가능성이 어느 정도일지를 판단한다.

대출 타당성 분석

대출 대상 기업의 자산 현황과 이익 창출 능력에 의거하여 원리금 상환 능력을 판단한다.

경영 의사결정

신규 사업 진출, 기존 사업 구조조정, 원가 절감 전략 수립을 위해서는 본서의 제2장으로부터 제6장에 이르기까지 다루었던 관리회계 기법들을 활용한다.

용도에 따라 재무제표 해석 시 특별히 주안점을 두는 사항들에 조금씩 차이가 있다. 어떤 용도이거나를 막론하고 매출이나 이익에 대한 양적, 질적 분석은 공통된 것들이지만, 특별히 지분투자 목적이라면 매출과 이익의 성장성에, 대출 목적이라면 담보의 실제 가치나 이익의 안정성에 보다 초점을 둔다.

경영의사 결정용이라면 사업 단위 또는 사업 부문별 원가 배분과 성과 평가 구조가 가장 중요한 분석 내용이 될 것이다.

그밖에 종업원이라면 회사의 지속성과 급여 지급의 안정성 등에 초점을 둘 것이며, 거래기업이라면 거래대금의 안정적 지급 능력을 중요하게 볼 것이다.

시장에는 이런 해석과 관련 업무를 전문적으로 대리하는 기관 또는 조직이 형성되어 있다. 지분투자나 M&A의 타당성 분석전문가들은 단순히 재무제표 분석에 그치지 않고, 전문가들이 현장 실사(due diligience)를 실시하고 비재무 정보에 대한 심도 있는 분석을 병행한다.

이와 마찬가지로 다양한 용도에 맞게, 금융기관(시중은행, 보험회사, 제2금융권 여신전문금융회사 등) 내 대출심사 부서, 신용평가회사, 투자은행(investment bank)의 채권발행, M&A, IPO 중개 및 컨설팅 담당 부서, 증권중개(brokerage)회사의 투자분석 부서, 회계법인의 재무자문서비스(FAS : Finacial Advisory Service) 조직 등이 활동하고 있다.

본서의 독자는 그런 전문 업무 이전 단계에서 최소한의 수준에서 재무제표를 해석할 수 있는 능력을 갖출 필요가 있다.

11.1.2. 수치의 의미

11.1.2.1. 보고된 수치의 의미 이해

재무제표를 통해 기업의 실상을 파악하는 작업은 세 가지 차원에서 이루어진다. 하나는 진실하게 보고된 수치 이면의 내용, 즉 의미를 이해하는 작업이다. 또 다른 하나는 재무제표 상 드러나지 않는 자산이나 부채, 기타 기업의 수익과 비용 구조에 중요한 영향을 미치는 요소들을 파악하는 것이다. 마지막은 보고된 수치의 허위 또는 의도적 왜곡 여부를 판별하는 작업이다. 이처럼 기업이 의도적으로 보고 수치를 조작하는 행위를 특별히 분식(window-dressing)이라고 한다.

수치의 의미를 이해하려면 두 가지 차원의 작업이 수행되어야 한다. 하나는 각 계정 과목 수치 자체 의미를 이해하는 것이고, 또 다른 하나는 그로부터 도출된 다양한 비율들의 의미를 해석하는 것이다.

11.1.2.1.1. 개별 수치 자체의 의미 이해

먼저 계정 과목 수치에 수반되는 의미를 이해하려면, 그 계정과목을 구성하는 사업상 실체를 별도로 파악해야만 한다. 예를 들어서 매출액이라면 판매 물품 또는 제공 서비스의 구체적인 내용과 그 판매 특성, 그리고 판매 가격과 생산 수량의 흐름을 알아야 한다. 인건비라면 핵심 인력의 구성과 그들에게 지급되는 보수 조건 등을 알아야 한다. 차입금이라면 전체 차입금의 목록과 각각의 만기일, 상환 금액과 상환 구조, 이자율 등을 알아야 한다.

이런 내용들은 대개 사업보고서나 재무제표 주석 사항 등을 통해 1차적으로 얻을 수 있다. 그러나, 막상 재무제표 분석을 시작하게 되면 필요한 정보가 그런 공개적인 문서에 제시되어 있지 않은 경우가 더 많다. 이 때에는 불가피하게 경영진 또는 재무회계 담당자와 면담을 통해 보다 상세한 정보를 입수해야만 한다.

그러나 분석가가 분석 대상 기업과 계약상 또는 상호 합의를 통해 업무상 그런 정보를 요구할 권리를 확보하지 않은 이상, 이 작업은 수월치가 않다. 예를 들어서 증권회사의 투자 분석가들은 공식적으로는 특정 주식 종목 분석과 관련해서 해당 기업 자료를 요청할 권리가 부여되어 있지는 않다. 그들은 단지 외부의 일반 분석가일 뿐이기 때문이다. 다만 해당 기업의 입장에서는 저명한 투자 분석가가 발표하는 의견이 자신의 주가와 평판에 영향을 미칠 가능성이 있다는 것을 알기 때문에 그들이 자료를 요청할 때 응할 유인이 있을 뿐이다.

어떤 경우에든, 분석가는 공개 또는 비공개된 자료를 막론하고 자신의 능력이 닿는 한에서 가능한 한 많은 부가 정보를 입수해야만 재무제표에 보고된 수치의 정확한 의미를 파악하는데 도움을 얻을 수 있다.

재무제표 상 여러 계정과목 수치가 내포하는 실제 의미는 시장에서 천만가지 유형으로 등장한다. 본장에서 그 모든 유형을 다 담기는 불가능하다. 재무상태표와 손익계산서 상 주요 계정과목별로 가장 기초적인 수준에서 이해해야 할 내용들을 소개한다.

11.1.2.1.2. 비율 분석을 통한 다각도의 이해

어떤 사물이거나 보는 각도에 따라 다른 형상으로 보이는 것이 대부분이다. 코끼리를 만져보는 장님들마다 자신이 인지하는 코끼리의 모습은 다르다. 특히 기업 경영처럼 복잡한 현상에서는 더욱 그럴 것이다.

앞에서 주요 계정과목별 수치가 지닌 의미들을 어느 정도 이해했다면, 다음 단계에서는 그로부터 도출된 다양한 재무비율들을 이용해서 기업의 재무적 성과를 다각도에서 판단하게 된다

다각도라는 것은 기업을 성장성, 수익성, 효율성, 유동성, 안정성, 시장지표 대비 성과 등 다양한 관점에서 바라본다는 것을 의미한다. 한 기업의 여러 재무비율들이 한결같이 우수한 특성을 보이기는 매우 어렵다. 대부분은 다각도의 성과들이 상충한다. 예를 들어서 성장성면에서는 긍정적이지만, 안정성 면에서는 부정적일 수 있고. 시장지표 대비 성과는 뛰어나지만 유동성 면에서는 위험할 수도 있다.

비율 분석은 기업을 다각도에서, 즉 종합적으로 판단할 수 있는 효과적인 수단이다. 다만 재무제표를 해석하는 용도에 따라, 즉 지분투자용이냐, 대출용이냐, 경영의사결정용이냐

등에 따라 비중을 두는 관점이 다를 뿐이다. 지분투자용이라면 아무래도 성장성과 시장지표 대비 성과에 중점을 둘 것이다. 대출 신용도 평가용이라면 무엇보다 안정성이나 레버리지 비율을 더 중시해서 볼 것이다. 경영의사결정용이라면 수익성이나 효율성을 보다 상세히 분석하려 들 것이다.

물론 어떤 용도이거나를 막론하고 여러 관점사이의 균형을 유지해야 한다. 예를 들어서 지분투자자라 해도 안정성을 무시해서는 안 되며, 대출 신용도 평가하는 입장이라면 수익성도 함께 중요한 요소로 들여다보아야 한다. 기업은 유기체이자 시스템이어서 모든 재무현상이 상호 연결되어 있기 때문이다.

11.1.2.2. 부외 자산, 부외 부채의 식별

재무제표 해석에서 자칫 놓치기 쉬운 요소다. 특히 이 가운에 중시해야 할 것은 부외 부채(off-balance-sheet debt)다. 부외 부채란 재무제표에 기재되어 있지 않은 부채를 의미한다.

대개 법인 명의의 지급보증 제공 또는 채무 대지급, 제3자 이면 지급계약 또는 담보제공약정, 임직원에 대한 연금채무, 진행 중인 클레임(제품 또는 서비스 하자보상 분쟁), 기타 피소 건 등 우발부채 성격을 지닌 것들이다.

이런 요소는 우발부채가 현실화된 이후에야 기업의 자원이 유출되고, 비로소 재무제표에 어떤 형태로든 기재될 것이다. 그러나, 재무제표에 아직 표면화되어 있지 않은 시기에는 기업이 가까운 장래에 부담할 위험이 과소평가될 수 있다.

이런 종류의 부외 부채에 대해서는 경영자가 악의를 지니고 은닉하는 한 좀처럼 알아내기 어렵다는 함정이 있다. 분석가는 관련 이해관계 당사자들과 면담 또는 시장 내 소문 파악 등을 통해 관련 정보를 입수해내야만 한다는 어려움이 있다. 부외 부채를 인지하지 못한 채 지분투자 또는 M&A를 수행한 뒤 예상치 못했던 채무 상환 압력에 직면하여 어려움을 겪는 일이 있어서는 안 될 것이다. 물론 M&A나 투자 계약서를 작성할 때 이런 사태가 발생할 경우에 대비하여 관련 매각주주 또는 경영자의 책임을 명시하는 조항을 삽입하는 것이 일반적이다.

[개념] 자산유동화증권(ABS, Asset-Backed Security)과 부외자산

금융권에 종사하지 않는 사람들에게 자산유동화증권이라는 단어는 생소한 편이다. 하지만 쉽게 말하자면 '담보가 달린 채무증서'를 말한다. 다만 그 담보가 일반 은행 대출에 달린 담보, 예컨대 건물 등 부동산 담보와 조금 구분되는 특성을 갖는다. 대개 은행 대출에서 채무자 소유의 부동산이 담보로서 수행하는 역할은, 채무자가 원리금 지급에 실패할 경우 은행의 사전 근저당권 설정 계약에 의해서 공매 처분된다는 것이다.

자산유동화증권에 부수된 담보가 일반 대출에 수반되는 담보와 차이가 있는 점들은 다음과 같다.

첫째, 담보가 되는 자산은 대개 미래에 정기적으로 현금 수익을 낳는 자산들이다. 물론 부동산이 담보가 되는 경우도 있으나, 차입자가 건물주일 경우 부동산 자체가 담보로 제공되기보다는 본질적으로 부동산에서 정기적으로 나오는 임대료와 미래의 부동산 매각 수익권이라는 속성이 담보로 제공된다고 보는 것이 맞다. 이런 형태로 발행되는 유동화증권의 대표가 상업용모기지담보증권(CMBS, Commercial Mortgage-Backed Security)이다.

- 은행이 차입자가 된다면 은행이 다른 기업이나 개인들에게 실행한 각종 대출이 그 담보가 될 수 있다. 왜냐하면 정기적으로 이자 수익이 유입되고 만기에는 원금 상환을 통해 자산을 최종 처분, 소멸시킬 수 있기 때문이다.
- 기업이 차입자가 된다면 외상매출금과 받을어음 같은 매출채권이 그 담보가 될 수 있다. 매출채권은 일정 기간 후에 현금으로 유입되고 소멸되는 자산이기 때문이다.
- 그 밖에 부동산 임대료 수익권, 부동산 분양대금 수익권, 부동산 매각 수익권 등 다양한 자산들이 자산유동화증권의 담보로 제공된다.

둘째, 이렇게 담보로부터 파생되는 현금 수익 자체가 채무의 상환 재원으로 활용된다는 점이다. 대개 그 현금 수익은 별도로 지정된 제3의 계좌로 납입되고 이 계좌에 유입된 현금이 정기적인 이자 지급과 원금 상환용으로 충당된다. 이런 이유로 자산유동화증권의 담보는 흔히 기초자산(underlying asset)이라고 부른다.

셋째, 담보로부터 파생되는 제반 현금 수익과 채권자에게 지급할 원리금 사이에는 항상 시차가 존재하고 상환용 현금의 크기에도 불확실성이 존재한다. 이를 해소하기 위해 미리 정밀한 수급 계획을 수립한다. 이 수급 계획 작성은 대개 증권회사의 투자금융(IB : Investment Banking) 담당 직원들이 맡는다. 그들은 투자자와 채무자를 비롯한 여러 이해관계자(법무법인, 회계법인, 수탁은행, 신용평가회사 등)들의 필요 사항을 조율하여 최적 구조를 도출하는 역할을 한다.

특히 만에 하나 담보로부터 유입되는 현금 수입액이 채권자에게 지급할 금액보다 부족한 경우 지급불능(default)사태가 발생하게 되는데, 이 경우를 대비하여 증권사는 지급보증(guarantee)을 제공하거나 부도시 채무승계 또는 대지급을 수행할 주체를 찾는다. 이들은 보증수수료를 받는 조건으로 자산유동화증권 발행에 참여하게 된다.

넷째, 이 담보자산들은 원래의 자산 소유자로부터 분리되어 제3의 특수목적회사(SPC, Special Purpose Company)로 양도된다. SPC는 상근직원과 시설을 갖춘 사업회사가 아니라, 법률상으로 존재하는 서류 회사(paper company)다. 이렇게 담보가 SPC에 양도되고 나면 채권자는 그 담보의 원 소유자였던 채무자에게 그 어떤 구상권(recourse)도 행사할 수 없게 된다. 이 양도는 여타 일반적으로 물건을 사고 파는 거래와 달리, 달리 법률상 매우 특수한 요건을 구비해야 하는데, 이를 진성양도(true sale)이라고 부른다.

자산유동화증권 발행 기법이 발달함에 따라 일부 기업이나 금융기관들은 유동성이 있는 자산, 예컨대 매출채권이나 대출채권을 특수목적회사(SPC)에 법적으로 양도하여 부외 자산으로 처리한 뒤 이를 담보로 자금을 조달하는 일이 많아졌다. 2008년 미국 서브프라임 모기지에서 촉발된 금융위기의 배후에도 이 부외자산이 크게 작용했다.

좁은 의미에서 부외 자산으로는 장부상에 기재되지 않은 유형자산을 들 수 있다. 대개는 무상 기증을 받아서 사용하고 있는 자산으로서 특별히 별도의 출자 형식을 밟지 않았거나, 과거에 취득했더라도 감가상각 연한이 종료되어 장부상 가액이 이미 소멸했지만 여전히 가동하고 있는 낡은(?) 유형자산(차량운반구, 기계장치 등)들이 여기에 속한다. 대개 이런 성격의 부외 자산은 경영 실상을 파악하는 데에 큰 영향을 미치지 않는다고 보인다. 오히려 장부상 기재된 자산만으로 보면 창출하는 수익 대비 상대적으로 적은 자산이 투입되고 있는 것으로 나타날 것이기 때문에 자산운용의 효율성은 높게 나타날 것이다.

한편 넓은 의미의 부외 자산으로서 무형자산이 있다. 재무상태표에 기재되는 무형자산은 기업 합병 과정에서 적정 자산가액 대비 초과지불액으로 발생하는 영업권(goodwill)이나 일부 실제 거래가 발생한 무형자산(특허권, 상표권 취득 거래 등)으로 한정된다. 이를 제외한 대부분의 무형자산은 일종의 부외자산으로서 기업의 수익창출력에 기여한다. 예를 들어서 사업과정에서 창출된 브랜드 자산, 동기 부여 효과가 탁월한 기업 문화, 축적된 영업노하우 등이 그것이다.

기업 재무제표를 해석할 때 단순히 재무상태표에 기재된 자산 이상으로 무형자산이 얼마나 형성되어 있는가를 판단하는 일은 매우 중요하다. 상장기업은 주가에 이 무형자산의 가치가 반영되어 있다고 해석되므로 어느 정도 그 크기를 가늠할 수 있을 것이다. 그러나, 비상장 기업은 분석가가 직접 그 수준을 판단할 수밖에 없다.

이 무형자산에 대한 평가 문제는 본서의 제16장에서 보다 상세히 다룰 것이다.

11.1.2.3. 분식 여부에 대한 판단

재무제표를 해석하는 사람의 입장에서 분식 여부에 대한 판단은 쉽지 않은 일이다. 왜냐하면 재무제표 해석 작업은 이미 공인된 감사 절차를 거친 보고서, 즉 회계기준에 따라 적정하게 작성된 보고서를 바탕으로 이루어지기 때문이다. 더 나아가서 외부감사 의무가 없는 법인의 재무제표는 그 자체만 가지고는 분식 여부를 판단하기가 더욱 불가능하다. 실제 거래 사건들이 누락 또는 왜곡 없이 재무제표에 반영되었는가는 거래 원장을 대조해보지 않는 한 파악할 수 없기 때문이다. 심지어 언뜻 투명해보이는 ERP 시스템을 갖춘 기업조차도 의도적으로 거래를 누락하거나 조작하는 편법을 구사하는 경우가 있을 수 있다.

흔히 분식 가능성을 탐지하기 위해 계정항목간 상호 비율이나 구조에서 모순 또는 특별히 과도한 증감 사항을 발견하는 방법을 사용하기도 한다. 예를 들어서 특정 년도말 매출액 대비 재고자산 비중이 과거에 비해 과도하게 증가하는 경우 재고자산 과대계상을 통한 제조원가 과소계상을 의심할 수 있다. 또는 생산 시설 용량 대비 장부상 판매량이나 원재료부품 매입량이 터무니 없이 과도할 경우에도 분식을 의심할 수 있다. 그러나, 이는 어디까지나 의심일 뿐 실제로 분식이 자행됐는지에 대해서는 정밀 실사를 해보지 않고서는 알 길이 없다.

그런 의미에서 분식에 대한 판단은 외부감사 회계법인이나 관련 전문가의 몫으로 남겨 놓고, 본서를 통해서는 단지 주어진 재무제표 하에서 그 수치의 의미와 재무 성과를 다각도에서 읽어내는 기본 능력을 갖추는 것을 목적으로 한다.

11.1.3. 비율값으로 기업 건강검진하기

재무제표는 기업의 재무적 성과를 금액으로 표현한다. 분석가는 이 금액을 바탕으로 산출된 다양한 비율을 분석함으로써 기업의 건강성과 경쟁력을 여러 각도에서 분석할 수 있다. 마치 사람의 건강을 여러 건강검진 수치들을 비교해서 종합적으로 판단하는 것과 마찬가지다.

이 비율을 통해 한 기업이 두 개의 상이한 시점 사이에, 즉 과거에 비해 현재 어떻게 달라졌는가, 또는 동일한 시점에 두 기업은 재무적 역량이 어떻게 차이가 나는가를 추측할 수 있다.

재무비율은 크게 성장성 비율, 수익성 비율, 효율성 비율, 유동성비율, 레버리지 비율, 안전성 관련 비율), 자본시장지표 및 관련 비율 등으로 구분할 수 있다.

재무비율은 스톡과 플로우 성격을 지닌 금액들을 대상으로 다음과 같은 조합으로 나뉜다.

- Stock 대 Stock : 재무상태표 내 스톡 지표간 비율, 부채비율, 유동비율 등
- Flow 대 Flow : 손익계산서 또는 현금흐름표 내 플로우 지표간 비율, 매출원가율, 매출액영업이익률 등
- Stock 대 Flow : 재무상태표 스톡 대 손익계산서 · 현금흐름표의 플로우 지표간 비율, 매출채권회전율, 총자산회전율 등

비율 분석을 위해서는 분석기간 설정과 비교대상 선정이 선행되어야 한다.

- 분석기간
  - 과거 몇 개년간 수치를 분석 대상으로 할 것이라를 정한다.
- 비교대상의 선정

  계산된 비율을 비교하면서 판단할 기준을 정한다.
  - 해당 기업의 과거 비율과 비교
  - 산업(동업종) 평균과 비교
  - 동일 업종 내 경쟁 기업과 비교

▸ ▸ 〈표 1〉 재무비율의 기본 성격 분류

범주	비율명	(높을수록) 사업 지속성에 미치는 영향	최소 권고 영역
성 장 성	총자산증가율	긍정적 또는 상황별 판단	–
	유형자산증가율	중립 또는 상황별 판단	–
	유동자산증가율	중립 또는 상황별 판단	–
	재고자산증가율	중립 또는 상황별 판단	–
	자기자본증가율	긍정적	–
	매출액증가율	긍정적	–
	영업이익증가율	긍정적	–
수 익 성	매출액총이익률	긍정적	–
	매출액영업이익률	긍정적	–
	매출액순이익률	긍정적	–
	총자산이익률	긍정적	–
	자기자본이익률	긍정적	–
효 율 성	매출채권회전율	긍정적	–
	재고자산회전율	긍정적	–
	매입채무회전율	부정적	–
	고정자산회전율	긍정적	–
	총자산회전율	긍정적	–
유 동 성	유동비율	긍정적 또는 상황별 판단	1 이상
	당좌비율	긍정적	1 이상
안 전 성	부채비율	부정적	–
	차입금의존도	부정적	–
	자기자본비율	긍정적	–
	이자보상배율	긍정적	1 이상
	비유동장기적합률	부정적	1 이하
	총차입금대비단기차입금비율	부정적	–
	매출액대비총차입금비율	부정적	–

전반적으로 수익성 비율은 높을수록, 활동성 비율은 회전율이 높을수록, 유동성비율은 높을수록, 레버리지 비율은 자기자본이 높고 차입금을 포함한 타인자본이 낮을수록, 차입 중에서도 만기가 짧은 차입금의 비중이 높을수록 재무에 미치는 영향은 긍정적이고, 그 반대일수록 영향은 부정적이라고 본다. 물론 <표 1>에서 언급한 영향력이 절대적인 것은 아

니며 개별 기업이 처한 상황(선장 단계, 사용 전략, 재무 전략 등)에 따라 그 영향의 크기나 방향은 얼마든지 달라질 수 있다.

비율 분석은 그 수치 이면의 질적 현상을 정확히 파악하고 여타 비율과의 연관성 속에서 해석해야만 올바른 이해에 이를 수 있다. 특정 비율 수치만을 가지고 기계적으로 해석해버리면 기업의 재무적 역량을 오해할 수 있으므로 조심해야 한다. 예를 들어서 똑같이 차입금의존도가 50%라 하더라도 만기가 1년 이내에 도래하는 차입금이 얼마나 집중되어 있느냐에 따라 유동성 위기가 현실화될 가능성에는 차이가 나게 된다. 또한 창업 초기에는 매출액이익율 재제를 높이는 것보다 이익을 희생하더라도 시장점유율을 높이는 전략을 구상할 수도 있다.

11.1.4. 재무제표 해석에 필요한 정보

11.1.4.1. 감사보고서와 주석, 결산재무제표와 부속 명세서

재무제표 해석을 위해 필요한 정보는 무엇보다도 재무제표 그 자체일 것이다. 그러나, 재무제표는 외부감사를 받은 것이냐 여부에 따라 감사보고서와 일반 결산재무제표로 나눌 수 있다.

감사보고서는 기업이 재무제표를 회계기준에 따라 적정하게 작성했는가에 대해 외부감사법인의 인증을 받은 재무제표다. 반면에 외부감사를 받기 전 일반 결산재무제표는 기업이 자체 기준과 절차에 따라 작성한 재무제표다.

감사보고서에는 재무제표 해석에 필요한 부가적인 정보로서 각종 주석이 첨부되어 있다. 주석에는 재무제표 작성시 적용한 각종 원칙, 예를 들어서 수익과 비용의 인식 기준이나 자산 평가 등에 대한 처리 지침, 그리고 계정항목 해석에 유의해야 할 특기할 만한 사건들이 기록되어 있다.

기업에 따라서, 주석에 수익과 비용의 인식 기준이나 자산 평가 처리 지침 등 원론적인 서술, 그러니까 자신이 채택한 회계기준에 대한 서술로 그치는 경우도 종종 발견된다. 이런 경우에는 재무제표 해석에 실질적인 도움이 되지 않는다.

반면에, 주석에 보다 상세한 내용들, 예컨대 대상 기간 중 M&A, 자산매각, 주요 매출처 현황, 차입금 등 특기할 만한 사항들이 충실히 기재된 경우에는 해석 상 보다 많은 도움을 얻을 수 있다.

결산서에는 결산재무제표에 각종 부속 명세서가 첨부되어 있다. 부속 명세서에는 매출채권, 매입채무, 재고자산, 유형자산 등에 대한 상세 목록이 담겨있다. M&A를 위한 실사 시 기업의 자산 내역을 파악하기 위해서는 이런 명세서들이 중요한 역할을 한다. 특히 제조업의 경우 제조원가명세서가 첨부되는 것이 일반적이다. 제조원가명세서는 감사보고서에는 포함되어 있지 않지만, 제조업 기업의 제조원가 구조를 판단하는 데 매우 중요한 정보다.

그러나 결산서는 주주, 감사, 주요 경영진 등 소수의 기업 이해관계자만이 열람할 수 있는 것이서, 외부에는 공개되지 않는다는 한계가 있다. M&A를 위한 실사 등 특별한 목적이 인정될 때에만 어떤 합의된 절차 하에 외부인이 대상 기업의 결산서를 열람할 권한이 생긴다.

상장기업과 비상장 외부감사 기업

<주식회사 등의 외부감사에 관한 법률(약칭 '외부감사법' 또는 속칭 '외감법', 시행 2018.11.1. 공포기준)>에서는 로 주권상장법인의 재무제표에 대한 외부 감사와 공시 의무를 규정하고 있다.

동법 제4조 및 그 시행령 5조에 따르면 상장법인이 아닌 기업으로서 외부감사 대상이 되는 법인의 정의는 몇 가지 대통령령 등에 의한 예외 조건 등을 지니고 있으나, 기본적으로 다음 중 하나에 해당하는 회사를 말한다.

1. 직전 사업연도 말의 자산총액이 500억원 이상인 회사
2. 직전 사업연도의 매출액(직전 사업연도가 12개월 미만인 경우에는 12개월로 환산하며, 1개월 미만은 1개월로 본다. 이하 같다)이 500억원 이상인 회사
3. 다음 각 목의 사항 중 3개 이상에 해당하지 아니하는 회사
   가. 직전 사업연도 말의 자산총액이 120억원 미만
   나. 직전 사업연도 말의 부채총액이 70억원 미만
   다. 직전 사업연도의 매출액이 100억원 미만
   라. 직전 사업연도 말의 종업원(「근로기준법」 제2조제1항제1호에 따른 근로자를 말하며, 다음의 어느 하나에 해당하는 사람은 제외한다. 이하 같다)이 100명 미만

우리나라 유가증권시장과 코스닥 시장, 코넥스에 상장 또는 등록된 기업, 및 외부감사 기업의 재무제표는 금융감독원의 전자공시시스템(DART : Data Analysis, Retrieval and Transfer system, dart.fss.or.kr)에서 누구나 열람할 수 있다.

전자공시시스템에서는 재무제표 이외에 기업 경영에 중대한 영향을 미치는 사건들, 예를 들어 주식의 대량 보유 현황, 경영진의 횡령배임 혐의, 소등등의 판결확정 등 또는 투자설명서 등 투자자에게 필요나 다양한 중요 정보가 수시로 공시되므로, 재무제표의 깊은 해석에 필요한 다양한 정보를 얻을 수 있다.

비외감 기업

외부감사 의무가 없는 일반 중소기업들의 재무제표는 원칙적으로 해당 기업의 소수 이해관계자 외에는 열람이 불가능하다. 다만, 한국기업데이터나 나이스평가정보 등 유료기업 DB 서비스 기업들은, 다양한 경로를 통해 비외감 기업들의 재무제표를 입수해서 정보 서비스를 제공하고 있다. 물론 이 서비스에 우리나라 모든 중소기업이 다 포함된 것은 아니지만, 비교적 많은 수의 기업 재무정보가 담겨 있다.

11.1.4.2. 다양한 보조 정보들

다음으로는 재무제표 해석을 보조할 수 있는 다양한 자료들이 필요하다. 대상 기업의 사업보고서, 업종 대표 재무제표, 그리고 외부 재무분석 정보들이 그것이다.

사업보고서

먼저 기업의 경영 정보가 수록된 비재무 자료들이 있다. 대표적인 것이 사업보고서다. 사업보고서는 기업에 따라 성실하게 작성해서 홈페이지 등에 공표하는 곳도 있고 아닌 곳도 있을 것이다. 중소기업 가운데에서도 사업 규모가 일정 수준 이상이고 이해관계자의 범위가 상대적으로 넓은 기업의 경우 대부분 사업보고서를 작성하지만, 그렇지 않은 소규모 기업은 사업보고서를 작성하지 않는 경우도 많다. 사업보고서가 없는 기업의 재무제표를 올바로 해석하기 위해서는 경영진 면담이 필수적이다.

업종 대표 재무제표

업종별 대표 재무제표에 대한 자료 가운데 대표적인 것으로 한국은행이 매년 발간하는 <기업경영분석>이 있다. 이 보고서는 우리나라 모든 기업의 세무용 회계 자료를 바탕으로, 재무상태표 및 손익계산서의 항목 비율, 그리고 이로부터 도출되는 주요 재무비율의 업종별 대표 수치가 수록되어 있다.

각 수치들은 일종의 업종 대푯값이라고 볼 수 있는데, 이 값들을 분석 대상 기업의 해당 재무 항목 값과 비교해서 그 상대적인 위치를 파악하는 데에 도움을 얻을 수 있다.

외부 재무분석 정보

만약 해석하고자 하는 재무제표가 회사채를 포함하여 공모 채권을 발행한 적이 있는 기업이거나 상장기업인 경우, 국내 신용평가회사(나이스신용평가, 한국신용평가, 한국기업평가, 서울신용평가) 홈페이지에 공시된 신용평가 보고서나 증권회사의 종목 분석 보고서를 열람하면 많은 도움을 얻을 수 있다.

증권회사의 분석 보고서는 개별 증권회사 뿐만 아니라 증권 정보 제공 서비스 회사(애프앤가이드 등)의 것을 이용할 수 있다. 이런 회사들들은 관련된 기업들의 재무 정보까지 종합해서 제공하기도 한다.

비상장 기업들이라면 한국기업데이터, NICE평가정보, 나이스디앤비 등에서 제공하는 신용분석 보고서와 재무분석 정보에서 도움을 얻을 수 있다[1].

1) 그밖에 한국기업데이터의 중소기업현황정보시스템(SMINFO), 기획재정부가 지정한 국내 공공기관의 재무 정보를 제공하는 공공기관경영정보공개시스템(ALIO), 기타 비교적 간단순 수준에서 재무정보를 확인해 볼 수 있는 민간 서비스로 잡플래닛, 크레딧잡 등이 있다.

그림 1 업종C21(의료용 물질 및 의약품) 대표 재무제표 예시

1. 재무상태표 Balance Sheet

Code No.	내역 Contents	금액(백만원) In million won	구성비 Ratio(%)
111	유동자산	21,431,265	43.91
1111	당좌자산	15,574,210	31.91
11111	현금및현금성자산	3,428,468	7.02
11112	단기투자자산	4,136,734	8.48
11113	매출채권	6,391,548	13.10
11114	기타당좌자산	1,617,459	3.31
1112	재고자산	5,857,056	12.00
11121	상(제)품 및 반제품	3,452,648	7.07
11122	원재료	1,533,936	3.14
11123	기타재고자산	870,472	1.78
112	비유동자산	27,377,465	56.09
1121	투자자산	8,512,409	17.44
11211	(장기투자증권)	6,542,513	13.40
1122	유형자산	15,227,975	31.20
11221	토지	3,540,535	7.25
11222	설비자산	9,862,048	20.21
112221	(건물 · 구축물)	5,829,503	11.94
112222	(기계장치)	2,919,554	5.98
112223	(선박 · 차량운반구)	38,370	0.08
112224	(기타설비자산)	1,074,620	2.20
11223	건설중인자산	1,825,393	3.74
1123	무형자산	2,459,257	5.04
11231	(개발비)	1,422,131	2.91
1124	기타비유동자산	1,177,825	2.41
11	자산총계	48,808,731	100.00
121	유동부채	10,958,448	22.45
12101	매입채무	2,133,394	4.37
12102	단기차입금	3,270,977	6.70
12103	유동성장기부채	1,594,272	3.27
12104	기타유동부채	3,959,805	8.11
122	비유동부채	6,432,504	13.18
12201	회사채	2,000,830	4.10
12202	장기차입금	1,859,857	3.81
12203	기타비유동부채	2,571,816	5.27
123	자본	31,417,779	64.37
12301	자본금	3,244,997	6.65
12302	자본잉여금	13,581,311	27.83
12303	자본조정	-1,215,336	-2.49
12304	기타포괄손익누계액	384,222	0.79
12305	이익잉여금	15,422,585	31.60
12	부채및자본합계	48,808,731	100.00

2. 손익계산서 Income Statement

Code No.	내역 Contents	금액(백만원) In million won	구성비 Ratio(%)
21	매출액	27,302,236	100.00
22	매출원가	16,166,262	59.21
23	매출총손익	11,135,974	40.79
241	판매비와관리비	9,131,463	33.45
24101	급여	2,382,825	8.73
24102	퇴직급여	246,148	0.90
24103	복리후생비	367,091	1.34
24104	세금과공과	103,638	0.38
24105	임차료	66,470	0.24
24106	감가상각비	156,209	0.57
24107	접대비	94,772	0.35
24108	광고선전비	934,189	3.42
24109	경상개발비 · 연구비	1,571,250	5.76
24110	보험료	60,684	0.22
24111	대손상각비	113,114	0.41
24112	무형자산상각비	73,388	0.27
24113	기타판매비와관리비	2,961,686	10.85
24	영업손익	2,004,511	7.34
251	영업외수익	982,789	3.60
25101	이자수익	145,140	0.53
25102	배당금수익	18,710	0.07
25103	외환차익	127,165	0.47
25104	외화환산이익	30,301	0.11
25105	투자 · 유형자산처분이익	168,876	0.62
25106	지분법평가이익	124,474	0.46
25107	기타영업외수익	368,123	1.35
252	영업외비용	1,148,993	4.21
25201	이자비용	309,670	1.13
25202	외환차손	81,558	0.30
25203	외화환산손실	41,495	0.15
25204	투자 · 유형자산처분손실	45,954	0.17
25205	지분법평가손실	80,085	0.29
25206	기타영업외비용	590,232	2.16
25	법인세비용차감전순손익	1,838,307	6.73
261	법인세비용	498,712	1.83
26	당기순손익	1,339,595	4.91

3. 제조원가명세서 Statement of Cost of Goods Manufactured

Code No.	내역 Contents	금액(백만원) In million won	구성비 Ratio(%)
31	당기총제조비용	12,406,454	100.00
311	재료비	6,336,965	51.08
312	노무비	1,821,042	14.68
313	경비	4,248,447	34.24
31301	복리후생비	222,963	1.80
31302	전력비	181,643	1.46
31303	가스수도비	155,085	1.25
31304	감가상각비	905,631	7.30
31305	세금과공과	61,449	0.50
31306	임차료	27,865	0.22
31307	보험료	35,830	0.29
31308	수선비	159,179	1.28
31309	외주가공비	1,256,342	10.13
31310	운반 · 하역 · 보관 · 포장비	80,508	0.65
31311	경상개발비	234,478	1.89
31312	기타경비	927,472	7.48
32	기초재공품원가	1,004,348	8.10
33	기말재공품원가	1,159,128	9.34
34	유형자산(타계정)대체액	256,700	2.07
35	당기제품제조원가	11,994,974	96.68

주 : 용어의 영문표기는 590~598쪽 참조

4. 이익잉여금처분계산서 Statement of Appropriation of Retained Earnings

단위 : % Unit : %

Code No.	내역 Contents	2017	2018	2019
401	처분전이익잉여금	97.84	98.30	98.83
4011	전기이월이익잉여금	63.88	26.81	26.93
4012	당기순이익	21.27	19.26	16.88
4013	회계변경의누적효과	0.15	6.41	0.74
4014	전기오류수정손익	-0.70	0.23	-0.02
4015	기타처분전이익잉여금	13.24	45.58	54.30
402	임의적립금 등의 이입액	2.16	1.70	1.17
403	이익잉여금처분액	16.12	10.46	11.66
4031	이익준비금	0.36	0.28	0.23
4032	기타법정적립금	0.00	0.00	0.02
4033	배당금	6.77	5.34	4.52
4034	임의적립금	8.81	4.49	5.42
4035	기타이익잉여금처분액	0.19	0.35	1.47
404	차기이월이익잉여금	83.88	89.54	88.34

출처 : 한국은행 〈2019 기업경영분석〉, 154쪽

그림 2 업종 C21(의료용 물질 및 의약품) 대표 재무비율 예시

5. 성장성에 관한 지표 Indicators concerning Growth

단위 : % Unit : %

Code No.	내역 Contents	2017	2018	2019
501	총자산증가율	6.44	3.34	6.52
502	유형자산증가율	11.52	10.23	8.78
503	유동자산증가율	2.26	10.20	4.58
504	재고자산증가율	5.04	9.46	14.57
505	자기자본증가율	9.68	7.50	4.31
506	매출액증가율	8.41	6.01	7.78

6. 손익의 관계비율 Relationship Ratios of Income and Expenses

단위 : % Unit : %

Code No.	내역 Contents	2017	2018	2019
601	총자산세전순이익률	5.37	5.11	3.89
602	총자산순이익률	4.12	3.64	2.83
603	기업세전순이익률	5.89	5.71	4.54
604	기업순이익률	4.64	4.23	3.49
605	자기자본세전순이익률	8.56	7.92	5.97
606	자기자본순이익률	6.56	5.63	4.35
607	자본금세전순이익률	83.35	80.23	58.64
608	자본금순이익률	63.88	57.06	42.73
609	매출액세전순이익률	9.59	9.07	6.73
610	매출액순이익률	7.35	6.45	4.91
611	매출액영업이익률	10.68	8.04	7.34
612	매출원가 대 매출액	57.81	59.18	59.21
613	변동비 대 매출액	39.04	39.74	40.59
614	고정비 대 매출액	54.90	56.76	56.28
615	연구개발비 대 매출액	5.65	6.37	6.61
616	인건비 대 매출액	17.84	18.24	18.46
617	인건비 대 영업총비용	23.61	23.53	23.40
618	재료비 대 매출액	23.14	22.70	23.21
619	재료비 대 영업총비용	30.62	29.28	29.42
620	순외환손익 대 매출액	-0.58	0.26	0.13
621	EBIT 대 매출액	10.53	10.13	7.87
622	EBITDA 대 매출액	14.44	14.15	12.03
623	감가상각률	8.53	8.46	8.78
624	금융비용 대 부채	1.41	1.68	1.87
625	차입금평균이자율	3.03	3.52	3.76
626	금융비용 대 총비용	1.00	1.10	1.17
627	금융비용 대 매출액	0.94	1.06	1.13
628	순금융비용 대 매출액	0.56	0.58	0.60
629	이자보상비율	1,138.00	760.11	647.31
630	순이자보상비율	1,901.64	1,378.05	1,218.32
631	손익분기점률	84.27	84.94	88.67
632	사내유보율	93.23	94.66	95.48
633	배당률	24.36	19.99	16.92
634	배당성향	31.82	27.72	26.76

기초 의약 물질 및 생물학적 제제, 의약품, 의료용품 및 기타 의약 관련제품 제조업

7. 자산·자본의 관계비율 Relationship Ratios of Assets, Liabilities and Stockholders' Equity

단위 : % Unit : %

Code No.	내역 Contents	2017	2018	2019
701	자기자본비율	63.65	65.85	64.37
702	유동비율	168.16	203.98	195.57
703	당좌비율	125.12	152.63	142.12
704	현금비율	33.45	32.39	31.29
705	비유동비율	90.77	84.17	87.14
706	비유동장기적합률	77.15	70.93	72.33
707	부채비율	57.11	51.86	55.35
708	유동부채비율	39.45	33.18	34.88
709	비유동부채비율	17.66	18.68	20.47
710	차입금의존도	16.84	16.99	17.88
711	차입금 대 매출액	30.97	30.04	30.15
712	매출채권 대 매입채무	343.89	345.74	299.60
713	순운전자본 대 총자본	17.12	22.72	21.46

8. 자산·자본의 회전율 Turnover Ratios of Assets, Liabilities and Stockholders' Equity

단위 : 회 Unit : times

Code No.	내역 Contents	2017	2018	2019
801	총자산회전율	0.56	0.56	0.58
802	자기자본회전율	0.89	0.87	0.89
803	자본금회전율	8.69	8.84	8.71
804	경영자산회전율	0.74	0.73	0.73
805	비유동자산회전율	0.98	0.99	1.04
806	유형자산회전율	1.95	1.89	1.87
807	재고자산회전율	5.15	5.17	4.98
808	상(제)품회전율	8.73	8.70	8.45
809	매출채권회전율	3.65	3.89	4.27
810	매입채무회전율	12.91	13.27	13.61

9. 생산성에 관한 지표 Indicators concerning Productivity

단위 : % Unit : %

Code No.	내역 Contents	2017	2018	2019
901	총자본투자효율	18.72	17.68	17.88
902	설비투자효율	73.72	66.68	65.54
903	기계투자효율	342.76	301.49	298.13
904	부가가치율	40.38	38.51	37.95
905	노동소득분배율	61.65	68.49	70.41

10. 부가가치의 구성 Composition of Gross Value Added

단위 : % Unit : %

Code No.	내역 Contents	2017	2018	2019
1001	영업잉여	30.38	23.38	21.38
1002	인건비	53.35	58.15	59.59
1003	금융비용	2.81	3.37	3.66
1004	조세공과	1.75	2.28	1.95
1005	감가상각비	11.72	12.81	13.42

Note : Given in English terms on p. 590~598

출처 : 한국은행 〈2019 기업경영분석〉, 155쪽

11.2 성장성 : 외형은 어느 정도로 증가하고 있는가

사업 규모를 대변하는 주요 계정 항목의 증가 또는 감소 추세를 해석하기 위한 지표다. 다음과 같이 주요 단일 금액 지표의 연간 증가율들이 대표적인 성장성 지표로 활용되고 있다. 아래 산식에서 t는 당기, t-1은 전기를 의미한다. 당연히 t는 스톡지표(총자산, 유형자산, 유동자산, 재고자산, 자기자본)의 경우에는 특정 시점(연말, 분기말 등)을, 플로우(매출액)는 특정 기간(연, 분기 등)을 가리킨다.

$$\text{총자산증가율} = \frac{\text{총자산}_t}{\text{총자산}_{t-1}}$$

$$\text{유형자산증가율} = \frac{\text{유형자산}_t}{\text{유형자산}_{t-1}}$$

$$\text{유동자산증가율} = \frac{\text{유동자산}_t}{\text{유동자산}_{t-1}}$$

$$\text{재고자산증가율} = \frac{\text{재고자산}_t}{\text{재고자산}_{t-1}}$$

$$\text{자기자본증가율} = \frac{\text{자기자본}_t}{\text{자기자본}_{t-1}}$$

$$\text{매출액증가율} = \frac{\text{매출액}_t}{\text{매출액}_{t-1}}$$

$$\text{영업이익증가율} = \frac{\text{영업이익}_t}{\text{영업이익}_{t-1}}$$

성장성 지표를 해석할 때 다음과 같은 사항에 유의해야 한다.

첫째, 성장성 지표는 아무리 좋아 보여도 과거를 기록한 정보에 불과하다는 것이다. 과거에 높은 증가율을 보였다고 해서 미래에도 높은 성장성이 지속되리라는 보장은 없다. 다만 과거의 증가추세를 살펴볼 때, 그 배경에서 어떤 전략, 환경 변화, 강점이 작용해서 그런 일이 일어났는지를 질적으로 분석하고, 미래에도 과연 그런 성장 추세가 지속될 것인지, 또는 과거 특정 항목의 증가가 미래에 어떤 식으로 효과를 가져올지를 냉철하게 판단해야 한다.

사 례 이마트의 성장 

이마트는 2016년 이래 매출액이 연평균 10.1%로 성장해 왔다. 외형상으로는 안정적으로 성장해온 것으로 보인다. 그러나 영업이익은 같은 기간 매우 불안정한 증가세를 보여왔고, 특히 2018년에는 매출액이 증가했음에도 불구하고 EBITDA가 전년 대비 6.9%나 감소했다. 전자상거래, 모바일 쇼핑이 확산되면서 전통적인 할인점 사업 모델이 위기를 겪었던 시점이다. 그러나, 이후 모바일 쇼핑 전략을 더욱 강화하면서 2020년 매출액과 EBITDA 모두 큰 폭의 성장세를 회복했다. 이렇듯 단순히 외형 성장 이면에 감추어진 시장 변화 요인을 함께 읽어야 한다.

▸ ▸ 〈표 2〉 이마트의 매출액 및 영업이익 성장률 2015 ~ 2020

(연결기준, 단위 : 억원)

	2015	2016	2017	2018	2019	2020	산술평균
매 출 액	136,400	146,151	155,149	170,491	190,629	220,030	
매출액증가율		7.1%	6.2%	9.9%	11.8%	15.4%	10.1%
E B I T D A	9,376	10,251	10,667	9,928	10,333	12,234	
E B I T D A 증 가 율		9.3%	4.1%	– 6.9%	4.1%	18.4%	5.8%

자료 : 나이스신용평가 www.nicerating.com 회사채 등급평가 공시 보고서(2021년4월21일).

둘째, 외형 성장은 기업의 건강성과 관련하여 항상 긍정적인 요인으로 작용하는 것은 아니다. 마치 사람이 체구가 크다고 해서 반드시 건강하다고 말하기 어려운 것과 같다.

만약 총자산 또는 매출액 증가가 두 기업 사이에 합병을 통해 이룩된 것이라면, 이질적인 두 회사의 인수합병 성과가 과연 제대로 나타날 것인지에 대해 질적인 분석을 철저히 하지 않으면 외형에 대한 환호가 어느날 갑자기 절망으로 전환할 수 있다.

회사가 M&A가 아니라 자체 성장을 통해 외형을 증가시키는 경우에도 보이지 않는 위험 요인이 축적된다. 회사의 자산 규모 또는 매출 규모가 급성장하면서 관리비용, A/S비용이 더불어 상승하고, 의사소통 구조가 경직되고 관료주의가 자리잡는다. 더욱이 매출 규모 증가는 그만큼 매출채권 규모를 증가시키고 이는 운전자금 부담 증대로 이어져 기업의 현금흐름을 악화시킬 가능성이 높아진다.

사 례 M&A를 통한 성장의 이면

2000년 닷컴 붐 당시 최고의 콘텐츠 기업과 인터넷 미디어 기업 간 합병으로 주목받았던 타임워너와 아메리카온라인(AOL)의 합병은 10년 뒤 AOL의 분사와 함께 대실패 막을 내렸다. 급변하는 인터넷 환경 변화에도 대응하지 못 했을 뿐만 아니라 두 회사의 이질적인 문화 차이도 극복되지 못 하고 갈등만이 이어졌기 때문이다.

더욱이 이런 M&A가 LBO(Leverage Buy-Out) 또는 과도한 차입금에 의존해서 이루어졌다면 오히려 기업의 지속성에 커다란 장애가 되기도 한다. 대형 M&A 경쟁에 무분별하게 뛰어들어 인수를 통한 대형화를 추구하던 대기업들이 종종 이른 바 승자의 저주(Winner's Curse)라고 불리는 경영악화에 직면하게 된다. 예를 들어서 2006년 대우건설 인수, 2008년 대한통운 인수 등 대형 M&A에 성공하며 재계 순위를 급격히 끌어올렸던 금호아시아나는 오히려 이 때문에 유동성 악화를 겪으면서 계열사인 금호생명을 매각해야만 하는 상황에 직면했다.

그럼에도 불구하고, 사업 규모를 키운다는 것은 회사로서는 조건 없이 추구해야 할 사명과 같은 것일지 모른다. 회사가 스스로 사업 규모를 점점 줄여가는 것을 목적으로 한다면 이는, 생존을 위해 불가피하게 구조조정을 하는 경우처럼 아주 예외적인 경우에만 해당할 것이다. 외형 성장은 규모의 경제 달성, 브랜드 평판 확산, 자금 조달 가능성 증대 등 많은 긍정적인 효과가 있으므로, 회사가 성장의 제반 부정적인 효과를 어떻게 제어하면서 경영을 추구해나가는지를 주의해서 분석할 필요가 있다.

11.3 수익성 : 이익을 어느 정도로 남길 수 있는가

수익성 비율은 사업이 얼마나 이익을 남기고 있는가를 분석하는 지표다. 다음과 같은 것들이 대표적이다.

먼저 손익계산서 상 매출액에 대비하여 계산한 이익률들이 있다.

$$\text{매출액 총이익률} = \frac{\text{매출총이익}_t}{\text{매출액}_t}$$

$$\text{매출액 영업이익률} = \frac{\text{영업이익}_t}{\text{매출액}_t}$$

$$\text{매출액 순이익률} = \frac{\text{당기순이익}_t}{\text{매출액}_t}$$

종종 앞에서 거론한 회계상 이익들 대신에, 현금흐름의 크기에 좀 더 가까운 EBITDA 또는 OCF(영업현금흐름)를 사용하는 경우도 있다.

$$\text{EBITDA 대 매출액 비율} = \frac{EBITDA_t}{\text{매출액}_t}$$

$$\text{OCF 대 매출액 비율} = \frac{OCF_t}{\text{매출액}_t}$$

다음으로는 재무상태표 상 자본의 크기에 대비하여 계산한 이익률들이 있다.

$$\text{총자산이익률(ROA : Return on Assets)} = \frac{\text{당기순이익}_t}{\text{연평균총자산}_t}$$

재무상태표상 총자산은 총자본과 결국 같은 값이 되는데, 총자본을 투하자본(Investeed Captial)으로 표현해서 총자산이익률을 투하자본이익률(ROIC : Return on Invested Capital)이라고 표현하기도 한다. 연평균총자산은 흔히 전기말(t-1) 총자산과 당기말(t)총자산의 산술평균을 사용한다. 분기말 총자산 잔액의 평균을 사용할 수도 있으나 큰 실익이 없다고 보아 별로 사용하지 않는다.

$$\text{자기자본이익률(ROE : Return on Equity)} = \frac{\text{당기순이익}_t}{\text{연평균총자기자본}_t}$$

혹시 독자 일부는 이 식에서 분자로 당기순이익 대신에 영업이익이나 EBITDA를 사용할 수 있지 않겠느냐고 생각할지도 모른다. 예컨대 다음과 같은 식을 생각할 수 있다.

$$총자본영업이익률 = \frac{영업이익_t}{연평균총자산_t}$$

하지만 분자와 분모 사이에 의미의 일관성이 유지되어야 한다는 관점에서 보면, 이 총자본영업이익률이라는 지표는 대단히 어색한 것이다. 왜냐하면 총자산에는 영업자산 이외에 비영업자산도 포함되어 있어서 비영업수익도 일정한 크기만큼 창출했을 것이기 때문이다. 만약 분자에 영업이익을 놓고 분모에 총자산을 놓으면, 분모의 총자산으로부터 파생된 비영업수익이 분자에 미반영되는 결과를 낳을 것이다. 그래서 총자본영업이익률 같은 지표는 인위적으로 사용할 수는 있어도 의미 있는 분석 결과를 내는 데에는 한계가 있다.

그러므로, 독자가 분석 목적상 새로운 비율을 설계하려 한다면, 이러첨 비율 구성 항목 간에 의미 있는 연결성, 일관성이 존재하는지 확인할 필요가 있다.

사 례 할인점 사업의 수익성 비율 분석

이마트, 롯데쇼핑, 홈플러스 등의 주요 할인점의 수익성 비율을 비교해 볼 수 있다. 회계상 영업이익이나 순이익 외에 EBIT와 EBITDA의 매출액 대비 비율로 비교해본 결과가 <표 3>에 나타나 있다. 수치만 보아서는 이마트의 수익성 비율이 경쟁사에 비하여 낮게 나오는데, 분석가는 수치 이면에서 어떤 요인이 작용했는지를 별도의 시장 및 사업 분석을 통해 파악할 필요가 있다. 쿠팡 등 신규 유통배송 서비스의 등장 등으로 인한 경쟁 심화는 기존 할인점 회사들이 직면하는 공통된 시장 위협이지만, 이마트의 경우 특히 코로나19 사태로 인한 호텔&리조트 사업의 손실이 지분법 평가에 반영되었고 신사업인 SSG닷컴과 이마트24의 초기 저조한 수익성 요인이 종합적으로 작용한 결과라고 해석할 수 있다.

▸▸ 〈표 3〉 국내 대표 할인점 2019~2020 주요 재무지표와 수익성 비율

(별도/개별기준, 단위 : 억원)

구 분	이마트		롯데쇼핑		홈플러스	
주요 점포수(20.12)	160		113		140	
	2019	2020	2019	2020	FY2019	FY2020
매출액	131,548	142,138	96,953	87,081	76,598	73,002
EBIT	2,511	2,950	2,710	1,340	2,600	1,602
EBITDA	7,551	8,013	13,500	10,442	7,792	6,717
금융비용	802	716	3,113	3,047	4,261	4,353
자산총계	152,514	155,771	269,643	249,242	121,952	113,727
자본총계	85,999	91,184	106,656	95,990	17,234	11,853
총차입금	37,537	31,398	116,426	114,901	72,680	71,713
순차입금	32,358	24,411	100,200	96,173	69,496	71,202
영업CF	6,152	8,768	10,141	6,974	4,374	853
잉여CF	10,693	15,314	17,145	5,091	6,142	2,884
EBIT/매출액	1.9	2.1	2.8	1.5	3.4	2.2
EBITDA/매출액	5.7	5.6	13.9	12.0	10.2	9.2
EBITDA/금융비용	9.4	11.2	4.3	3.4	1.8	1.5
부채비율	77.3	70.8	152.8	159.7	607.6	859.5
차입금의존도	246	20.2	43.2	46.1	59.6	63.1
순차입금/EBITDA	4.3	3.0	7.4	9.2	8.9	10.6

자료 : 각사 공시자료 등
주1 : 각사 별도/개별 기준. 홈플러스는 2월말 결산법인으로 회계연도 기준
주2 : 홈플러스의 2019년 회계연도(2019.02) 수치는 2020년 회계연도(2020.02) 비교공시 기준

자료 : 나이스신용평가 www.nicerating.com 이마트 회사채 등급평가 공시 보고서(2021년 4월 21)

이렇듯 경쟁기업간 수익성 비율을 비교하는 것 외에도, 산업 전반의 수익성 비율과 개별 기업의 그것을 비교하는 작업도 병행하면 더욱 효과적이다. 업종별 수익성 비율은 기업재무 데이터 전문 서비스를 이용할 수도 있지만, 한국은행 기업경영분석의 업종별 통계를 참조하는 것도 좋은 방법이다(<표 4>).

이마트의 매출액 대비 EBIT와 EBITDA 수준은 백화점 비 백화점 전반의 그것에 비해서 역시 낮게 나오고 있음으며, 롯데쇼핑과 홈플러스의 매출액 대비 EBITDA이 백화점 업종의 그것에 비교적 가까이 나오고 있음이 나타난다.

▸▸ 〈표 4〉 국내 유통업종 수익성 비율 2017 ~ 2019

(단위 : %)

		G4711,3. 대형 종합소매업 및 면세점(백화점 제외)	G47111 백화점	G472-9 기타 종합소매업
EBIT 대 매출액	2017	4.52	7.17	13.11
	2018	3.78	5.26	1.99
	2019	2.28	(1.13)	2.32
EBITDA 대 매출액	2017	7.94	12.32	14.86
	2018	6.29	11.16	3.83
	2019	7.02	9.35	5.65

자료 : 한국은행 〈2019 기업경영분석〉, 351, 353, 355쪽.

11.4 효율성 : 적은 자산으로 큰 성과를 내고 있는가

효율성 지표는 자산(또는 일부 부채)이 얼마나 활발한 속도로 성과 창출에 투입되고 있는가를 나타내는 비율이다. 여러 유형별로 특정 자산(또는 일부 부채)의 크기에 대비하여 매출액이 어느 정도의 규모로 달성되고 있는가를 계산하는 다음 비율들이 대표적으로 활용된다.

$$\text{매출채권회전율} = \frac{\text{매출액}_t}{\text{연평균매출채권}_t}$$

$$\text{재고자산회전율} = \frac{\text{매출액}_t}{\text{연평균재고자산}_t}$$

$$\text{매입채무회전율} = \frac{\text{매출액}_t}{\text{연평균매입채무}_t}$$

$$\text{고정자산회전율} = \frac{\text{매출액}_t}{\text{연평균고정자산}_t}$$

$$\text{총자산회전율} = \frac{\text{매출액}_t}{\text{연평균총자산}_t}$$

사업을 하는 사람 입장에서는 가능한 한 적게 자산을 유지하면서 최대한 매출액을 달성하는 것이 가장 이상적이다. 1,000평의 땅을 가지고 연간 ₩100억의 매출을 달성하는 것보다 100평의 땅만 가지고 같은 매출을 이룩하는 것이 훨씬 효율적임은 말할 것이 없다. 외상매출금이 거의 없이 대부분의 매출 ₩100억을 현금결제로 달성하는 것이, 동일한 매출을 평균 3개월꼴로 회수하는 외상매출 상태로 유지하는 것보다 현저하게 효율적이다.

매출채권회전율, 재고자산회전율, 매입채무회전율의 의미에 대해서는 본서의 제9장 9.3.2. 운전자본 개념을 설명한 부분을 다시 참고하기 바란다.

사 례 자동차 부품 회사간 운전자본회전율 차이

동일한 사업을 영위하는 회사라도 자산회전율이 차이가 나는 경우가 많다. <표 5>는 우리나라의 대표적인 자동차 부품회사인 만도, 현대모비스, 현대위아 3사의 주요 회전율 지표를 비교한 것이다. 일단 3개사는 매출액의 절대 크기에서 차이가 난다는 점을 감안할 필요가 있다. 매출채권회전율은 3사간 차이가 근소하지만, 재고자산회전율은 3개사 가운데 가장 외형이 작은 만도가 연간 22회전을 넘는 가장 높은 수치를 보이고 있다. 그 결과 운전자본회전율도 만도가 대개 연간 12회전을 넘어 3사 가운데 가장 높게 나타나고 있다.

유사 업종 내에서도 이렇게 차이가 나는 이유는 구체적인 제품군에 차이가 있다는 점, 원재료 조달 구조 · 공정 · 재고자산 운용 방식에서 차이가 있을 수 있다는 점, 고객 및 거래처에 대한 수금 및 지급 정책에 차이가 있을 수 있기 때문이다. 분석가는 회사마다 이들 개별 요소를 정밀하게 분석하여 왜 회전율에 차이가 나는지를 정확히 알고 지표 해석에 임하여야 한다.

▸ ▸ 〈표 5〉 자동차 부품회사 간 2015 ~ 2019 운전자본회전율 비교

		2015	2016	2017	2018	2019	2020
만도	매출채권회전율(회, 연간)	5.7	5.6	5.8	6.4	6.4	6.3
	재고자산회전율(회, 연간)	24.0	22.3	22.5	24.1	24.1	19.8
	매입채무회전율(회, 연간)	6.7	7.0	7.7	8.5	8.4	7.0
	운전자본회전율(회, 연간)	14.7	12.3	11.6	12.5	12.7	15.2
현대모비스	매출채권회전율(회, 연간)	5.2	5.4	5.4	5.4	4.9	4.4
	재고자산회전율(회, 연간)	21.6	20.4	19.1	19.4	19.3	17.4
	매입채무회전율(회, 연간)	9.1	9.2	9.3	9.3	9.0	8.3
	운전자본회전율(회, 연간)	7.7	7.9	7.7	7.7	6.9	6.0
현대위아	매출채권회전율(회, 연간)	5.1	5.2	5.8	5.2	4.5	4.4
	재고자산회전율(회, 연간)	13.2	12.0	12.0	12.5	13.0	13.4
	매입채무회전율(회, 연간)	6.2	6.1	6.1	6.6	6.9	7.4
	운전자본회전율(회, 연간)	9.1	9.1	10.7	8.2	6.4	6.1

자료 : 나이스신용평가 각사 2021년 상반기 회사채 등급평가보고서로부터 계산

11.5 유동성 : 단기 채무에 대비하는 현금은 잘 확보할 수 있는가?

유동성 비율은 단기채무에 대비하여 단기 현금 확보 능력이 어느 정도인가를 분석하는 지표다. 다시 말하면 단기에 재무적 지급 의무를 충족할 수 있는 여력이 어느 정도인가를 분석한다. 여기에서 재무적 지급 의무란 반드시 차입금 상환 의무만을 말하는 것이 아니라, 종업원 임금 지급, 거래처 대금 지급 등 이해관계자에 단기의 지급 의무까지 포함한다.

다음 두 가지가 가장 널리 사용된다.

$$유동비율 = \frac{유동자산_t}{유동부채_t}$$

$$당좌비율 = \frac{유동자산_t - 재고자산_t}{유동부채_t}$$

대개 유동비율이 1 이하의 값을 보이면 단기적 지급의무를 수행하지 못할 가능성이 매우 높다고 해석한다. 1보다 충분히 높은 수준 예컨대, 2, 3배 정도의 크기가 되면 안심할 수 있는 수준이지만, 1에 근접할수록 불안해지는 것이 사실이다.

반면에 유동비율이 너무 높다면, 예를 들어서 10배 이상이라면, 단기적 지급의무 차원에서는 안전하기 그지 없겠지만 자산 운용 효율성 차원에서는 뭔가 문제가 있다고 판단할 수 있다. 이런 상태가 예컨대 주주 배당금 지급처럼 특정한 목적 때문에 잠시 현금을 다량 확보해 놓은 데에서 기인했다면 큰 문제가 없을 것이다. 반면에 그런 상태가 별다른 이유 없이 오래도지속되고 있다면, 이 회사는 자금을 적절한 투자에 배분하지 않고 상당 부분 현금성 자산으로 보유함으로써 미래의 수익창출 기회를 희생하고 있는 것이다.

당좌비율은 유동자산 중에서 재고자산을 차감한 당좌자산을 대상으로 계산한다. 재고자산이 회전되어 현금으로 입금되기까지 기다리는 시간을 제외하고 최단시간 내에 현금화할 수 있는 유동자산만을 대상으로 하자는 취지다. 그런 의미에서 유동비율에 비해 보다 보수적인 유동성 점검 지표라고 할 수 있다. 보수적인 분석가라면, 유동비율이 1보다 높더라도 당좌비율이 1에 못 미칠 수 있기 때문에, 최소한 당좌비율이 1이상을 유지할 것을 더 선호할 것이다.

11.6 안전성 : 부채의 위협으로부터 얼마나 벗어나 있는가?

11.6.1. 비율 개요

안전성 비율은 레버리지(leverage) 비율이라고도 부른다. 레버리지란 원래 지렛대라는 뜻이다. 지렛대가 있으면 작은 힘만으로도 큰 힘을 발휘할수 있다. 재무에서 레버리지 효과(leverage effect)는 지분투자자가 자본금 외에 차입금을 지렛대 삼아 사업에 더 많은 자금을 투입할 수 있는 효과를 말한다.

레버리지 비율은 타인자본(차입)의 위험 및 그 대응능력이 어느 정도인가를 분석하기 위한 지표다. 앞의 유동비율과 당좌비율이 단기 재무 및 비재무 부채에 때한 지급능력을 나타내는 지표라면, 안전성 지표는 그중에서도 장기 및 단기의 차입금 상환 및 이자지급 능력에 초점을 두는 지표다.

$$\text{부채비율} = \frac{\text{총부채}_t}{\text{자기자본}_t}$$

부채비율은 레버리지 비율 가운데 가장 단순하고 널리 활용되는 지표다. 하지만 총부채에는 장단기 차입금 외에 매입채무, 선수금, 미지급등 영업성 부채, 그리고 회계상 이유로 인위적으로 부채로 처리한 것들까지 포함되어 있다. 그래서 부채비율을 해석할 때에는 차입금 압력만이 아닌 다른 종류의 부채 압박까지도 포함되어 있다는 사실을 염두에 두어야 한다.

이들은 사업 지속성에 미치는 영향이 저마다 다르기 때문에 단순히 부채 잔액이 많다고 해서 재무적으로 큰 위험에 노출되어 있다고 단정지어서는 안 된다.

차입금, 회사채 등의 금융부채와 매출채권 같은 영업부채는 동일한 부채이지만 그 압박의 질에서는 차이가 있다. 차입금 또는 유가증권(회사채, 기업어음 등)은 지급 또는 상환기한내에 의무를 이행하지 못하면, 계약에 의거하여 금융기관이 담보유치권을 행사하거나 부도(default) 처리함으로써 향후 회사는 금융 거래에 심각한 제약을 받게 된다.

영업성 부채도 지급 의무를 위해할 경우 자주 피소 당하거나 계약에 의거하여 소정의 배상을 함으로써 사업에 불이익을 받게 되지만, 그것 자체로 금융기관으로부터 직접 부도 처리되지는 않는다. 높은 부채비율이 과연 차입금에 주로 기인한 것인지, 아니면 영업성 부채에 기인한 것인지, 그리고 부채 항목별로 그 실질적 압박의 강도나 심각성의 경중을 판단해서 살펴 보아야 한다.

$$차입금의존도 = \frac{총차입금_t}{총자산_t}$$

차입금의존도는 총자산 가운데 총차입금이 차지하는 비중을 나타내는 지표로서 부채비율과 병행해서 자주 사용된다.

$$자기자본비율 = \frac{자기자본_t}{총자본_t}$$

자기자본비율은 부채비율의 반대 개념이라고 볼 수 있다. 총자본 가운데 자기자본이 차지하는 비율을 의미한다. 정의상 부채비율이 상승하면 자기자본비율은 하락하고, 부채비율이 하락하면 자기자본비율은 상승한다.

$$이자보상배율 = \frac{영업이익_t}{이자비용_t}$$

이자보상배율은 당기의 영업이익이 이자비용을 지불하기에 충분한 수준인가를 판단하는 지표다. 원칙적으로 1보다 커야만 대출금융기관 입장에서는 이자지급능력을 인정할 수 있을 것이다.

종종, 분석가에 따라 영업이익 대신에 현금주의가 반영된 EBITDA를 사용하기도 한다.

$$\text{EBITDA 대 이자비용 비율} = \frac{EBITDA_t}{이자비용_t}$$

$$비유동장기적합률 = \frac{비유동자산_t}{(자기자본 + 비유동부채)_t}$$

비유동장기적합률[2])은 비유동성 자본이 비유동자산에 어느 정도 투입되고 있는지를 나타낸비율이다. 통상 비유동자산, 그러니까 부동산, 기계장치, 장기투자자산 등은 단기차입금이 아니라 자기자본, 또는 최소한 장기차입금을 원천으로 해서 조달하는 것이 안정성 측면에서 바람직하다. 자기자본과 비유동부채(장기차입금, 회사채 등)의 크기가 주어졌을 때,

2) 이 지표는 과거에 우리나라에서 고정장기적합률이라고 불렸다. 2007년 기업회계기준 개정 이후 비유동장기적합률로 불린다.

유동자산이 비유동자산에 비해 상대적으로 많을수록, 또는 비유동자산이 유동자산보다 상대적으로 적을수록 재무 상태는 보다 안정적이다. 비유동장기적합률은 최소한 1 이하의 값을 갖는 것이 보다 안정적이라고 본다.

$$총차입금\ 대비\ 단기차입금비율 = \frac{단기차입금_t}{총차입금_t}$$

전체 차입금 가운데 단기차입금이 차지하는 비율이 낮을수록 안정성이 높다고 해석한다. 예를 들어 차입금 규모가 ₩100억으로 동일한 기업이라 하더라도, 이 가운데 단기차입금 비중이 10% 이하인 기업에 비하여 그 비중이 70%인 기업은 만기도래하는 단기차입금을 상환하거나 연장해야 하는 압박에 더 크게 노출되어 있다. 한국은행 기업경영분석 상 수치로 추산해 보면 산업별로 차이는 있지만 대개 이 비율이 30%~50% 수준을 보이고 있다. 물론 업종마다 장기차입금에 더욱 많이 의존하는 사업과 그렇지 않은 사업들이 있을 것이다. 예를 들어 시설투자가 많이 요구되는 중화학, 기계 사업은 장기차입금 비중이 상대적으로 높을 것이다.

단순히 단기차입금과 장기차입금으로 구분하는 것에 그치지 말고 차입금 만기(maturity)의 장단기 구조를 좀 더 자세히 들여다 보아야 한다. 차입금 만기 구조를 포함하여 제반 조달 현황은 대개 공시 재무제표의 주석에 상세히 표시되어 있으므로 반드시 살펴볼 필요가 있다.

만기가 짧은 차입금의 비율(잔액 기준)이 높을수록, 예를 들어 만기 1년 이내 차입금 비중이 높을수록 기업은 그만큼 높은 상환 압력에 노출되고 사업 지속성은 부정적인 영향을 받는다. 반대로 만기가 보다 미래 시점, 예컨대 3년, 5년, 10년, 30년 같은 식으로 형성되어 있을수록 기업은 현 시점에서 상환 부담을 그만큼 덜게 된다. 하지만, 아무리 만기가 먼 미래에 있다 해도, 시간이 흘러 그 만기가 1년 이내로 다가오는 시점에 이르면 그 시점의 상환 능력 수준에 비추어 다시 판단을 해야 한다.

$$매출액\ 대비\ 출차입금\ 비율 = \frac{연평균차입금_t}{매출액_t}$$

차입금 대비 매출액 비율은 스톡 대 플로우 값을 대비시키고 있다. 회사의 외형상 감당할 수 있는 수준의 차입금을 유지하고 있느냐를 판단할 때 사용한다. 이 비율 역시 작을수록 안정적이라고 보이나, 여기 절대적인 지침은 없다. 다만 통계 상 평균적으로 30% 내외 수준을 유지하는 것으로 보인다. 보다 구체적인 비율분포는 한국은행 기업경영분석의 업종별 통계를 참조하면 도움이 될 것이다. 이 비율이 분포에서 과도하게 벗어나 높은 수준의 비율, 예컨대 100%에 가까운 값을 보인다면 재무적 안정성이 크게 위협받는 상태라고 보아야 할 것이다. 다만 이 차입금이 대부분 장기차입금이라면 일정 기간은 버틸 수 있겠지만, 단기차입금의 비중이 높을수록 단시일 내에 지급불능에 처할 가능성이 높을 것이다.

11.6.2. 차입경영의 의미

기업의 양대 재무적 이해관계자는 주주와 채권자다. 만약 자금제공자가 오직 주주로만 구성되어 있다면, 이론상 기업은 주주간 합의만 있다면 지속할 수 있다. 왜냐하면 기업이 손실을 내도 주주에게는 당장 그 어떤 상환의무도 없을뿐더러, 이익이 난 한에서만 주주에게 배당을 지급하면 되기 때문이다.

반면에 자금제공자가 오직 대출자로만 구성되어 있다면 어떤 일이 일어날까? 물론 실제로 그런 일은 일어날 수 없을 것이다. 왜냐하면 대출자는 기업이 충분한 자기자본을 갖추고 있는 경우에만 대출을 실행할 것이기 때문이다. 아무런 자기자금조차 준비 안 된 기업을 상대로 부도 위험을 감수하면서 선뜻 돈을 빌려줄 은행은 없다.

자금제공자가 오직 대출자로만 구성된 경우를 상상해보자. 이때 기업은 손실을 내거나 이익을 내는 것과 무관하게 정해진 대출약정에 따라 정해진 날짜에 이자를 지급하고 원금을 상환해야 한다. 이에 필요한 여유 자금이 충분히 확보되어 있지 않거나 영업으로부터 현금흐름 유입이 원활하지 않은 기업이라면 이내 부도 상황에 직면하게 된다. 부도 이후에는 금융 거래 제한으로 사업의 지속성이 현저히 저하되고 기업갱생 또는 폐업 절차를 밟게 된다.

주주 입장에서는 보다 적게 지분을 납입하고 타인자본을 더욱 많이 사용하는 것이 유리할 것이다. 주당 이익이 그만큼 늘어나기 때문이다. 하지만 타인자본의 비중이 높을수록 기업의 재무적 지속성은 현저히 저하되고, 이는 자칫 사업 중단으로 이어져 결과적으로 주주에게 피해를 입히게 된다.

그렇다고 해서 사업의 지속성에만 초점을 두고 무차입 경영에 주력하는 것도 주주 관점에서는 그리 바람직하지 않다. 만약 동일한 이익을 실현했다고 가정하면 그만큼 주당 이익이 줄어들기 때문이다.

주주 자금 외에 차입금을 적절히 활용하게 되면, 의무적인 이자지급액을 제외하고 남은 이익이 주주의 몫으로 남게 된다. 이런 이유로 주주 입장에서는 적절한 수준의 차입금을 활용하는 것이 무차입보다 바람직하다. 다만 그 차입 수준이 과도해지면 사업의 지속성 자체를 훼손하게 되므로 수위를 적절히 조절하는 것이 기업 재무 정책의 핵심이 되는 것이다.

그림 3 적정 재무 레버리지 수준의 결정

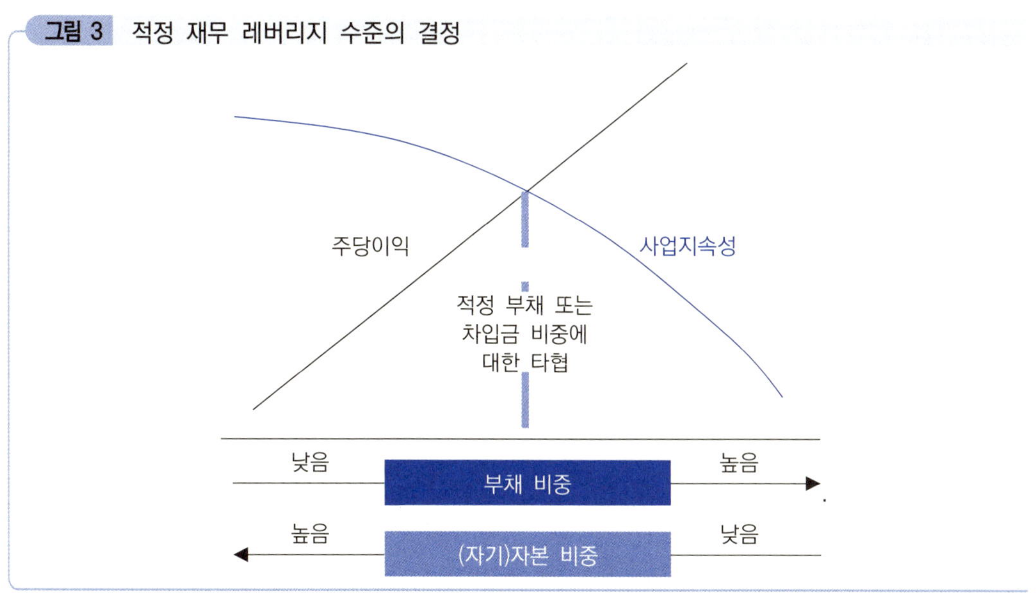

자기자본과 타인자본 사이의 비율이 어느 정도 수준이라야 가장 좋은가에 대한 정해진 답은 없다. 기업마다, 산업마다 처한 사업과 재무 환경이 다르기 때문이다. 다만 이 비율에 대한 통계상 분포를 참조하면 어떤 회사의 해당 비율이 상대적으로 높은 편인지 낮은 편인지 미루어 짐작할 수 있다(<표 6> 참조).

▸ ▸ 〈표 6〉 우리나라 2017-2019 부문별 주요 레버리지 비율 대표값

	부채비율			차입금의존도		
	2017	2018	2019	2017	2018	2019
전 산 업	114.1	111.1	115.7	28.8	28.8	29.5
제 조 업	77	73.6	73.5	22.7	22.3	22.8
(식료품)	88.6	92.3	104.2	30	30.3	31.7
(코크스 · 석유정제품)	103	110.5	124.2	23.2	26.8	28.8
(화학물질 · 제품)	66.2	64	66.8	21.6	21.8	23.1
(고무 · 플라스틱)	100.7	99.4	94.0	31.8	32.1	31.1
(1차금속)	60	59.7	59.0	23.5	22.9	23.7
(금속가공제품)	127.6	127.4	124.7	35.9	36.1	34.7
(전자 · 영상 · 통신장비)	47.5	42.6	39.3	12.4	11.6	12.7
(전기장비)	101	106.1	104.9	24.1	26.4	26.0
(기타기계 · 장비)	113.4	108.8	102.1	30.4	30.3	29.9
(자동차)	77.5	72.4	74.2	19.8	18	18.4
비 제 조 업	151.7	149.2	157.8	33.2	33.4	34.0
전 기 가 스 업	135.2	144.1	163.4	34.7	37.2	38.6
건 설 업	110.8	110.5	105.7	21.8	23.1	22.8
서 비 스 업	162.5	157.3	167.6	34.8	34.4	35.0
(도매 · 소매)	119.5	117.7	127.9	25.7	26.2	25.7
(운수 · 창고)	162.6	161.8	188.5	41.9	40.3	41.4
(정보통신)	75.8	75.2	78.8	20	19.5	20.4
(부동산)	287.6	276.2	290.4	43.7	44.1	45.4
대 기 업	95.5	92.1	94.9	24.4	23.8	23.9
제 조 업	61.5	58.7	58.3	17.2	16.7	17.3
비 제 조 업	136	132.2	139.7	30.3	29.7	29.3
중 견 기 업	–	93.5	95.1	–	23.3	23.1
중 소 기 업	163.2	159.5	162.3	37.6	38.2	38.8
제 조 업	132.9	125.7	122.0	36.4	36	35.4
비 제 조 업	183.3	181.6	187.9	38.2	39.4	40.5

자료 : 한국은행 〈2018 기업경영분석〉, 〈2019 기업경영분석〉에서 취합.

무차입이란 총차입금이 ₩0인 상태를 의미하지는 않는다. 순차입금이란 '총차입금 – 현금 및 현금성자산'을 말하는데, 무차입이란 바로 순차입금이 ₩0 이하인 상태를 의미한다.

기업 활동을 하는 과정에서 수시로 현금 유출입이 발생한다. 그때그때 필요한 지출을 항상 보유 현금으로 다 충당할 수는 없다. 기업은 언제 닥칠지 모르는 예상 외의 지출에 대비

하기 위해 위험관리 차원에서 적정 수준의 현금 또는 현금성 자산을 보유해 놓는 한편, 이보다 낮은 수준의 단기차입금 또는 한도대출(일명 '마이너스 통장')을 이용해서 지출에 충당하는 것이 현명하다. 설령 장기차입금이 존재한다고 해도 이를 포함한 총차입금을 상회하는 수준의 현금을 보유하고 있다면 차입금 압박은 존재하지 않는 것이나 마찬가지가 된다.

아래 수치 예에서 보는 것처럼, 어떤 기업의 총차입금 잔액이 ₩5억이고 보유 현금성 자산이 ₩15억이라면, 실질적으로 차입금의 압박은 상쇄되어 사라지고 기업은 ₩10억에 달하는 순가용현금을 확보한 상태가 된다. 이것이 무차입의 의미이다.

(특정 시점 또는 매시점 평균) 순차입금 -₩10억 = 총차입금 ₩5억 - 현금 및 현금성자산 ₩15억

무차입 경영을 실천할 수 있는 기업은 그리 많지 않다. 많은 기업이 무차입경영을 희망할 수는 있어도 그 의도와는 달리 냉혹한 사업 환경 때문에 대부분 자금부족 상태에 노출되고 차입금에 의존할 가능성이 있다.

유상증자를 통해 재무건전성을 유지하면서 부족자금을 조달하는 방법도 생각할 수 있을지 모른다. 그러나, 미래에 가시적인 성장 기회를 찾아서 투자자에게 보여줄 수 있는 능력이 뒷받침되지 않으면, 유상증자는 주주의 또다른 희생을 요구하는 것이 된다. 유상증자가 실현될 가능성이 줄어들면 기업은 무차입 경영으로부터 점점 멀어진다.

사 례 일본의 100년 기업 장수비결 중 하나는 무차입 경영

일본에는 100년 이상된 장수기업이 많다. 전세계 100년 장수기업 중 40%를 차지한다. 일본 기업이 이토록 장수할 수 있었던 비결은 잘하는 일 한 가지에 집중 (시마즈제작소), 작은 가게에서 차근차근 성장(닌벤), 장기적 파트너십(마루야핫초미소와 카쿠큐), 장기적인 사업계획(파나소닉), 안정적인 경영권과 체계적인 승계 준비와 같은 것들이다.

여기에 덧붙여 차입을 일으키지 않고 불황에도 견딜수 있는 재무안정성이 큰 역할을 했다. 일본 장수기업들은 이해하기 어려울 정도로 자기자본비율이 높은 경향이 있었다. 1867년 기모노, 보석 등을 파는 기업으로 출발한 성장한 츠카키그룹의 신조 중 하나는 '함부로 규모를 확대하지 않는다', '빚을 지지 않는다'였다. 1337년 창업한 일본 된장 제조사인 마루야마 핫초미소의 노부타로 아사이 사장은 "부채가 생기면 한 달을 넘기지 않고 최대한 빨리 갚는다. 적자는 내가 사장이 된 후 한 번도 낸 적이 없다. 그것을 사회에 기여하는 일이 아니기

때문"이라고 말했다.

출처 : 매일경제, "일본 장수기업 성공 사례 분석 – 한 우물 무차입 · 장기 계획 · 점진적 성장 · 승계준비만 30년", 2019.07.04 https://www.mk.co.kr/news/economy/view/2019/07/487367/

한편 무차입 경영만이 능사는 아니다. 전략적으로 적절한 수준의 차입경영을 구사함으로써 회사의 외형을 큰 폭으로 성장시킬 수 있다. 아래 아모레퍼시픽과 LG생활건강의 재무전략을 비교해보도록 하자.

사 례 아모레퍼시픽의 무차입 경영과 LG생활건강의 적정 차입 경영

1990년대 초반 아모레퍼시픽그룹(당시 태평양)은 본업인 화장품 외에 보험, 증권, 금융, 건설, 금속 등으로 사업을 확장했지만, 무리한 사업 다각화로 부채비율이 치솟았던 경험이 있다. 이에 위기감을 느낀 서경배 회장은 화장품 사업을 제외한 나머지 사업에 대한 구조조정을 단행하고 2001년 4월 차입금을 모두 상환한 뒤 지금까지 무차입 경영을 이어오고 있다. 2018년까지 아모레퍼시픽의 부채비율은 20% 내외를 유지하고 있다.

LG생활건강은 2005년 차석용 대표이사 취임 후 1조 5천억원을 투자해서 식음료(코카콜라음료, 다이아몬드샘물), 화장품(더페이스샵, CNP코스메틱스 등), 건강기능식품(R&Y코퍼레이션 등)생활용품 업체에 대한 공격적인 M&A를 진행했다. 이 과정에서 수천억원 규모의 회사채를 발행했고 부채가 늘었다.

그러나, LG생활건강의 부채 증가를 통한 사업다각화는 기존 사업 및 신규 사업의 현금흐름 창출력이 뒷받침을 해주었다는 사실에 유의해야 한다. LG생활건강은 이후 창출되는 현금을 바탕으로 회사채를 점진적으로 상환해서 별도재무제표상 부채비율이 2015년 100% 이하로 하락했고 2018년말 31.3% 수준을 기록했다.

출처 : 더벨, 2016-11-09, "화장품 맞수 서경배-차석용, 상반된 현금활용법", https://www.thebell.co.kr/free/content/ArticleView.asp?key=201611070100011840000695&lcode=00

사 례 외환위기와 부채비율 

우리나라가 1997년 말 외환위기를 겪을 당시 30대 그룹의 평균 부채비율은 518%였다. 심지어 1,000%를 넘나드는 회사들도 있었다. 당시 미국 기업의 부채비율이 100%가 채 되지 않고, 일본 조차도 200% 내외 수준이었다.

우리나라의 부채비율이 이토록 높아진 것은 단기간에 성장을 도모하기 위한 전략으로서 정부가 주도한 신용할당 정책이 낳은 결과였다. 이런 정책은 단기간에 고도 성장을 유도하는 데에는 유효했지만, 이내 부작용이 나타났다. 제대로 된 신용평가와 금융시스템이 자리잡지 못하고, 기업가들은 '은행 돈이 내 돈'인 것처럼 행세하면서 외형 확장에 치중했다. 외환위기 이후 우리나라 기업들은 IMF의 권고에 따라 급격한 구조 조정, 자산 매각, 외자 도입 등을 통해 부채비율을 낮추는 고통스러운 작업을 진행했다. 그 결과 외환위기 이후 부채비율이 지속적으로 하락하여 2018년에 상장기업 부채비율은 평균 174%에 이르게 됐다[3].

일반 제조업이나 서비스업과 달리, 금융투자업은 레버리지에 대한 유혹에 더욱 노출되어 있다. 다른 조건이 동일하다면, 투자대상 증권 가격이 충분히 상승(예, 20%)할 것으로 예상되기만 하면, 투자자는 그 상승률보다 낮은 금리(예 : 8%)로 차입금을 조달해서 투자하면 충분히 차액(앞의 예로부터 12% = 20% − 8%)을 남길 수 있다고 판단할 것이다. 예상이 적중하면 투자자는 자기자본을 투입하지 않고도 차익을 실현할 수 있게 된다. 하지만 예상과 달리 투자대상 증권 가격이 하락하거나 차입금리 이하의 비율로 상승하는 데에 그치면 그만큼 손실을 입게 된다. 이런 위험을 흡수하는 장치로서 타인자본 대비 충분한 자기자본을 투입해야 함에도 불구하고 종종 큰 차익을 노린 채 무모한 레버리지를 일으키는 금융투자자가 등장하곤 한다. LTCM(Long Term Capital Management)의 사례가 대표적이다.

사 례 극단적 레버리지 자금조달의 비극, LTCM

LTCM은 1994년에 존 메리웨더(John Meriweather)를 중심으로, 노벨경제학상 수상자 마이런숄즈(Myron Scholes) 등 저명한 금융경제학자와 거물급 금융계 인사들이 설립한 헤지펀드다. 1998년 8월말 기준으로 재무상태표상 자산은 $1,250억, 자본 $48억였다. 부채비율은 약 2,500%에 달했다. 러시아 루블화 표시 채권 가격이 하락하는 와중에 하락 저점에 도달했다고 판단하고 향후 반등할 것이라는 예상에 동 채권에 거액의 매입 포지션을 취했다. 하지만 예상과 달리 러시아가 금융위기를 겪으면서 채권은 휴지조각이 됐고 LTCM은 큰 손실을 입었다. 그 여파로 1998년 9월 23일 채권은행 공동 관리에 들어가고 2000년대 초에 해산됐다[4].

3) KBS뉴스, 2018.12.06. 'IMF이후 국내 상장사 부채비율 589% → 174%', https://news.kbs.co.kr/news/view.do?ncd=4089180

4) LTCM 사태의 전모를 상세하게 묘사한 책으로 Roger Lowenstein, When Genius Failed : The Rise and Fall of Long-Term Capital Management, Random House, 2000 (국내 번역서, 이승욱 옮김, <천재들의 머니게임>, 개정판, 한국경제신문, 2010.)을 참조하라.

이상 재무분석가들이 활용하는 주요 재무비율을 소개했다. 현장에서 실제로 사용되는 재무비율들은 본서에 제시된 것 외에도 매우 다양하다. 때로는 필요에 따라 새로운 지표를 개발해서 사용하기도 한다. 어떤 경우에든 본서에 제시된 대표 재무비율 구성 원리와 그 의미를 충분히 이해했다면, 본서에 소개되지 않은 다양한 재무비율의 의미들도 쉽게 이해할 수 있을 것이다.

재무비율은 일반적으로 유사한 사업을 영위하는 다른 기업과 비교함으로서 그 성격을 올바로 판단할 수 있다. 유사 기업은 임의로 선별해서 비교해도 되지만, 업종 평균 재무비율을 이용하는 것도 좋은 방법이다. 예를 들어서 매년 공표되는『한국은행 기업경영분석』의 업종별 재무비율 평균이나, 유료 재무정보 서비스인 CRETOP 등의 개별 기업 재무비율은 훌륭한 비교용 지표가 된다. 유사 기업 또는 업종 평균에 비하여 개별 지표들이 이탈한 정도를 살펴봄으로써, 그 기업의 재무 위험이나 역량을 개략적으로 추측할 수 있다.

어떤 경우에든 단 한 가지 절대적으로 유효한 지표란 없으며, 여러 지표들이 주는 의미를 종합적으로 판단해서 기업의 건강성을 판단해야 한다는 사실을 마지막으로 유념하자. 사실 이런 판단 능력은 여러 회사의 사업 내용과 재무제표를 실제로 검토해보는 경험을 통해서만 생성된다. 업종마다, 업태마다 고유한 재무적 특성들이 존재하고 패턴은 수많은 형태로 등장하며 해석의 방향도 수없이 나뉜다. 여력이 된다면 신용평가회사나 증권회사의 홈페이지를 방문해서 다양한 산업에 속한 회사들에 대한 신용평가보고서나 투자분석보고서를 정독해볼 것을 권한다. 물론 이런 과정을 통해 재무분석의 감각을 향상시키는 데에는 시간이 걸릴 것이다. 본서에서 제시한 기본적인 개념을 숙지하는 일은 그 출발점이 된다.

CHAPTER

11 연습문제

01 다음 재무비율에 대한 정의식에서 공란을 채우시오.

- 당좌비율 = $\dfrac{\text{유동자산}_t - (\qquad\qquad)_t}{\text{유동부채}_t}$

- 고정자산회전율 = $\dfrac{(\qquad\qquad)_t}{\text{연평균고정자산}_t}$

- 총자산이익률(ROA) = $\dfrac{(\qquad\qquad)\text{이익}_t}{\text{연평균}(\qquad\qquad)_t}$

- 매출액 영업이익률 = $\dfrac{(\qquad\qquad)_t}{\text{매출액}_t}$

- 차입금의존도 = $\dfrac{\text{총차입금}_t}{(\qquad\qquad)_t}$

- 이자보상배율 = $\dfrac{(\qquad\qquad)_t}{\text{이자비용}_t}$

02 다음 두 회사의 재무정보가 다듬과 같을 때 총자산이익률, 매출액순이익률, 부채비율, 차입금의존도, 총차입금 대비 단기차입금 비중, 이자보상배율, 운전자본회전율을 계산하고, 이 수치에만 의거한다고 전제하고 종합적으로 보았을 때 재무적으로 어느 회사가 더 건강한지 판단하시오.

(단위 : ₩)

	A사	B사
매출액	2,000	1,200
영업이익	500	400
당기순이익	200	250
부채	3,000	800
단기차입금	1,000	200
총차입금	2,000	400
총자산	5,000	2,000
이자비용	160	30
매출채권평균잔액	350	100
재고자산평균잔액	200	50
매입채무평균잔액	170	110

03 아래는 동일한 전자산업을 영위하는 A사와 B사의 2 기간에 걸친 재무비율을 비교한 것이다. 이 두 기업의 사업적 · 재무적 역량이 어떻게 차이가 나는지 이 수치에 의거해서 추측 · 분석해 보도록 하시오.

〈A사〉

(단위 : 백만원, %, 회)

재무비율 항목	전기 2xx1.12.31			당기 2xx2.12.31		
	비율	한은평균	KIS산업평균	비율	한은평균	KIS산업평균
총자본순이익율	13.54	7.45	1.56	13.22	6.39	3.12
경영자본영업이익율	17.77	–	2.74	15.41	–	3.85
자기자본순이익율	19.26	12.73	3.49	18.43	10.73	6.52
매출액순이익율	12.81	7.29	2.06	13.59	6.1	3.43
매출액경상이익율	15.59	10.33	3.65	15.31	7.67	5.91
매출액영업이익율	11.06	10.46	2.72	10.26	11.3	3.15
매출액총이익율	22.22	–	15.88	22.15	–	17.67
법인세차감전순이익 이자보상비율	34.95	–	3.68	46.04	–	6.05
자기자본비율	71.05	60.41	51.12	72.34	59.25	44.71
부채비율	40.75	65.54	95.63	38.23	68.79	123.68
유동부채비율	23.88	41.18	39.01	29.8	46.67	63.64
고정장기적합율	77.55	88.14	82.32	85.7	86.06	93.25
유동비율	209.88	135.82	170.98	152.05	136.48	116.97
당좌비율	179.42	105.35	147.52	121.5	108.62	95.62
EBIT대매출액	16.05	11.77	5.15	15.65	8.73	6.85
EBITDA대매출액	17.3	21.99	5.98	16.76	18.11	7.65
EBITDA대금융비용	3,767.75	–	400.84	4,931.16	–	811.02
총자본회전율	1.06	1.02	0.75	0.97	1.05	0.91
매출채권회전율	6.78	13.16	5.92	7.36	10.79	6.48
재고자산회전율1	22.2	13.98	16.61	16.4	13.53	16.83
매출액증가율	13.25	18.16	−14.55	4.38	13.89	−4.48
영업이익증가율	−3.74	–	–	−3.15	–	10.78

〈B사〉

(단위 : 백만원, %, 회)

재무비율 항목	전기 2xx1.12.31			당기 2xx2.12.31		
	비율	한은평균	KIS산업평균	비율	한은평균	KIS산업평균
총자본순이익율	2.74	−1.65	12.65	6.19	1.81	11.79
경영자본영업이익율	10.13	−	22.15	15.23	−	20.6
자기자본순이익율	9.24	−9.68	25.91	20.36	33.41	22.43
매출액순이익율	2	−1.16	9.65	3.29	1.08	8.8
매출액경상이익율	2.87	−0.69	12.29	4.15	1.83	9.27
매출액영업이익율	4.76	3.1	11.76	5.26	4.52	11.22
매출액총이익율	22.83	−	27.13	23.92	−	27.12
법인세차감전순이익이자보상비율	2.64	−	7.78	3.74	−	8.77
자기자본비율	29.66	21.25	50.18	31.08	6.25	54.61
부채비율	237.18	370.6	99.3	221.79	1,500.21	83.12
유동부채비율	157.62	181.1	65.14	145.26	760.95	56.42
고정장기적합율	132.88	108.95	95.15	121.31	111.38	91.58
유동비율	62.55	85.7	110	74.11	87.45	118.92
당좌비율	37.62	60.13	84.41	44.56	58.19	91
EBIT대매출액	4.62	2.75	14.15	5.66	4.37	10.61
EBITDA대매출액	4.62	5.43	14.45	5.66	7.1	10.87
EBITDA대금융비용	263.78	−	779.39	373.94	−	814.08
총C/F대부채비율	−	−	43.7	21.48	−	48.76
경영자본회전율	2.13	2.27	1.88	2.89	2.31	1.84
총자본회전율	1.37	1.42	1.31	1.88	1.67	1.34
매출채권회전율	10.96	9.1	16.04	17.1	10.78	18.46
재고자산회전율1	11.78	14.75	16.13	15.03	12.83	15.77

04 국내 임의의 회사채 신용평가회사의 홈페이지를 방문하여 임의의 기업 또는 회사채에 대한 최근의 신용평가 보고서를 열람하고 재무비율 분석이 어떻게 수행되고 있는지 살펴보시오.

05 무차입경영, 적절한 차입경영, 과도한 차입경영의 장단점을 비교하여 설명하시오.

CHAPTER 12

재무제표는 어떻게 만들어지는가? I: 기중의 회계처리

학습목표

1. 기중의 회계처리 순서에 대해 설명할 수 있다.
2. 자산, 부채, 자본, 수익, 비용의 개념을 설명할 수 있다.
3. 재무제표의 구성요소와 형식을 설명할 수 있다.

기업은 재무제표를 통해 시장에 기업의 재무상태와 재무성과에 관한 정보를 제공한다. 재무제표는 기업과 기업 외부의 이해관계자들이 소통하는 통로이다. 재무제표에는 재무상태표, 손익계산서, 현금흐름표, 자본변동표, 주석이 포함된다.[1] 그렇다면 이러한 재무제표는 어떻게 만들어지는가? 본장과 다음 장에서는 이에 대해 알아보기로 한다.

재무제표를 작성하기 위해서는 거래가 발생한 시점에 이를 회계정보로 만들기 위한 작업이 이루어져야 한다. 회계정보는 발생주의(accrual basis) 관점에서 정보를 인식한다. 발생주의(發生主義)는 현금주의(現金主義)와 상반된 개념으로, 현금의 수수와는 별도로 수익은 실현되었을 때 인식되고, 비용은 발생되었을 때 인식한다는 개념이다. 예를 들어, 헬스클럽에서 프로모션을 하며 1년에 ₩120,000인 이용료를 3년 ₩150,000으로 할인해 판매했다고 가정해 보자. 현금주의 회계(cash-basis accounting) 하에서는 판매한 첫해에 수익 ₩150,000을 모두 인식한다. 그러나 이는 ₩150,000에 대한 서비스의 제공이 3년에 걸쳐 이루어짐을 고려할 때 비합리적이라고 생각될 수 있다. 발생주의에서는 이를 3년에 걸쳐 나누어 인식한다.

발생주의나 현금주의나 결국은 동일한 결과가 된다. 하지만 회계기간을 인위적으로 1년으로 나눈다면 회계기말에 기간에 귀속되는 수익과 비용을 추가적으로 조정해 줘야 할 것이다. 이로 인해 기업의 회계처리는 회계기간 중에 이루어지는 기중 회계처리와 회계기말에 이루어지는 기말 회계처리로 구성된다. 회계기간 중에 거래가 발생하면 거래 발생 시점에 회계처리가 이루어지는데 이를 기중 회계처리라고 하며, 기말에 발생주의에 따라 기간귀속과 관련된 회계처리를 수행하는 것을 기말 회계처리라고 한다. 결과적으로 회계정보이용자에게 전달되는 회계정보는 이 두 가지 회계처리의 합이라고 할 수 있으며, 기중의 회계처리와 관련해서는 본장에서, 기말의 회계처리에 대해서는 다음 장에서 설명하기로 한다.

---

1) 기업경영과 관련하여 중요한 내용이나 주석 외의 재무제표 형식에 부합하지 않는 정보들이 주로 주석에 담긴다. 주석에는 재무제표 작성에 관련된 주요 회계정책, 보충적 사항, 우발적 상황 등에 관한 정보가 담겨있어 정보이용자에게 매우 중요한 정보의 원천이 된다.

12.1 거래의 인식과 측정

12.1.1. 회계에서 거래(transaction)의 의미

회계에서 거래는 일반적인 생활이나 경제학에 이야기하는 거래라는 용어와는 의미의 차이가 있다. 회계에서 거래라 함은 기업의 경영활동을 통해 자산 · 부채 · 자본 · 수익 · 비용 등 재무제표 요소에 증감을 가져오고 화폐단위로 측정이 가능한 경제적 사건들을 의미함에 유의하여야 한다. 이러한 거래는 일반적으로 교환이라는 활동을 수반하기도 하지만 교환을 수반하지 않는 경우도 있다. 예를 들어, 자산의 손상(impairment)이나 금융자산의 가치변동 등은 교환을 수반하지 않지만 거래로 인식된다. 자산 · 부채 · 자본은 재무상태표를 수익 · 비용은 포괄손익계산서를 구성하는 요소이다. 따라서 회계에서의 거래는 재무상태표나 포괄손익계산서를 구성하는 요소의 변화를 가져오는 사건을 의미한다고 할 수 있으며, 반대로 재무상태표나 포괄손익계산서에 변화를 가져오지 않는 활동들은 회계상으로는 거래가 아닌 것으로 간주된다.

이러한 개념적 차이로 인해 특정 경제적 사건이 회계의 거래인가 아닌가에 대한 판단에 혼동이 발생할 수 있다. 예를 들어, 상품의 매매계약, 토지나 건물의 임대차계약, 담보설정 등은 일상에서 거래로 간주되지 않지만 회계 상에서는 자산 · 부채 · 자본 · 수익 · 비용 등을 변화시키지 않으므로 거래로 인식되지 않는 사건들이다. 반대로 건물이나 상품 등 자산의 화재, 파손, 도난 등은 일반적인 의미에서는 거래가 아니지만 자산이라는 재무제표 요소의 감소를 가져옴으로 인해 회계적 관점에서는 거래로 인식되는 사건들이다. 이처럼 회계에서의 거래 개념과 경제적 상식적 관점의 거래의 차이는 회계적 정보가 경제적 실질을 정확히 반영하는가와 관련된 논란을 유발할 수 있다. 다음의 예를 통해 이를 점검해 보기로 하자.

예 제 

다음의 사항들을 읽고 거래 여부를 판단하시오.

① 홍수로 원가 ₩100,000의 상품이 유실되었다.
② 원가 ₩50,000의 상품을 ₩70,000에 사겠다는 주문을 받다.
③ 지난 1년간 임대료 ₩100,000을 체불하다.

풀이

①에서는 상품이라는 자산이 감소하였으므로 거래에 해당한다고 할 수 있다. ②에서 상품의 주문만으로는 자산 · 부채 · 자본 · 수익 · 비용 등 재무제표 요소에 아무런 영향이 없으므로 거래 아니라고 할 수 있다. ③ 지불 의무라는 부채(비용)의 증가가 발생하였으므로 거래에 해당된다고 할 수 있다.

12.1.2. 회계등식과 장부기록의 원리

우리가 현재 사용하고 있는 회계의 원리는 이탈리아의 수학자이자 수도사인 프라 루카 바르톨로메오 데 파치올리(Fra Luca Bartolomeo de Pacioli, 1447년경 ~ 1517년)가 만든 복식부기에 기반을 두고 있다. 복식부기란 자산과 청구권의 합계가 일치함에 착안하여, 회계거래를 소위 차변(debit, 왼쪽)과 대변(credit, 오른쪽)으로 나누어 기록하는 것을 의미한다. 복식부기의 출발점은 다음의 등식처럼 표현될 수 있다. 여기에서 왼편의 자산은 미래의 효익을 가져다 줄 경제적 자원을 의미하며, 오른편의 청구권은 이러한 자산의 귀속과 관련된 권리를 의미한다.

자산 = 청구권

자산에 대한 청구권은 외부의 채권자에 의한 청구권인 부채와 내부의 주주가 보유하는 청구권인 자본으로 나누어 볼 수 있다. 회계에서 내부주주의 청구권은 자산에서 부채를 차감하여 계산된다. 이를 통해 이들의 관계식을 나타내면 "자산 − 부채 = 자본"으로 표현할 수 있으며 자산 · 부채 · 자본의 증가 형식으로만 표현하기 위해 부채를 우변으로 이항시키면 다음과 같이 나타낼 수 있다. 이러한 자산 · 부채 · 자본의 관계식을 회계등식(accounting equation)이라고 부른다. 이에 대한 다른 관점은 오른편의 부채와 자본을 자금을 어디에서 가져왔는지(financing)에 대한 정보를 보여주는 것으로 왼편의 자산을 조달된 자금이 어디에 존재하는지를 보여주는 것으로 해석하는 것이다.

자산 = 부채 + 자본

자본은 기업의 주주들이 출자한 자본뿐만 아니라 영업활동에서 발생하는 이익까지도 포함하는 개념이다. 이익은 수익에서 비용을 차감하여 계산되므로 위의 회계등식은 다음과 같이 확장될 수 있으며(자산 = 부채 + 자본 + 수익 − 비용), 구성요소의 증가 형식으로만 표현하면 비용을 좌변으로 이항하여 다음과 같이 확장된 회계등식을 얻을 수 있다.

자산 + 비용 = 부채 + 자본 + 수익

회계기록의 원리는 위의 회계등식의 개념을 장부기록의 규칙으로 만든 것이다. 루카 파치올리에 의하면 거래가 발생하면 자산이나 부채가 변동되어 이들의 관계에서 결정되는 자본도 영향을 받는다. 즉, 기업에서 거래가 발생하면 좌변이나 우변의 구성 항목들이 변화하는데 이를 회계등식의 등호를 유지하면서 기록하는 것이 회계기록의 원리인 것이다.

12.1.3. 거래의 이중성, 복식부기, 거래요소의 결합관계

회계상의 거래는 회계등식 상에서 자산 · 부채 · 자본 · 수익 · 비용 등 재무제표 항목 중에서 두 가지 이상의 항목에 영향을 미치게 되는데 이를 거래의 이중성(duality of transactions)이라고 한다.[2] 예를 들어, 은행으로부터 현금을 차입하면 현금이라는 자산이 증가하고 차입금이라는 부채가 증가하게 된다. 또, 건물을 대여하고 임대료를 받게 되면 현금이라는 자산이 증가하고, 임대료(賃貸料)라는 수익이 발생한다. 이처럼 거래를 자산 · 부채 · 자본 · 수익 · 비용 등에 변화를 가져오는 기업의 활동이라고 보았을 때, 거래라는 것은 결국 자산의 증가와 감소, 부채의 증가와 감소, 자본의 증가와 감소 및 수익의 발생, 비용의 발생으로 요약될 수 있을 것이다. 이와 같은 거래의 형태들을 흔히 거래의 8요소라고 부르는데, 거래라는 것은 결과적으로 이들 요소가 어떻게 조합을 이루는가의 문제라고 할 수 있다.

2) 여기에서 두 개 이상의 항목이라 함은 동일한 재무제표 요소에 두 번 영향을 미치는 것을 포함하는 표현이다. 예를 들어, 특정 거래가 하나의 자산은 증가시키고 다른 자산은 감소시킨다면 이것도 두 개 이상의 항목에 포함되는 개념인 것이다.

그림 1 복식부기의 공간

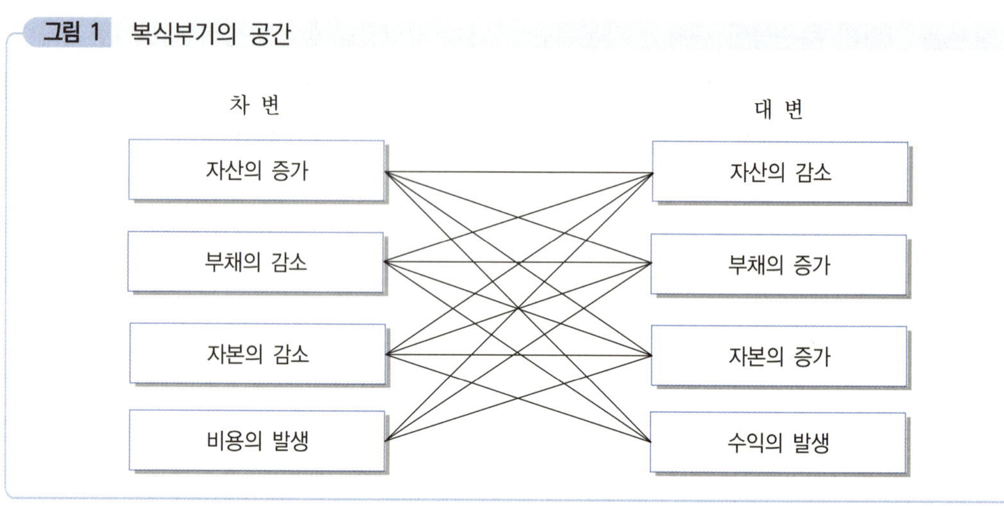

위의 그림은 복식부기의 공간을 나타내고 있다. 그림의 두 세로 축 중에서 왼쪽 축을 차변(debtor, debit, Dr.)이라고 칭하고 오른쪽 축을 대변(creditor, credit, Cr.)이라 칭한다. 이처럼 부기의 공간을 둘로 나눈 것은 거래의 이중성을 체계적으로 반영하여 재무제표를 작성하는 복식부기(double entry bookkeeping)를 사용하기 위한 것이다. 부기는 기록방법에 따라 위의 그림처럼 세로축을 대변과 차변으로 나누는 복식부기와 이를 나누지 않고 하나의 축에 기록하는 단식부기(single entry bookkeeping)도 있다. 단식부기는 경제주체의 재산에 증 · 감이 발생할 때 이를 개별 항목의 증감변화 단독으로 기록하고 계산하는 방법이다. 이는 간편하기는 하지만 위의 그림에서와 같이 거래요소의 결합관계를 표현하지 못하므로 재산이나 손익의 현재 상태 측정이나 그 변화가 어디에서 기인하는 것인지를 알 수가 없다는 한계가 있다. 복식부기는 이러한 단점을 극복하기 위해 것으로 자산 · 부채 · 자본 · 수익 · 비용 등의 변화를 일정한 원칙에 따라 기록하여 개별 항목의 변동뿐만 아니라 관련된 항목까지도 동시에 유기적으로 기록하는 방법이다.[3)]

결국 복식부기라는 것은 거래가 발생하면 차변과 대변에 각각 하나 이상의 기록을 해나가는 과정이다. 따라서 복식부기 체계 하에서는 모든 거래가 이중으로 기록되므로 차변의 합계와 대변의 합계는 항상 일치하게 되는데 이를 대차평균의 원리(principle of equilibrium)라고 부른다. 대차가 일치되면 각 거래는 장부에 기장되었음을 뜻하고, 그렇지 않으면 오류가 있었음을 의미한다. 이를 통해 복식부기를 통한 회계는 자기검증의 기능을 갖게 된다.

이상의 내용을 토대로 회계등식을 통해 거래의 발생을 분석해 보기로 하자. 우선 자본금

---

3) 이러한 복식부기의 원리는 단식부기에 비해 적용이 복잡하여 정부 등의 분야에 잘 사용되지 않았었다. 그러나 복식부기의 장점을 고려하여 2005년 지방정부, 2009년부터 중앙정부에 복식부기가 도입되었다.

₩100,000을 출자하여 회사를 설립하였다고 가정해 보자. 이 거래는 자산 ₩100,000이 증가하는 동시에 자본도 ₩100,000이 증가하는 거래이다. 이를 회계등식을 통해 기록하면 다음과 같을 것이다.

	자 산	+	비 용	=	부 채	+	자 본	+	수 익
거래 1	₩100,000						₩100,000		
계	₩100,000						₩100,000		

다음으로 사무실을 임차하고 임차료 ₩30,000이 발생했는데 이를 아직 지급하지 않았다고 가정해 보자. 이는 비용 ₩30,000 증가와 부채 ₩30,000의 증가로 구성된 거래이다. 이를 위의 형식에 연속하여 기록해 보기로 한다.

	자 산	+	비 용	=	부 채	+	자 본	+	수 익
거래 1	₩100,000			=			₩100,000		
거래 2			₩30,000	=	₩30,000				
계	₩100,000	+	₩30,000	=	₩30,000	+	₩100,000		

마지막으로 용역서비스를 제공하고 현금 ₩50,000을 받았다고 가정해 보자. 이는 자산 ₩50,000의 증가와 수익 ₩50,000의 증가로 구성된 거래이다. 따라서 이를 위의 형식에 나타내면 다음과 같을 것이다.

	자 산	+	비 용	=	부 채	+	자 본	+	수 익
거래 1	₩100,000			=			₩100,000		
거래 2			₩30,000	=	₩30,000				
거래 3	₩50,000			=					₩50,000
계	₩150,000	+	₩30,000	=	₩30,000	+	₩100,000	+	₩50,000

이상의 내용을 통해 우리는 거래의 발생이 회계등식에 미치는 영향을 확인할 수 있다. 즉, 매 거래가 발생할 때마다 해당 재무제표 요소의 변동을 기록하면 항상 좌변과 우변의 합계금액이 일치해 회계등식이 유지됨을 관찰할 수 있는 것이다.

다음의 표는 거래의 결과를 간단한 양식의 재무상태표와 포괄손익계산서를 통해 정리해 본 것이다. 먼저 이 표를 통해 포괄손익계산서에서 수익에서 비용을 차감하여 ₩20,000

(50,000 − 30,000)의 당기순이익이 보고됨을 관찰할 수 있다. 재무상태표의 자본은 주주가 출자한 자본(₩100,000)에 영업으로부터 창출된 수익(₩20,000)을 합한 개념이므로 ₩120,000으로 표현된다.[4] 이는 자산(₩150,000)에서 부채(₩30,000)를 차감한 금액과 일치한다. 그러나 이처럼 작성된 재무상태표와 포괄손익계산서는 자산 · 부채 · 자본 · 수익 · 비용만으로 표현되기 때문에 그 세부적인 구성항목들을 파악하기 어렵다. 따라서 다음 절에서는 이러한 항목들을 좀 더 세부적으로 표현하기 위한 방법을 공부해 보기로 한다.

재무상태표

자 산	150,000	부 채	30,000
		자 본	120,000
계	150,000	계	150,000

포괄손익계산서

수 익	50,000
비 용	(30,000)
당기순이익	20,000

12.2 분개장에 분개

12.2.1. 계정(account)

계정이란 회계기록의 최소단위로 회계상 각 거래를 기록하는 명칭을 의미한다. 이는 회계 기간 중에 발생한 거래들을 동일한 성격의 단위들로 구분 기록하기 위한 분류단위로 이해할 수 있다. 계정과목은 계정의 내용이 분명히 나타나도록 표시해야 하며, 기업의 업종과 규모, 해당 과목의 발생빈도 등을 고려하여 결정되어야 한다.[5]

계 정	계정과목 예
자 산	현금, 매출채권, 미수금, 재고자산 등
부 채	매입채무, 미지급금, 차입금, 사채 등
자 본	자본금, 이익잉여금 등
수 익	매출, 임대료수익, 이자수익 등
비 용	매출원가, 임차료비용, 이자비용 등

4) 재무상태표와 포괄손익계산서의 연계관계를 참조하길 바란다.

5) 재무제표에 표시되는 계정이 기업마다 다르면 정보이용자에게 혼선을 줄 수 있으므로 되도록 통일된 계정명칭을 사용해야 하나, 회계기준 등에 제시되지 않은 항목들에 대해서는 기업특성에 맞게 만들어 사용하는 것이 가능하다. 일반적으로 회계 대상에 대해 Chart of Account를 사전에 설정하고 이를 활용한다.

앞의 표에서 제시된 계정과목의 의미들에 대해 간단히 살펴보자. 현금은 용어 그대로 현금을 의미한다. 매출채권은 기업이 주된 영업활동인 재화나 용역을 외상으로 공급했을 때 나중에 이에 대해 받을 대가를 기록하는 계정이다. 반면 미수금은 주된 영업활동이 아닌 재화나 용역을 외상으로 공급했을 때 이에 대해 받을 금액을 기록하는 계정이다. 재고자산은 기업이 정상적인 영업과정에서 판매를 목적으로 보유중이거나 생산중인 자산, 또는 원재료 등을 의미한다.

부채와 관련해서 매입채무는 기업이 주된 영업활동과 관련하여 판매하는 재화나 용역을 외상으로 공급받을 경우 이에 대한 거래금액을 기록하는 계정이다. 반면 미지급금은 주된 영업활동이 아닌 재화나 용역을 외상으로 공급받을 경우 이에 해당하는 거래금액을 기록하는 계정이다. 차입금은 기업이 필요한 자금을 외부로부터 빌려오고 이를 기록하는 계정이다. 사채는 기업이 필요한 자금을 이자와 원금의 지급을 명시한 채권을 발행하여 조달한 채무를 나타내는 계정이다.

자본과 관련된 계정 중에서 자본금은 발행주식의 액면금액을 나타내는 계정이다. 이익잉여금은 기업의 설립시점부터 영업을 통해 창출한 순이익의 누적액 중에서 배당이나 자본으로 대체되지 않고 기업에 유보되어 있는 금액을 의미한다.

다음으로 수익 및 비용과 관련된 계정의 의미를 간단히 살펴보자. 매출액은 기업의 주된 영업활동으로부터 발생한 재화나 용역의 대가를 나타내는 계정이다. 임대료수익은 건물 등의 임대로부터 발생한 수익을 의미하고, 이자수익은 자금의 대여로 인해 발생한 이자에 대한 수익을 의미한다. 한편, 기타수익은 기업의 경상적인 영업활동 이외의 활동으로부터 발생한 수익으로 이자수익이나 임대료수익 등을 포함하는 개념이다. 매출원가는 매출과 대응하는 상품 및 제품 등의 매입원가 또는 제조원가를 의미한다. 임차료비용은 건물이나 토지를 임차하고 이에 대한 거래금액을 기록하는 계정이다. 이자비용은 자금을 차입하고 이에 대해 지급하는 이자에 대한 비용을 기록하는 계정이다.

이외에도 거래를 나타내는 계정은 매우 다양하다. 이들에 대해서는 시간을 두고 회계학을 공부하며 하나하나 익혀나가게 될 것이다.

12.2.2. 분개(journalizing)

분개란 거래를 기입하기 위한 계정을 선택하고 그에 해당되는 금액을 결정하여 차변과 대변에 나누어 기록하는 행위를 의미한다. 자산 · 부채 · 자본 · 수익 · 비용 등의 변화를 차변과 대변 중 어디에 기록해야 하는가의 문제와 관련해서는 회계등식과 장부기록의 원칙에서 설명을 한 바와 있는데, 이를 분개의 원칙이라고 부르기도 한다. 이를 다시 한 번 정리하여 표로 나타내면 다음과 같다.

	차 변	대 변
자산계정	증 가	감 소
부채계정	감 소	증 가
자본계정	감 소	증 가
수익계정	감 소	발 생
비용계정	발 생	감 소

이처럼 기업의 분개를 지속적으로 기입하는 장부를 분개장이라고 한다. 분개장은 거래의 발생순서에 따라 거래일자와 이에 따른 회계처리를 기입하는 장부로 거래가 최초로 기록된다는 이유로 원시기입장이라고 칭하기도 한다.[6)]

우리는 지금부터 몇 가지의 상황을 가정하고 이를 바탕으로 분개와 관련된 문제들을 하나씩 접근해 보기로 한다. 기업의 경영과 관련된 활동들은 대개 주주나 채권자로부터 자본의 조달, 영업과 관련된 자산의 구입이나 임차, 주된 영업활동이나 영업활동 이외의 부수적 활동을 통한 수익 창출, 매출을 이루기 위한 제품의 제조나 상품의 구입 등 매출원가와 관련된 사항, 급여 · 보험료 · 이자비용 등 여러 가지 비용의 지급 등으로 대별해 볼 수 있다. 분개란 이러한 활동들 중에서 거래에 해당하는 사건이 발생하면 이들을 하나하나 일자별로 분개장에 기록하는 것이다.

이제 좀 더 본격적인 공부를 위해 새로운 사례를 가정해 보자. 2011년 1월 1일 김단군이 자본금 ₩1,000,000을 출자하여 컨설팅 용역을 제공하는 것을 주된 영업활동으로 삼는 ㈜한국이라는 회사를 설립하였다고 가정해 보자. 분개를 위해서는 먼저 이 활동이 거래인지 여부를 판단하고 거래라면 재무제표 요소의 결합관계가 어떠한가를 분석해야 한다. 이 활동으로 인해 ㈜한국이라는 경제적 실체에는 자산과 자본이 증가하였으므로 이 활동은 거래로 분류될 수 있다. 거래의 결합관계 측면에서는 자산 ₩1,000,000이 증가하고 동시에 자본 ₩1,000,000이 증가한 것으로 파악하면 될 것이다. 다음으로 이러한 관계에 해당하는 적당한 계정 명칭을 식별하고 계정에 해당하는 금액을 결정해야 한다. 이 거래에서는 현금

6) 일반적으로 회계장부는 주요장부와 보조장부로 분류된다. 주요장부에는 분개장과 총계정원장 등이 있으며, 보조장부에는 총계정원장의 항목들을 자세히 기록한 보조원장, 특정 유형의 빈번한 거래들을 기록해 두는 보조기입장, 기타 보조부 등이 있다.

이라는 자산이 증가하였으므로 차변에 현금을 인식하고 그에 해당하는 금액 ₩1,000,000을 기입한다. 다음으로 자본금이라는 자본이 ₩1,000,000만큼 증가하였으므로 이를 대변에 기입하면 이 거래에 대한 분개가 완료되는 것이다.[7)]

(차) 현 금	1,000,000	(대) 자 본 금	1,000,000

다음으로 20x1년 2월 1일 ㈜한국이 서울은행으로부터 현금 ₩500,000을 차입했다고 가정해 보자. 이는 역시 현금이라는 자산 ₩500,000 증가와 차입금이라는 부채 ₩500,000의 증가로 구성된 거래이다.[8)] 자산의 증가는 차변에 기록하고 부채의 증가는 대변에 기록하므로 이러한 원칙에 따라 분개를 한다면 다음과 같을 것이다.

(차) 현 금	500,000	(대) 차 입 금	500,000

한편, ㈜한국이 영업을 위해 20x1년 3월 1일 건물을 ₩800,000에 현금으로 구입하였다고 가정해 보자. 이는 현금이라는 자산이 ₩800,000만큼 감소하고 대신 건물이라는 새로운 자산이 ₩800,000만큼 증가하는 거래의 결합이라고 해석될 수 있을 것이다. 건물과 관련해서는 자산의 증가이므로 차변에 이를 기록하고 현금과 관련해서는 자산의 감소이므로 이를 대변에 기록해야 할 것이다. 따라서 이를 분개한다면 다음과 같이 표현할 수 있을 것이다.

(차) 건 물	800,000	(대) 현 금	800,000

㈜한국이 20x1년 4월 1일 ㈜중국에 컨설팅서비스를 제공하고 이에 대한 대가로 ₩1,000,000을 현금으로 지급받았다고 해보자. 이는 현금이라는 자산을 ₩1,000,000만큼 증가시키고 매출이라는 수익을 ₩1,000,000만큼 발생시키는 거래이다. 자산의 증가는 차변에 수익의 발생은 대변에 기록하므로 이를 분개하면 다음과 같을 것이다.[9)]

7) 회계에서 자본(shareholders' equity)은 기업의 총자산에서 총부채를 차감한 주주의 지분을 의미하며, 자본금(capital stock)은 자본의 구성요소로서 발행주식의 액면금액 합계액을 의미한다.

8) 계정명칭과 관련하여 자금을 타인으로부터 빌려오는 것을 차입금(借入金)이라 하고, 타인에게 빌려주는 것을 대여금(貸與金)이라 한다.

9) 이와 관련하여 수익의 감소 상황에 대해서도 생각해 볼 수 있을 것이다. 수익의 발생을 수익의 증가라고 해석하여 수익의 감소는 차변에 기록한다.

(차) 현 금	1,000,000	(대) 매 출	1,000,000

㈜한국은 20x1년 5월 1일 직원들에게 ₩600,000의 급여를 현금으로 지급하였다고 가정해 보자. 이는 현금이라는 자산을 ₩600,000만큼 감소시키고 급여라는 비용을 ₩600,000만큼 발생시키는 거래에 해당된다. 자산의 감소는 대변에 비용의 발생은 차변에 기록하므로 이를 분개하면 다음과 같을 것이다.[10)]

(차) 급 여	600,000	(대) 현 금	600,000

기중의 분개는 이상에서와 같이 거래가 발생하면 거래의 결합관계와 계정 명칭, 금액 등을 반영하여 분개장에 기록하는 것을 의미한다. 지금까지 수행한 일련의 분개의 대변 합계액과 차변 합계액은 모두 ₩3,900,000으로 대변과 차변의 금액이 일치한다. 이는 앞서 설명한 대차평균의 원리를 확인시켜 주는 것이며 이를 통해 거래기록의 적절성을 확인할 수 있다.

12.3 총계정원장에 전기

전기(posting)란 거래가 발생할 때마다 분개장에 분개된 거래들을 계정별로 원장(ledger)에 옮겨 적는 것을 말한다. 원장은 해당 기업이 사용하는 모든 계정을 한 곳에 모아 둔 것이기 때문에 총계정원장(general ledger)이라고 부르기도 한다. 총계정원장은 모든 계정기록을 집합해 놓은 장부로서 각 계정별로 관련된 분개의 결과들이 집계된다. 따라서 여기에는 해당 계정의 변화를 유발하는 거래의 발생 일자, 대응되는 계정과목, 금액 등이 기록된다. 이와 같이 분개장의 기록들을 원장에 전기하는 목적은 각 계정과목별로 증감내역과 합계액을 명확하게 하여 재무제표 작성과정의 오류를 방지하기 위해서이다.

총계정원장과 각 계정별로 사용하는 장부의 양식은 기업마다 다를 수가 있다. 따라서 거래를 실제로 장부에 기입하는 것이 아닌 경우 즉, 기장연습을 한다든가 혹은 교과서에서 해설하는 경우에는 장부형식을 사용하지 않고 아래와 같은 표준식 계정모형을 주로 이용한

10) 이와 관련하여 비용의 감소 상황에 대해서도 생각해 볼 수 있을 것이다. 비용의 발생을 비용의 증가라고 해석하여 비용의 감소는 대변에 기록한다.

다. 이 모양이 T자처럼 생겼기 때문에 이를 일반적으로 T계정(T-account)이라고 부른다.

원장으로의 전기가 모두 이루어지면 일반적인 경우 자산계정은 차변에, 부채와 자본계정은 대변에 잔액이 남게 된다. 이는 이익잉여금을 제외하고는 과 일치하는데, 이는 이익잉여금의 경우 수익과 비용을 별도의 계정에 기록하였기 때문이다.

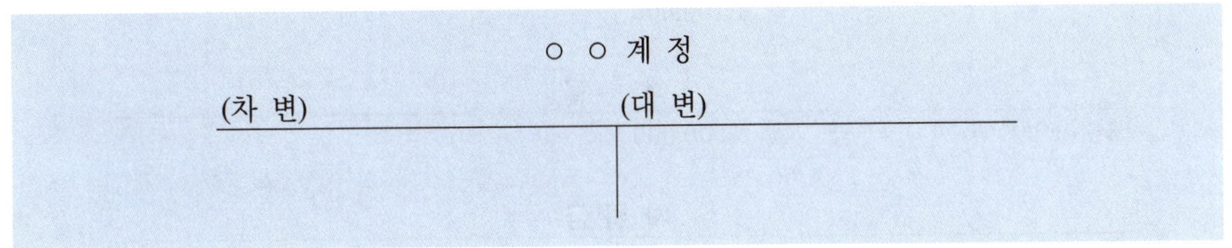

T계정(T account)을 이용해서 각 계정을 나타내는 방법은 다음과 같다. 당해 계정이 다음 중에서 속하는 범주에 따라 각각의 증감을 나타내면 된다.

자산계정	
증가 (+)	감소 (−)

부채계정	
감소 (−)	증가 (+)

자본계정	
감소 (−)	증가 (+)

수익계정	
감소 (−)	발생 (+)

비용계정	
발생 (+)	감소 (−)

앞서 2단계에서 수행한 분개 사항을 계정별로 T계정에 전기하면 다음과 같다. 여기에서는 일자와 대응되는 항목들도 일목요연하게 정리하였지만, 교과서나 수업시간에는 시간관계상 금액만을 적는 경우가 많다. 또한, 계정의 합계 및 잔액에 대해서도 아래의 현금계정에서와 같이 집계를 해두는 것이 유용하지만 지면이나 시간의 절약을 위해 많은 경우 기재를 생략하며 본서에서도 이후 간략히 기재하기로 한다.

현　금

1월 1일	자 본 금	1,000,000	3월 1일	건　물	800,000
2월 1일	차 입 금	500,000	5월 1일	급　여	600,000
4월 1일	매　출	1,000,000			
	합　계	2,500,000		합　계	1,400,000
	잔　액	1,100,000			

건　물

3월 1일	현　금	800,000			

차 입 금

			2월 1일	현　금	500,000

자 본 금

			1월 1일	현　금	1,000,000

매　출

			4월 1일	현　금	1,000,000

금　여

			5월 1일	현　금	600,000

12.4 수정전시산표 작성

전기(posting)의 다음 단계로 시산표(trial balance)를 작성한다. 시산표는 기중 회계처리의 잔액을 일괄하여 보여주는 표이다. 시산표를 작성하는 목적은 크게 두 가지가 있다. 먼저 시산표를 작성하기 전까지 계정별로 기입이 정확했는지를 확인하기 위함이다. 거래마다 대변과 차변에 동일한 금액이 기입되고, 총계정원장에 올바르게 전기되었으며, 계정별로 잔액이 정확하게 계산되었다면 시산표의 대변과 차변은 일치할 것이다. 이를 복식부기의 자기검증기능이라 한다. 만약 시산표의 차변합계와 대변합계가 일치하지 않는 경우 반드시 오류를 찾아 대차합계를 일치시키고 다음 단계로 진행해야 한다. 다음으로 재무상태표와 포괄손익계산서 작성을 위한 보조수단으로 활용하기 위함이다. 보고를 위한 재무상태표나 포괄손익계산서의 계정 금액은 해당 계정의 최종 잔액으로 표시된다. 시산표의 금액은 해당 계정의 최종 잔액을 의미하므로, 이 금액을 이용하면 재무상태표나 포괄손익계산서 작성이 용이해진다.

이러한 관점에서 시산표는 매 결산기에만 작성되는 것이 아니라 매일, 매주, 매월 등 재무제표를 작성할 필요가 있을 때 항시 만들어질 수 있다. 수정분개가 아직 반영되지 않았다는 측면에서 4단계에서 작성되는 시산표를 수정전시산표(unadjusted trial balance)라고 부르고, 5단계의 결산수정분개를 반영하여 다시 작성되는 6단계의 시산표를 수정후시산표(adjusted trial balance)라고 구분하여 부른다.

시산표는 작성하는 방법에 따라 합계잔액시산표, 잔액시산표, 합계시산표 등이 있다. 계정별로 합계금액과 잔액을 모두 기록하는 시산표의 양식을 합계잔액시산표라고 하고, 계정별 잔액만 보고하는 시산표를 잔액시산표, 합계금액만을 표시하는 시산표를 합계시산표라고 한다. 실무적 관점에서는 검증의 목적을 달성하기 위해 일반적으로 합계잔액시산표를 사용하나 일부 교과서에서는 논의를 단순히 하기 위해 잔액시산표를 사용하기도 한다. 합계잔액시산표에서는 총계정원장의 각 계정을 하나의 축에 세로로 기입한 후 해당 계정의 차변합계와 대변합계 및 양 변의 잔액을 구하여 기입한다. 이렇게 하면 합계잔액시산표의 잔액 부분에는 차변의 경우 자산과 비용의 잔액이 대변에는 부채, 자본, 수익의 잔액이 기록되게 된다. 일반적으로 자산과 비용에 속하는 계정의 잔액은 차변의 합계가 대변의 합계보다 크기 때문에 차변에, 부채, 자본, 수익 계정의 잔액은 대변의 금액이 차변의 금액보다 크기 때문에 대변에 기록된다.

수정전시산표

20X1년 12월 31일

㈜한 국 (단위 : 원)

차변잔액	차변합계	계정과목	대변합계	대변잔액
1,100,000	2,500,000	현 금	1,400,000	
800,000	800,000	건 물		
		차 입 금	500,000	500,000
		자 본 금	1,000,000	1,000,000
		매 출	1,000,000	1,000,000
600,000	600,000	급 여		
2,500,000	3,900,000		3,900,000	2,500,000

위의 표는 3단계에서 수행된 계정별 T계정의 대변과 차변의 합계액과 잔액을 바탕으로 이에 대한 수정전시산표를 작성한 것이다. 이 표를 통해 계정과목별로 대변의 합계와 차변

의 합계가 ₩3,900,000으로, 계정별 잔액의 합계액이 ₩2,500,000으로 일치함을 관찰할 수 있다. 이와 같이 대변과 차변의 합계가 일치하는 것을 확인함으로써 분개와 전기, 합산의 정확성 등을 검증할 수 있다.

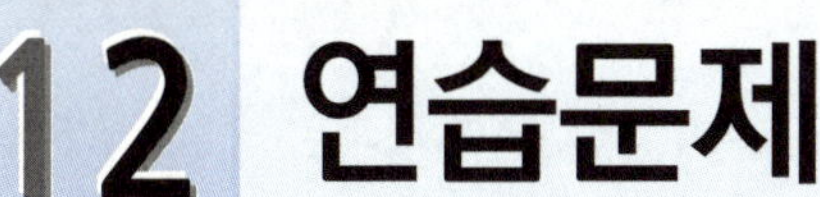
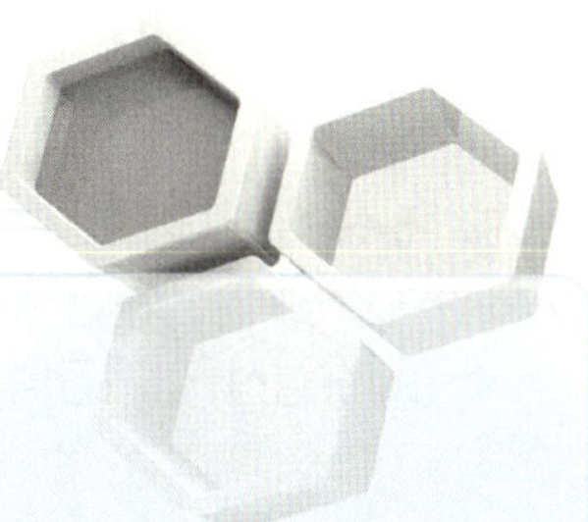

CHAPTER 12 연습문제

01 우리 교과서에 소개된 미국회계학회 보고서(A Statement of Basic Accounting Theory, 1966)의 회계에 대한 정의를 기술하고, 이를 3줄 이내로 설명하시오.

02 20X1년 선우환은 (주)한국을 설립하였으며, 20X1년 말에 아래와 같은 재무상태표를 보고하였다. 매출원가와 관련해서는 3분법에 의한 실사법을 적용한다.

재무상태표

(주)한국　　20X1년 12월 31일 현재　　단위 : ₩

자산	금액	부채와 자본	금액
현금	900,000	매입채무	500,000
당좌예금	800,000	차입금	1,500,000
매출채권	200,000		
상품	800,000	자본금	1,500,000
건물	800,000		
자산 총계	3,500,000	부채와 자본 총계	3,500,000

20X2년 영업과 관련된 다음의 활동들이 발생하였다.

- 1/1 상품 ₩700,000을 ₩500,000은 외상으로 ₩200,000은 현금으로 매입하였다.
- 2/1 건물 중 일부를 (주)아주에 임대하고 ₩240,000을 현금으로 받았다.
- 3/1 사무용 비품 ₩50,000을 외상으로 구입하였다.
- 4/1 (주)삼성에 상품 ₩1,200,000을 ₩800,000은 현금으로 ₩400,000은 외상으로 판매하였다.
- 5/1 차입금 중에서 원금 ₩500,000과 이자 ₩10,000을 현금으로 상환하였다.
- 6/1 건물에 대한 보험료 ₩120,000을 당좌수표를 발행해 지불하였다.
- 7/1 (주)SK가 상품 ₩500,000을 구입하기로 계약을 체결하였다.
- 8/1 종업원에 대한 급여 ₩200,000을 현금으로 지급하였다.
- 9/1 6개월 전에 외상 판매한 상품대금 중 ₩200,000이 은행에 입금되었다.
- 10/1 투자를 위해 액면가 ₩500의 주식을 1,000주 발행하여 현금 ₩500,000을 조달하였다.

1) 위에 제시된 20X2년 거래와 관련된 사항들을 분개하시오.

2) 수정전 합계잔액 시산표를 작성하시오.

03 다음의 각 사항들이 회계상의 거래에 해당하면 T, 해당하지 않으면 F로 표시하시오.

(1) 직원을 채용하다. ( )
(2) 거래처에 상품을 판매하였다. ( )
(3) 대주주가 은행으로부터 대출을 받다. ( )
(4) 대출을 위해 사옥을 담보로 제공하였다. ( )
(5) 홍수로 상품이 분실되었다. ( )
(6) 상품을 본사의 창고에서 지사의 창고로 이전하였다. ( )
(7) 차입금에 대한 이자를 지급하다. ( )
(8) 화재의 발생으로 본사 건물이 소실되었다. ( )
(9) 상품을 매입하고 대금을 내년에 지급하기로 하다. ( )
(10) 차입금의 이자기일이 경과되다. ( )

04 자산, 부채, 자본, 수익, 비용의 정의를 각각 3줄 이내로 기술하시오.

05 다음은 ㈜동해운송의 거래와 관련된 사항들이다. 이를 읽고 아래의 물음에 답하시오.

(1) 1/1 : 현금 ₩300,000을 출자하여 ㈜동해운송을 설립하다.
(2) 1/2 : 영업용 차량을 ₩50,000에 외상으로 구입하다.
(3) 1/3 : 차량에 대한 보험료 ₩12,000을 현금으로 지급하다.
(4) 1/4 : ㈜미국에게 운송 용역을 제공하고 ₩100,000을 받기로 하였는데, 이 중 ₩50,000은 현금으로 받고, ₩50,000은 6개월 후에 받기로 하였다.
(5) 1/5 : 종업원에 대한 급여 ₩30,000을 현금으로 지급하였다.
(6) 1/6 : 독도은행에서 현금 ₩200,000을 차입하였다.

1) 위의 거래들이 아래의 회계등식에 미친 영향을 다음의 양식에 기입하시오.

일 자	자 산	+	비 용	=	부 채	+	자 본	+	수 익
1/1									
1/2									
1/3									
1/4									
1/5									
1/6									
계									

2) 위의 표를 이용하여 재무상태표와 포괄손익계산서를 작성하시오.

06 ㈜서해컨설팅의 2011년 3월의 영업활동은 다음과 같다. 이를 일자별로 분개 한 후, 예시된 T계정에 전기(posting)하시오.

3월 1일 : ₩500,000을 출자하여 영업을 개시하다.
4일 : 업무용 비품을 외상으로 ₩100,000에 구입하다.
9일 : 컨설팅 용역을 제공하고 3개월 후 ₩200,000을 받기로 하다.
12일 : 종업원에 대한 급여 ₩50,000을 현금으로 지불하다.
17일 : 은행에서 현금 ₩100,000을 차입하다.
25일 : 3/4 외상으로 구입한 비품 대금 ₩100,000을 현금으로 지급하다.

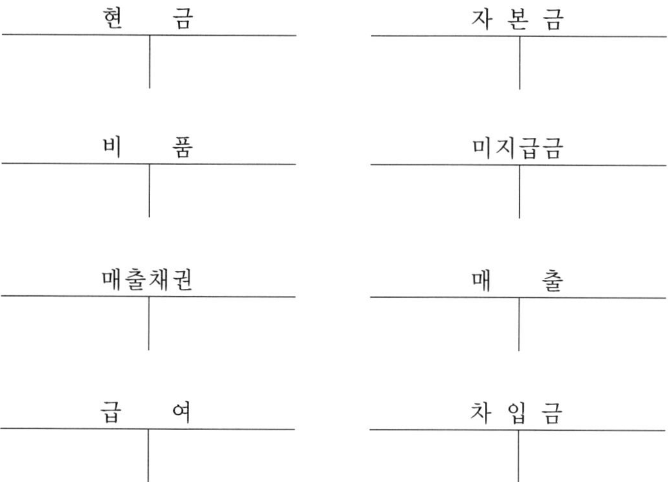

07 다음은 금년에 영업을 시작한 ㈜남해수송의 거래내역이다. 합계잔액시산표를 작성하시오.

(1) 4/1 : 보통주 1,000주(액면가 ₩500)를 발행하여 영업을 개시하다.
(2) 4/2 : 영업에 사용할 선박 2척을 1척당 ₩200,000에 외상으로 구입하다.
(3) 4/3 : 종업원 20명을 채용했다.
(4) 4/4 : 운송용역을 제공하고 대가로 ₩300,000을 받기로 하였다.
(5) 4/5 : 선박에 대한 보험료 ₩20,000을 현금으로 지급하였다.
(6) 4/6 : 4/4 운송용역에 대한 대가 ₩200,000을 현금으로 수취하였다.
(7) 4/7 : 종업원에 대한 급여 ₩100,000을 현금으로 지급하였다.
(8) 4/8 : 선박 1척을 현금 ₩150,000에 매각하였다(감가상각은 고려하지 말 것)

[화제] 워렌 버핏과 재무제표 분석

워렌 버핏(Warren Buffett)은 1930년 미국 네브래스카주(州) 오마하에서 태어났다. 그는 20세기 투자자 중에 가장 유명한 사람 중의 하나로 회계적인 정보를 매우 중요시한다.
어렸을 때부터 껌이나 콜라, 주간신문 등을 파는 등 돈을 벌고 모으는 데 관심이 많았다. 11살 때 100달러의 자금으로 주식투자를 시작하기도 했으며, 펜실베이니아대학 와튼 비즈니스 스쿨, 네브래스카-링컨대학, 컬럼비아대학 경영대학원에서 경제학을 공부했다. 벤저민 그레이엄(Benjamin Graham)이 운영한 뉴욕의 투자회사에서 근무하고, 1965년 방직회사 버크셔 해서웨이(Berkshire Hathaway)의 경영권을 인수하여 우량기업을 거느린 지주회사이자 투자회사로 변모시켰으며, 2013년 현재 버크셔 해서웨이의 최고경영자로 활동하고 있다.
투자의 귀재로 통하는 그는 가치투자(value investment)의 창시자인 벤저민 그레이엄(Benjamin Graham)의 영향을 크게 받아 가치투자(단기적 시세차익을 무시하고 기업의 내재가치와 성장률에 근거한 우량기업의 주식을 사 장기간 보유하는 투자) 방식을 고수하는 것으로 유명하다. 2008년 미국 포브스에 의해 세계 재력가 1위(재산 58조 8천억 원)에 선정되기도 했다.
다음은 워렌 버핏이 회계정보를 어떻게 이용하는지를 잘 보여주는 신문기사로 학생 여러분에게 좋은 참고가 될 것이다.

신문기사 인용 : [버핏의 교훈]워런버핏, '플레이보이'보다 '재무제표' 사랑 기사
중앙일보 (Joins 2010.03.08 09:00) [아시아경제 임선태 기자]
"어떤 사람들은 플레이보이(Playboy)를 보지만 나는 재무제표를 읽는다."
가치투자 미다스의 손 '워런 버핏(사진)'이 말한 '좋은 투자로 향하는 지름길'이다. 단타매매가 성행하는 증시에서 각 기업별 사업보고서와 재무제표를 반드시 읽어야 궁극적인 수익을 낼 수 있다는 투자의 정석을 강조한 대목이기도 하다. 버핏은 재무제표를 활용해 초우량주를 솎아내는 주식투자 노하우를 강조했다. 대박과 쪽박 사이를 오가는 주식 투자에서 진짜 대박 주식은 재무제표에 숨어 있다는 판단 때문.
재무제표를 바라보는 버핏의 시각은 장기적 경쟁우위를 가진 기업에 몰입돼 있다. 그는 "고유의 제품 혹은 서비스를 제공하는 기업 즉 독점적 기술력을 확보한 기업이 제 1의 가치 투자 대상"이라며 "아울러 원가가 낮은 기업도 장기적 경쟁우위를 선점하고 있다고 볼 수 있다"고 발언했다. 이어 '대차대조표-손익계산서-현금흐름표' 등 3대 주요 재무제표의 계정 과목들은 될성부른 기업들의 징후를 발견하는데 전혀 손색이 없다고 강조했다.

CHAPTER

13

재무제표는 어떻게 만들어지는가? II: 기말의 회계처리

학습목표

1. 기말의 회계처리 순서에 대해 설명할 수 있다.
2. 발생과 이연의 개념을 설명할 수 있다.
3. 재무제표의 연결에 대해 설명할 수 있다.

13.1 결산수정분개

기중의 회계처리가 주로 거래의 발생시 이를 식별하고 기록하는 과정이었다면 기말의 회계처리는 회계기간 내에서 자산 · 부채 · 자본 · 수익 · 비용에 발생주의를 반영하여 정확한 금액으로 조정하고 이를 재무제표에 반영하는 과정이다. 이는 결산일에 결산수정분개를 수행함으로써 계정별로 발생주의를 반영한 정확한 금액을 산정하고, 수정전시산표에 결산수정분개를 반영하여 수정후시산표를 작성하며, 이를 바탕으로 재무제표를 작성하고, 다음기의 회계처리를 위해 장부를 마감하는 것으로 구성된다.

기말 회계처리의 첫 단계로 결산수정분개(adjusting entry)에 대해 먼저 알아보기로 한다. 12장에서 공부한 기중의 회계처리는 주로 실질적인 거래를 기록하는데 중점이 두어진다. 그러나 회계기간을 인위적으로 정하고 이 기간에 대한 발생주의 재무제표를 작성하기 위해서는 이러한 회계처리만으로는 한계가 있다. 이처럼 기말 결산시점에 발생주의 관점에서 기중의 회계처리를 보완해 계정과목과 잔액을 재무제표에 정확하게 기재하기 위해 수행하는 회계처리를 결산수정분개라고 한다.

회계원리 과정에서 주로 다루어지는 결산수정분개 사항은 일반적으로 발생과 이연에 대한 사항 및 매출원가, 소모품, 감가상각비 등에 대한 것이다. 이 중 매출원가와 관련된 부분은 5장의 상품매매기업의 회계처리에서 자세히 다루게 될 것이므로 이하에서는 이를 제외한 항목들에 대해 살펴보기로 한다.

13.1.1. 발생과 이연항목의 결산수정분개

결산수정분개와 관련하여 먼저 발생과 이연항목에 대한 조정이 필요하다. 발생과 이연은 기본적으로 거래의 인식시점과 현금의 수수시점이 다름으로 인해 야기된다. 일반적으로 발생항목은 경제적 사건이 인식된 이후에 현금의 수수가 이루어지는 경우에, 이연항목은 현금의 수수가 발생한 이후에 사건이 인식되는 경우에 발생된다.

13.1.1.1. 발생항목의 결산수정분개

발생항목에는 미수수익(accrued revenue)과 미지급비용(accrued expense)이 있다. 먼저 미수수익은 기중에 발생조건을 충족하여 당기의 수익으로 인식되어야 할 항목임에도 현금의 수취가 이루어지지 않아 기중에 이를 인식하지 않고 있던 수익을 의미한다. 따라서 기말에는 이를 추가로 인식하여야 적절한 회계처리가 가능해 진다. 기말에 미수수익이 인식되면 대변에 수익을 기록하고, 이에 대응하여 미수수익이라는 자산계정을 차변에 기록한다.[1] 대표적인 미수수익에는 미수이자, 미수수수료, 미수임대료[2] 등이 있다.

<수정분개 : 당기에 수익과 자산 인식>

(차) 미 수 수 익	×××	(대) 수 익	×××

이해의 편의를 돕고자 3장에서 설명하던 ㈜한국의 사례를 4장에서도 계속 적용하여 설명하기로 한다. ㈜한국의 회계기간은 매년 1월 1일부터 12월 31일까지인데, ㈜한국은 20x1년 7월 1일 보유하고 있는 건물의 일부를 향후 1년간 ㈜일본에 임대해 주기로 하고 20x2년 6월 30일에 ₩120,000을 수령하기로 하였다고 하자. 이 경우 ㈜한국은 20x1년 7월 1일부터 20x1년 12월 31일까지 6개월간의 건물의 임대 수익이 발생했음에도 불구하고 기중에 이를 인식하지 않았다. 만약 이 상태에서 20x1년의 회계처리가 마무리 된다면 ㈜한국은 임대료수익을 ₩60,000만큼 적게 계상한 동시에 수취해야할 현금 ₩60,000에 대한 권리(자산)를 인식하지 않는 결과를 초래할 것이다. 따라서 ㈜한국은 다음과 같은 추가적인 회계처리를 결산수정분개에서 수행함으로써 이를 반영하여야 할 것이다.

(차) 미 수 임 대 료	60,000 *	(대) 임 대 료 수 익	60,000

* $₩60,000 = ₩120,000 \times \frac{6}{12}$

미지급비용은 기중에 발생조건을 충족하여 당기에 비용으로 인식되어야 할 항목임에도 현금의 지급이 이루어지지 않아 기중에 이를 인식하지 않고 있던 비용을 의미한다. 따라서 기말에는 이를 추가로 인식하여야 발생주의에 의한 회계처리가 가능해 진다. 미지급비용이 존재하면 대변에 미지급비용이라는 부채를 인식하고, 해당 비용을 차변에 기록한다.[3] 대표적인 미지급비용에는 미지급이자, 미지급급여, 미지급임차료, 미지급보험료 등이 있다.

1) 차변의 미수수익이라는 계정에서 해당 수익의 내용이 이자면 미수이자, 임대료면 미수임대료 등이 되는 것이며, 대변의 수익이라는 계정도 그 내용이 무엇인지를 반영해 이자수익, 임대료수익 등으로 기록하면 된다.

2) 부동산을 빌려주고 받는 대가를 임대료(賃貸料)라고 하며, 부동산을 빌리고 지불하는 대가는 임차료(賃借料)라고 한다.

3) 대변의 미지급비용이라는 계정에서 해당 비용의 내용이 이자면 미지급이자, 임차료면 미지급임차료 등이 되는 것이며, 차변의 비용이라는 계정도 그 내용이 무엇인지를 반영해 이자비용, 임차료비용 등으로 기록하면 된다.

<수정분개 : 당기에 비용과 부채 인식>
(차) 비 용 ××× (대) 미 지 급 비 용 ×××

3장의 사례에서 ㈜한국이 20x1년 2월 1일 차입한 차입금 ₩500,000은 1년 후에 상환하기로 한 것이며 이는 연 12%의 이자를 지불해야 하는 것이라고 가정해 보자. 기중의 분개에서는 이와 관련된 이자비용을 인식하지 않았으므로, 만약 이 상태에서 20x1년의 회계처리가 마무리 된다면 ㈜한국은 이자비용 ₩55,000을 적게 계상한 동시에 지불해야할 현금 ₩55,000에 대한 의무(부채)를 인식하지 않는 결과를 초래할 것이다. 따라서 ㈜한국은 다음과 같은 추가적인 회계처리를 결산수정분개에서 수행함으로써 이를 반영하여야 할 것이다.

(차) 이 자 비 용 55,000 * (대) 미 지 급 이 자 55,000

$* \ ₩55,000 = ₩500,000 \times 12\% \times \frac{11}{12}$

13.1.1.2. 이연항목의 결산수정분개

이연항목이란 수익이나 비용이 발생되기 이전에 현금의 수수가 먼저 이루어진 항목들을 의미한다. 이는 발생항목들과 대조적인 것이다. 이연항목들은 기중에 현금의 수수가 이루어졌기 때문에 그 시점에서 이와 관련된 분개를 한 번 수행하고 기말 수정분개를 통해 당기에 귀속될 금액을 조정한다. 이러한 이연항목에는 선수수익(unearned revenue)과 선급비용(prepaid expense)이 있다.

선수수익은 수익이 발생하기 이전에 현금을 미리 수취한 것을 의미한다. 선수수익은 현금 수취당시 차변에 현금이라는 자산의 증가를, 대변에 수취금액 만큼의 수익을 선수수익이라는 부채의 증가로 기록한다. 그리고 결산수정분개에서 해당 기간 동안 인식해야할 수익이 발생했을 경우 그 해당 금액만큼을 대변에 수익으로, 차변에 선수수익으로 기록해 선수수익이라는 부채를 줄여준다. 선수수익에는 선수임대료, 선수이자 등이 있다.

<수익 발생 시점>
(차) 현 금 ××× (대) 선 수 수 익 ×××

<수정분개 : 당기 수익 인식>

(차) 선 수 수 익 ××× (대) 수 익 ×××*

* 수익 = 선수수익 × $\frac{\text{경과기간}}{\text{전체기간}}$

㈜한국은 3장에서 제시됐던 거래 외에 20x1년 10월 1일 향후 1년간 건물의 일부 사무실을 추가적으로 ㈜미국에 임대하고 1년분 임대료 ₩480,000을 20x1년 10월 1일 수취하였다고 가정해 보자. 이를 20x1년 10월 1일의 분개만 반영된 상태에서 회계처리가 종료된다면 ㈜한국은 20x1년 10월 1일부터 20x1년 12월 31일까지 3개월간의 사무실 임대 수익이 발생했음에도 불구하고 기중에 이를 인식하지 않아 임대료수익을 ₩120,000만큼 적게 계상한 동시에 선수임대료라는 부채 ₩120,000을 과대 계상하는 결과를 초래하게 된다. 따라서 ㈜한국은 다음과 같은 추가적인 회계처리를 결산수정분개에서 수행함으로써 이를 조정하여야 할 것이다.

<수익 발생 시점 : 20x1년 10월 1일>

(차) 현 금 480,000 (대) 선 수 임 대 료 480,000

<수정분개 : 20x1년 12월 31일>

(차) 선 수 임 대 료 120,000 * (대) 임 대 료 수 익 120,000

* ₩120,000 = ₩480,000 × $\frac{3}{12}$

선수수익과는 반대로 선급비용은 비용이 발생하기 이전에 현금을 미리 지급한 것을 의미한다. 선급비용은 현금의 지급당시 차변에 선급비용이라는 자산의 증가를, 대변에 현금을 기록한다. 그리고 기말 수정분개에서 해당 기간 동안 인식해야할 비용을 차변에 기록하고, 대변에 선급비용을 기록하여 자산을 줄여준다. 이러한 선급비용에는 선급보험료, 선급임차료, 선급이자비용 등이 있다.

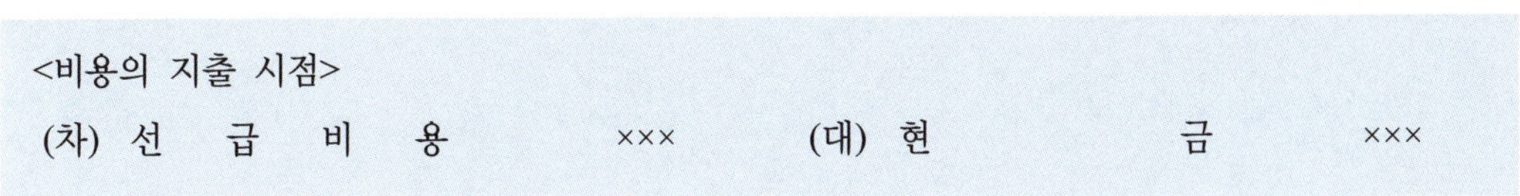

<비용의 지출 시점>

(차) 선 급 비 용 ××× (대) 현 금 ×××

<수정분개 : 당기 비용 인식>

(차) 비 용	×××*	(대) 선 급 비 용	×××

$* 비용 = 선급비용 \times \frac{경과기간}{전체기간}$

㈜한국은 3장에서 제시됐던 거래 외에 20x1년 3월 1일 향후 2년간 건물에 대한 보험료로 ₩24,000을 지급하였다고 가정해 보자. 이를 20x1년 3월 1일 회계처리만 반영하고 회계처리가 종료된다면 ㈜한국은 20x1년 3월 1일부터 20x1년 12월 31일까지 10개월간의 보험료와 관련된 비용 ₩10,000을 과소계상하고 이와 관련된 선급보험료라는 자산 ₩10,000을 과대 계상하는 결과를 초래하게 된다. 따라서 ㈜한국은 다음과 같은 추가적인 회계처리를 결산수정분개에서 수행함으로써 이를 조정하여야 할 것이다.

<비용의 지출 시점 : 20x1년 3월 1일>

(차) 선 급 보 험 료	24,000	(대) 현 금	24,000

<수정분개 : 당기 비용 인식 : 2011년 12월 31일>

(차) 보 험 료	10,000*	(대) 선 급 보 험 료	10,000

$* ₩10,000 = ₩24,000 \times \frac{10}{24}$

이연항목과 관련하여 한 가지 더 생각해 볼 사항은 이연항목의 발생시점에 현금의 수수에 대응하는 과목을 무엇으로 하였는가에 따라 기말의 결산수정분개가 달라질 수 있다는 점이다. 즉, 선급비용의 경우 만약 기중에 현금을 지출하는 시점에 이를 선급비용이라는 자산이 아닌 비용으로 인식했다면 기말에는 남아있는 자산의 가치만큼을 선급비용으로 인식하고 이에 해당하는 금액을 비용에서 차감해야 할 것이다. 반면 선수수익의 경우 만약 현금을 수취하는 시점에 이를 선수수익이라는 부채가 아닌 수익이라는 이익으로 인식했다면 기말에 남아있는 부채의 가치만큼을 선수수익으로 인식하고 이에 해당하는 금액을 수익에서 차감해야 할 것이다.

13.1.2. 소모품의 결산수정분개

기업이 업무를 위해 비치하고 소모하는 사무용품 등을 소모품이라고 하며, 이를 구입한 때에는 일반적으로 자산계정인 소모품계정에 기입한다. 그리고 기말결산 시점에 당기 소모품의 소모분을 비용계정인 소모품비 계정으로 차변에 기입하고, 이에 해당하는 금액만큼을 자산의 감소라는 의미에서 소모품 계정으로 대변에 기록한다. 이러한 회계처리의 결과 기말에 소모품은 남은 잔액만큼이 자산으로 계상되고, 사용분만큼이 소모품비라는 비용으로 계상되는 결과를 가져온다.

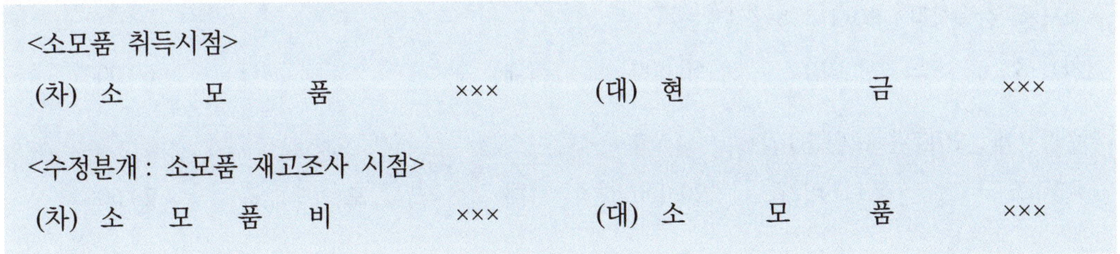

<소모품 취득시점>

(차) 소 모 품	×××	(대) 현 금	×××

<수정분개 : 소모품 재고조사 시점>

(차) 소 모 품 비	×××	(대) 소 모 품	×××

한편, 소모품은 그 금액이 소액이기 때문에 구입즉시 비용처리하는 회계처리도 가능하다. 이 경우 소모품의 취득시점에 차변에 소모품비를 인식하고, 대변에는 현금 등 대가로 지불한 자산의 감소를 기록한다. 그리고 결산수정분개에서 남은 금액만큼을 소모품이라는 자산으로 차변에 기록하고, 대변에는 소모품비를 줄여준다. 이러한 회계처리는 결과적으로 기말에 남아있는 소모품 잔액만큼이 자산으로 계상되고, 사용분만큼이 소모품비라는 비용으로 계상되는 결과를 가져온다.

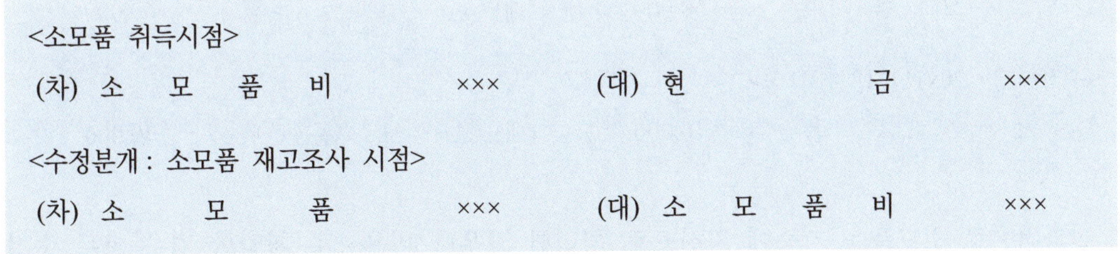

<소모품 취득시점>

(차) 소 모 품 비	×××	(대) 현 금	×××

<수정분개 : 소모품 재고조사 시점>

(차) 소 모 품	×××	(대) 소 모 품 비	×××

이상에서 설명한 두 가지 방법은 모두 재무상태표와 포괄손익계산서에 최종적으로 기재되는 금액이 동일하다. 즉, 기중에 소모품의 구입을 자산으로 인식하든 비용으로 인식하든 기말의 수정분개를 통해 동일한 결과를 이끌어 낼 수 있다. 이는 최종적인 재무제표 요소의 인식이 결산수정분개를 통해 조정될 수 있음을 보여주는 것으로 이러한 원리는 발생과

이연, 오류수정 등에 적용가능하다.

이와 관련하여 12장의 사례를 계속하여 적용하여 보면, ㈜한국은 20x1년 8월 1일 소모품 ₩60,000을 구입하였는데 기말에 이 소모품은 ₩40,000만큼 남아있었다고 가정해 보자. 12장에서는 20x1년 8월 1일 소모품 구입과 관련해서 이를 자산으로 계상하기로 하였으므로 일반적인 자산의 구입과 동일하게 회계처리를 수행하였다. 다음으로 기말에는 본 소모품이 ₩40,000만큼만 남아 있으므로 자산의 감소를 나타내기 위해 ₩20,000만큼 소모품을 대변에 기록하고, 이에 대응하여 소모품비라는 비용의 발생을 차변에 기록하면 될 것이다.

<소모품 취득시점 : 20x1년 8월 1일>

(차)	소 모 품	60,000	(대)	현 금	60,000

<수정분개 : 2011년 12월 31일>

(차)	소 모 품 비	20,000	(대)	소 모 품	20,000

한편, 소모품의 구입시에 이를 소모품비라는 비용계정으로 처리하기로 하였다면 이는 일반적인 비용의 지출과 동일하게 처리하면 될 것이다. 그리고 기말에 소모품이라는 자산이 ₩40,000만큼 남아 있으므로 이를 반영하기 위해 차변에 소모품 ₩40,000을 기재하여 자산의 증가를 표시하고, 대변에 소모품비 ₩40,000을 계상하여 비용의 감소를 표시하면 될 것이다.

<소모품 취득시점 : 20x1년 8월 1일>

(차)	소 모 품 비	60,000	(대)	현 금	60,000

<수정분개 : 20x1년 12월 31일>

(차)	소 모 품	40,000	(대)	소 모 품 비	40,000

결과적으로 소모품을 기중에 자산으로 처리한 경우나 비용으로 처리한 경우 모두 수정분개를 통해, 최종적으로는 자산 ₩40,000, 비용 ₩20,000으로 재무제표에 보고되게 되어 동일한 결과를 가져오게 됨을 확인할 수 있다.

13.1.3. 감가상각비에 대한 결산수정분개

감가상각이란 건물이나 기계장치 등 유형자산의 가치가 시간의 경과에 따라 지속적으로 감소하므로 이를 합리적인 기간으로 나누어 비용을 배분하는 과정을 의미한다.[4] 감가상각에 대한 회계처리 방법에는 감가상각액을 감가상각비라는 비용계정으로 차변에 기입하고 동시에 당해 자산 계정을 대변에 기입하여 직접 해당 자산의 가액을 감소시키는 직접법과 대변에 감가상각누계액을 설정하여 이후 해당 자산에서 차감하여 간접적으로 해당 자산의 가액을 감소시키는 간접법이 있다. 간접법을 사용하게 되면 해당 자산의 취득원가와 가치의 감소분 및 현재의 가치를 쉽게 파악할 수 있는 장점이 있으므로 일반적으로는 간접법을 사용하며, 이에 대한 분개 형식은 다음과 같다.

<수정분개 : 기말 수정분개 시점>

(차) 감 가 상 각 비	×××	(대) 감 가 상 각 누 계 액	×××

3장의 ㈜한국의 사례에서 건물에 대한 감가상각비가 20x1년에 ₩100,000이라고 가정해 보자. 이는 건물의 기말 가치가 취득원가 ₩800,000이 아닌 ₩700,000임을 의미하는 것으로 가치의 감소분만큼 감가상각비라는 비용으로 인식해야 한다.

<수정분개 : 2011년 12월 31일>

(차) 감 가 상 각 비	100,000	(대) 감 가 상 각 누 계 액	100,000

한편 감가상각누계액은 대변계정이기 때문에 시산표 등에 기입할 때 대변에 위치하여야 한다. 하지만 이를 차변계정에 마이너스 형식으로 표시하는 것도 가능하다. 이는 감가상각누계액에 독립적인 계정이 아니라 결과적으로는 감가상각대상의 대상이 되는 자산의 취득원가에서 차감해 줄 계정이기 때문이다.

재무제표의 표시에 있어서도 감가상각누계액은 독립적으로 표시되지 않는다. 이는 감가상각 대상자산을 표시할 때 해당 자산이 취득원가에서 감가상각누계액을 차감한 순액으로 표시되기 때문이다. 다만 이와 관련된 사항들은 아래와 같이 주석으로 설명된다.

4) 감가상각비의 개념과 금액 산정 논리 등은 7장의 유형자산에서 자세하게 다루게 된다.

<재무상태표에 표시>

재무상태표

건 물	700,000*	

* 건물(₩700,000) = 취득원가(₩800,000) – 감가상각누계액(₩100,000)

13.2 수정후 시산표의 작성

13.2.1. 수정전시산표의 수정

수정전시산표는 발생주의에 의한 재무제표를 정확히 작성하기 위한 결산수정분개가 반영되기 전의 시산표이다. 따라서 결산수정분개가 이루어진 후에는 수정전시산표에 수정분개의 결과를 반영하여 재작성 하여야 한다. 이를 수정후시산표라고 하며 최종적인 재무제표는 이를 바탕으로 작성된다. 수정후시산표는 수정전시산표의 계정들과 수정으로 새로이 등장한 계정들을 모두 모아 작성되며, 수정후시산표의 모든 계정의 차변과 대변 합계액이 일치하는가를 확인함으로써 자기검증기능을 발휘한다.

아래에서는 3장에서 작성된 수정전시산표를 바탕으로 4장 1절의 결산수정분개 사항을 반영하여 수정후시산표를 작성해 보기로 한다. 먼저 수정후시산표를 작성하기 위해서는 결산수정분개에서 새로이 등장한 계정들을 반영해야 한다. 그리고 이들의 수정분개 결과를 기존의 관련 계정 금액들에 가감하여 수정된 금액들을 기록한다.

수정전시산표

㈜한국　　20X1년 12월 31일　　(단위 : ₩)

차변잔액	차변합계	계정과목	대변합계	대변잔액
1,100,000	2,500,000	현 금	1,400,000	
800,000	800,000	건 물		
		차 입 금	500,000	500,000
		자 본 금	1,000,000	1,000,000
		매 출	1,000,000	1,000,000
600,000	600,000	급 여		
2,500,000	3,900,000		3,900,000	2,500,000

아래의 표는 ㈜한국의 수정전시산표에 결산수정분개사항을 반영하여 수정한 결과이다. 이 표에서 수정전시산표와 차이가 나는 부분들을 파란색으로 표시하였다. 재무제표 작성자는 수정후시산표의 대변과 차변의 합계 및 잔액이 일치함을 확인하여야 한다. 이 표에서 계정별 대변과 차변의 합계금액은 ₩4,829,000로, 잔액의 합계 금액은 ₩3,195,000로 일치함을 관찰할 수 있다.

수정후시산표

㈜한국 20X1년 12월 31일 (단위 : ₩)

차변잔액	차변합계	계정과목	대변합계	대변잔액
1,496,000	2,980,000	현금	1,484,000	
800,000	800,000	건물		
		감가상각누계액	100,000	100,000
60,000	60,000	미수임대료		
40,000	60,000	소모품	20,000	
14,000	24,000	선급보험료	10,000	
		차입금	500,000	500,000
		미지급이자	55,000	55,000
	120,000	선수임대료	480,000	360,000
		자본금	1,000,000	1,000,000
		매출	1,000,000	1,000,000
		임대료수익	180,000	180,000
600,000	600,000	급여		
55,000	55,000	이자비용		
10,000	10,000	보험료		
20,000	20,000	소모품비		
100,000	100,000	감가상각비		
3,195,000	4,829,000		4,829,000	3,195,000

13.2.2. 정산표의 이용

앞서 설명한 바와 같이 기말의 회계처리과정은 수정전시산표에 수정분개를 반영하여 수정후시산표를 만들고 이를 다시 재무상태표와 포괄손익계산서에 반영하는 일련의 과정이다. 이와 같은 과정은 실제로는 매우 다양한 계정항목들에 걸쳐 수행되므로 작업 중에 오류가 발생할 가능성이 높다. 따라서 이러한 과정을 보다 간결하고 일목요연하게 정리할 수 있는 방법이 필요한데 이 때 자주 이용되는 것이 정산표(work sheet)이다. 정산표의 작성은 결산과정의 필수적인 절차는 아니나, 이를 통해 회계의 순환과정을 하나의 표로 정리할 수 있기 때문에 회계의 순환과정을 설명하는데 자주 등장한다. 일반적인 교과서에서 정산표에 대한 설명은 재무제표 작성부분에서 설명되기도 하는데, 정산표를 수정분개를 반영하는 단계부터 활용하면 보다 편리하게 작업을 진행할 수 있기 때문에 본서에서는 수정후시산표 작성 부분에 포함하였다.

정산표의 가장 왼쪽 축은 수정전시산표의 계정과목과 수정분개에서 새로 등장한 계정과목들로 구성된다. 그리고 다음 축에는 수정전시산표, 결산수정분개, 수정후시산표, 재무상태표, 포괄손익계산서 등 다섯 가지의 영역을 반영하고 이에 대해 각각 차변과 대변으로 나누어 해당 금액을 기입하도록 되어 있다. 다섯 가지 축을 모두 기록하는 것을 10위식 정산표라고 하고, 이 중에서 수정후시산표를 제외한 것을 8위식 정산표라고 한다. 재무상태표와 포괄손익계산서를 제외한 수정후시산표만을 기록하는 것을 6위식 정산표라고 한다. 이들 양식은 작성자의 편의에 의해 선택될 수 있으나 일반적으로는 8위식 정산표가 가장 많이 사용된다. 8위식 정산표의 형식은 다음과 같다. 한편, 각 축의 대변과 차변에는 해당 계정의 잔액을 기록한다.

정 산 표

㈜○○ 20X1년 12월 31일 (단위 : ₩)

계정과목	수정전시산표		수정 분개		포괄손익계산서		재무상태표	
	차 변	대 변	차 변	대 변	차 변	대 변	차 변	대 변

다음은 앞의 예를 반영하여 ㈜한국의 정산표를 작성한 것이다. 이 표에서는 포괄손익계산서와 재무상태표의 차변과 대변 합계이 일치하도록 만드는 과정에서 당기순이익 ₩395,000을 산출할 수 있으며 것이며, 이 금액이 포괄손익계산서와 재무상태표에서 일치하는가를 확인함으로써 검증의 기능을 발휘할 수 있다.

정 산 표

20X1년 12월 31일

㈜한국 (단위 : ₩)

계정과목	수정전시산표		수정 분개		포괄손익계산서		재무상태표	
	차 변	대 변	차 변	대 변	차 변	대 변	차 변	대 변
현 금	1,100,000		480,000	84,000			1,496,000	
건 물	800,000						800,000	
감가상각누계액				100,000			(100,000)	
미수임대료			60,000				60,000	
소 모 품			60,000	20,000			40,000	
선급보험료			24,000	10,000			14,000	
차 입 금		500,000						500,000
미지급이자				55,000				55,000
선수임대료			120,000	480,000				360,000
자 본 금		1,000,000						1,000,000
매 출		1,000,000				1,000,000		
임대료수익				180,000		180,000		
급 여	600,000				600,000			
이 자 비 용			55,000		55,000			
보 험 료			10,000		10,000			
소 모 품 비			20,000		20,000			
감가상각비			100,000		100,000			
당기순이익					395,000			395,000
합 계	2,500,000	2,500,000	929,000	929,000	1,180,000	1,180,000	2,310,000	2,310,000

13.3 재무제표의 작성

13.3.1. 재무상태표의 작성

재무상태표는 재무제표일 현재의 자산 · 부채 · 자본의 내용을 기재하여 기업의 재무상태를 보여주는 재무제표이다. 이상의 단계에서 수행해 온 결과를 바탕으로 ㈜한국의 재무상태표를 보고식으로 나타내 보기로 한다. 본 예제에서는 2011년이 개업 연도이고 배당금이 없기 때문에 당기순이익이 이익잉여금이 된다.

재무상태표

㈜한국	20X1년 12월 31일	(단위 : ₩)
자 산:		
현 금		1,496,000
미 수 임 대		60,000
선 급 보 험		14,000
소 모 품		40,000
건 물		700,000
자 산 총 계		2,310,000
부 채:		
차 입 금		500,000
미 지 급 이		55,000
선 수 임 대		360,000
부 채 총 계		915,000
자 본:		
자 본 금		1,000,000
이 익 잉 여		395,000
자 본 총 계		1,395,000
부채와 자본총계		2,310,000

13.3.2. 포괄손익계산서의 작성

포괄손익계산서는 한 회계기간에 발생한 모든 수익 · 비용을 기재하여 일정기간의 경영성과를 명백히 하기 위해서 작성되는 재무제표이다. 포괄손익계산서의 목적을 효과적으로 달성하기 위해서 수익과 비용을 발생 원인별로 구분하여 수익과 관련된 비용을 대응시켜 표시한다.

아래는 이상의 단계에서 수행해온 결과를 바탕으로 ㈜한국의 포괄손익계산서를 하나의 보고서 형태로 작성해 보기로 한다. 본 사례에서는 기타포괄손익에 해당하는 항목이 없으므로 다음과 같이 표시된다.

포괄손익계산서
20X1년 1월 1일 ~ 12월 31일

㈜한국	(단위 : ₩)
수익(매출액)	1,000,000
기타수익	180,000
급여	(600,000)
이자비용	(55,000)
보험료	(10,000)
소모품비	(20,000)
감가상각비	(100,000)
법인세비용차감전이익	395,000
법인세비용	0
당기순이익	395,000
기타포괄손익	0
총포괄이익	395,000

13.4 장부의 마감

장부의 마감(closing the books)은 한 회계기간의 기록과 다음 회계기간의 기록을 구분하고 다음 회계기간의 기록을 준비하기 위한 과정으로 회계의 순환과정에서 가장 마지막에 이루어지는 작업이다.[5] 이는 크게 재무상태표 관련 계정의 마감과 포괄손익계산서 계정의 마감으로 나누어 살펴 볼 수 있다.

13.4.1. 재무상태표 계정의 마감

재무상태표를 구성하는 계정들은 한 회계기간이 종료되더라도 그 잔액이 존재하며 이것이 차기로 이월되어 존속된다. 이러한 계정들을 영구계정(permanent account) 또는 실질계정이라고 부른다. 따라서 이러한 계정들의 마감은 분개없이 각 계정 내에서 이월기입의 형태로 수행된다. 재무상태표 계정의 마감을 위해서는 각 계정의 잔액이 있는 반대 변에 차기이월이라는 계정명칭을 기재하고 잔액을 기입한다. 그러면 차변과 대변의 금액이 일치할 것이고 이 합계를 최종적으로 기재한다. 다음기의 첫 일자에 전기이월이라는 계정명칭

5) 교과서에 따라서는 장부의 마감을 7단계에서 다루고 8단계에서 재무제표 작성을 다루기도 한다.

을 기재하고 해당 계정의 전기말 차기이월 잔액을 기입한다.

[재무상태표계정의 마감 절차]

자 산

	×××		×××
	×××	차기이월	×××
계	×××	계	×××
전기이월	×××		

부 채

	×××		×××
차기이월	×××		×××
계	×××	계	×××
		전기이월	×××

자 본

	×××		×××
차기이월	×××		×××
계	×××	계	×××
		전기이월	×××

13.4.2. 포괄손익계산서 계정의 마감

수익과 비용계정은 한 회계연도 동안의 영업성과를 나타내는 정보이므로 다음 회계연도의 수익과 비용에 영향을 미치지 않도록 해야 한다. 이를 위해 한 회계연도가 끝나면 포괄손익계산서와 관련되는 계정의 잔액들은 모두 '0'으로 만들어져야 한다. 왜냐하면 이들 계정의 잔액이 재무상태표의 계정에서와 같이 차기로 이월되면 차기의 수익과 비용은 전기의 영향을 받게 되어 차기 당기순이익을 계산함에 있어 오류가 발생하기 때문이다.

이를 위해서 포괄손익계산서를 구성하는 모든 수익과 비용 잔액들을 임시적으로 대체하는 집합손익이라는 계정을 만든다. 비용계정의 차변잔액들을 대변에 옮겨 적고 차변에는 이에 대응하는 금액만큼을 집합손익계정으로 기입한다. 수익계정의 대변잔액들은 차변에 옮겨 적고 대변에는 이에 대응하는 금액만큼을 집합손익계정으로 기입한다. 이처럼 수익·비용계정과 집합손익 계정간의 대체 분개를 마감분개(closing entries)라고 한다. 집합손익계정도 임시계정이므로 최종적으로는 '0'이 되어야 하는데 집합손익계정의 최종 잔액을 '0'으로 만들기 위해 당해 계정을 이익잉여금 계정과 대체한다. 이와 관련된 일련의 회계처리를 나타내면 다음과 같다.

<포괄손익계산서 계정의 마감분개>

(차)	집합손익	×××	(대)	제비용	×××
(차)	제수익	×××	(대)	집합손익	×××

<제수익이 제비용보다 큰 경우 : 당기순이익 발생>

(차)	집합손익	×××	(대)	이익잉여금	×××

<제수익이 제비용보다 작은 경우 : 당기순손실 발생>

(차)	이익잉여금	×××	(대)	집합손익	×××

㈜한국의 사례를 통해 이를 정리하자면 먼저 비용과 관련된 계정의 잔액들을 정리하여 대변에 기입하고, 이들의 합계에 해당하는 금액을 대변에 집합손익계정으로 기입하여 대체한다. 이러한 분개의 결과 비용의 잔액들은 모두 '0'이 될 것이며 대변에 집합손익 ₩785,000만 남게 될 것이다.

(차)	집합손익	785,000	(대)	급여	600,000
				이자비용	55,000
				보험료	10,000
				소모품비	20,000
				감가상각비	100,000

다음으로 수익과 관련된 계정의 잔액들을 정리하여 차변에 기입하고, 이들의 합계에 해당하는 금액을 차변에 집합손익계정으로 기입하여 대체한다. 이러한 분개의 결과 수익의 잔액들은 모두 '0'이 될 것이며 차변에 집합손익 ₩1,180,000만 남게 될 것이다.

(차)	매출	1,000,000	(대)	집합손익	1,180,000
	임대료수익	180,000			

마지막으로 집합손익계정도 임시계정이므로 이를 '0'으로 만들기 위해 재무상태표의 영구계정인 이익잉여금으로 대체하는 분개를 수행한다. 이 때 수익이 비용보다 크다면 집합손익계정이 차변에 위치할 것이고, 수익이 비용보다 작다면 집합손익계정이 대변에 위치할 것이다. 이러한 일련의 회계처리 결과 모든 수익과 비용의 잔액은 '0'이 될 것이며, 이 과

정에서 당기의 재무상태표에 이입될 이익잉여금이 계산되게 된다. 이 이익잉여금은 전기의 이익잉여금 잔액과 합산되어 재무재표에 최종적으로 기입될 금액이 계산된다.

(차) 집 합 손 익	395,000	(대) 이 익 잉 여 금	395,000

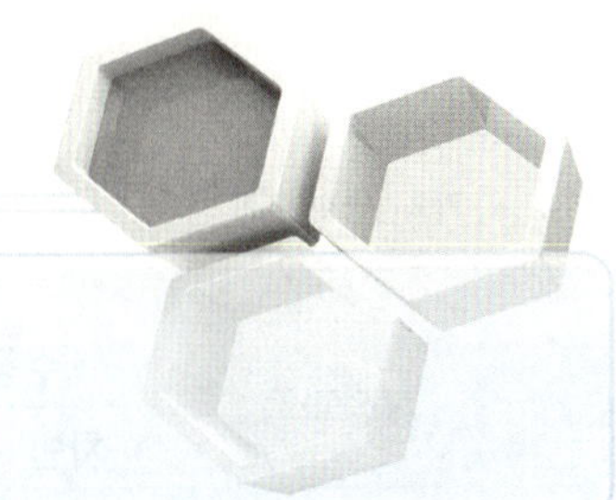

CHAPTER 13 연습문제

01 기말 결산시점에 수정분개(adjusting entries)를 수행해야 하는 이유를 설명하시오.

02 발생주의와 현금주의에 대해 비교설명하시오.

03 발생과 이연의 개념에 대해 각각 설명하시오.

04 다음의 결산정리사항에 대한 수정분개를 수행하시오.

(1) 차입금에 대한 이자가 ₩500,000 발생했으나 기중에 이를 처리하지 않았다.
(2) 사무실을 임대하고 6개월이 경과해 ₩600,000의 임대료 수익이 발생했으나, 기중회계 처리에서 이를 반영하지 않고 있다.
(3) 건물에 대한 감가상각비가 ₩200,000 발생했다.
(4) 기중에 소모품을 구입하고 자산으로 ₩100,000 계상하였으나 기말에 ₩50,000만큼만 남아있었다.
(5) 기중에 대여금에 대한 이자로 ₩300,000을 수취하고 전액 이자수익으로 처리했으나, 기말에 이에 대한 기간 미경과분이 ₩100,000 존재함을 발견하였다.
(6) 기중에 선박에 대한 보험료 ₩600,000을 지급하고 이를 전액 비용으로 처리하였으나, 기말에 이에 대한 기간 미경과분이 ₩200,000 존재함을 발견하였다.

05 ㈜한국은 기말에 다음과 같은 사항을 인식하였으며, 수정사항을 반영하기 전의 시산표는 정산표에 제시된 것과 같다. 한편, 전기까지 발생한 ㈜한국의 이익잉여금은 없었다.

- 기말상품의 재고를 조사하니 ₩600,000이었다.
- 건물에 대한 당기의 감가상각비 ₩150,000이 발생했다.
- 보험료 중에서 ₩40,000은 기간미경과분이다.
- 당기 결산일까지 차입금에 대한 이자가 총 ₩90,000이 발생하였다.
- 소모품 중에서 기말 미사용액은 ₩20,000이다.

계정과목	수정전시산표		수정분개		수정후시산표	
	차변	대변	차변	대변	차변	대변
현 금	300,000					
상 품	700,000					
건 물	1,200,000					
감누액(건물)		200,000				
매 입	1,300,000					
선급보험료						
소 모 품	100,000					
차 입 금		500,000				
미지급이자						
자 본 금		1,000,000				
매 출		2,000,000				
매 출 원 가						
소 모 품 비						
이 자 비 용	40,000					
감가상각비						
보 험 료	60,000					
합 계 금 액	3,700,000	3,700,000				

1) 이상의 사항들에 대해 기말 수정분개를 수행하시오.
2) 수정분개를 반영한 아래의 6위식 정산표를 완성하시오.
3) 이를 바탕으로 20x1년 계정식 기말 재무상태표와 포괄손익계산서를 작성하시오.
4) 손익계산서 항목들에 대해서 장부 마감 분개를 수행하시오.

06 20x0년 홍길동은 ㈜경기를 설립하였으며, 영업과 관련된 다음의 활동들이 당해 연도에 발생하였다. 매출원가와 관련해서는 실사법을 적용한다.

- 1/ 1 액면 ₩500의 주식을 액면가로 10,000주 발행하였다.
- 1/ 2 강남은행으로부터 ₩3,000,000을 차입하였다.
- 1/ 3 상품 ₩500,000을 외상으로 매입하였다.
- 1/ 4 홍길동도 강남은행으로부터 ₩1,000,000을 차입하였다.
- 1/ 5 사무실에 비품을 ₩200,000에 외상으로 구입하였다.
- 1/ 6 ㈜삼성에 상품 ₩250,000을 현금 매출하였다.
- 1/ 7 주주로부터 ₩1,000,000어치의 상품을 추가로 출자 받았다.
- 1/ 8 수원에 토지 1,000평과 본사건물을 각각 ₩1,000,000과 ₩1,200,000에 현금으로 구입하였다. 또한, 건물에 대한 화재보험료 ₩60,000을 현금 지불하였다.
- 1/ 9 은행에 당좌예금계좌를 개설하고 현금 ₩900,000을 예입하였다.
- 1/10 ㈜LG가 상품 ₩200,000을 구입하기로 계약을 체결하였다.
- 1/11 ㈜현대에 용역을 제공하고 ₩500,000을 현금으로 받았다.
- 1/12 상품 ₩800,000을 ₩500,000은 현금으로 ₩300,000은 외상으로 매입하였다.
- 1/13 1/2일 차입금 중에서 원금 ₩1,000,000과 이자 ₩10,000을 상환하였다.
- 1/14 ㈜SK에 상품 ₩1,500,000을 외상으로 팔았다.
- 1/15 본사 건물 중 일부를 주)아주에 임대하고 ₩480,000을 받았다.
- 1/16 서울에 사무실을 임차하고 임차료 ₩120,000을 당좌수표를 발행해 지불하였다.
- 1/17 사무실 소모품 ₩50,000을 당좌수표로 구입하고 즉시 비용처리 하였다.
- 1/18 1/14 외상매출 중 ₩800,000을 현금으로 회수했다.
- 1/19 상품판매의 중개를 하고 수수료 ₩100,000을 현금으로 받았다.
- 1/20 종업원에 대한 급여 ₩30,000을 현금으로 지급하였다.

㈜경기의 재무담당이사는 당신에게 기중에 다음과 같은 업무를 부여하였다.

1) 20x0년 거래와 관련된 사항들을 분개하세요.
2) 총계정원장을 작성하세요.

07 (문제6에서 연결) 경리과장은 기말에 다음의 사항을 인식하고 아래와 같은 사항들을 지시하였다.

- 기말상품의 재고를 조사하니 ₩750,000이었다
- 건물에 대한 당기의 감가상각비 ₩200,000이 발생했다.
- 보험료 중에서 ₩20,000은 기간미경과분이다.
- 임대료 중에서 ₩150,000은 기간미경과분이다.
- 임차료 중에서 ₩60,000은 기간미경과분이다.
- 당기 은행예금에 대한 이자가 총 ₩12,000 발생하였다.
- 당기 차입금에 대한 이자가 총 ₩60,000이 발생하였다.
- 소모품 중에서 기말 미사용액은 ₩30,000이다.
- 사무용 책상 등 비품을 추가로 ₩300,000 구입하였는데 이를 기록하지 않았다.

1) 수정전 시산표를 작성하세요.
2) 이상의 사항들에 대해 기말 수정분개를 수행하세요.
3) 수정분개를 반영한 수정후 시산표를 만드세요.
4) 이를 바탕으로 20x1년 기말 재무상태표 및 포괄손익계산서를 작성하세요.(계정식)
5) 그리고, 장부를 마감하세요.(손익계산서 항목들에 대해서만)

08 다음은 ㈜경상의 20X0년 기말 재무상태표이다.

재무상태표

㈜경상 20X0년 12월 31일 현재 (단위 : ₩)

현금	1,500,000	매입채무	1,500,000
당좌예금	150,000	차입금	500,000
매출채권	300,000		
상품	800,000		
토지	1,500,000	자본금	3,000,000
건물	750,000		
합계	5,000,000	합계	5,000,000

20X1년 ㈜경상에는 다음과 같은 영업활동들이 발생하였다. 자본금은 액면가 ₩5,000의 주식 600주로 구성되어 있다. 매출원가와 관련해서는 실사법을 적용한다.

- 1/ 1 토지 중 일부를 ㈜아주에 임대하고 2년치 임대료 ₩720,000을 현금으로 받았다.
- 2/ 2 1인당 월급여 ₩15,000을 주기로 하고 종업원 20명을 추가로 채용하였다.
- 2/ 3 3개월 전에 판매한 상품대금 ₩90,000을 현금으로 회수하였다.
- 2/ 4 사무실 소모품 ₩50,000을 현금으로 구입하고 자산처리 하였다.
- 2/ 5 토지 중 일부를 ₩700,000에 매각하고 대금은 추후에 받기로 하였다.
- 2/ 6 ㈜제주에 상품 ₩900,000을 외상으로 판매하였다.
- 2/ 7 ㈜경상의 자본금 ₩500,000을 현금 ₩500,000을 주고 취득하여 즉시 소각하였다.
- 2/ 8 매출채권 중 ₩300,000이 은행에 입금되었다.
- 2/ 9 보험료 ₩240,000을 당좌수표를 발행해 지불하였다.
- 2/10 영업용 차량을 ₩200,000에 외상으로 구입하였다.
- 2/11 종업원에 대한 출장여비 ₩10,000을 수표로 지급하였다.
- 2/12 강북은행로부터 ₩1,000,000을 대출받아, 매입채무 ₩800,000을 상환하고 현금 ₩200,000은 회사에 보관하였다.
- 2/13 은행예금에 대한 이자 ₩5,000이 당좌예금 계좌로 이체되었다.
- 2/14 상품판매를 중개하고 수수료 ₩100,000을 현금으로 받았다.
- 2/15 종업원에 대한 급여 ₩180,000을 현금으로 지급하였다.
- 2/16 차입금 중에서 원금 ₩900,000과 이자 ₩20,000을 현금 상환하였다.
- 2/17 사무용 책상 ₩70,000을 외상으로 구입하였다.
- 2/18 상품 ₩900,000을 ₩500,000은 현금으로 ₩400,000은 외상으로 매입하였다.
- 2/19 광고선전비 ₩35,000을 수표를 발행하여 지급하였다.
- 2/20 건물에 대한 수선유지비 ₩3,000이 발생하여 현금으로 지급하였다.

㈜경상의 재무담당이사는 기중에 당신에게 다음과 같은 업무를 지시하였다.

1) 20x1년 거래와 관련된 사항들을 분개하세요.
2) 총계정원장을 작성하세요.

09 (문제8에서 연결) 경리과장은 기말에 다음의 사항을 인식하고 아래와 같은 사항들을 지시하였다.

- 기말상품의 재고를 조사하니 ₩500,000이었다
- 건물에 대한 감가상각비 ₩300,000과 차량에 대한 감가상각비 ₩5,000이 발생했다.
- 당기에 종업원에 대한 급여는 총 ₩300,000이 발생했다.
- 보험료 중에서 ₩60,000은 기간미경과분이다.
- 2/5에 용역을 제공하고 현금 ₩100,000을 받았는데 이를 기록하지 않았다.
- 결산일까지 발생한 차입금 이자비용은 ₩40,000이다.
- 당기 예금에 대한 이자가 ₩30,000이 발생되었다.
- ₩100,000의 통신비 청구서가 나왔는데 아직 납부하지 못했다.
- 소모품 중에서 기말 미사용액은 ₩15,000이다.

1) 수정전 시산표를 작성하세요.
2) 이상의 사항들에 대해 기말 수정분개를 수행하세요.
3) 수정분개를 반영한 수정후 시산표를 만드세요.
4) 이를 바탕으로 20x1년 기말 재무상태표 및 포괄손익계산서를 작성하세요(계정식).
5) 장부를 마감하세요(손익계산서 항목들에 대해서만).

[개념] XBRL과 회계정보 전달의 미래

회계정보는 과거 각 기업이 작성하여 시장에 전달했다. 우리나라에서는 공정공시제도를 도입하여 상장기업의 경우 재무자료가 금융감독원을 통해 전달되도록 하였다. 그러나 이러한 체계에도 불구하고 재무자료의 형식이 종이 기반이라 이를 활용하는데 한계가 존재하였다. 이에 최근에는 XBRL(eXtensive Markup Language)을 도입하고 있다.

XBRL은 1998년부터 미국공인회계사회의 주도로 XML을 기업보고 영역(첫 단계로서 재무보고 영역)에 적용하기 위해 개발된 언어이다. 2002년 호주에서 시범 도입이 시작된 이래 XBRL은 여러 나라에서 도입이 진행되고 있다. XBRL은 정보에 표준화된 설명을 담은 태그가 첨부됨으로써 정보이용자가 특정 정보의 의미와 문맥을 알 수 있게 해주는(understandable) 특징이 있다. 또한, 표준화된(uniform) 언어이므로 동일한 정보가 여러 곳에서 공유될 수 있다. 더불어 공유될 때 수작업 재처리 대신 기계 처리가 가능해지므로 정보비용이 감소하고, 정보가 재입력되는 과정에서 발생하는 오류가 줄어드는 장점이 있다.

이러한 측면에서 XBRL은 투자자, 재무분석가, 규제기관의 정보 분석 속도와 정확도를 높이고 분석능력을 향상시켜 정보비대칭 감소 및 회계투명성 강화에 기여하며, 해석하기 어려운 재무정보로부터 발생할 수 있는 투자자의 투자 기피를 줄여 자본조달비용을 줄일 수 있게 된다.

XBRL은 재무정보 이용자들이 XBRL 도입과 낮은 비용으로 빠르게 재무정보를 얻을 수 있게 하고, 더 풍부한 재무정보를 제공하며, 투자자들의 분석을 더 효율적으로 할 수 있게 하는 등 효과가 기대된다. 국내 외 여러 연구에서도, XBRL은 정보 수집, 분석 비용을 줄여주고, 정보의 적시성, 비교가능성, 정확성을 향상시켜, 정보비대칭(information asymmetry)을 감소시켜 시장민주화(market democratization)에 핵심적인 역할을 할 것으로 기대되어왔다(Weber, 2003; 구정옥 · 김강정, 2004; Debreceny et al., 2005; Premuroso & Bhattacharya, 2008; Kim et al., 2012; Efendi et al., 2014).

또한, XBRL은 규제기관, 감사인, 은행, 세무당국, 투자자 등에게 기존 수작업 데이터 변환 방식으로 찾기 쉽지 않았던 재무제표 상의 문제점까지 찾아낼 수 있도록 함으로써 IFRS로의 회계 기준 통합에 들어가는 노력을 줄여줄 수 있고(Duangploy & Gray, 2005), 감사인은 XBRL 버전으로 작성된 사업보고서를 감사해서 XBRL 버전 사업보고서 내에 감사보고서를 포함할 경우, 신뢰성 제고 및 사업보고 서와 감사보고서 중복 제출의 수고를 덜 수 있다(유상열, 2008).

한국에서도 2005년 10월부터 도입을 준비해서 2006년 9월부터 자발적 프로그램을 시작했고, 2007년 10월부터 모든 상장기업에 대해 전자공시시스템인DART에 정기보고서를 XBRL 버전으로 제출하도록 요구했다. 일본의 경우, 일본금융청(Financial Service Agency)은 2008년부터 모든 상장기업에 대해 전자공시 스템인 EDINET에 XBRL로 재무제표를 제출하도록 요구했다(Bai et al., 2014). 미국의 증권감독위원회(Security and Exchange Commission)는 2005년 3월부터 HTML 버전과 XBRL버전을 동시에 EDGAR에 업로드 하는 자발적도입 프로그램(VFP)을 시작했고(Decenbery et al., 2005; Premurose & Bhattacharya, 2008), 2009년 SEC는 Rule 33-9002를 통해 2009년 6월 15일 이후부터 3년간 단계적인 의무 도입 과정을 거쳐, 2011년 말까지 모든 상장기업에 대해 XBRL로 전자공시시스템인 EDGAR에 제무제표를 제출하도록 했다. XBRL의 의무도입은 갈수록 보편화되는 추세라고 할 수 있다.

CHAPTER

14

투명한 경영 보고를 위한 시스템이 필요하다

학습목표

1. 투명한 경영 보고의 필요성을 설명할 수 있다.
2. 주요 회계정보이용자가 누구인지 이들이 왜 회계정보를 이용하는지에 대해 설명할 수 있다.
3. 회계정보의 신뢰성을 높이기 위한 장치들에 대해 설명할 수 있다.

14.1 회계부정

14.1.1. 회계부정사건과 사베인-옥슬리법(Sarbanes-Oxley Act)

자본시장(capital market)에는 많은 사건들이 발생하지만 그 폭발력 측면에서 가장 강력한 것 중의 하나가 회계 부정사건이다.[1] 2000년 대 초반에 발생한 엔론(Enron) 사태는 그 대표적인 사례이다. 엔론은 1985년 가스 사업을 하는 호우스톤 내셔널 가스(Houston Natural Gas)사와 인터노스 오브 오마하(InterNorth of Omaha)사를 합병한 회사이다. 처음에는 파이프라인을 기초로 천연가스사업에만 전념하였으나, 1987년 자신들에게 컨설팅을 제공하던 맥킨지의 제프리 스킬링(Jeffrey Skilling)을 영입하게 된다. 이후 엔론사는 에너지 홀세일 서비스, 엔론 글로벌 서비스 등의 에너지 사업과 브로드밴드(broadband) 네트워크 사업 분야에도 진출하며 규모를 키웠다. 엔론은 미국의 포춘(Fortune)紙에 의해 2001년 세계 16대기업, 2002년 미국 5대 기업으로 각각 선정될 정도로 외부적으로는 급속한 성장을 이루고 주가도 급격히 상승한다.

그러나 이들의 성장은 실질적인 매출과 경영성과에 의한 것이 아니었다. 다수의 특수 목적 법인(SPE : Special Purpose Entity) 설립을 통해 이들과의 가공 거래를 통해 매출을 조작하고, 투자를 위한 차입을 이들 회사 앞으로 하여 실질적인 부채를 보고하지 않는 등 전형적인 회계조작을 통해 이루어진 것이었다. 1997년부터 2001년까지 이루어진 이러한 회계부정이 발각되어 2001년 12월 파산을 신청하게 된다. 놀라운 것은 이들 경영자의 부정에 당시 대형 회계법인이던 아더 앤더슨이 감시는커녕 적극 개입하여 부정을 돕고 있었다는 점이다.[2] 이 사건의 전말이 밝혀지며 스킬링은 징역 24년 아더 앤더슨은 파산을 맞게 되었다. 물론 엔론 주식에 투자한 투자자와 자금을 빌려준 대형 은행들의 피해가 천문학적이었다.

이처럼 경영에 대한 투명한 정보가 시장에 전달되지 않을 경우 투자자들의 판단은 오도될 수 있다. 이는 투자자들이 자본시장에 불신을 갖게 되어 이를 떠나는 등 정보의 비대칭

---

1) 회계부정사건은 주로 분식회계를 의미한다. 이는 기업이 자산이나 이익을 실제보다 부풀리거나 부채나 비용을 실제보다 줄여 재무제표상의 수치를 고의로 왜곡시키는 것을 의미한다. 이러한 회계부정사건은 회계정보이용자들의 판단을 왜곡시킴으로써 자본시장에 큰 충격을 주며 투자자들을 자본시장에서 떠나게 만든다.

2) 아더 앤더슨(Arthur Andersen)은 1913년에 설립된 유서 깊은 회계법인이자 컨설팅 업체이다. 2001년 당시 아서앤더슨은 84개국에 7만이 넘는 직원과 385개 지사를 두고 있었다. 아서앤더슨은 엔론의 감사를 맡으면서 5200만 달러를 받은 것으로 밝혀졌다. 그러나 이 가운데 50% 이상이 경영 컨설팅 수수료였다. 아서앤더슨은 엔론 회계 관련 부정을 의도적으로 도운 것으로 밝혀져 법원에 기소됐다. 엔론 사태 이후 6개월 만에 2300여 상장기업 고객 가운데 690개 회사가 아서앤더슨과 거래를 끊었고 결국 2002년 해체됐다.

이 더욱 심해져 시장이 실패하는 귀결을 가져올 것이다. 이러한 문제를 해결하기 위해 미국은 엔론 사태 이후 사베인 옥슬리 법(Sarbanes-Oxley Act)을 만들었다. 사베인 옥슬리 법의 정식 명칭은 "Public Company Accounting Reform and Investor Protection Act"로 사베인 옥슬리 법이라 불리는 것은 이 법안을 상정한 의원들의 이름을 딴 것이다. 미국에서 2002년 승인되어 2004년부터 적용되기 시작하였다. 이 법은 1934년 증권거래법 제정 이후 회계법인들이 상장기업에 대해 누려온 자율적 권리를 박탈 당하고 이에 대해 일종의 속박을 가한다는 의미를 가진다.

이 법은 11장 69조의 조문으로 이루어져 있지만 가장 중요한 조항은 재무보고에 대한 책임을 다루고 있는 3장 302조와 내부통제에 대한 경영진의 평가를 다루고 있는 4장 404조로 평가받고 있다. 302조에는 기업의 공시 통제 및 관련 절차에 대한 책임이 CEO와 CFO에게 있음을 밝히도록 했다. 이는 보고서의 내용이 정확하고 완전하며, 재무상태 및 운영실적에 관한 중요한 것들이 적절히 공시되었으며 정보의 신뢰성을 보장하기 위한 공시통제와 절차가 설계되어 있음 등을 선언하는 것이다. 만약 이들에 문제가 있으면 감사위원회와 감사인에게 통보하여야 한다. 404조는 내부통제에 대한 경영진의 평가를 담고 있다. CEO와 CFO는 미국증권거래소(SEC)에 제출하는 서류에 내부통제의 유효성을 평가하고 이를 보증하는 증명서와 서명을 첨부하도록 요구한다.

[개념] 이익조작 VS 이익조정 VS 보수주의

기업이 발표하는 회계정보는 모두 일정한 기준에 의해 작성된다. 그렇다면 기업이 발표하는 이익은 동일한 질을 가지고 있는가? 사실은 그렇지 않다. 기업의 재무제표에 있는 이익은 경영자가 주장하는 이익이다. 즉 똑같은 ₩100의 이익을 발표한 기업들이 있다면 이들의 실제 이익 수준은 다를 수 있다는 것이다.

먼저 이러한 이익을 회계기준이 허용하는 범위를 넘어 하는 것을 이익조작(earnings manipulation)이라고 한다. 이는 고의적으로 정보이용자를 기망하는 것이기 때문에 회계조작으로 범죄행위이다. 반면 경영자의 판단에 따라 회계기준이 허용하는 범위 내에서 이익을 변화시키는 것을 이익조정(earnings management)이라고 한다. 중요한 것은 이익조정은 회계기준을 따르고 있기 때문에 범죄가 아니라는 점이다. 과거에는 이익조정을 경영자의 기회주의적 행동으로 해석하는 경향이 많았으나, 최근에는 기업의 들쑥날쑥한 이익을 스무딩(smoothing)해주어 장기적인 이익의 트렌드를 보여주는 일종의 경영자의 정보전달로 해석하는 경향도 있다.

보수주의(conservatism)는 수익과 자산은 과대계상되지 않게, 비용과 부채는 과소계상되지 않게 회계처리를 하는 것이다. 이는 앞선 이익조작 등이 주로 실제보다 이익을 부풀리려는 것과 반대되는 것이다. 배당 압력, 절세, 소송위험 등으로부터 경영자와 회사를 보고하기 위해 많은 기업들이 보수주의를 적용한다.

14.1.2. 회계부정사건의 발생 구조와 방지

기업이 경영활동을 통해 얻게 된 재무적 성과는 투자자들에게 배분된다. 자본주의에서 투자자들은 기업에 대한 가장 중요한 이해관계자(stakeholder)로, 크게 채권자와 주주로 대별된다. 그러나 기업 내부의 경영자와 기업 외부의 투자자들 사이에는 정보의 비대칭(information asymmetry)이 존재한다. 즉 내부의 경영자는 기업의 재무적 상태와 재무적 성과에 대해 상대적으로 많은 정보를 가지고 있으나, 기업의 외부 이해관계자는 이에 대한 정보가 상대적으로 적은 정보를 가지고 있다.

그러나 회계정보를 작성해야할 책임이 있는 경영자는 자신의 이익을 위하여 회계정보를 조정할 유인을 가진다. 이를 테면, 스톡옵션을 행사하기 위해서 주가를 올려야하고 주가를 올리기 위해서는 이익을 상향조정해야 할 경우 등이 발생할 수 있다. 기업 내부에서도 부정이나 오류가 발생할 가능성이 있다. 이처럼 정보의 비대칭은 크게 역선택의 문제(adverse selection)와 도덕적 해이(moral hazard)를 유발하여 시장의 실패를 가져 온다.

이러한 시장의 실패를 피하기 위해서는 정보의 비대칭을 해소하기 위한 시스템이 필요할 것이다. 정보의 비대칭을 낮추기 위해서는 경영과 관련된 정보의 유통이 필요하며, 기업의 회계정보를 담고 있는 재무제표는 이를 전달하는 가장 기본적이고 중요한 매체(vehicle)이다. 기업의 회계정보가 실질적으로 정보의 비대칭을 완화하려면 여기에 담기는 정보가 신뢰성 있는 것이어야 할 것이다.

이처럼 기업이 보고하는 회계정보는 정확하고 신뢰할 수 있어야 함에도 불구하고, 현실적으로는 왜곡될 가능성도 존재한다. 자본시장은 이러한 문제를 해결하기 위해 다양한 장치가 필요할 것이다. 본 장에서는 투명한 경영 보고와 관련된 다양한 문제들에 대해 논하여 보기로 한다.

14.2 회계정보의 이용자

14.2.1. 다양한 회계정보 이용자

14.2.1.1. 주주

기업을 소유의 관점에서 나누어 보면 크게 두 가지의 기업이 존재한다. 하나는 비공개 기업(private company)이고 다른 하나는 공개된 기업(publicly owned company)이다. 공개 기업이 거래소나 코스닥 등 주식 거래시장에서 자유로이 지분증권인 주식이 거래되는 시장이다. 반면 비공개 기업은 시장에서 자유롭게 주주의 권리가 거래되지 않기 때문에 상대적으로 투명경영과 관련된 주주의 요구의 수준이 다르다.

우리나라의 상법은 5가지 유형의 회사를 규정하고 있는데, 각 회사 유형마다 현격하게 구별되는 고유한 특성을 가지고 있다. 기업의 실질이 다르므로 규제의 정도에도 차이가 존재한다. 가장 대표적인 형태인 주식회사는 사원인 주주(株主)의 출자로 이루어지며, 권리 · 의무의 단위인 주식으로 나눠진 일정한 자본금을 갖는다. 자본금과 주식과 주주의 유한책임을 특성으로 하며 많은 개인들이 이의 지분을 가질 수 있는 형태이기 때문에 주식회사의 외부 감사에 관한 법률에 의해 일정 요건에 해당하는 경우 외부감사를 받도록 되어있다.

반면 유한회사는 소수의 출자자들이 자신들끼리 기업을 폐쇄적으로 운영하는 데 적합한 구조의 회사라는 측면에서, 대규모의 자본을 모집하여 설립되어 차후에 상장의 가능성이 열려있는 주식회사와 구별된다. 이처럼 이해 관계자가 제한적이기 때문에서 유한회사가 어떠한 기준에 의하여 회계처리를 할 것인지에 대해서는 상법상의 특별한 규정이 없다. 이 때문에 과거 유한회사는 외부감사를 받을 의무를 부담하지 않으며, 회계처리에 적용할 회계기준도 임의적으로 선택가능 했었다.[3] 이는 유한회사의 경우 사원의 지분권을 매매하는 주체들이 기업 경영에 대한 정보에 대한 의존성이 상대적으로 낮다고 보았기 때문이다. 이처럼 주주의 경우 해당 기업의 특성에 따라 경영자가 주주들에게 보고해야하는 정보의 수준이 달라질 수 있다. 이처럼 기업의 형태에 따라 차이는 있지만 주주들은 기업의 재무상태와 재무성과에 대해 매우 정확하고 신뢰성 있는 정보를 요구한다.

---

3) 2020년부터는 일정 기준을 충족하는 유한회사에 대해서도 외부감사를 받도록 시행령 개정안이 마련되었다.

14.2.1.2. 채권자

투자자 중에서 자금을 빌려준 채권자들은 원금과 이자를 돌려받는다. 앞서 설명한 바와 같이 채권자는 자신이 빌려준 원금과 미리 계약된 이자율에 의한 지분을 돌려 받기만하면 되기 때문에, 이들의 관심은 재무적 성과 전체에 대한 것이 아니라 자신들의 지분을 잘 돌려받을 수 있는가에 주된 관심이 있다. 따라서 이들은 기업이 파산하지 않는 한 자신들의 이익이 보장될 것이기 때문에 기업의 경영과 보고에 대해 상대적으로 제한적 관심을 갖는다.[4]

채권자의 이러한 효용구조와 관련하여 회계학에서는 신용평가기관의 신용평가, 파산모형, 이자율에 위험 프리미엄(risk premium) 요구 등의 주제를 다루어 왔다. 신용평가기관은 전문적인 분석가들을 통해 재무적 자료와 비재무적 자료를 이용해 기업의 신용등급(credit rating)을 산출한다. 이 때 신용평가등급은 채권의 원금과 이자가 상환될 수 있는가를 나타내는 정보로 이용자가 이해하기 쉬운 형태로 작성된다.

우리나라에는 금융감독 당국에서 인가받은 4개의 신용평가기관이 있다. 나이스신용평가, 한국기업평가, 한국신용평가, 그리고 서울신용평가가 그들이다.[5] 가장 높은 AAA 등급으로부터 시작해서 AA, A, BBB, BB, B, C를 거쳐 가장 낮은 D 등급에 이른다. AA로 부터 B에 이르는 등급은 각 등급별로 상대적인 우열을 구분하는 플러스(+)와 마이너스(−) 노치(notch)를 부여할 수 있다. 예를 들어 A 등급은 '원리금의 지급 능력은 우수하지만 상위등급보다 경제여건 및 환경악화에 따른 영향을 받기 쉬운 면이 있음'이라는 평가를 받는 등급이다. B등급은 '원리금 지급능력이 결핍되어 투기적이며 불황시 이자지급이 확실치 않음'이라는 평가를 받는 등급을 의미한다.[6] 이는 투자 부적격을 의미한다.

파산 위험을 판단하기 위해 과거에는 알트만 제트 값(Altman's Z Score) 등 다소 주관적이고 논리성이 부족한 방법들을 이용해 왔다. 이후 기업의 다양한 재무정보를 이용해 로짓분석(logit)을 통해 파산 가능성을 추정하는 통계적 모형이 개발되기 시작했다. 최근에는 인공신경망(Artificial Neural Network) 등 인공지능을 이용하여 파산가능성을 예측하는 방법들이 많이 시도되고 있다.

---

4) 다만 채권자는 자신들의 청구권 보호를 위해 담보계약이나 청산시 잔여 재산에 대한 우선권 등 법적 장치를 마련하는데 더 관심을 가진다.

5) 서울신용평가는 기업어음, 전자단기사채, 자산유동화증권에 대한 신용평가만을 수행하며, 나머지 회사는 이를 포함하여 회사채에 대한 평가까지 수행한다.

6) 여기서는 한국신용평가의 정의를 예로 들었다. 회사마다 각 신용등급의 정의는 대동소이하다. 구체적인 정의는 각사의 홈페이지를 참고하기 바란다.(나이스신용평가 www.nicerating.com / 한국기업평가 www.korearating.com / 한국신용평가 www.kisrating.com / 서울신용평가 www.scri.co.kr)

이자율은 무위험 이자율에 위험프리미엄이 합해져 정해진다. 위험 프리미엄을 의미하는 이자율과 관련해서는 기업의 규모가 클수록, 부채비율이 낮을수록, 총자산 이익율이 높을수록, 베타 값이 낮을수록, 일별수익률의 표준편차가 작을수록 낮은 보상을 요구하는 것으로 알려져 있다.

이처럼 채권자의 보상과 관련해서도 다양한 회계정보가 사용된다. 이를 신뢰성 있게 측정하기 위해서는 회계정보가 정확하고 신뢰성 있게 작성되어야 할 것이다.

14.2.1.3. 기타 이해관계자

14.2.1.3.1. 경영자

경영자는 계약기간이나 보너스(스톡옵션 등 포함)와 관련하여 자신의 이익이 회계적 성과에 의해 결정되는 경우가 많다. 이 경우 경영자는 이익을 증가시키는 방향의 회계처리를 하려는 유인을 가질 수 있다. 이를 이익조정(earnings management)이라고 한다. 이익조정은 크게 두 가지 경로를 통해 이루어 질 수 있다.

첫째, 회계가 발생주의에 의해 수익 비용이 인식됨에 기반 하여, 수익과 비용의 인식시기를 고의로 조정하는 방법이다. 이를 발생액을 이용한 이익조정이라고 한다. 이는 구체적으로 이익은 먼저 인식하고 비용은 지연하여 인식함으로써 수행될 수 있다. 주의해야 할 점은 발생액을 이용한 이익조정은 다음 기에 반대의 효과가 발생한다는 점이다.

둘째, 실질적인 경영활동을 조정하여 이익을 조정하는 방법이 있다. 이를 실물이익조정(real earnings management)라고 한다. 구체적으로는 신용매출이나 매출 할인 등 거래 조건을 상대방에게 유리하게 제시하여 매출을 증가시키는 방법, 과도한 생산을 통한 단위당 고정제조간접비를 낮추어 보고이익을 크게 만드는 방법, 연구개발비 · 광고선전비 · 복리후생비 등의 조정을 통해 보고이익을 늘리는 방법 등이 있다. 어느 경우든 경영자의 기회주의적 행동을 통해 회계정보의 신뢰성에 부정적인 영향을 미치는 행위이다.

이러한 경영자의 기회주의적 행동은 경영자가 소유경영자인 경우와 전문경영자인 경우 차이가 존재할 수 있다. 소유경영자인 경우 자신도 주주이기 때문에 주주와 경영자 사이의 대리인 문제는 감소하는 반면 전문경영자인 경우는 이러한 대리인 문제가 크게 발생할 수 있다. 또한 소유경영자인 경우에도 투표권(voting right)과 배당권(cash flow right) 사이의 괴리가 큰가 작은가에 따라 기회주의적 행동이 차이가 날 수 있다. 이유 여하에 불구하고 회계정보의 신뢰성 확보를 위하여 이러한 경영자의 회계정보 교란 요인은 통제되어야 할 것이다.

14.2.1.3.2. 종업원과 국가

또 다른 이해관계자로 종업원이 있다. 이들은 기업의 경영성과에 대해 자신들의 기여도를 주장해 임금 협상이나 보너스 등을 요구할 수 있다. 이러한 관점에서 이들은 높은 이익을 선호한다고 볼 수 있다. 그러나 이익증가가 법인세의 증가, 배당의 증가로 이어져 기업 내에 유보되지 않아 기업의 재정 건전성이 위축되고, 이로 인해 기업의 지속성이 위협받는 경우 이들은 낮은 이익이 보고되는 것을 선호할 것이다.

국가는 기업의 이익에 대해 법인세를 부과한다. 따라서 회계정보에 관심을 가질 것이다. 그러나 회계기준에 의한 기업의 이익과 국가가 과세를 하기 위한 이익은 차이가 있다. 이를 과세표준이라고 부르는데 과세표준은 세법에 의해 정해진 수익만을 익금으로 인식하고, 세법에 정해진 비용만을 손금으로 인식하여 둘을 차감하여 구해진다. 따라서 국가는 세무상의 이유로 회계이익에 관심을 갖지만 이러한 회계와 세법 사이의 차이를 조정하여 정보를 활용한다.[7)]

14.2.2. 주주와 채권자의 이해관계

아래 그림은 주주와 채권자의 기업가치 증가에 따란 보상을 나타내고 있다. 가로축은 기업 가치를 나타내고 세로축은 보상을 의미한다. 붉은 선은 채권자의 보상을 의미하며 파란색은 주주의 보상을 의미한다. 이러한 보상은 기업 가치나 성과와 연동되기 때문에 이에 대한 정보가 정확해야 할 것이다. 이 그림을 바탕으로 주주와 채권자의 경영 정보에 대한 관점의 차이를 살펴보자.

먼저 주주는 배당이나 기업의 잔여재산에 대한 청구권을 가진다. 이들의 몫은 정해진 것이 아니라 자산에서 부채를 차감한 나머지이기 때문에 재무상태와 재무성과가 어떠한 가에 따라 달라진다. 주주는 기업가치가 증가해도 채권자의 지분이 모두 지급되기 전에는 어떠한 보상도 못 받는다. 채권자에게 지급되는 보상이 완료되면 나머지에 대해서는 자신의 지분율만큼 보상을 가져갈 수 있다. 이러한 구조는 주주에게 기업의 경영활동에 대한 보다 세세한 정보를 요구하게 만들 것이다.

반면 채권자는 기업가치(성과)가 증가할수록 보상이 증가하다가 원금과 이자 수준에 이

---

7) 이처럼 회계와 세법 사이의 차이를 조정하는 행위를 세무조정이라고 한다.

르면 보상이 더 이상 증가하지 않는 구조를 보인다. 따라서 이들은 상대적으로 자신들이 투자한 원금과 이자의 회수 가능성에 관심이 많을 것이다. 이들은 기업이 얼마나 큰 돈을 벌 것인가 보다 자신들의 원금과 이자를 받기 위해 기업이 파산할 것인가 아닌가에 더 관심이 많다.

그림 1 주주와 채권자의 보상 비교

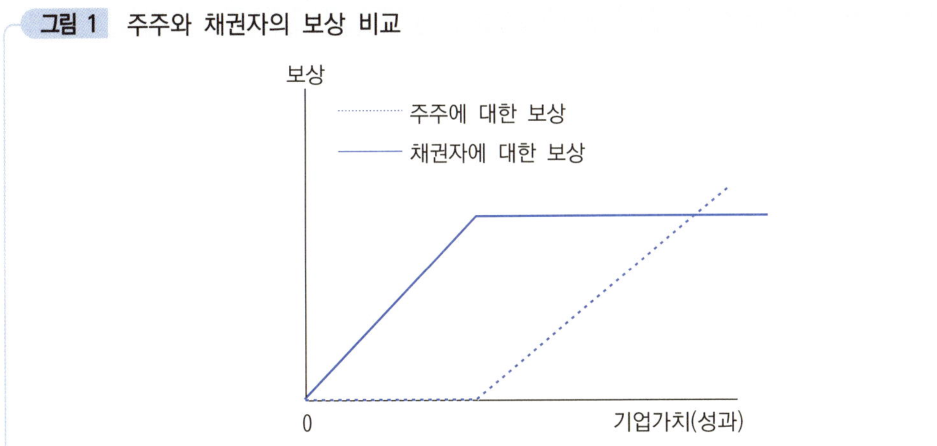

14.3 회계기준의 도입

14.3.1. 회계기준이 왜 필요한가?

기업의 특정 기간(년, 분기, 월 등) 중 재무 성과와 특정 시점의 재무 상태를 표시하는 일은 생각처럼 간단하지 않다. 우선 개별 거래에서 발생하는 매출과 비용은 기간을 한정하지 않고 연속해서 발생하거나 양자 사이에 시점이 불일치하는 경우가 더 많다.

예 물품을 매입하는 계약을 체결하고 그것을 인도 받았어도, 물품 대금 수령 시점은 수개월 후가 될 수 있다. 판매할 상품을 입고했을 때와 판매되어 나가는 시점에 차이가 있고 재고 비용은 해를 넘기기 일쑤다. 일시불로 거액을 들여서 매입한 기계장치는 수년 또는 수십년에 걸쳐 생산에 기여하므로, 한 시점의 지출 금액을 모두 그 해의 비용으로 처리하는 것은 온당치 않다.

현재 시점에 자산이 정확히 얼마의 가치가 있는지, 또는 채무 금액이 정확히 얼마인지 확정하는 일도 쉽지 않다.

예 현재 받아야 할 외상대금이 쌓여 있는데 과연 그대로 다 들어올지도 불확실하고, 보유하고 있는 토지의 가치가 얼마인지도 단지 인근 토지 매매 가격에 미루어 추정할 수 있을 뿐이다. 외화 채무가 환율변동으로 가치가 얼마나 달라질지도 모른다. 임직원을 상대로 부여한 스톡옵션은 기업의 채무임에도 불구하고 미래 어느 시점에 얼마를 지불하게 될 것인지 여전히 불확실하다.

거래 과정에서 이렇듯 정확한 측정이 어려운 상황은 수없이 발생한다. 이때 제반 수익과 비용, 그리고 자산과 부채의 가치를 측정하고 기입하는 원칙 또는 지침이 통일되어 있지 않으면, 회계 정보는 객관성을 잃고 기업간 비교는 더욱 어려워질 것이다. 이런 이유로 거래가 집중되어 있는 사회 안에서, 대표적으로 한 나라 안에서 통일된 회계기준이 자연스럽게 필요하게 됐다. 역사적으로 회계기준의 큰 두 줄기를 이루어온 것은 GAAP과 IFRS다.

[역사] GAAP, IFRS의 등장과 채택

미국에서 대공황 기였던 1933년에 증권법(Securities Act)이 제정되면서, 상장 기업들을 대상으로 처음 '일반적으로 인정되는 회계기준(GAAP : Generally Accepted Accounting Principles)'이라는 포괄적 기준을 요구했다. 이후 FASB(Financial Accounting Standards Board), GASB (Governmental Accounting Standards Board) 같은 표준제정기구가 등장하면서 회계기준의 체계가 잡히기 시작했다. 이후 여러 국가들이 자신의 경영 환경에 맞추어 고유한 GAAP을 정립하기에 이르렀다. GAAP은 통상 '갭'이라고 발음한다.

우리나라의 모든 기업들은 2010년도에 이르기까지 (사)한국회계기준원이 제정한 '기업회계기준'을 적용해왔다. 이것도 GAAP를 따른 것이라고 볼 수 있다. 한국의 종래 기업회계기준은 미국과 일본의 GAAP을 주로 참고하고 한국 실정에 맞게 각종 용어와 기준을 제정한 것이었다.

GAAP은 국가마다 고유한 방식을 따름으로써 국제 거래의 일관성 있는 처리나 회계 정보의 국가간 비교에 어려움이 있었다. 이런 이유로 2001년에 출범한 국제회계기준원(IASB : International Accounting Standard Board)[8)]에서는 국제재무회계기준, 이른바 IFRS(International Financial Reporting Standards)를 제정했다.

8) IASB의 전신은 1973년에 Australia, Canada, France, Germany, Japan, Mexico, Netherlands, United Kingdom/Ireland, the United States가 중심이 되어 설립된 IASC(International Accounting Standards Committee)이다. 자세한 사항은 IASB의 홈페이지 https://www.ifrs.org/ about-us/who-we-are/#history 를 참조하라.

그 전까지 GAAP 방식의 기업회계기준을 채택했던 우리나라는, 2011년 1월 1일 이후에 상장 기업과 금융기관(상장, 비상장 포함)은 IFRS를 기반으로 '한국채택 국제회계기준'(K-IFRS)를 적용하여 재무제표를 공시해야 하는 것으로 변경되었다. 그러나, K-IFRS는 모든 비상장 기업에 대하여 의무 사항은 아니다. 비상장 외감기업은 '일반기업회계기준'을 준수하되 필요에 따라 K-IFRS를 선택할 수 있다. 규모가 작은 비상장 비외감 기업들도 중소기업회계기준을 따르되 K-IFRS를 선택하는 것이 가능하다. 하지만, 현실적으로 비상장 중소기업들은 오랜 관행이었던 기업회계기준을 포기하고 K-IFRS 체제로 전환하는 데에 높은 비용이 소요되기 때문에 대부분 기존의 기업회계기준을 따르는 경향이 있다. 그래서 지금은 GAAP과 IFRS가 도처에서 혼용되고 있는 상태라고 보아야 한다.

하지만 재무회계기준의 기조가 GAAP에서 IFRS로 전환하고 있는 현상은 거스를 수 없는 대세다. 이런 현상이 일어난 가장 큰 이유는 거래의 국제화다. 과거 국제화의 정도가 상대적으로 낮았던 시절에는 각국이 자신의 실정에 맞는 회계기준을 제정하여 사용해도 무방했다. 그러나 자유무역협정(FTA)을 비롯한 여러 무역 자유화 정책과 전 세계적인 자본시장 개방 추세가 확산됨에 따라, 국가마다 상이한 회계기준은 많은 불편을 낳았다.

14.3.2. GAAP과 IFRS의 차이

GAAP과 IFRS의 차이는 무엇일까?

기술경영자 입장에서 GAAP과 IFRS의 세세한 차이를 다 인지하고 있을 필요는 없다. 재무제표를 작성하는 세부 기법은 회계 담당자의 일이다. 그러나, 그 큰 차이는 알고 있어야 경영자로서 혼란을 방지할 수 있다.

14.3.2.1. 규칙 중심 대 원칙 중심

첫째, GAAP은 규칙 중심(rule-based)이고, IFRS는 원칙 중심(principle-based)이다. 규칙 중심이라는 것은 개별 경제적 사건별로 회계처리하는 항목과 그 측정 방식이 세부적으로 규정되어 있다는 뜻이다. 반면에 원칙 중심이라는 것은 세부 항목에 대한 규정 대신에 회계 처리의 원칙을 정하고 이 원칙을 벗어나지 않는 범위 내에서 항목의 구성과 처리 방식상 재량을 허용한다는 뜻이다.

2010년 이전에 작성된 상장기업, 외부감사기업, 비상장기업을 막론하고 재무제표에 등장하는 항목의 구성 및 배열 방식은 대부분 통일되어 있었다. 손익계산서의 개념에 대해서는 본 장의 뒷 부분에서 설명하겠지만, GAAP과 IFRS의 첫 번째 차이를 설명하기 위해 우선

손익계산서로 예를 들어보자. 기업회계기준 하에서 손익계산서 계정 항목 배열 방식은 <표 1>의 a)에서 보는 형태가 표준이었다. 어떤 기업들을 놓고 보더라도 그 안에 매출원가나 판매비와관리비에 포함되는 세부 항목들은 개수가 달라질지언정 명칭은 항상 같았다.

그러나, IFRS 도입 이후 등장하는 세부 항목의 구성과 배열 방식은 일정한 원칙 하에서 재량이 허용됨에 따라 기업 간에 조금씩 차이가 나게 되었다. 굳이 다단계식 배열을 강요하지도 않게 됐다. <표 1>의 b)는 IFRS에서 취할 수 있는 손익계산서의 가능한 형태를 보여주고 있다. 기존의 GAAP 방식과 많은 차이를 보임은 물론이고, 비용을 기능별로, 또는 성격별로 분류하여 배치함에 따라 손익계산서의 모양이 달라질 수 있음을 알 수 있다. 이런 점 때문에 IFRS 하에서는 GAAP에 비하여 기업간 비교가 더욱 어려워질 수 있다는 지적도 있는 것이 사실이다.

또한 GAAP하에서는 제반 항목들을 통일된 양식 하에 의무적으로 배치했지만 IFRS 하에서는 재무제표 본문이 소략하게 구성되는 경우가 많이 발견된다. 그만큼 항목 구성의 자율성이 허용되어 있기 때문이다. 그래서 GAAP에서는 재무제표 본문에서도 비교적 풍부한 해석의 단서를 얻을 수 있었지만, IFRS에서는 본문보다는 주석 사항에 더 많은 정보가 담겨 있는 경향이 있다. 그래서 본문과 주석 사항에 대한 종합적인 판단을 행해야만 기업의 재무적 성과에 대한 올바른 판단에 더욱 근접할 수 있게 되었다.

그러나, IFRS도입 이후 재무제표의 형식과 항목에 자율성이 부여되어 자칫 기존 회계 관행으로부터 과도하게 이탈할 경우 재무정보 이용자들에게 발생할 혼란은 충분히 예상할 수 있는 일이었다. 이런 이유로 많은 상장기업들이 K-IFRS의 원칙을 따르되 재무제표의 구성 방식 자체는 기업회계기준과 크게 달라지지 않는 방향으로 작성 및 공시하는 방향으로 움직이고 있음을 관찰할 수 있다.

▸ ▸ 〈표 1〉 GAAP와 IFRS하의 손익계산서 비교

a) GAAP하의 다단계 분류 손익계산서 (단위 : ₩)

	제20x1(당)기	제20x0(전)기
Ⅰ. 매출액	300	
Ⅱ. 매출원가	120	
Ⅲ. 매출총이익(손실)	180	
Ⅳ. 판매비와 관리비1)	130	
1. 급여		
4. 임차료		
5. 접대비		
n. 기타		
Ⅴ. 영업이익(손실)	50	
Ⅵ. 영업외수익	3	
1. 이자수익		
3. 임대료		
Ⅶ. 영업외비용	22	
1. 이자비용		
4. 기부금		
Ⅷ. 경상이익(손실)	25	
Ⅸ. 특별이익	0	
1. 자산수증이익		
2. 채무면제이익		
Ⅹ. 특별손실	-4	
1. 재해손실		
XI. 법인세비용차감전순이익(손실)	21	
XII. 법인세비용	3	
XIII. 당기순이익(손실)	18	

b) IFRS하의 손익계산서 (단위 : ₩)

<비용을 성격별로 분류하여 배치한 경우>

	20x1년 (당기)	
수익		440
기타수익		110
원재료와 소모품 사용액	180	
종업원급여비용	120	
감가상각비와 기타상각비	40	
기타비용	20	
비용총계		(360)
법인세비용차감전순이익		180
법인세		60
당기순이익		120
주당이익		12

<비용을 기능별로 분류하여 배치한 경우>

	20x1년 (당기)
수익	440
매출원가	(200)
매출총이익	240
기타수익	100
물류원가	(40)
관리비	(100)
기타비용	(20)
법인세차감전순이익	180
법인세	(60)
당기순이익	120
주당이익	12

14.3.2.2. 역사적 원가 대 공정가치

GAAP은 역사적 원가(historical costs)를 중시하지만, IFRS는 공정가치(fair value)를 중시한다. 역사적 원가공정가치에 대해서는 본서의 제8장 8.1.2.절에서 상세히 설명한 바 있다. 본절에서는 그 핵심만을 간단히 요약한다.

역사적 원가란 과거에 자산을 취득한 당시에 지급한 현금(등가물) 가액을 의미한다. 감가상각(depreciation)이나 기타 상각(amortiazation)이 필요한 자산에 대해서는 적절한 방식으로 상각처리한 후의 가액을 계상한다. 기계장치를 3년전에 ₩10억에 취득하고 매년 ₩1억씩 지난 3년간 ₩3억이 감가상각되었다면 현재 가액은 ₩7억으로 기재하는 것이 역사적 원가를 따르는 것이다. 다만, 필요시 역사적 원가법 하에서도 '자산재평가'를 통해 장부가액 이상 또는 이하의 가격으로 조정해서 표시하는 것을 허용하고 있다.

보통 토지의 경우 장부가와 실제가가 차이가 나는 경우가 많은데, 매입 이후 토지가격이 상승해 있는 경우 토지에 대한 재평가를 통해 그만큼 보유자산 가치의 계상액을 상향 조정하는 경우가 종종 있다. 그만큼 재무구조와 기업가치가 건실해 보이도록 할 수 있는 효과가 있기 때문이다.

반면에 공정가치란 현행 거래 시 자신이 매각 또는 구입될 수 있는 가액, 부채가 결제 또는 이전될 수 있는 가액을 말한다. 앞의 기계장치를 예로 들었을 때, 만약 어떤 이유로 그 기계의 공급이 중단되고 시장 특수가 있어 현재 시점에 중고시장에서 해당 사양의 기계가 거래되는 가격이 실제로는 ₩12억으로 관찰되고 있다고 한다면, 원칙적으로 이 ₩12억을 기재해야 한다는 것이다.

역사적 원가는 객관성과 검증가능성이 확보된다는 장점이 있지만 물가변동이나 보유손익이 고려되지 않는다는 단점이 있다. 반면에 공정가치는 현재 시점에 변동된 가치를 반영할 수 있다는 장점이 있지만, 자의성이 개입될 여지가 있다는 단점이 있다.

14.3.2.3. 개별 대 연결

GAAP은 개별제무제표를 주재무제표로 하지만, IFRS는 연결재무제표를 주재무제표으로 한다. 개별재무제표는 종속회사와 관계회사의 영업을 배제하고 작성하는 것이고, 연결재무제표는 그를 모회사의 실적에 반영하는 것이다. 연결재무제표에 대해서는 본서의 제7장 7.3.3절에서 상세히 설명한 바 있다. 본절에서는 그 핵심 개념만을 다시 요약한다.

관계회사란 일반적으로 지분을 보유하고 있는 하위회사를 말하며, 종속회사란 그 가운데에서도 50% 이상의 지분을 확보하는 등의 방법으로 지배력을 지니고 있는 자회사를 말한다.

IFRS에서는 종속회나 관계회사가 없을 경우에 개별재무제표를 작성하며, 그렇지 않을 경우 연결재무제표를 작성하여야 한다. 한편 IFRS에서는 별도재무제표라는 것이 있는데, 이는 종속회사나 관계회사가 존재함에도 불구하고 그 실적을 배제하고 모회사만의 실적을 계상한 것이다.

종속회사의 매출과 이익을 모회사 실적에 100% 반영하고, 관계회사는 지분법에 따라 반영한다. 지분법이란 관계회사의 실적을 관계회사의 총지분 가운데 모회사가 차지하는 지분의 비율만큼 반영한다. 즉 연결재무제표는, 어떤 기업이 보유 중인 지분증권을 단순히 유가증권으로 해석하지 않고 별도의 사업을 보유하고 있는 것으로 해석하는 것이다. 연결재무제표를 작성하게 되면, 모회사 별도로는 실적이 나쁘더라도 자회의 실적이 우량하면 연결재무제표상으로는 전체적인 실적이 우량해질 수 있다.

▸ ▸ 〈표 2〉 K-IFRS와 일반기업회계기준의 주요 차이

구 분	K-IFRS	일반기업회계기준
연 결 범 위	• 지분율 50% 초과 또는 실질 지배력이 있는 경우 • 소규모회사 제외 기준 없음 • 특수목적기구 관련 별도 지배력 기준 규정 존재	• 지분율 50% 초과 또는 실질 지배력이 있는 경우 • 외감법규에서 정한 경우 소규모회사 제외
금 융 자 산	• 상환청구권부 매출채권 할인은 회계상 매각처리 부인	• 상환청구권부 매출채권 할인은 회계상 매각처리 가능
재 고 자 산	• 후입선출법 불허	• 후입선출법 허용
유 형 자 산	• 투자부동산은 공정가치 모형 허용	• 투자부동산은 유형자산 회계처리를 준용(재평가 허용)
무 형 자 산	• 무형자산의 재평가 허용 • 영업권은 상각하지 않고 손상평가만 수행	• 무형자산의 재평가 불허 • 영업권은 일정기간 정액 상각
부 채 성 자 본	• 부채성자본은 경제적 실질에 따라 구분	• 부채성자본은 법적분류에 따라 구분
종업원 급여	• 보험수리적방법에 따라 퇴직급여 산출	• 청산가치개념에 근거하여 퇴직급여 산출
기 능 통 화	• 기능통화는 제반사항을 고려하여 결정	• 해당국가 통화를 기능통화로 사용 가능
중 소 기 업 회계처리특례	• 해당사항없음	• 중소기업 회계처리 특례규정 존재

출처 : 한국회계기준원, 금융위원회 기업금융나들목 홈페이지 www.smsefn.or.kr에서 재인용

14.4 기업정보의 유통 경로

14.4.1. 공시를 통한 정보의 유통

14.4.1.1. 기업의 정보공시 원인

기업이 자신들과 관련된 중요한 사항에 대해 시장에 알리는 것을 공시(disclosure)라고 한다. 기업들은 자신들의 이익을 위해 공시를 하는 것이 유리할까 아니면 하지 않는 것이 유리할까?

레몬이론에 따르면 정보가 없을 경우 시장은 상장된 기업의 중간 가치만큼 비용을 지불하려 할 것이다. 만약 어떤 기업이 중간비용 이상의 가치를 가지고 있다면 이 기업은 공시

를 통해 자신이 차별성을 가진다는 것을 알리려 할 것이다. 그렇다면 나쁜 기업들은 왜 공시를 하려고 하는가? 이에 대해 소송비용을 통해 설명하려는 이론이 있다. 만약 기업의 적절한 정보제공이 없는 경우 법이 투자자를 더 보호하는 시장의 경우 이러한 이론은 잘 적용될 것이다. 그러나 법이 투자자보다는 기업의 이해를 더 잘 반영하고 있는 사회에서는 이러한 원리가 잘 지켜지지 않을 것이다.

이상의 경우는 사회적 시스템이 가만히 두어도 기업들이 자발적으로 공시를 하려고 할 것이라고 하는 기대를 대변한다. 실제 공시를 많이 하는 기업의 자기자본조달비용(cost of equity capital)이 그렇지 않은 기업에 비해 더 낮다는 연구결과들이 존재한다.

반면 회계정보 등 기업과 관련된 정보는 공공재의 성격이 있고 이로 인해 시장에는 이를 무료로 이용하려는 사람들이 존재해 사회적인 필요만큼 정보 생산이 이루어지지 않을 것이므로 이를 강제화해야 한다는 주장도 있다.

그렇다면 기업에 좋은 뉴스(good news)와 나쁜 뉴스(bad news)가 있다면 이를 모두 공시하는 것이 좋을까 아니면 좋은 뉴스만 공시하는 것이 좋을까? 그리고 어느 시점에 이를 공시하는 것이 좋을까? 개별 기업별로 공시와 관련된 다양한 전략적 선택이 존재할 것이다. 중요한 것은 이러한 정보가 모두 투자자들에게는 매우 중요한 의사결정의 기준이 될 수 있다는 점이다.

참 고 나쁜 소식(Bad News)도 자발적으로 공시하는 것이 필요한 이유

'디젤엔진 배기가스 조작 게이트' 폭스바겐, 12조원 소송 직면

(기사출처 : 서울신문, 2018-09-11)

'디젤엔진 배기가스 조작 게이트'로 파문을 일으킨 독일 폭스바겐이 92억 유로(약 12조 원) 규모의 소송에 직면했다. 주주들이 디젤엔진 배기가스 조작 스캔들에 따른 주가 하락에 따른 손해를 보상받기 위해 낸 소송에서다.

BBC방송 등에 따르면 독일 니더작센주 브라운슈바이크 지방법원은 10일(현지시간) 폭스바겐을 상대로 주주들이 92억 유로의 손해배상을 청구한 소송의 심리 절차를 시작했다. 주주들은 2015년 9월 배기가스 시스템 불법 조작 스캔들이 터지고 나서 폭스바겐 주가가 40% 폭락하고 벌과금 납부 등으로 274억 유로(약 35조 8000억 원)의 비용을 치른데 대한 손실 보상을 요구하고 있다. 원고 측 안드레아스 틸프 변호사는 브라운슈바이크 지방법원에서 열린 재판에서 "우리는 폭스바겐이 2008년 6월까지 미국 시장이 요구하는 기술을 만들

수 없었음을 말해야 했다고 생각한다"고 강조했다. 미국 환경보호청(EPA)이 2015년 9월 폭스바겐의 위법 사실을 폭로하기 전에 해당 시스템이 미국 규정을 통과할 수 없다는 것을 투자자들에게 알려야 했다는 얘기다.

소송은 데카투자펀드가 제기했으며 소송 건수는 모두 1670건이다. 폭스바겐은 미국에서 디젤엔진 배기가스 조작 게이트로 영향을 받은 고객들에게 140억 달러(약 15조 원)를 배상한 바 있으나 독일에서 재판이 열리는 것은 처음이다. 미국에서는 집단소송이 일반적이나 독일 법은 올해 초까지 이를 허용하지 않았다.

폭스바겐은 성명을 통해 "소송은 단지 폭스바겐이 주주와 자본시장에 대한 공개 의무를 준수했는지에 대한 것일 뿐"이라면서 "회사는 의무를 올바르게 이행했다"고 밝혔다.

하지만 크리스티안 예대 브라운슈바이크 지방법원 판사는 공소시효 때문에 소송들 중 단지 일부에 대해서만 재판이 진행될 것이라고 말했다. 구체적인 재판 날짜는 언급하지 않았다. BBC는 늦어도 내년까지는 법원 판결이 이뤄질 것이라고 예상한다고 전했다. 예데 판사는 폭스바겐이 2005~2007년 디젤 엔진 차량에 배기가스 배출량을 조작하는 소프트웨어를 장착하기로 한 결정은 불법이라며 다만 주주들이 이러한 점 때문에 손실을 보게 된 것인지는 불분명하다고 말했다. 한편 독일 당국은 폭스바겐과 포르쉐, 아우디의 전 임원에 대한 수사를 진행 중이다.

14.4.1.2. 공시와 관련된 규칙의 필요성과 공정공시제도

회계정보를 포함하여 기업과 관련하여 정보가 중요하다면 이 정보를 빨리 얻게 되는 사람과 늦게 얻게 되는 사람 사이에는 반응 속도의 차이가 존재할 것이다. 예를 들어, 어떤 기업이 소송에 걸려 큰 손해에 직면하게 되었다고 가정해 보자. 이 경우 정보를 빨리 접한 투자자는 해당 기업 주식에 대해 공매도(short selling)[9]를 실행함으로써 본인의 이익을 극대화하려 할 것이다. 반면 해당 기업에 대한 정보를 늦게 접한 투자자는 시장에서 주가의 하락을 그 원인도 모른 채 접하면서 손실을 입게 될 것이다.

9) 공매도란, 주식을 예로 들어보면, 특정 주식을 빌려서 매도하는 행위를 말한다. 투자자가 특정 자산을 소유하고 있는 상태를 long position (대차대조표 차변에 자산으로 존재하는 상태), 특정 자산을 상환할 의무가 있는 상태를 short position(대차대조표 대변의 부채로서 존재하는 상태)을 취하고 있다고 한다. short selling이란 short position 상태에서 매도를 실행한다는 의미다. 번역어의 연원은 불확실하지만, 상환 후 원상태로 돌려 놓아야 한다는 의미에서 공(空)매도라고 번역한 것이 아닐까 추정된다.
특정 주식의 가격이 하락할 것으로 예상될 때 공매도를 실행할 유인이 생긴다. 홍길동 씨가 현재 주당 ₩1만인 A사 주가가 미래에 하락할 것으로 예상하고 있다고 가정하자. 홍길동씨는 A사 주식 보유자인 허균씨로부터 주식 100주를 빌린 뒤 이를 ₩1만에 매도하고 현금 ₩100만을 수취했다. 일정 기간이 지난 뒤 A사 주가가 실제로 ₩7천으로 하락했을 때, 홍길동 씨는 시장에서 A사 주식 100주를 현금 ₩70만을 지불하고 매수한 뒤 이 100주를 허균씨에게 갚는다. 결과적으로 홍길동씨는 공매도를 통해 ₩30만의 차익을 실현하게 된다. 만약 홍길동씨의 예상과 달리 주가가 ₩1만보다 상승한다면, 홍길동씨는 손실을 입게 된다. 허균씨에게 상환할 주식 100주를 ₩1만보다 더 비싼 금액을 지불하면서 취득해야 하기 때문이다. 공매도는, 풋옵션(put option) 매수와 더불어, 주식가격 하락이 예상될 때 차익 실현을 목적으로 구사할 수 있는 대표적인 전략이다.

이와 같이 회계정보가 갖는 경제적 중요성을 고려하여 기업의 모든 정보는 시장에 동시에 도달하도록 제도를 만들 필요가 있을 것이다. 이를 공정공시제도(fair disclosure regulation)라고 한다.

미국의 증권거래위원회(SEC)는 2000년부터 이를 최초로 도입하여 기업이 기관투자자나 애널리스트 등 중요한 이해관계자에게 중요한 정보를 제공하는 경우 이를 일반투자자에게도 즉시 공시하도록 했다. 우리나라도 이 제도를 2002년부터 도입해 시행 중이며, 2009년에는 이를 증권거래법에 명시하여 그 의무를 강화하였다.

그림 2 국내 기업의 공시 내용을 확인할 수 있는 DART 시스템

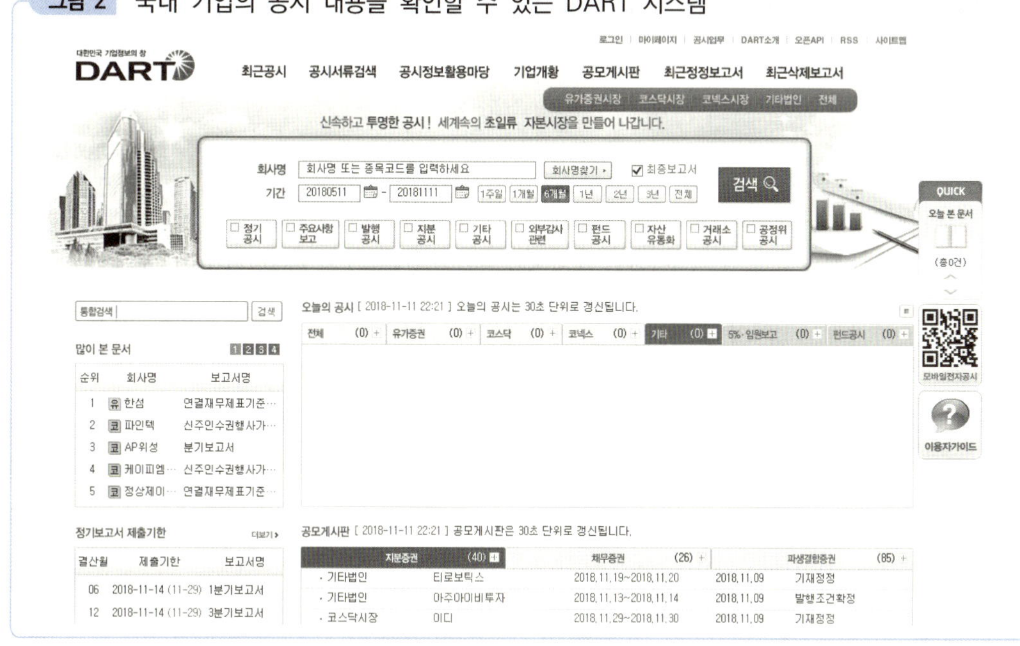

우리나라의 금융감독원은 이러한 공시를 모두 관찰할 수 있는 유용한 정보원이다.[10)]DART를 통해 상장기업 및 비상장 기업의 재무제표를 확인할 수 있다. 뿐만 아니라 기업의 중요한 경영사항과 관련된 다양한 공시 자료들도 확인할 수 있다.

그러나 공정 공시가 시장에 반드시 좋은 영향만을 미쳤는가에 대해서는 다양한 이론이 존재한다. 일부의 연구들은 공정 공시의 도입으로 애널리스트의 이익예측 환경이 악화되어 예측정확성이 감소하고 이익예측의 분산이 증가했다고 주장하기도 한다. 특히 이러한 현상은 특히 규모가 작은 기업에서 두드러지는 것으로 분석되었다.

10) 금융감독원의 공시를 이용하기 위해서는 http://dart.fss.or.kr/ 웹 주소를 사용하면 된다. 이 사이트에서 이용자는 모든 기업들의 재무제표 등을 포함하여 기업의 최근 공시 내용 등을 확인할 수 있다.

14.4.2. 기업의 미래 정보 제공 체널

14.4.2.1. 애널리스트의 이익예측

애널리스트(analyst)는 기업 경영과 관련된 정보를 수집하여 펀드매니저 등 자금을 운영하는 기관투자자들이나 일반 투자자들에게 해당 기업에 관한 분석 정보를 제공한다. 우리나라에는 약 30여 개 이상의 증권회사가 있으며 애널리스트들은 대체로 증권회사에 소속되어 있다. 이들은 주로 1~3년 후 기업의 매출액, 주당순이익, 목표 주가 등을 전망한다.

애널리스트의 예측치(analyst forecast)의 평균(또는 중간값)을 이용해 시장의 기대에 대한 대용치로 삼기도 한다. 이를 시장 컨센서스라고 하기도 한다. 애널리스트는 주로 큰 기업을 중심으로 예측을 수행한다. 이는 큰 기업일수록 많은 사람들이 관심을 가지기 때문이다. 일반적으로 애널리스트의 예측치가 많을수록 예측의 정확치가 많은 것으로 알려져 있다. 한편 예측치 사이의 분산이 계산될 수 있는데 해당 기업의 정보환경이 좋지 않을수록 예측치 사이의 분산이 커진다.

기업의 실적 발표 시기를 보통 어닝시즌이라고 많이 부른다. 어닝 시즌에 애널리스트 이익예측치와 실제 이익 사이의 차이가 발생하기 마련이다. 실제 이익이 시장의 이익 예측보다 크면 어닝 서프라이즈(earnings surprise)라고 한다. 반대로 실제 이익이 시장의 예측보다 작으면 어닝 쇼크(earnings shork)라고 한다. 이 때 시장은 기대를 수정하게 되고 이는 주가에 반영된다. 일반적으로 이는 S자 모양을 띄는 것으로 알려져 있다. 이는 애널리스트의 기대를 초과할 때 시장의 초과수익률보다 기대를 하회하는 결과가 나왔을 때 시장의 초과수익률 하락이 막대함을 의미하는 것이다.

이와 같이 애널리스트의 예상 이익을 충족시키지 못할 경우 시장에서 주가가 급락하는 현상을 막기 위해 경영자는 노력할 것이다. 먼저 이익을 조정해서라도 애널리스트의 기대에 부응하도록 하려할 것이다. 다른 하나는 시장에 부정적인 정보를 미리 건네 애널리스트들이 기대치를 낮추도록 유도할 것이다.

우리나라 애널리스트들은 대체로 기대 이익을 실제보다 높게 예측하는 성향이 있는 것으로 알려져 있다. 이는 애널리스트들이 주로 주식을 팔아야하는(sell side) 입장을 대변하기 때문인 것으로 추측된다. 또한 이들은 목표주가를 제시하기도 한다. 그러나 시장이 목표주가를 따르는지 목표주가가 주가를 따르는지에 대한 논란이 존재한다.

14.4.2.2. 경영자의 이익예측

최근에는 애널리스트뿐만 아니라 경영자도 자신의 재무제표에 대해 예측 정보를 제공하는 기업들이 있다. 이들은 주로 매출액, 영업손익, 당기순손익에 대한 예측정보를 제공한다. 이러한 예측정보의 제공을 통해 투자자와의 정보비대칭을 낮춤으로써 자본비용의 감소를 가지고 올 수 있을 것이다. 이와 관련하여 한 가지 흥미로운 것은 경영자의 이익예측 공시가 있는 기업의 경우 애널리스트 예측에 비해 누가 더 정확한 예측을 수행하는 것일까이다. 다른 한편의 재미있는 점은 경영자가 예측정보를 제공하면 애널리스트들도 자신의 예측을 수정한다는 것이다. 이러한 측면에서 경영자의 예측정보는 시장에 유용한 정보를 제공하는 것으로 보여진다.

14.5 회계정보의 신뢰성을 높이기 위한 장치

14.5.1. 주식회사의 외부감사에 관한 법률

기업의 경영 성과는 다양한 이해관계자들에 의해 사용되며 이들의 영향력에 따라 회계처리가 달라질 수 있는 위험성이 있다. 이는 종종 회계부정사건으로 연결되기도 한다. 이러한 문제를 해결하기 위해 일정 요건을 충족하는 회사의 경우 작성된 재무제표가 회계기준에 부합하도록 작성되었는지를 신뢰할 수 있는 제3자로부터 검증을 받도록 해 두었는데 이를 외부감사라고 한다.

이러한 외부감사는 미국의 대공황(1929) 이후 필요성이 대두되었으며, 증권법과 증권거래법 등을 통해 입법화 되었다. 우리나라도 주식회사의 외부감사에 관한 법률에 외부감사에 대해 자세하게 규정을 제정해 두었다. 주식회사의 외부감사에 관한 법률 제1조에 따르면 외부감사는 회계처리를 적정하게 하기 위하여 주식회사로부터 독립된 외부의 감사인이 그 주식회사에 대하여 실시하는 회계감사로 정의된다.[11] 주식회사의 외부감사에 관한 법률은 크게 다음과 같은 내용을 담고 있다. 외부감사의 대상, 회계처리의 기준, 재무제표의 작성 책임 및 제출, 지배회사의 권한, 내부회계관리제도의 운영, 감사인의 자격제한, 감사인의 지정, 감사인의 선임 및 해임, 회계감사기준 등이다. 주식회사의 외부감사에 관한 법률은 회계감사 등과 관련된 경영자의 의무를 담고 있기 때문에 매우 중요한 법으로, 경영자

11) 외부감사인의 임무는 회계감사에 한정된다는 점에서 회계감사와 업무감사를 수행하는 상법상의 기관인 감사 또는 감사위원회와는 구별된다.

는 이에 대해 반드시 숙지할 필요가 있다.

14.5.2. 회계감사

14.5.2.1. 회계감사의 의미

주식회사에 대한 감사는 내부감사와 외부감사로 나뉜다. 내부감사는 감사 또는 감사위원회가 수행하는 것이고, 외부감사는 주식회사의 외부감사에 관한 법률상 특정한 요건을 충족하는 경우에 의무적으로 요구된다.

기업의 재무제표 작성 책임과 관련하여 주식회사 등의 외부감사에 관한 법률 제6조 재무제표의 작성 책임 및 제출에서는 기업의 대표이사 또는 회계담당 임원(회계담당 임원이 없는 경우에는 회계업무를 집행하는 직원)임을 분명히 하고 있다. 이는 기업의 재무제표가 경영자의 주장임을 보여주는 것이다. 회계감사는 이러한 경영자의 주장이 회계기준에 맞게 작성된 것인가를 확인해주는 절차인 것이다.

회계감사(audit)의 결과 감사인은 감사의견(audit opinion)을 제시한다. 감사의견은 크게 감사범위의 제한과 경영자와 의견불일치 정도, 계속기업 가정 등에 따라 적정, 한정, 부적정, 의견거절 등으로 나뉜다. 감사의견은 주주총회 1주일 전까지 감사법인이 피감사법인에 제출하도록 되어있다. 회계정보 이용자는 해당 기업의 재무제표의 신뢰성과 관련하여 감사의견이 의미하는 바를 정확히 알아야 할 것이다.

적정의견(unqualified opinion)은 감사범위에 제한을 받지 않고 회계감사기준을 준수하여 감사를 실시한 결과 재무제표가 일반적으로 인정된 회계처리기준에 따라 중요성의 관점에서 적정하게 표시되어 있다고 판단할 때 표명하는 의견이다. 이처럼 적정의견은 제출된 재무제표가 회계기준에 부합하게 작성되었음을 의미한다.[12) 한정의견(qualified opinion)은 회계기준 위반(재무제표의 왜곡표시)이나 감사범위 제한에 따른 영향이 중요하므로 적정의견을 표명할 수는 없지만, 부적정의견을 표명하거나 의견 표명을 거절하여야 할 정도로는 중요하지 않거나 전반적이지 않을 때 표명하는 의견이다. 부적정의견(adverse opinion)은 회계기준 위반으로 인한 영향이 중요하고 동시에 전반적인 경우나 재무제표 작성의 기초가 되는 계속기업의 가정이 타당하지 않다고 판단되는 경우 표명하는 의견이다. 의견거절(disclaimer of opinion)은 감사범위 제한의 영향이 중요하고 동시에 전반적이어서 충분하

12) 적정의견을 해당 기업의 재무상태가 적정하다고 해석해서는 안 된다. 이는 단지 해당 기업의 재무제표가 회계기준에 부합하게 작성되었다는 의미이다.

고 적합한 감사증거를 획득할 수 없는 등의 사유가 있을 때 표명하는 감사의견이다.

▸ ▸ 〈표 3〉 금융감독원에서 제시하고 있는 감사의견의 종류 및 기준

기 준	적정	한정	부적정	의견거절
■ 감사범위 제한				
• 중요하지 않음	✔			
• 중요하나 전반적이지 않음		✔		
• 중요하고 전반적임				✔
■ 회계기준 위반				
• 중요하지 않음	✔			
• 중요하나 전반적이지 않음		✔		
• 중요하고 전반적임			✔	
■ 계속기업 관련				
• 계속기업 가정이 유효하나 중요한 불확실성 존재				
– 적절히 공시된 경우	✔[1]			
– 적절히 공시되지 않은 경우		✔	✔[2]	
• 계속기업 가정이 부적합			✔	
• 계속기업 가정을 판단하기 위한 감사증거 불충분		✔		✔[2]

1) "계속기업 관련 중요한 불확실성" 단락을 별도 기재
2) 공시가 적절하지 않은 정도나 감사증거 불충분의 정도가 중요하며 전반적인 경우

우리나라의 경우 거의 대부분의 기업이 적정의견을 받는다. 반면 미국의 경우는 약 60% 정도의 기업만 적정을 받고 나머지는 적정 외의 의견을 받는다.[13] 따라서 우리나라의 기업이 적정이 아닌 의견을 받는다는 것은 매우 이례적인 일이며 자본시장에서의 파장도 크다. 비적정 의견(한정 · 부적정 · 의견거절)을 받은 기업은 거래정지 및 상장폐지 위험이 높으므로 유의할 필요가 있다.

2018 회계연도에 변경된 기준은 재무제표 감사에서 중요하게 다루어진 사항을 "핵심감사사항"에서 기술하도록 했다. 핵심감사사항에는 기업의 중요 회계 감사 이슈를 파악할 수 있어, 기업의 재무상태 및 경영성과 분석시 주의해서 살펴볼 필요가 있다.

또한 계속기업 관련 불확실성은 재무제표 작성의 기본전제인 계속기업가정에 부정적인

13) 이러한 차이는 미국의 경우 감사 중에 어떤 사항의 수정 등이 일어나는 경우 적정으로 기록되지 않는 등 측정 방법에 차이에 기인하기도 한다.

영향을 미칠 수 있는 중요한 사건 또는 상황이 발생한 것을 의미한다. 예를 들어, 유동자금의 부족이나 자본잠식 등이 대표적인 사유이다. 계속기업 관련 중요한 불확실성이 기재된 회사는 1년 이내 상장폐지되거나 비적정 의견을 받을 가능성이 그렇지 않은 기업에 비해 10배 이상 높은 것으로 알려져 있어 투자의사결정시 반드시 확인해야 하는 정보이다.

회계감사를 받은 정보는 받지 않은 정보에 비해 보다 더 신뢰성이 높을 것이다. 이를 품질의 관점에서 해석해 볼 수도 있는데, DeAngelo(1981)에 의하면 감사품질은 피감사인의 회계시스템에서 오류를 발견할 수 있는 가능성과 발견된 오류를 감사인이 보고할 가능성의 결합 확률로 정의된다. 감사품질은 감사인의 수준과 감사인의 독립성의 함수이다. 관련 연구에 의하면 시장에서도 감사품질이 높은 재무제표가 더 신뢰성이 높은 것으로 인식해 이러한 정보에 대해 더 많이 반응한다고 알려져 있다. 따라서 회계감사의 품질은 자본시장에서 매우 중요한 가치를 지닌다. 감사품질에 영향을 미치는 요소와 관련하여 감사보수, 감사기간 등이 회계감사의 감사보수와 관련하여 우리나라는 자유수임제를 채택하고 있다. 자유수임제는 기업과 감사인이 각자 시장에서 서로를 선택하고 감사보수를 책정하는 체계이다. 이는 과거 감사보수를 법정 요율로 받도록 하던 것에서 경쟁의 원리를 도입하여 발전시키기 위해 1999년부터 시행된 제도이다. 그러나 이 제도는 감사법인 간에 지나친 경쟁을 유도하여 저가 수주 등의 문제를 야기하여 감사품질을 저하시키는 원인으로 지목되었다. 이와 관련하여 우리나라는 2019년부터 지정감사 제도를 도입하기로 하였다. 지정감사제도는 6년간의 자유수임 제도를 운영한 기업은 다음 3년간은 지정감사를 받도록 한 것이다. 이는 자유수임제 하에서 우려되는 감사인의 독립성(independency) 문제를 완화하여 기업의 감사품질을 향상시키기 위한 대안으로 평가된다.

감사보수와 관련하여 너무 낮은 감사보수는 감사에 투입되는 자원의 제약을 가져와 감사의 품질이 떨어지게 만드는 요인이 될 것이다. 반면 너무 많은 감사보수는 종종 감사인과 피감사법인 간에 유착을 만들거나 감사인의 독립성을 저해하여 감사 품질의 하락을 가져오기도 한다.

감사기간과 관련하여 감사기간이 짧을 경우 감사의 품질이 향상되는지 아니면 감사기간이 길수록 감사의 품질이 향상되는지와 관련하여 오랜 논쟁이 있어왔다. 감사기간이 길면 해당 기업에 대한 정보가 많아 감사 품질이 높아질 것이라는 기대가 존재한다. 반면 감사기간이 길어지면 해당 기업과의 연계성이 높아져 독립성이 저하되고 이로 인해 감사의 품질이 낮아질 것이라는 의견이 존재한다.

14.5.2.2. 회계감사 시장

회계정보가 유용성을 몇 가지의 특성을 가져야 한다. 그 중에서 비교가능성(comparability)과 회계처리의 타당성을 인정받으려면 인정된 회계기준에 의해 작성되어야 한다.[14] 회계감사기준은 주식회사의 외부감사에 대한 법률에서 감사대상회사와 감사시 제출하여야 할 서류 등을 정하고 있다. 외부 감사는 그 성격상 일정한 전문 자격을 갖춘 전문가에 의해 이루어 져야 할 것이다. 이와 관련하여 우리나라는 공인회계사(CPA : Certified Public Accountant)제도를 운영하여 이들로 하여금 회계감사를 시행하도록 하고 있다.

우리나라에는 삼일, 삼정, 안진 한영 네 개의 대형 회계법인이 있다. 시장에서는 이들을 소위 BIG4라고 부른다. 이들 회계법인은 각각 미국의 회계법인과 연계되어 있다. 삼일회계법인은 미국의 PWC, 삼정회계법인은 KPMG, 안진회계법인은 Delloitte, 한영회계법인은 Earnest & Young과 각각 제휴를 하고 있다.

이들 대형 회계 법인들의 특징에 대한 여러 연구들이 있어왔다. Dopuch and Simunic(1982)은 Non-Big 감사인에 비해 Big 감사인이 감사담당자에 대한 전문적 훈련이나 정보기술 습득을 위한 투자여력, 상호심리제도(peer reviews system), 체계적인 실무 감사팀 구성, 회계법인의 운용의 효율성, 그리고 규모의 경제 등 감사품질과 관련된 관찰 가능한 특징을 보유하게 되는데 이러한 사실을 시장참여자인 투자자가 인지하고 있을 것이라고 주장하였다.

국내외의 관련 연구결과들은 대형 회계 법인들이 감사보수는 높게 받는 반면 감사 품질에는 큰 차이가 없었다는 연구들이 많다. 다만 우량 회사들의 경우 대형 회계 법인으로부터 감사를 받음으로써 자신들이 감사에 자신이 있고 회계처리에 자신이 있음을 보이려 하는 경향은 존재하는 것으로 보여진다.

대형 회계법인 효과와 함께 논의되는 것이 산업전문성(industry speciality)이다. 특정 회계 법인이 과거 어떠한 산업에 많은 감사경험이 있다면 감사품질에 긍정적인 영향이 있을 것으로 기대된다.

회계법인의 주요 업무는 회계감사, 컨설팅, 세무업무 등 크게 세 가지 영역으로 구분하여 볼 수 있다. 대체로 이들 세 영역의 매출이 비슷한 규모를 가진다. 특정 회계법인이 회계감사를 수행하며 동시에 다른 서비스도 제공하는 경우가 있다. 이를 비감사서비스라고 한다. 이처럼 비감사서비스도 함께 제공하는 경우 감사인의 독립성이 떨어져 감사품질이 저하될 것인지, 아니면 다른 부분에서 얻게 된 지식을 통해 감사품질이 높아질지에 대한

14) 우리 나라의 경우 상장기업은 K-IFRS(Internationa Financial Reporting Standard)에 의해, 비상장 기업의 경우는 기업회계기준에 의해 회계정보를 작성하여야 한다.

논란이 존재한다.

우리나라에 공인회계사는 2018년 현재 약 2만여 명 선인 것으로 파악되며, 이 중에서 활동하고 있는 비중은 1만 3천 명 정도인 것으로 파악되고 있다. 현재 매년 약 1,000명 가량의 공인회계사를 선발하고 있으며, 이 수는 업계의 수요에 따라 매년 조금씩 다르다. 공인회계사가 되기 위해서는 일정 과목 이상의 회계학과목과 경영학과목을 수강해야하며 객관식 1차 시험과 주관식 2차 시험을 통과해야 한다. 공인회계사 시험, 감리 등 공인회계사와 관련된 사항은 금융감독원에서 업무를 총괄하고 있다.

14.5.3. 내부통제시스템

투명한 경영을 위해서는 외부적인 회계감사뿐만 아니라 기업 내부에서도 부정을 막기 위한 내부통제시스템(internal control system)이 필요하다. 이처럼 내부통제 시스템이란 내부의 부정을 막는 하나의 시스템이다. 내부통제의 목적은 재무보고의 신뢰성 제고에 있으며, 기업이 다양한 이해관계자에게 제공하는 각종 기업 정보의 투명성과 신뢰성을 높이기 위한 수단이다.

얼마 전 TV 보도에 따르면 유원지의 식당에서 서빙을 하는 직원이 수 천 만원의 돈을 횡령한 사건이 있었다. 식당 서빙을 하는 직원이 손님에게 돈을 받고 음식을 내어주며 그 돈을 본인이 착복한 것이다. 돈을 받는 사람도 음식을 서빙하는 사람도 동일인이므로 아무도 문제를 인식하지 못했다. 식당의 주인조차 CCTV로 본 사건을 확인하기 전까지 이에 대해 전혀 모르고 있었다.

이러한 문제를 해결하려면 어떻게 해야 할까? 여러 분들은 고속도로 휴게소 등지의 식당을 가보았을 것이다. 이 곳의 시스템은 어떠한가? 먼저 음식을 주문하는 곳에서 원하는 음식을 주문하고 결제를 한다. 그러면 결제와 동시에 음식과 바꿀 수 있는 쿠폰을 제공받을 것이다. 그 쿠폰에 적힌 번호를 받고 대기하다가 알림판에 해당 번호가 뜨면 이를 해당 음식의 창구에 가져가 이를 음식과 교환하는 과정을 거친다. 이 경우 돈을 받는 일과 음식을 제공하는 일을 분리하였기 때문에 부정이 통제될 수 있다. 이러한 것을 내부통제 시스템이라고 한다. 기업 조직을 설계하고 운영할 때 일의 효율성과 부정 방지라는 측면을 모두 고려하여 이러한 통제 시스템을 설계하는 것은 매우 중요한 일이다.

내부통제라는 용어는 미국에서 1930~40년대 기업의 감사기관이 회계의 부정이나 오류를 적발할 책임이 있음을 강조하기 위해 회계감사 분야에서 처음 사용되기 시작했다. 그러나 그 개념은 일관되고 체계적인 것이 아닌 막연한 것이었다가, 1992년 미국의 COSO(Committee of Sponsoring Organizations)에 의해 내부통제의 개념체계가 정리되기 시작하였다.[15] 이들은 효과적인 내부통제의 기본 구조에 대해 설명하였다. 내부통제란 특정 기업의 이사회, 경영진 및 기타의 임직원에 의하여 시행되고, 사업운영의 효율성 및 유효성(effectiveness and efficiency of operations), 재무보고의 신뢰성(reliability of financial reporting), 적용되는 법령의 준수(compliance with applicable laws and regulations) 등 3가지의 목적달성에 관한 합리적인 확신을 제공하기 위하여 고안된 프로세스라고 정의하였다. 이를 달성하기 위해 통제환경(control environment), 위험평가(risk assessment), 통제활동(control activities), 정보 및 의사소통 시스템(information and communication systems), 감시(monitoring)를 유기적으로 연결한 체계적 통제시스템을 구축이 필요하다고 주장하였다.

내부통제의 중요성이 부각된 배경은 2001년 말 미국의 Enron사와 World Com사 등의 대규모 회계부정 사건이 적발되면서 부터이다. 미국의 7대 기업 중의 하나였던 Enron사는 그 해 12월에 파산보호신청을 하였는데, 2000년 보고한 수익의 96%가 회계조작으로 이루어진 것임이 밝혀져 충격을 안겨주었다. 이후 Enron의 회계부정이 원인에 대해 분석하면서 이사회의 감시기능 미비와 외부감사인의 독립성 부족 등이 지적되었다. 이는 외부감사의 중요성뿐만 아니라 내부적 통제제도가 중요함을 일깨워주는 사건이었다.

미국은 엔론(Enron)과 월드컴(WorldCom)의 회계부정 사건 이후 이와 같은 사건의 재발을 막기 위해 기업의 회계정보 작성과 관련된 제도를 정비했다. 2002년 사베인-옥슬리법(SOX : Sarbanes-Oxley Act)을 제정하였다. 사베인-옥슬리법의 핵심내용은 302조 '재무보고에 대한 법인책임'과 404조 '내부통제에 대한 경영진 평가'에 담겨있다. 이들 규정은 회사의 재무보고에 관한 내부통제를 구축하고 운영할 책임이 경영진에게 있으며, 매년도 말 회사의 재무보고시 내부통제에 대한 효율성을 경영진이 직접 평가하고 인증한 후 이를 공시하며, 외부감사인은 이러한 내부통제의 평가를 하도록 요구하는 것이다.

우리나라도 2000년 1월 21일에 은행법 등 관련법령을 개정하여 준법감시인제도와 주식회사의 외부감사에 관한 법률을 통해 내부회계 관리제도를 도입하였다. 내부회계 관리제도는 2005년부터 검토의견이 표명되기 시작했다.

15) 이들은 2004년, 2006년, 2010년, 2011년, 2013년 등 지속적으로 개념체계 발전을 위한 가이드 라인을 제시하고 있다.

14.5.4. 기업 지배구조

기업 지배구조(corporate governance)란 기업의 방향이나 목표를 설정하고 경영진을 견제 및 감독하는 법적 제도적 장치를 두루 일컫는 말이다. 이는 경영자가 주주의 이해관계와 합치되도록 만드는 역할을 수행한다. 회계적인 측면에서 경영자가 투명한 경영보고를 하도록 기능을 수행하는데, 이사회와 감사위원회는 대표적인 기업 지배구조 개선 시스템이다.

14.5.4.1. 이사회

이사회는 경영진을 감독하고 자문하며, 기업의 중요한 의사결정에 참여하는 기관이다. 이사회는 경영자의 독단적인 의사결정 등을 제한하고, 주요 이해 관계자들이 자신들의 이익을 반영할 수 있도록 하는 장치로, 경영자를 직접적으로 감시하는 대표적인 기업의 내부 지배구조이다.

이사회가 자신의 역할을 충실히 수행하기 위해서는 이사들의 전문성과 독립성이 보장되어야 할 것이다. 많은 연구들은 이사회의 독립성이 확보될수록 회계부정이 감소하고 회계정보의 질이 향상된다고 보고하고 있다. 또한 시장에서의 평가도 좋아져 자기자본비용과 타인자본비용이 낮아진다고 알려져 있다. 뿐만 아니라 중요한 투자에 대한 실물활동 감시 등을 통해 경영자의 잘못된 의사결정을 견제할 수 있다. 이사회의 구성원 중에는 사외이사도 존재한다. 이들의 경우 전문성을 보완하는 측면도 있으나 경영자의 거수기로 전락하는 경우도 있다. 이러한 사외이사를 회색이사라고 한다.

14.5.4.2. 감사와 감사위원회

감사와 감사위원회는 경영자를 감시하는 기능을 수행한다. 이를 통해 경영자와 관련된 대리인비용(agency cost)을 줄이는 역할을 한다. 우리나라는 1997년 상법 개정을 통해 자산 1천억 원 이상인 회사에 대해 상근 감사를 의무적으로 두도록 하였다. 또한 2000년 증권거래법에서 자산 2조 이상의 상장회사에 대해 감사위원회를 두도록 의무화하였다. 이들의 독립성을 보장하기 위하여 감사위원 선임과 해임에 최대주주 등은 3%의 의결권만을 행사할 수 있도록 하였다. 이 외에도 외국인 지분율이나 기관투자가의 지분율 등은 간접적으로 경영자의 행위를 모니터링하여 대리인 문제를 완화시키는 것으로 나타났다.

CHAPTER

14 연습문제

01 채권자와 주주 효용의 차이를 기업 가치와 연계하여 설명하시오.

02 경영자의 이익조정 방법을 두 가지로 나누어 기술하시오.

03 회계감사의 필요성에 대해 설명하시오.

04 감사의견의 종류를 제시하고 이들의 의미에 대해 간단히 설명하시오.

05 내부통제제도에 대해 설명하시오.

06 공정공시제도를 실시하는 이유에 대해 설명하시오.

07 기업 지배구조를 구성하는 요소들에 대해 설명하시오.

[개념] 국내 공인회계사 선발 제도

본 내용은 금융감독원 홈페이지 : http://cpa.fss.or.kr를 참조 함

1. 응시자격

공인회계사 1차 시험에 응시하기 위해서는 회계 또는 세무관련과목을 12학점 이상, 경영학 과목을 9학점 이상, 경제학 과목을 3학점 이수하여야 한다. 2차 시험은 1차 시험의 합격자 및 특별한 경력을 가지고 있는 자들이다. 직전 연도 합격자도 포함함으로써 1차 시험 합격자는 차년도 2차 시험까지 응시할 수 있는 기회가 부여된다.

응시자격

수험생을 위한 "공인회계사 시험"에 대한 모든 정보를 금융감독원에서 제공하고 있습니다.

HOME >시험안내>시험제도안내>응시자격

제1차시험과 제2차시험 공통 응시자격

- "학교 등에서 학점이수 해당과목별로 회계학 및 세무관련과목 12학점 이상, 경영학과목 9학점 이상, 경제학과목 3학점 이상을 이수한 자 또는 이수한 것으로 학점인정을 받은 자"만이 공인회계사 시험에 응시할 수 있습니다.

제1차시험 응시자격

- 제1차시험의 영어과목이 공인영어시험 성적으로 대체됨에 따라 합격에 필요한 영어성적을 취득하여야 제1차시험에 응시할 수 있습니다.

제2차시험 응시자격

- 당해연도 제1차시험에 합격한 자
- 직전 제1차시험에 합격한 자
- 「공인회계사법」 제6조 제1항 각호의 해당자(경력자) - 이에 대한 자세한 안내는 "**경력자 제1차시험면제**"코너를 참고하시기 바랍니다.
- 「공인회계사법시행령」 부칙(1997.3.22) 제4조 해당자(1988년 이전 제2차시험 합격자)

2. 과목 구성

가. 1차 시험

1차 시험은 보통 2월 말경에 실시된다. 1차 시험의 과목 및 시간은 다음과 같다. 과목은 경영학, 경제원론, 상법, 세법개론 및 회계학으로 구성된다. 영어과목 시험 따로 응시하지 않고 공인영어시험 성적으로 대체한다. 회계학은 150점 만점으로 다른 과목들이 100점 만점인 것에 비해 그 비중이 높다. 다음은 과목별 시험 시간과 문항수 및 배점 등을 나타내는 표이다.

◉ 제1차시험

구분	시험시간	시험과목	문항수	배점
1교시	110분	경영학	40	100점
		경제원론	40	100점
2교시	120분	상법(총칙편 · 상행위편 및 회사편과 어음법 및 수표법을 포함한다)	40	100점
		세법개론	40	100점
3교시	**80분**	**회계학(회계원리 · 회계이론 및 정부회계 포함)**	**50**	**150점**
-	-	영어	-	-

영어과목 시험은 공인영어시험(토플, 토익, 텝스, 지텔프, 플렉스)에서 취득한 성적으로 필기시험을 대체합니다.
자세한 사항은 "**영어시험대체제도**"코너를 참고하시기 바랍니다.

나. 2차 시험

2차 시험은 보통 6월 말에 실시된다. 이처럼 회계사 시험은 1차는 겨울 방학에 2차는 여름 방학에 실시되므로 수험생들은 휴학과 복학 등 수험 계획을 세울 때 이를 잘 고려하여야 할 것이다. 2차 시험은 세법, 재무관리, 회계감사, 원가회계, 재무회계의 5과목으로 구성된다. 그 중에서 재무회계는 배점이 150점으로 다른 과목에 비해 그 중요도가 높다.

◉ 제2차시험

구분		시험기간	시험과목	배점
1일차	1교시	120분	세법	100점
	2교시	120분	재무관리	100점
	3교시	120분	회계감사	100점
2일차	1교시	120분	원가회계	100점
	2교시	**150분**	**재무회계**	**150점**

제2차시험에서는 과목별 "**부분합격제**"가 시행됩니다.
2017년부터 회계감사 과목에서 직업윤리 관련 문제가 10% 내외로 출제됩니다.

3. 부분합격제

특히 부분합격제가 시행되어 1차 연도에 제1차시험의 합격자(경력 면제자 포함)가 제1차시험 합격연도에 실시된 제2차시험의 과목 중 매과목 배점의 6할 이상 득점한 경우에는 다음 해의 제2차시험에 한하여 그 과목의 시험이 면제된다.

화 제 **상장사 37개사, 비적정 감사의견 받아 … 상장폐지 '위기'**

(한국경제신문, 류은혁 기자)
입력 2021.03.29 07:36 수정 2021.03.29 07:36

국내 증시 상장사 39개사가 작년 사업연도 감사보고서에서 '비적정' 감사의견을 받은 것으로 나타났다. 29일 한국거래소 기업공시채널(KIND)에 따르면 유가증권시장과 코스닥시장에서 지난 26일까지 감사인 비적정 의견(한정 의견 · 부적정 의견 · 의견거절)을 받은 상장사는 각각 7개사, 32개사로 총 39개사다.

이 가운데 유가증권시장 2개사(JW홀딩스(4,600, －0.43%) · JW생명과학(18,950, －0.26%))를 제외한 37개사는 상장폐지 사유 발생 종목으로 분류돼 상장폐지 위기에 처했다. 이들 종목은 2년 연속 비적정 의견을 받았거나 관리종목으로 지정된 상태에서 추가로 비적정 의견을 받은 종목들이다.

유가증권시장 상장사 중에서는 쌍용차(2,770, 0.00%)가 작년 반기보고서에서 의견거절을 받아 관리종목이 된 데 이어 이번에 또 의견거절을 받아 상장폐지 기로에 섰다. 또 흥아해운(1,035, 0.00%), 성안(787, 0.00%), 세우글로벌(2,470, 0.00%), 폴루스바이오팜(1,225, 0.00%)이 2년 연속 비적정 의견 등의 이유로 상장폐지 사유 발생 종목으로 지정됐다.

코스닥시장에서는 12개사가 2년 연속으로 의견거절을 받았고, 20개사는 이미 경영이 악화한 상태에서 추가로 비적정 의견을 받아 상장폐지 사유 발생 종목으로 분류됐다. 조국 전 법무부 장관 가족이 투자한 펀드 관련 의혹에 연루된 더블유에프엠(1,305, 0.00%), 라임자산운용의 투자를 받은 슈펙스비앤피(1,620, 0.00%), 좋은사람들(1,055, 0.00%) 등이 해당한다.

한정 의견은 감사 범위가 부분적으로 제한되거나 재무제표에 그다지 큰 영향을 미치지는 않을지라도 기업회계 준칙에 따르지 않은 몇 가지 사항이 있을 때 제시한다. 부적정 의견은 재무제표에 왜곡이 있다고 보는 것으로, 한정 의견보다 심각한 사안일 때 감사인이 표명한다. 의견 거절은 감사인이 합리적 증거를 얻지 못해 재무제표 전체에 대해 의견 표명을 할 수 없거나 기업의 존립에 의문을 제기할 만큼 중대한 사항이 발견된 경우 또는 감사인이 독립적인 감사업무를 수행할 수 없을 때 제시한다.

이들 37개사와 별도로 미스터피자 운영사인 MP그룹(918, －1.50%) 등 3개사는 적정 감사의견을 받았지만 최근 5년 연속 영업손실을 내면서 상장적격성 실질심사 사유가 발생해 심사 결과에 따라 상장폐지 절차를 밟게 될 가능성이 있다.

CHAPTER

15

기업의 가치를 어떻게 측정할 것인가?

학습목표

1. 공정가치의 의미를 이해한다.
2. 기업가치와 지분가치의 차이를 이해한다.
3. 기업가치평가의 3대 접근법인 자산접근법, 시장접근법, 수익접근법, 각각의 적용 절차와 장단점을 이해한다.
4. 현금흐름의 순현재가치(NPV)와 내부수익률(IRR) 사이의 관계를 이해한다.
5. 할인율의 본질과 산출 원리를 이해한다.
6. 지분거래 시 공정가치의 조정 요인을 이해한다.

15.1 이 자산의 '가치'는 얼마일까?

15.1.1. 공정가치(fair value)

적어도 재무와 회계 관점에서, 가치(value)는 어떤 자산의 경제적 효용(economic utility)을 달리 표현한 말이다[1]. 우리나라 회계 용어로는 주로 경제적 '효익'이라는 단어를 사용하지만 결국 같은 말이다. 경제적 효용은 그 자산의 소유자가 미래에 향유하게 될 금전적 수익에 대한 총체적 기대치다. 물론 효용은 경제적 효용 외에 심리적 효용(psychological utility)도 있다. 그것은 마음으로 느끼는 쾌락의 수준을 말한다. 물론 이 심리적 효용은 시장에서 상품이나 서비스 거래를 통해 충족되는 순간 경제적 효용으로 둔갑한다. 자산을 매입하는 사람은 미래에 그로부터 기대하는 심리적, 경제적 효용을 총합해서 그에 상응하는 금전 댓가를 지불하기 때문이다. 우리가 좋은 경치를 조망할 수 있는 주택을 구입하거나, 높은 배당금을 수령할 수 있는 주식을 매입하거나, 어떤 경우에든 가치를 인정하기 때문에 그만큼의 댓가를 지불하고 사는 것이다.

통용되는 회계기준에 따르면 재무제표에 계상되는 모든 금액은 그 대상의 공정가치(fair value)를 표현하는 값이어야 한다. 가치에도 공정한 가치와 공정하지 않은 가치가 있다는 것이다. 공정가치는 학문 분야에 따라 여러 관점에서 정의할 수 있지만, IFRS에서는 공정가치를 다음과 같이 정의한다.

> 측정일에 시장참여자 사이의 정상거래에서 자산을 매도할 때 받거나 부채를 이전할 때 지급하게 될 가격 (IFRS 13)

정의는 매우 짧다. 하지만 무엇이 과연 '정상거래'이며 실제로 매도 또는 이전되는 자산·부채의 성격별로 '지급하게 될 가격'을 어떻게 확정할 것인가 하는 문제로 들어가면 여러 복잡한 문제들이 발생한다.

K-IFRS 제1113호 문서(2017-05-13)[2]는 여러 측면에서 이 정의에 부합하는 원칙들을 소개하고 있다. 이 문서는 회계전문가들을 대상으로 작성한 것으로서 다소 추상적이고 장황한 면이 있다. 회계전문가가 아닌 독자들이라면 그 세부 내용까지 숙지할 필요는 없을

---

1) 재무 또는 회계와 달리, 철학에서 말하는 가치란 '추구해야 마땅한 좋은 상태', 또는 '준수해야 할 올바른 덕목' 정도의 개념으로 통용되고 있어 큰 차이가 난다. 전략 경영에서도 가치란 '신의', '성실', '고객우선' 등 일종의 행동원리 개념으로 사용되고 있다. 이처럼 분야마다 상이한 의미는 궁극적으로 일맥상통하는데, 이 점에 대해서는 미히르 데사이 지음, <금융의 모험> , 부키, 2018을 참고하라.

2) 한국회계기준원 홈페이지 "제1113호 공정가치 측정" 검색 http://www.kasb.or.kr

것으로 보인다.3) 관심이 있는 독자들은 원 K-IFRS 문서 또는 관련 전문서를 참고하기 바란다.4)

더 나아가 채무불이행 위험, 제3자 신용보강, 이전의 제약 등이 반영된 부채의 공정가치 평가, 거래상대방(countrerparty)이 있는 파생금융상품(옵션, 스왑 등)의 공정가치 평가 문제로 들어가면 매우 복잡한 조건과 원칙들이 제시되고 있다. 사실상 이 영역으로 들어오면 문제는 기존의 회계 실무라기보다는 금융상품 가치평가(valuation of financial products)라는 금융공학(financial engineering) 실무가 된다. 이 주제는 본서의 영역을 넘어서는 전문 분야가 되므로 자세한 설명을 생략한다.

15.1.2. 가격과 가치

가치와 가격은 서로 연관성이 깊지만 다음과 같은 차이가 있다.

- 가격(price) : 거래에서 매수자와 매도자 사이에 지불이 이미 실현되었거나 실현 예정인 금액
- 가치(value) : 1) 정상거래에서 매도자 입장에서는 매수자로부터 지불받을 것으로 예상하는 금액, 또는 2) 매수자 입장에서는 매도자에게 지불할 것으로 예상하는 금액

---

3) 여기 그 중 몇 가지만을 요약하면 다음과 같다

합리적인 판단력과 거래의사가 있는 독립된 당사자 사이의 거래에서 자산이 교환되거나 부채가 결제될 수 있는 금액(BC29)

정상거래는, 즉 실제 매도가 이루어지고 강요된 거래나 출혈투매(손해를 감수하는 급박한 매도)가 이루어지지 않는다고 가정하는 거래를 의미한다.(BC30)

공정가치는 시장에 근거한 측정치로서 기업특유의 가치가 아니며 공정가치는 시장의 현재 상황을 반영(미래 시장 상황에 대한 기업의 현재의 예상이 아닌 시장참여자의 현재의 예상을 반영)한다.(BC31)

공정가치는 시장에 근거하지만 현행유입가격보다 현행유출가격으로 정의하는 것이 합리적이다. 쉽게 말하자면 살 사람보다 팔 사람의 관점에서 보는 금액이라야 한다는 것이다. 좀 더 구체적으로 표현하면 측정일에 자산을 보유하거나 부채를 부담하는 시장참여자의 관점에서 동 자산이나 부채가 미래 현금흐름에 대한 기대를 구체적으로 나타내는 금액이어야 한다.(BC 39)

자산의 상태나 위치, 매도나 사용에 제약이 있다면 이 제약요인을 고려하여야 한다(BC46)

자산이나 부채의 거래 및 이전이 이루어지는 시장은 시장참여자에게 가장 유리한 시장이어야 한다.(BC48)

시장참여자는 서로 독립되고(특수관계자가 아님) 자산이나 부채에 대한 합리적인 판단력이 있으며 자산이나 부채에 대해 거래할 수 있으며 거래할 의사가 있는 주된 (또는 가장 유리한) 시장의 매수자와 매도자여야 한다.(BC56)

공정가치를 측정하기 위해 사용하는 가격은 자산을 매도하거나 부채를 이전할 때 발생하는 원가(거래원가)로 인해 줄어들거나(자산의 경우) 늘어서는(부채의 경우) 안 된다.(BC60)

금융자산이나 부채에 대해서는 최고최선의 사용(the highest and best use)를 비롯한 일반적인 가치평가 전제의 개념을 적용하지 않으며, 그 이유는 이들이 계약 특수적이며 대체 사용 가능성이 없기 때문이다.(BC63)

최고 최선의 사용은 많은 비금융자산(예 : 부동산)의 가치평가를 위해 사용하는 가치평가의 개념이다. 비금융자산의 최고 최선의 사용은 물리적으로 가능하고, 법적으로 허용될 수 있으며, 재무적으로 실행할 수 있어야 한다.(BC68)

4) K-IFRS하에서 다양한 금융상품에 대한 전문적인 공정가치 측정 방법에 대해서는 강진홍 <공정가치평가(개정판)>, 조세통람 2020을 참조하시오.

특히 가치에 대한 설명에서, 경제학적으로는 1)항의 금액을 비용가치(cost value), 2)항의 금액을 사용가치(use value)라고 부른다. 비용가치는 매도 희망자가 자산의 취득 및 생산에 투입된 비용과 최소한 같거나 큰 금액을 지불받을 것을 요구할 것이므로, 이는 최소수취요구액(minimum requirement to be paid)라고 부를 수 있다. 사용가치는 매수 희망자의 최대 지불의사 금액(maximum willingness to pay)을 의미한다. 경제학에서는 이 최대지불의사 금액을 흔히 WTP라는 약자로 표기한다.

교환 거래에서 매도 희망자와 매수 희망자가 만났을 때, 비용가치와 사용가치 사이에서 타협이 이루어지면 비로소 가격이 탄생한다. 이때 매도 희망자는 자신의 비용가치를 상대방에게 드러내지 않으려 할 유인이 있고, 매수 희망자도 자신의 사용가치를 상대방에게 보이지 않을 유인이 있다.

만약 매도 희망자의 비용가치가 매수 희망자에게 드러나버리면, 매수 희망자는 비용가치에 가장 근접한 낮은 가격을 지불하겠다고 고수함으로써 최대한의 소비자 잉여(consumer surplus)를 획득하려 할 것이다. 소비자 잉여란 소비자가 누리는 효용이 지불 가격을 초과하는 크기를 말한다.

반대로 만약 자신의 매수 희망자의 사용가치가 매도 희망자에게 드러나 버리면, 매도 희망자는 매수 희망자의 WTP에 가장 근접한 높은 가격을 부름으로써 최대한의 생산자 잉여(producer surplus), 즉 최대한의 초과이익을 획득하려 할 것이다. 생산자 잉여란 생산자가 지불받은 금액이 생산 비용을 초과하는 크기를 말한다.

매수 희망자와 매도 희망자, 즉 수요자와 공급자는 자신의 선호를 숨긴 상태에서 협상을 하게 되고, 그 결고 적절한 가격이 결정되면 거래가 이루어진다. 물론 협상에 실패하면 거래는 이루어지지 않을 것이다.

이렇게 이루어지는 거래는 정상거래일 수도 있거 아닐 수도 있다. 정상거래가 아닌 경우에도 어쨌든 가격은 성립한다. 예를 들어서 매도자가 자신의 우월한 지위를 이용해서 매수자가 수용하기 힘든 비정상적으로 높은 가격에 거래가 이루어졌거나, 매수자가 상품에 대한 정보가 극히 부족한 상태에서 매도자가 매수자를 기만하면서 불합리한 가격에 판매가 이루어졌다면, 그 가격은 공정하다고 보기 어렵다.

거래 당사자가 충분한 지식을 보유하고 서로 수용할 수 있는 가격으로 정상거래가 이루어졌다면 이 가격은 공정(fair)한 것이다. 그런 의미에서 이ㄴ 상태에서 형성된 가격을 공정가치의 대리변수로 삼아도 무리가 없다.

어떤 경우에든 가격과 가치는 시간이 경과하면서 순환관계를 이루면서 서로를 보완한다.

자산 보유자는 자신이 그 자산을 취득할 때 지불했던 가격을 출발선으로 삼아서 향후 적절한 유출가격을 예상하게 된다. 이것이 공정가치다. 그런 예상에 의거하여 잠재적 매수자와 금액 협상을 한 결과 다시 거래 가격이 결정된다. 이 새로운 매수자는 이 과정을 동일하게 반복한다.

자산과 부채의 공정가치는 어디까지나 추상적인 개념이며, 회계전문가들은 이 추상적인 개념을 장부에 기록할 구체적인 단일 수치로 추출해내는 일을 한다. 그리고 자산보유자는 실제 거래 필요성이 생겼을 때 이 공정가치에 의거하여 그 유출 예상 가격을 형성한다. 새로운 거래가 이루어지고 난 뒤 그 거래 가격은 새로운 보유자 입장에서 다시 새로운 공정가치를 계산하는 출발점이 된다.

15.1.3. 기업가치와 지분가치

만약 내가 A사의 주주로서 A사를 매각하고자 할 때 무엇이 A사의 공정가치일까?

일단 A사를 매각한다는 것은 A사에 대해 법적으로 지배력 있는 지분의 소유권을 타인에게, 예컨대 B사에 양도한다는 것을 의미한다. 이때 지배력 있는 지분(통상 50%를 초과하는 지분)의 크기가 도합 1백만주(액면가 ₩5,000 가정)라고 할 때 주당 양도가격을 ₩7천(양도금액 ₩70억), ₩1만5천(양도금액 ₩150억), ₩3만(양도금액 ₩3백억), 심지어 ₩4천(양도금액 ₩40억) 등등, 어느 수준으로 예상해야 하는가? 이것이 바로 주식가치평가(stock valuation)다. 문제는 이 금액을 어떤 방법으로 계산해야 매수 희망자인 B사나 매도 희망자인 A사 주주 모두 수용할 수 있는 합리적인 금액이 될 수 있느냐에 달려있다.

[화제] DH가 배달의 민족 지분 87%를 40억 달러에 인수하다

"세계 배달 애플리케이션(앱) 1위(중국 제외)인 독일계 딜리버리히어로(DH)가 2019년 12월 13일 국내 1위인 배달의민족(우아한형제들)을 40억 달러(약 4조7500억원)에 인수했다. 두 회사는 싱가포르에 5 : 5 합작사(조인트벤처) '우아DH아시아'를 세우고 아시아 시장 공략에 나선다고 이날 발표했다. DH는 지난해 말 기준 국내 시장점유율 55.7%로 1위인 우아한형제들의 기업가치를 40억 달러로 평가하고, 국내외 투자자 지분 87%를 인수할 예정이다. 이번 인수금액은 국내 인터넷기업 역사상 최대 규모다. 현재 우아한형제들의 주요 주주는 힐하우스캐피탈 · 알토스벤처스 · 골드만삭스 · 세쿼이아캐피탈차이나 등이다. 이들 외국계 투자사가 약 75%를 갖고 있다."[5]

5) 중앙일보, 2019-12-14, "독일 DH가 인수…'배민' 4조7500억 잭팟 터뜨렸다" https://news.joins.com/article/23656653

B사가 A사의 지배력 있는 지분을 인수할 때 실질적으로는 A사라는 기업 전체의 자산 통제권을 인수하는 것이다. 그러므로 A사가 부담하는 부채까지 함께 인수하게 된다. B사가 A사 지분을 총 ₩100억에 인수했는데, 인수당시 A사의 부채의 공정가치 평가액이 ₩50억이었다면, B사는 총자산가치가 ₩150억인, 즉 기업가치가 ₩150억인 A사를 인수하는 것이다.

이런 식으로 기업가치(enterprise value)와 지분가치(equity value)는 재무상태표 상 회계등식의 원리에 의하여 다음과 같이 밀접한 관계를 지니게 된다.

기업가치	=	지분가치	+	부채가치
총자산(차변)		자기자본(대변)		타인자본(대변)

기업가치를 계산하려면 지분가치와 부채가치를 계산해야 하고, 역으로 지분가치와 부채가치를 계산하면 기업가치를 알게 된다.

주식가치평가는 보편적으로 알려진 방법론이 있지만, 우리나라에서는 그 용도에 따라 특정 법령에 명시된 지침을 준수해야 하는 경우도 있다. 예를 들어 지분상속분에 대한 과세가 목적일 때에는 "상속 및 증여에 관한 법률"[6]에 의거하여 지분가치를 계산한다.

그 외에 상법상 주식매수청구권 행사[7], 국유재산법에 의거한 국유재산매각가치 평가[8], 유가증권 인수업무에 관한 규정 시행세칙에 따른 비상장법인의 상장시 발행가액의 평가[9] 등,

6) 상법 제63조, 상령 제54조 내지 56조 및 상칙 제17조

7) 상법 제374조의 2 및 동법 시행령 제84조의 9 제2항. 합병결의 후 소수주주가 자신의 소유주식을 회사로 하여금 매수하게 할 수 있는 권리가 주식매수청구권이며 이때의 매수가격을 산정할 목적의 경우에 해당한다.

8) 국유재산법시행령 및 시행규칙

9) ① 본질가치 = (자산가치 × 2 + 수익가치 × 3)/5,

② 자산가치 = 순자산/발행주식총수,

순자산 = 총자산

－실질가치가 없는 무형자산 및 회수가능성이 없는 채권

－투자주식 중 시장성없는 주식의 평가감

－퇴직급여충당금설정부족액

－전환권조정계정과 신주인수권조정계정에 상당하는 전환권대가, 또는 신주인수권대가(다만 최근 사업년도말 이후부터 분석기준일 현재까지 전환권 또는 신주인수권을 행사한 경우에는 분석기준일 현재의 금액으로 차감액을 계산함)

＋자기주식

＋최근 사업연도말 이후부터 분석기준일 현재까지 유상증자에 의하여 증가한 자본금

＋최근 사업연도말 이후부터 분석기준일 현재까지 발생한 자본잉여금

－최근 사업연도말 이후부터 분석기준일 현재까지 발생한 특별손실, 전기오류수정손실 등.

③ 수익가치 = 평균주당 추정이익/자본환원율,

자본환원율 = 시중은행 1년만기 정기예금최저이율 평균치의 1.5배,

평균주당추정이익 = (1차사업연도주당추정이익 × 3 + 2차사업연도주당추정이익 × 2)/5,

해당연도주당추정이익 = (추정경상이익 + 유상증자추정이익 − 우선주배당조정액 − 법인세등)/사업연도말 현재의 발행주식수.

※ 추정경상이익 등에 대한 산출규정은 별도로 규정되어 있음.

해당 사항이 있을 경우 법령에 정한 절차에 따라 가치평가를 수행한다.

법규에 의한 것이 아니라 일반적인 원리에 따라 주식가치를 계산하는 방법으로 크게 다음과 같은 3가지가 있다.

자산접근법(asset approach)

개별 자산과 부채의 가치를 실사 · 평가한 후 이를 합산 · 조정하여 기업가치와 지분가치를 평가한다. 원칙적으로 재무상태표에 표시된 자산과 부채 목록을 대상으로 실시하며, 종종 부외자산 또는 부외부채가 인식되는 경우 가감하기도 한다.

시장접근법(market approach)

유사한 기업의 주식으로서 이미 형성된 시장거래 가격을 참조하여 평가 대상 주식의 가치를 평가한다.

수익접근법(income approach)

주식을 보유함으로써 미래에 창출할 것으로 예상되는 현금흐름(배당금 또는 잔여재산 수익권)을 추정하여 주식의 가치를 평가한다.

---

④ 상대가치= Min[유사회사별 비교가치평균*70%, 유사회사주가평균치],
유사회사별 비교가치평균 = 유사회사의 주가 × {(발행회사의 주당경상이익/유사회사의 주당경상이익)
+ (발행회사의 순자산/유사회사의 주당순자산)}/2]

15.2 자산접근법 : 개별 자산과 부채의 가치를 합산하고 조정한다.

15.2.1. 개요

평가시점에 A사의 재무상태표가 <표 1>과 같이 주어졌다고 가정하자.

▸ ▸ 〈표 1〉 자산접근법 기업가치평가를 위한 A사의 재무상태표

(단위 : ₩억)

차변			대변		
유동자산 15	예금	1.5	부채 23	외상매입금	10
	외상매출금	12		단기차입금	6
	임대보증금	0.5		장기차입금	4
	투자자산	1		유동성장기차입금	1
	(S기업 상장주식 1만주)			기타 부채	2
고정자산 16	토지	1	자본 8	자본금	5
	기계장치	10		(10만주, 주당 액면가 ₩5천)	
	기타 고정자산	5		이익잉여금 등	3
자산총계		31	부채 및 자본총계		31

A사의 기업가치 및 지분가치를 자산접근법으로 어떻게 평가할 것인가? 여기에는 크게 다음과 같은 3가지 접근방식이 있다.

장부가치평가

평가기업의 자산의 대부분이 유동자산일 경우, 또는 자산항목의 장부가가 시가를 잘 반영하고 있다고 판단되는 경우에 타당하다 시가와 장부가와의 차이가 클 것으로 예상되면 장부가치를 모두 시가로 재평가해야 하므로, 장부가치를 그대로 적용하는 것은 곤란하다.

청산가치평가

피평가기업을 청산한다고 가정했을 경우 보유자산을 개별적으로 매각할 때 받을 수 있는 금액으로 평가하는 방법이다. 피평가기업의 수명이 다했다는 전제하에 가치를 산정한다.

대체가치평가

보유자산을 개별적으로 대체구입한다고 가정했을 때 지불해야 하는 금액으로 평가한다.

앞의 청산가치평가가 '파는' 관점이었다면, 대체가치평가는 '사는' 관점이다. 효율적인 시장 하에서는 양자가 같은 결과를 가져올 것이다.

장부가치평가법으로 A사를 평가하면 기업가치는 ₩30억이 되어야 한다. 그 가운데 지분가치도 ₩8억이어야 한다.

그러나 청산가치평가법으로는 개별 자산을 시장에서 매각한다고 가정했을 때 받을 수 있는 금액으로 평가해야하며, 이 값은 장부가와 다를 가능성이 있다. 물론 이것은 '가정'이며, 실제로 개별 자산을 시장에서 직접 매각할 수 있다는 뜻은 아니다. 예를 들어서 잔액이 ₩5천만인 A사의 예금은 현행법상 타인에게 직접 양도하는 것이 금지되어 있으므로 시장 매각은 생각할 수조차 없다. 반면에 기계장치는 적절한 절차를 거쳐 매각할 수 있는 시장이 있다. 그럼에도 불구하고 우리는 개별 자산과 부채를 시장에서 매각한다고 가정할 때 받을 수 있는 금액을 추정해야 한다. 만약 A사의 자산에 대하여 실사해보니 다음과 같은 사실이 인식되었다고 가정하자.

- 최근 예금은행 가운데 일부가 파산해서 예금자보호법에 의거하여 도합 8천만원만을 회수할 수 있게 되었다.
- 투자자산(상장주식)은 평가시점 최근 시점 종가가 ₩1만2천이었다.
- 토지의 최근 일자 시가가, 인근 토지 평당거래액 기준으로 했을 때, ₩2억으로 상승해 있다.
- 기계장치의 중고시장에서 시가는 ₩7억 수준으로 평가되어 있다.
- 기타 부채의 일부분인 ₩1억이 채권자의 사정으로 상환의무가 소멸되었다.

이에 맞추어 장부가치는 청산가치로 평가했을 때 <표 2>와 같이 조정된다. 앞의 재평가 내역을 바탕으로 자산총계는 장부가치로부터 총 ₩1억5천만을 감액했다. 이에 맞추어 부채 및 자본총계도 ₩1억5천만을 감액해야 한다. 기타 부채가 ₩1억 감액되었고, 대차일치를 위해 이익잉여금 부분에서 자산의 총평가손실액 중 잔여분 평가손실이 ₩5천만 발생하여 부채 및 자본 총계는 ₩1억5천만 감액된다. 결과적으로 A사의 청산가치는 ₩29억5천만으로 평가된다. 그리고 발행주식수가 10만주라면 1주당 가치는 다음과 같이 계산될 것이다.

$$\text{1주당 가치 ₩2만9천5백} = \frac{\text{₩29억5천만}}{\text{1백만주}}$$

▸ ▸ 〈표 2〉 A사에 대한 장부가치 재평가 후 청산가치법 가치평가

(단위 : ₩억)

차변(조정 후)			조정금액	대변(조정 후)			조정금액
유동자산 14.5	예금	0.8	−0.7	부채 ₩22억	외상매입금	10	
	외상매출금	12			단기차입금	6	
	임대보증금	0.5			장기차입금	4	
	투자자산 (*최근 종가 주당 ₩1만2천)	1.2	+0.2		유동성장기차입금	1	
					기타 부채	1	−1
고정자산 15	토지	3	+2				
	기계장치	7	−3	자본 ₩7억5천만	자본금 (10만주, 주당 액면가 ₩5천)	5	
	기타 고정자산	5			이익잉여금 등	2.5	−0.5
자산총계		29.5	−1.5	부채 및 자본총계		29.5	−1.5

여기서는 설명의 편의를 위해 간소화한 재무상태표를 예로 들었지만, 현실의 재무상태표는 매우 복잡할 것이다. 어떤 경우에든 개별 자산에 대한 실사(due diligence)를 통해 적절한 시가로 조정하거나 현금 회수 가능성이 없는 자산들은 제거하는 절차는 동일하다. 예를 들어서 재무상태표에 특허권이 무형자산의 일부로서 ₩5천만으로 계상되어 있다 해도 적어도 청산가치 관점에서 현금회수 가능성이 전무하다고 판단되면 전액 소멸시킨다. 대체가치법도 청산가치법과 마찬가지 절차로 실행한다.

자산가치평가법의 논리는 매우 단순하나 실무 작업은 대단히 복잡하고 노동집약적이다. 왜냐하면 장부상 기재된 금액이 과연 타당한지 개별 거래 기록과 원장, 그리고 개별 자산의 실재 여부를 일일이 다 확인해야 하기 때문이다. 사업의 규모에 따라 짧게는 수일, 길게는 수개월이 동원되기까지 한다.

15.2.2. 장단점

자산접근법은 사업의 미래가치를 직접적으로 고려하지 않는 방법이다. 이미 존재하는 개별자산의 최근 형성된 시장가치만을 재평가함으로써 오직 현재 또는 과거의 기준에서 사업을 평가하기 때문이다. 물론 보유하고 있는 개별 자산이, 예컨대 특정 상장 주식 또는 비상장 주식이 미래에 높은 현금흐름을 가져달 줄 기대 때문에 시장가치가 높게 형성되어, 간접적으로 기업가치에 미래 관점을 부여할 수 있을지 모른다. 하지만 지엽적인 현상이다.

장부상 자산규모는 작지만 사업의 미래 성장성이 높은 스타트업에 대해서 잠재적 투자

자와 창업가는 자산가치평가법에 대해 서로 다른 입장을 취할 것이다.

- 투자자 : 자산접근법대로 평가해서 보다 저렴한 금액으로 투자할 근거를 찾으려 한다.
- 창업가 : 자산접근법으로는 사업의 진정한 미래가치가 저평가되므로 이 방법을 기피하려고 한다. 대신에 사업의 미래가치를 반영할 수 있는 수익접근법 가치평가를 선호한다.

그래서, 자산가치평가법은 미래 성장성이 높은 사업에는 적합하지 않고, 대개 경영 부실화로 사업 중단 또는 청산을 전제로 하는 사업에 많이 적용된다.

15.3 시장접근법 : 비교기업의 주식 가격으로 미루어 짐작한다.

15.3.1. 개요

A사의 주식가치를, A사와 유사한 C사의 주식 가격 사례를 참조하여 추정하는 방법이다. 많은 경우 A사가 비상장기업일 경우, 유사한 상장기업 C사의 주식 가격을 바탕으로 A사의 적정 주가를 추정한다. C사의 주가가 ₩1만이라고 해서 A사의 주가도 ₩1만일 것이라고 곧바로 추정하는 것이 아니라, PER, PBR, PSR 등 배수(multiple) 지표를 이용해서 간접적으로 추정한다. 배수란, 뒤에 보듯이, 주가가 특정 기준지표(주당순이익, 주당자기자본가치 등) 대비 몇 배의 값을 지니는가를 나타내는 지표다. 비교기업 주식을 참조하여 상대적인 주가를 추정한다는 의미에서 상대가치법(relative method of valuation)이라고도 부른다.

그림 1 상대가치법 주식가치평가 절차

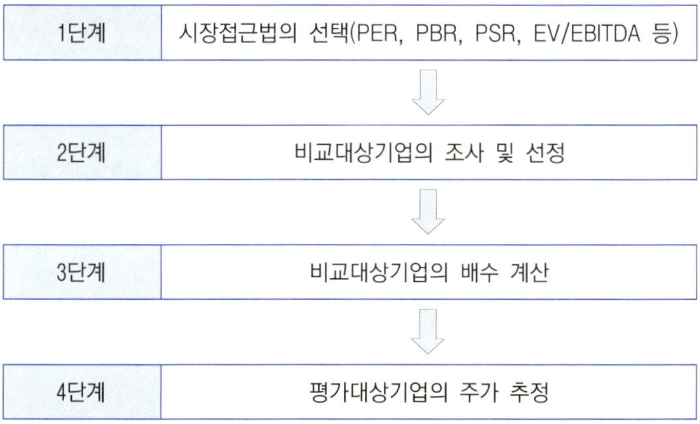

1단계	시장접근법의 선택(PER, PBR, PSR, EV/EBITDA 등)
2단계	비교대상기업의 조사 및 선정
3단계	비교대상기업의 배수 계산
4단계	평가대상기업의 주가 추정

15.3.2. 자주 사용하는 배수 지표들

15.3.2.1. PER

15.3.2.1.1. 개요

PER(Price−Earnings Ratio)는 현재주가 대 (최근 결산) 주당순이익(EPS : Earnings per Share)의 비율이다.

$$\text{EPS} = \frac{\text{당기순이익}_t}{\text{발행주식수}_t}$$

라고 할 때

$$\text{PER} = \frac{\text{주가}_t}{\text{EPS}_t}$$

당기순이익은 최근 실적 순이익을 주로 사용하지만, 경우에는 미래의 예상되는 주당순이익을 적용하기도 한다.

PER에 의한 방법은 기본적으로 대상기업 A사의 순이익과 비교기업 C사의 PER를 이용하여 A사의 적정주가를 역산하는 것이다.

대상기업 A는 비상장기업으로서 아직 주가가 형성되어 있지 않다. A사 현황은 다음과 같다.

- 발행주식총수 : 120,000주
- 기준결산기 순이익 : ₩3억
- 주당순이익(EPS) : ₩3억/120,000주 = ₩2,500/주

비교기업 C는 상장기업으로서 기준시점 주가가 ₩27,000으로 형성되어 있다. C사 현황은 다음과 같다.

- 발행주식총수 : 170,000주
- 기준결산기 결산기 순이익 : ₩5억
- 주당순이익(EPS) = ₩5억/170,000주 = ₩2,941/주
- 주가순이익비율(PER) = ₩27,000/₩2,941 = 9.2

이때 대상기업 A의 적정 주식가치는 다음과 같이 간단히 추정할 수 있다.

- A의 PER가 B의 PER와 동일한 9.2라고 적용
- A의 적정주식가치 = ₩2,500 × 9.2 = ₩22,950

PER를 사용한 주식가치평가법은 몇 가지 단점을 지니고 있다.

첫째, 손익계산서상 순이익은 회계기준에 의거하여 도출된 이익으로서, 기업이 실제로 창출하는 현금흐름, 즉 주주에게 귀속되는 현금흐름과는 차이가 있을 수 있다. 그러므로, 주가를 계산하는 상대지표로 사용하기에는 문제가 있다.

둘째, 비교기업 또는 대상기업에서 순손실이 발생할 경우 PER 자체를 계산할 수 없다. PER는 오직 양의 순이익만으로 계산할 수 있는 수치이기 때문이다.

셋째, 순이익이 0에 가까운 수준으로 낮으면 PER의 신뢰성이 의심 받는다. 순이익이 경미해서 EPS 자체가 0에 가까운 낮은 수치라면 주가가 낮아도 PER는 높게 계산된다. 이때 자칫 PER만 놓고 보면 마치 주가가 이익 대비 매우 높다는 착시를 낳을 수 있다.

넷째, 비교기업 주가의 변동성이 심해서 어느 시점의 주가를 사용하느냐에 따라 PER값 자체가 달라질 수 있다.

이런 이유로 PER를 주식가치평가에 기계적으로 적용하는 것은 상당히 위험하다. 비교기업과 대상기업 모두 적절한 크기의 양(+)의 순이익과 안정적인 주가 흐름이 전제되었을 때 조심스럽게 사용할 필요가 있다.

16.3.2.1.2. 조정시장 PER

PER의 기계적인 사용에서 오는 오류를 보정하기 위해, 조정시장 배수(adjusted market multiple) 형태의 PER가 도입됐다.

영업위험 및 재무위험이 유사하지만 잠재성장율까지 유사한 기업을 찾기는 쉽지 않으며

이 경우 비교대상기업과 평가대상기업 사이의 성장률 차이를 이용한 조정시장배수(adjusted market multiple)을 사용한다.

성장률은 단기성장율이 아니라 안정적인 성장률을 이용해야 한다.

조정시장배수는 비교대상 기업과 평가대상 기업 간 성장률 차이가 클 경우에 사용하는데, 시장배수의 크기가 클수록 성장률 차이의 조정효과가 크다.

$$\text{시장성장률 조정 PER} = \frac{1}{\frac{1}{\text{조정전 PER}} + (\text{비교대상기업 성장률} - \text{평가대상기업 성장률})}$$

예 • 비교대상기업의 조정 전 PER : 15

• 비교대상기업의 예상성장율 : 3%

• 평가대상기업의 예상성장율 : 2%

$$\text{시장성장률 조정 PER} = \frac{1}{\frac{1}{15} + (3\% - 2\%)} = 13.04$$

비교대상기업과 평가대상기업의 규모의 차이가 큰 경우에는 규모의 차이를 조정하는 조정배수를 사용하기도 한다.

$$\text{조정배수} = \frac{1}{\frac{1}{\text{조정전 PER}} + S}$$

S : 평가대상기업에 대한 규모프리미엄

규모가 작을수록 위험프리미엄이 높다.

예 • 비교대상기업의 평균 PER : 9.9

• 평가대상기업의 규모 위험 프리미엄 : 2%

$$\text{규모위험 조정 PER} = \frac{1}{\frac{1}{9.9} + 2\%} = 8.26$$

15.3.2.1.3. PER와 주당수익률의 관계

PER는 자본환원율(capitalization rate)의 역수라고 해석할 수 있다.

자본환원율의 의미를 먼저 간단히 설명하기로 한다. 미래에 정기적으로 동일한 크기의 수익 E를 지속적으로 발생시키는 자산의 가치는, 할인율을 c라고 할 때, $\frac{E}{c}$로 계산된다.

$$\frac{E}{1+c}+\frac{E}{(1+c)^2}+\frac{E}{(1+c)^3}+\frac{E}{(1+c)^4}+\cdots=\frac{E}{c}$$

정기적인 수익 E를 할인율 c로 나누어 그 자산의 가치를 곧바로 계산할 수 있는데, 이 역할을 하는 c를 자본환원율이라고 부른다.

주당순이익이 주주귀속 현금흐름과 동일하다고 가정했을 때, 주당순이익이 미래 매기 동일한 규모로 발생할 때 적정주가는 자본환원율을 이용하여 다음과 같이 계산된다.

$$\text{적정주가} = \frac{\text{주당순이익}}{\text{자본환원율}}$$

이 식을 다시 표현하면 다음과 같다.

$$\frac{\text{적정주가}}{\text{주당순이익}} = \frac{1}{\text{자본환원율}}$$

그런데 이 식의 좌변은 바로 PER를 의미한다. 그리고 이 식은 다음과 같이 표현할 수도 있다.

$$\frac{\text{주당순이익}}{\text{적정주가}} = \text{자본환원율}$$

이는 자본환원율을 주당 수익률로 해석할 수 있다는 것을 의미한다. PER가 10이라는 것은 자본환원율이 $\frac{1}{10}$, 즉 주당수익률이 10%라는 것을 의미한다.

15.3.2.2. PBR

PBR(Price-Bookvalue Ratio)는 현재주가 대 (최근 결산) 주당 순자산장부가치(BPS : Bookvalue per Share)의 비율이다.

$$\text{BPS} = \frac{\text{순자산 장부가치익}_t}{\text{발행주식수}_t}$$

라고 할 때

$$\text{PER} = \frac{\text{주가}_t}{\text{BPS}_t}$$

대상기업의 순자산가치와 비교기업의 PBR을 이용해 대상기업의 적정주가를 역산하는 방법이다.

앞에서 PER를 사용했을 경우에 비하여 순이익 대신에 순자산장부가치(자기자본장부가치)만을 사용했다는 점만 다를 뿐 모든 절차는 동일하다.

PBR를 이용하는 것도 몇 가지 단점이 있다.

첫째, 순자산가치가 음수일 경우 PBR 자체를 정의할 수 없다.

둘째, 많은 비상장 벤처기업의 경우 장부상 순자산가치에는 미래수익창출력이 반영되어 있지 않은 경우가 많다. 비상장 벤처기업의 가치평가기법으로는 적합하지 않다.

15.3.2.3. PSR

PSR(Price-Sales Ratio)는 현재주가 대 (최근 결산) 주당 매출액(SPS : Sales per Share)의 비율이다.

$$SPS = \frac{\text{매출액}_t}{\text{발행주식수}_t}$$

라고 할 때

$$PSR = \frac{\text{주가}_t}{SPS_t}$$

대상기업의 매출액과 비교기업의 PSR을 이용해 대상기업의 적정주가를 역산하는 방법이다.

앞에서 PER, PBR를 사용했을 경우에 비하여 순이익이나 순자산 대신에 매출액을 사용했다는 점만 다를 뿐 모든 절차는 동일하다.

이 방법은 2000년을 전후해서 초기 인터넷벤처기업 가치평가를 위한 편법으로 등장했다. 당시 인터넷 포털과 전자상거래 열풍에 힘입어 등장한 닷컴기업들은 대부분 매출액은 발생하고 있었으나 한결같이 적자가 누적되거나 자본잠식 상태였다. 그럼에도 불구하고 이들 기업의 가치평가 금액은 하늘 높이 치솟았고 벤처캐피탈들은 천문학적 금액을 투자하곤 했다.

순손실이 누적된 기업에 대해 PER, PBR 모두 사용할 수 없기 때문에 이미 주가가 형성된 비교기업의 매출액과 주가의 비율을 이용해서 평가대상 신생 기업의 적정 주가를 산출하는 수단으로 PSR이 처음 등장했다. 한 때 비상장 신생 닷컴 기업의 주가를 평가하는 수단으로 활용되기도 했으나 다음과 같은 단점 때문에 지금은 잘 사용되지 않는 지표가 되어 있다.

첫째, 매출액 자체가 주주 귀속 현금창출력을 반영한다고 보기 어려우므로 상대지표에 매출액을사용하는 것은 부적절하다.

둘째, 재무이론으로 뒷받침될만한 논리적 근거가 결여되어 있다.

15.3.2.4. EV/EBITDA

EV(Enterprise Value)는 자기자본가치(시가총액)와 타인자본가치(순차입금)의 합에서 비영업자산을 차감한 영업가치를 의미한다. 여기에서 EV는 자기자본의 장부상 가치가 아니라 시가총액 가치를 사용하며, 총자산에서 오직 영업자산만을 고려한다는 사실에 유의하자.

EV는 시가총액과 순차입금(총차입금 − 현금성예금 등)을 합한 기업가치를, EBITDA는 이자, 세금, 감가상각을 제하기 전의 순이익으로 영업에서 얻는 기업의 실질적인 이익창출 능력을 나타낸다.

EV = 주식의 시가총액 + 순차입금 − 비영업용자산
EBITDA = 이자와 세금 공제 전 이익 + 감가상각비 + 무형자산상각비
단, 순차입금 = 이자지급성 부채 − 현금 및 예금 − 시장성유가증권

그러나 EV/EBITDA는 투자활동으로 인한 현금흐름(지출)이 차감되지 않은 값이기 때문에, 평가대상기업의 가치는 미래 투자 지출에 기인한 음(−)의 현금흐름을 반영하지 못 한다. 그래서 기업의 현금흐름을 실제보다 과대평가할 가능성이 있다는 단점이 있다.

EV/EBIDTA 비교에 의한 주식가치평가는 다음과 같은 절차를 거친다.

- 1단계 : 비교대상기업 또는 동종업종의 EV/EBITDA 계산
- 2단계 : 평가대상기업의 EBITDA 계산
  = 영업이익 + 유형 및 무형자산상각비
- 3단계 : 평가대상기업의 EV 계산
  = 평가대상기업의 EBITDA × 비교대상기업 또는 동종업종의 EV/EBITDA
- 4단계 : 평가대상기업의 적정 주식가치 계산
  = 평가대상기업의 EV − 평가대상기업의 순차입금 + 비영업용자산
- 5단계 : 평가대상기업의 적정 주당 주식가치
  = 평가대상기업의 적정 주식가치/평가대상기업의 주식 수

비교대상 기업 4개를 선정해서 이들의 평균 EV/EBITDA를 이용해서 EBITDA가 495백만 원으로 알려져 있는 평가대상 기업 A의 주식가치를 추정하는 절차를 예로 들어 설명한다.

- 1단계 : 비교대상기업 4개사의 평균 EV/EBITDA는 3.54
  EV/EBITDA가 (-)인 비교대상기업4를 제외한 3개사의 평균 EV/EBITDA는 7.13이며, 비교대상기업들의 EV와 EBITDA를 모두 합한 것의 EV/EBITDA는 9.38이다. 이중 어떤 것을 사용할 것인가? 부적절한 비교기업4를 제외한 나머지 3개사 EV/EBITDA의 평균값 7.13을 사용하기로 한다.

▸▸ 〈표 3〉 EV/EBITDA 비교를 통한 주식가치평가

(단위 : ₩)

구 분	비교대상 기업1	비교대상 기업2	비교대상 기업3	비교대상 기업4		
EV	12,844	1,876	587	325		합산값 15,632
EBITDA	1,250	215	246	-45		합산값 1,666
EV/EBITDA(배)	10.28	8.73	2.39	-7.22	비교대상 1 ~ 3 평균7.13	합산값 기준 EV/EBITDA 9.38

- 2단계 : 평가대상기업의 EBITDA
  = 영업이익(₩326백만) + 유무형자산상각비(₩169백만) = ₩495백만
- 3단계 : 평가대상기업의 EV
  = 평가대상기업의 EBITDA(₩495백만) × 비교대상기업 EV/EBITDA(7.13)
  = ₩3,529백만
- 4단계 : 평가대상기업의 적정 주식가치
  = 평가대상기업의 EV(₩3,529백만) - 평가대상기업의 순차입금(₩469백만)
  + 비영업용 자산(₩870백만)
  = ₩3,930백만
- 5단계 : 평가대상기업의 적정 주당 주식가치
  = 평가대상기업의 적정 주식가치(₩3,930백만) / 평가대상기업의 발행주식수(100,000주)
  = ₩39,300

15.3.2.5. 기타 비재무 지표를 이용한 배수의 문제점

PER, PBR, PSR, EV/EBITDA 등은 한결같이 재무제표로부터 추출한 값을 이용한 배수 지표였다. 재무제표에는 나타나지 않는 사업보고서 상의 비재무 지표를 이용하여 배수를

구성하고 이를 이용하여 적정 주가를 추정하는 경우도 종종 있다.

예를 들어서 다음과 같은 것들이다. 아직 매출도 이익도 나지 않는 인터넷 서비스 회사, 동영상 콘텐츠 서비스 회사라면 PER은커녕 PSR조차 사용할 수 없다. 그래서 비교기업의 다음과 같은 지표를 이용하여 평가대상 기업의 시장가치를 추정하려 하는 시도가 종종 있다.

$$\frac{\text{시장가치}}{\text{사이트 방문자 수}} \text{ 또는 } \frac{\text{시장가치}}{\text{유료회원수}}$$

일견 타당해보이기도 하나, 앞에서 PSR의 단점으로 지적했던 것과 동일한 오류를 지니고 있다. 실제 주주귀속 현금흐름 내지 기업가치에 유의미하게 기여하는 지표를 고려하지 않는 데에서 오는 오류다. 방문자 수나 회원 수가 많다는 것이 주주귀속 현금흐름 창출로 직접 연결되지는 않는다.

15.3.2.6. 상대가치평가용 지표를 설계하는 원칙

가장 중요한 것은 분자와 분모 사이에 성격의 일관성을 유지하는 일이다. 분자가 주식 시장가치이면, 분모도 주식에 해당하는 지표이어야 한다. 그런 의미에서 PER는 다음과 같이 분자와 분모 사이에 일관성이 있다.

- PER 의 분자 : 주주에게 귀속되는 순이익
- PER 의 분모 : 주식의 가격

마찬가지로 분자가 기업 시장가치이면, 분모도 기업 전체에 해당하는 지표이어야 한다. 그런 면에서 시장에서 종종 사용하는 $\frac{\text{주가}}{\text{주당 EVITDA}}$ 배수는 분모 분자간 일관성이 부족한 배수다.

- 주가/주당EBITDA 비율의 분자 : 주가.
- 주가/주당EBITDA 비율의 분모 : EBITDA는 주주와 채권자에게 귀속되는 이익.

EBITDA는 이자비용(타인자본비용)이 차감되지 않은 상태이기 때문이다.

이 잘못 설계된 배수를 이용해서 계산해보면, <표 4>처럼 B사의 배수는 5가 되어 실제보다 더욱 저평가된 것처럼 보인다.

▸ ▸ 〈표 4〉 잘못 설계된 상대가치 배수 주가/주당EBITDA 적용한 두 회사의 비교

(단위 : ₩)

	A사	B사
주가	5,000	5,000
이자 지불전 (주당)이익 (= 주당EBITDA)	700	1,000
연간 (주당) 이자	0	300
(주당) 이자 지불 후 이익	700	700
(주당) 세후 이익(세율 30% 가정)	490	490
(주당) 감가상각비	0	0
주가/주당EBITDA(배)	7.14	5

이를 올바른 지표인 EV/EBITDA를 이용하여 일관성을 회복하면 <표 5>와 같이 B사의 배수는 8이 되어 더욱 적절하게 평가할 수 있다.

▸ ▸ 〈표 5〉 올바로 설계된 상대가치 배수 주가/주당EBITDA 적용한 두 회사의 비교

(단위 : ₩)

	A사	B사
주가	5,000	5,000
(주당)차입금	0	3,000
(주당)EV	5,000	8,000
이자지불전 (주당) 이익(= 주당EBITDA)	700	1,000
EV/EBITDA(배)	7.14	8

15.3.3. 비교기업 선정의 문제점

시장가치법 또는 상대가치법은 비교기업을 효과적으로 선정하는 일이 핵심이다. 그러나, 실제로 유사한 비교기업을 찾는 일은 이론상 많은 문제점에 봉착한다.

영업위험의 차이

동일 또는 유사업종에 속하게 되면 일단 유사한 영업위험을 가지는 것으로 보아도 무방하다. 시장 및 영업환경의 변화에 비슷하게 반응할 수 있으므로 유사한 영업위험에 노출되어 있는 것이다. 그러나 동일업종에 속했다는 것만으로 모든 위험이 동일하지는 않다. 대상

기업과 비교대상 기업이 아무리 표면상 동일 업종이고 유사해 보인다 하더라도, 세부 제품군과 영업 전략에서 기본적인 차이가 있을 수 있다. 예를 들어서 삼성전자와 LG전자는 동일 업종에 속한 것처럼 보이지만, 유사한 영업위험에 노출되어 있다고 단정하기는 어렵다. 그밖에 최근에 영업양수도, M&A 등 경영환경에 중요한 변화가 있는 기업은 영업위험에서 기본적인 차이가 날 가능성이 높다.

재무위험의 차이

동일 업종이라 해도 재무위험이 전혀 다를 수 있다. 재무위험을 반영할 수 있는 지표로는 부채비율, 차입금의존도, 이자보상비율 등을 이용할 수 있다. 이들 지표가 비교적 유사한 깅버을 선정하는 것이 바람직하나, 실제로 그런 기업을 찾기는 쉽지 않다. 주당순이익과 주당순자산은 영업위험과 재무위험을 함께 볼 수 있는 지표로서, 동일 또는 유사업종 내에 유사한 주당순이익과 주당순자산을 가진 기업을 비교대상기업으로 선정하는 것이 역시 바람직하나 실제로 그런 조건이 충족되는 비교기업을 찾는 일 역시 수월치 않다.

기업규모의 차이

기업의 규모에 따라 현금흐름의 차이가 발생할 수 있다. 비교기업이 규모 면에서 너무 차이가 나면 큰 의미가 없게 된다. 규모를 판단하는 기준은 총자산, 순자산, 매출액, 시가총액 등이 될 것이다.

또는 기업규모를 시장점유율 또는 시장에서의 지배력 등으로 판단할 수도 있다. 시장점유율 1, 2위인 기업이 비교대상기업인 경우 평가대상기업의 점유율의 순위가 매우 낮은 경우에는 비교 효과가 많이 떨어질 것이다.

기업규모가 기업가치에 절대적인 영향을 미치지는 않지만, 규모의 차이에 의해 설명력이 좌우될 수 있으므로 기업공개를 위한 공모주식 평가시에는 매출액과 자본금의 차이가 5배 이내인 기업에 대해서만 비교대상기업으로 선정할 수 있도록 하고 있기도 하다.(금융감독원의 외부평가업무가이드라인(2009년 6월)).

15.3.4. 장단점

상대가치법은 이렇듯 배수 지표나 비교기업 선정에서 이론적으로 많은 문제점을 지니고 있음에도 불구하고 시장에서, 특히 증권회사의 적정 주가 산출 작업에서 많이 사용되고 있다.

그 이유는 우선 적용절차가 매우 간단하고 쉽다는 사실 때문이다. 수익접근법은 현금흐름 추정 시 자료 수집 및 계산 과정에서 많은 노력과 시간이 소요된다. 이런 어려움 때문에 수익가치평가법을 적용하기 곤란한 경우에 상대가치법은 용이한 대안이 된다.

둘째, 고객을 상대로 적정 주식가치 산출의 근거를 설명하기가 쉽다. DCF 수익가치 현금흐름표를 일일이 설명하는 것보다 비교기업을 들어서 1 ~ 2분안에 간단히 설명하기에는 상대가치법이 가장 적절하다.

셋째, 예측 실패 책임에서 어느 정도 자유롭기 위해서다. DCF법은 분석가의 신념과 논리에 많이 의존하지만, 상대가치법은 시장의 실제 가격 사례에 근거한다는 특성이 있다. 나중에 적정 주가 예측이 틀려도 시장 데이터에 그 원인을 돌리면 분석가가 책임질 소지가 크게 줄어든다.

마지막으로 증권회사의 직무 특성 때문이다. 증권회사는 한두 가지 종목의 주가에만 관심이 있는 것이 아니라, 수많은 종목의 시장 가격을 늘 주시해야 한다. 그러므로 관리의 편의차원에서라도 수익가치평가법보다는 상대가치법을 선호한다.

15.4 수익접근법 : 미래에 벌어들일 수익의 합계를 계산한다.

15.4.1. 개요

15.4.1.1. 자산가치와 미래 수익의 성격별 분해

자산접근법, 시장접근법에 이어 기업가치를 평가하는 마지막 접근법은 수익접근법(income approach)이다. 이 방법은 가치의 정의를 직접 구현한 것이다. 가치의 정의는 어떤 자산이 미래에 창출할 경제적 효익, 즉 금전적 수익의 총합인데, 수익접근법은 바로 이 미래의 금전적 수익을 직접 추정해서 합산하는 방법을 말한다.

다만 미래의 금전적 수익을 명목금액으로 합산하지 않고 현재가치로 할인한 값을 합산한다는 점에 유의한다. 명목금액을 현재가치로 할인하는 이유는 이어지는 15.4.1.3절에서 설명한다. 어떤 자산이 미래 t기에 창출할 것으로 예상되는 현금흐름의 크기를 C_t, 기간 할인율을 r, 미래 현금흐름 창출 기한을 n이라고 할 때, 그 자산의 현재 시점의 가치 V_0는 수익접근법에 따르면 다음과 같다.

$$V_0 = \frac{C_1}{1+r} + \frac{C_2}{(1+r)^2} + \frac{C_3}{(1+r)^3} + \cdots + \frac{C_n}{(1+r)^n}$$

기간은 재무회계 분야에서는 특별한 언급이 없는 한 연(year) 단위로 설정한다. 따라서 할인율도 연간 할인율이다.

기업가치 = 자기자본가치 + 타인자본가치

라고 했을 때 자기자본가치는 주주에게 귀속될 미래현금흐름의 합으로, 타인자본은 금융채권자에게 귀속되는 미래현금흐름의 합으로 정의된다.

타인자본은 <표 6>에서 보는바와 같이 그 범위를 다음 두 가지로 설정할 수 있다.

- 총부채 가치를 다 인정하는 경우
  기업가치 = 자기자본가치 + 총부채 가치
- 이자지급성 금융부채만을 인정하는 경우
  기업가치 = 자기자본가치 + 이자지급성 금융부채 가치

이자지급성 금융부채는 총부채 가운데 이자를 지급하지 않는 영업성 유동부채를 제외한 것이다. <표 6>에서는 이자를 지급하지 않는 영업성 유동부채(매입채무 등)를 ₩10억으로 보고 대변에서 제거하고 이자를 지급하는 금융부채(은행 차입금, 회사채 등) ₩90억만을 남겼고, 동시에 이에 상응하는 유동자산 ₩10억을 차변에서 제거하였다. 이 ₩10억은 매입채무 ₩10억 발생에 수반하는 매출채권과 재고자산의 증가액에서 운전자본투자에 소요된 현금지출액을 차감한 값이다. 그런데 '운전자본투자액 = 매출채권증가액 + 재고자산증가액 − 매입채무증가액'으로 정의되므로, '매입채무증가액 = 매출채권증가액 + 재고자산증가액 − 운전자본투자액(현금감소)'이 항상 성립하고, 매입채무증가액 ₩10억만큼 총자산 ₩10억이 감소하게 되어 있다.

▸ ▸ 〈표 6〉 기업가치 평가시 부채의 상계범위 차이

(단위 : ₩억)

가. 총부채를 타인자본가치로 인정하는 경우

현금과 예금, 시장성 유가증권(A)	30	총부채	100
A를 제외한 기타 유동자산 및 비유동자산	170	자기자본	100
자산총계	200	부채 및 자본 총계	200

나. 이자지급 금융부채만을 타인자본가치로 인정하는 경우

영업성 유동부채 발생에 상응하는 유동자산 10억원을 제외한 모든 자산	190	이자지급 금융부채	90
		자기자본	100
자산 총계	190	순부채 및 자본총계	190

실무에서 수익접근법을 적용할 대상은 대개 사업의 모든 현금흐름이 아니며, 단지 영업자산에서 창출할 것으로 예상되는 미래 현금흐름에 국한한다. 그 외에는비영업 자산에 대해서는 자산가치법을 적용해서 실사를 통해 파악된 시가를 가치로 인정한다. 예를 들어서 현금과 예금까지 수익접근법을 적용해서 가치를 계산할 필요는 없으며, 현금시재액과 확인된 예금잔액으로 평가하는 것으로 충분하다. 시장성 유가증권도 시가로 평가하며, 굳이 미래현금흐름을 추정할 필요는 없다.

이자지급성 금융부채도 미래에 지급할 이자와 상환 원금을 현재가치로 할인해서 계산하는 것이 원칙이지만, 이론적으로는 차입자가 부도 위험 없이 상환 계획을 충실히 이행한다고 가정했을 때 평가시점의 상환 원금 잔액을 그대로 부채가치로 인정해도 상관이 없다. 왜냐하면, 예컨대 n년 후 상환원금이 ₩100이고, 연간 이자가 7%인 부채를 7%의 연간 할인율을 적용해서 현재가치화하면 그대로 ₩100이 되기 때문이다. 즉 다음과 같은 관계식이 어떤 n에 대해서도 항상 성립한다.

$$100 = \frac{7}{(1+7\%)} + \frac{7}{(1+7\%)^2} + \frac{7}{(1+7\%)^3} + \cdots + \frac{7}{(1+7\%)^{n-1}} + \frac{7+100}{(1+7\%)^n}$$

이를 일반화하여 일반적으로 기간 이자 i, 원금 P, 상환만기 n기인 금융부채의 미래 현금흐름을 기간 할인율 $\frac{i}{P}$을 이용하여 현재가치로 환산하면 항상 원금잔액 P와 일치함을 보일 수 있다. 그러므로 이자지급성 금융부채는 회사가 미래에 상환의무를 충실히 이행하고 위험반영 이자율을 할인율로 사용한다고 가정하면, 별도로 미래현금흐름을 추정할 필요 없이 평가시점에 실재하는 부채잔액을 그대로 가치로 인정하면 된다.

- 수익접근법 적용 : 영업자산이 창출하는 현금흐름. 뒤에 표현하는 $\sum_{i=1}^{수명} \frac{FCF}{(1+r)^i}$ 부분.
- 자산접근법 적용* : 이자지급성 금융부채, 영업성 유동부채, 영업성 유동자산, 현금과 예금, 시장성 유가증권. 기타 비영업성 비유동자산

* 간혹 이들 항목 중에서 예외적으로 시가 확인이 곤란한 것들이 있을 경우에는 적절한 수익접근법을 사용하여 그 가치를 추정해야 한 것이다. 이는 아주 예외적인 경우이거나 특별히 전문적인 추정 기법을 사용해야 하는 것이다. 예를 들자면 스톡옵션과 같은 파생상품 부채가 그런 항목에 해당할 것이다.

한편 기업의 총자산을 구분하는 방식을 유동자산과 비유동자산이 아니라, 영업자산과 비영업자산으로는 나눌 수도 있다. 이렇게 나누는 방법이 수익접근법 기업가치평가에서는 더 유용하다. 앞의 <표 6>과 동일한 회사의 자산을 영업자산과 비영업자산으로 <표 7>과 같이 달리 구분할 수 있다.

▸ ▸ 〈표 7〉 기업가치 평가시 자산을 영업자산과 비영업자산으로 나누는 방법

(단위 : ₩억)

다. 총자산을 영업자산과 비영업자산으로 구분하는 경우

비영업자산(N=N1+N2)	50	총부채(D)	100
영업자산(O)	150	자기자본(E)	100
자산총계	200	부채 및 자본 총계	200

라. 영업자산에서 영업성 유동자산, 총부채에서 영업성 유동부채의 분리

비영업 자산	유동자산(N1)	30	총부채 중 영업성 유동부채(M)	10
	비유동자산(N2)	20	총부채 중 이자지급성 금융부채(B)	90
영업 자산	영업성 유동자산(L)	15		
	L을 제외한 영업자산(Z)	135	자기자본(E)	100
자산 총계		200	부채 및 자본총계	200

L = 매출채권 + 재고자산 + 기타 영업성 유동자산 = 15
M = 매입채무 + 기타 영업성 유동부채 = 10
N = N1 + N2 = 50
N1 = 현금과 예금 + 시장성 유가증권 = 30
N2 = 기타 영업 투입 목적이 아닌 비유동자산(비업무용 부동산 등) = 20
Z = 영업에 투입되는 토지, 건물과 구축물, 기계장치, 차량운반구, 무형자산 등 = 135
O = L + Z = 15 + 135 = 150
D = M + B = 10 + 90= 100

<표 7>에서 항목간 특성과 관계를 잘 이해하여야만 미래의 추정 여유현금흐름(FCF : Free Cash Flow)를 이용해서 기업가치를 추정하는 절차를 정확히 이해할 수 있다. 본서 제10장 10.2.4.2절에서 소개했던 FCF의 정의를 다시 한 번 상기해 보자.

여유현금흐름(FCF) = 세후영업이익 + 비현금성 비용 − 자본적 지출 − 운전자본투자 + 투자회수액

결론적으로 말하자면 미래 FCF의 현재가치 합계는, 회사의 영업자산의 장부가치가 미래의 현금창출능력을 정확하게 반영하고 있다고 가정하면, Z + (L − M)의 값과 논리적으로 동일해야 한다.

$$\sum_{i=1}^{수명} \frac{FCF_i}{(1+r)^i} = Z+(L-M)$$

주주귀속 기업가치는 다음과 같이 정의되는데, <표 7>에서 Z + L − M = 135 + 15 − 10 = ₩140억이므로 본 예시에서는 주주귀속 기업가치는 100억원이 된다.

$$\begin{aligned} \text{주주귀속 기업가치} &= \sum_{i=1}^{수명} \frac{FCF}{(1+r)^i} - \text{이자지급성 금융부채 가치} + \text{비영업자산 가치} \\ &= ₩140억 - 90억 + 50억 \\ &= ₩100억 \end{aligned}$$

만일 정의식대로 계산된 미래 추정 FCF의 합계 $\sum_{i=1}^{수명} \frac{FCF_i}{(1+r)^i}$ 가 충분히 신뢰할만한데 현재 장부상 Z + L − M 값과 일치하지 않는다면 이는 무엇을 의미할까? 가령 앞의 예에서 $\sum_{i=1}^{수명} \frac{FCF_i}{(1+r)^i}$ 가 ₩140억이 아니라 ₩210억으로 계산됐고 이 값이 충분히 신뢰할 만하다면, 이는 진정한 주주귀속 기업가치가 ₩100억이 아니라 ₩170억(= 210 − 90 + 50억원)이라는 것을 의미한다. 다시 말해서 장부상 지분가치 ₩100억은 그 진정한 가치 ₩170억에 비하여 ₩70억이나 과소평가되어있다는 것을 의미한다. 이는 현재의 재무상태표가 미래의 영업활동 수익창출력을 충분히 반영하지 못 하고 있다는 뜻으로 해석할 수 있다. 이런 이유로 사람들은 재무상태표가 기업의 진정한 가치를 표현하고 있지 못하고 있다고 판단할 때, 수익접근법 가치평가를 통해 그 가치를 회복시켜서 표현하려고 시도한다.

한편 앞의 식의 항을 옮겨서 표현하면 다음과 같다.

$$\sum_{i=1}^{수명} \frac{FCF_i}{(1+r)^i} + \text{비영업자산 가치} = \text{주주귀속 기업가치} + \text{이자지급성 금융부채 가치}$$

$\sum_{i=1}^{수명} \frac{FCF_i}{(1+r)^i}$가 영업자산 가치를 표현하고 이자지급성 금융부채가 채권자에 귀속되는 기업 가치라면 앞의 식은 다음과 같이 고쳐쓸 수 있다.

영업자산 가치	+ 비영업자산 가치	= 주주귀속 기업가치	+ 채권자 귀속 기업가치
Z + L − M = ₩140억	N = ₩50억	E = ₩100억	B = ₩90억

이 식에서 기업가치는 영업자산 가치와 비영업자산 가치의 합으로서, 또는 주주귀속 기업가치와 채권자 귀속 기업가치의 합으로서 ₩190억이다. 그런데 <표 7>의 재무상태표 상 총자산 또는 부채 및 자본 총계가 ₩200억이라면 나머지 ₩10억은 어디로 사라졌는가? 그것은 기업가치 계산시 영업자산 중 유동자산을 총유동자산 ₩15억으로 보지 않고 영업용 순유동자산 ₩5억, 그러니까 '매출채권+재고자산−매입채무+기타 영업용 순유동자산'으로 정의되는 운전자본(operating capital) ₩5억으로 보았기 때문에 발생한 것이다.

수익접근법 기업가치평가, 궁극적으로 지분가치평가에서는 앞의 식에서 보는 바와 같이 영업자산이 창출하는 미래 현금흐름의 현재가치 합계인 $\sum_{i=1}^{수명} \frac{FCF}{(1+r)^i}$를 계산하는 작업이 핵심이 된다. 나머지 이자지급성 금융부채 가치와 비영업자산 가치는 굳이 수익접근법을 택하지 않아도, 시가를 확인할 길이 없는 일부 특수한 부채와 자산을 제외하고는, 자산가치법에 의거하여 시가를 확인하는 작업으로 대체한다.

그래서 이제부터는 $\sum_{i=1}^{수명} \frac{FCF_i}{(1+r)^i}$의 세부 구성 요소를 어떻게 정해서 사용할 것인지의 문제를 논의해보기로 한다.

16.4.1.2. 미래는 언제까지를 말하며 과연 사람이 알 수 있는가?

앞에서 $\sum_{i=1}^{수명} \frac{FCF_i}{(1+r)^i}$의 합산 기간을 미래 첫 기인 1기부터 시작해서 특정 수명 시기에 이르는 것으로 정해놓았다.

전통적인 기업가치평가에서는 수명이 무한한 영속기업(Going concern[10])을 가정해왔다. 기업은 자연인과 달리 법인의 형태를 띤다. 자연인의 수명은 유한하지만, 법인의 생명은 법적으로 제한 없이 영속될 수 있는 조건을 갖추고 있다. 19세기 후반부터 정비되기 시작한 서구의 회사법에서, 주주는 자신의 지분을 언제든지 타인에게 양도할 수 있고, 주주가 사망

10) concern은 '기업'을 뜻하는 독일어 콘체른(Konzern)에서 유래한 영어다.

해도 지분은 후손에게 자연스럽게 상속될 수 있도록 제반 권리와 의무를 규정했다[11]. 또한 임직원도 수시로 채용과 해고를 이어가면서 사업체는 자연인의 수명과 무관하게 활동을 지속한다.

그러나, 영속기업 가정이 현실에서 완벽하게 구현되지는 않는다. 많은 기업들이 유한한 수명에 도달해서 사망한다. 100년 이상 지속한 장수기업들도 예외가 아니다. 더구나 채 크지 못 한 신생기업들은 언제 위기를 겪고 사라질지 모른다. 파산 및 폐업 절차를 거치면서 완전히 사라지는 경우도 있지만, 많은 경우 타 기업에 인수합병 당하면서 사라지는 경우도 있다. 실패한 기업들은 물론이고 성공한 기업들도 자주 M&A의 대상이 된다. 그러면서 이전의 개체로서는 사망하지만 전혀 새로운 개체의 몸을 빌어 재탄생한다.

영속기업 가정과 관련해서 지적할 수 있는 다른 사항은, 기간이 경과하면서 기업의 상품군과 비용구조가 결코 동일하게 유지되지 않는다는 것이다. 특정 시점에 미래 FCF를 추정할 때에는 그 시점에 예측가능한 상품군과 비용 구조를 전제한다. 하지만 그런 전제들이 과연 $\sum_{i=1}^{\infty}\frac{FCF_i}{(1+r)^i}$의 무한한 추정기간 동안 유지된다고 보는 것은 어불성설이다. 신기술과 신상품의 수명주기는 갈수록 짧아지고 있다. 언제 기존 사업부가 축소 또는 폐기될지 모른다.

그럼에도 불구하고 기업가치평가에서 영속기업 가정을 수용할 수 있는 근거를 굳이 찾자면 다음과 같다.

첫째, 기업은 자신의 매출액과 자산규모를 성장시키기 위해 지속적으로 혁신을 하고 과거의 자신에 대해 끝없이 창조적 파괴(creative destruction)를 해야 한다. 상품군은 비록 달라지더라도 FCF의 수준이 급격히 변동하는 일은 드물디, FCF는 영구히 점진적으로 성장한다.

둘째, 수명이 무한대로 간다고 해서 $\sum_{i=1}^{\infty}\frac{FCF_i}{(1+r)^i}$ 값이 발산하지는 않으며 어떤 한 값으로 수렴한다. 먼 미래로 갈수록 FCF의 현재가치는 현저히 감소하기 때문이다. 할인율을 8%로 가정하면, 3년 후의 ₩100억의 현재가치는 $\frac{₩100억}{(1+0.08)^3} \simeq ₩79억$이지만, 30년 후의 ₩100억은 $\frac{₩100억}{(1+0.08)^{30}} \simeq ₩9.94억$, 60년 후의 ₩100억은 $\frac{₩100억}{(1+0.08)^{60}} \simeq$ ₩9천8백만에 불과하다. 이런 이유로 영속기업 가정을 해도 큰 문제가 없다.

한편, 수명이 유한하게 규정된 회사 또는 사업에 대해서는 영속기업 가정을 적용해서는

11) 서구 역사에서 주식회사의 등장과 그를 뒷받침하는 제반 법률 체계의 형성에 대해서는 미클스웨이트&울드리지, <기업의 역사(The Company)>, 을유문화사, 2004 와 Katharina Pistor, Code of Captial, 2019을 참고하라.

안 된다. 수명이 유한한 회사로는, 특수목적회사(SPC : Special Purpose Company)로 설립된 프로젝트 전문 법인들이 있다. 사회간접자본 건설 및 한시적 운영을 전문으로 하는 회사, 드라마나 영화 같은 문화콘텐츠 제작 및 관련 서비스를 한시적으로 수행하는 회사들이 대표적인 예다. 이런 회사들은 영속기업인 주식회사와 달리, 유한회사 형태를 띈다. 이들 회사는 설령 주식회사 형태라 하더라도 정관 등에 해산 시기에 대한 규정을 두고 있는 것이 보통이다.

수명이 유한하게 규정되어 있거나, 유한할 것으로 예상되는 기업은 여유현금흐름의 현재가치를 유한한 기간, 예컨대 1기 ~ n기만을 대상으로 합산하여야 할 것이다.

$$\text{수명이 유한한 기업의 FCF 가치} = \sum_{i=1}^{n} \frac{FCF_i}{(1+r)^i}$$

사 례 **영속기업 대 한시기업**

2007년에는 드라마 '태왕사신기' 제작 프로젝트만을 수행하기 위해 별도로 TSG프로덕션문화산업전문회사가 설립됐다. 주주사인 TSG컴퍼니는 여러 드라마 제작 및 다양한 사업을 영위할 수 있는 영속기업인 반면, TSG프로덕션문화산업전문회사는 태왕사신기의 제작 및 서비스만을 수행하고 해산되는 한시기업이었다.

1997년에 설립된 천안논산고속도로주식회사는 천안논산고속도로의 건설 및 관리운영 사업만을 목적으로 하며 30년 후인 2028년에 수명이 종료되는 한시기업이다. 해산과 동시에 관리운영권은 정부에 기부체납한다. 반면에 천안논산고속도로의 대주주인 맥쿼리한국인프라투융자주식회사나 사립학교교직원연금공단은 다양한 사업에 투자할 수 있는 영속조직이다.

15.4.1.3. 미래 수익을 할인(discount)해서 합산해야 하는 이유

할인율(discount rate)은 미래 t기에 발생할 현금흐름 C_t를 현재가치 $\frac{C_t}{(1+r)^t}$로 할인하는 비율 r을 말한다.

그냥 C_t를 사용하지 않고 왜 굳이 할인을 하는 것일까? 그 이유는 합리적인 선택(rational choice)를 하기 위해서다. 구체적으로 말하자면, 어떤 투자대안에 대하여 선택을 할 것인지 말것인지 또는 두 가지 투자대안이 있을 때 어느 것을 선택해야 할지를 결정할 때 그냥 C_t의 크기만을 비교해서는 올바른 선택을 할 수 없다.

▸ ▸ 〈표 8〉 명목금액 비교만으로 선택이 어려운 두 대안

(단위 : ₩)

	1기 후	2기 후
A안 현금흐름	100	50
B안 현금흐름	50	100

<표 8>에서 A안과 B안은 명목금액만으로는 둘 다 도합 ₩150을 얻을 수 있는 기회다. 합계만으로는 A안과 B안 중 어느 것이 더 나은지 구분할 수 없다. 하지만, 사람들은 당연히 보다 이른 시기에 더 많은 금액이 나오는 A안을 선호할 것이다. 이런 시간 선호(time preference) 현상을 수치로 정확히 분석하기 위해 할인율이 등장했다.

할인율은 여러 다른 미래 시점에 발생하는 명목 금액들을 모조리 현재 시점의 가치로 환원시켜 일관성 있게 비교할 수 있도록 하는 역할을 한다.

현재가치와 미래가치는 서로 쉽게 전환될 수 있다. 현재가치에 수익률(rate of return)을 곱하면 미래가치가 되고, 반대로 미래가치를 할인율로 나누면 현재가치가 된다.

현재를 0기라 하고 1년 후를 1기라고 하자. 0기의 100원과 1기의 107원 사이에는 다음과 같은 관계가 성립한다.

$$₩100 \times (1 + 7\%) = ₩107 \quad \text{또는} \quad ₩100 = \frac{₩107}{1 + 0.07}$$

0기에서 1기로 증식 ⟶　　　⟵ 1기에서 0기로 할인

2년 후를 2기라고 하면, 0기의 ₩100과 2기의 ₩107 사이에는 다음과 같은 관계가 성립한다.

$$₩100 \times (1 + 7\%)^2 = ₩114.9 \quad \text{또는} \quad ₩100 = \frac{₩114.9}{(1 + 0.07)^2}$$

0기에서 2기로 증식 ⟶　　　⟵ 2기에서 0기로 할인

현재와 미래의 관계에서 동일한 7% 수치도 현재에서 미래의 값으로 만들어주면 수익률이라 부르고, 미애에서 현재로 전환시켜주면 할인율이라고 부른다.

기간을 확장해서, 미래에 영구히 매기 동일한 A의 금액을 지급하는 자산, 예를 들어서 연금자산의 가치는 미래에 발생할 금액과 현재가치 사이에 다음과 같음을 보일 수 있다.

$$\frac{A}{1+r}+\frac{A}{(1+r)^2}+\frac{A}{(1+r)^3}+\cdots+\infty \text{ 또는 } \frac{A}{r}$$

홍길동씨가 이제 할인율 5%를 적용해서 <표 8>의 두 대안간 할인 현금흐름(DCF : Discounted Cash Flosw)을 비교해보면 어떤 것을 선택할지는 자명해진다. 홍길동씨는 A안의 DCF 140.6이 B안의 DCF 138.3보다 더 큰 것을 보고 A안을 선택한다.

- A안의 DCF : $\frac{100}{1+0.05}+\frac{50}{(1+0.05)^2} \simeq 104.6$
- B안의 DCF : $\frac{₩50}{1+0.05}+\frac{₩100}{(1+0.05)^2} \simeq 138.3$

여기서 할인율로 사용한 5% 투자자의 자본비용(capital cost)이라는 의미가 있다. 구체적으로 말하자면 투자자가 본건에 자본을 투자하기 위해 포기한 수익률, 또는 투자자의 기회비용(opportunity cost)이다.

홍길동씨가 A안 또는 B안에 자금을 투자하기 위해서는 그 자금의 대안투자기회가 제공하는 수익률과 A안 또는 B안이 주는 수익률을 비교해야 한다. 홍길동씨에게 A안과 B안이 제안되기 이전에, 이미 그가 매년 5%의 수익률을 안겨주는 금융상품 Z에 ₩120을 투자하고 있었다고 가정하자. 이런 상황에서 홍길동씨가 A안 또는 B안으로 투자처를 바꾸려면, 홍길동씨는 금융상품 Z를 포기해야 한다.

₩100이 투입되어 있는 금융상품 Z는 다음과 같은 현금흐름을 가지고 있다.

▸ ▸ **〈표 9〉 포기하는 현금흐름 대안 1**

(단위 : ₩)

	1기 후	2기 후
Z상품 현금흐름	64.54	64.54

Z상품은 ₩120을 투자한 뒤 1기 후, 2기 후에 각각 ₩64.54, 도합 ₩129을 돌려받음으로써 연평균 5%의 수익률을 올려주고 있다. 이 상품의 수익률이 5%인 이유는 다음 식이 성립하기 때문이다.

$$₩120 \simeq \frac{₩64.54}{(1+0.05)}+\frac{₩64.54}{(1+0.05)^2}$$

홍길동씨는 이 ₩120을 인출해서 5%보다 조금이라도 더 높은 수익률을 주는 대안이 있다면 선택할 것이다. 만약 그 대안이 B안 하나 밖에 없었다면 기꺼이 B안을 선택했을 것이다. 왜냐하면 B안이 주는 현금흐름을 포기한 Z상품의 수익률 5%로 할인해서 비교해보면 그 현재가치가 ₩120보다 훨씬 큰 ₩138.3이기 때문이다. 그런데, A안이라는 대안이 하나 더 추가되면 포기한 수익률을 Z상품의 수익률 5%로 삼았을 때 B안보다 더 높은 현재가치 ₩140.59을 제공하므로 B안 대신에 A안을 선택할 것이다.

반대로 만약 Z상품의 현금흐름이 <표 9>와 달리 <표 10>처럼 주어져있다고 하자.

▸ ▸ **〈표 10〉 포기하는 현금흐름 대안 2**

	1기 후	2기 후
Z상품 현금흐름	90	90

이때 Z상품은 현금흐름은 ₩120을 투자한 홍길동씨에게 다음과 같이 연평균 21.5%라는 아주 높은 수익률을 안기고 있다.

$$₩120 \simeq \frac{₩80}{(1+0.215)} + \frac{₩80}{(1+0.215)^2}$$

이제 홍길동씨는 과연 Z상품을 포기하고 A안으로 갈아탈 것인가? A안의 현금흐름을 그 기회비용인 21.5%로 할인해보자.

$$\text{A안의 DCF} : \frac{₩100}{1+0.215} + \frac{₩50}{(1+0.215)^2} \simeq ₩116.14$$

A안의 DCF는 ₩120에 미치지 못하는 ₩116.14이 된다. 이는 달리 말하면 A안에 ₩120을 투자했을 경우, 포기한 Z상품 수익률 21.5%로 할인하면, A안의 순DCF(Net DCF)는 다음과 같이 음수(−)가 된다.

- A안에 120원을 투자할 경우 순DCF
  포기하는 수익률이 21.5%일 경우 A안의 순DCF :

$$₩{-120} + \frac{₩100}{1+0.215} + \frac{₩50}{(1+0.215)^2} \simeq ₩{-3.9} < 0$$

이 경우 홍길동씨는 A안으로 갈아탈 이유가 전혀 없다. 그냥 <표 10>과 같은 Z상품에 머물러 있는 것이 합리적이다.

반면에 포기하는 수익률이 5%일 경우에 A안에 대한 ₩120 투자가 가져오는 순 DCF는 양수(+)가 된다.

포기하는 수익률이 5%일 경우 A안의 순DCF :

$$₩-120 + \frac{₩100}{1+0.05} + \frac{₩50}{(1+0.05)^2} \simeq 20.6 > 0$$

이 경우 홍길동씨는 당장 <표 9>와 같은 기존의 Z상품을 포기하고 A안으로 갈아타는 것이 합리적이다.

이렇게 투자액과 회수액을 전부 차감한 후의 순DCF를 현금흐름의 순현재가치(NPV : Net Present Value)라고 부른다. 이렇듯 NPV의 부호를 판단해서 투자의사결정을 하는 것은 매우 합리적이다.

앞의 식에서 투자대상이 가져오는 현금흐름의 크기의 현재가치를 이 투자대상의 가치(value)라고 부른다. 가치는 경제학적으로 총효용(total utility)을 대변하며, NPV는 가격 지불 후의 순효용(net utility)을 나타내는 나타내는 개념이라고 보면 된다.

지불가격

$$₩-120 + \frac{₩100}{1+0.05} + \frac{₩50}{(1+0.05)^2} \simeq ₩20.6$$

가치(= ₩140.6, 총효용)

순현재가치 NPV(= ₩20.6, 순효용)

홍길동씨는 자신이 포기하는 투자기회(5% 수익률)를 감안했을 때 A안에 ₩140.6의 가치가 있다고 판단한다. 그리고 여기에 실제로 ₩120을 투자했다면 홍길동 씨는 순가치를 ₩20.6이나 실현한 셈이 된다. 가치가 ₩140.6인 대상에 홍길동씨는 그보다 큰 금액, 예컨대 ₩150 내지 ₩160을 투자할 필요가 없을 것이다.

어떤 대상의 가치 또는 순가치 모두 의사결정 필요에 따라 취사선택할 수 있는 상대적인 값들이다. 그 대상을 취득하는 데에 지출하는 금액을 다 차감한 후의 잉여가치에 관심이 있다면 순가치를 볼 것이고, 취득을 위해 금액을 지출하기 전에 대상 자체의 효용의 크기를 판단할 때에는 그냥 원래의 가치가 관심 대상이 될 것이다.

예를 들어서 어떤 회사의 지분을 ₩1억을 투자하여 취득한 뒤 매년 영원히 배당금을 ₩5백만씩 받을 기회가 있다면 이 기회에서 기대하는 순가치는 다음과 같을 것이다. ₩1억을 인출함으로써 포기하는 수익률이 4%라고 한다면 이 지분의 현재가치는 다음과 같다.

$$₩1억2천5백만\ 원 = \frac{₩5백만}{1+0.04} + \frac{₩5백만}{(1+0.04)^2} + \frac{₩5백만}{(1+0.04)^3} + \cdots$$

이 지분투자의 순현재가치 NPV는 다음과 같이 양수이므로 이 지분투자는 기꺼이 행할 일이 될 것이다.

$$₩-1억 + ₩1억2천5백만 = ₩2천5백만 > 0$$

물론 이 의사결정을 의해 계산한 가치와 순가치는, 할인율, 즉 포기하는 투자기회의 수익률의 크기에 따라 달라질 것이다. 독자 여러분은 이 투자의 기회비용, 즉 할인율이 6%라면, 간단한 계산을 통해, 이 지분에 1억 원을 투자하는 일이 어리석은 일이라는 결론을 쉽게 내릴 수 있을 것이다.

한편 관점을 약간 바꾸어서, 홍길동씨는 다른 어떤 대안 기회 비교도 없이, 그저 A안에 ₩120을 투자했을 때 수익률이 얼마인지를 알고 싶어한다. A안의 수익률은 바로 다음 방정식을 만족하는 i 의 값이다.

$$A안\ DCF의\ NPV를\ 0과\ 일치시키는\ i : -120 + \frac{100}{1+i} + \frac{50}{(1+i)^2} = 0$$

독자 여러분은 수계산으로, 또는 컴퓨터 스프레드시트 등의 도움을 빌려, 이 값이 $i \simeq 18.5\%$ 임을 찾아낼 수 있을 것이다. 이 값을 A사업의 내부수익률(IRR : Internal Rate of Return)이라고 부른다.

일반적으로 초기 m기까지 투자액 I_t이 발생하고, m + 1기 이후 n기까지 투자로부터 현금흐름 C_t가

$$\underbrace{-I_1, -I_2, \cdots, -I_m,}_{투자(유출)기간}\ \underbrace{C_{m+1}, C_{m+2}, \cdots, C_n}_{회수(유입)기간}$$

같이 주어진 투자안 또는 투자상품의 내부수익률은 다음 방정식을 만족하는 i의 값이 된다[12].

12)이 i 값은 스프레드시트(Excel의 '해찾기' 기능 등)나 계산용 컴퓨터 언어를 이용해서 찾는다.

$$-I_0-\frac{I_1}{(1+i)}-\cdots-\frac{I_m}{(1+i)^m}+\frac{C_{m+1}}{(1+i)^{m+1}}+\frac{C_{m+2}}{(1+i)^{m+2}}+\cdots+\frac{C_n}{(1+i)^m}=0$$

이 방식을 이용하여 홍길동씨는 B안의 내부수익률이 14.47%임을 다음과 같이 확인할 수 있다.

B안 DCF의 NPV를 0과 일치시키는 수익률 : $₩-120+\frac{₩50}{1+0.1447}+\frac{₩50}{(1+0.1447)^2}=0$

그렇다면, 홍길동씨가 현재 투자하고 있는 Z상품과 대안 투자기회 A안, B안의 내부수익률이 각각 21.5%, 18.5%, 14.47%라면 당연히 현재 투자상품 Z를 포기하지 않고 머물러 있을 것이다.

반대로, Z상품과 대안 투자기회 A안, B안의 내부수익률이 각각 5%, 18.5%, 14.47%라면 당연히 현재 투자상품 Z를 포기하고 A안 또는 B안으로 갈 텐데, 그 중에서도 A안을 선택할 것이다.

결국 다음 두 방법은 모두 합리적인 투자의사결정이며, 두 방법은 서로 일관성 있게 연결되어 있다.

- IRR법 : 내부수익률 기준으로 투자대안을 비교하는 방법
- NPV법 : 포기하는 투자기회의 수익률 r을 할인율로 삼아 현금흐름의 순현재가치(아래의 NPV값)를 계산해서 그 값이 0보다 크면 선택하는 방법

$$NPV=-I_0-\frac{I_1}{(1+r)}-\cdots-\frac{I_m}{(1+r)^m}+\frac{C_{m+1}}{(1+r)^{m+1}}+\frac{C_{m+2}}{(1+r)^{m+2}}+\cdots+\frac{C_n}{(1+r)^m}$$

예 주주가 100억원을 투자해서 10년간 다음과 같은 주주귀속 현금흐름(ECF)이 발생할 것으로 추정된, 유한한 수명의 사업이 있다. 주주귀속 현금흐름은 사업의 여유현금흐름(Free Cash Flow)에서 금융채권자에게 상환 또는 지급해야 할 몫을 차감하고 남은 금액을 말한다. 분석가는 제반 사업 전망과 비용구조 차입금 조달 계획 등을 면밀히 검토한 후 합리적인 가정 하에 주주귀속 현금흐름을 추정하였다.

시기(년)	0	1	2	3	4	5	6	7	8	9	10
주주귀속현금흐름 (₩억)	−100	−20	−10	4	10	20	30	30	30	30	50

이 사업의 내부수익률은 다음 식을 충족하는 i를 찾으면 된다.

$$-100-\frac{20}{1+i}-\frac{10}{(1+i)^2}-\frac{4}{(1+i)^3}-\frac{10}{(1+i)^4}-\frac{20}{(1+i)^5}-\frac{30}{(1+i)^6}-\frac{30}{(1+i)^7}$$
$$-\frac{30}{(1+i)^8}-\frac{30}{(1+i)^9}-\frac{50}{(1+i)^{10}}=0$$

스프레드시트에서 적절한 값들을 수치로 추적해보면 내부수익률은 $i=6.47\%$임을 확인할 수 있다[13].

만약 주주의 최소요구수익률이 9%라면 주주 입장에서는 이 사업에 투자하는 것이 타당할까? 결론은 '아니오'다. 우선 이 사업의 내부수익률 6.47%가 주주의 최소요구수익률 9%에 미치지 못하므로 주주는 이 사업에 참여할 유인이 없다. 또는 다음과 같이 이 사업의 현금흐름을 이용해서 NPV를 구해보면 그 값은 －19.31로서 음수가 나오므로 참여할 타당성이 없다.

$$-100-\frac{20}{1+9\%}-\frac{10}{(1+9\%)^2}-\frac{4}{(1+9\%)^3}-\frac{10}{(1+9\%)^4}-\frac{20}{(1+9\%)^5}-\frac{30}{(1+9\%)^6}-\frac{30}{(1+9\%)^7}$$
$$-\frac{30}{(1+9\%)^8}-\frac{30}{(1+9\%)^9}-\frac{50}{(1+9\%)^{10}}=-19.31<0$$

물론 분석가가 낙관적 전망으로 주주귀속 현금흐름을 앞의 예시보다 좀 더 높은 값들로 추정했다면 결론은 얼마든지 달라질 수 있을 것이다.

이상의 논의에서 NPV와 IRR의 특성 사이에는 다음과 같은 동치관계가 성립함을 알 수 있다.

- NPV > 0 ↔ IRR > 최소요구수익률(할인율)
- NPV = 0 ↔ IRR = 최소요구수익률(할인율)
- NPV < 0 ↔ IRR < 최소요구수익률(할인율)

본서 제6장 6.2.3절과 제10장 10.2.3.3절에서 EVA를 설명할 때 자본비용, 구체적으로는 타인자본비용과 자기자본비용을 설명한 적이 있다. 앞의 홍길동씨 사례는 자기자본을 투자하는 것이므로 그 비용도 자기자본비용이었다.

대출은행이 외부로부터 자금을 조달해서 이를 누군가에게 대출해줄 때에도 똑같이 조달

---

13) 마이크로소프트 Excel의 IRR(·)함수, XIRR(·)함수, 또는 해찾기(Solver) 기능을 이용하면, 번거로운 수치 탐색 절차를 컴퓨터가 대신 수행해주므로 간편하게 내부수익률을 구할 수 있다.

비용과 영업관리비용을 고려하여 타인자본비용을 계산한다. 이는 은행이 차입자에게 부과하는 대출이자율로 나타난다.

할인율은 금융시장에서 형성된 다양한 정보에 바탕을 두고 투자 수익의 구현 가능성에 대한 투자자의 기대가 종합적으로 반영되어 있는 지표다. 기업가치평가를 할 때 구체적으로 어떤 숫자를 할인율을 사용할 것인가? 본질적으로 이 기업에 대출을 하거나 지분을 투자하려는 주체의 입장에서 기대하는 최소요구수익률이어야 할 것이다. 자신이 이 자금을 포기하면서 어떤 기업에 투자할 때 요구하는 최소한도의 수익률이다.

자본제공자의 최소요구수익률 수준은 그가 현재 시장에서 접할 수 있는 여러 투자기회의 수익률을 종합 비교하면서 심리적으로 형성되는 것이다. 그래서 개별 투자기회에 대해서는 그 투자자가 느끼는 최소요구수익률을 주관적으로 적용해도 무방하다. 벤처캐피털이나 사모펀드(Private Equity Fund), 대출금융기관 들은 그들이 처한 시장 상황에 따라 그때그때마다 공감대를 얻고 있는 적절한 수치들 할인율로 사용한다.

할인율로 사용할 수치의 선택은 원칙적으로 투자의사결정 당사자의 투자 기회비용에 대한 판단에 근거하여 이루어져야 한다. 그러나 이런 판단에 어려움을 겪을 시, 유용하게 활용할 수 있는 통계적 지침이 제공되기도 한다. 이어지는 절에서 소개하는 산업통상자원부 <기술가치평가 실무가이드>의 할인율 지침이 대표적인 예다.

15.4.1.4. 할인율을 구성하는 두 요소

앞에서 할인율의 본질은 투자의 기회비용이라고 했다. 내용 면에서는 시간에 대한 선호(time preference)와 현금흐름의 발생 불확실성(cash flow uncertainty)이라는 두 가지 요소의 합으로 구성된다.

첫째, 금융시장은 자금의 공급자가 자금의 수요자로부터 빨리 원하는 댓가를 받고 싶어하는 기대만큼 수익률을 부과한다. 자금의 공급자가 자신의 자금을 희생하면서 댓가를 기다리는 그 욕구를 시간선호라고 한다. 둘째 자금의 공급자는 자금수요자로부터 원하는 크기의 댓가를 돌려주지 못할 위험에 불안해하며, 이 불안감을 보상할만큼 더 높은 수익률을 부과하게 된다. 이 두 요인이 다음과 같이 할인율을 구성한다.

r = 무위험(risk free) 수익률 + 위험 프리미엄(risk premium)가산수익률

무위험 수익률

무위험은 기대하는 수익률이 100%의 가능성으로 실현되는 상황을 말한다. 이 경우의 수익률을 무위험 수익률(risk-free rate of return)이라고 한다. 예를 들어서 도산할 염려가 없는 은행의 정기예금에 가입하거나 국채를 매입하는 것은 무위험 투자로 간주해도 무방하다. 약정에 따라 예정된 이자와 원금을 100%의 확률로 수령할 수 있을 것으로 예상하기 때문이다.

무위험수익률은 대개 현금흐름 수명과 동일한 잔존 만기를 갖는 정부발행채권의 수익률을 사용한다. 우리나라의 투자자들은 관행상 굳이 잔존만기를 구분하지 않고 대한민국 정부가 발행한 3년만기 국고채 수익률을 사용한다[14]. 정부가 발행한 채권은 시장참여자들 사이에 이자지급과 원금상환 확실성이 100%일 것이라는 기대가 있기 때문이다. 시중은행의 정기예금 이자율 등이 무위험수익률로 활용될 수 없는 것은 아니나, 시중은행 역시 부도 위험이 전무하다고 볼 수 없기 때문에 이를 사용하는 경우는 많지 않다.

참고로 우리나라 정부 발행 채권 중에 기준물이라고 할 수 있는 국고채의 잔존 만기별 수익률(YTM : Yield To Maturity)은 <표 11>과 같다. 이 수익률은 채권의 시장이자율(market rate of interest)라고도 부른다. 이미 발행된 채권의 잔존만기에 따른 시장수익률 계산은 정확한 잔존일자 수와 그에 따른 액면이자와 원금상환액의 시간가치를 엄밀히 계산하는 복잡한 절차가 따른다. 예컨대 5년만기로 발행된 채권이라도 발행 후 200일이 경과한 시점이라면 원금상환일까지 잔존 일자는 365일 × 3년 − 200일, 즉 895일이 남아 있는 것이다. 이 날로부터 출발해서, 차차 돌아오는 액면이자 지급일들과 원금상환일을 셈한 뒤 각 액면이자와 원금의 시간가치를 합산한 금액을 현재 유통되는 가격과 일치시키는 할인율이 바로 시장이자율이다.

독자 여러분은 이 논리를 보다 명확히 이해하기 위해서 본서의 Chpater9, 9.1.3.2 '사채' 소절을 복습한 뒤, 다음 방정식을 만족하는, 잔존만기에 따른 수익률 y 가 계산되는 과정을 다시금 살펴보기 바란다. 여기서 $t1$, $t2$, ..., tn은 차기 표면이자지급 및 원금상환액 지급 시점을 의미한다. $t1$기까지 환산연수란, 현재 평가시점으로부터 차기 표면이자지급 또는 원금상환 시점까지 기간을 연수로 환산한 것이다. 예컨대 다음 번에 돌아오는 표면이자지급일이 3개월 남았다면 그 환산연수는 1.25년, 2년9개월 남았다면 환산연수는 2.75가 될 것이다.

14) 외국계 글로벌 투자자들이라면 투자의 기회비용으로서 무위험 수익률 지표를 대한민국 정부발행 채권이 아니라 미국 국채의 수익률로 삼을 것이다. 그들의 눈에는 대한민국 정부발행 채권도 부도 위험이 상존하는 것으로 비친다.

$$\frac{\text{표면이자}_{t1}}{(1+y)^{t1\text{기까지 환산연수}}} + \frac{\text{표면이자}_{t2}}{(1+y)^{t2\text{기까지 환산연수}}} + \cdots + \frac{\text{표면이자}_{tn} + \text{원금상환액}_{tn}}{(1+y)^{tn\text{기까지 환산연수}}} = \text{시장가격}$$

이 수익률 y는 시중에 유통되는 모든 종류의 채권에 대해서 계산할 수 있으며, 자본시장의 수급과 거시경제 상황에 따라 항상 변동한다. 예를 들어 3년만기 국고채 수익률은 2000년말에는 6.91%, 2012년말 2.97% 수준이었는데 이후 저금리 기조로 지속적으로 하락해왔고 최근에는 1.3%대로까지 하락했다. 가장 최근 일자의 국고채 수익률은 채권시가평가 등의 홈페이지에서 수시로 확인할 수 있다.

▸ ▸ 〈표 11〉 대한민국 국고채의 잔존만기별 수익률 예시

(단위 : %)

채권종류	분류	3M	6M	9M	1Y	1.5Y	2Y	2.5Y	3Y	4Y	5Y	7Y	10Y	15Y	20Y
국 채	국 고	0.515	0.64	0.82	0.925	1.127	1.25	1.325	1.387	1.525	1.635	1.825	1.882	1.957	1.962

주 : M은 Month, Y는 Year를 의미한다.
출처 : 에프엔자산평가 홈페이지, www.fnpricing.com (기준일자 : 2021년 7월 23일)

위험 프리미엄 : 대출자 또는 채권투자자의 경우

대출자 또는 채권 투자자라면 개별 대출 또는 채권의 부도위험(default risk), 즉 채무 약정을 불이행하거나 원금을 미상환할 위험을 반영하여 무위험 수익률에 가산할 것이다. 이는 은행 또는 자본시장에서 결정한다. 은행 내부에서 결정하거나 외부의 전문 신용평가회사에서 부여한 신용등급(credit rating), 그리고 담보 여부를 종합적으로 고려하여 이 위험프리미엄은 차이가 날 것이다. 신용금융상품의 위험프리미엄을 구체적으로 계산하는 방법, 예를 들어 Hull-White 모형 등이 있지만, 여기서는 부도위험이 높고 부도시 예상회수율이 낮을수록 높은 위험프리미엄을 부과한다는 사실만을 이해한다.

참고로, 채권의 대표적인 한 종류인 무보증 회사채에 대하여 신용등급이 낮을수록, 또 잔존 상환 만기가 길어질수록, 위험프리미엄이 부가되면서 수익률이 높아진다. 이는 앞의 <표 11>에서 국고채를 살펴보았던 것과 마찬가지로 국내 채권시가평가회사의 정기적인 채권수익률 공시자료를 통해 확인할 수 있다.

평가대상 기업이 대출금융기관에 이자비용을 지급한 실적이 있으면, 앞에서 예로 든 신용금융상품의 시장 수익률보다는, 다음 최근 회계기간 중 다음 값을 타인자본비용으로 사용한다. 회사의 금융부채는 대개 하나가 아니라 여러 금융기관으로부터 조달한 것이 대부분이기 때문이다. 다만 이 이자비용은 손익계산서상의 것이 아니라, 회사가 실제로 지급한

이자금액이어야 한다는 사실에 유의하자.

$$\text{타인자본비용} = \frac{\text{이자비용}}{\text{이자지급성 금융부채 평균잔액}}$$

▸ ▸ **〈표 12〉 특정 회계기간 중 금융부채 잔액과 이자비용 예시**

(단위 : ₩백만)

	연초잔액	연말잔액	평균잔액	이자비용
A은행 차입금	1,000	1,000	1,000	80
B은행 차입금	500	0	250	25
C은행 차입금	0	350	175	2
D보험사 차입금	300	200	250	3
제8회 회사채	5,000	5,000	5,000	340
합 계	6,800	6,550	6,675	450

평가대상 기업의 특정 회계기간 중 금융부채 잔액과 이자비용이 <표 12>와 같다고 관찰되었다면, 타인자본비용은 다음과 같이 계산된다.

$$\text{타인자본비용} = \frac{\text{₩450백만}}{\text{₩6,675백만}} = 6.74\%$$

실제로 기업의 현금흐름을 할인할 때 적용하는 타인자본비용은 세전 수치를 쓰지 않는다. 세후(after-tax) 타인자본비용을 사용한다. 세전 타인자본비용을 r_d, 법인세율을 t라고 하면, 세후할인율은 $r_d \times (1 - t)$가 된다. 세전 타인자본비용이 5%이고 법인세율이 22%라면 시세후타인자본비용은 다음과 같이 3.9%로 계산된다.

$$\begin{aligned}\text{세후 타인자본비용} &= \text{세전 타인자본비용} \times (1 - \text{법인세율}) \\ &= 5\% \times (1 - 22\%) = 3.9\%\end{aligned}$$

타인자본비용으로서 세후이자율을 사용하는 이유는 차입금 이자가 유발시키는 절세효과 때문이다. 차입금 이자는 법인세를 계산하기 이전 단계의 이익에서 차감되어 세전이익 규모를 줄여주는 역할을 한다. 절세효과만큼 기업의 비용을 절감시켜주는 역할을 하기 때문에 세후타인자본비용을 실제 NPV 계산시에 활용한다. 보다 자세한 내용에 대해서는 본서의 제6장 6.2.3. 경제적 부가가치 소절의 각주 4)를 참고하기 바란다.

반면에 자기자본비용은 손익계산서에도 나타나지 않을 뿐만 아니라 절세효과 같은 것은 더더구나 없다. 자기자본비용은 세금 효과를 고려하지 않은 상태에서 할인율로 그대로 사용한다.

법인세 납부액은 법인세법에 따라 복잡한 절차를 거쳐 계산되며, 어떤 한 가지 기준 표를 적용해서 단순히 계산할 수 있는 것이 아니다. 그래서 미래의 불확실한 현금흐름을 대상으로 계산을 하게 되는 가치평가 실무에서는 세법상 규정된 법인세율보다는 경험적 데이터에 의거한 실효법인세율(effective corporate tax rate)을 사용하는 경우가 많다. 실효세율은 회사의 과거 실적 세전이익 대비 법인세의 비율을 말한다. 이것은 회사의 실적 재무제표에서 계산할 수도 있고, 정보 입수가 여의치 않을 경우 한국은행의 <기업경영분석>같은 산업통계를 대리 값으로 이용할 수도 있다. 참고로 한국은행의 <2019 기업경영분석>에서 2019년 우리나라 전체산업의 세전이익 대비 법인세 비율은 25.7%였다[15]. 물론 세부 업종마다 당연히 차이가 있을 것이다. 업종에 해당하는 적절한 실효법인세율을 찾고 싶다면 이 자료를 참고하기 바란다.

위험 프리미엄 : 지분투자자의 경우

지분투자자라면 주주에게 귀속되는 현금흐름에 대한 과거의 변동성 자료를 염두에 두고서 무위험 수익률에 적절한 프리미엄을 가산할 것이다. 그는 대출자나 채권투자자처럼 원리금을 상환 받지 못할 가능성을 보는 것이 아니라, 배당금의 수령 가능성, 보유 주식의 가격 하락 가능성, 주주로서 회사의 최종 손실 부담 위험 등을 전반적으로 볼 것이다. 그리고 그 위험을 보상할만한 최소요구수익률을 회사에 기대할 것이다[16].

대출 이자나 채권 수익률은 정보로 기록되는 반면, 지분투자자가 요구하는 수익률은 기업의 재무제표를 포함한 어떤 장부에도 기록되지 않는다는 특징이 있다. 다만 유사 기업의 재무제표나 유통중인 유사 주식 가격을 통해 그 기대치를 형성할 수 있을 뿐이다.

자기자본비용을 사용하는 수치를 결정하는 데는 크게 다음과 같은 경로들이 있다.

1) [ROE 통계 참조] 지분투자자의 자본비용이 반영된 수치는 비교가능한 기업 또는 기업군의 자기자본이익률(ROE : Return on Equity), 벤처캐피탈 등 지분투자 전문가들이 위험을 보상하기 위해 요구하는 주관적인 수익률 등이 후보가 될 수 있다.

15) 한국은행 <2019 기업경영분석>의 C10-34 '제조업'의 대표손익계산서 상 법인세비용 20,191,584백만 원을 법인세비용차감전순이익 78,680,569백만 원으로 나눈 값이다. p.64.

16) 이하의 논의는 보통주를 대상으로 한다. 배당우선주는 비록 법적 형태는 지분이기는 하지만, 성격상 채권에 가까우므로 그 요구수익률은 보통주와 달리 예상배당금/투자액으로 계산될 것이다.

자기자본이익률 = $\frac{\text{당기순이익}}{\text{(연평균)자기자본}}$로서 비교가능한 유사 기업 또는 유사기업군의 재무제표로부터 개별치 또는 평균치의 형태로 계산할 수 있다.

2) [VC의 관행] 벤처캐피탈의 주관적 요구 수익률은 업종별로, 투자의 단계별로, 투자 조건별로 다르나, 이는 모형이나 절차에 의해 계산된다기보다 경험에 의거한 직관에 의존한다. 상황에 따라 다르기는 하나 IPO직전 기업은 10% 내외, 초기 창업기업은 20% 이상까지 자본비용을 요구하는 것으로 알려져 있다.

3) [유료 데이터]지분투자 또는 주식투자를 전문으로 하는 투자은행에 적절한 업종별 자기자본비용을 제시하는 유료 상품들이 있다. 미국의 투자정보회사 모닝스타(Morningstar)에서 제공하는 이보트슨(Ibbotson)의 할인율 데이터베이스가 대표적이다. 우리나라의 키스라인(KIS-Line)과 같은 기업재무정보 제공 서비스에서도 유사한 데이터가 제공되고 있다.

4) [CAPM 계산]이론적으로 비교적 정교하게 자기자본비용을 추정하는 하나의 방법으로, 상장주식에 한해 적용할 수 있는, 자본자산가격결정모형(CAPM : Capital Asset Pricing Model)이 있다. CAPM에 의하면 개별 상장주식 i의 자기자본비용은 무위험 수익률과 주식시장의 평균수익률, 그리고 주식 i로부터 계산된 β계수로부터 다음과 같이 계산된다.

$$\underbrace{r_e = E(r_i)}_{\text{자기자본비용}} = \underbrace{r_f}_{\text{무위험수익률}} + \underbrace{[\beta \times (E(r_m) - r_f)]}_{\text{위험 프리미엄}}$$

여기에서 β란 주식시장 전체의 평균 수익률을 독립변수로, 개별 주식 수익률을 종속변수로 설정한 선형회귀 추정계수를 의미한다[17]. 주가 데이터로부터 개별 주식의 β를 실제로 계산하는 절차는 본서의 범위를 넘으므로 생략한다. 다만 여기에서는 $\beta > 1$이면 주가는 시장 대비 변동성이 높고 $\beta < 1$이면 주가는 시장 대비 변동성이 낮다고 해석한다는 사실만을 이해하자. 주식시장 전체의 평균 수익률은 예컨대 KOSPI지수나 S&P500지수 수익률의 일일 통계 등으로부터 얻을 수 있을 것이다. 개념적으로는 주식시장 전체의 수익률 변동성에 대비하여 개별 주식 가격 수익률의 변동성이 민감하게 반응하는 정도를 의미한다.

17) 정확한 산식은 다음과 같다. $\beta = \frac{\sum[r_m - E(r_m)][r_i - E(r_i)]}{\sum[r_m - E(r_m)]^2} = \frac{Cov(r_m, r_i)}{Var(r_m)}$

β는 오직 주식의 정기적인 거래 가격이 존재하는 상장기업에 대해서만 적용할 수 있으며, 비상장 기업에 대해서는 적용이 불가능하다[18]. 따라서 비상장 상태의 모든 사업에 적용하기에는 한계가 있다.

실제로 비상장 기업에 지분투자자로 참여하는 데에는 상장기업에 참여하는 경우에 비하여 더 높은 위험 프리미엄을 보상받아야 한다. 비상장기업의 크기에 따라서, 대상 사업의 구체적인 기술사업화 위험에 따라 그 위험 프리미엄은 다 달라져야 한다.

앞에서 예로 든 산업통상자원부의 <기술가치평가 실무가이드>는 업종별 상장기업의 CAPM 자기자본비용으로부터 출발해서 비상장 기업의 위험프리미엄을 대, 중, 소, 창업기업 수준별로 가산하는 형태를 취한다[19].

가중평균자본비용(WACC : Weighted Average Cost of Capital)

기업 전체의 자본비용은 대출 금융기관 또는 채권 투자자가 요구하는 타인자본비용과 주주들이 요구하는 자기자본비용을 타인자본과 자기자본의 비율로 가중평균값을 사용한다.

을 재무상태표 상 타인자본과 자기자본의 구성비율로 가중평균하면 가중평균자본비용이 된다.

$$WACC = w_d r_d + w_e r_e$$

r_d : 타인자본비용
r_e : 자기자본비용
w_d : 타인자본의 구성비율
w_e : 자기자본의 구성비율

이때 주의할 점이 몇 가지 있다.

첫째, 자기자본에는 단지 주주의 납입금 뿐만 아니라 이이잉여금의 내부유보분도 포함된다. 내부유보이익은 배당금으로 지급되기 전까지는 성격상 자본과 같은 역할을 하여 적절한 금융자산 또는 기타 자산의 형태로 분산하여 투자된다.

18) 물론 하마다 방법(Hamada rule)처럼 상장기업의 유사 주식 베타와 부채비율, 비상장기업의 부채비율을 이용하여 비상장기업의 대용 β를 추정하는 방법이 있기는 하나, 고급과정에서 다루는 주제로서 여기에서는 설명을 생략한다.

19) 사업화 위험 프리미엄은 기술안정성(기술우수성, 기술경쟁성, 기술 모방 용이성, 기술 사업화 환경, 권리의 안정성), 시장 및 사업위험(시장 성장성, 시장 경쟁성, 시장진입 가능성, 생산 용이성, 수익성 및 안정성)에 속하는 총 10개 항목을 각각 1~5점 사이에서 평가하여 총 50점 만점으로 점수를 부여하고, 점수별로 최고 10.01%로부터 최하 0.18%까지 해당하는 위험 프리미엄을 가산한다. 예를 들어서 C20 기타 기계 미치 장비 제조업의 소규모 기업의 자기자본비용 15.5%에 해당 기술사업의 사업화 위험 평가 점수가 40점(50점 만점)으로 계산되면 그에 해당하는 2.22%의 사업화위험 프리미엄을 가산하면, 지분투자자 입장의 할인율은 17.72%가 된다.

둘째, 타인자본은 이자를 지급하는 성격의 금융부채(장기차입금, 단기차입금, 유동성 장기부채) 사채만을 포함해야 하며 상거래용 외상대금이나 미지급금 등 영업상 부채는 원칙적으로 포함해서는 안 된다.

셋째, 자기자본과 타인자본의 비중은 원칙적으로 해당 되는 부채와 주식의 시가 기준으로 해야 하나, 시가를 계산하기 어려운 상황일 경우 장부가를 적용해도 무방하다. 재무상태표 상의 수치는 과거 자금조달 당시의 가치를 나타내는 역사적 원가(historical cost)로서 현재가치를 반영하지 못할 가능성이 높기 때문이다.

넷째, 우선주의 경우 항목상 자기자본에 포함되어 있으나, 성격은 채권에 가까우므로 그 자본비용을 별도로 계산할 수 있을 경우 그 값을 이용한다[20]. 우선주의 자본비용은 과거 배당 실적에 의거하여 예상배당금/시가와 같은 식으로 계산한다. 우선주를 자기자본에 포함하든 타인자본에 포함하든, 어떤 경우에든 그 자본비용과 자산의 비중을 알기만 하면 가중평균값을 계산하는 데에는 지장이 없다.

이런 사항들을 고려하여 가중평균자본비용을 계산하는 과정은 <표 13>과 같다.

▸ ▸ 〈표 13〉 가중평균자본비용 계산 예시

(단위 : ₩)

자본원천	장부가치	가중치	자본비용	가중비율
금 융 부 채	20,000,000	29.41%	5.14	1.51%
우 선 주	8,000,000	11.76	13.40	1.58
보 통 주	32,000,000	47.063	17.10	8.05
유 보 이 익	8,000,000	11.77	16.00	1.88
합 계	68,000,000	100%	WACC = 13.02%	

그러나, 가중평균자본비용을 할인율로 사용하기에 앞서, WACC는 자기자본제공자와 타인자본제공자 전체의 관점에서 현금흐름, 즉 FCF의 현재가치를 계산하려 할 때에 한하여 적용할 수 있다는 사실을 명심해야 한다. 즉 자기자본 제공자의 관점에서 현금흐름, 즉 ECF 의 현재가치를 계산하려면 WACC가 아니라 자기자본비용만을 사용해야 한다.

FCF의 할인율로 WACC를 적용할 때 한 가지 중요한 전제가 있다. 자기자본과 타인자본의 비중이 미래 현금흐름 추정 기간 내내, 최초 WACC 계산시 적용된 비중과 동일하게

20) 이 점에 대해서는 회계기준에서도 다소의 혼란이 있다. 기업회계기준(K-GAAP)에서는 우선주가 주식이라는 특성 때문에 자본으로 분류되지만, 국제회계기준(K-IFRS)에서는 그 실질적 성격을 감안하여 부채로 분류한다. 이는 성격이 모호한 여타 신종자본증권에 대해서도 마찬가지다.

유지되어야 한다는 것이다. 만약에 이 비중이 최적자본구조(optimal capital structure)라면, 이것을 목표자본구조(target capital structure)로 삼을 수 있을 것이다. 그러나, 현실에서 경영자가 최적자본구조의 존재를 인지하고 그를 달성한다는 것은 불가능하며, 따라서 목표자본구조라는 개념도 유용성이 사라진다.

다만 기업은 재무위험 발생 가능성을 최소화하면서 사업의 지속 가능성을 높이기 위해 부채비율, 차입금 의존도, 매출액 대비 차입금 비율과 같은 몇 가지 지표에 대해 최저한도의 가이드라인을 정하고 이를 준수해 가면서 사업을 전개할 수 있을 뿐이다. 그런 관점에서 보면 미래에 타인자본과 자기자본의 비중이 어떻게 달라질지는 누구도 알 수 없는데, 이때 WACC도 적어도 논리적으로는 타당성을 상실할 수도 있다. 그렇다 하더라도, WACC는 평가 시점 현재의 자본구조가 미래에도 동일하게 유지된다는 가정 하에 추정의 일관성과 편리성을 유지하기 위한 한 가지 방법으로 받아들일 수 있다.

15.4.1.5. 실무 편의를 위한 할인율 참조표

분석가는 앞에서 설명한 원리대로 가치평가 건마다 적절한 할인율을 계산해서 사용해야 한다.

한편, 적절한 할인율을 찾는 실무를 보다 간편하게 할 목적으로, 산업통상자원부는 정기적으로 발간하는 <기술가치평가 실무가이드>[21]에서 업종별[22] 기업의 재무제표와 유통채권 수익률 자료로부터 자기자본비용 및 타인자본비용 참조 지침을 도출하여 제시하고 있다. 산업통상자원부 최근 지침서(2017.12)상 업종별 타인자본비용의 일부를 소개하면 <표 14>와 같다. 다만 이 수치는 2017년 자본시장 통계에 근거해서 도출된 것이므로, 본서 집필 당시의 상황과는 차이가 있을 수 있다. 독자는 이 점을 알고 최근 채권수익률이나 대출금리을 참조해서 이를 해석할 필요가 있다.

---

21) 이는 기술보증기금에서 자체적으로 계산한 할인율 지침표를 공적인 목적으로 공개한 것이다.

22) 표준산업분류에 따라 구분했다. A 농업, 임업 및 어업(01 ~ 03) ;B 광업(05 ~ 08) ;C10 식료품 제조업 ; C11 음료 제조업 ; C13 섬유제품 제조업; 의복제외 ;C14 의복, 의복액세서리 및 모피제품 제조업 ;C15 가죽, 가방 및 신발 제조업 ;C16 목재 및 나무제품 제조업; 가구 제외 ;C17 펄프, 종이 및 종이제품 제조업 ;C18 인쇄 및 기록매체 복제업 ;C19 코크스, 연탄 및 석유정제품 제조업 ;C20 화학물질 및 화학제품 제조업; 의약품 제외 ;C21 의료용 물질 및 의약품 제조업 ;C22 고무제품 및 플라스틱제품 제조업 ;C23 비금속 광물제품 제조업 ;C24 1차 금속 제조업 ;C25 금속가공제품 제조업; 기계 및 가구 제외 ;C26 전자부품, 컴퓨터, 영상, 음향 및 통신장비 제조업 ;C27 의료, 정밀, 광학기기 및 시계 제조업 ;C28 전기장비 제조업 ;C29 기타 기계 및 장비 제조업 ;C30 자동차 및 트레일러 제조업 ;C31 기타 운송장비 제조업 ;C32 가구 제조업 ;C33 기타 제품 제조업 ;D 전기, 가스, 증기 및 수도사업(35 ~ 36) ;E 하수, 폐기물처리, 원료재생 및 환경복원업(37 ~ 39) ;F41 종합 건설업 ;F42 전문직별 공사업 ;G45 자동차 및 부품 판매업 ;G46 도매 및 상품중개업 ;G47 소매업; 자동차 제외 ;H49 ~ 52 (육상,수상,항공)운송업 및 창고업) ;J581 서적, 잡지 및 기타 인쇄물 출판업 ;J582 소프트웨어 개발 및 공급업 ;J59 영상 · 오디오 기록물 제작 및 배급업 ;J60 방송업;J61 통신업;J62 컴퓨터 프로그래밍, 시스템 통합 및 관리업 ;J63 정보서비스업 ;M70 연구개발업 ;M71 전문서비스업 ;M72 건축기술, 엔지니어링 및 기타 과학기술 서비스업 ;M73 기타 전문, 과학 및 기술 서비스업 ;N74 사업시설 관리 및 조경 서비스업 ;N75 사업지원 서비스업 ;P85 교육 서비스업

▸ ▸ 〈표 14〉 산업통상자원부 할인율 참조지침 예시

(단위 : %)

산업		자기자본비용(사업화위험p 반영 전)					자기자본 비율 (비상장)	세전 타인자본비용주				
		상장기업 CAPM	비상장 (사업화위험프리미엄 포함 전)					상장	비상장			
			대	중	소	창업			대	중	소	창업
A	1	7.64	8.35	9.11	10.01	11.25	52.49	4	4.34	6.94	7.99	9.36
A	2	7.64	8.35	9.11	10.01	11.25	89.53	4	4.34	6.94	7.99	9.36
A	3	7.64	8.35	9.11	10.01	11.25	51.63	4	4.34	6.94	7.99	9.36
B	5	7.64	8.35	9.11	10.01	11.25	57.76	4	4.34	6.94	7.99	9.36
B	6	7.64	8.35	9.11	10.01	11.25	61.05	4	4.34	6.94	7.99	9.36
B	7	7.64	8.35	9.11	10.01	11.25	65.09	4	4.34	6.94	7.99	9.36
B	8	7.64	8.35	9.11	10.01	11.25	60.4	4	4.34	6.94	7.99	9.36
C	10	6.57	7.3	8.09	9.02	10.29	45.91	3.36	3.71	6.31	7.36	8.72
C	11	6.54	7.47	8.46	9.62	11.23	47.29	4.22	4.56	7.17	8.21	9.58
C	12	7.75	8.47	9.23	10.12	11.36	54.95	4.11	4.46	7.06	8.11	9.47
C	13	7.17	7.78	8.43	9.2	10.26	50.13	4.01	4.35	6.96	8	9.37
C	14	8.23	9.08	9.99	11.05	12.53	52.68	5.24	5.59	8.19	9.24	10.6
C	15	7.43	7.97	9.22	10.93	12.38	52.67	4.18	7.12	8.17	9.54	11.56
C	16	7.43	7.97	9.22	10.93	12.38	47.34	4.18	7.12	8.17	9.54	11.56
C	17	7.79	8.53	9.31	10.23	11.5	47.18	3.67	4.01	6.62	7.66	9.03
C	18	8.22	8.76	10.02	11.73	13.19	54.01	3.28	6.23	7.27	8.64	10.66
C	19	8.22	8.76	10.02	11.73	13.19	51.9	3.28	6.23	7.27	8.64	10.66
C	20	8.79	9.53	10.32	11.25	12.53	52.17	3.86	4.2	6.81	7.85	9.22
C	21	8.07	9.02	10.03	11.22	12.86	57.34	4.27	4.61	7.22	8.26	9.63
C	22	8.26	9.04	9.87	10.85	12.2	49.03	4.15	4.49	7.09	8.14	9.51
C	23	7.66	8.43	9.24	10.2	11.52	58.39	4.4	4.47	7.35	8.39	9.76
C	24	8.76	9.46	10.21	11.08	12.29	47.01	4.07	4.41	7.01	8.06	9.43
C	25	7.91	8.52	9.17	9.93	10.99	48.96	3.89	4.23	6.84	7.88	9.25
C	26	7.91	8.65	9.44	10.36	11.64	53.8	4.16	4.5	7.1	8.15	9.51
C	27	7.71	8.54	9.42	10.45	11.89	54.96	4.13	4.47	7.07	8.12	9.49
C	28	8.35	8.96	9.61	10.37	11.43	54.27	4.29	4.63	7.24	8.28	9.65
C	29	7.99	8.7	9.46	10.35	11.58	51.2	4.29	4.64	7.24	8.29	9.65
C	30	7.67	8.26	8.9	9.64	10.67	44.01	4.1	4.45	7.05	8.1	9.46
C	31	8.22	9.19	10.23	11.45	13.14	51.97	3.88	4.22	6.83	7.87	9.24
C	32	7.03	7.63	9.04	10.95	12.57	50.96	4.1	7.05	8.09	9.46	11.48
C	33	7.03	7.63	9.04	10.95	12.57	55.09	4.1	7.05	8.09	9.46	11.48
C	34	7.75	8.47	9.23	10.12	11.36	70.96	4.11	4.46	7.06	8.11	9.47
D	35	5.73	6.1	6.5	6.97	7.61	36.45	3.38	3.72	6.33	7.37	8.74
E	36	7.75	8.47	9.23	10.12	11.36	54.95	4.11	4.46	7.06	8.11	9.47
E	37	7.75	8.47	9.23	10.12	11.36	63.64	4.11	4.46	7.06	8.11	9.47

(계속)

산업		자기자본비용(사업화위험p 반영 전)					자기자본 비율 (비상장)	세전 타인자본비용주				
		상장기업 CAPM	비상장 (사업화위험프리미엄 포함 전)					상장	비상장			
			대	중	소	창업			대	중	소	창업
E	38	6.96	7.4	8.41	9.8	10.98	59.42	4.29	7.24	8.29	9.65	11.68
E	39	6.96	7.4	8.41	9.8	10.98	79.69	4.29	7.24	8.29	9.65	11.68
F	41	9.25	10.11	11.03	12.11	13.6	76.67	5.53	5.87	8.48	9.52	10.89
F	42	7.88	8.81	9.79	10.95	12.55	83.34	4	4.347	6.95	7.99	9.36
G	45	7.49	8.2	8.96	9.86	11.1	55.15	3.85	4.19	6.8	7.84	9.21
G	46	8.74	9.56	10.43	11.45	12.87	60.36	4.47	4.82	7.42	8.47	9.83
G	47	8.74	9.56	10.43	11.45	12.87	60.36	4.47	4.82	7.42	8.47	9.83
H	49	8.56	9.63	10.77	12.11	13.96	58.82	4.4	4.74	7.35	8.39	9.76
H	50	6.65	7.25	8.65	10.57	12.19	49.72	5.14	8.08	9.13	10.49	12.52
H	51	6.65	7.25	8.65	10.57	12.19	60.94	5.14	8.08	9.13	10.49	12.52
H	52	6.65	7.25	8.65	10.57	12.19	58.29	5.14	8.08	9.13	10.49	12.52
I	55	6.65	7.25	8.65	10.57	12.19	37.35	5.14	8.08	9.13	10.49	12.52
I	56	6.65	7.25	8.65	10.57	12.19	52.22	5.14	8.08	9.13	10.49	12.52
J	581	7.47	7.77	8.08	8.45	8.97	60.64	4.27	4.62	7.22	8.27	9.63
J	582	8.35	9.19	10.1	11.16	12.63	58.57	3.37	3.71	6.31	7.36	8.72
J	59	8.31	9.33	10.41	11.69	13.46	55.08	3.93	4.27	6.88	7.92	9.29
J	60	5.58	6.13	6.72	7.4	8.36	81.01	3.71	4.06	6.66	7.71	9.07
J	61	6.57	7.25	7.99	8.85	10.04	65.33	5.09	5.43	8.04	9.08	10.45
J	62	8.22	8.94	9.71	10.61	11.85	60.36	3.96	4.3	6.91	7.95	9.32
J	63	7.92	8.64	9.41	10.32	11.57	59.18	2.88	3.22	5.82	6.87	8.24
K	64	5.64	6.09	6.58	7.16	7.95	54.34	3.73	4.07	6.68	7.72	9.09
K	65	4.81	5.03	5.27	5.55	5.94	59.86	1.9	2.24	4.85	5.89	7.26
K	66	8.48	9.02	9.6	10.27	11.21	59.86	2.38	2.72	5.33	6.37	7.74
L	68	7.43	8.5	10.99	14.38	17.27	43.52	3.7	6.65	7.7	9.06	11.08
M	70	9.93	11.06	12.28	13.7	15.68	64.31	3.5	3.84	6.45	7.5	8.86
M	71	7.69	8.4	9.16	10.05	11.28	63.67	4.28	4.62	7.22	8.27	8.63
M	72	8.43	9.35	10.33	11.47	13.07	74.8	4.34	4.68	7.28	8.33	9.69
M	73	7.43	8.5	10.99	14.38	17.27	61.19	3.7	6.65	7.7	9.06	11.08
N	74	7.49	8.2	8.96	9.86	11.1	80.99	3.85	4.19	6.8	7.84	9.21
N	75	6.75	7.29	7.86	8.53	9.46	74.61	4.25	4.6	7.2	8.25	9.61
N	76	7.49	8.2	8.96	9.86	11.1	55.06	3.85	4.19	6.8	7.84	9.21
O	84	7.49	8.2	8.96	9.86	11.1	82.04	3.85	4.19	6.8	7.84	9.21
P	85	7.43	8.5	10.99	14.38	17.27	58.57	3.7	6.65	7.7	9.06	11.08
Q	86	7.49	8.2	8.96	9.86	11.1	47.21	3.85	4.19	6.8	7.84	9.21
Q	87	7.49	8.2	8.96	9.86	11.1	50.8	3.85	4.19	6.8	7.84	9.21
R	90	7.43	8.5	10.99	14.38	17.27	50.12	3.7	6.65	7.7	9.06	11.08
R	91	7.43	8.5	10.99	14.38	17.27	49.18	3.7	6.65	7.7	9.06	11.08
S	94	7.49	8.2	8.96	9.86	11.1	73.88	3.85	4.19	6.8	7.84	9.21
S	95	7.49	8.2	8.96	9.86	11.1	49.06	3.85	4.19	6.8	7.84	9.21
S	96	7.43	8.5	10.99	14.38	17.27	53.04	3.7	6.65	7.7	9.06	11.08

출처 : 산업통상자원부, 〈기술가치평가 실무가이드〉, 2017.12., 134쪽

15.4.2. 어떤 종류의 소득을 어떻게 합산할 것인가?

15.4.2.1. 여유현금흐름(FCF)법 : 미래에 자본제공자에게 귀속될 소득을 합산한다.

앞에서 연속기업의 기업가치를 표현하는 다음 산식을 다시 떠올려보자.

$$\sum_{i=1}^{\infty}\frac{FCF_i}{(1+r)^i} + \text{비영업자산 가치} = \text{주주귀속 기업가치} + \text{이자지급성 금융부채 가치}$$

FCF를 무한대 기간에 다 추정하는 것은 불가능할뿐더러 무의미하다. 그래서 미래 n기까지 유한한 기간까지만 FCF를 추정하고, n+1기 이후에는 FCF가 전기 FCF 대비 g의 성장률로 증가한다고 가정한다.

$$i = n+1,\ n+2,\ n+3,\ \cdots \text{ 기간에 대해서 } FCF_i = FCF_{i-1} \times (1+g)$$

이로부터 다음 식을 얻을 수 있다.

$$\begin{aligned}
&\sum_{i=1}^{\infty}\frac{FCF_i}{(1+r)^i} \\
&= \sum_{i=1}^{n}\frac{FCF_i}{(1+r)^i} + \sum_{i=n+1}^{INF}\frac{FCF_i}{(1+r)^i} \\
&= \sum_{i=1}^{n}\frac{FCF_i}{(1+r)^i} + \frac{FCF_n(1+g)}{(1+r)^{n+1}} + \frac{FCF_n(1+g)^2}{(1+r)^{n+2}} + \cdots \\
&= \underbrace{\sum_{i=1}^{n}\frac{FCF_i}{(1+r)^i}}_{\text{추정기간가치}} + \underbrace{\frac{FCF_n(1+g)}{(1+r)^n(r-g)}}_{\text{잔존가치}}
\end{aligned}$$

이 산식의 전반부는 실제로 FCF를 초기의 n기까지만 추정해서 현재가치화한 것이고, 후반부는 n + 1기 이후의 FCF를 현재가치화해서 합산한 것으로서 잔존가치(terminal value)라고 부른다.

전기장치를 제조하여 글로벌 영업을 영위해온 A사의 향후 5년간 FCF가 다음의 가정에 의거하여 <표 15>와 같이 추정되었다고 하자.

- 매출액 : A사의 기존 실적, 향후 예상되는 경쟁환경과 시장점유율, 사업 계획을 종합적으로 고려하여 추정했다.
- 매출원가 : 기존 실적 매출원가율 60%가 추정기간 중 안정적으로 유지될 것으로 예상했다.
- 판매비와관리비 : 기존 실적 매출액 대비 판관비율 20%가 추정기간 중 안정적으로 유지될 것으로 예상했다.
- 법인세등 : 회사의 기존 법인세 납부 실적으로부터 추정한 실효법인세율 22%를 적용했다.
- 감가상각비 등 비현금성 비용 : 매출원가와 판매관리비에서 감가상각비를 비롯한 각종 비현금성 비용을 별도로 추출했다.
- 자본적 지출 : 기존의 자본적 지출 실적이 매출액 대비 5% 수준으로 안정적으로 발생해 온 것을 감안하여 이 추세가 추정기간에도 이어지는 것으로 가정했다.
- 운전자본투자 : 기존의 운전자금 관리 정책이 향후에도 동일하게 유지될 것으로 보고 기존의 운전자금회전기간 연 12회전을 적용했다.
- 자산회수 : 추정기간 중 기존 자산의 매각 등을 통한 회수 계획이 없다고 가정했다.
- 할인율 : 회사의 기존 차입금 대비 이자비용 비율과 동업종 자기자본이익률을 최근 년도 차입금 대 자기자본 비율로 가중평균한 WACC 9%를 사용했다.

▸ ▸ 〈표 15〉 기업가치평가를 위한 FCF 추정 예시

(단위 : ₩억)

추정기간(년)	1	2	3	4	5
매 출 액	1,266	1,456	1,634	1,799	1,912
매출원가	760	874	980	1,079	1,147
판매관리비	253	291	327	360	382
법인세등	56	64	72	79	84
세후영업이익(A)	197	227	255	281	298
감가상각비등 비현금성 비용(B)	112	120	130	140	150
자본적지출(C)	63	73	82	90	96
운전자본투자(D)	106	16	15	14	9
자산회수(E)	0	0	0	0	0

여유현금흐름 (FCF = A + B − C − D + E)	141	259	288	317	343
할인율(WACC)	9%	9%	9%	9%	9%
FCF의 현재가치	129	218	223	225	223

추정기간 이후인 6년차부터 FCF는 5년차 FCF가 매년 2%의 크기로 성장한다고 가정하고, 계속기업의 가정 하에 FCF 현재가치 합계를 계산하면 ₩4,265억이 된다.

$$\sum_{i=1}^{5} \frac{FCF_i}{(1+0.09)^i} + \frac{FCF_5(1+0.02)}{(1+0.09)^6} + \frac{FCF_5(1+0.02)^2}{(1+0.09)^7} + \cdots$$

$$= \sum_{i=1}^{5} \frac{FCF_i}{(1+0.09)^i} + \frac{FCF_5(1+0.02)}{(1+0.09)^5(0.09-0.02)}$$

$$= [\frac{₩141억}{1+0.09} + \frac{₩259억}{(1+0.09)^2} + \frac{₩288억}{(1+0.09)^3} + \frac{₩317억}{(1+0.09)^4} + \frac{₩343억}{(1+0.09)^5}] + \frac{₩343억(1+0.02)}{(1+0.09)^5(0.09-0.02)}$$

= ₩1,027억 + ₩3,248억

= ₩4,265억

A사의 평가시점 금융부채 잔액은 ₩480억, 비영업자산은 ₩65억인 것으로 실사 결과 평가되었다. 그 결과 A사의 지분가치는 ₩3,850억으로 평가된다.

지분가치 ₩3,850억

= FCF가치 ₩4,265억 − 금융부채 가치 ₩480억 + 비영업 자산 가치 ₩65억

이 지분가치를 발행주식수로 나누면 1주당 공정가치를 산출할 수 있다. 발행주식수가 1,200만주라면

1주당 공정가치 = ₩3,850억/1,200만주 = ₩32,083.

동시에 기업가치가 ₩4,330억임도 확인할 수 있다.

FCF가치 ₩4,265억 + 비영업자산 가치 ₩65억 = ₩4,330억

또는, 지분가치 ₩3,850억 + 금융부채 가치 ₩480억 = ₩4,330억

이상 간단한 예를 들어, FCF에 의거한 기업가치평가와 주식가치평가 절차를 살펴보았다. 추정 결과에 결정적으로 영향을 미치는 변수는 그 민감도 순으로 나열하면 다음과 같다.

• 추정기간(총 n기) 중 매출액 추정치 및 그 결과로서 추정기간 최종 시기의 FCF_n

- 추정기간 이후 FCF의 증가율 가정치 g
- 할인율 r

앞의 예에서 분석가가 보다 보수적인 입장을 취해서 FCF_5를 ₩343억이 아니라 ₩200억으로 추정했다고 하자. 이때 다른 조건이 같을 때 FCF가치는 ₩4,265억이 아니라 다음과 같이 ₩2,818억으로 계산될 것이다.

$$= [\frac{₩141억}{1+0.09} + \frac{₩259억}{(1+0.09)^2} + \frac{₩288억}{(1+0.09)^3} + \frac{₩317억}{(1+0.09)^4} + \frac{₩200억}{(1+0.09)^5}] + \frac{₩200억(1+0.02)}{(1+0.09)^5(0.09-0.02)}$$

$$= ₩924억 + ₩1,894억$$

$$= ₩2,818억$$

FCF_5를 대폭 낮추어 예상함으로써 잔존가치는 ₩3,248억에서 ₩1,894억으로 대폭 감소했다.

여기에 덧붙여 추정기간 이후 FCF의 성장률을 2%보다 더욱 보수적인 1%로 바꾸어보면 FCF가치는 다음과 같이 더 하락할 것이다.

$$= [\frac{₩141억}{1+0.09} + \frac{₩259억}{(1+0.09)^2} + \frac{₩288억}{(1+0.09)^3} + \frac{₩317억}{(1+0.09)^4} + \frac{₩200억}{(1+0.09)^5}] + \frac{₩200억(1+0.00)}{(1+0.09)^5(0.09-0.00)}$$

$$= ₩924억 + ₩1,444억$$

$$= ₩2,368억$$

FCF에 의한 기업가치평가의 신뢰도는 결국 추정기간 중 매출액과 추정기간 말기의 FCF 값을 얼마나 합리적으로 추정하느냐에 달려있다. 그러나, 아무리 정교한 기법을 동원해서 추정을 하더라도 분석가의 미래에 대한 전망과 그에 따른 추정 가정에 의존하는만큼, 그 주관성을 완전히 극복하기는 어렵다.

만약 평가대상 기업이 상장기업이라면, FCF에 의한 지분가치 추정 결과를 평가 시점의 시가총액과 비교해 봄으로써 추정 결과의 신뢰도를 간접적으로 점검할 수 있다. 상장기업의 시가총액은 시장참여자들의 지분가치에 대한 예상이 반영된 객관적인 데이터 분석가의 FCF 추정 지분가치가 시가총액으로부터 과도하게 벗어나 있다면, 예컨대 상하 30 ~ 40% 이상 벗어나 있다면 추정 절차에 오류는 없는지, 또는 근거 없는 낙관 또는 비관이 반영되어 있지 않은지 점검하고 추정 작업을 다시 수행할 필요가 있다.

15.4.2.2. 미래의 경제적부가가치(EVA)를 현재 자산가치에 합산한다.

잔여수익법(Residual Income Method)에 의한 기업가치평가 산식은 평가시점의 투하자본 가치에 미래 사업 수명기간 중 EVA의 현재가치 합계를 가산하는 것이다.

$$\begin{aligned}
\text{기업가치} \\
&= \text{기초투하자본}_1 + \sum_{i=1}^{T} \frac{EVA_t}{(1+r)^i} \\
&= \text{기초투하자본}_1 + \sum_{i=1}^{T} \frac{\text{세후영업이익}_i - \text{타인자본비용}_i - \text{자기자본비용}_i}{(1+r)^i}
\end{aligned}$$

단, 기초투하자본 = 기초 지분(자기자본)가치 + 기초 금융부채(타인자본)가치

EVA의 의미에 대해서는 본서의 제6장 6.2.3에서 상세히 설명한 바 있다.

여기에서는 <표 17>의 예를 통해 EVA에 의거하여 기업가치를 산출하는 과정을 살펴보자.

- 수명은 영속기업을 가정하지 않고, 유한한 수명 5년 동안만 사업을 지속하는 상황을 가정했다.
- 분석가가 적절한 미래 전망에 의거하여 세후영업이익을 <표 17>과 같이 추정했다.
- 평가시점인 1기초 또는 0기말의 투하자본(자기자본 + 이자지급성 타인자본)은 자산가치법에 의거하여 ₩270억으로 평가됐다. 회사는 ₩270억을 모두 상각대상 자산을 취득하는 데에 지출했다.

각기말의 자본은 평가시점인 0기말 처음 투자된 ₩270억으로부터 출발해서 1기말 투자되는 ₩150억이 <표 16>처럼 각각 3년에 걸쳐 정액법으로 감가상각된다고 가정하자.

▸ ▸ 〈표 16〉 EVA 가치평가를 위한 투하자본, 감가상각, 기말자본 예시

(단위 : ₩억)

구 분	0	1	2	3	4	5
투하자본	270	150	–	–	–	–
0기말 투자분 감가상각 (3년 정액법)	–	90	90	90	–	–
1기말 투자분 감가상각 (3년 정액법)	–	–	50	50	50	–
감가상각 합계	–	90	140	140	50	–
기말자본	270	330	190	50	–	–

출처 : (사)기술경영경제학회(2013), 329쪽.

- 평가시점에 자기자본 ₩189억과 타인자본 ₩81억의 비중은 70%대 30%, 자기자본비용(희생 수익률) 12%, 타인자본비용(이자율) 5.3%로 추정되어, 투하자본비용은 투하자본대비 10%를 적용했다. (10% = 70% × 0.12 + 30% × 0.053)

그 결과 EVA의 현재가치 합계는 총 ₩267억이 되고, 이를 기초투하자본 ₩270억에 더하면 평가시점의 기업가치는 ₩537억으로 계산된다.

지분가치는 기업가치에서 평가시점의 금융부채 가치를 차감한 것이다.

지분가치 = ₩537억 - ₩81억 = ₩456억

이 지분가치를 발행주식수로 나누면 1주당 공정가치를 산출할 수 있다. 발행주식수가 200만주라면

1주당 공정가치 = ₩456억/200만주 = ₩22,800.

평가시점에 자기자본투자액은 ₩189억(= 주당 ₩9,450)이었으므로, 이 지분투자자들은 ₩456억의 가치가 있는 지분을 절반도 안 되는 가격에 취득한 셈이다. 그 이유는 사업 수명 지속기간 중 예상되는 세후영업이익의 크기가 <표 17>에서 보이는 바와 같이 자본비용을 보상하고 나서도 EVA를 충분히 높게 남길 정도로 계산되었기 때문이다.

만일 이 사업이 자본비용을 간신히 보상할 정도의 세후영업이익을 남기는 데에 그쳤다면 지분가치는 ₩189억을 살짝 웃돌거나 거의 같은 수준에 그쳤을 것이다.

만약 이 사업이 매기 이자비용만을 보상하고 자기자본비용을 보상하지 못할 정도의 세후영업이익을 남기는 데에 그쳤다면 EVA는 음수가 되고 지분가치는 ₩189억에 미치지 못했을 것이다.

▸ ▸ 〈표 17〉 EVA에 의한 기업가치 추정 예시

(단위 : ₩억)

구분(년)	0	1	2	3	4	5
세후영업이익(G)	–	46.8	101.4	124.8	85.8	93.6
기말자본(C) (= 차기의 기초투하자본)	270 [자기자본189 (70%) + 타인자본 81(30%)]	330	190	50	–	–
투하자본비용 (H = C × 0.1) 0.1 = 70% × 0.12 + 30% × 0.053)	–	27	33	19	5	–
EVA(I = G – H)	–	19.8	68.4	105.8	80.8	93.6
할인율(J)	–	10%	10%	10%	10%	10%
EVA 현재가치	–	18.00	56.53	79.49	55.19	58.12
EVA 현재가치의 합계	267					
기업가치	537(= 기초투하자본 270 + EVA현가합계 267)					

출처 : (사)기술경영경제학회(2013), 330쪽.

15.4.2.3. EVA 가치평가와 FCF 가치평가는 동일한 결과를 낳는다.

기업가치평가에서 FCF를 사용하거나 EVA를 사용하거나 그 결과는 동일하다.

EVA는 매기 매출이 창출하는 총가치에서 자본비용을 포함한 모든 유무형비용(이 비용에서 자본구입 지출액은 감가상각비의 형태로 이연되어 반영됨)을 차감하고 순수하게 남는 잉여가치를 의미한다.

$$EVA_t = \text{세후영업이익}_t - (\text{자기자본비용}_t + \text{타인자본비용}_t)$$

한편, FCF는 매기 매출이 창출하는 총가치에서 자본비용을 제외한 모든 유무형 현금흐름을 차감하고 순수하게 남는 잉여가치를 의미한다.

$$FCF_t = \text{세후영업이익}_t + \text{비현금비용}_t + \text{자산매각회수액}_t - \text{자본적지출}_t - \text{운전자본투자}_t$$

▸ ▸ 〈표 18〉 EVA와 FCF의 개념 차이

잉여의 종류	EVA	FCF
매기 총가치	매출액	매출액
매기 차감액	자본비용을 포함한 모든 유무형 비용 * 단 자본구입지출은 상각비로 이연되어 반영. 동 자본비용은 매기 초 자본잔액을 기준으로 상이하게 발생	자본비용을 제외한 모든 유무형 현금흐름 * 자본적 지출과 운전자본투자를 위한 지출도 차감하여 반영
기업가치평가 시 최초(평가시점) 자본잔액 포함여부	가산	가산할 필요 없음

EVA와 FCF는 기업의 잉여를 표현하는 방향에서 차이기 있음에도 불구하고, EVA를 이용하거나 FCF를 이용하거나 기업가치는 동일한 값으로 계산된다. T는 사업의 수명, r은 할인율, ω은 가중평균자본비용이라고 할 때, 다음이 성립함을 보일 수 있다.

기업가치

$$= \text{기초투하자본}_1 + \sum_{i=1}^{T} \frac{EVA_t}{(1+r)^i}$$

$$= \text{기초투하자본}_1 + \sum_{i=1}^{T} \frac{[\text{세후영업이익}_i - w \times (\text{기초투하자본}_{i-1} - \text{감가상각}_{i-1} - \text{투자액}_{i-1})]}{(1+r)^i}$$

$$= \sum_{i=1}^{T} \frac{[\text{세후영업이익}_i + \text{감가상각}_i - \text{투자액}_i)]}{(1+r)^i} + \frac{\text{기말투하자본잔액}_T}{(1+r)^T}$$

$$= \sum_{i=1}^{T} \frac{FCF_i}{(1+r)^i}.$$

이 등식이 성립하는 과정에 대한 구체적인 증명은 본장의 <부록>을 참고하라.

단, EVA를 이용하여 사업가치를 계산할 때에는 매기EVA의 현재가치합계에 최초 시기의 총 투하자본잔액을 합산한다는 점이, FCF를 이용할 때에는 매기의 FCF의 현재가치 합계만을 구한다는 점이 차이가 있다. 즉 매기 EVA를 계산할 때에는 연초의 총 투하자본 잔액이 그때마다 달라지게 된다는 점에 주의해야 한다. 연초의 총 투하자본 잔액대비 그 해의 자본비용을 계산한 뒤, 이를 이익에서 차감한 값이 그 해의 EVA가 된다.

이처럼 EVA를 이용한 사업가치 평가와 FCF를 이용한 사업가치평가가 항상 동일한 결과를 낳는다[23]는 사실은 <표 19>와 <표 20>에 제시된 수치 계산 예를 참조하라. <표 19>은 둘 사이의 비교를 위한 동일한 현금흐름 상황을 표현한 것이고, <표 20>은 그에 의거하여 계산한 EVA사업가치와 FCF 사업가치가 각각 ₩125.04로 동일하게 계산됨을 보이고 있다.

▸ ▸ 〈표 19〉 EVA 기업가치와 FCF 기업가치 비교를 위한 기본 현금흐름 예시

(단위 : ₩)

추정기간	비고 추정 관련 비율	1	2	3	4	5
매출액		100	120	130	100	90
매출원가	매출원가에는 경상비 처리된 R&D지출만 포함. 매출원가율은 매출액의 60%	60	72	78	60	54
판매관리비	판관비율은 매출액의 20%	20	24	26	20	18
영업이익		20	24	26	20	18
세후영업이익	법인세율은 영업이익의 20%	16	19.2	20.8	16	14.4
기초 자본(A)	= 전기말 자본 A	100	117	93	68	39
기중 유무형자산 투자(B)	감가상각 대상. 자본화된 R&D 지출만 포함	30	0	0	0	0
기중 운전자본 투자	감가상각 대상이 아님. 운전자본잔액은 매출액의 10% 유지. 투자액은 운전자본잔액의 증가액	10	2	1	−3	−1
기중 감가상각1	A 대상	20	20	20	20	20
기중 감가상각2	B 대상	3	6	6	6	6*
기말 자본		117	93	68	39	12
WACC		12%	12%	12%	12%	12%

* 3이 기말에 미상각 상태로 잔존

23) 이 문제에 대한 상세한 내용은 Arzac(2008)의 수식(p.406)과 수치 계산 례(p.84-86). Damodaran(2002) 884-870의 수치 계산 례 등 참조을 참고하라.
단 EVA 방식과 FCF 방식이 다른 결과를 낳게 되는 경우가 있다.(Damodaran(2002) p.871) 이는 다음과 같은 경우이다.
- 법인세율이 양자간 동일한 회계상 영업이익이 아니라 서로 다른 이익에 적용되는 경우
- 성장률을 매출액에 적용하지 않고 FCF나 EVA에 적용할 경우
- 추정기간 말 자본잔액을 FCF에 가산 처리하지 않을 경우
- 각 기간 중 투하자본 평가 시점을 기초로 잡지 않을 경우 등등

▸ ▸ 〈표 20〉 EVA 기업가치와 FCF 기업가치의 동일성

(단위 : ₩)

• EVA방식

구 분		기 간				
		1	2	3	4	5
투하자본비용(금액)	= 기초 자본 100 × WACC 12%	12	14.04	11.16	8.16	4.68
EVA	= 세후영업이익 − 투하자본비용	4	5.16	9.64	7.84	9.72
EVA의 현재가치 (할인율 12%)		3.57	4.11	6.86	4.98	5.52
EVA의 현재가치 합계		25.04				
기업가치	= 평가시점 투하자본 100 + EVA현재가치합계 25.04	125.04				

• FCF방식

구 분		기 간				
		1	2	3	4	5
FCF	= 세후영업이익 + 감가상각비 − 유무형자산투자 − 운전자본투자	−1	43.2	45.8	45	41.4
기말자본 회수액	= 5기말 유형자산 잔액 0 + 무형자산 잔액 3 + 운전자본 잔액 9					12
FCF 및 5기말 자본회수액 합계		−1	43.2	45.8	45	53.4
현재가치(할인율 12%)		−0.89	34.44	32.60	28.60	30.30
기업가치	= 현재가치의 합계	125.04				

15.5 지분 거래시 공정가치의 조정

앞에서 자산접근법, 시장접근법, 수익접근법에 의한 지분가치 추정 방법을 다루었다. 그 가치평가 결과가 합리적인 거래용으로 제시될 수 있는 충분히 신뢰할 만할 수치라고 인정될 때, 그 가치는 지분의 공정가치라고 해석할 수 있다.

실제 지분을 거래할 때에는 경영권 프리미엄 또는 비유동성 할인을 공정지분가치에 추가할 수 있다.

15.5.1. 경영권 프리미엄 할증

지배주주는 경영에 관한 의사결정에 큰 영향을 미치기 때문에 향후 투자계획이나 마케팅계획의 변경 등을 통해 미래현금흐름을 변화시킬 수 있다. 소수 주주와 달리 기업가치 극대화를 위해 자본구조를 변경하거나 경영진을 교체하거나 주요 전략에 대한 의사결정에 참여할 수 있다. 이렇게 소수 주주가 아니라 지배주주로서 지분을 인수할 경우에 그가 획득하는 유리한 지위를 경영권 프리미엄이라고 한다.

경영권이란 기업의 책임자로서 대내적인 경영의사결정과 대외적인 이해관계자집단과의 관계에서 독립적으로 행사할 수 있는 권리를 의미한다.

소유와 경영이 완전히 분리되어 있지 않다면 소유권의 변동을 통해 경영권을 통제할 수 있게 된다. 단순히 재무적 이익만을 기대하는 재무적 투자자가 아니라 전략적 목적으로 투자하는 주주는 취득 지분의 정상적인 가치에 경영권 프리미엄을 추가한 금액을 지불하게 된다.

경영권프리미엄을 적용할지의 여부는 지분의 매입을 통해 매수자가 경영에 중대한 영향을 미칠 수 있는 지위를 확보할 수 있는가에 따라 판단해야 함.

경영권프리미엄을 수반한 지분 거래시는 평가대상 주식의 지분율뿐만 아니라 해당주식의 주주 구성 및 분산 정도, 기업 자체의 정관이나 내규, 관련 법규상의 주식소유비율 한도, 관련 거래의 이해당사자간 계약의 내용 등을 동시에 고려해야 한다. 이런 특성 때문에 경영권 프리미엄을 이론적으로 계산하기는 쉽지 않고 거래당사자간의 협상능력과 거래상황 및 시장상황에 따라 다르게 결정된다.

실무적으로 평균적인 경영권 프리미엄 할증 비율은 공정가치의 20~30% 수준인 것으로 알려져 있으며[24], Mergerstat의 통계에서도 30% 내외의 수치를 보이는 것을 확인할 수 있다.

---

24) 강진홍, 조한웅 공저, "기업가치평가실무", 영화조세통람, 2012.

▸ ▸ 〈표 21〉 Mergerstat 경영권 프리미엄 사례

Target Name	Mergerstat Control Premium	Target Name	Mergerstat Control Premium
Adams Respiratory Therapeutics, Inc.	37.40%	Kellwood Co.	31.60%
Alabama National Bancorp	50.60%	KNBT Bancorp, Inc.	24.10%
American Bank Note Holographics, Inc.	18.80%	Lifecore Biomedical, Inc	32.40%
AMIS Holdings, Inc.	−18.30%	MarkWest Hydrocarbon, Inc	24.80%
Aspreva Pharmaceuticals Corp.	17.00%	Merchants & Manufacturers Bancorp, Inc.	33.20%
ASV, Inc.	46.50%	Metal Management, Inc.	18.10%
Audible, Inc.	23.30%	MGI PHARMA, Inc.	22.60%
Axcan Pharma, Inc.	27.10%	Midwest Air Group, Inc.	19.50%
BIW Ltd.	39.70%	Mutual Community Savings Bank, Inc. SSB	−35.90%
Boardwalk Bancorp, Inc.	31.40%	Nextest Systems Corp.	66.80%
Bradley Pharmaceuticals, Inc.	25.00%	NSB Retail Systems PLC	227.50%
Bulldog Resources, Inc.	2.70%	NUVO Network Management, Inc.	100.10%
Canadex Resources Ltd.	8.10%	Oglebay Norton Co.	5.10%
Canetic Resources Trust	−15.40%	Pacific Stratus Energy Ltd.	−9.00%
Canyon Resources Corp.	11.10%	Pavilion Bancorp, Inc.	57.90%
Carolina National Corp.	29.40%	Peerless Energy, Inc.	5.90%
Carrier Access Corp.	4.00%	Photoworks, Inc	128.80%
Chittenden Corp.	27.40%	Pilot Energy Ltd.	17.50%
Christiana Bank & Trust Co.	24.40%	PrimeWdt Energy Trust	31.60%
Claymont Steel Holdings, Inc.	6.80%	Printronix, Inc.	18.30%
Cognos ULC	2.70%	Radiation Therapy Services, Inc	50.50%
Coley Phamaceutical Group, Inc.	166.70%	Respironics, Inc.	24.30%
ColHcutt Energy Services Ltd.	73.80%	Rockyview Energy, Inc.	29.60%
Commerce Bancorp, Inc. (New Jersey)	−11.80%	Sierra Health Services, Inc.	21.20%
Document Sciences Corp.	79.10%	Slade's Ferry Bancorp	54.30%
E4 Energy, Inc.	11.70%	Suncom Wireless Holdings, Inc.	22.70%
Electronic Clearing House, Inc.	119.90%	Taylor NGL LP	1.40%
Emergis, Inc.	16.30%	The Meridian Gold, Inc.	18.20%
ExAlta Energy, Inc.	45.70%	Traffix, Inc.	37.00%
Extreme CCTV, Inc	28.80%	Tutogen Medical, Inc.	−1.70%
First Consulting Group, Inc	30.30%	Union Bankshares Co. (Maine)	16.20%
First Indiana Corp.	45.10%	USB Holding Co., Inc.	18.30%
First Mutual Bancshares, Inc	20.70%	VantagepointSystems, Inc.	7.20%

Target Name	Mergerstat Control Premium	Target Name	Mergerstat Control Premium
FNB Corp. (Virginia)	-13.20%	Vault Energy Trust	71.10%
Focus Energy Trust	4.80%	Ventana Medical Systems, Inc	72.30%
Genesis Microchip, Inc.	60.20%	Verticalnet, Inc.	-54.40%
Genlyte Group, Inc.	52.40%	Viceroy Homes Ltd.	41.90%
Goodman Global, Inc.	17.20%	VISICU, Inc.	35.40%
Great Lakes Bancorp, Inc.	8.30%	VistaCare, Inc.	20.10%
Harrah'sEntertainment,Inc.	35.50%	Visual Sciences, Inc.	-4.80%
ION Media Networks, Inc.	135.50%		
평균		32.45%	
표준편차		41.54%	
중간값		24.30%	

자료: Megerstat/BVR Control Premium Study, Q1 2008. Pratt(2009), 49-51pp. (사)기술경영경제학회(2013), 348-349쪽에서 재인용.

상속세및증여세법에서는 최대주주와 그 특수관계자가 보유한 주식에 대해서는 20%(중소기업은 10%) 할증하도록 하고, 이들이 보유한 지분이 50% 이상일 경우에는 30%(중소기업은 15%)를 할증하도록 하고 있다.

상장기업과 비상장기업의 합병비율을 산정하는 기준인 증권거래법과 그 위임규정인 유가증권의발행및공시등에관한규정에서는 별도의 규정이 없으므로 거래시 협상에 따른다.

15.5.2. 비유동성 할인

상장 주식은 원하는 시기에 곧바로 매각할 수 있지만, 비상장 주식은 적시에 매각하여 현금화하기 어렵다. 비상장 주식의 이런 위험을 비유동성 위험이라고 한다.

비상장기업 주식의 가치평가에서 비유동성 위험을 감안하여 공정가치를 할인해주는 경우가 많다.

유가증권의발행및공시등에관한규정에 의하면 상장기업과 합병하는 비상장기업의 상대가치 평가시에 비상장주식의 평가가치에서 30% 이상을 할인하도록 규정하고 있다.

유동성 할인을 측정하는 두 가지 방법이 있다.

첫째, 기업공개 전후의 가격을 비교하여 유동성할인 정도를 측정하는 것이다. 해외의 연구 결과를 보면 비상장기업의 유동성 할인은 약 20~40% 수준으로 추정된다. 비상장주식이라 해도 기업공개 시점이 6개월 이내이거나 일부 거래가 이루어지는 경우에는 유동성 할인 크기는 상대적으로 낮아질 것이다.

▸ ▸ 〈표 22〉 외국의 비유동성 할인 비율에 관한 연구 사례

Time Period	Study	Numberof Transactions	Average Discount
1/66 ~ 6/69	SEC Institutional Investor	398	25.80%
1/68 ~ 12/70	Milton Gelman	89	33.00%
1/68 ~ 12/72	Robert Trout	60	33.50%
1/68 ~ 12/72	Robert Moroney	148	35.60%
1/69 ~ 12/73	Michael Maher	33	35.40%
10/78 ~ 6/82	Standard Research Consultants	28	45.00%
1/81 ~ 12/88	William Silber	69	33.80%
1/79 ~ 4/92	FMV Opinions, Inc.	>100	23.00%
1/80 ~ 12/96	Management Planning, Inc.	53	27.10%
1/91 ~ 12/95	Bruce Johnson	70	20.00%
1/96 ~ 4/97	ColumbiaFinancial Advisors	23	21.00%
5/97 ~ 12/98	ColumbiaFinancial Advisors	15	13.00%

자료 : Pratt(2009), p.89. (사)기술경영경제학회(2013) 350쪽에서 재인용

둘째, 거래소에서 자유롭게 거래되는 주식가격과 시장성이 낮은 시장에서 거래되는 주식가격을 비교하여 유동성의 정도를 측정하는 것이다. 미국의 뉴욕증권거래소 대비 OTC시장 거래 주식의 유동성 할인 비율은 약 30% 수준으로 알려져 있다.

이상 다양한 연구와 시장 관행을 종합해 보면, 공정가치에 추가로 반영하는 경영권 프리미엄 또는 비유동성 할인의 크기는 30% 내외 수준에서 결정되어 온 것으로 관찰된다.

물론 관련 법규가 있을 때에는 이를 우선 적용하여야 할 것이다.

상속세및증여세법에서는 최대주주와 그 특수관계자가 보유한 주식에 대해서는 20%(중소기업은 10%) 할증하도록 하고, 이들이 보유한 지분이 50% 이상일 경우에는 30%(중소기업은 15%)를 할증하도록 규정되어 있다.

증권의발행및공시등에 관한 규정에 의하면 상장기업과 합병하는 비상장기업의 상대가치 평가시에 비상장주식의 평가가치에서 30% 이상을 할인하도록 규정되어 있다.

- 평가대상기업의 1주당 공정가치 : ₩10,000
- 실제 거래시 유동성 할인율 30%를 적용하면, 1주당 가치 = ₩10,000 × (1 − 30%) = ₩7,000
- 실제 거래시 경영권 프리미엄 20%를 반영하면, 1주당 가치 = ₩10,000 × (1 + 20%) = ₩12,000

15.6 스타트업의 기업가치에 대하여

오늘날 벤처캐피탈(VC)은 스타트업(startup, 창업기업) 자금 공급 생태계에서 중요한 역할을 한다. 기존 투자은행이나 상업은행의 손길은 창업기업에 잘 닿지 않는다. 지분투자 또는 대출을 안정적으로 회수하기에는 창업기업의 사업 불확실성이 너무 크기 때문이다.

VC는 바로 이 지점에서 핵심적인 역할을 한다. 그들의 활동 무대는 은행 등 제도권 금융기관의 손이 닿지 않는 곳이다. 신기술 사업 또는 신비즈니스모델 사업을 막론하고 성장 잠재력 있는 창업기업을 초기에 발굴하여 자금을 공급함으로써 그들의 성장 마중물 역할을 한다.

VC는 금융기관이지만 동시에 금융기관 이상의 존재다. VC는 창업 벤처기업에 자금을 투자(보통주, 우선주 등 매입)하는 것을 출발점으로 해서, 이사회에 이사 파견, 경영진 추천, 컨설팅 사업을 적극적으로 전개하면서 성장을 유도하는 사업 파트너로서 역할을 하기도 한다. VC의 궁극적인 목적은 초기 사업의 고위험을 감수하면서 투자한 만큼, 적절한 시기 후에 IPO(Initial Public Offering, 최초기업공개)나 M&A를 통해 고수익을 달성하는 것이다.

창업 벤처기업은 대부분 재무제표 상으로는 실적이 초라하다. 매출이 발생하지 않고 있거나. 재무상태표 상 자산 규모도 작은데다가 유형자산의 비중도 낮다. 투자은행 입장에서 자산가치법으로 평가할 만한 자산 자체가 적어도 겉으로는 잘 보이지 않는다. 대출은행 입장에서도 담보로 설정할 자산은 부족해 보이고 결손 누적 상태의 재무구조로는 결코 높은 신용등급이 나올 수도 없다.

사실 재무제표에 드러나지 않는 기술력, 노하우, 혁신적 아이디어, 기업문화와 같은 무형자산이 그들의 핵심 경쟁력이다. 그렇다면 VC들은 이들의 가치를 어떻게 평가할까?

사실 재무 요인보다는, 비재무 성장 잠재력에 대한 평가가 주종을 이룬다. 특히 '사람', 즉 창업가와 그를 중심으로 형성된 경영진에 대한 질적 평가는 매우 중요한 역할을 한다. 미래는 도저히 알 수 없지만, 불확실성을 극복하면서 사업을 성공시키는 것은 결국 사람에 달려 있기 때문에 사람에 대한 신뢰를 가장 중시하는 것이다.

Timmons & Spinelli(2004)는 VC가 투자대상 벤처기업을 선별할 때 전형적으로 고려하는 요소들을 사명(mission), 완성된 경영자 팀(complete management team), 경쟁력 있는 제품과 서비스(proprietary product or service), 대규모의 견고하고 지속가능한 시장(large, robust, and sustainable market), 가치평가와 ROR(valuation and ROR)의 5대 범주로 구분하였다.[25)]

그들이 제시한 요소 가운데에서 적절한 가치평가와 투자수익률(ROR : Rate of Return)에 대한 예상은 중요한 역할을 한다. 적절한 규모의 1라운드 자본소요액(예 : 1백만 달러 이상 1천만 달러 이하), 약 5년 후 PER 15배수 이상의 성과를 내면서 초기 투자의 10배 이상 회수액을 달성할 수 있는가를 판단한다. 그 다음에 기업의 성장세를 봐 가면서 후속 라운드 투자가 가능할 것인지에 대해 검토하고, 최종적으로 IPO, M&A를 포함한 다양한 현금 회수 가능성이 어느 정도 확보될 수 있는가를 판단한다.

VC가 추구하는 고수익률은 투자 단계(stage)에 따라 차이가 있지만 최소 연간 20%이상, 심지어 100%이상일 것을 요구한다(<표 23> 참조).

▸ ▸ 〈표 23〉 VC가 목표로 하는 수익률

투자 단계	연간 수익률 목표(%)	회수 시기까지 통상적 보유 기간(년)
초기 스타트업	50 ~ 100% 또는 그 이상	10년 이상
1단계	40 ~ 60	5 ~ 10
2단계	30 ~ 40	4 ~ 7
확장	20 ~ 30	3 ~ 5
브릿지와 메자닌 투자[26)]	20 ~ 30	1 ~ 3
LBO	30 ~ 50	3 ~ 5
구조조정	50+	3 ~ 5

출처 : Timmons & Spinelli(2004), p.503.

25) Timmons & Spinneli(2004), p.481.

26) 브릿지와 메자닌 투자, LBO, 구조조정 투자, 스타트업에 투자하는 VC의 사업 목적과는 다소 동떨어진 것일 수도 있다. 하지만, 오늘날 VC는 스타트업 투자 외에, 포트폴리오 전체의 수익률과 유동성 관리 차원에서 이런 다양한 성격의 투자를 병행하는 경우가 많다. 이 업무들은 전통적으로 상업은행이나 투자은행, 그리고 구조조정 전문 PEF(사모펀드, Private Equity Fund)들이 수행하던 것이었으나, 최근에는 VC와 이들 투자기구 간의 경계가 점점 허물어지고 있다.

LBO(차입매수, Leveage Buyout) : 인수 대상이 되는 회사의 자산을 담보로 제공하고 기업 인수에 필요한 자금을 빌리는 기법으로, 적은 자기자본을 가지고도 거대 기업을 인수할 수 있는 방법

브릿지(Bridge) : IPO 등을 앞두고 단기적으로 자금이 필요한 기업에 투자하는 것

메자닌(Mezzanine) : 중순위 투자. 채권처럼 선순위로 지급받는 상대적으로 안전한 증권과 주식처럼 잔여 수익에 대한 후순위 청구권을 지닌 증권의 중간 성격에 위치한 증권에 투자하는 것. 전환사채나 우선주도 메자닌 증권의 일종이라고 볼 수 있다.

구조조정(Restructuring) : 이미 성숙기를 지나 경영난을 겪고 있는 기업에 구조조정 목적으로 투자하는 것. 기업을 회생시켜 기업 가치를 상승시킨 뒤 지분을 재매각하여 고수익률 달성을 추구한다.

▸ ▸ 〈표 24〉 Timmons & Spinelli의 VC 투자 고려 요인

Mission
- 높은 이익으로 산업을 선도할 수 있는 회사를 건립
- 높은 P/E배수로 4년 내지 7년 이내에 기업을 공개하거나 M&A 하는 목표
완성된 경영자 팀
- 산업의 슈퍼스타가 이끄는 팀
- 기업가 경험, 일반 관리 경험, 손실&이익 경험 측면에서 증명된 역량
- 탁월한 혁신가나 기술/마케팅 책임자 보유
- 경영자 간에 상호보완하는 역량
- 비범한 끈기, 상상력, 일에 대한 헌신
- 진실성(integrity)에 대판 평판
경쟁력 있는 제품과 서비스
- 경쟁재의 위협으로부터 지속적으로 우위를 지켜낼 수 있는 능력
- 신속하게 고객의 가치를 구현해 줄 수 있는 능력
- 배타적인, 계약상 또는 법상의 권리 보유
대규모의 견고하고 지속가능한 시장
- 5년 이내에 1억 달러 이상의 신규진입 가능성
- 현재 매출 2억 달러 이상, 연평균 25%이상의 매출 성장률 예상
- 현재 강력한 경쟁자가 없음.
- 고객 규정이 분명하고 유통 채널이 확실함.
- 경제적 성과에 대한 기대
* 매출액에서 매출원가를 차감한 총마진율이 40%~50%이상
* 세후 순이익률 10% 이상
* 조기에 양(+)의 현금흐름 또는 손익분기에 도달할 수 있음.
가치평가와 투자수익률(ROR : Rate of Return)
- 적절한 규모의 1라운드 자본소요액(예 : 1백만 달러 이상 1천만 달러 이하)
- 5년 이후 초기 투자의 10배 이상의 회수액 달성. 5년 후 PER 15배 이상 형성
- 후속 라운드 투자 가능
- IPO를 포함한 다양한 수단의 현금 회수 옵션들

출처 : Timmons & Spinelli(2004), p.481.

우리나라의 벤처캐피탈의 평가 요소도 이들과 크게 다르지 않다. 그 중에서도 재무적 관심사는 4 ~ 5년 내에 IPO나 M&A 등 적절한 수단을 통해 투자 원금 대비 최대한 많은 배수로 회수하는 것이다.

이를 위해서, VC들도 미래 FCF 등을 추정하거나 상대가치법에 의해 적절한 지분가치를 계산한다. 그 뒤 창업 경영진과 협상을 거친 뒤 투자 금액을 결정한다. 그 과정에서 통상적인 재무분석가들이 수행하는 사업 현황 분석, 지분 구조 분석, 기존 재무제표 및 재무비율 분석, 추정 현금흐름표 작성 등의 절차를 대부분 수행하고 이를 투자심의위원회에 제출한다.

재무 관점에서 VC 의사결정의 핵심은 결국 "지금 얼마를 투자하는 것이 적절한가(지분가치평가)", "언제 회수할 것인가(회수예상기간)", 그리고 "회수를 통해 연평균 수익률은 어느 정도 수준을 기대할 수 있을 것인가(ROR 또는 IRR)"에 있다.

A벤처캐피탈이 전자제품용 특수 금속소재를 생산하는 비상장기업 B사에 대해 분석한 사례를 살펴보자.

주식가치 평가 방법은 상대가치법을 사용했다. PER 비교기업은 이미 상장되어 있는 4개사를 대상으로 했다(<표 25>).

▸ ▸ 〈표 25〉 VC의 비교기업 PER의 선정 예시

구 분	비교기업 1	비교기업 2	비교기업 3	비교기업 4	비고
주요제품	–	–	–	–	
당기순이익(2xx1)	323억원	346억원	306억원	671억원	
시가총액	3,733억원	13,351억원	4,733억원	4,915억원	
주식수	27백만주	15백만주	5.8백만주	10백만주	
PER(최고/최저)	8.8/6.5	75.5/31.3	11.0/6.0	22.9/9.1	
PER(2xx1)	7.1	35.4	10.7	12.8	평균 16.5

비교기업의 평균 실적 PER 16.5배를 이용해서, 투자기업 B사의 지분가치를 927억으로 평가했다. B사의 최근 년도 실적 순이익이 56억으로 평가됐기 때문에 그 16.5배를 지분가치로 보았다. A벤처캐피탈은 B사 발행주식의 25%인 3만주 보통주에 투자하는 것을 검토하고 있었다. 공정가치에 의한 A벤처캐피탈의 투자 예상 금액은 ₩23억1천7백만(= ₩927억 × 25%)이었다. 그러나 실제로 B사와 협상을 통해 이 가격은 조정될 것으로 보고, 실제 목표 투자금액을 ₩20억으로 가정한 상태에서 예상 수익률을 도출했다.

회수 시기를 5년 후인 2xx6년으로 잡고 2xx6년 예상 EPS를 ₩15,925백만으로, PER을

14배로 예측하는 것을 기준 시나리오로 했다. 기준 시나리오 하에서 6년 후 회수예상액은 ₩64억2천4백만으로 예상했다. EPS 예상치를 고정시킨 뒤 예상 주가별 PER 시나리오를 구성한 뒤 연간 수익률(IRR : Internal Rate of Return)을 비교했다(<표 26>).

▸ ▸ 〈표 26〉 VC의 회수 시나리오 예시

PER(배)	EPS 예상(2xx6)	예상주가(원) = PER×EPS	매각 예상수익 (백만원)	회수액/투자액 예상 배수	예상IRR(%)
10		152,951	4,589	2.3배	38%
12		183,542	5,506	2.8배	45%
14 (기준)	15,295원	214,132	6,424	3.2배	52%
16		244,722	7,342	3.7배	57%
20		305,903	9,177	4.6배	68%

그 결과 기준 PER 14배 하에서 투자수익률 IRR은 연간 26.3%로 예상했다.

시나리오별 IRR은 다음과 같은 투자 이후 현금흐름 하에서 나온 것이다. 예를 들어서 PER 14의 기준 시나리오 현금흐름 하에서 IRR은 다음 방정식을 만족하는 i, 26.3%로 계산됨을 확인할 수 있다.

$$-20\text{억원} + \frac{0}{(1+i)} + \frac{0}{(1+i)^2} + \frac{0}{(1+i)^3} + \frac{0}{(1+i)^4} + \frac{64.24\text{억원}}{(1+i)^5} = 0,\ i = 26.3\%$$

나머지 PER 시나리오에 대해서도 같은 방식으로 IRR을 구할 수 있다.

▸ ▸ 〈표 27〉 VC의 투자 현금흐름(억원)과 IRR 시나리오 예상

5년 후 예상 PER 시나리오	시기(년)						예상 IRR
	0(투자)	1	2	3	4	5(회수)	
10배	−20	0	0	0	0	45.88	18.1%
12배	−20	0	0	0	0	55.06	22.5%
14배 (기준)	−20	0	0	0	0	64.24	26.3%
16배	−20	0	0	0	0	73.42	29.7%
20배	−20	0	0	0	0	91.77	35.6%

VC가 주식가치를 평가할 때 반드시 본 예시처럼 상대가치법만을 쓰는 것은 아니다. 필요에 따라서는 수익가치법이나 자산가치법을 사용하기도 한다. VC는 적절한 가치평가 방법을 동원하여 투자 협상 금액을 산정하고, 미래 회수액과 회수시기, 그리고 예상 수익률을 엄밀히 타진한 뒤 투자에 임한다.

[역사] 역사 속 벤처캐피탈의 등장

오늘날 VC처럼, 돈이 될 만한 신기술 사업에 위험을 감수하면서 자본을 제공한 역사는 꽤 오래 됐다. 대항해 시대에 권력자들은 선단에 투자했고 1차 산업혁명 시기에 부호들은 증기기관이나 방적기 개발에 자금을 대기도 했다. 제임스 와트의 증기기관은 초기에 탄광업자 로벅(John Roebuck, 1718-1794)이 자금을 후원하여 진행되었으나 로벅이 파산을 하면서 그의 친구인 매슈 볼턴(Matthew Boulton, 1728-1809)이라는 금속용품 제조 사업가가 투자를 계속 해주었기 때문에 지속적인 개발이 가능했다. 이후 19세기 초 스티븐슨의 증기기관차 개발은 달링턴의 면방직업자인 피스(Edward Pease, 1767-1858)의 자금 후원이 없었으면 역시 불가능했을 것이다. 이들은 전형적인 엔젤 투자자였다.

하지만 그들이 오늘날 VC처럼 조직화되지는 않았었다. 훗날 미국에서 200여년에 걸쳐 현대적 개념의 조직화된 VC가 진화했다. 하버드비즈니스스쿨 교수 톰 니콜라스(Tom Nicholas)의 <VC : 미국의 역사(American History)(2019)>는 바로 그 이야기를 들려준다.

그 유래는 19세기 포경업으로까지 거슬러 올라간다. 고래 기름은 19세기 말 석유와 전기가 등장하기 전까지 서구 사회에서 중요한 에너지원이었다. 포경업은 영국과 네덜란드가 강국이었으나, 19세기 중반에 이르러 미국이 시장을 지배하게 됐다. 그 배경에 미국 동부 뉴잉글랜드를 중심으로 이루어진 VC 스타일의 투자가 있었다. 당시 부유한 변호사, 의사, 상인들은 유능한 선장과 선원의 팀, 그리고 포경선에 앞다투어 투자했다. 망망대해에서 죽을 고비를 넘기며 포획한 고래의 기름, 살, 뼈 등에서 얻은 수익에서 비용을 제하고 남은 금액을 각자 지분에 따라 배당 받았다. 선원들 역시 자신들의 지분을 조금씩 나누어받았다. 이 몫을 레이(lay)라고 부르는데, 포경 소설의 고전인 멜빌의 <백경>에는 선원들이 레이를 놓고 흥정하는 장면이 생생하게 묘사되어 있기도 하다.

이런 방식의 개인 투자는 2차 산업혁명 기에도 활발히 이루어졌다. 특히 철강 또는 석유 사업으로 거부가 된 헨리 핍스(Henry Phipps), 로렌스 록펠러(Laurence S. Rockefeller), 그리고 금융가 J.P.모건 등 가문 차원의 투자도 활발히 이루어졌다.

하지만 위험 사업인만큼 손실 가능성도 그만큼 컸고, 그 포트폴리오 수익률은 성숙 기업에 대한 투자 수익률에 대개 미치지 못했다. 그만큼 소수 재력가들을 제외한 일반 개인이나 기관 투자자들에게는 큰 매력이 없었다. 그러다가, 2차 세계대전 종전 직후 ARD(American Research and Development Company)가 설립됐다. ARD는 1957년에 메사추세츠의 전자 모듈 스타트업 DEC에 7만 달러를 투자했는데, 1966년 IPO 후 그 가치가 700배가 넘는 5천2백만 달러에 이르렀다.

ARD의 성공은 수많은 VC 설립의 기폭제가 됐다. 1958년 미국 중소기업청이 중소기업투자 전문회사 SBIC 설립을 적극 장려하기 시작했다. 1970년대 종업원퇴직연금법 법 개정을 통해 연기금의 VC 투자가 허용되고, 자본이득세가 인하되면서 VC에 자금이 몰려들기 시작했다. 연간 2% 내외의 운용수수료와 초과이익의 20% 배당 같은 업무 관행들이 정착됐다. VC 자금이 동부를 떠나 스탠포드 대학이 위치한 서부 실리콘 밸리로 이동했다.

무엇보다도 VC들이 합자회사(Limited Partnership) 형태의 지배구조를 채택하면서 시장이 급성장했다. 주식회사가 법인을 대상으로 과세되는 것과 달리, LP는 파트너들의 개인 소득에 대해서만 과세한다는 세제상 이점이 투자자게에 큰 매력이었기 때문이다.

보다 효과적인 창업 금융 시스템을 모색 중인 우리나라 입장에서도 실리콘 밸리의 VC 모델은 좋은 벤치마킹 대상일 것이다. 하지만 금과옥조일 필요는 없다. 왜냐하면 톰 니콜라스 교수의 말처럼 실리콘 밸리는 200여년에 걸친 미국만의 고유한 역사와 풍토 속에서 탄생한 것이기 때문이다. 나라마다 서로 다른 역사와 사회적 배경을 지니고 있기 때문에 VC의 문화도 다르게 형성될 수 있다는 점을 시사한다.[27]).

27) 참고기사
송경모, "[이코노 서가(書架)] 포경업에서 시작된 벤처캐피털… 증기기관 · 방적기 개발에 돈 대", 조선일보, 2019.08.20., B6면.
송경모, "벤처캐피탈의 역사를 통해 본 혁신의 방향", 월간 테크엠, 머니투데이, 2015년 1월.

CHAPTER

15 연습문제

01 01 A사는 수년에 걸친 누적 적자로 자본이 완전 잠식되고, 창업 당시 개발한 기술은 이후 시장에서 경쟁력 있는 대체 기술이 등장함에 따라 A사의 기술은 시장에서 채택할 가능성이 사실상 소멸되었다. 자산접근법, 시장접근법, 수익접근법 가운데 A사의 기업가치를 평가하기에 가장 적합한 방법은 어떤 것인가? 나머지 방법이 부적절한 이유는 무엇인가?

02 A사의 2xx1년, 2xx2년 실적 및 2xx3 예상 EPS, BPS, PER, PBR은 다음과 같다.

	2xx1(실적)	2xx2(실적)	2xx3(예상)
EPS(₩)	1,753	2,237	2,321
PER(배)	22.7	28.5	20.0(유사 비교기업 PER 추이 등 감안 적용)
BPS(₩)	10,910	12,690	17,010
PBR(배)	3.6	5.0	4.0(유사 비교기업 PER 추이 등 감안 적용)

2x03년에 적용할 PER과 PBR은, 유사 비교기업의 최근 추이와 산업 성장 전망 등을 감안하여 A사의 기존 실적 PER, PBR으로부터 적절히 하향조정한 것이다.
이 PER 기준 및 PBR 기준으로 계산한 A사의 2x03년 적정 주가는 어느 정도 영역에 포함될 것으로 보이는가?

03 2x01년 1월1일 현재 A사의 재무정보 및 미래 성장 전망 파라메터 추정치는 다음과 같다고 가정하자.

- 2x01년 추정 여유현금흐름(FCF) ₩300(물론 이 FCF는 2x01년의 매출액, 사업비용, 운전자본 및 유형자산 순투자 예상액을 전부 고려하여 도출한 것이다.)
- 2x02년 이후 추정FCF의 연간 성장률은 전년도 FCF의 3% 예상
- 목표자본구조는 2x01년 초의 부채비율 50%를 2x01년 이후 유지 예상
- 타인자본비용은 A사의 채무신용도를 고려하여 7% 유지 가정
- 자기자본비용은 동업종 평균 기대 자기자본수익률인 10% 유지 가정

• 2x01년 1월1일 현재 금융자산 등 비영업자산의 현재가치는 ₩1,000으로 평가됨.

이때, 현금흐름할인법에 의한 A사의 기업가치는 얼마로 계산되는가?

04 투자자 홍길동 씨는 지금 ₩100을 투자해서 향후 9년간 매기말 현금흐름이 다음과 같이 발생할 것으로 예상되는 사업이 있다고 가정하자.

(단위 : ₩)

시기	0	1	2	3	4	5	6	7	8	9
투자액	−100									
수익(현금기준)		0	10	60	90	90	90	90	90	90
비용(현금기준)		30	50	50	50	50	50	50	50	50

주) 수익에는 자산처분 또는 회수수익까지 포함함.

a. 이 사업의 IRR을 계산하시오.(독자가 사용하는 스프레드시트 프로그램에서 이 현금흐름을 바탕으로 투자자에게 귀속되는 순현금흐름을 구하고, 이를 바탕으로 수치 근사법으로 IRR 값을 탐색하기)

b. 할인율을 투자자가 이 투자를 실행할 경우 발생하는 기회비용인 5%로 설정할 경우 이 투자사업 순현금흐름 현재가치 합계의 부호를 판별하고 투자타당성을 판단하시오. 만약 투자자의 기회비용이 5% 이외의 값으로 달라질 경우, 어떤 조건에서 이 사업의 투자타당성 결론이 변경될 수 있는지 설명하시오.

05 할인율에 관한 다음 기술 중 적절한 것과 적절치 않은 것을 구분하시오.

• 할인율은 수익의 미래가치를 현재가치로 전환해주는 역할을 하며, 수익률이 현재가치를 미래가치로 전환해주는 것과 반대 방향의 성격을 지닌다. ( )
• 할인율에는 투자자의 기회비용이 반영되어 있다. ( )
• 할인율은 구성 요소의 특성 상, 지분투자의 경우에는 무위험수익률에 위험프리미엄을 가산한 것이지만, 대출의 경우에는 무위험수익률만으로 한정된다. ( )
• 자기자본비용은 타인자본비용과 달리 명시적으로 재무제표에 계상되는 비용이 아니며, 원칙적으로 투자자의 심리 및 수익 · 위험에 대한 기대에 따라 달라진다. ( )
• 자기자본비용에 대한 명확한 가이드라인이 없을 경우, 업계 현황을 고려하여 투자대상 사업에서 평균적으로 실현할 것으로 예상하는 투자수익률을 사용해도 무방하다. ( )

CHAPTER 16

무형자산의 가치는 어떻게 측정하는가?

학습목표

1. 무형자산의 특성과 종류를 이해한다.
2. 현행 회계기준에서 내부창출 무형자산을 인정하지 않는 근거를 이해한다.
3. 기존에 문화콘텐츠, 브랜드, 기술자산, 데이터베이스, 지식 등을 대상으로 개발된 가치평가 방법들을 통해 무형자산 일반에 적용할 수 있는 가치평가 방법을 이해한다.

16.1 개요

16.1.1. 무형자산의 특성과 종류

무형자산(Intangible Assets)의 의미는 다음과 같다.

"경제적 가치를 갖는, 물리적 실체가 없는 자산, 소유자에게 권리 및 권한을 창출해주는 자산, 소유자에게 대개 이익을 창출해 주는 자산을 말한다. 이러한 무형자산은 시장관련, 고객관련, 계약관련, 위치관련, 영업권관련, 인력자본관련, 예술관련, 기술관련, 자료처리관련, 엔지니어링관련으로 구분되기도 한다. 최근에는 무형자산의 원천이 지적인 활동의 산물이라는 점을 중시하여 무형자산보다 지적자본 혹은 지적재산이라는 개념이 더 널리 활용되고 있다."[1)]

미국 재무회계표준위원회(FASB)에서 정의한 무형자산의 종류는 다음과 같다.

▸ ▸ 〈표 1〉 미국 재무회계위원회(FASB)에서 규정한 무형자산 종류

자산 구분	내 용
1. 시장관련 Market-related intangible assets	상호(TM), 서비스 표, 기타 각종 브랜드 명, 사업의장(색상, 디자인, 형상 등), 신문/잡지 등의 판권란, 비경쟁적 계약(noncompetition agreement)
2. 고객관련 Customer-related intangible assets	고객 리스트, 주문 잔고(Order of Production backlog), 대 고객 계약 또는 관련된 고객관계, 계약 이외의 고객 관계
3. 예술관련 Artistic-related intangible assets	희곡, 오페라, 발레, 서적, 잡지, 신문, 기타 문학작품, 작곡물, 가요, 광고음악; 그림과 사진, 비디오/오디오테이프 등 음성 또는 영상기록물
4. 계약관련 Contract-based intangible assets	라이선싱, 로열티, standstill agreements, 광고, 건설, 관리, 서비스, 공급계약; 리스 계약, 건설 허가권, 프랜차이즈 계약, 운영권 또는 방송권; 사용권[착륙(landing), 굴착, 용수, 대기, 광물, 목재채취, 노선(route authorities), 기타 등등], 서비스 계약, 고용 계약
5. 기술관련 Technology-based intangible assets	특허 보유 기술, 컴퓨터 소프트웨어와 마스크 웍스(mask works), 인터넷 도메인명, 특허를 보유하지 않은 기술, 데이터베이스, 사업상의 비밀(비밀 공식, 공정, 제조법 등 포함)

1) 설성수, 김진호, <IFRS 무형/지적자산 가치평가 용어사전>, (사)한국기업 · 기술가치평가협회, 2010. 31쪽

이처럼 실로 다양한 측면에서 정의될 수 있는 무형자산의 회계처리는 회계 분야에서 여전히 난제로 남아 있다.

첫째, 본서 제8장 8.2.2.4절에서, 타기업을 합병할 때 피합병 기업의 공정가치 이상으로 취득가액을 지불한 경우 그 차액을 재무상태표 차변 무형자산 계정에 영업권(goodwill)이라는 이름으로 일괄 계상한다는 사실을 언급한 적이 있다. 이 차액이 피합병 기업의 재무상태표에 표시되지 않은 무형자산의 가치라고 하 수 있다. 이들을 구성하는 개별 무형자산, 예를 들어서 고객명단이나 독점적 계약 같은 무형자산의 가치를 각각 합리적으로 측정할 수 있는 수단이 없는 한, 모두 영업권이라는 이름의 잔액으로 일괄 처리된다.

둘째, 기존 회계 관행상, 거래를 통해 취득하지 않은 내부창출 무형자산은 인정되지 않는다. 기업결합을 통해서 인식되지 않고, 내부적으로 생성된(internally generated) 것이라면 아직은 IFRS 상에서 자산으로 인식할 근거를 찾지 못하고 있으며, IAS 38에서도 동일한 입장을 취하고 있다.

내부창출 무형자산은 M&A를 통해, 또는 기타 외부 거래를 통해 댓가를 지불한 무형자산과 달리, 기업의 활동을 통해 내부에서 자연스럽게 생성된 무형자산이다. 어떤 기업이 10여년에 걸쳐 자사 상품 판매를 수행하면서 광고비와 기타 비용 지출을 했고, 그 결과 대상 브랜드 가치가 크게 향상됐다. 이때 브랜드 가치가 재무제표에 포함될 수 있는 가능성은 기업의 행동에 따라 다음 세 가지가 있다.

[라이선싱이나 M&A가 없을 경우]일반 매출과 비용 계정에 분산 · 은닉

- 그동안 브랜드 형성을 위해 지출한 인건비, 외주비, 광고비 등이 손익계산서상 판매비와관리비로 계상된다.
- 브랜드 효과에 기인하여 추가로 발생한 매출액(브랜드 평판 때문에 경쟁사 제품을 포기하고 이 회사 제품을 선택할 확률 또는 동일한 품질의 경쟁사 제품을 포기하고 상대적으로 고가를 감수하면서 이 회사 제품을 선택할 확률)에 브랜드 가치가 포함된다.

이런 경우 브랜드 자산은 내부적으로 창출한 무형자산 단계에 그쳐, 별도의 무형자산 계정을 설정하여 계상할 수 없다.

라이선싱이 발생한 경우

- 라이선싱 제공자 입장에서 브랜드 라이선싱 수익(로열티)이 매출액으로 잡힌다.
- 라이선싱 이용자 입장에서 브랜드 로열티 비용이 손익계산서에 반영된다.
- 기타 총액을 지불하고 브랜드 이용권을 취득한 경우 회계상 미래 경제적 효익 예상이라는 무형자산 요건을 충족한 경우 무형자산으로 계상된다. (선불금 지급한 경우에도 동일하게 처리한다.)

브랜드 자산 이외에 이런 성격을 지닌 무형자산 상품으로는 특허권 로열티, 콘텐츠(영화, 드라마, 동영상 등)의 저작권, 방영권, 판매권 등을 들 수 있을 것이다.

16.1.2. 지식과 정보는 가장 중요한 자산이다

역사적으로 자산이란, 원재료, 도구, 재고, 건물, 기계장치, 금융자산 같은 것들을 가리켰다. 금융자산을 제외하고는 한결 같이 손에 잡히고 눈에 보이는 대상들이다. 금융자산은 화폐액으로 명확히 그 수익권 또는 채무가 규정되어 있기 때문에, 비록 물리적 대상물은 아니지만 가치를 지닌 자산 역할을 할 수 있었다.

그러나, 이 모든 자산을 자산이게끔 하는 진정한 요소는 무엇일까? 예를 들어서 건물을 자산일 수 있게 하는 요인은 콘크리트나 철근 덩어리의 물리적 특성일까? 또는 금융자산을 자산일 수 있게 하는 요인은 대출약정서 또는 투자계약서의 문구일까?

진정한 자산은 바로 이들 물리적 실체에 결합되어 있는 무형의 지식과 정보 체계다. 컴퓨터는 그것을 구동하는 소프트웨어와 데이터가 없으면 한낱 고철에 불과하다. 기계장치는 그것을 설계한 사람의 지식이 구현된 것이며 그것을 가동하는 사람의 운전 지식이 없으면 역시 무용지물에 불과하다. 건물 역시 그 안에서 가치를 창출하는 사람들의 활동이 없으면 그냥 광물의 거대한 덩어리에 불과하다.

다시 말해서 자산에 가치를 불어넣는 역할은 바로 무형의 지식과 정보가 수행하는 것이다. 1990년대에 OECD를 중심으로 확산된 지식기반경제(knowledge-based economy)와 21세기에 부각되기 시작한 데이터 경제(data-driven economy)는 바로 이 자산에서 새로이 발견한 특성에 주목한 것이다[2].

2) 지식경제 개념은 1950년대에 이미 등장했었다. 지식산업(Knowledge Industry)이라는 개념은 경제학자 프리츠 매클럽(Fritz Machlup)이 그의 책 <미국의 지식 생산과 분배(The Production and Distribution of Knowledge in the United States (1962)>에서 제시했고, 지식노동 및 지식노동자(Knowledge Worker)라는 개념도 피터 드러커(Peter F. Drucker) 그의 책 <내일의 이정표(The Landmarks of Tomorrow,1957>에서 처음 등장한 바 있다.

지식기반경제에서는 혁신을 통해 원가를 절감하거나 신상품과 신고객을 창조하는 것이 바로 지식의 역할이었다. 즉 기존의 물리적 자산이나 인간 노동에 지식과 정보가 체화되어 가치를 창출하는 형태를 취했다. 이후 데이터 경제에서는 여기에서 한 걸음 더 나아가서 데이터 자체가 가치를 지니는 것으로 인식되고 데이터 판매가 하나의 사업으로 본격적으로 자리잡기 시작했다. 20세기에도 그런 사업이 없었던 것은 아니었지만 21세기에는 정보검색, 정보제공, 데이터수집조사 사업이 급성장하기 시작했다. 구글(Google), AC닐슨(AC Nielsen) 같은 회사들이 대표적이다.

과거 원재료 조달부터 시작해서 최종 고객을 상대로 한 완성품 판매에 이르기까지 형성된 기나긴 과정을 사업사슬(business chain)이라고 한다. 사업사슬 관리는 기업의 원가 관리의 핵심이다. 본서 제4장에서 다루었던 목표원가관리(target costing), 즉시생산체제(JIT production system)와 린생산시스템(lena production system) 개념들도 모두 사업사슬 관리의 일환으로 개발된 것이다.

오늘날은 물체의 이동보다는 정보의 흐름에 중점을 두는 과정, 즉 정보사슬(information chain) 개념이 점점 더 중요해지기 시작했다. 사업사슬의 성과 특성들도 정보 특성으로 재정의되고 있다. 사물인터넷(IoT)이 확산되면서 사업사슬 상의 제반 데이터 모니터링이 보다 원활해지고 보다 효율적인 피이드백이 가능해졌다.

<표 2>는 기존의 사업사슬이 정보사슬 개념으로 어떻게 재정의되고 있는가를 보여준다. 예를 들어서 기존 사업사슬에서 인건비, 재료비, 운영비 측정을 중시하던 사고에서 벗어나 데이터 획득 비용, 데이터 관리 비용, 데이터 전송 속도를 더 중시하는 방향으로 전환된다. 기존 사업사슬에서 상품 또는 원재료의 순환주기나 배송속도를 중시했지만, 정보사슬에서는 고객 요구사항 반영속도와 소비자 만족도 조사정보를 더 중시하게 된다.

▸▸ 〈표 2〉 가치사슬로부터 정보사슬로 성과 속성 전환

성과 속성	사업사슬	정보사슬
신뢰성 (Reliability)	• 적시성(On-time), 수량 달성(the right quantity), 품질 달성(the right quality)	• 대기열/갱신 성과(Query/update performance) • 데이터 품질(Data quality)
반응성 (Responsiveness)	• 순환주기(Cycle-time) • 배송속도(Speed of delivery)	• 정보 접근성(Information accessibility) • 사용자 요구사항의 반영주기(User request turn-around-time) • 사용자 만족도 조사 정보(User satisfaction survey)

민첩성 (Agility)	• 시장변화에 대한 유연한 대응(Flexible response to market change)	• 특수 정보의 유용성(Utility of information for some purposes) • 데이터 링크(Linked data), 메타 데이터 측정(meta data measures) • 신유형 데이터 또는 변화된 차원의 통합 용이성Ease of integrating new types of data or changing dimensions
비용 (Costs)	• 인건비(Labor costs) • 재료비(Material costs) • 운영비(Management costs).	• 데이터 획득 비용(Data acquisition costs) • 데이터 관리 비용(Data management costs) • 데이터 전송 속도(Data delivery costs) • 물론 이런 성과 달성을 위해 인건비와 관련 비용이 병행될 것임.
자산경영효율성 (Asset Management Efficiency)	• 재고축소(Inventory reduction) • 손상(Impairment), 감가상각(depreciation), 진부화(obsoleteness) • 내부생산 대 외부조달 사이의 결정(Decision between in-sourcing and out-sourcing)	• 데이터의 실제 활용도(Actual usage of data (내부생산, 외부조달, 유료, 무료 데이터 여부를 막론함) • 정보 흐름의 타임라인(Information timeliness) • 정보의 진부화(Information depreciation)

출처 : Douglas B. Laney, Infonomics : How to Monetize, Manage, and Measure Information as an Asset for Competitive Advantage, 2018, p.127 (저자 일부 수정)

16.2 주요 무형자산 가치평가

16.2.1. 콘텐츠

콘텐츠 자산은 원래 판매를 목적으로 생산하는 것이므로 내부창출 무형자산으로 머물러 있을 가능성은 희박하다. 직접 매출을 통해, 또는 라이선싱을 통해 창출하는 현금흐름의 합계가 콘텐츠의 가치로 평가된다.

<표 3>은 콘텐츠의 로열티 계약 사례를 예로 들었다. 이런 계약 조건에 따라 현금흐름을 창출한 손익계산서에 여러 계정과목들로 분산되어 표시될 것이다. 로열티 수익은 매출의 한 형태인 로열티 매출로 표시될 것이다. 물론 이 로열티 매출을 추정하기 위해서는 그 로열티 산출의 근거가 되는 라이선시(licensee)의 매출액 추정이 선결되어야 할 것이다. 이 계약조건에 따라 콘텐츠 로열티를 정기적으로 지불하는 회사는 로열티 비용이 매출원가에 계상될 것이다.

반면에 정기적 로열티 지불 대신에 일시불로 콘텐츠 전체에 대한 권리를 매입했다면, 그리고 이 지출이 미래의 경제적 효익창출 등 무형자산 요건을 충족한다면 무형자산으로 계상되어 정기적인 상각대상이 될 것이다.

▸ ▸ 〈표 3〉 콘텐츠 라이선싱 로열티율 사례

<table>
<tr><th>구 분</th><th>콘텐츠</th><th>Lisensor</th><th>Licensee</th><th>로열티율</th></tr>
<tr><td rowspan="5">동영상, 자막영화, 드라마</td><td>Avengers등 10개 영화 및 애니메이션</td><td colspan="2">Marvel Rights LLC, Marvel FILM FINANCE LLC, MARVEL Studios Inc, Marvel Rights LLC</td><td>교차라이선싱 순매출 10%</td></tr>
<tr><td>영화 Twelve Angry Men 12분 클립분</td><td>MGM Consumer Products, Metro-Goldwind-Mayer Studio</td><td>The Hathaway Group</td><td>도매매출 가격 8% ~ 13%</td></tr>
<tr><td>Zoc y 101등 10여종 영화</td><td>Dolphin Entertainment</td><td>Dolphin Digital Media</td><td>순매출액 15%</td></tr>
<tr><td>영화 Cheeseheads</td><td>Kenwood Youmans</td><td>Dolphin Digital Media</td><td>순이익 5%</td></tr>
<tr><td>Clear Channel이 소유한 모든 영상물</td><td>Clear Channel</td><td>CCE Spinco</td><td>1일 3,300달러</td></tr>
<tr><td rowspan="4">TV프로그램</td><td>교차라이선싱 참여자가 보유한 모든 TV드라마와 특별방영프로그램</td><td colspan="2">4Kids Entertainment, Inc., The CW network, LLC., Warner Bros Animation</td><td>교차라이선싱 순이익 20 ~ 80%</td></tr>
<tr><td>ER</td><td>Warner Bros., Time Warner Entertainment Company L.P., Warner Bros Consumer Products</td><td>Gargoyles</td><td>순매출액 10%</td></tr>
<tr><td>Fear Factor, Next Action Star</td><td>Teknik Digital Arts, Playentertainment, NBC Enterprises, Joy Tashjian Marketing Group</td><td>Teknik Playentertain-ment</td><td>순이익 40 ~ 80%</td></tr>
<tr><td>Marrried With Children</td><td>Sony Signatures, ELP Communications</td><td>Interactive Processing</td><td>순매출액 10 ~ 12%</td></tr>
<tr><td rowspan="3">비디오게임</td><td>Soldier of Fortune</td><td>Activision Publishing, Sony Electronic Publishing.</td><td>Majesco Sales, Eon Digital Entertainment, Thq, The Codemasters Software</td><td>순매출액 8 ~ 10%</td></tr>
<tr><td>Cowboys & Alien</td><td colspan="2">Platinum Studios, Brash Entertainment , Platinum Animation</td><td>교차라이선싱 순매출액 8 ~ 10%</td></tr>
<tr><td>Test Drive</td><td>Atari</td><td>Infogrames Entertainment</td><td>순매출액 1.8%</td></tr>
</table>

출처 : Royalty Rates in Copyright Agreements : A BVR Guide to Full-Text Copyright Agreements(2010).

16.2.2. 기술가치평가

기업이 보유한 기술에 대한 기술가치평가 방법은 다음과 같은 것들이 개발되어 있다. 보다 상세한 내용에 대해서는 <기술경영학 개론(김영준, 송경모, 민재웅, 윤지환, 조용덕 지음, 탐진, 2017)>의 제6장을 참고하기 바란다.[3)]

물론 본서 제8장 8.2.2.2.2절 내부창출 무형자산에서 설명한 바와 같이, 내부창출 기술은 특허기술 · 비특허기술을 막론하고 '기술'이라는 독립된 계정과목으로 재무상태표에 가치를 계상하지 않는다. 다만 무형자산 개발비, 또는 경상개발비 등 다양한 계정과목으로 그 지출액이 분산되고, 주식가격에도 일부가 반영될 수 있을 뿐이다.

여기 소개하는 방법들은 재무제표에 계상할 목적으로 사용되기보다는 기업이 보유한 기술력의 크기를 화폐액으로 합리적으로 도출하기 위해 사용하는 방법이라는 점에 유의하자.

수익접근법

- 관행비율법(rule of thumb) : 기술 적용 제품의 영업이익의 25%를 기술이 기여한 가치로 인정하는 법
- 기술요소법(technology factor) 또는 기술기여도법 : 기업이 창출한 여유현금흐름(FCF) 가운데 기술이 기여한 비율을 곱하는 법
- 증분법(incremental method) : 기술이 적용된 이후의 현금흐름이 기술이 적용되기 이전의 현금흐름보다 증가한 크기를 기술이 기여한 가치로 인정하는 법
- 잔여법(residual method) : 기업이 창출한 총현금흐름에서 기술 이외의 요소가 기여한 모든 가치를 제외하고 남는 금액을 기술의 가치로 삼는 법

비용접근법(cost approach)

기술 개발과정에서 발생한 제반 비용의 현재가치를 기술의 가치로 삼는 법이다. 비용은 다음과 같은 세 가지 중 한 가지를 택하여 계산한다.

- 역사적원가(historical cost) : 과거에 발생한 원가의 현재가치
- 대체원가(subsutitution cost) : 동일한 성능의 대체기술을 시장에서 매입하는 데 소요

3) 김영준, 송경모, 민재웅, 윤지환, 조용덕 지음, <기술경영학 개론>, 탐진, 2017. pp. 312 ~ 320.
보다 전문적인 기술가치평가 방법론에 대해서는, 설성수, 오세경, 박현우 <기술가치평가론>, 법문사, 2012를 참고하라. 다양한 기술가치평가 실무 사례에 대해서는 박현우, 조성복, Catty James P, <기술가치평가 실무>, (사)한국기업 · 기술가치평가협회, 2015를 참조하라.

되는 원가

• 재생산원가(reproduction cost) : 평가시점 기준으로 대상 기술을 재개발한다고 가정했을 때 소요될 것으로 예상되는 원가

시장접근법과 수익접근법의 혼합법

• 로열티접근법(royalty approach) : 기술적용제품 매출액에 대한 참조용 로열티 비율을 이용행서 기술의 가치를 구하는 법.

이 방법들은 본서의 제15장에서 소개한 기업가치평가 방법과 맥락이 동일하다. 관행비율법, 기술요소법, 증분법, 잔여법은 수익접근법(income approach)에 속하고, 비용접근법은 자산접근법에, 로열티접근법은 시장접근법과 수익접근법의 혼합법에 속한다.

16.2.3. 브랜드 가치평가

제품, 상품, 서비스 자체의 품질이나 경쟁력과는 별도로, 고객이 그 브랜드를 보고 대상을 선택하는 경우가 많다. 동일한 재료, 설계, 특성, 품질을 갖춘 제품도 브랜드가 형성되지 않은 중소기업이 생산해서 직접 판매할 때보다, 대기업 납품을 통해 유명 브랜드를 부착해서 고가에 판매할 때 고객이 추가로 지불하게 되는 금액이 바로 브랜드 가치가 된다

가치평가 대상으로서 브랜드는 단일 대상물이 아니라 하나의 집합체 개념으로 이해해야 한다. 상표와 브랜드는 다음과 같은 다양한 대상물을 하나의 집합체로 구성하여 보호를 받는 경우가 많다.

상품 상표와 브랜드의 포트폴리오, 서비스 상표와 브랜드의 포트폴리오, 브랜드 지정 상품의 범위, 온라인 도메인 명칭, 적극적인 사용을 통한 외부 인지도의 제고 노력 등을 총체적으로 보아야 한다.

분석가는 집합체의 완결성이 결여될 경우, 그 집합체가 독자적으로 지식재산으로서 수익창출력을 유지할 수 있는지의 여부를 먼저 검토하여야 한다.

수익창출력을 유지할 수 있는 수준의 완결된 집합체가 구성되지 않은 상태에서 상표와 브랜드의 가치평가는 수행될 수 없으며, 평가자는 이 완결성의 구비를 평가대상 사업자에게 요구할 필요가 있다. 이런 완결성이 구비되지 않을 경우 미래에 제3자의 침해 가능성으로 인하여 가치평가 결과가 심하게 왜곡될 가능성이 존재하기 때문이다.

그만큼 브랜드 가치평가에 어려움을 겪게 되는 이유가 여기에 있다.

▸ ▸ 〈표 4〉 브랜드 가치의 영향력

브랜드의 기능	주요 상품 유형	브랜드 가치의 영향력
단순한 제조사 표식 (Identification)	우유, 소금, 밀가루	매우 미약
선택의 실용성 표현 (practicality)	양말	미약
품질 보장의 표현 (guarantee)	음식료, 생필품	미약
고성능에 따른 최적선택이 요구되는 상품의 표시 (optimizaiton)	승용차, 화장품, 가전제품, 그림, 서비스	강력
개인의 존재성 표출 (badge)	향수, 의류	강력
오랜 충성도와 친숙도의 반영 (continuity)	오랜 역사를 지닌 상품	강력하나 가변적
여가와 쾌락의 상징 (hedonistic excitement)	감성상품, 럭셔리상품	강력
윤리와 사회적 책임성의 상징 (ethical)	기업명, 상호	강력하나 가변적

출처 : Jean-Noel Kapferer, The New Strategic Brand Management : Advanced insights and strategic thinking, 5th ed., 2012, p.24~25로부터 저자 재구성.

브랜드 가치평가에 대한 방법도 수익접근법, 시장접근법, 비용접근법을 중심으로 하는 다양한 방법들이 제시되고 있으나, 아직 보편적으로 수용된 방법은 없다[4]. 수익접근법이 대종을 이루며 시장접근법과 비용접근법은 거의 사용되지 않고 있다. 이는 브랜드 가치를 결정하는 주도권이 기업이 아니라 대부분 고객 쪽에 있으며, 개별 브랜드 자체가 타 브랜드와 구분되는 고유성과 차별성을 강조하는 만큼 유사한 브랜드 가치를 비교한다는 것이 큰 의미가 없기 때문이다.

가장 널리 알려진 브랜드 컨설팅 전문 기관 인터브랜드(Interbrand) 사의 방법은 수익접근법, 그 중에서도 브랜드 기여율에 기반한 방법이다. 인터브랜드는 다음과 같이 브랜드 가

4) 브랜드 가치평가 방법론 현황에 대해서는 다음 문헌들을 참고하라.
Gabriela Salinas, The International Brand Valuation Manual : A complete overview and analysis of brand valuation techniques, methodologies and applications, Wiley, 2011.
Gordon V. Smith & Susan M. Richey, Trademark Valuation : A Tool for Brand Management, 2nd edition, Wiley, 2013.
Jean-Noel Kapferer, The New Strategic Brand Management : Advanced insights and strategic thingking, 5th edition, KoganPage, 2012.

치를 계산한다.

한 기의 브랜드 가치 = EVA × RBI

인터브랜드의 모형은 경제적부가가치 EVA를 무형자산이 발생시킨 이익으로 규정하고, EVA에 RBI(Role of Brand Index)를 곱하여 브랜드가 매년 창출한 이익을 도출하고 있다. RBI는 0과 1 사이의 값으로써, 무형자산이 창출한 이익 중 브랜드가 기여하는 비율을 의미하며, 상품의 제반 물리적 속성을 초과하여 고객이 지불의사를 표출하도록 유도하는 수요유발인자(demand drivers)로 해석할 수 있다. RBI 비율은 브랜드를 인지하는 소비자를 대상으로 다양한 질적 평가항목에 대한 설문조사를 통해 도출한다.

그림 1 브랜드 가치평가에서 활용되는 방법론 현황

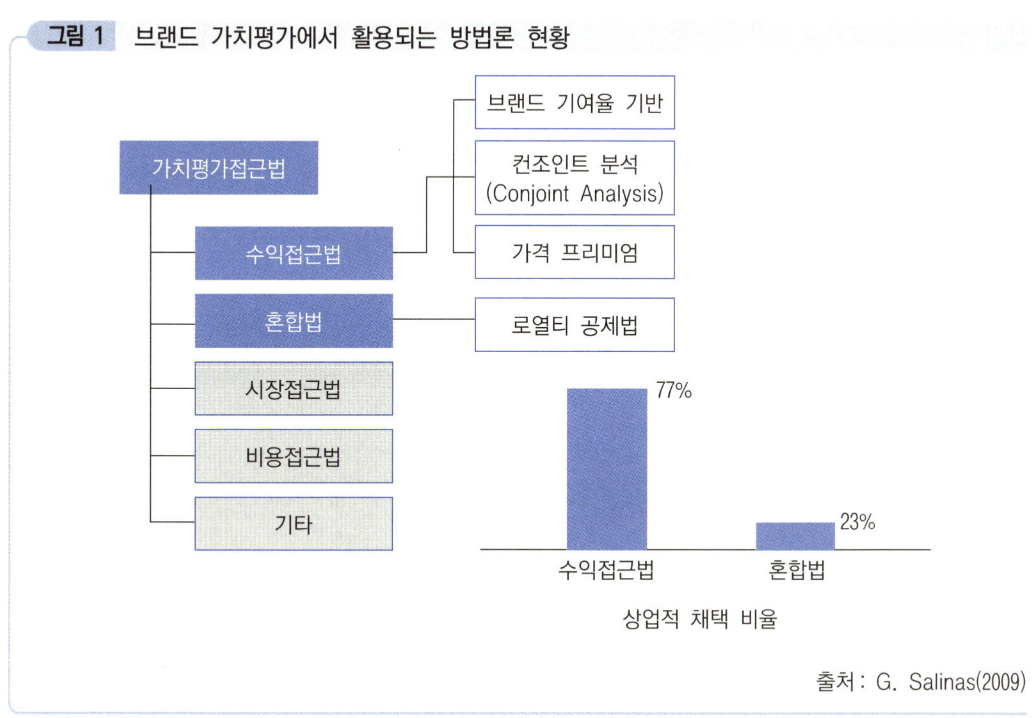

출처: G. Salinas(2009)

브랜드는 대개 특정 회사에 고유하게 귀속되어 있으며, 비교가능한 시장사례를 찾는 작업이 쉽지 않다. 대부분의 나라에서 브랜드를 거래하는 시장 자체가 형성되어 있지 않으나, 다만 상표 사용에 대한 라이선싱 거래는 빈번하게 일어난다. 주로 브랜드를 소유한 모기업이 자회사, 관련회사, 해외 사업회사 등에 라이선싱을 하는 경우가 그렇다. 다음과 같은 사례들이 있다.

- 월트디즈니 본사의 '디즈니랜드' 상호 → 해외 디즈니랜드 운영사에 라이선싱
- 상표 '캘빈클라인' → 캘빈클라인 향수, 의류 제조사에 라이선싱
- NBA(미국프로농구협회) , LPGA(여성프로골프협회)의 다양한 상표, 도안 등 → 우리나라 의류제조사 엠케이트렌드에 라이선싱

IFRS 상에서도 동일사례의 활성시장(IFRS level 1)이 존재할 경우와 유사거래 사례가 존재(IFRS level 2)할 경우는 공히 브랜드 공정가치평가에 적용할 수 없다. 유사 거래 사례조차 존재하지 않을 경우(IFRS level 3), 아직 브랜드 가치평가에 적용할 수 있는 구체적인 지침은 적어도 IFRS 상에는 제시되어 있지 않다.

시장접근법은 브랜드 가치평가에서는 잘 사용되지 않지만, 사업 전략상 적절한 브랜드 로열티율 결정시 참고 자료로서는 충분히 의미가 있다. 2010년에 일본 경제산업성 지식재산정책실(經濟産業省 知的財産政策室)에서 조사한 상표 브랜드 로열티율 거래자료는 <표 5>와 같다.

▸ ▸ 〈표 5〉 일본의 상표 브랜드 로열티 사례 통계량

(단위 : %)

구 분			건수(건)	평균	표준편차	최대치	최소치
전 체			206	2.6	2.3	11.5	0.5
상표 분류	제 1류	공업용, 과학용 또는 농업용의 화학품	11	2.5	1.7	4.5	0.5
	제 2류	도료, 착색료 및 부식의 방지용의 제조품	1	0.5	–	0.5	0.5
	제 3류	세제 및 화장품	5	3.1	3.0	8.5	1.5
	제 4류	공업용유, 공업용 유지, 연료 및 광제	0				
	제 5류	약제	8	3.3	3.0	10.5	1.5
	제 6류	비금속 및 그 제품	5	1.9	1.1	3.5	0.5
	제 7류	가공 기계, 원동기(육상의 탈것용 제외) 기타 기계	16	1.8	2.3	9.5	0.5
	제 8류	수동 공구	0				
	제 9류	과학용, 항해용, 측량용, 사진용, 음향용, 영상용, 계량용, 신호용, 검사용, 구명용, 교육용, 계산용 또는 정보 처리용의 기계기구, 광학식의 기계기구 및 전기의 전도용, 전기 회로의 개패용, 변압용, 축전용, 전압 조정용, 또는 전기 제어용 기계기구	32	2.7	1.9	9.5	0.5
	제 10류	의료용 기계 기구 및 의료용품	4	3.0	2.4	5.5	0.5
	제 11류	조명용, 가열용, 증기 발생용, 조리용, 냉각용, 건조용, 환기용, 급수용, 또는 위생용, 장치	13	2.5	2.1	6.5	0.5
	제 12류	탈 것 그 외 이동용 장치	11	1.6	1.6	4.5	0.5
	제 13류	화기 및 화공품	0				
	제 14류	귀금속, 귀금속 제품이어도 다른 종류에 속하지 않는 것, 보석 장식품 및 시계	2	7.0	2.1	8.5	5.5

구 분			건수(건)	평균	표준편차	최대치	최소치
상표 분류	제 15류	악기	0				
	제 16류	종이, 지류제품 및 사무용품	4	1.3	1.0	2.5	0.5
	제 17류	전기 절연용, 단열용 또는 방충용의 재료 및 재료용의 플라스틱	1	1.5		1.5	1.5
	제 18류	가죽 및 그 모조품, 여행 용품 및 마구	0				
	제 19류	금속제가 아닌 건축재료	6	2.5	1.3	4.5	1.5
	제 20류	가구 및 플라스틱 제품이어도 다른 종류에 속하지 않는 것	5	3.1	1.8	5.5	1.5
	제 21류	가정용 또는 부엌용의 수동식의 기구, 화장 용구, 유리 제품 및 자기 제품	2	4.0	0.7	4.5	3.5
	제 22류	로프 제품, 범포제품, 힐문용 재료 및 지물용의 원료 섬유	0				
	제 23류	직물용의 실	0				
	제 24류	지물 및 가정용의 직물제 커버	3	6.2	3.5	9.5	2.5
	제 25류	피복 및 신발	7	4.9	2.5	7.5	0.5
	제 26류	제봉 용품	2	6.0	2.1	7.5	4.5
	제 27류	마르 쓸개 및 직물제가 아닌 벽걸이	0				
	제 28류	완구, 유희 용구 및 운동용구	5	3.3	2.2	5.5	0.5
	제 29류	동물성의 식품 및 가공한 야채 기타 식용 원예 식물	0				
	제 30류	가공한 식물성의 식품 (다른 종류에 속하는 것을 제외) 및 조미료	7	1.5	1.3	3.5	0.5
	제 31류	가공하고 있지 않은 육산물, 살아 있는 동식물 및 사료	0				
	제 32류	알코올을 함유하지 않은 음료 및 맥주	2	0.5	0.0	0.5	0.5
	제 33류	맥주를 제외한 알코올 음료	2	2.0	2.1	3.2	0.5
	제 34류	담배, 흡연 용구 및 성냥	0				
	제 35류	광고, 사업의 권리 또는 운영 및 사무 처리 및 소매 또는 도매의 업무에 대해 실시된 고객에 대한 편익의 제공	9	3.9	3.5	11.5	0.5
	제 36류	금융 보험 및 부동산의 거래	0				
	제 37류	건설, 설치 공사 및 수리	13	2.1	2.7	10.5	0.5
	제 38류	전기 통신	6	1.8	2.2	5.5	0.5
	제 39류	수송 곤포 및 보관 및 여행의 준비	4	0.5	0.0	0.5	0.5
	제 40류	물품의 가공 기타 처리	1	1.5	–	1.5	1.5
	제 41류	교육, 훈련, 오락, 스포츠 및 문화활동	1	5.5	–	5.5	5.5
	제 42류	과학 기술 또는 산업에 관한 조사 연구 및 설계 및 전자계산기 또는 소프트웨어의 설계 및 개발	3	3.2	1.5	4.5	1.5
	제 43류	음식물의 제공 및 숙박시설의 제공	3	3.8	2.1	5.5	1.5
	제 44류	의료, 동물의 치료, 사람 또는 동물에 관한 위생 및 미용 및 농업, 원예 또는 임업과 관련된 업무	1	5.5	–	5.5	5.5
	제 45류	관혼상제와 관련된 역무 기타 개인의 수요에 따라 제공한 역무 (다른 종류에 속하는 것 제외), 경비 및 법률 사무	1	0.5	–	0.5	0.5

자료 : 日本 經濟産業省 知的財産政策室, ロイヤ ルティ料率 デタハンドブック(데이터핸드북), 2010

16.2.4. 데이터베이스

데이터는 정보화가 급속히 이루어지는 최근에 중요성이 더욱 증대하고 있다. 빅 데이터(big data)를 포함한 여러 형태의 데이터의 경제적 가치가 부각되고 데이터 과학자(data scientist)에 대한 수요가 연구계와 산업계 도처에서 늘고 있다.

21세기에 접어들어 디지털화된 데이터의 양은 폭발적으로 증가하였고, 이들의 상당 부분이 데이터베이스로 전환되고 있다. 1950년대에는 세계적인 대기업들조차 기껏 수십 메가바이트의 전자 데이터를 보유하고 있을 뿐이었다. 그러나 2003년에는, 예를 들어서 미국의 유통회사인 월마트(Walmart)는 이미 10테라바이트의 용량의 데이터베이스에 매일 2천만건의 거래 데이터를 저장하였다. 이렇게 데이터의 양이 폭증한 이유는 단순히 경제규모가 확장되었거나 지식자산의 역할이 증대해서가 아니라, 데이터를 획득하고 처리하는 원천과 그 수단 자체가 늘어났고, 컴퓨터의 처리 능력이 소위 '무어(Moore)의 법칙'이나 '황(黃)의 법칙'과 같은 현상에 힘입어 비약적으로 향상되었기 때문이다. 오늘날 데이터 획득 수단은 오늘날 바코드(Bar Code) POS(Point-of Sale) 장치, GPS, 모바일 단말기, SNS 등 실로 다양해졌다. 그 결과 데이터마이닝(data mining), 빅 데이터(Big data), 사물인터넷(IoT)은 시대의 화두가 되었다.

흔히 사람의 감각 기관을 통해 발신 또는 수신되고 두뇌에서 처리되는 정보는 데이터가 아니라 넓은 의미에서 경험(experience)이라고 부르는 반면에. 데이터(data)는 정보통신기계의 입출력 장치를 통해 송신 또는 수신되는 정보 일체를 의미한다. 디지털 매체가 아닌 아날로그 매체, 예컨대 종이, 음반, 필름 등을 통해 전달되는 정보도 넓은 의미에서 데이터라고 볼 수 있다. 그러나 데이터베이스(database)로 전환되었거나, 최소한 전환을 전제로 하는 데이터라야 비로소 가치평가의 대상으로서 데이터가 된다.

데이터베이스란 데이터를 조직화한 묶음(an organized collection of data)으로 정의할 수 있으며, 전산학 상으로는 스키마(schemas), 테이블(tables), 질의(queries), 또는 리포트(reports) 등의 다양한 객체(objects)들을 일정한 규칙에 의하여 통합시킨 대상을 의미한다[5].

데이테베이스의 가치평가 역시 기업가치평가와 같은 맥락에서 다음과 같이 비용접근법, 시장접근법, 수익접근법을 적용할 수 있다. 저마다 적용가능한 상황이 다르고 장단점이 있다.

5) https://en.wikipedia.org/wiki/Database

비용접근법

동일한 시장에서 경쟁하는 특정 데이터베이스 상품의 가격은, 그 형태의 상품이 최초로 출시되는 단계에서는 비용접근법에 따라 가치평가를 한다. 이 단계에서는 대부분 미래의 구매고객의 범위를 확정하는 것이 불가능하다. 이 때문에 이 단계에서 수익접근법을 사용하여 가치평가를 행하기 사실상 불가능하다. 물론, 유료 구매고객의 수효과 범위를 정확히 확정할 수 있고 그들에 대한 시기별 판매 계획이 실현가능성이 높다면 수익접근법을 적용할 수 있겠지만. 대부분의 데이터베이스 시장에서는 기대하기 어려운 일이다.

비용접근법에 의하여 데이터베이스의 적정가치를 도출했던 사례로는 다음과 같은 것들이 있다.

사 례 KIS-Line

초기 한국신용평가 데이터 사업부(현 나이스평가정보)는 기업재무데이터베이스 KIS-Line의 가격산정시 대체원가법(substitution cost method)을 적용했다.

이 데이터베이스를 처음 개발하게 된 동기는 판매용이 아니었다. 신용평가(credit rating) 대상 기업이 증가하면서 재무정보를 취급하는 양과 빈도가 늘어나자 업무 효율화 차원에서 내부용도로 개발했다. 어느 정도 시스템이 안정화되지 이를 외부에 유료로 판매하기로 했다. 이때 수요자에게 가격을 제시하는 기준은 수요자 입장에서 본 대체원가법을 따랐다.

만일 동일한 내용의 기업정보를 수요기업이 직접 입력하고 가공하려면 '어느 정도의 인건비가 소요될 것인가'를 계산해서 수요기업에 가격으로 제시했다. 인건비는 당시의 고졸 여직원 평균 임금 지급 수준에 업무에 필요한 시간 원단위(元單位)를 곱해서 산정했다. 실제 거래 가격은 그렇게 제시된 가격을 기준으로 수요자별 협상을 통해 결정되었다. 이렇게 일단 시장에서 거래 가격이 형성되자, 당시 한국신용정보(NICE) 등 후발 주자들이 시장접근법을 적용할 수 있는 참조 가격이 수립되기 시작했다.

사 례　NICE-TIPS 

KIS-Line의 경쟁제품이었던 구 한국신용정보(현 나이스디앤비)의 NICE-TIPS는 비용접근법과 시장접근법을 동시에 적용하여 적정 가격을 산정했다. 후발 주자로 참여한 한국신용정보(NICE) 정보사업부는 한국신용평가에 의하여 이미 형성된 데이터베이스 가격 체계와 회사의 비용 구조, 그리고 예상 고객의 범위와 규모를 감안하여 적절한 가격체계를 결정했다. 비용구조 가운데 직접비의 대부분을 차지하는 스프레드시트 입력 인건비 계산 방식은 이렇다.

직접 인건비 : 1인당 하루 8시간 노동 기준 하루에 미숙련자는 약 10개, 평균 능력자는 약 15개, 숙련자는 약 20~30개 기업 정보를 입력하는 생산성을 보였다[6]. 1995년 당시 1개 기업당 ₩8,000의 인건비를 책정했는데, 상장사처럼 입력량이 많으면 ₩10,000의 인건비를 지급했다. 그러므로 직접 인건비 = 매년 데이터베이스에 추가되는 기업 수 × ₩8,000 또는 ₩10,000이 된다.

시장접근법

최초로 출시된 데이터베이스 상품이 비용접근법으로부터 출발한 거래 가격이 시장에서 형성되면, 후발 기업은 시장에서 이미 형성된 가격과 자사의 비용구조를 참조하여 전략적으로 시장진입이 가능한 수준의 가격을 책정하게 된다.

미국이나 일본의 데이터베이스 사업자가 자신의 요금을 결정할 때 가장 많이 고려하는 요소는 실제로 경쟁사의 요금인 것으로 알려져 있다[7]. 사업자는 여기에 이용자수, 원가계산 결과, 기타 경험과 직관의 요소를 추가해서 종합적으로 요금을 결정하게 된다. 그러므로, 현실적으로는 데이터베이스의 가치평가는 시장접근법(경쟁사 요금), 비용접근법(원가추계), 수익접근법(이용자 수, 경험과 직관)의 세 가지 요소를 암묵적으로 다 고려하고 있다는 사실을 알 수 있다.

6) 당시 입력 요원은 아르바이트 또는 계약직이 주종을 이루었고. 여자상업고등학교 출신, 대학교 회계학 전공 학생이나 졸업생 등 회계 계정에 대해 어느 정도 지식이 있는 사람들이 담당했다.

7) 이영재 · 정우성(1997), pp.32.

▸ ▸ 〈표 6〉 일본과 미국의 데이터베이스 가격 산정시 고려 요소(5점 척도 측정)

구 분	일 본	미 국
경쟁사 이용요금	4.556	4.000
이용자 수	4.500	3.625
원가계산에 의한 투자비용	4.333	3.500
경험과 직관	3.800	3.625
총평균	4.297	3.688

출처 : 이영재 · 정우성(1997), pp.33.

사 례 데이터베이스 시장 유통가격 사례 금융상품 텔레마케팅 DB

개인정보보호법에 저촉되지 않는 범위 내에서, 금융상품(보험 등) 텔레마케팅용 고객 데이터베이스가 시장에서 거래되고 있다. 그 가격은 데이터 품질에 따라 다르다. 데이터 수집과정에서 해당 상품에 대한 관심도 또는 구매실현 가능성이 높다고 판단된 DB, 소위 '가공DB'는 단순히 무작위로 수집한 잠재고객 DB(속칭 '막DB')에 비하여 가격이 높다. 예를 들어서 2015년 당시 전자의 DB는 인당 6~10만 원, 후자의 DB는 인당 5천 원 내외에서 가격이 형성되어 있다고 알려져 있다.

예를 들어서 600명분의 가공DB를 총 3,600만 원(인당 6만 원)에 매입한 기업은, 이 600명 중에 60명에게 상품을 팔아서 3,600만 원 이상의 판매마진을 획득하면, 최소한 직접비를 보상하는 수준의 거래를 한 셈이 된다.

수익접근법

데이터베이스 가치평가에 수익접근법을 적용하기 어려운 이유는, 협상 기반으로 큰 폭의 가격 할인 또는 할증이 가능할 뿐만 아니라 다양한 요금제가 존재하는 개별 상품 단위별로 세부 매출 추정이 매우 곤란하기 때문이다. 굳이 수익접근법을 사용한다면 데이터베이스 매출이 안정화된 이후, 데이터베이스 사업부 전체를 대상으로 예상 성장률을 적용하는 매출추정 간편법의 경우에 한할 것이다.

16.2.5. 보유 지식과 정보

가트너(Gartner Consulting)의 컨설턴트 테드 프리드먼(Ted Friedman)과 더글러스 레이니(Douglas B. Laney)는 조직 내부에서 창출하는 제반 지식과 정보에 대한 측정 수단으로 6가지를 제안했다[8].

먼저 데이터의 품질에 대한 정성적 평가 항목들을 다음과 같이 정의한다.

객관적 평가항목 : 공급되는 데이터가 보유한 특성 자체에 대한 평가

- 타당성 또는 데이터 정확성(Validity or data accuracy)
  데이터에 오류가 없는 정도
- 완비성(Completeness)
  필드에 누락 레코드가 없는 정도degree of non-missing records in the relevant fileds
- 전체연결성(Integrity)
  레코드 사이의 일관성 있는 연결의 정도
- 합치성(Consistency)
  상이한 데이터 셋 또는 데이터베이스 사이의 호환성
- 단일표기정도(Uniqueness)
  동일한 내용이 여러 상이한 단어로 표기되지 않는 정도. 예를 들어서 마이크로소프트, Microsoft, MS 는 모두 동일한 대상이나 컴퓨터는 다른 문자로 인식해서 복잡성이 가중된다.
- 정밀도(Precision)
  레코드에 기록된 정보의 정밀도. 예를 들어 '2019' 보다는 2019~10~15'이, 더 나아가 2019~10~15 14:13'이 더 정밀한 데이터가 된다.
- 적시성(Timeliness)
  데이터의 실시간성, 주기적 갱신 정도
- 접근성(Accessibility)
  데이터를 이용해서 효용을 얻을 수 있는 주체(개인, 사업체, ...)들의 범위 또는 숫자. 보다 넓은 범위의, 많은 이용자들이 데이터에 접근할 수 있는 정도를 말한다.

8) Douglas B. Laney, Infonomics : How to Monetize, Manage, and Measure Information as an Asset for Competitive Advantage, 2018, Ch11, pp.241-269.

주관적 평가항목

이용자가 느끼는 특성 측면에서 평가하는 항목. 이용자를 대상으로 설문조사를 통해 평가한다.

- 충실성(Existence)
  이용자들이 원하는 특수하고 상세한 정보들이 구비되어 있는 정도
- 희소성(Scarcity)
  이 기관에서는 보유하고 있지만 다른 기관에서는 보유하고 있지 않을 가능성
- 적용범위(Relevancy)
  데이터를 적용할 수 있는 사업의 수효, 또는 범위
- 유용성(Usability)
  데이터의 유용한 정도
- 해석용이성(Interpretability)
  이용자 측면에서 데이터를 잘 이해할 수 있도록 쉽게 구성되어 있는 정도
- 신뢰성(Believability)
  이용자가 심리적으로 신뢰하고 있는 정도
- 객관성(Objectivity)
  데이터가 공평하게 구성되어 있는 정도

근본적 측정지표(Foundational measures)

- IVI : 정보의 내재가치(Intrinsic value of information)
  IVI = 데이터정확성 × 완비성 × (1 − 희소성) × 데이터의 장기 지속성 ∈ [0,1]
- BVI : 사업 가치(Business value)
  $$\text{BVI} = \sum_{p=1}^{n} \text{타당성p} \times \text{데이터정확성} \times \text{완비성} \times \text{적시성}$$
  n : 데이터를 적용할 수 있는 사업 과정 또는 기능의 갯수
- PVI : 성과 가치(Performance value)
  이 지표는 회사가 채택한 제반 KPI항목 평가가 정보 활용 전에 비하여 정보 활용 후에 얼마나 향상했는가를 측정한다.
  $$\text{PVI} = [\frac{KPI_i}{KPI_c} - 1] \times \frac{T}{t}$$

T : 활용 데이터의 유효기간

t : KPI 평가치의 유효기간

재무적 측정지표(Financial measures)

- CVI : 비용 가치(Cost value)

  정보가치에 대해 비용접근법을 적용해서 평가한 것이다.

  $$CVI = \frac{ProcExp \times Atrib \times T}{t} + \sum_{p=0}^{n} LostRevenue_p$$

  - 연간 데이터 관련 활동의 비용ProcExp : The annualized cost of the processes involved in capturing the data
  - 데이터 획득 비용 발생율(%) Attrib : The portion(percentage) of process expenses attributed to capturing the data
  - 데이터의 유효기간 T : average life span of any given instance of data
  - 데이터 관련 활동비용 집계기간 t : time period over which the process expense is measured.
  - 데이터 손실 상태가 유지되는 기간 n : the number of periods of time until the information is required, or until the business continuity is no longer affected by the lost (stolen, destroyed, . . .) or damaged information

- MVI : 시장 가치(Market value)

  정보가치에 대해 시장접근법, 즉 참조용 로열티를 적용해서 평가한 것이다.

  $$MVI = 배타적\ 사용가격 \times \frac{라이선싱\ 활동\ 수}{할인요소}$$

  - 배타적 사용 가격 Exclusive Price : 미래의 로열티 수익

- EVI : 경제 가치(Economic value)

  정보가치에 대해 수익접근법을 적용해서 평가한 것이다.

  정보 활용시 수익 − 정보 미활용시 수익 − (정보획득비용 + 정보관리비용 + 정보활용비용) × $\frac{T}{t}$

  - 정보획득비용 AcqExp : acquirement cost of information
  - 정보관리비용 AdmExp : administration cost of information

- 정보활용비용 AppExp : applying cost of information
- 정보 유효기간 T : average life span of any given instance of data
- EVI 평가가 적용되는 기간 t : The period of time during which the EVI experiment or trial was executed

16.2.6. 소결

이밖에 다양한 내부창출 무형자산의 가치를 추정하는 방법들이 개발될 수 있을 것이고 또 도처에서 실제로 개발되고 있다. 그 대상이 되는 무형자산의 종류도 <표 1>에 거론된 것만큼이나 다양하다.

현재는 이 모든 내부창출 무형자산의 가치를 측정하는 방법들이 회계기준에서 수용되는 단계는 아니며, 그 가치평가 결과가 공식적인 재무제표에 등장할 여건은 조성되어 있지 않다.

하지만 무형자산의 역할이 날로 증대하는 시대 변화에 맞추어 회계기준도 대대적 혁신이 필요하다는 공감대는 확산되고 있다. 미국공인회계사(AICPA)협회 회장인 로버트 엘리어트(Robert K. Elliott)는 이렇게 말한 적이 있다.

> *"불행하게도 오늘날 회계 모형은 시대에 뒤떨어진 것입니다. 이 모형은 공장이나 기계 같은 물리적 자산 또는 석탄, 철광석, 강판, 전선, 플라스틱 같은 원재료로부터 수익성이 나온다는 가정에 근거를 두고 있습니다. 달리 말하자면 유형의 제품을 생산하는 데 필요한 유형의 투입물에 의존한다는 가정에 근거를 두고 있습니다. 이것은 산업화 시대의 회계모형입니다. 하지만 우리는 지금 아무도 산업화 시대에 살고 있지 않습니다.(Unfortunately the current accounting model is somewhat out of date. It is very much based on the assumption that profitability depends upon physical assets, like plants and machinery; on raw materials like coal, iron roe, sheet metal, electrical wire, and plastic; in other words, on the tangible inputs needed to produce tangible products. This is the accounting model of the industrial age. But we are no longer in the industrial age.)"*[9)]

회계 전문가 사이에서 이런 인식이 확산되고 있음에도 불구하고 무형자산이 지배하는 시대에 걸맞게 회계기준이 탈바꿈하기까지는 아직 시간이 더 걸릴 것 같다. 본서에서 소개하는 회계 관행과 기법들도 여전히 산업화 시대의 시각을 많이 담고 있지만, 이들조차도

9) 2000년 6월 9일 엘리엇 AICPA회장이 미국 상원의 회계보고 모형에 대한 소위원회에서 발표한 내용.("U.S.Senate Comiiittee on Banking, Housing, an Urban Affairs, Subcommittee on Securities, Hearing on Adapting a 1930's Financial Reporting Model to the 21st Century". Douglas B. Laney(2018), p.206에서 재인용.

참으로 오랜 시간에 걸쳐 진화해 온 것이다. 회계 역사에서 무형자산의 개념이 처음 도입되어 오늘날과 같은 수준의 무형자산 처리와 그 상각기준이 정비되는 데에만도 거의 반세기가 걸렸다. 하지만 아직도 다양한 내부창출 무형자산을 기록하는 일에서 현행 회계기준 하의 재무제표는 근본적인 한계를 지니고 있다.

[역사] 회계에서 무형자산이 도입된 역사[10)]

회계문헌에 처음 '무형(intangible)'이라는 단어가 등장한 것은 1916년에 Journal of Accountancy에 "재무상태표에서 무형의 가치(Intangible Values in Balance Sheet)"라는 기사에서였다. 기업의 연구개발(R&D) 비용은 20세기 들어서기 전까지 별 의심 없이 당기 비용 처리되었다. 그러나, GE를 비롯한 수많은 기술기업들의 R&D 비용이 점점 늘어나면서 문제점이 대두되었다. R&D는 비용을 지출한 그 해에 관련 매출이 발생하는 것이 아니라 여러 해가 지나서야 매출이 발생한다는 것이었다. 그래서 R&D 비용이 누적되면서 손실 보고를 하는 기업들이 늘어나기 시작했다. 그 실상이 어찌 됐건 손실이 누적된 재무제표를 반길 투자자는 없었다. 그래서 기업들은 R&D 비용을 이연된 지출로 처리해서 미래 여러 해에 나누어 계상하는 것을 공식적으로 인정받을 방안을 찾기 시작했다.

어찌 보면 분식이라고도 볼 수 있는, 허위 장부 기재와 같은 사안이었기에 논란은 분분했다. 올해 1만 달러를 지출해 놓고서 그것을 마치 미래 5년 동안 2천 달러씩 지출한 것처럼 처리해 달라는 것이었으니 말이다. 하지만 철도사업이나 석유사업에서 보듯이 대규모 시설 투자 지출에 대해 감가상각이라는 개념이 이미 회계에 도입된 터였기 때문에, 이들 연구개발비에 대해서도 그렇게 인정 받을 소지는 충분히 있었다.

업계의 기나긴 로비 끝에 마침내 1917에 연방준비위원회(FRB)는 R&D비용을 이연지출(deferred expenditure)로 회계처리하는 것을 승인하기에 이르렀다. 비슷한 시기에 미국원가회계사연합(National Association of Cost Accountants)에서도 그런 방식의 회계처리를 권장하기 시작했다. 1930년대에는 미국 국세청(IRS)이 이연자산(deferred assets)개념을 공식적으로 인정했다.

10) 송경모, "연구개발 활동과 기업의 성과", (월간)조세, 통권328호, 2015년 9월, 영화조세통람. pp.6-13.

1957년에는 APB(Accounting Practice Board, No.22)와 SEC(Security Exchange Committee No.125)가 이런 식의 R&D 지출 회계가 공시 재무제표에 포함될 수 있다고 명문화했다.

1923년 샐리어스(Earl A. Saliers)가 편찬한 <회계사 핸드북(Accountants Handbook)> 1판에 <무형자산(Intangible assets)이라는 항목이 비로소 등장했다. 그리고 그 무형자산의 종류로서 영업권, 특허권, 저작권, 상표(Goodwill, Patent, Copyright, Trademark)가 제시됐다. 또한 이연자산(deferred asset)이라는 항목도 등장했다.

당시 투자자, 그러니까 은행들은 이런 개념을 썩 반기지 않았다. 왜냐하면 기업이 마음 먹기에 따라서 이 개념을 동원해서 기업 가치를 조작할 여지가 있다고 보았기 때문이다. 은행이 보기에는 이들 자산은 실체성이 결여된, 다시 말해서 언제든지 거품처럼 사라질 수 있는 허깨비 같은 것이었다. 실제로 1930년대 대공황 당시 이들 자산 대부분은 허공으로 사라졌고 장부에서 상각됐다.

1936년에 SEC는 무형자산을 대차대조표(재무상태표)에 계상할 것을 의무화했다. 1944년에 회계연구소식지(Accounting Research Bulletin) No. 24호는 무형자산에 두 가지 유형이 있다고 기술했었다.

- A유형 유한한 수명 : 특허권, 저작권 …
- B유형 무한한 수명 : 영업권, 상호, 비밀공정, 주문목록.

1970년에 이르러 미국 회계실무위원회의견서(Accounting Practice Board Opinion) No. 17에서는 다시 모든 무형자산은 40년으로 수명이 제한된다고 규정했다.

1954년에 이르기까지 기업의 연구개발비 지출은 당해연도의 사업 운영에 연관되어있다는 사실이 입증되어야만 세제 혜택을 받을 수 있었다. 그래서 많은 기업 경영자들은 연구개발비를 당기에 지출로 처리하는 것을 선호했다. 그러나, 미래를 내다보고 기술개발을 추진해야 하는 경영자 입장에서는 그 효익이 당장 나타나지 않더라도 연구개발 투자를 지속해야만 할 필요가 있었다. 그래서 이연된 자산의 상각분에 대해서도 세제 혜택을 받아야 할 필요성을 정부에 호소하기 시작했고, 그 결과 1954년에 연구개발비를 당기 비용이나 이연자산 중 어떤 형태로 처리하더라도 세제 혜택을 받을 수 있도록 하는 법안이 통과되었다.

1972년에는 회계기준위원회(APB No.22)와 증권거래위원회(SEC No.125)는 재무제표에 연구개발비 처리를 의무적으로 공시하도록 규정했다. 이후 연구개발비의 자산처리에 대한 규정들이 여러 차례 변모를 거듭하여 오늘날 GAAP과 IFRS에 이르렀다.

CHAPTER

16 연습문제

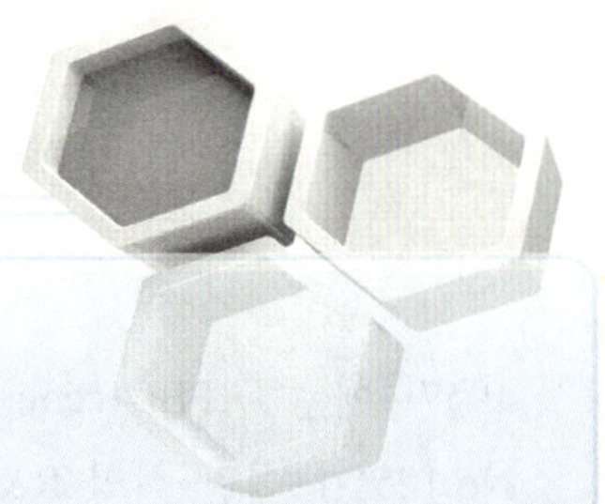

01 다음 중 재무상태표에 무형자산으로 계상 가능한 것과 아닌 것을 구분하시오. 만약 조건에 따라 그 계상 가능 여부가 구분된다면 그 조건이 무엇인지 생각해보시오.

- 특허 출원 및 등록에 소요된 제반 행정 관리 지출 ( )
- 생산제품에 직접 적용되지 않는 기초연구에 투입된 지출(인건비, 장비비, 재료비 등) ( )
- 생산제품에 직접 적용되는 기술개발에 투입된 지출(인건비, 장비비, 재료비 등) ( )
- 타사 특허기술 사용의 댓가로 자사가 정기적으로 지불하는 로열티 ( )
- 자사 특허기술 사용의 댓가로 타사로부터 정기적으로 수취하는 로열티 ( )
- 타사 특허기술에 대한 일체의 권리를 일시불 정액으로 매입한 금액 ( )
- 광업권 또는 어업권 취득에 소요된 지출 ( )
- 자사의 콘텐츠에 대한 이용 댓가로 타사로부터 정기적으로 수취하는 로열티 수익 ( )
- 데이터 사업자로부터 데이터 매입액 ( )
- 사업 과정에서 축적한 고객 명단 데이터베이스 ( )
- 업무 과정에서 형성된 혁신적인 업무처리 노하우 ( )
- 사업 과정에서 형성된 브랜드 평판 ( )
- 타사의 상표를 이용하는 댓가로 정기적으로 지불하는 로열티 ( )
- 타사의 상표에 대한 일체의 권리를 일시불 정액으로 취득한 금액 ( )

02 앞의 문제 01의 예에서 재무상태표에 무형자산으로 계상되지 않는다고 분류되는 명시적 출 및 수익, 또는 기타 화폐적 효용은 여타 재무제표의 어느 계정 과목들에 분산되어 계상될 수 있는지 기술하시오.

03 (로열티참조법) 연구개발전문기업 A사는 자사가 개발한 특수기술에 대하여 제조사 B사에 전용실시권을 부여하고, 그 대가로 계약기간 10년 중 매출액의 4%를 실시료(로열티)로 받기로 계약했다.

제조사 B사가 이 기술을 적용한 제품의 매출액(단위 : ₩억)이 계약기간 중 다음과 같이 추정되었고 가정하자. 로열티 수익을 관리하는 비용은 무시해도 될 정도로 소액이어서 매기 0원으로 가정하자.

로열티참조법에 의하여 이 기술의 가치를 추정하는 다음 서식의 빈칸을 메우시오.

(단위 : ₩)

추정시기(년)	1	2	3	4	5	6	7	8	9	10
추정 매출액	100	120	160	200	250	300	300	300	200	100
로열티 (매출액 대비 4%) 수익액	4.0	4.8	( )	8.0	10.0	12.0	12.0	12.0	8.0	4.0
법인세비비용 등 (20% 적용)	0.8	( )	( )	1.6	2	2.4	2.4	2.4	( )	0.8
세후 로열티 수익	3.2	4.8	5.1	6.4	8.0	9.6	9.6	9.6	6.4	3.2
현재가치 (할인율 5%)*	3.05	4.35	( )	5.27	6.27	( )	6.82	6.50	4.13	( )
현재가치합계	36.38 (로열비참조법에 의하여 추정한 기술가치)									

* 할인율은 실시기업 B사의 신용도를 고려하여 결정하였다.

04 (관행법) 앞의 문제 03에서 A사가 B사로부터 로열티 댓가를 B사의 매출액 대신에 영업이익의 25%로 수취하기로 계약했다고 가정하자.

B사의 영업이익(단위 : ₩억)이 같은 기간 중 다음과 같이 추정되었다고 가정하자.

또한 로열티 수익을 관리하는 비용은 무시해도 될 정도로 소액이어서 매기 0원으로 가정하자.

추정시기 (년)	1	2	3	4	5	6	7	8	9	10
추정 영업이익	30	35	40	50	60	70	70	70	50	30

A사의 수익에 적용할 법인세율을 20%로, 할인율을 5%라고 가정한 상태에서, 관행법에 의해 이 기술의 가치를 평가하시오.

05 제조기업 C사가 자신이 개발한 기술을 이용하여 이 기술이 적용된 제품의 예상수명 8년 하에서 동 제품 사업의 여유현금흐름(FCF, 단위 ₩억)가 다음과 같이 추정되었다고 가정하자.

a. 이 여유현금흐름 가운데 기술기여도의 비중이 23%로 추정되었다고 하면, 이 사업가치에서 기술의 가치를 평가하시오. (단, 여유현금흐름 계산시 이미 법인세비용

등이 차감되었으므로 사업가치에서 기술기여분을 추출한 뒤 추가로 이를 대상으로 법인세비용을 계산할 필요가 없음)

추정시기(년)	1	2	3	4	5	6	7	8	9	10
추정 영업이익	40	50	60	70	80	90	100	80	60	90

b. 이렇게 계산한 기술가치는 A사의 재무제표에 '기술자산'이라는 별도 항목으로 계상이 가능한 것인지 아닌지를 판단하고, 이 가치가 재무제표의 어떤 항목들에

c. C사가 이 기술에 대하여 직접 실시를 포기하고 외부의 회사에 로열티를 받는 정책으로 변경한다면 이 기술의 가치는 C사의 재무제표에 어떤 식으로 반영될지 서술하시오.

d. 앞의 문제 c에서 로열티를 수취할 외부 회사의 범위를 어디까지 설정하느냐에 따라 로열티 산출의 근거가 되는 추정매출액이 달라질 것인데, 자체 실시를 통한 매출 발생과 외부 기업을 대상으로 하는 로열티 수취라는 두 대안 사이에서 선택을 할 때, 전략적으로 어떤 요소들을 고려하여 결정해야 하는지에 대하여 논의하시오.

CHAPTER 17

R&D 활동을 어떻게 평가하는가?

학습목표

1. 기술지향적이 아니라, 고객지향적이고 경영지향적인 R&D 마인드를 갖춘다.
2. R&D 단계의 제반 비용과 사업화 단계의 제반 비용을 세분화하여 구성할 수 있다.
3. R&D 경제성 평가를 위한 비용-편익 분석의 다양한 방법들을 구사할 수 있다.

17.1 올바른 혁신과 R&D 기획의 방향

17.1.1. R&D는 기술지향적이 아니라 경영지향적이어야 한다

급변하는 경영 환경에서 이제 혁신은 선택이 아니라 필수가 됐다. 혁신은 기술 혁신(technology innovaion)만이 있는 것이 아니라, 사업 모델 혁신(business model innovaion)을 포함하여 모든 일하는 방식의 혁신까지 포함한다. 기술 혁신은 주로 기술 연구소 조직이 수행하지만, 반드시 독립된 기술 연구 조직에만 국한하지는 않으며, 현장 제안(kaizen)이나 개방형 혁신(open innovation)을 통해 수행되기도 한다.

그러나, 여전히 사내의 기술 연구 조직은 기업 혁신에서 매우 큰 비중을 차지하고 중요한 역할을 담당하고 있다. 많은 경우 기술 연구 조직은 과학 또는 기술 지향적(science or technology -oriented)인 마인드를 지니고 있다. 그러나, 오늘날 기술 연구 조직이 진정으로 필요로 하는 것은 경영 지향적(managment-oriented) 마인드다.

경영 지향적 마인드는 고객 지향적(customer-oriented) 마인드와 전체 지향적(whole-oriented) 마인드로 구성된다.

고객 지향적인 마인드

외부(outside)의 관점에서 기술 연구를 바라본다. 연구자들이 하고 싶어하는 연구가 아니라, 고객을 창조할 수 있는 연구를 하는 것이다.

오랜 역사의 바이엘(Beyer) 연구소는 1896년에 다음과 같이 자신의 미션을 정했었다.

> "화학, 약학, 생리학, 의학 문헌들을 모두 이용해서 친숙한 의약품, 특히 이미 특허를 얻은 의약품을 새로이 내놓을 수 있는 방법을 찾는다.[1)]"

그들의 마인드는 '신'약을 개발하는 것이 아니라, 이미 시장이 확인된 제품을 새로운 방법으로 개발하는 것이다. 바이엘의 세기에 걸친 히트 상품인 아스피린은 이미 널리 시장이 형성되어 있던 해열진통제 살리실산의 위장장애 부작용을 해소하는 대체 물질로 개발됐고 1899년에 특허를 획득했다.

RCA의 데이비드 사르노프(David Sarnoff) 회장은 1940년대에 흑백TV가 보급되자 이내 소비자들이 컬러TV를 찾는 시대가 올 것이라고 예견했다. 당시 연구소 인력들은 컬러TV 개발 제안에 대해 당시 기술수준으로는 불가능하다고 난색을 표했다. 하지만 사르노프는

1) 다이어무드 제프리스 지음, 김승욱 옮김, <아스피린의 역사>, 동아일보사, 2007, 97쪽

새로인 연구팀을 꾸렸다 고객이 수용할만한 수준의 컬러TV 수준을 먼저 목표로 정하고, 그 목표를 달성하기 위해 필요한 지식과 기술을 탐색하기 시작했다. 이윽고 1940년대 후반 최초의 컬러TV 모델을 개발했다[2].

전체 지향적인 마인드

회사 전체를 구성하는 복수의 목표 체계 하에서 기술연구 조직의 목표에 어디에 위치하고 있는지, 그리고 그 안에서 회사 전체의 목표에 어떻게 기여할 수 있는지를 자각하는 것이다.

이 마인드는 엔지니어 또는 과학자로서 자신의 기능 지식에만 집중하는 것이 아니라, 마케팅, 조달, 회계, 자금 등 기업을 구성하는 여러 이질적인 지식이 지닌 성격을 이해하는 것이다. 기술연구소 직원은 마케팅이나 회계 전문가일 필요는 없다. 그러나, 자신의 일이 이들로부터 어떻게 도움을 받고, 또 그들에게 어떻게 기여할 수 있는지를 이해하면서 일해야 한다. 기술 연구자가 자신의 활동이 낳는 수익-비용 구조에 대해서는 문맹인체, 오직 실험과 연구 세계에만 갇혀 있어서는 안 된다.

드러커(P. F. Drucker)의 목표와 자기통제에 의한 경영(Management by Objectives and Self-control), 카플란과 노턴의 균형성과표(Balanced Scorecard), 로버트 사이먼의 통제 레버 시스템(Levers of Control)은 바로 이 전체 지향적 마인드를 요구한다.

많은 기술연구소의 고민 가운데 하나는, 상부 경영진으로부터 "신기술 개발과제의 타당성 분석 보고서를 작성하라!"는 요구를 받은 일이다. 기본적으로 연구원들이 R&D 활동의 회계적 비용과 수익 현금흐름 구조를 이해하고 NPV와 IRR 등 주요 경제성 지표를 계산할 수 있는 기본 지식이 없으면 이 업무를 수행조차 할 수 없다.

그러나, 이런 지식을 기능적으로 익혔다 해도, 고객과 시장에 대한 이해가 없으면 숫자는 서류상 얼마든지 조작해서 결론을 이끌어낼 수는 있다. '고객' 또는 '시장'은 서류 상으로 조작하는 것이 불가능하다. 결국 현실의 냉혹한 검증만이 연구소의 판단이 옳았는지를 가려줄 것이다. 그런 관점에서도 기술연구소는 기술을 개발하는 조직이기에 앞서 고객 창조(creation of customer)를 이해하고 경영에 참여하는 조직이어야 한다. 구체적인 개별 기술은 그 목적을 위해 선택되는 대상일 뿐이다.

---

2) 물론 당시 경쟁사인 CBS 역시 RCA에 다소 앞서서 상이한 기술 방식의 컬러 TV 모델을 구현한 바 있다. 두 회사의 컬러TV 기술표준 전쟁에 대해서는 송경모(2018.7)을 참고하라. http://techm.kr/bbs/board.php?bo_table=article&wr_id=4928

17.1.2. R&D 관리 절차

앞에서는 R&D 활동의 마인드에 대해서 살펴보았다. 한편 표면적으로 R&D 활동을 관리하는 절차와 주요 관리 지표들이 존재한다. 이는 R&D 분야의 균형성과표와 같은 것이라고 말할 수 있다. 또는 핵심성과지표(KPI)를 구성하는 후보 지표들이 될 수 있다. 이 지표들은 회사가 지향하는 방향 또는 목표가 R&D 현장의 방향 또는 목표와 부합되도록 통제하는 레버의 역할을 한다.

R&D 활동은 일반적으로 투입(input), 과정(processing), 산출(output), 조직 내 연계(receiving system), 결과(outcomes)의 흐름으로 이루어진다.

- 투입(input) : 인력, 예산, 아이디어, 장비, 고객 요구사항 등 확보
- 과정(processing) : 연구, 개발, 시험, 보고서 작성 활동 수행
- 산출(output) : 시험결과, 시제품, 특허, 논문, 기타 지식자산 생성
- 연계(receiving system) : 마케팅, 영업, 생산, 기획, 조달, 자금 등과 연계, 협업하여 출시가능한 제품화 달성. 대외 인증 및 허가 등 사업화를 위한 대외 연계 성과 달성.
- 결과(outcomes) : 일정 기간에 걸친 고객 창조 및 순현금흐름 유입.

이 흐름의 각 단계마다 다양한 재무 지표와 비재무 지표가 활용되며, 그 가능한 지표들을 예시하면 <표 1>과 같다.

▸▸ 〈표 1〉 R&D 활동의 재무 및 비재무 성과 관리 지표 예시

<table>
<tr><th>R&D의 흐름 단계</th><th>재무 지표</th><th>비재무 지표</th></tr>
<tr><td>투 입</td><td rowspan="3">• 연구개발활동 직접비와 간접비
– 인건비, 재료비, 시험장비비, 정보구입비, 통신비, 수도광열비, 제세공과, 외주비, 기타 직접비
– 지원인건비, 행정비용, 금융비용, 기타 간접비</td><td>지원인력 인건비</td></tr>
<tr><td>과 정</td><td>장기와 단기 프로젝트 조화; 기초연구 응용연구, 개발연구의 조화; 진행률 또는 완료율</td></tr>
<tr><td>산 출</td><td>논문건수 및 수준, 특허건수 및 수준, 조직 내 지식자산화 수준</td></tr>
<tr><td>연 계</td><td>• 연계활동 원가</td><td>연계활동 효율성, 지식교류 정도, 내부고객 만족도, 대외 인증 · 허가 달성도</td></tr>
</table>

결 과	• 매출, 투자회수기간, 순현금흐름. 유지보수 및 A/S비용 • 원가절감율, 신제품 매출 및 이익 비중, 기술료 지급 및 수입, 신제품 시장점유율	고객만족도, 불량률, 시장 피드백 반영의 효율성

<표 1>에서는 R&D 활동에 대한 일반적인 관리 지표를 예시했다. 실제로 이 지표들을 성과 평가용으로 활용할 때에는 수량만으로 단순 비교해서는 안 되며, R&D 세부 활동의 특성을 반영하여 그 경중이나 포함 여부를 결정해야 한다.

특히 재무적 성과 평가는 매우 조심스럽게 적용해야 한다. 연구소는 대개 직접적 수익 창출을 목적으로 하지 않고 회사가 요구하는 기술을 개발해서 제공하는 것을 목적으로 한다. 이런 연구소에, 기술료 수입이나 매출 기여 지표를 정기적으로 적용해서 평가하는 것은 적절하지 않다.

사실 R&D조직은 그 운영 형태에 따라 독립 R&D전문 기업과 일반 제조 서비스 기업의 하위 조직으로 나뉠 수 있다. 전자에 대해서는 회사 전체가 연구 활동을 통해 수익을 달성하는 목표를 지니고 있기 때문에 기술료 수입이나 매출 지표가 유의미한 성과 평가 지표가 될 수 있지만 후자가 반드시 그리 해야 할 필요는 없다.

또한 한 기업에 속한 R&D 활동도 세분화된 활동으로 다시 나뉘는데, 세부 활동 영역마다 상이한 평가 기준을 적용해야 한다.

예를 들어서 신약개발 전문 연구조직도 다음과 같은 하위 조직으로 구성된다.

- 신물질 발견 Discovery
- 개발 Development
- 품질 관리 Quality Assurance
- 규제 관리 Regulation Management
- 임상 관리 Clinical Operations

활동 단위마다 허용되는 자율성의 정도, 성과 평가의 주기, 중시하는 가치와 역량 등을 다르게 설정해야 한다. 발견 부서에는 관료주의가 자리잡지 못하게 함고 동시에 평가 주기를 지나치게 짧게 가져갈 필요가 없다. 반면에 개발 부서에는 정기적 달성도를 체계적으로 점검하면서 관리해야 한다.

또한 연구개발 성과의 차원에 따라 성과 평가 대상을 프로젝트 단위, 부서 단위, 개인 단위 중 어떤 것으로 선택해야 하는지도 달라져야 한다. <그림 1>에서 보는 것처럼, '시장 출시 속도'를 평가할 때에는 부서 단위로 평가해야 하지만, '개발 소요 비용'은 부서와 프로젝트 단위를 각각 병해해서 평가해야 한다.

▸ ▸ 〈표 2〉 R&D 활동의 성과 평가 프레임

성과관리시스템이 모니터링할 성과의 차원들	각 성과차원을 모니터링하는 지표들	R&D목표를 모니터링할 조직의 층위별 지표		
		프로젝트	부서	개인
• 새로 개발된 약품의 품질	• 목표 기능에 부합하는 신규성의 정도		×	×
	• 연간 논문 출판 횟수		×	×
• 대외적 평판의 수준	• 회사 소속 연구자의 피인용 횟수		×	
• 새로 개발된 약품의 원가	• 신약 개발의 평균비용	×	×	
• 새로 개발된 약품의 시장 도달 속도	• 개발일정 지연 정도	×	×	×
	• 라이센스 계약 실적 횟수		×	
	• 외부 채택 물질 수		×	
• 외부 신물질 채택 능력	• 목표 기능 구현에 투입된 외부 물질의 비중		×	×
	• 외부 파트너와 협업 횟수	×	×	
• 외부 파트너와 협력 능력	• 협업 목표의 달성 정도	×	×	
	• 외부 파트너와 회합 빈도	×	×	

출처 : Vittorio Chiesa, Frederiico Frattini, Valentina Lazzarotti and Raffaela Manzini, "How to Measure R&D Performance : A Design Framework and an Empirical Study", in Marc J. Epstein and Jean-Francois Manzoni ed. Performance Measurement and Management, Elsevier, 2006.

17.1.3. 원가에 판매가격을 맞출 것인가, 판매가격에 원가를 맞출 것인가?

이상 다양한 R&D 성과 관리 지표를 살펴보았다. 이 가운데 재무 관점에서 가장 핵심은 제품화 후 실제로 기업에 유입되는 현금흐름의 크기라고 볼 수 있다. 이 지표를 성공적으로 달성함으로써 개발 및 연계 중에 투입된 모든 비용을 보상하는 결과를 낳는다.

이 성과를 제고하기 위해서는 개발 단계에서부터 고객이 수용가능한 가격과 품질 수준과 적절한 마진 확보 가능성을 기획해야 한다.

과거에는 개발 및 제조 후 적절한 마진을 추가해서 가격을 설정해도 판매가 가능했었다. 이를 마크업 가격책정(markup pricing) 방식이라고 한다.

예상 원가 + 목표 마진 = 판매 가격

여기에는 기술지향적 사고가 반영되어 있다. 제조를 먼저 생각하고 거기에 마진을 얹어서 시장에 공급한다는 의미에서 일종의 추동 시스템(push system)이라고 말할 수 있다.

21세기 정보혁명으로 시장 주도권이 고객으로 이행한 오늘날 그런 방식으로는 이익은커녕 판매조차 제대로 이루어지기 힘들다. 그래서 목표원가관리(target costing)가 등장했다:

목표 가격 - 목표 마진 = 목표 원가

여기에는 고객지향적, 시장지향적 사고가 반영되어 있다. 시장에서 수용될 수 있는 속성을 먼저 정하고 거기에서 마진을 뺀 원가를 달성한다는 의미에서 견인 시스템(pull system)이라거 말할 수 있다.

원가는 생산과정에서 '발생하기 전에 미리 통제해야 한다'. 신제품 개발 단계에서 미리 원재료 및 부품 조달 구조와 생산 방식 설계를 동시에 수행함으로써 사업화 이후 현금흐름 성과지표를 극대화할 수 있는 구조를 만들어 놓아야 한다.

생산과정보다 설계 과정에서 원가의 대부분이 결정된다. 생산과정에서 발생하는 원가를 줄일 가능성은 점점 감소한다. <그림 1>에서 보는 것처럼, 설계 및 개발 단계에서 이미 원가의대부분이 결정되며, 생산 단계 이후에는 그 증가폭이 그리 크지 않다.

그림 1 제품수명주시 상 원가 발생을 표현하는 곡선

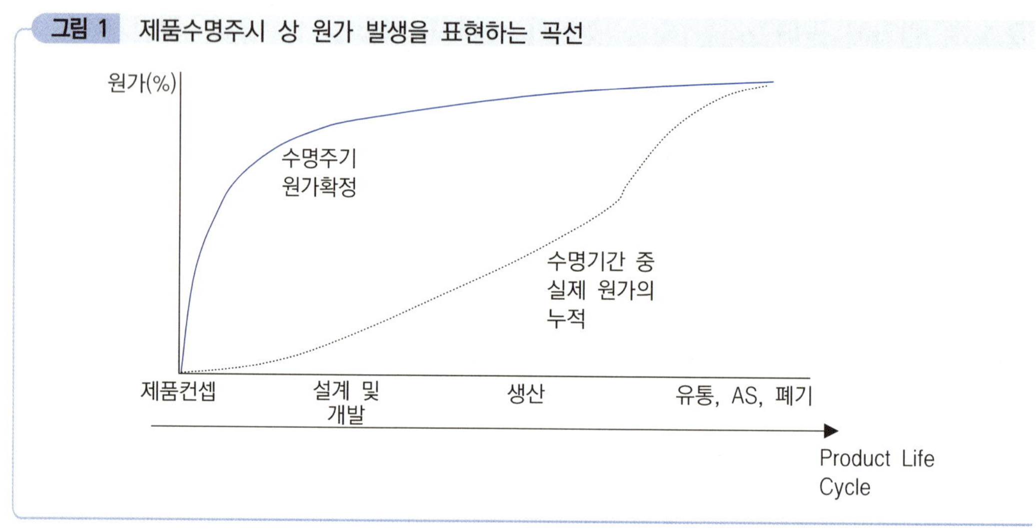

그렇다면 먼저 수용 가능한 가격을 어떻게 정하는가? 무조건 낮은 가격으로 맞춘다는 것은 있을 수 없다. 가결 결정은 최소한 다음의 2가지 요소를 고려하여 결정해야 한다.

첫째, 경쟁사 유사제품 또는 대체재의 기존 가격이 자사 신제품 가격 조정의 출발선이 되어야 한다.

이를 위해서 경쟁사 유사제품과 동질성 수준을 파악해야 한다. 동질적인 수준의 품질과 성능을 갖추고 있다면 마땅히 가격을 하향 조정해야 하지만, 고객에 호소하는 상대적으로 우수한 품질과 성능을 갖추고 있다면, 적절한 수준에서 하향 폭을 조정하거나, 심지어 상향 설정할 수도 있다.

둘째, 예상 공급 빈도다.

공급 빈도는 1회성 맞춤형 상품으로부터 시작해서 대량, 반복, 지속 공급에 이르기까지 긴 스펙트럼이 존재한다.

이때 고정비 비중이 중요한 역할을 한다.

고정비 비중이 높다면 장기반복공급 규모가 증가할수록, 평균비용이 하락하므로 가격을 낮게 설정할 유인이 있다.

반면에 고정비 비중이 낮으면 장기반복공급 규모가 증가해도 평균비용 하락폭은 그리 크지 않으므로 가격을 낮게 설정할 유인이 그만큼 작다.

위의 두 요인을 상황에 따라 적절히 조합하여 적정 가격과 필요 마진을 결정하고, 그에 따르는 기술 선택과 제조 방식을 탐색해야 한다.

예 제

A사는 새해 출시하고자 하는 신제품에 대해 시장 조사를 수행한 결과 목표가격은 대당 9만원을 초과하면 시장 수용성이 없다고 판단했다. 다음과 같은 가정 하에서 목표원가를 계산하는 기본 절차를 살펴보자.

- 연간 판매가능량 : 5천개
- 소요시설 투자액 : ₩4억
- 연간 예상 판매관리비 : ₩1억
- 목표 투자이익률(ROI) : 10%

풀이

목표원가 = 예상매출액 − 목표이익액
= 5천개 × ₩9만 − ₩4억 × 10%
= ₩4억5천만 − ₩4천만
= ₩4억1천만

목표제조원가 = 목표원가 − 목표판매관리원가
= ₩4억1천만 − ₩1억
= ₩3억1천만.

1대당 목표제조원가 = ₩3억1천만/5천개 = ₩6만2백/개.

사 례 **판매가격에 원가를 맞춘 사례들** 

• 이마트 9,900원 청바지

"2019년 4월 초 이마트가 9900원짜리 청바지를 내놨다. 가격을 맞추려는 이마트의 노력은 실로 가상했다. 원단 구매 등에 에이전트 수수료를 아끼기 위해 작년 2월 면화 생산지인 인도와 파키스탄에 직원을 파견했다. 여기에 원단 시세가 10%쯤 싼 3월에 주문하고, 가죽 장식 등도 모두 생략했다. 그래서 9900원을 맞춘 것이다. 이마트뿐만 아니다. 요즘 국내 유통가의 최대 키워드는 '초저가'이다. 쿠팡 등의 출현에다 기존 오프라인 대형 할인점도 가세하면서 확전 일로의 양상이다."[3)]

3) 이인열, '9900원 청바지'의 위험, 조선일보, 2019.05.02. http://news.chosun.com/site/data/html_dir/2019/05/01/2019050103011.html

- 브라더의 미국 팩시밀리 머신 시장 진출

  '브라더 미싱' 브랜드로 유명한, 오랜 전통의 브라더공업주식회사는 1980년대 후반 재봉틀 매출 감소를 겪었다. 의류 재봉기술이 발전해서 수선할 일이 많이 줄고, 세탁소의 저가 수선 서비스가 보급되면서 가정에서 재봉틀에 대한 수요가 감소했기 때문이다.

  회사는 위기를 타개하기 위해 신사업을 모색하던 중 자신의 기계 제조 기술이라는 강점을 이용하여 당시 성장하던 팩시밀리 사업에 진출하기로 했다. 목표는 미국 600달러대 중저가 머신 시장에, 동일한 성능과 품질을 갖춘 400달러대의 제품을 출시하면 충분히 승산이 있다고 판단했다. 하지만 당시 조달 가능한 부품의 원가 구조로는 도저히 그 가격을 맞출 수 없었다. 회사는 일본 전역을 수소문해서 적절한 품질 요건을 갖추면서 저가부품 공급이 가능한 협력업체를 탐색했고 결국 성공했다. 브라더의 팩시밀리는 미국 시장에서 큰 성공을 거두었고 회사는 이후 종합 사무기기 제조 기업으로 전환할 수 있었다.

- 이케아(IKEA)의 목표원가관리 시스템

  목표원가관리 시스템을 성공적으로 적용한 대표기업으로 스웨덴의 가구회사 IKEA를 들 수 있다. IKEA는 언제나 경쟁사 유사제품 가격 탐색한 뒤 목표 가격과 표준 품질을 먼저 결정한 뒤, 설계와 투입 비용 구조를 거기에 맞추어 결정한다.

  늘 설계 혁신을 하면서 테이블다리 굴곡과 각도를 변경함으로써 트럭 1대 적재 수량을 최대화하고, 창고보관 면적을 최소화하며, 단위당 유통, 보관비용을 감소시키는 일이 일상화되어 있다. 또한 글로벌 소싱 구조 하에서, 전 세계 55개국 1,800여개 공급사에 원재료를 입찰해서 가장 효율적인 조달 구조를 유지한다.

  IKEA의 창업주 잉바르 캄프라드(Ingvar Kamprad)는 "자원을 낭비하는 것이야말로 IKEA에서는 치명적인 죄다. 고비용 설계는 설계자의 능력이 평범하다는 증거이며, 판매 가격을 고려하지 않는 아이디어는 아무 짝에 쓸모가 없다.(Waste of resources is a mortal sin at IKEA. Expensive solutions is a sign of mediocracy, and an idea without a price tag is never acceptable."고 말한다.

목표원가관리는 효과적으로 운영되면 고객 창조와 사업 현금흐름을 증대시킬 수 있는 수단이 되지만, 맹목적인 원가절감으로 잘못 이어지면 회사의 매출 및 수익 감소를 야기하고 협력업체 착취를 낳는 치명적인 독이 될 수도 있다.

토요타 자동차에 대한 대규모 리콜 사태가 널리 알려진 사례다. 2009년 8월 미국에서 토요타 자동차의 렉서스 일부 모델의 가속페달 결함으로 사망자가 발생했다. 조사 결과 결함 부위와 대상 차종이 점점 확대되면서 대규모 리콜 사태를 낳았다. 이는 회사가 글로벌 경쟁에서 생존하기 위해 원가절감을 추구하면서 일본 자동차 기업의 상징과도 같았던 품질

관리에 실패했기 때문이다. 이 리콜 사태로 회사는 자동차 판매대수가 급감하고 시장에서 신로도를 잃고 주가는 크게 하락했다.

사 례 경직된 가격 제도 안에서 원가절감을 추구해서 실패한 의약품

한국의 전문의약품, 즉 의사의 처방이 필요한 의약품 가격은 심평원과 건강보험공단에서 정한다. 그러나 전문의약품 중에서도 보험적용이 되지 않는 비급여 의약품이나 일반의약품의 경우 회사가 대략적인 소비자가를 정하는데, 이때 시장에서 소비자가 접근 가능한 가격을 책정해 약국에 납품해야 한다. 실제로 약국마다 의약품 가격이 조금씩 다른데, 의약품 가격은 약사의 결정이므로 회사가 가이드를 주지 못하게 되어있기는 하다. 아무튼 비급여 의약품이나 일반의약품은 그래도 소비자가를 정하는데 조금 룸이 있지만, 급여가 되는 전문의약품의 경우 정부가 정해준 보험약가의 틀을 벗어날 수 없기 때문에 기업들은 원가를 낮추기 위해 많은 노력을 한다. 그러나 그렇게 원가를 낮추기 위해 저렴한 중국산 원료를 사용했다가 2018년에 발사르탄 사태라는 큰 일이 벌어지기도 했다. 발사르탄이라는 성분을 가진 고혈압 치료제의 한 중국산 원료에서 2급 발암물질이 검출되었는데, 문제는 국내에서 발사르탄이 포함된 제품이 571개나 있었고, 이 중에 약 30%가 그 원료를 사용하고 있었다. 영국 2곳, 미국 3곳, 캐나다 6곳 회사에서 각각 5개, 10개, 21개 품목이 회수된 반면, 우리나라에서는 76개 회사의 174개 품목이 회수됐다.

이는 여러 가지를 시사한다. 국내 제네릭 의약품 시장이 얼마나 레드 오션인지 단적으로 보여준다. 차별성 없는 약 (제네릭)으로 경쟁하기 위해 그들은 수익을 내기 위한 비용, 즉 영업 비용을 확보하기 위해 어쩔 수 없이 저렴한 원료를 소싱할 수 밖에 없다. 단순히 원료 구매 비용만 낮추면 될까? 아니다. 인건비도 낮춰야 하고, 연구소 운영에 들어가는 비용도 낮춰야 한다. 그런데 제약회사에서 인건비를 줄이려면 경력 수준이 낮은 인력을 뽑아서 사용할 수 밖에 없고, 이것은 의약품의 질 관리에 좋지 않은 영향을 미친다. 또한 연구소 운영에 들어가는 비용을 낮추면 연구개발의 활력이 줄어들 수 밖에 없다. 이러한 상황이 지속되면 장기적으로는 어떻게 될까. 영업 비용을 확보하기 위한 비용 절감으로 인해 결국 고객이 줄어든다.[4].

4) 고려대학교 기술경영전문대학원 손민아 원우(한미약품)의 2019년 1학기 회계 수업 과제에서 제시된 현업 사례를 인용했다.

17.2 R&D 경제성 평가

연구소의 R&D 활동에 대해서 경제성 평가를 수행하기 위해서는 크게 다음과 같은 절차를 거쳐야 한다.

1단계 : 대상 R&D 활동의 범위와 성격 규정

R&D의 성격은 기초연구(Basic Research), 응용연구(Applied Research), 개발연구(Development Research) 가운데 어디에 속하는가, 그리고 개발연구의 경우 제품혁신(Product Innovation)을 위한 것인가 공정혁신(Process Innovation)을 위한 것인가를 판단한다.

R&D의 범위는 구체적인 개발 프로젝트 단위, 예컨대 A프로젝트, B프로젝트, C프로젝트 같은 식으로 구분한다.

2단계 : R&D기간 중 비용과 사업화 기간 중 이익 또는 현금흐름 추정.

그리고 R&D가 소기의 성과를 이루거나 사업화가 진행된 이후에는 성과평가를 수행한다.

3단계 : R&D 성과 평가

기초연구 및 응용연구에 대해서는 산출물(논문, 특허 등) 수량. 또는 연구성과(시험보고서 등) 또는 산출물에 대한 질적 판단이 주로 성과평가 대상이 된다.

개발연구 중 독립된 신제품 개발을 목표로 하는 제품혁신은 사업화기간 이후 '매출발생분 - 비용발생분', 즉 자본제공자에게 귀속되는 순현금흐름 발생분, FCF로 평가한다. FCF 대신에 회계상 이익을 기준으로 할 수 있으나, 아무래도 발생주의 지표보다는 현금주의 지표를 사용하는 것이 보다 타당할 것이다.

기존 제품의 공정혁신에 대해서는 사업화기간 이후 원가절감분 또는 매출증가분. 결과적으로 그로 인한 순현금흐름 증가분을 평가한다.

그밖에 앞의 <표 1>에서 표현된 것과 같은 '결과' 단계의 여러 재무, 비재무 지표를 평가한다.

이 절차 가운데 R&D 결과의 사업화 기간 중 순이익 추정은 사실상 회계 이슈라기 보다는, 대부분이 시장 분석과 매출액 전망 이슈이기 때문에 여기에서는 상세히 다루지 않을 것이다. 여기서는 다만 R&D 비용 세목과, 사업화 매출 이외의 수익으로서 로열티와 같은 성격의 수익을 어떻게 반영할 것인지에 대해서 설명한다.

[개념] 경제성 또는 경제적 타당성(economic feasibility), 재무적 타당성(financial feasibility)

어떤 사업에 경제성 또는 경제적 타당성이 있다는 것은 어떤 사업의 비용(cost)과 편익(benefit)을 비교해서 사업의 추진 타당성이 인정된다는 것을 뜻한다. 문제는 이 비용과 편익을 어느 범위까지 포함하느냐이다. 일반적으로 영리기업의 사업은 편익과 비용을, 재무제표상 계측되는 수익과 비용으로만 한정시킨다. 이런 수익과 비용을 경제학에서는 사적 편익(private benefit), 사적 비용(private cost)

한편 공적인 목적으로 수행하는 사업은 반드시 그 사업의 재무적인 수익과 비용만이 아니라, 그 사업 외부에 발생시키는 사회적 파급효과(social spillover effect) 또는 사회적 편익(social benefit)과 사회적 비용(social cost)까지 계측해서 포함시킨다. 사회적 편익으로는 연관 산업 수익 증내, 삶의 질 향상, 환경 개선 등을 들 수 있으며, 사회적 비용로는 사회적 고통 증가, 환경 악화 같은 것들이 거론된다.

사회적 편익과 비용을 고려하지 않고 재무상태표상 측정되는 수익과 비용만을 이용해서 경제적 타당성을 판다하는 경우, 특별히 재무적 타당성(financial feasibility)이라고 부른다. 본서 R&D의 경제적 타당성은 재무적 타당성이라는 의미로 국한시킨 것이다. 기업의 신제품, 신기술 개발로부터 연관 산업의 수익을 증대시키거나 환경에 영향으르 미치는 제반 효과는 고려 대상에 포함시키지 않았다는 뜻이다.

기술경영 입장에서 보았을 때, 특정 R&D 활동이 유발하는 사회적 효과에 대해서는 전문가라 해도 많은 견해 차이를 보일 수 있기 때문에 섣불리 판단하기는 매우 어려운 일이다. 예를 들어서 유전자변형생물(GMO) 개발이 생태계와 인간의 건강에 미치는 영향, 무인자동화 시스템 개발이 실업과 사회적 고통 증가에 미치는 영향 등은 매우 복합적으로 나타나며 그 누구도 효과를 온전히 알기란 어렵다. 이런 문제를 판단할 때에는 전문가의 논리보다는 경영자 자신의 철학과 가치관, 그리고 자신의 결정이 내리는 사회적 영향에 대한 인식 능력이 더욱 중요한 역할을 해야 할 것이다.

17.2.1. R&D 비용 추정

우리의 과제는 <표 3> 및 <표 4>와 같은 R&D 프로젝트 관리용 손익계산서와 현금흐름표 양식의 빈칸을 해당 사항이 있을 경우 빠짐없이 채우는 일이다. 이 양식에 등장하는 제반 항목의 개념은 본서의 앞부분에서 충분히 설명했으므로, 자세한 설명을 생략한다.

이 양식은 한 기에 대해서만 작성하는 것이 아니라, R&D 활동 전체 기간과 사업화 이후 혁신활동으로부터 편익이 더 이상 발생하지 않는 기간, 즉 혁신 성과의 경제적 수명 기간 전체를 통털어 매기 작성하는 것이다. 즉 R&D에 3년이 소요될 것으로 예상되고, 그 성과물로부터 이룩되는 매출 발생 또는 비용절감 등으로 순이익이 발생하는 기간이 20년 예상된다면, 총 23년 각각의 시기마다 해당하는 추정 손익계산서를 작성해야 하는 것이다.

▸ ▸ 〈표 3〉 R&D 활동 관리를 위한 손익계산서 양식 예시(R&D기간에 속하는 i기)

정 의	A프로젝트	B프로젝트	C프로젝트	연구소 전체
시간속성	단기	단기	장기	-
구분	개발연구	개발연구	개발연구	-
구분	공정혁신	기존제품개선	신제품개발	-
R&D완료예상시기	2xx1년 xx월	2xx1년 xx월	2xx4년 xx월	-
RD&완료후 사업의 경제적 수명	5년	10년	20년	
측정기간	xxxx년 1월1일~12월31일	xxxx년 1월1일~12월31일	xxxx년 1월1일~12월31일	xxxx년 1월1일~12월31일
진행률(측정기간 기말)	30%	60%	10%	-
수익(R)				
기술료 순수익				
인건비(C1)				
급여				
수당				
상여금				
퇴직금				
사회보장성 보험료				
원재료비(C2)				
주요원재료비				
보조재료비				
부품비				
시제품비				
기타				
감가상각비(C3)				
건물분				
구축물분				
항공기분				
기계장치분				
차량운반구분				

공구기구비품분				
관리비(C4)				
도서비				
데이터구입비				
통신비				
수도광열비				
여비				
회의비				
소모품비				
인쇄비				
외주비				
지식재산관리비(출원등록등)				
기타관리비				
금융비용(C5)				
이자비용 배부액				
간접비(C5)				
연구소관리부문간접비배부액				-
연구소보조부문간접비배부액				-
본사관리부문간접비배부액액				
본사보조보문간접비배부액액				
세전이익(P = R - Sum(C)				
법인세 추정액(T)				
세후이익(Π = P - T)				
자기자본비용배부액(C6)				
EVA (= Π - C5 - C6)				
유형자산투자액(A1)				
토지분				
건물분				
구축물분				
항공기분				
기계장치분				
차량운반구분				
공구기구비품분				
유형자산처분회수액(A2)				
토지분				
건물분				
구축물분				

항공기분 기계장치분 차량운반구분 공구기구비품분				
FCF (= Π + C3 + C5 − A1 + A2)				

▸ ▸ **〈표 4〉** R&D 사업화 성과 관리를 위한 손익계산서 양식 예시(사업화 기간에 속하는 i기)

정 의	A프로젝트	B프로젝트	C프로젝트
측정기간	xxxx년 1월1일 ~ 12월31일	xxxx년 1월1일 ~ 12월31일	xxxx년 1월1일 ~ 12월31일
사업의 경제적 수명 종료 시기	2xxx년 xx월	2xxx년 xx월	2xxx년 xx월
잔여 예상 수명	xx년	xx년	xx15년
사업 수명주기 단계	성숙기	쇠퇴기	성장기 초기
수익(R) 매출액 (본사) 기술료수익 기타사업수익			
매출원가(C1) 노무비 재료비 제조경비 (제조경비중 감가상각비d1) 재고자산조정액			
판매비와관리비(C2) 인건비 복리후생비 판관비 중 감가상각비d2 광고비 사내 기술료지급 기타 판매비와관리비			
영업이익(O = R − C1 − C2)			
금융비용(C3) 이자비용 배부액			
간접비(C4) 연구소관리부문간접비배부액			

연구소보조부문간접비배부액 본사관리부문간접비배부액 본사보조보문간접비배부액			
세전순이익(O - C3 - C4)			
법인세 추정액(T) 당기순이익(Π)			
자기자본비용배부액(C5) EVA (= Π - C3 - C5)			
유형자산투자액(A1) 토지분 건물분 구축물분 항공기분 기계장치분 차량운반구분 공구기구비품분			
유형자산처분회수액(A2) 토지분 건물분 구축물분 항공기분 기계장치분 차량운반구분 공구기구비품분			
운전자본투자액(W1)			
운전자본회수액(W2)			
FCF (= Π + d1 + d2 + C3 - A1 + A2 - W1 + W2)			

<표 3>, <표 4>는 관리용 회계상 손익, EVA, FCF를 동시에 비교함으로써 서로 다른 차원에서 사업의 성과를 비교할 수 있다. 이 표는 실적 수치를 작성한다면 R&D의 재무적 성과 평가용으로 활용할 수 있으며, 미래 추정치를 작성한다면 R&D의 경제성 평가용으로 활용할 수 있다.

먼저 R&D 활동의 성과로부터 발생하는 수익(편익)은 다음과 같이 나누어 기록한다.

• 본사 : 본사의 사업화 이후 매출액과 기술료 수익

• 독립 연구법인 : 외부 사업화 기업으로부터 수취하는 기술료 수익.

모든 직접비용은 대상 프로젝트에 투입한 비율을 고려하여 결정해야 한다. 인건비나 제반 경비 경우 100% 전용 투입이 확실하다면 상관없지만, 타프로젝트 또는 타업무 겸임 또는 병행 투입되었다고 판단될 경우 해당 프로젝트 투입률(투입시간 기준)을 적용해서 배분해야 한다. 재료비를 포함하여 프로젝트별 투입 내역이 분명히 구분되는 각종 비용은 집계에 어려움이 없겠지만 그 외의 일체 비용은 적절한 투입 배부기준을 적용하여

R&D 활동에서도 간접비 배부는 역시 어려운 문제가 된다. 전통적인 원가회계법의 간접비 배부 기준을 따라, 매출액 기준, 이익 기준, 투입자본규모 기준, 자산의 수량이나 크기기준 등 프로젝트별로 적절한 배부 기준을 도입할 수 있다. 또는 활동기준원가계산(ABC)에 따라 적절한 활동별 원가동인을 선정하여 간접비 배부 방식을 따를 수 있다.

금융비용 배분을 위해서는 R&D 활동 투하자본을 먼저 계산해야 한다. R&D 수행 기간 중 매기 투입비용만큼 자본금 사용 또는 차입금 발생이 누적되면서 R&D 투하자본으로 전환된다. 물론 사업화 이후 이 투하자본은 점진적으로 회수를 기대할 것이다.

금융비용은 이자비용과 자기자본비용으로 배분해야 하는데, 이론적으로는 R&D에 투입되는 자금 원천 성격을 어떻게 구분할 것인가에 의존한다. 예컨대 연구소에 배정된 연간 예산이 ₩100억이라면 ₩100억 가운데의 얼마를 자기자본, 타인자본, 보조금, 사내여유자금 원천으로 인식할 것이냐에 따라 연구소 이자비용과 자기자본비용 배부액이 달라질 것이다. 개념상으로는 사내여유자금을 이용한다고 해도 자본비용이 발생하지 않는 것이 아니다. 거기에도 기회비용이 발생한다. 즉, 사내여유자금이 포기한 이자수익을 금융비용으로 반영해야 한다.

그러나 현실적으로 연구활동에 투입된 자금이 회사의 전체 자본의 원천 가운데 어느 성격의 자금에서 유래했느냐를 구분하는 것은 매우 어려운 일이다. 회사가 장기차입금 ₩10억을 대출받았다고 하면, 그 중 얼마가 R&D 활동에 투입되고 생산판매활동에 투입되었는지를 구분하기는 매우 어렵다. 이런 이유로 R&D 활동의 금융비용은 회사 전체의 이자비용에 대해 R&D기간 중에는 $\frac{\text{프로젝트투하자본}}{\text{회사전체투하자본}}$ 비율만큼, 사업화기간 중에는 $\frac{\text{프로젝트사업화매출액}}{\text{본사전체매출액}}$ 비율을 곱해서 산출해도 무방할 것이다.

예를 들어서 R&D 기간 중 누적된 R&D 투하자본 규모가 ₩20억인데 회사전체의 재무상황이 다음과 같다고 하자.

예 회사전체의 재무상태표상 투하자본 : ₩500억
회사전체의 이자비용 : 연간 ₩10억
회사전체의 이자지급부 금융부채 : ₩150억
회사전체의 자기자본 : ₩350억
회사전체의 자기자본비용 : ₩350억 × 9% = ₩31억5천만

이때 R&D 활동에 자본비용은 다음과 같이 배부될 것이다.

$$\text{R\&D 활동에 이자비용 배분} = ₩10억 \times \frac{₩20억}{₩500억} = ₩4천만$$

$$\text{R\&D 활동에 자기자본비용 배분} = ₩31억5천만 \times \frac{₩20억}{₩500억} = ₩1억2천6백만$$

사업화기간 i 중 본사전체매출액이 ₩2,000억인데 프로젝트의 사업화 매출액이 ₩200억이라면, i기간의 본사 전체 이자비용 가운데 $\frac{₩200억}{₩2,000억}$, 즉 10%만을 대상 프로젝트의 이자비용으로 배분하고, 자기자본비용도 그 비율만큼 배분할 수 있다.

물론 의해 배부기준은 여기에 제시한 기준 이외에 분석가가 합리적이라고 판단하는 다른 방식으로 결정할 수도 있다.

17.2.2. R&D 사업화의 비용-편익 분석

앞의 사업화 이전 R&D단계 현금흐름과 사업화 이후의 현금흐름이 올바로 추정되었다는 전제 하에 손익계산서 또는 FCF 추정 결과를 바탕으로 비용 대비 편익을 비교하는 방법은 여러 가지가 있다. 회계적 이익은 재무적 성과에 대한 종합적 판단 시에 유용하지만, NPV, IRR, 회수기간법은 회계적 이익보다 현금흐름, 즉 FCF를 기준으로 적용하는 것이 합리적이다.

17.2.2.1. NPV법

사업 할인현금흐름의 NPV와 할인율에 대해서는 본서의 제15장 기업가치평가의 15.4.1.3절에서 상세히 설명했으므로, 이 개념이 분명치 않은 독자들은 해당 절을 다시 참고하기 바란다.

분석가가 R&D 기간 및 그 사업화 기간에 걸친 현금흐름을 앞에서 설명한 적절한 R&D 단계의 비용 추계 방식, 사업화 단계의 비용 추계 방식, 그리고 R&D가 목적으로 하는 사업의 매출 전망 분석에 의거하여 추정했다고 가정하자.

C_i는 그렇게 추정된 i 기의 R&D 비용 추정액, FCF_i 는 역시 그렇게 추정된 i 기의 여유현금흐름 추정액, n은 출시 후 사업화 지속 예상 기간, 즉 신제품 예상수명 기간을 표현한다. R&D 경제성 평가를 위한 현금흐름은 다음과 같이 발생한다.

R&D기간 T_0 사업화 기간(신제품 예상수명 기간 n)

$$-C_1,\ -C_2,\ \cdots,\ -C_{T_0},\ FCF_{T_0+1},\ FCF_{T_0+2},\ \cdots,\ FCF_{T_0+n}$$

잠시 여기서 여유현금흐름의 의미에 대해 언급하고 넘어가자. 사업화 기간에 발생하는 FCF_i 외에도, R&D 기간에 발생하는 현금흐름 $-C_i$도 사실은 여유현금흐름과 같은 성격의 것이다. 왜냐하면, C_i는 자기자본제공자 또는 타인자본제공자가 i기에 투입하는 자금이기 때문이다. 아직 매출이 발생하지 않는 상태에서 소요되는 제반 R&D 비용(인건비, 재료비, 경비 등 직접비와 각종 간접비)은 누군가는 부담해주어야 한다. 그 돈이 하늘에서 그냥 내려오지는 않는다. 바로 이 역할을 어디엔가 숨어 있는 자본제공자가 수행하고 있는 것이다. R&D를 위해서 사내여유자금을 사용했다 해도 거기에는 기회비용이 발생한다. R&D를 목적으로 독립적인 외부 차입금을 조달하면 명시적으로 이자비용이 발생한다. R&D를 목적으로 유상증자를 했다 해도 그 유상증자에 참여한 사람들은 자기자본비용을 부담한다. 다시 말해서 R&D기간에 발생한 모든 개발비 C_i들은 자기자본제공자와 타인자본제공자가 미래에 회수해가야 할 몫의 일부이며, 사업화 기간에 발생한 현금흐름 FCF_i 역시 그러하다.

R&D 및 그 사업화 현금흐름에 대해 할인율을 적용해서 현재가치화하고 합산한 NPV 산식을 살펴보자.

R&D기간 사업화 기간 (신제품 예상수명 기간)

(1)
$$-\frac{C_1}{(1+r)}-\frac{C_2}{(1+r)^2}-\cdots-\frac{C_{T0}}{(1+r)^{T0}}+\frac{FCF_{T_0+1}}{(1+r)^{T_0+1}}+\frac{FCF_{T_0+2}}{(1+r)^{T_0+2}}+\cdots+\frac{FCF_{T_0+n}}{(1+r)^{T_0+n}}$$

이 식은 $-C_1,\ -C_2,\ \cdots,\ -C_{T_0},\ FCF_{T_0+1},\ FCF_{T_0+2},\ \cdots,\ FCF_{T_0+n}$, 즉 현재부터 시작해서 미래 T_0+n 기에 이르기까지의 현금흐름의 실현 가능성에 아무런 확률 요인을 부여하지 않은 것이다. 다시 말해서 중간에 R&D 활동이 중단될 가능성을 전혀 고려하지 않고, 이 경로대로 현금흐름이 발생한다고 가정한 것이다.

많은 경우 연구자들이 R&D 활동의 경제적 타당성을 평가할 때, 식 (1)의 NPV 값을 그대로 사용해서 판단한다. 그러나, 이는 과도하게 낙관적인 판단 결과를 낳을 것이다. 왜냐하면 매기를 거칠 때마다 다음 기에 이행확률이 1 이하의 값으로 주어진다면, 확률적 기댓값은 i기의 현금흐름은 먼 미래로 갈수록 식 (1)에 제시된 것보다 훨씬 줄어들 것이기 때문이다.

모든 연구개발 활동은 사업화 단계에 이르기까지 100% 성공한다는 보장이 없다. 중간에 시험 결과가 예상과 달라서 중단할 수도 있고, 목표로 하는 성능의 구현에 실패해서 중단할 수도 있다. 시제품까지 다 만들어 놓고도 양산 준비 과정에서 생각지도 못한 중대한 결함이 발생해서 사업화에 이르지 못하는 경우도 있다. 정부 정책이나 외부 환경 변화로 예정했던 연구개발 활동을 더 이상 추진할 수 없는 상황이 발생하기도 한다.

<표 5>는 R&D 활동 단계별 이행확률과 최종 사업화 성공률에 대한 한 조사 결과를 보여준다. TRL(Technology Readyness Level)은 '기술준비도' 또는 '기술성숙도'라고 부르며 R&D 초기 기본원리 발견 단계부터 최종 사업화 실현단계까지를 10단계로 구분한 것이다[5]. 물론 이 확률 수치는 특정 표본으로부터 계산된 것이므로 다른 성격의 표본에서는 얼마든지 다른 값이 될 수 있다.

분석가가 예상하는 R&D 및 그 사업화 각 기간의 현금흐름, 각 기간별 이행확률, 기간별 이행확률을 반영한 기간별 현금흐름의 기대값이 <표 5>에 한 예로 주어져 있다.

▸ ▸ 〈표 5〉 평가 시점 TRL단계별 R&D 성공확률과 사업화 성공확률

	평가시점 TRL단계	R&D 성공 확률	사업화 성공 확률 (R&D성공 조건부)
R&D 단계	1 기본원리발견	32.3%	35.00%
	2 기술개념과 적용분야 확립	52.9%	41.3%
	3 분석과 실험을 통한 기술개념 검증	81.8%	40.3%
	4 연구실 작동 검증	90.6%	34.5%
	5 유사환경 작동 검증	98.7%	48.6%
사업화준비단계	6 유사환경 프로토타입 개발	–	67.6%
	7 실제환경 시제품 데모	–	62.5%
	8 상용제품 시험평가 및 신뢰성 검증	–	83.3%
	9 양산준비	–	75.0%
사업화실현단계	10 양산 출시	–	–

주 : 기술보증기금의 내부 보증기업을 대상으로 TRL단계별 진행 상황을 조사한 결과 도출한 수치다. ㈜미라위즈(2016.11).

5) 원래는 미국항공우주국(NASA)에서 연구개발 활동 관리를 위해 개발한 개념이다.

또는 산업분야마다 고유한 R&D 진행 단계별 성공–실패율 통계가 있을 수 있다. 예를 들어서 신약개발 분야는 전임상, 임상, 식약처 승인에 이르기까지 <표 6>과 같은 단계별 이행확률이 조사되기도 했다. 사실 이런 사업화 이전 시기의 단계적 이행확률은 어디에서나 통용되는 객관적인 수치라기보다는 경험에 의거하여 형성된 주관적 확률에 가까운 면이 있다. 분석가의 경험 한계 내에서 경험한 표본의 특성에 따라 이 확률은 실제로 영향을 많이 받을 것이다.

▸ ▸ 〈표 6〉 신약개발 단계별 이행확률 예시

단계		총투자액(1,000USD)	소요 예상기간(년)	조건부 성공 확률
발견(Discovery)		2,200	1	60%
전임상(Pre-Clinical)		13,800	3	90%
임상	임상 Ⅰ(Phase 1)	2,800	1	75%
	임상 Ⅱ(Phase 2)	6,400	2	50%
	임상 Ⅲ(Phase 3)	18,100	3	85%
식약청 승인(FDA Filing)		3,300	3	75%

출처: Myers and Howe(1997).

<표 7>에서 R&D 활동이 시기별로 다음 단계로 도달할 확률을 반영한 현금흐름 a는, 그 확률을 반영하지 않은 상태의 현금흐름 A보다 모든 기에서 절대값이 작거나 같다. 따라서 A를 대상으로 하는 NPV의 합계는 ₩1.2억으로서 a를 대상으로 하는 NPV의 합계 ₩15.6억보다 작다. 따라서 $-C_1$, $-C_2$, ⋯, $-C_{T_0}$, FCF_{T_0+1}, FCF_{T_0+2}, ⋯, FCF_{T_0+n} 현금흐름에 각 시기별 도달확률을 전혀 반영하지 않으면 분석가는 더욱 큰 NPV합을 얻게 되며, 상대적으로 낙관적인 경제적 타당성 결론에 이르게 된다.

만약 분석가가 시기별 도달 확률을 만약 <표 7>보다 높은 값으로 부여한다면, 즉 연구개발 활동이 중단되지 않을 가능성을 더욱 높게 바라본다면, 당연히 현금흐름 a의 NPV합계는 ₩1.2억보다 커질 것이다. 반대로 시기별 도달 확률을 만약 <표 7>보다 낮은 값으로 부여한다면, 즉 연구개발 활동이 중단될 가능성을 더욱 높게 바라본다면, 현금흐름 a의 NPV합계는 음수가 되어 NPV합계 상으로 이 R&D 프로젝트는 타당성을 확보하지 못하게 될 것이다.

R&D가 향후 중단될 위험은 개별 프로젝트의 특성마다 다를 것이다. 또한, 설령 객관적인 통계적 성공실패 확률이 통계적 조사데이터로 주어져 있다 해도, 이 위험에 대한 전망

은 철저히 해당 R&D 분야의 유경험자라야 알 수 있는 지극히 주관적인 확률(subjective probability)에 의존할 것이다.

▸▸ 〈표 7〉 R&D 및 사업화 각 시기별 도달확률 반영 대 미반영 현금흐름의 차이

	R&D기간			사업화 기간					
시기 i	1	2	3	4	5	6	7	8	9
기호	$-C_1$	$-C_2$	$-C_3$	FCF_4	FCF_5	FCF_6	FCF_7	FCF_8	FCF_9
현금흐름(A, 억원)	−10	−10	−10	−5	5	10	20	30	20
$i-1$기로부터 이행확률 (t_i)		70.0%	80.0%	90.0%	100.0%	100.0%	100.0%	100.0%	100.0%
1기로부터 i기에 도달할 확률 ($p_i = p_{i-1} \cdot t_i$)	100.0%	70.0%	56.0%	50.4%	50.4%	50.4%	50.4%	50.4%	50.4%
도달확률반영 현금흐름(a, 억원)	−10	−7	−5.6	−2.52	2.52	5.04	10.08	15.12	10.08
목적사업의 위험반영할인율	9%	9%	9%	9%	9%	9%	9%	9%	9%
도달확률 미반영 현금흐름(A)의 NPV	−9.2	−8.4	−7.7	−3.5	3.2	6.0	10.9	15.1	9.2
NPV 합계(억원)	15.6								
도달확률 반영 현금흐름(a)의 NPV	−9.2	−5.9	−4.3	−1.8	1.6	3.0	5.5	7.6	4.6
NPV 합계(억원)	1.2								

p_i를 R&D 및 그 목적사업이 i에 도달할 확률이라고 한다면, 연구자는 다음 (1), (2) 두 가지 종류의 현금흐름 가운데 한 가지를 선택하고 이를 바탕으로 NPV나 IRR법에 의거한 경제성 분석을 행해야 한다.

$$(1)\quad -\frac{C_1}{(1+r)}-\frac{C_2}{(1+r)^2}-\cdots-\frac{C_{T0}}{(1+r)^{T0}}+\frac{FCF_{T_0+1}}{(1+r)^{T_0+1}}+\frac{FCF_{T_0+2}}{(1+r)^{T_0+2}}+\cdots+\frac{FCF_{T_0+n}}{(1+r)^{T_0+n}}$$

$$(2)\quad -\frac{p_1C_1}{(1+r)}-\frac{p_2C_2}{(1+r)^2}-\cdots-\frac{p_{T0}C_{T0}}{(1+r)^{T0}}+\frac{p_{T0+1}FCF_{T_0+1}}{(1+r)^{T_0+1}}+\frac{p_{T0+2}FCF_{T_0+2}}{(1+r)^{T_0+2}}+\cdots+\frac{p_{T0+n}FCF_{T_0+n}}{(1+r)^{T_0+n}}$$

만약 (1)을 선택했다면 프로젝트의 진행 중단 위험을 인정하지 않는 것이다. 몰론 이 경우에도 $-C_1$, $-C_2$, $\cdots$, $-C_{T_0}$, FCF_{T_0+1}, FCF_{T_0+2}, $\cdots$, FCF_{T_0+n}의 절대액 수준에 따라 NPV합계가 음수가 나올 가능성은 얼마든지 있다. 만약 (2)를 선택했다면 R&D 프로젝트의 진행 중단 위험을 인지하고 있는 것이므로 (1)의 경우보다 더욱 보수적인 결론이 나올 것이 틀림 없다.

(1)과 (2) 방식 가운데 논리적으로 어느 것이 맞다고 이야기하기는 어렵다. 이것은 분석가의 심리가 어떻게 형성되어 있느냐 하는 문제이기 때문이다. 사실 미래는 예측할 수 없다. 경우에 따라서는 차라리 그냥 (1)을 선택해서 분석하고 타당성 결론을 얻은 뒤, 막상 실행단계에 들어가서 상황에 유연하게 대처하면서 실제로 발생하는 어려움에 굴하지 않고 끝내 연구와 사업화를 성공시키는 능력이 더 중요할지 모른다. (2)에서 확률이 그렇게 부여됐다는 것은, 말 그대로 확률이 그렇다는 것이지 꼭 중간에 실패하라는 법은 아니기 때문이다. 앞의 <표 6>에서 사업화에 성공할 확률이 50.4%라는 것은, 사업화에 실패할 가능성이 49.4%라는 의미도 있지만 동시에 그 사업화 단계에 도달할 가능성이 절반이 넘는다는 의미도 있기 때문이다. 그 절반에 가까운 실패 가능성 때문에 미리 포기하는 것보다는, 일단 선택한 뒤 성공시킬 방안을 어떻게든 찾아내는 것이 기업가(entrepreneur) 입장에서는 더 현명할지 모른다.

여기서 잠시 평가대상 R&D사업이 독립된 신제품 개발이 아니라, 기존 제품의 원가절감을 목적으로 한다면 $-C_1$, $-C_2$, $\cdots$, $-C_{T_0}$, FCF_{T_0+1}, FCF_{T_0+2}, $\cdots$, FCF_{T_0+n}의 성격이 어떻게 달라지는지 살펴보자. 기존 제품 매출액 전망이 고정된 상태에서 공정혁신을 통해 창출된 경제적 편익은 그로 인한 원가절감(cost reduction) 예상액으로 추정될 수 있다. 이 경우 앞의 현금흐름에서 FCF_{T_0+1}, FCF_{T_0+2}, $\cdots$, FCF_{T_0+n} 부분은 바로 이 원가 절감분으로 대체해야 한다. 이것은 일종의 증분현금흐름(incremental FCF)의 논리를 따른다. 즉 대상 공정기술을 적용하기 전의 해당 제품 사업의 FCF와 대상 공정기술이 적용된 후에 더 증가한 해당 제품 사업의 FCF를 각각 계산해서 그 차액 ΔFCF의 현금흐름을 사용해야 한다. 즉 신제품으로 독립된 사업을 구성하는 R&D 활동이 아니라 기존 제품에 대한 공정기술로 제조원가를 절감하는 R&D를 수행했다면 경제성 판단을 위한 현금흐름은 다음과 같다.

$$-C_1,\ -C_2,\ \cdots,\ -C_{T_0},\ \Delta FCF_{T_0+1},\ \Delta FCF_{T_0+2},\ \cdots,\ \Delta FCF_{T_0+n}$$

마찬가지로 기존 제품의 성능 개선을 목적으로 하는 R&D라면, 원가절감이 아니라 매출액 증가를 통해 경제적 편익이 실현될 것이다. 이 경우에도 대상 공정기술을 적용하기 전의 해당 제품 사업의 FCF와 대상 공정기술이 적용된 후에 (매출증가 또는 후속 추가 유지관리 비용을 반영하여) 더 증가한 해당 제품 사업의 FCF를 각각 계산해서 사업화 기간 중 그 차액 ΔFCF이 반영된 다음 현금흐름을 사용해야 한다.

$$-C_1,\ -C_2,\ \cdots,\ -C_{T_0},\ \Delta FCF_{T_0+1},\ \Delta FCF_{T_0+2},\ \cdots,\ \Delta FCF_{T_0+n}$$

17.2.2.2. IRR법

IRR법으로 R&D의 경제적 타당성을 판단하는 작업도 마찬가지로 진행할 수 있다. <표 7>에 예로든 현금흐름을 대상으로 IRR을 구해보면 다음과 같다.

'i기 도달확률 = 1 − i기 중단확률'이므로 도달확률을 그냥 중단확률이라고 표현하자. 중단확률을 미반영한 현금흐름을 대상으로 하는 경우

$$-\frac{C_1}{(1+i)}-\frac{C_2}{(1+i)^2}-\cdots-\frac{C_{T0}}{(1+i)^{T0}}+\frac{FCF_{T_0+1}}{(1+i)^{T_0+1}}+\frac{FCF_{T_0+2}}{(1+i)^{T_0+2}}+\cdots+\frac{FCF_{T_0+n}}{(1+i)^{T_0+n}}=0$$

을 충족하는 i를 찾아보자. 간편한 작업을 위해 엑셀의 IRR함수 등을 이용하여 미래 9기에 걸친 현금흐름 (₩)−10, −10, −10, −5, 5, 10, 20, 30, 20의 IRR를 구하면 18.3%가 됨을 확인할 수 있다. 이 IRR이 이 R&D 활동에 자금을 공급한 주체들의 최소요구수익률 9%보다 높으므로 타당성이 인정된다.

중단확률을 반영한 현금흐름을 대상으로도 IRR을 찾을 수 있다.

현금흐름 (₩)−10, −7, −5.6, −2.52, 2.52, 5.04, 10.08, 15.12, 10.08의 IRR를 구하면 10.1%가 됨을 확인할 수 있다. 이 IRR이 이 R&D 활동에 자금을 공급한 주체들의 최소요구수익률 9%보다 높으므로 타당성이 인정된다.

독자들은 중단확률의 수준을 <표 7>보다 높여보면 IRR이 9%보다 낮은 값으로 바뀌게 됨을 쉽게 확인할 수 있을 것이다.

17.2.2.3. 회수기간법(Payback Period Method)

회수기간법은 초기의 투자지출액을 모두 회수하기까지 어느 정도의 기간이 걸릴 것인지를 추정한 뒤, 이 기간이 사전에 설정한 목표회수기간보다 짧으면 경제적 타당성을 인정하고, 그렇지 않으면 타당성을 부인하는 것이다. <표 7>의 예에서

중단확률 반영하지 않은 명목금액을 기준으로 회수기간 9기에 걸쳐 발생하는 명목현금흐름

₩-35억 (-10, -10, -10, -5) ₩35억 (5, 10, 20)

(₩) -10, -10, -10, -5, 5, 10, 20, 30, 20

의 첫 4기에 걸쳐 누적된 투자지출액 35억원은 7기에 다 회수된다. 만약 목표회수기간이 7기 이내로 설정되어 있었다면 이 사업은 경제적 타당성을 인정받는 것이다. 반면에 목표회수기간이 6기로 설정되어 있었다면, 6기에 이르도록 기존에 지출된 ₩35억을 회수하지 못하게 되므로(5 ~ 6기에는 단지 5 + 10 = ₩25억만이 누적됨) 이 사업은 경제적 타당성을 인정받지 못한다. 즉 자본제공자의 성급함의 정도에 따라 타당성 판단 기준이 달라지는 것이다.

이 결과는 투자액을 R&D기간만으로 한정한 ₩ - 30억으로 정의해도 달라지지 않는다.

₩-30억 (-10, -10, -10) ₩30억 (5, 10, 20)

(₩) -10, -10, -10, -5, 5, 10, 20, 30, 20

이렇게 계산을 해도 누적 현금흐름액이 0과 같거나 커지는 시기는 7기로서 동일하다.

할인금액을 기준으로 회수기간을 계산할 수도 있다. 9기에 걸친 할인현금흐름의 첫 4기에 걸쳐 누적된 투자지출액은 할인금액으로 ₩ - 25.12억이다. 이 금액은 앞에서 명목금액으로 했을 때와 달리 8기가 지나야 다 회수된다. 만약 목표회수기간이 7기 이내로 설정되어 있었다면 이 사업은 경제적 타당성을 인정받지 못하는 것이다.

₩35.2 (3.2, 6.0, 10.9, 15.1)

₩-28.9 (-9.2, -8.4, -7.7, -3.5) ₩20.2 (3.2, 6.0, 10.9)

(₩)-9.2, -8.4, -7.7, -3.5, 3.2, 6.0, 10.9, 15.1, 9.2

명목금액을 기준으로 하면, 자금제공자의 시간선호를 전혀 반영 안 한 것이고, 할인금액을 기준으로 하면 시간선호를 반영한 것이다. 시간선호를 고려하느냐 아니냐에 따라 두 가지 기준 중 어떤 한 가지를 선택해도 무방하다. 그러나, 시간선호를 고려하지 않아도 그자체로 문제될 것은 없으나, 합리적인 경제인이라면 당연히 시간선호를 고려할 것이라고 판단된다.

중단확률을 반영한 현금흐름이 기준이 되더라도 마찬가지 방식으로 회수기간을 구해서 목표회수기간과 비교하면 된다. 누구나 짐작할 수 있듯이, 중단확률을 반영하게 되면 예상회수기간은 더 길어지고 타당성을 더욱 부인하는 쪽으로 결론날 가능성이 높아진다.

17.2.2.4. 기타

이상 NPV, IRR, 회수기간법은 가장 자주 활용되는 경제적 타당성 평가 방법이다.

그밖에 단순투자수익률법(investment return method)은 투자금액 대비 평균이익의 비율을 목표투자이익률과 비교하는 방법이다.

<표 7>의 예를 들어보면 9기에 걸쳐 발생하는 현금흐름은 초기 4기에 걸쳐 35억원을 투자해서, 마지막 다섯 기 동안 평균 ₩17억의 수익을 올린 셈이 되므로, 단순투자이익률은 $\frac{₩17억}{₩35억}$ = 48.6%가 된다. 목표 투자이익률이 20%였다면 48.6%가 20%보다 크므로 경제적 타당성을 인정하는 방법이다.

₩-35억원 ₩평균 17억
(₩) −10, −10, −10, −5, 5, 10, 20, 30, 20

그러나, 이 방법은 이 R&D투자사업의 진정한 수익률을 전혀 반영하지 못하는 잘못된 방법임을 알 수 있다. 그러므로 계산은 매우 단순하고 직관적이지만 논리적 결함이 있기 땜누에 권장할만한 방법은 아니다. 이는 할인된 금액 기준으로 계산해도 마찬가지다.

단순수익률법의 또 다른 단점은 투자를 첫 3기의 (₩) - 10, −10, −10억까지만 인정할 것이냐, 앞에서 한 것처럼 사업화 첫 해의 손실까지를 포함한 (₩) - 10, −10, −10, −5억을 투자로 인정할 것이냐에 따라 결과가 달라진다는 것이다. 전자의 방식으로 계산하며 단순수익률은 $\frac{₩(-5+5+10+20+30+20억)/4}{₩30억}$ = 53.3%가 된다. 이 방식으로 단순투자수익률이 갑자기 증가하는 것은 투자금액 발생 기간을 R&D기간만으로 축소하였기 때문에 생긴 일이다. 논리적으로는 투자금액을 R&D기간으로만 한정하는 것이 맞겠으나, 사업 전체 기간으로 보면 사업화 기간에 이루어진 실질적인 투자를 반영해야 한다는 주장도 무시하기 어렵다. 설령 사업화 기간 중 지출된 금액을 투자가 아니라 당기비용으로 간주해서 오직 R&D기간의 지출만을 투자로 한정한다 해도 사업의 전체 기간에 걸친 투자의 경제성을 판단할 때에는 오류를 낳을 수 있는 것이다

유사한 문제점은 소위 이익지수법(profit index method)를 사용할 때에도 나타난다. 이익지수법은 투자액 합계 대비 이익액 합계의 비율 배수가 1보다 크면 경제적 타당성을 인정한다는 것이다.

	R&D투자액 ₩30억	사업화기간 이익 합계 ₩80억
(₩)	−10, −10, −10,	−5, 5, 10, 20, 30, 20

<표 7>의 예에서 이익지수는 $\frac{₩80억}{₩30억}$ = 2.67배로서 1보다 크므로 경제적 타당성이 있다고 판단한다. 사업화 기간 중에도 R&D 투자 이외에 사업화 관련 투자가 계속 일어난다고 가정하면 이 금액을 다음과 같이 분리해서 그 합계를 투자액으로 인정해야 할지도 모른다. 즉 다음과 같이 사업화 기간에도 소위 투자로 인정받을 수 있는, R&D에 또는 실제 생산판매에 관련된 지출이 계속 일어나는 상황을 생각해보자.

(단위 : ₩억)	R&D기간				사업화기간					
매기순현금흐름	−10,	−10,	−10,	−5,	5,	10,	20,	30,	20	
R&D투자액A	−10,	−10,	−10,	−2,	−1,	0,	0,	0,	0	
사업투자액B	0,	0,	0,	−4,	−2,	−1,	−1,	−1,	0	
투자액 계A+B	−10,	−10,	−10,	−6,	−3,	−1,	−1,	−1,	0	→ 전체기간 합계 ₩42억
투자액이외 현금흐름	0,	0,	0,	1,	8,	11,	21,	31,	20	→ 전체기간 합계 ₩92억

이런 경우에 투자액을 ₩42억, 이익액을 ₩92억으로 분리하면 이익지수는 $\frac{₩92억}{₩42억}$ = 2.19배로 앞과 다르게 계산된다. 이처럼 이익지수법은 개념은 단순하지만, 실제 계산 과정에서 사업 전체 기간에 걸쳐 지출된 금액 중 어느 범위까지를 투자로 볼 것인가에 따라 결과가 달라진다는 결함이 있다. 이는 할인된 현금흐름이나 중단위험 반영 현금흐름을 적용해도 마찬가지로 나타나는 문제점이다.

그러나 NPV법, IRR법, 회수기간법은 이런 종류의 문제가 발생하지 않으며 항상 유일하고 정확한 수치를 계산해준다는 장점이 있다.

CHAPTER

17 연습문제

01 사내 연구개발 조직에 대한 핵심성과지표(KPI)를 균형성과표(BSC)의 관점에서 다음과 같이 구성할 수 있다.

a. 평가 대상이 부서, 개인, 프로젝트 여부에 따라 적절한 지표와 그렇지 않은 지표를, 그리고 기초연구, 응용연구, 현장사업화개발 각 단계별로 적절한 지표와 그렇지 않은 지표를 구분해보시오. (정답은 없으며 분석가의 판단에 의존하여 유연하게 구분 가능함)

b. 부적절한 지표들의 경우 그를 기준으로 할 경우 조직의 성과에 어떤 부정적인 영향을 미칠 수 있는지 추론하시오.

c. 여기 제시된 것 이외에, 개별 사업의 특성을 반영하여 보다 개선된 지표들을 구상해 보시오.

d. 대상이 되는 평가지표별로 적절한 평가주기(실시간, 일, 주, 월, 반기, 연, 수년... 등) 또는 평가시점을 구상하시오.

관점	지표	지표 성격	평가 대상 구분				연구개발 진행 단계		
			조직 전체	팀	개인	프로 젝트	기초 연구	응용 연구	사업화 개발
재무	회사의 기술료 수입	수량							
	외부 연구비 조달 규모	수량							
	사업부 이익 규모 (이익 = 수익 − 직접비 − 간접비)	수량							
	사업부 투하자본이익률 (투하자본이익률 = 이익 ÷ 투하자본)	수량							
고객	사내 유관 부서 구성원들의 만족도	판단							
	회사 고객의 만족도	판단							
	회사 매출액 중 개발기술이 기여한 제품의 비중	판단							
	사내 유관 부서의 요구를 연구개발에 반영하는 경로의 효과성	판단							
	회사 고객의 요구를 연구개발에 반영하는 경로의 효과성	판단							
	사내 유관 부서의 요구에 대한 처리 시간	수량							
	회사 고객의 요구에 대한 처리 시간	수량							
	사회봉사활동 참여 건수	수량							
내부 사업	사내 원가절감에 대한 기여도	수량							
	사내 유관 부서의 성과창출에 대한 기여도	판단							
	회사 신제품 도입에 대한 기여도	판단							
	연구개발 계획일정 준수도	수량							
	연구개발 목표 달성도								
혁신 · 학습	SCI 게재 논문 건수	수량							
	게재 논문 피인용도	수량							
	저술 건수	수량							
	외부 학술상 수상 건수	수량							
	외부 학술대회 발표 건수	수량							
	내부 세미나 건수	수량							
	외부 협력연구 참여 건수								
	특허 출원, 등록 건수								

02 A사의 사내 연구소의 2x01년 직접원가, 공통원가, 보조부문 간접원가의 구조는 다음과 같다

(단위 : ₩).

구분	비목	제1연구팀	제2연구팀	연구팀 공통원가	연구소 내 보조부문[1]	회사전체 보조부문 [2]
직 접 원 가	인건비	178	256	–	35	50[3]
	원재료비	650	420	–	–	–
	감가상각비 (개별 팀 사용 기계장치 등)	250	190	–	–	–
	외주비	360	250	–	–	–
	기타 직접경비(통신비, 교통비, 회의비 등)	69	78	–	15	–
공 통 원 가	감가상각비 배부액 (건물)	( )	( )	1,200	120	–
	감가상각비 배부액 (공동 사용 장비)	( )	( )	50	100	–
	감가상각비 배부액 (공용 차량운반구)	( )	( )	60	–	–
	시설점유면적	500m^2	800m^2	500m^2	100m^2	–
	기계장치 취득가액	5,000	3,000	500	1,000	–
	차량운반구 이용횟수(회)	15	30	–	–	–
	수도광열비 배부액	( )	( )	330	–	–
	보험료 배부액	( )	( )	185	–	–
	소모품비 배부액	( )	( )	130	20	–
	정보구입비 배부액	( )	( )	37	–	–
	기타 공통경비	( )	( )	160	–	–
보 조 부 문 (간접)원가	연구소내 보조부문 원가의 배부액	( )	( )	–	–	–
	회사전체 보조부문 원가의 배부액	( )	( )	–	–	–
(비금융)총원가		( )	( )	–	–	–
금융비용		( )	( )	–	–	–

1) 연구소내 보조부문 : 연구소 내 연구행정팀, 관리조직, 동력부문 등

2) 회사전체 보조부문 : 회사 경영관리 부문, 조달부문 등 연구소 활동에 기여하는 부문

3) 회사전체 보조부문 인건비 중 연구소 활동에 기인하여 추가로 발생한 인건비를 분리한 것

a. 연구소내 공통사용 원가와 보조부문 원가, 회사전체 보조부문에서 발생한 연구소 활동 귀속 원가를 제1연구팀과 제2연구팀에 배부하는 기준은 여러 가지가 가능하다. 배부 대상이 되는 각 원가에 대하여 적절한 배부 기준을 선택하고 (예 : 보조부문 인건비는 연구팀당 인건비 기준, 감가상각비 가운데 사용시설은 면적 m2, 기계장치는 매입가액, 차량운반구는 이용횟수 기준 등) 해당 기준에 의거하여 제1연구팀과 제2연구팀에 귀속되는 총원가를 계산해 보시오.

b. 제1연구팀과 제2연구팀 모두 별도의 재무적 수익이 발생하지 않는다면, 총원가 전액을 차입금으로 충당한다고 가정하고 제1연구팀과 제2연구팀에 귀속되는 금융비용을 계산하시오. 아울러 금융비용이 합산된 총원가를 다시 계산하시오.

연습문제 해답

2장 연습문제 해답

01 당기총제조원가 : ₩2,000,000
매출원가 : 1,700,000

02 가공원가 : ₩300,000

03 1) 직접노무, 제조간접
2) 직접, 간접
3) 안정성, 적시성
4) 기회
5) 예정, 실제

04 ⑤

05 ③

06 ③

3장 연습문제 해답

01 1) 기초원가(기본원가)
2) 제조간접원가
3) 추적가능성
4) 변동원가, 고정원가
5) 관련원가, 비관련원가

02 1) 당기제품제조원가 : ₩5,500,000
기말재공품원가 : ₩2,900,000
2) 적시성, 안정성
3) 당기제품제조원가 : ₩5,800,000
기말재공품원가 : ₩3,100,000
4) 제조간접원가 520,000 / 상가 A 100,000
상가 B 200,000
상가 C 200,000

03 완성품　　: ₩2,660,000
기말재공품 :　　 840,000

04 1) 완성품 : ₩1,425,000, 기말재공품 : ₩410,000
2) 완성품 : ₩1,485,000, 기말재공품 : ₩350,000

05 1) ₩30,000
2) ₩25,000

06 순실현가치법 : ₩320,000
균등이익률법 : ₩243,478

4장 연습문제 해답

04 예방원가　　: ₩200
평가원가　　:　 140
내부실패원가 :　 210
외부실패원가 :　 980

07 ₩1,000 증가

5장 연습문제 해답

02 ₩1,300

03 ₩55,000 증가

04 ₩45.16

05 ₩800,000

06 ₩6,300 감소

07 1) 성립 ×

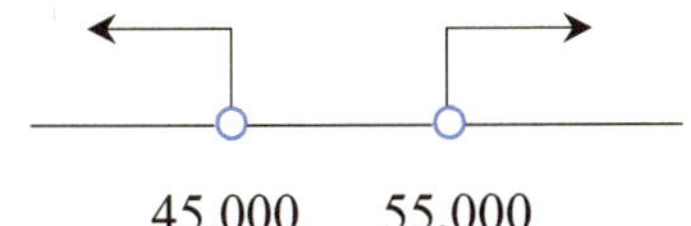

2) 10,000 × 2,000개
= 2,000,000 불리

08 ②

09 ⑤

6장 연습문제 해답

03

	승용차	상용차
ROI	50%	40%
RI	₩300	₩1,000

05 남부사업부 : ₩280,000
중부사업부 : －₩400,000

06 당기 : ₩440, 전기 : ₩560

7장 연습문제 해답

01 〈장점〉
모든 회계주체에게 통일된 회계처리 원칙을 일률적으로 적용함으로써 비교가능성이 제고된다.
〈단점〉
고객, 종업원, 주주, 채권자 다양한 이해관계자가 요구하는 상이한 성격의 정보를 구체적으로 파악하기 위해서는 재무제표 이상의 추가적인 정보 수집과 분석이 필요하다. 계정과목들이 포괄적이고 일률적인 구조로 표기되어, 회사 내의 다양한 개별 사업부 또는 상품군별 경영 성과를 구체적으로 분석하는 데에 한계가 있다.

02 손익계산서 상 플로우 지표인 이익은 재무상태표에서 이익잉여금 계정을 통해 자본 스톡에 가산되고 그 결과 스톡으로 전환된다.

03 사내유보금은 기업의 당기순이익 가운데 주주 배당이 이루어지지 않은 잔여액이 다양한 형태의 자산으로 분산되어 존재하는 것이다. 회계적으로는 대변에 적립금이라는 계

정과목으로 존재하고, 차변에는 그에 상응하는 다양한 자산들에 분산, 포함되어 있다. 현금은 그 다양한 자산 가운데 하나에 불과할 뿐이며, 사내유보금 가운에 대부분 아주 낮은 비중을 차지하는 데에 그친다.

04 지분율이 20%미만이라는 면만 보면 얼핏 B사는 A사의 단순투자회사인 것처럼 보일 수도 있으나, B사가 A사에 유의적인 경제적 영향력이 없는 회사라고 보기에는 어렵다. 비록 지분율이 20% 미만이지만, B사는 A사의 성과에 재무나 영업 상 실질적으로 영향을 미치는 관계에 있다고 보이므로 A사의 지분법 평가 대상이 되어야 한다.

05

	스톡, 플로우 여부	기록할 대상 문서 (복수 가능)
1년간 지불한 외주비 총액	플로우	손익계산서
기말 재공품재고	스톡	재무상태표
건물과구축물 감가상각비	플로우	손익계산서(재무상태표에 부속 수치로 기재 가능)
토지 평가액	스톡	재무상태표
사내 적립금 (추가적립액)	스톡	재무상태표
현금시재액과 보통예금잔액	스톡	재무상태표
보유 비상장주식 평가액	스톡	재무상태표
비상장주식 매입액	플로우	현금흐름표
기계장치 매입액	플로우	현금흐름표
토지 매각처분액	플로우	현금흐름표
외상매출금 잔액	스톡	재무상태표
주주배당액	플로우	이익잉여금처분계산서
반기중 광고선전비	플로우	손익계산서
유상증자 금액	플로우	현금흐름표
보유 펀드의 장부상 평가손실	플로우	포괄손익계산서
제××회 회사채 발행액	플로우	현금흐름표
미상환 회사채 잔액	스톡	재무상태표

8장 연습문제 해답

01 매출채권, 미수금, 미수수익은 모두 미래에 수익을 현금으로 수취할 권리가 있는 자산이라는 면에서는 동일한 성격을 지니고 있다. 하지만 매출채권은 영업상 거래에서 수취할 대금을, 미수금은 영업 이외의 거래에서 수취할 대금을, 미수수익은 매출채권이나 미수금으로 분류하기 어려운 수익으로서 현금으로 수취할 대금을 의미한다는 면에서 차이가 있다.

02 회계 초창기에는 유형자산 취득을 위해 당기에 지출한 금액을 모두 비용 처리했다. 유형자산은 장기에 걸쳐서 수익창출에 기여하므로 사업 초기에 지출액을 모두 비용처리해버리면 매출액이 아직 작은 상태에서 초기의 손실이 크게 계상되어 투자자에게 사업성과가 과소평가되는 우려가 발생했다. 이런 이유로 유형자산의 초기 취득 금액을 장기에 수익이 창출되는 기간에 걸쳐 나누어 배분함으로써 전반적인 사업 성과를 투자자에게 균형 있게 표시하고자 하는 동기가 생겼다.

03 토지는 내용연수가 사실상 무한하며 생산 또는 판매에 기여하는 과정에서 그 가치가 소멸되어 간다고 보기 어렵기 때문에 감가상각을 수행할 근거가 부족하다. 영업권은 최기에는 상각처리했다. 하지만, 영업권은 성격상 시간이 경과하면서 대부분 그 가치가 증가하면 증가했지 감소하는 일은 드물다는 견해가 제기되었다. 현행 회계기준처럼 영업권을 상각하지 않는 것으로 기준이 변경되었다. 다만 필요에 따라 가치훼손 여부를 판단하여 손상 처리는 허용이 되고 있다.

04 a) 대변 : 투자유가증권 평가액이 ₩100 증가
차변 : 기타포괄손익(투자유가증권 평가이익) ₩100 증가

b) 지분증권을 일부 또는 전부 처분해서 그에 상당하는 현금이 증가할 때라야 자금 사정은 실질적으로 개선될 것이다. 장부상으로만 나타난 재무구조 개선은 필요시 그런 처분이 수행될 가능성을 전제했을 때라야 의미가 있다.

05
- 연구단계와 개발단계로 구분하여 판단한다. (**옳음**)
- 개발단계에서 발생한 지출이 무형자산 인식요건을 충족하면 자산으로 처리한다. (**옳음**)
- 재무상태표에 계상하는 특허권 가액에는 연구개발비 지출액이 포함되어 있다. (**틀림**)
- 무형자산으로의 인정 여부에 따라 최초로 인정하는 회계기간의 손익만이 달라질 뿐이며 이후 회계기간의 손익에는 영향을 미치지 않는다. (**틀림**)

06
- 매출채권에 대해 대손충당금을 설정하는 이유는 미래의 회수불확실성을 반영하여 그

만큼 보수적으로 매출채권 가치를 인식하기 위해서다. (**적절함**)

- 역사적 원가는 과거에 자산을 취득할 때 지급한 명목 대가액을 역사적 변천 과정을 감안하여 현재 시점의 공정가치로 재평가한 것을 의미한다. (**적절치 않음**)
- 동일한 매출 성과를 낸다고 가정하면 자산 규모가 적을수록 불안정하고 비효율적이다. (**적절치 않음**)
- 영업권은 영업을 하기 위해 정부로부터 취득한 인허가 권리를 의미한다. (**적절치 않음**)
- 장부상 기계장치 가액이 ₩0이면 현장에도 기계장치가 절대로 존재할 수 없다. (**적절치 않음**)
- 재고자산은 시장 수요 예측에 기반을 두고 적절히 높거나 낮은 수준을 유지하는 융통성이 중요하다. (**적절함**)
- 유형자산에 대해서는 전기말 평가액에 대하여 당기감가상각액을 차감한 잔액을 당기말 잔액으로 표시한다. (**적절함**)

9장 연습문제 해답

01 외상매입금은 목적 사업을 영위하기 위한 상품 또는 원재료 등의 매입 대금, 즉 영업상 거래와 관련된 대금을, 미지급금은 영업상 거래 이외(유형자산 매입 대금, 세금 납부액 등)의 대금을 말한다. 미지급비용은 회계상으로는 기중에 이미 발생했으나 아직 현금으로 지출되지 않은 비용(아직 지급시기가 도래하지 않은 기간 이자비용, 임차료, 보험료, 임금 등)을 말한다.

02
- 우선주는 과거 기업회계기준에서는 자본으로 분류했으나, 상장기업 등 K-IFRS를 적용하는 회사에서는 발행 조건을 검토해서 부채로 분류할 수 있다. (**옳음**)
- 비상장 중소기업의 경우 K-IFRS를 적용하는 기업과 달리, 일반적으로 우선주 상환이 발행계약서 상 회사의 의무로 명시되어 있으면 부채로 계상하고, 우선주 보유자에게 상환권이나 보통주 전환권만 부여된 상태에서는 자본으로 분류한다. (**옳음**)
- 회사가 우선주의 (전액) 상환의무를 이행하고 나면 우선주는 장부에서 소멸된다. (**옳음**)
- 우선주 보유자가 보통주 전환권을 행사하고 나면 단지 권리를 전환한 것에 불과하므로 어떤 경우에든 자본 총액에는 아무 변화가 발생하지 않는다. (**옳지 않음. 우선주가 부채로 계상되어 있던 경우에는 부채가 감소하고 자본이 증가한다.**)

03 확정급여형은 사외적립 운용자산의 형태로서 회사의 자산으로 표시되며, 퇴직급여충당부채에 포함되지 않는다.
확정기여형은 회사가 매기 손익계산서에 퇴직금으로 지출하는 것으로 처리하는데, 피고용자 개인의 자산으로 귀속되며 회사의 부채가 아니다

04 손해배상액, 지급보증, 파생상품부채 등 우발부채는 그 발생 가능성과 시기가 예측가능하고 그 금액을 합리적으로 추정할 수 있다고 판단될 때에만 계상한다. 그렇지 않은 경우에 계상하지 않는다. 양자를 구분하는 견해 사이에 회색지대가 있을 수 있어 분식 논란을 야기할 가능성이 항존한다.

05
- 단기차입금은 금전과 현물을 막론하고 1년 이내에 상환 기일이 도래하는 일체의 차입을 의미한다. (**부적절**)
- 사채의 액면가란 만기에 상환이 약정된 금액을 의미한다. (**적절**)
- 회사가 사채 발행시 언제나 액면가에 해당하는 금액만큼 자금을 조달하게 된다. (**부적절**)
- 사채의 액면이자율은 표면금리라고도 불리며 시장이자율과 다른 경우가 많다. (**적절**)
- 전환사채의 사채상환할증금은 손익계산서에 이자비용으로 계상한다. (**부적절**)
- 신주인수권부사채 보유자가 약정한 시기에 신주인수권을 행사하고 나도 전체 자본총액에는 아무런 변화가 발생하지 않는다. (**부적절**)
- 유상증자 시 주식발행초과금은 주식의 액면가보다 발행액이 더 많을 경우에 발생하며, 그 크기가 클수록 회사 입장에서는 보다 많은 자금을 납입받을 수 있이서 유리한 반면, 주주 입장에서는 액면가보다 높은 금액을 납입하므로 투자수익률 달성 측면에서 불리하다. (**적절**)
- 시가총액은 재무상태표의 자본 계정에 기타자본잉여금으로 계상된다. (**부적절**)
- 회사가 유상감자를 실시하면 대변에서 감자차익이 발생하며 그 차익만큼 차변에서 현금이 증가한다. (**부적절**)

06 (365/10일 + 365/8일 － 365/11일) × ₩1,000억/365일 ＝ ₩134억

10장 연습문제 해답

01 ₩1,800 = ₩2,000 - (₩500 - ₩300)

02 ₩120 = ₩150 - (₩50 - ₩20)

03 ₩220 = ₩200 - ₩50 + ₩70

1) 선수수익 부채 소멸, 현금 유지, 매출 증가 50, 발생주의 영업이익도 250으로 증가.

2) 미수수익 감소는 매출에는 아무런 영향을 미치지 않으므로 발생주의 영업이익은 앞의 1)과 마찬가지로 ₩250 유지. 미수수익 감소는 매출에는 영향이 없고 현금을 증가시키므로 현금주의 영업이익은 ₩30이 증가한 ₩230이 됨.

04 ₩1,350. A사는 투자에 ₩2,700이라는 막대한 자금이 소요되었으나, 기보유현금과 사업에서 창출한 현금으로 다 충당하기가 불가능하며, 외부자금(증자 또는 차입) ₩1,350을 조달하여 충당했다고 추측할 수 있다.

05

EBIT	EBITDA	FCF	EVA
108,300	179,335	20,983	67,174

06
- 유통업의 판매비와관리비 계상시 기초상품재고와 기말상품재고를 반영하여 계산된 당기의 판매관리원가를 계상해야 한다. (**부적절**)
- 감가상각비는 상각대상 유형자산의 성격을 반영하여 매출원가에 귀속시켜야 할 것과 판매비와관리비에 귀속될 것을 구분하여야 한다. (**적절**)
- 정률법 감가상각 방식은 정액법에 비하여 감가상각비가 초기에 상대적으로 적게 발생하고 후기로 갈수록 더 크게 발생하는 특징이 있다. (**부적절**)
- 법인세비용은 회계상 영업이익을 과표로 삼아 법인세법 상 규정된 일정한 세율을 곱해서 계산한다. (**부적절**)
- 손익계산서 상의 이익들은 기업의 실제 현금흐름과 괴리를 보이는 경우가 많기 때문에 EBIT, EBITA, FCF 등 다양한 보완 지표를 이용하여 기업의 현금흐름 성과를 파악하는 것이 바람직하다. (**적절**)
- EVA는 기업의 실제 현금흐름 기준으로 산정된 이익을 말하는 것이다. (**부적절**)
- 재무분석 목적으로 사용되는 현금흐름표는 회계 관행으로 사용되는 현금흐름표와 다른 형태를 취할 수 있다. (**적절**)

11장 연습문제 해답

01 본문 해당 정의식 참조

02 전반적으로 B사가 재무적으로 건강하다고 판단된다.

총자산(순)이익률	4%	13%
매출액순이익률	10%	21%
부채비율	150%	67%
차입금의존도	40%	20%
총차입금 대비 단기차입금비중	50%	50%
이자보상배율(배)	3.13	13.33
운전자본회전율(회/연)	5.3	30.0

03 사업적으로 두 회사는 매출총이익률에서는 큰 차이가 없어, 제조원가를 포함한 전반적 매출원가 구조는 유사해 보인다. 공정관리 시스템 상에서는 유사한 경쟁력을 보이고 있다고 판단된다. 그러나, 영업이익률 이하의 제반 이익률로 비교하며 A사가 B사보다 우수한 성과를 보이고 있다. 그만큼 A사의 판매 및 관리 부분의 운영효율성이 높다고 판단된다.

재무적으로 B사가 A사에 비해 부채에 대한 의존도가 현저히 높다는 면이 관찰된다. 부채비율, EBITDA대 금융비용 배율, 유동비율, 당좌비율 등 제반 비율로 판단할 때 B사의 재무적 안정성은 A사에 비하여 대단히 취약한 것으로 판단된다.

04 나이스신용평가 www.nicerating.com 등 국내 주요 신용평가회사의 홈페이지 방문하여 pdf 또는 xls 자료 열람 가능.

05 본문 362 ~ 368쪽 참조.

12장 연습문제 해답

02 1)

1/1	(차) 상 품	700,000	(대)	외 상 매 입 금	500,000
				현 금	200,000
2/1	(차) 현 금	240,000	(대)	임 대 료 수 익	240,000

3/1	(차) 비품	50,000	(대) 미지급금	50,000
4/1	(차) 현금	800,000	(대) 매출	1,200,000
	매출채권	400,000		
5/1	(차) 차입금	500,000	(대) 현금	510,000
	이자비용	10,000		
6/1	(차) 보험료	120,000	(대) 당좌예금	120,000
7/1	분개없음			
8/1	(차) 급여	200,000	(대) 현금	200,000
9/1	(차) 당좌예금	200,000	(대) 매출채권	200,000
10/1	(차) 현금	500,000	(대) 자본금	500,000

2)

합계잔액시산표

(주)북해통운　　20×2.12.31　　(단위 : ₩)

차변		계정과목	대변	
잔액	합계		합계	잔액
2,230,000	2,940,000	현금	710,000	
880,000	1,000,000	당좌예금	120,000	
400,000	600,000	매출채권	200,000	
400,000	800,000	토지	400,000	
800,000	800,000	건물		
50,000	50,000	비품		
	500,000	차입금	1,500,000	1,000,000
		미지급금	550,000	550,000
		자본금	2,000,000	2,000,000
		매출	1,200,000	1,200,000
		유형자산처분이익	100,000	100,000
		임대료수익	240,000	240,000
10,000	10,000	이자비용		
200,000	200,000	급여		
120,000	120,000	보험료		
5,090,000	7,020,000	합계금액	7,020,000	5,090,000

03 (1) F　(2) T　(3) F　(4) F　(5) T　(6) F　(7) T　(8) T　(9) T　(10) T

05 1)

일 자	자 산	+	비 용	=	부 채	+	자 본	+	수 익
1/1	300,000						300,000		
1/2	50,000				50,000				
1/3	−12,000		12,000						
1/4	100,000								100,000
1/5	−30,000		30,000						
1/6	200,000				200,000				
계	608,000		42,000		250,000		300,000		100,000

2)

재무상태표

(주)동해운송 20××.12.31 (단위: ₩)

자 산	608,000	부 채	250,000
		자 본	358,000
계	608,000	계	608,000

포괄손익계산서

(주)동해운송 20××.1.1 ~ 12.31 (단위: ₩)

수 익	100,000
비 용	(42,000)
당기순이익	58,000

06 분개

일자	차변	금액	대변	금액
3/ 1	(차) 현 금	500,000	(대) 자 본 금	500,000
3/ 4	(차) 비 품	100,000	(대) 미 지 급 금	100,000
3/ 9	(차) 매 출 채 권	200,000	(대) 매 출	200,000
3/12	(차) 급 여	50,000	(대) 현 금	50,000
3/17	(차) 현 금	100,000	(대) 차 입 금	100,000
3/25	(차) 미 지 급 금	100,000	(대) 현 금	100,000

현 금

차변	대변
3/ 1: 500,000	3/12: 50,000
3/17: 100,000	3/25: 100,000

자본금

차변	대변
	3/ 1: 500,000

비 품

차변	대변
3/ 4: 100,000	

미지급금

차변	대변
3/25: 100,000	3/ 4: 100,000

매출채권

차변	대변
3/ 9: 200,000	

매 출

차변	대변
	3/ 4: 200,000

급 여

차변	대변
3/12: 50,000	

차입금

차변	대변
	3/17: 100,000

07

합계잔액시산표

(주) 남해수송

차변		계정과목	대변	
잔액	합계		합계	잔액
730,000	850,000	현금	120,000	
100,000	300,000	매출채권	200,000	
200,000	400,000	선박	200,000	
		미지급금	400,000	400,000
		자본금	500,000	500,000
		매출	300,000	300,000
100,000	100,000	급여		
20,000	20,000	보험료		
50,000	50,000	유형자산처분손실		
1,200,000	1,720,000	합계	1,720,000	1,200,000

13장 연습문제 해답

04

(1)	(차) 이자비용	500,000	(대) 미지급이자	500,000
(2)	(차) 미수임대료	600,000	(대) 임대료수익	600,000
(3)	(차) 감가상각비	200,000	(대) 감가상각누계액	200,000
(4)	(차) 소모품비	50,000	(대) 소모품	50,000
(5)	(차) 이자수익	100,000	(대) 선수이자	100,000
(6)	(차) 선급보험료	200,000	(대) 보험료	200,000

06 1)

일자	차변 계정	금액	대변 계정	금액
1/ 1	(차) 현금	5,000,000	(대) 자본금	5,000,000
1/ 2	(차) 현금	3,000,000	(대) 차입금	3,000,000
1/ 3	(차) 매입	500,000	(대) 매입채무	500,000
1/ 4	분개 없음			
1/ 5	(차) 비품	200,000	(대) 미지급금	200,000
1/ 6	(차) 현금	250,000	(대) 매출	250,000
1/ 7	(차) 상품	1,000,000	(대) 자본금	1,000,000
1/ 8	(차) 토지	1,000,000	(대) 현금	2,200,000
	건물	1,200,000		
	보험료	60,000	(대) 현금	60,000
1/ 9	(차) 당좌예금	900,000	(대) 현금	900,000
1/10	분개 없음			
1/11	(차) 현금	500,000	(대) 매출	500,000
1/12	(차) 매입	800,000	(대) 현금	500,000
			매입채무	300,000
1/13	(차) 차입금	1,000,000	(대) 현금	1,010,000
	이자비용	10,000		
1/14	(차) 매출채권	1,500,000	(대) 매출	1,500,000
1/15	(차) 현금	480,000	(대) 임대료	480,000
1/16	(차) 임차료	120,000	(대) 당좌예금	120,000
1/17	(차) 소모품비	50,000	(대) 당좌예금	50,000
1/18	(차) 현금	800,000	(대) 매출채권	800,000
1/19	(차) 현금	100,000	(대) 수수료수익	100,000
1/20	(차) 급여	30,000	(대) 현금	30,000

2)

현 금		당좌예금		매 출		매 입	
5,000,000	2,200,000	900,000	120,000		250,000	500,000	
3,000,000	60,000		50,000		500,000	800,000	
250,000	900,000		170,000		1,500,000	1,300,000	
500,000	500,000				2,250,000		
480,000	1,010,000						
800,000	30,000						
100,000							
10,130,000	4,700,000						

토 지		자 본 금		매입채무		차 입 금	
1,000,000			5,000,000		500,000	1,000,000	3,000,000
			1,000,000		300,000		
			6,000,000		800,000		

건 물		소모품비		비 품		임 대 료	
1,200,000		50,000		200,000			480,000

임 차 료		미지급금		이자비용		급 여	
120,000			200,000	10,000		30,000	

상 품		매출채권		수수료수익		보 험 료	
1,000,000		1,500,000	800,000		100,000	60,000	

07 1)

차 변		계정과목	대 변	
잔 액	합 계		합 계	잔 액
5,430,000	10,130,000	현 금	4,700,000	
730,000	900,000	당 좌 예 금	170,000	
700,000	1,500,000	매 출 채 권	800,000	
1,000,000	1,000,000	상 품		
1,000,000	1,000,000	토 지		
1,200,000	1,200,000	건 물		
1,300,000	1,300,000	매 입		
200,000	200,000	비 품		
		매 입 채 무	800,000	800,000
	1,000,000	차 입 금	3,000,000	2,000,000
		미 지 급 금	200,000	200,000
		자 본 금	6,000,000	6,000,000
		매 출	2,250,000	2,250,000
		임 대 료	480,000	480,000
		수수료수익	100,000	100,000
120,000	120,000	임 차 료		
50,000	50,000	소 모 품 비		
10,000	10,000	이 자 비 용		
30,000	30,000	급 여		
60,000	60,000	보 험 료		
11,830,000	18,500,000	합 계 금 액	18,500,000	11,830,000

2)

1.	(차) 매 출 원 가	1,000,000	(대) 상 품	1,000,000
	(차) 매 출 원 가	1,300,000	(대) 매 입	1,300,000
	(차) 상 품	750,000	(대) 매 출 원 가	750,000
2.	(차) 감 가 상 각 비	200,000	(대) 감가상각누계액(건물)	200,000
3.	(차) 선 급 보 험 료	20,000	(대) 보 험 료	20,000
4.	(차) 임 대 료	150,000	(대) 선 수 임 대 료	150,000
5.	(차) 선 급 임 차 료	60,000	(대) 임 차 료	60,000
6.	(차) 미 수 이 자	12,000	(대) 이 자 수 익	12,000
7.	(차) 이 자 비 용	50,000	(대) 미 지 급 이 자	50,000
8.	(차) 소 모 품	30,000	(대) 소 모 품 비	30,000
9.	(차) 비 품	300,000	(대) 현 금	300,000

3)

재 무 상 태 표

(주)서해 20×1.12.31 현재 (단위: ₩)

현 금	5,130,000	매 입 채 무	800,000
당 좌 예 금	730,000	차 입 금	2,000,000
매 출 채 권	700,000	미 지 급 금	200,000
상 품	750,000	선 수 임 대 료	150,000
토 지	1,000,000	미 지 급 이 자	50,000
건 물	1,000,000	부 채 총 계	3,200,000
비 품	500,000		
선 급 보 험 료	20,000	자 본 금	6,000,000
선 급 임 차 료	60,000	이 익 잉 여 금	732,000
미 수 이 자	12,000	자 본 총 계	6,732,000
소 모 품	30,000		
자 산 총 계	9,932,000	부채와 자본 총계	9,932,000

4)

포괄손익계산서(계정식)

(주)서해 20×1.1.1 ~ 20×1.12.31 (단위: ₩)

매출원가	1,550,000	매출	2,250,000
임차료	60,000	임대료	330,000
소모품비	20,000	수수료수익	100,000
이자비용	60,000	이자수익	12,000
감가상각비	200,000		
급여	30,000		
보험료	40,000		
당기순이익	732,000		
합계	2,692,000	합계	2,692,000

5)

(차)	매출	2,250,000	(대)	집합손익	2,692,000
	임대료	330,000			
	수수료수익	100,000			
	이자수익	12,000			
(차)	집합손익	1,960,000	(대)	매출원가	1,550,000
				임차료	60,000
				소모품비	20,000
				이자비용	60,000
				감가상각비	200,000
				급여	30,000
				보험료	40,000
(차)	집합손익	732,000	(대)	이익잉여금	732,000

08 1)

1/ 1	(차)	현 금	720,000	(대)	임 대 료	360,000
					선수임대료	360,000
2/ 2	분 개 없 음					
2/ 3	(차)	현 금	90,000	(대)	매 출 채 권	90,000
2/ 4	(차)	소 모 품	50,000	(대)	현 금	50,000
2/ 5	(차)	미 수 금	700,000	(대)	토 지	700,000
2/ 6	(차)	매 출 채 권	900,000	(대)	매 출	900,000
2/ 7	(차)	자 본 금	500,000	(대)	현 금	500,000
2/ 8	(차)	당 좌 예 금	300,000	(대)	매 출 채 권	300,000
2/ 9	(차)	보 험 료	240,000	(대)	당 좌 예 금	240,000
2/10	(차)	차 량	200,000	(대)	미 지 급 금	200,000
2/11	(차)	여 비	10,000	(대)	당 좌 예 금	10,000
2/12	(차)	매 입 채 무	800,000	(대)	차 입 금	1,000,000
		현 금	200,000			
2/13	(차)	당 좌 예 금	5,000	(대)	이 자 수 익	5,000
2/14	(차)	현 금	100,000	(대)	수수료수익	100,000
2/15	(차)	급 여	180,000	(대)	현 금	180,000
2/16	(차)	차 입 금	900,000	(대)	현 금	920,000
		이 자 비 용	20,000			
2/17	(차)	비 품	70,000	(대)	미 지 급 금	70,000
2/18	(차)	매 입	900,000	(대)	현 금	500,000
					매 입 채 무	400,000
2/19	(차)	광고선전비	35,000	(대)	당 좌 예 금	35,000
2/20	(차)	수선유지비	3,000	(대)	현 금	3,000

2)

현 금	
1,500,000	50,000
720,000	500,000
90,000	180,000
200,000	920,000
100,000	500,000
	3,000
2,610,000	2,153,000

당좌예금	
150,000	240,000
300,000	10,000
5,000	35,000
455,000	285,000

매출채권	
300,000	90,000
900,000	300,000
1,200,000	390,000

상 품	
800,000	
800,000	0

토 지	
1,500,000	700,000
1,500,000	700,000

건 물	
750,000	
750,000	0

매입채무	
800,000	1,500,000
	400,000
800,000	1,900,000

차 입 금	
900,000	500,000
	1,000,000
900,000	1,500,000

차 량	
200,000	

소 모 품	
50,000	

미 수 금	
700,000	

선수임대료	
	360,000

자 본 금	
500,000	3,000,000

미지급금	
	200,000
	70,000
	270,000

이자비용	
20,000	

급 여	
180,000	

임 대 료	
	360,000

광고선전비	
35,000	

수선유지비	
3,000	

매 입	
900,000	

매 출	
	900,000

수수료수익	
	100,000

보 험 료	
240,000	

여 비	
10,000	

이자수익	
	5,000

비 품	
70,000	

09 1)

차변		계정	대변	
잔액	합계		합계	잔액
457,000	2,610,000	현 금	2,153,000	
170,000	455,000	당 좌 예 금	285,000	
810,000	1,200,000	매 출 채 권	390,000	
800,000	800,000	상 품	0	
800,000	1,500,000	토 지	700,000	
750,000	750,000	건 물	0	
200,000	200,000	차 량		
50,000	50,000	소 모 품		
700,000	700,000	미 수 금		
900,000	900,000	매 입		
70,000	70,000	비 품		
	800,000	매 입 채 무	1,900,000	1,100,000
	900,000	차 입 금	1,500,000	600,000
		선 수 임 대 료	360,000	360,000
		미 지 급 금	270,000	270,000
	500,000	자 본 금	3,000,000	2,500,000
		매 출	900,000	900,000
		임 대 료	360,000	360,000
		수 수 료 수 익	100,000	100,000
		이 자 수 익	5,000	5,000
35,000	35,000	광 고 선 전 비		
3,000	3,000	수 선 유 지 비		
20,000	20,000	이 자 비 용		
180,000	180,000	급 여		
240,000	240,000	보 험 료		
10,000	10,000	여 비		
6,195,000	11,923,000	합 계 금 액	11,923,000	6,195,000

2)

1.	(차) 매 출 원 가	800,000	(대) 상 품(기초)	800,000
	(차) 매 출 원 가	900,000	매 입	900,000
	(차) 상 품(기말)	500,000	매 출 원 가	500,000
2.	(차) 감 가 상 각 비	305,000	(대) 감가상각누계액(건물)	300,000
			감가상각누계액(차량)	5,000
3.	(차) 급 여	120,000	(대) 미 지 급 급 여	120,000
4.	(차) 선 급 보 험 료	60,000	(대) 보 험 료	60,000
5.	(차) 현 금	100,000	(대) 매 출	100,000
6.	(차) 이 자 비 용	20,000	(대) 미 지 급 이 자	20,000
7.	(차) 미 수 이 자	25,000	(대) 이 자 수 익	25,000

8. (차) 통 신 비 100,000 (대) 미지급통신비 100,000
9. (차) 소 모 품 비 35,000 (대) 소 모 품 35,000

3)

계정과목	수정전시산표		수정분개		수정후시산표	
	차 변	대 변	차 변	대 변	차 변	대 변
현 금	457,000		100,000		557,000	
당 좌 예 금	170,000				170,000	
매 출 채 권	810,000				810,000	
상 품	800,000		500,000	800,000	500,000	
토 지	800,000				800,000	
건 물	750,000				750,000	
감누액(건물)	0			300,000	(300,000)	
차 량	200,000				200,000	
감누액(차량)	0			5,000	(5,000)	
소 모 품	50,000			35,000	15,000	
미 수 금	700,000				700,000	
매 입	900,000			900,000	0	
비 품	70,000				70,000	
선 급 보 험 료	0		60,000		60,000	
미 수 이 자	0		25,000		25,000	
매 입 채 무		1,100,000				1,100,000
차 입 금		600,000				600,000
선 수 임 대 료		360,000				360,000
미 지 급 금		270,000				270,000
미 지 급 급 여		0		120,000		120,000
미 지 급 이 자		0		20,000		20,000
미지급통신비		0		100,000		100,000
자 본 금		2,500,000				2,500,000
매 출		900,000		100,000		1,000,000
임 대 료		360,000				360,000
수 수 료 수 익		100,000				100,000
이 자 수 익		5,000		25,000		30,000
매 출 원 가	0		1,700,000	500,000	1,200,000	
광 고 선 전 비	35,000				35,000	
수 선 유 지 비	3,000				3,000	
이 자 비 용	20,000		20,000		40,000	
급 여	180,000		120,000		300,000	
보 험 료	240,000			60,000	180,000	
여 비	10,000				10,000	
감 가 상 각 비	0		305,000		305,000	
통 신 비	0		100,000		100,000	
소 모 품 비	0		35,000		35,000	
합 계 금 액	6,195,000	6,195,000	2,965,000	2,965,000	6,560,000	6,560,000

4)

재무상태표

(주)남해	20×1.12.31 현재		(단위: ₩)
현금	557,000	매입채무	1,100,000
당좌예금	170,000	차입금	600,000
매출채권	810,000	선수임대료	360,000
상품	500,000	미지급금	270,000
토지	800,000	미지급급여	120,000
건물	450,000	미지급이자	20,000
차량	195,000	미지급통신비	100,000
소모품	15,000	부채 총계	2,570,000
미수금	700,000		
비품	70,000	자본금	2,500,000
선급보험료	60,000	이익잉여금	(718,000)
미수이자	25,000	자본 총계	1,782,000
자산 총계	4,352,000	부채와 자본 총계	4,352,000

포괄손익계산서

(주)남해	20×1.1.1 ~ 20×1.12.31		(단위: ₩)
매출원가	1,200,000	매출	1,000,000
광고선전비	35,000	임대료	360,000
수선유지비	3,000	수수료수익	100,000
이자비용	40,000	이자수익	30,000
급여	300,000		
보험료	180,000		
여비	10,000	당기순손실	718,000
감가상각비	305,000		
통신비	100,000		
소모품비	35,000		
합계	2,208,000	합계	2,208,000

5)

(차)	매출	1,000,000	(대) 집합손익	1,490,000
	임대료	360,000		
	수수료수익	100,000		
	이자수익	30,000		

(차)	집합손익	2,208,000	(대)	매출원가	1,200,000
				광고선전비	35,000
				수선유지비	3,000
				이자비용	40,000
				급여	300,000
				보험료	180,000
				여비	10,000
				감가상각비	305,000
				통신비	100,000
				소모품비	35,000
(차)	이익잉여금	718,000	(대)	집합손익	718,000

15장 연습문제 해답

01 청산을 전제로 자산접근법을 적용하는 것, 특히 청산가치법을 적용하는 것이 가장 적절하다. 계속기업으로서 의미를 상실했다고 판단되므로 수익접근법은 부적절하다. 사업 수명이 사실상 종료된 상태에서, 시장에서 계속기업으로서 활동 중인 유사 사업 영위기업과 비교하는 것이 무의미하므로 시장접근법은 부적절하다.

02 PER 기준으로는 ₩2,321 × 20.0배 = ₩46,240

PBR 기준으로는 ₩17,010 × 4.0배 = ₩68,040

두 평가액을 감안하여 적정 주가는 5 ~ 6만원 내외의 영역에 속할 것으로 추정한다.

03 가중평균자본비용 $= 7\% \times \frac{1}{3} + 10\% \times \frac{2}{3} = 9\%$.

2x02년 이후 FCF 잔존가치 $= \frac{300 \times (1+3\%)}{(1+9\%)(9\%-3\%)} \simeq 4,725$.

2x01년 1월1일 기업가치 $= \frac{300}{(1+9\%)} + 4,725 + 1,000 =$ (₩)6,000.

04 a. IRR 7.1%

b. 할인율 5% 적용시 NPV > 0

05 • 할인율은 수익의 미래가치를 현재가치로 전환해주는 역할을 하며, 수익률이 현재가치를 미래가치로 전환해주는 것과 반대 방향의 성격을 지닌다. (**적절함**)

• 할인율에는 투자자의 기회비용이 반영되어 있다. (**적절함**)

- 할인율은 구성 요소의 특성 상, 지분투자의 경우에는 무위험수익률에 위험프리미엄을 가산한 것이지만, 대출의 경우에는 무위험수익률만으로 한정된다 (적절치 않음)
- 자기자본비용은 타인자본비용과 달리 명시적으로 재무제표에 계상되는 비용이 아니며, 원칙적으로 투자자의 심리 및 수익·위험에 대한 기대에 따라 달라진다. (적절함)
- 자기자본비용에 대한 명확한 가이드라인이 없을 경우, 업계 현황을 고려하여 투자대상 사업에서 평균적으로 실현할 것으로 예상하는 투자수익률을 사용해도 무방하다. (적절함)

16장 연습문제 해답

01
- 특허 출원 및 등록에 소요된 제반 행정 관리 지출 (가능)
- 생산제품에 직접 적용되지 않는 기초연구에 투입된 지출(인건비, 장비비, 재료비 등) (불가능)
- 생산제품에 직접 적용되는 기술개발에 투입된 지출(인건비, 장비비, 재료비 등) (가능)
- 타사 특허기술 사용의 댓가로 자사가 정기적으로 지불하는 로열티 (불가능)
- 자사 특허기술 사용의 댓가로 타사로부터 정기적으로 수취하는 로열티 (불가능)
- 타사 특허기술에 대한 일체의 권리를 일시불 정액으로 매입한 금액 (가능)
- 광업권 또는 어업권 취득에 소요된 지출 (가능)
- 자사의 콘텐츠에 대한 이용 댓가로 타사로부터 정기적으로 수취하는 로열티 수익 (불가능)
- 데이터 사업자로부터 데이터 매입액 (자산성 여부에 대한 판단 여부에 의존)
- 사업 과정에서 축적한 고객 명단 데이터베이스 (불가능)
- 업무 과정에서 형성된 혁신적인 업무처리 노하우 (불가능)
- 사업 과정에서 형성된 브랜드 평판 (불가능)
- 타사의 상표를 이용하는 댓가로 정기적으로 지불하는 로열티 (불가능)
- 타사의 상표에 대한 일체의 권리를 일시불 정액으로 취득한 금액 (가능)

02 로열티 수입 등은 매출액으로, 로열티 지급은 핀매비와관리비 비용으로, 내부 축적 형성된 무형자산은 관련된 제반 지출액들에 분산(인건비, 광고선전비, 기타)해서 은닉되어 있음

03

추정시기(년)	1	2	3	4	5	6	7	8	9	10
추정 매출액	100	120	160	200	250	300	300	300	200	100
로열티 (매출액 대비 4%) 수익액	4.0	4.8	(6.4)	8.0	10.0	12.0	12.0	12.0	8.0	4.0
법인세비비용 등(20% 적용)	0.8	(0.96)	(1.28)	1.6	2	2.4	2.4	2.4	(1.6)	0.8
세후 로열티 수익	3.2	4.8	5.1	6.4	8.0	9.6	9.6	9.6	6.4	3.2
현재가치 (할인율 5%)*	3.05	4.35	(4.41)	5.27	6.27	(7.16)	6.82	6.50	4.13	(1.96)
현재가치합계	36.38 (로열비참조법에 의하여 추정한 기술가치)									

*할인율은 실시기업 B사의 신용도를 고려하여 결정하였다.

04

추정시기(년)	1	2	3	4	5	6	7	8	9	10
추정 영업이익	30	35	40	50	60	70	70	70	50	30
추정 영업이익의 25% (세전 기술댓가)	7.5	8.8	10.0	12.5	15.0	17.5	17.5	17.5	12.5	7.5
세후 기술댓가	6.0	7.0	8.0	10.0	12.0	14.0	14.0	14.0	10.0	6.0
현재가치	5.7	6.3	6.9	8.2	9.4	10.4	9.9	9.5	6.4	3.7
관행법 기술가치	76.6									

05 a.

추정시기(년)	1	2	3	4	5	6	7	8	9	10
추정 FCF	40	50	60	70	80	90	100	80	60	90
추정 FCF의 23%	9.2	11.5	13.8	16.1	18.4	20.7	23.0	18.4	13.8	20.7
현재가치	8.8	10.4	11.9	13.2	14.4	15.4	16.3	12.5	8.9	12.7
기술요소법 기술가치	124.6									

b. 기술요소법에 의해 계산된 기술가치는 A사의 내재적 기술가치에 대한 추정치로서, 내부적으로 생성된 무형자산의 한 형태로 간주되어 재무제표에 별도 과목으로 계상되지 않는다. 기술의 가치가 분산, 은닉되어 있는 항목들에 대해서는 앞의 문제 02를 참조할 것.

c. 로열티 매출액으로 손익계산서에 계상된된다.

d. C사의 입장에서 생산경쟁력 또는 판매경쟁력을 판단하여, 시장에서 더욱 강점을 보이는 제조기업이 존재한다면 직접 실시를 하지 말고 로열티 수취를 주력 모델로 하는 사업모델을 선택할 필요가 있다. 이를 위해서 C사가 직접 제조 판매시 비용 및 순이익 구조를 분석한 뒤, 로열티 수취를 가정했을 때 예상되는 비용 미 순이익 구조를 비교한 뒤 전략적으로 선택한다.

17장 연습문제 해답

01 정해진 답이 없으며, 경영자의 철학에 따라 지표 적용이 구성원의 행동 및 성과에 미치는 제반 효과 또는 부작용을 판단하여 구성할 수 있음. 예를 들어서 '사업부의 이익'을 <사업부의 개발 단계>에 적용하는 것과 <기초 연구 단계>에 적용하는 것은 그 효과가 전혀 다름. 이런 식으로 여러 지표마다 판단을 수행해야 함.

02

구분	비목	제1연구팀	제2연구팀	연구팀 공통원가	연구소 내 보조부문*	회사전체 보조부문 **
직접원가	인건비	178	256	–	35	50***
	원재료비	650	420	–	–	–
	감가상각비 (개별 팀 사용 기계장치 등)	250	190	–	–	–
	외주비	360	250	–	–	–
	기타 직접경비(통신비, 교통비, 회의비 등)	69	78	–	15	–
공통원가	감가상각비 배부액 (건물)	507.7	812.3	1,200	120	–
	감가상각비 배부액 (공동 사용 장비)	93,7	56.3	50	100	–
	감가상각비 배부액 (공용 차량운반구)	20	40	60	–	–
	시설점유면적	500m^2	800m^2	500m^2	100m^2	–
	기계장치 취득가액	5,000	3,000	500	1,000	–
	차량운반구 이용횟수(회)	15	30	–	–	–
	수도광열비 배부액	135.3	194.7	330	–	–
	보험료 배부액	75.9	109.1	185	–	–
	소모품비 배부액	61.5	88.5	130	20	–
	정보구입비 배부액	15.2	21.8	37	–	–
	기타 공통경비	65.6	94.4	160	–	–
보조부문 (간접)원가	연구소내 보조부문 원가의 배부액	20.5	29.5	–	–	–
	회사전체 보조부문 원가의 배부액	20.5	29.5	–	–	–
(비금융)총원가		2522.9	2570.1	–	–	–
금융비용						

* 연구소내 보조부문: 연구소 내 연구행정팀, 관리조직, 동력부문 등

** 회사전체 보조부문: 회사 경영관리 부문, 조달부문 등 연구소 활동에 기여하는 부문

*** 회사전체 보조부문 인건비 중 연구소 활동에 기인하여 추가로 발생한 인건비를 분리한 것

a. (단위: ₩)

- 건물 감가상각비(원가동인 점유면적 기준)

공유공간 면적의 연구 1팀 배분 $500m^2 * 500m^2 / (500m^2 + 800m^2) = 192.3m^2$

공유공간 면적의 연구 1팀 배분 $500m^2 * 800m^2 / (500m^2 + 800m^2) = 307.7m^2$

공유공간 감가상각비의 연구 1팀 배분 $1200 * (500m^2 + 192.3m^2) / (500m^2 + 800m^2 + 500m^2) = 461.6$

공유공간 감가상각비의 연구 2팀 배분 $1200 * (800m^2 + 307.7m^2) / (500m^2 + 800m^2 + 500m^2) = 738.5$

보조부문 면적의 연구 1팀 배분 $100 * 500m^2 / (500m^2 + 800m^2) = 38.5m^2$

보조부문 면적의 연구 1팀 배분 $100 * 800m^2 / (500m^2 + 800m^2) = 61.5m^2$

보조보문공간 감가상각비의 연구 1팀 배분 $120 * (500m^2 + 38.5m^2) / (500m^2 + 800m^2 + 100m^2) = 46.2$

보조부문공간 감가상각비의 연구 2팀 배분 $120 * (800m^2 + 61.5m^2) / (500m^2 + 800m^2 + 100m^2) = 73.9$

연구 1팀 건물 감가상각비 배분 = 461.6 + 46.2 = 507.7

연구 2팀 건물 감가상각비 배분 = 738.5 + 73.9 = 812.3

- 기계장치 감가상각비(원가동인 취득가액 기준)

공동사용장비 취득가액의 연구 1팀 배분 500 * 5,000 / (5,000 + 3,000) = 312.5

공동사용장비 취득가액의 연구 1팀 배분 500 * 3,000 / (5,000 + 3,000) = 187.5

공동사용장비 감가상각비의 연구 1팀 배분 50 * (5,000 + 312.5) / (5,000 + 3,000 + 500) = 31.2

공동사용장비 감가상각비의 연구 1팀 배분 50 * (3,000 + 187.5) / (5,000 + 3,000 + 500) = 18.8

보조부문 사용장비 취득가액의 연구 1팀 배분 1,000 * 5,000 / (5,000 + 3,000) = 625

보조부문 사용장비 취득가액의 연구 1팀 배분 1000 * 3,000 / (5,000 + 3,000) = 375

보조부문 사용장비 감가상각비의 연구 1팀 배분 100 * (5,000 + 625) / (5000 + 3000 + 1000) = 62.5

보조부문 사용장비 감가상각비의 연구 1팀 배분 100 * (3000 + 375) / (5,000 + 3,000 + 1,000) = 37.5

연구 1팀 기계장치 감가상각비 배분 = 31.2 + 62.5 = 93.7

연구 2팀 기계장치 감가상각비 배분 = 18.8 + 37.5 = 56.3

- 차량운반구 감가상각비(원가동인 차량이용횟수 기준)

공동사용 차량운반구 감가상각비의 연구1팀 배분 60*15회/(15회+30회) = 20

공동사용 차량운반구 감가상각비의 연구2팀 배분 60*30회*(15회+30회) = 40

아래의 보조원가 및 공통원가 예시는 일률적으로 인건비를 원가동인으로 설정하여 위와 같은 방식으로 배부하였으나, 여기 제시한 원가동인 외에 독자가 항목별로 성격을 판단하여 원가동인을 적절하게 설정할 수 있음.

인건비 기준 연구1팀 배부 비율 178/(178 + 256) = 41%
인건비 기준 연구2팀 배부 비율 256/(178 + 256) = 59%

연구소내 보조원가 연구 1팀 배분 (35 + 15) * 41% = 20.5
연구소내 보조원가 연구 2팀 배분 (35 + 15) * 59% = 20.5

회사전체 보조부문원가 연구 1팀 배분 50 * 41% = 20.5
회사전체 보조부문원가 연구 2팀 배분 50 * 59% = 29.5

수도광열비 공통경비 연구 1팀 배분 330 * 41% =135.3
수도광열비 공통경비 연구 2팀 배분 330 * 59% = 194.7

보험료 공통 연구 1팀 배분 185 * 41% = 75.9
보험료 공통 연구 2팀 배분 185 * 59% = 109.1

소모품비 공통 연구 1팀 배분 (130 + 20) * 41% = 61.5
소모품비 공통 연구 2팀 배분 (130 + 20) * 59% = 88.5

정보구입비 공통 연구 1팀 배분 37 * 41% = 15.2
정보구입비 공통 연구 2팀 배분 37 * 59% = 21.8

기타 공통경비 연구 1팀 배분 160 * 41% = 65.6
기타 공통경비 연구 2팀 배분 160 * 59% = 94.4

b. 연구소의 차입 이자율을 7%로 가정.
앞의 a)항의 가정 하에 계산된 총원가 전액을 연구소 차입금으로 가정하면
차입금은 ₩2,523 + ₩2,670 = ₩5,193.
이에 대한 금융비용 ₩5,193 * 7% = ₩363.5에 대하여
금융비용의 연구 1팀 배분 363.5 * 2,523 / (2,523 + 2,670) = 176.6
금융비용의 연구 2팀 배분 363.5 * 2,670 / (2,523 + 2,670) = 186.9.
a)항의 원가동인 배부 기준이 달라지면 금융비용 배부액도 달라질 것임.

<참고문헌>

강진홍, <공정가치평가(개정판)>, ㈜조세통람, 2020.

강진홍, 조한웅, <기업가치평가 실무>, ㈜영화조세통람, 2012.

(사)기술경영경제학회, <기술가치평가모형 개선 및 체계 재정립>, 기술보증기금 연구용역 보고서, 2013.12.

김영준, 송경모, 민재웅, 윤지환, 조용덕 지음, <기술경영학 개론>, 탐진, 2017.

김태식, 《한국채택 국제회계기준 해설》, 삼일인포마인. 2012.

다나카 야스히로 지음, 황선종 옮김, <부의 지도를 바꾼 회계의 세계사>, 위즈덤하우스, 2019.

다이어무드 제프리스 지음, 김승욱 옮김, <아스피린의 역사>, 동아일보사, 2007

설성수 · 김진호, 《IFRS 무형/지적자산 가치평가 용어사전》, (사)한국기업 · 기술가치평가협회, 2010.

㈜미라위즈, "기술보증기금 R&D 평가모형 체계 개선 : 경제성 평가모형", 기술보증기금 · 한국과학기술정책연구원 연구용역보고서, 2016.11.

박동흠, <박회계사의 재무제표 분석법>, 부크온, 2015.

박현우, 조성복, Catty James P, <기술가치평가 실무>, (사)한국기업 · 기술가치평가협회, 2015.

설성수, 김진호, <IFRS 무형/지적자산 가치평가 용어사전>, (사)한국기업 · 기술가치평가협회, 2010.

설성수, 오세경, 박현우, <기술가치평가론>, 법문사, 2012.

송경모, "연구개발 활동과 기업의 성과", (월간)조세, 통권328호, 2015년 9월, 영화조세통람. pp.6-13.

송경모, "컬러 TV가 몰고 온 '색채 전쟁', 승자에게 배우는 혁신의 지혜", 월간 테크엠, 2018.

송경모, <피터 드러커로 본 경영의 착각과 함정들>, 을유문화사, 2016.

안태식, 오동일, 정형록, 활동기준원가계산을 통한 약국의료원가 및 수가 연구, 2007, 세무와회계저널 8, pp.33-52, 한국회계학회

유관희 · 유상열 · 김영신, "신용정보 데이터베이스의 운영원가 배분과 이용료 결정에 대한 사례연구 : 신용정보분담금 산정을 중심으로", 대한경영학회지 제21권 3호(통권 68호), 2008년 6월, pp.1343-1365.

윤정문, 지정준, 박상규, 이준호, 채병권, 이상현, 손문, 이성용, 정형민, 민경섭, 송경모, <기업자금관리실무(개정판)>, 2019.

이영재 · 정우성, "온라인 데이터베이스 서비스의 원가계산과 가격결정에 관한 실증적 연구", 한국정보처리학회 논문지 제4권 제1호, 1997.1, pp.23-38.

임상빈, 고영우, 지방세지출예산제도 발전 방안 연구, 2018, 조세연구 17(2) pp.81-103.
조영주, 백태영, 우리 나라 은행의 활동기준원가계산제도에 관한 사례 연구, 2003, 관리회계연구 3(2), pp.1-25.

캐런 버먼, 조나이트 지음, 이민주 옮김, <재무제표 분석법>, 이레미디어, 2015.

하야시 야츠무 지음, 신은주 옮김, <피터 드러커의 회계수업>, 미래지식, 2011.

한국과학기술기획평가원 · 미래창조과학부, <연구개발활동총조사(2014)>, 2014.

西澤脩, 研究開發の會計と管理 : 知的財産時代のR&D管理 , 東京 : 白桃書房, 2003

Bjarte Bogsnes, Implementing Beyond Budgeting : Unlocking the Performance Potential (2nd ed), John Wiley & Sons, 2016.

Robert M. Bowen, Jane Jollineau, Loren Margheim, "iRobot Corporation's Intellectual Property : Accounting For Research And Development Under U.S. GAAP Versus IFRS", Journal of Business Case Studies, Vol. 9, No.4, July/August 2013.

BVR, Royalty Rates in Copyright Agreements : A BVR Guide to Full-Text Copyright Agreements, BVR, 2010.

Vittorio Chiesa, Frederiico Frattini, Valentina Lazzarotti and Raffaela Manzini, "How to Measure R&D Performance : A Design Framework and an Empirical Study", in Marc J. Epstein and Jean-Francois Manzoni ed., Performance Measurement and Management, Elsevier, 2006

Ronald H. Coase, 1937. The Nature of The firm. Economica 4 (November) : 386-405.

Peter F. Drucker, Managing for Results, 1964, Harper Collins. (이재규 역, <창조하는 경영자>, 청림출판사, 2008).

_________________, the Practice of Managment, 1954, Harper Collins (이재규 역, <경영의 실제>, 한국경제신문사, 2008).

_________________, Management : Tasks, Responsibilities, Practices, 1973, Harper Collins (조성숙, 이건, 박선영 옮김, 이재규 감수, <피터 드러커의 매니지먼트>, 21세기북스, 2008).

John Flaherty, Peter Drucker : Shaping the Managerial Mind, Jossey-Bass, 1999.(송경모 옮김, <피터 드러커 : 현대 경영의 정신>, 예지, 2002).

H. Thomas Johnson & Robert S. Kaplan, Relevance Lost, Harvard Bsiness Press, 1987. 김준석, 박준완, 최기호 역, <관리회계시스템의 적합성 상실>, 지구문화사, 1992.

Jean-Noel Kapferer, The New Strategic Brand Management : Advanced insights and strategic thingking, 5th edition, KoganPage, 2012.

Robert S. Kaplan & David P. Norton, “The Balanced Scorecard-Measures That Drive Performance”, Harvard Business Review, 1992. (January-February), pp.71-79.

Robert S. Kaplan & David P. Norton, “Using the Balanced Scorecard as a strategic management system”, Harvard Business Review (January-February), 1996a, pp. 75-85.

Robert S. Kaplan & David P. Norton, “Linking the Balanced Scorecard to strategy”, California Management Review (Fall), 1996b, pp.53-79.

Robert S. Kaplan & David P. Norton, The Balanced Scorecard : Translating Strategy Into Action. Boston, MA : Harvard Business School Publishing. 1996c.

Robert S. Kaplan(2010), “Conceptual Foundations of the Balanced Scorecard ”, Harvard Business School Working Paper 10-074.

Douglas B. Laney, Infonomics : How to Monetize, Manage, and Measure Information as an Asset for Competitive Advantage, 2018, Bibliomotion.

Stewart C. Myers, Christopher D. Howe, “A Life-Cycle Financial Model of Pharmaceutical R&D”, Working paper (Sloan School of Management), 4197, Apr. 2017.

Shannon P. Pratt, Business Valuation Discounts and Premiums, Wiely, 2009.

Gabriela Salinas, The International Brand Valuation Manual : A complete overview and analysis of brand valuation techniques, methodologies and applications, Wiley, 2011.

Robert Simons, Levers of Control : How Managers Use Innovative Control Systems to Drive Strategic Renewal, Harvard Business Press, 1994.(번역서 : 포스코경영연구소 옮김, <창의적인 회사, 효율적인 관리>, 오롬, 1995.)

Gordon V. Smith & Susan M. Richey, Trademark Valuation : A Tool for Brand Management, 2nd ediion, Wiley, 2013.

Thales S. Texeira, Unlocking the Customer Value Chain : How Decoupling Drives Consumer Disruption, 2019 (김인수 옮김, <디커플링>, 인플루엔셜, 2019)

Jeffry A. Timmons & Stephen Spinelli, New Venture Creation : Entrepreneurship for the 21th Century, 6th ed. Mc-Graw Hill, 2004.

Weygandt, Kieso, Kimmel, Accounting Principles, 7th Edition, 2004. with PepsiCo Annual Report

찾아보기

ㅈ

저자소개

송경모

고려대학교 기술경영전문대학원 겸임교수(현)
미라위즈 대표(현)
한국신용정보(현 NICE신용평가) 평가사업본부 평가실장

서울대학교 사회과학대학 경제학과, 학 · 석사
서울대학교 사회과학대학 경제학부, 박사

저서 : 〈사업타당성 평가실무〉, 영화조세통람, 2013
〈피터 드러커로 본 경영의 착각과 함정들〉, 을유문화사, 2016
〈기술경영학개론(공저)〉, 탐진, 2017
〈기술금융의 이해와 실무(공저)〉, 영화조세통람, 2019

고영우

경기대학교 회계세무학과 교수(현)
한국국방연구원 선임연구원

고려대학교 경영대학 경영학과, 학사
고려대학교 경영대학 경영학과, 박사

김영준

고려대학교 기술경영전문대학원 교수, 부원장(현)
한국생산성학회 회장 (현)
서울대학교 기술경영경제정책대학원 초빙교수
미국 Texas A&M International University 교수
국가과학기술자문회의 전문위원

고려대학교 경영대학 경영학과, 학사
미국 Columbia University, 학사
미국 The George Washington University 경제학과, 박사

저서 : 〈기술경영학개론(공저)〉, 탐진, 2017

기술경영회계 (제2판)

지 은 이 ▌ 송경모 · 고영우 · 김영준

펴 낸 이 ▌ 최 재 범

펴 낸 곳 ▌ 도서출판 

등록 1-996호(倫). 1990. 1. 12.
서울시 마포구 신수로 27-1
Tel. 02) 715-1092 ~ 3
Fax. 02) 701-6391
E-mail. tamjin1990@hanmail.net
Homepage. www.tamjin.co.kr

저자와의 협의하에 인지 생략

2020. 3. 13. 초 판 발행
2021. 9. 8. 제2판 발행

ISBN 978-89-5540-678-8 93320

정가 34,000원